DÉMOSTHÈNE

PLAIDOYERS CIVILS

DISCOURS XXVII - XXXVIII

COLLECTION DES UNIVERSITÉS DE FRANCE
publiée sous le patronage de l'ASSOCIATION GUILLAUME BUDÉ

DÉMOSTHÈNE

PLAIDOYERS CIVILS

TOME I

DISCOURS XXVII - XXXVIII

TEXTE ÉTABLI ET TRADUIT
PAR
LOUIS GERNET
Directeur d'Études à l'École des Hautes-Études

Deuxième tirage

PARIS
LES BELLES LETTRES
2002

Conformément aux statuts de l'Association Guillaume Budé, ce volume a été soumis à l'approbation de la commission technique, qui a chargé M. G. Mathieu d'en faire la révision et M. J. Humbert d'en surveiller l'impression en collaboration avec M. L. Gernet.

95 boulevard Raspail, 75006 Paris
www.lesbelleslettres.com

Première édition 1954

ISBN : 2-251-00086-0
ISSN : 0184-7155

DÉMOSTHÈNE

PLAIDOYERS CIVILS

NOTICE GÉNÉRALE

L'ensemble des plaidoyers que nous publions ici constitue, après les « discours délibératifs » et les « plaidoyers politiques », la troisième section des œuvres attribuées à Démosthène. Leur principal intérêt est un intérêt juridique : une notable partie de ce que nous savons du droit athénien est là ; et c'est au point de vue juridique surtout que nous nous sommes placé, en les présentant et en les élucidant autant qu'il le fallait. De ce point de vue, la question de leur authenticité est secondaire. Il y en a qui sont certainement de Démosthène ; il y en a qui ne sont certainement pas de lui ; pour ceux dont on peut discuter, ce sont de petits problèmes d'histoire littéraire qui se posent. Tous du moins sont du ɪvᵉ siècle. Ils nous offrent un témoignage homogène quant à l'état du droit ; homogène aussi quant à la pratique de la plaidoirie, car, malgré les inégalités très sensibles qu'il y a de l'un à l'autre, on y peut reconnaître une similitude de technique qui tient à la fois aux modalités de l'institution judiciaire et aux traditions de la rhétorique dans ce domaine. Ce n'est pas à dire que l'art proprement dit en soit absent : il s'agit d'une esthétique tout utilitaire, très grecque d'ailleurs, dont les meilleurs produits représentent une réussite certaine. Il faut ajouter que, par leur sujet même, ces discours sont bien faits pour nous restituer certains aspects de la vie familière ; et ils sont assez nombreux et assez variés pour fournir bien plus de données à cet égard que les œuvres subsistantes des autres orateurs.

On les désigne sous le nom de Plaidoyers Civils. Nous conservons l'expression parce qu'elle est courante, mais

elle est impropre. Il est vrai que la plupart se rapportent à des causes de droit civil — mais au sens large, qui permet d'y comprendre à l'occasion du droit délictuel privé (affaires de coups, de faux témoignage). Il n'y a même pas seulement du droit privé : le discours XXXIX (*Contre Boeotos I*) concerne le droit au nom ; les discours XLII (*Contre Phénippos*) et L (*Contre Polyclès*), des différends relatifs à un service public (avance de l'impôt ou triérarchie). Seulement, le débat y reste entre particuliers, et les procès en question sont d'un type que les Athéniens considéraient comme essentiellement privé. Dans l'affaire *Sur la couronne triérarchique* qui est plaidée devant le Conseil et que nous considérerions plus décidément encore comme de droit public, c'est toujours le même type de procès, et certaines similitudes de situation ont fait joindre le discours qui s'y rapporte (LI) au discours *Contre Polyclès* (L). Tous ces plaidoyers pouvaient être classés par les anciens comme « discours privés » (ἰδιωτικοὶ λόγοι). Il n'en est pas de même pour le *Contre Nicostratos* (LIII) relatif à une confiscation, ni surtout pour les trois derniers numéros de la série (LVII-LIX) dont le groupement paraît remonter assez haut : le *Contre Euboulidès* concerne une affaire de *status civitatis* ; le *Contre Théocrinès* est dirigé contre un citoyen déchu qui a violé l'interdiction de participer à la vie publique ; le *Contre Nééra* est un discours d'accusation dans une poursuite pour usurpation du droit de cité. Ce sont là, dans la terminologie ancienne, des « plaidoyers politiques » (δημόσιοι λόγοι), manifestement égarés dans une autre série. Ils n'ont pas dû l'être très anciennement ; Libanios relève, au sujet du *Contre Théocrinès*, une erreur de classement qui est générale (οἱ πολλοί), il ne dit pas : unanime. Et, d'autre part, il ne la relève pas au sujet du *Contre Nééra*, ce qui peut faire présumer que ce discours était rangé parmi les δημόσιοι : de fait, dans la série du *Parisinus* S, il vient après les autres plaidoyers politiques, avant les discours privés. Pour ce qui est du groupement, nous observons que LVII et LVIII restent joints dans les séries ailleurs différentes des manuscrits A et S, et surtout que, dans la série des Ὑποθέσεις de Libanios que donnent après la *Vie*

de Démosthène les douze premiers feuillets du manuscrit F, les trois figurent ensemble, juste après XXVI qui est partout le dernier des δημόσιοι. On peut en conclure que, d'après un classement ancien, mais qui commençait à être troublé au IVe siècle ap. J.-C., ces trois discours ne faisaient pas partie des « plaidoyers civils ». Logiquement, ils ne devraient pas en faire partie non plus pour nous. Nous les avons pourtant maintenus à la place que leur assigne une tradition invétérée et d'où il y aurait plus d'inconvénients que d'avantages à les écarter : aussi bien l'ἦθος du *Contre Euboulidès* et du *Contre Nééra* peut-il justifier ce conservatisme.

Nous venons de faire allusion à des différences de classement suivant les familles de manuscrits. La numérotation communément adoptée par les modernes nous vient du *Marcianus* F. Pour ne parler que des manuscrits plus ou moins complets, il y a un ordre différent dans S ; un autre dans l'*Augustanus* A ; un autre, enfin, dans les Ὑποθέσεις de F. Toutes ces séries offrent des concordances partielles et significatives : il est évident qu'elles dérivent d'une série ancienne dont nous pouvons nous faire une idée assez précise. L'ordre des Ὑποθέσεις dans F paraît celui qui s'en rapprochait le plus. En tête, les discours LIX, LVIII, LVII qu'on doit mettre hors série. Puis les discours de Démosthène lui-même dans les procès relatifs à sa tutelle (XXVII-XXXI) — les premiers des plaidoyers civils dans F également : ils formaient un groupe à part sous la dénomination classique de λόγοι ἐπιτροπικοί[1]. Puis le *Contre Conon* (LIV), qui était particulièrement apprécié dans l'antiquité : c'est le premier des « discours privés » dans S ; il est précédé dans A de la mention ἰδιωτικοί, qui ouvre une nouvelle série après la fin des discours politiques ; il est certain qu'il figurait en tête de cette série. Après lui, on a dû se résigner à une suite quelque peu arbitraire, mais où il a dû y avoir une série pour les actions de « dommage[2] » et où se détache un groupe qui est resté

1. Dans la table des matières de F, la rubrique fait défaut ; mais il en faut une, qui est donnée par le copiste dans la série des discours eux-mêmes.

2. Voir XLVIII, Notice.

cohérent dans les Ὑποθέσεις, dans S et dans F : celui des plaidoyers d'Apollodore, moins le *Contre Nééra* naturellement et les deux *Contre Stéphanos* qui sont joints par deux fois au *Pour Phormion* comme se rapportant à la même affaire. Enfin, on a classé à part, chez Démosthène comme chez d'autres orateurs, les λόγοι παραγραφικοί destinés à soutenir ou à combattre une exception : comme le *Pour Phormion* en faisait partie, les deux *Contre Stéphanos* sont agrégés à ce groupe dans les Ὑποθέσεις et dans S ; ils en sont disjoints dans F, mais l'index de ce manuscrit donne aux discours XXXVII-XXXVIII le titre commun de παραγραφαί par opposition aux ἰδιωτικοί qui suivent. Il a donc dû y avoir trois ensembles : λόγοι ἐπιτροπικοί ; ἰδιωτικοί, parmi lesquels les plaidoyers d'Apollodore ; παραγραφικοί.

Il est évident qu'on avait voulu réaliser un classement rationnel. On est resté loin de compte ; le groupement des plaidoyers d'Apollodore, et même celui des ἐπιτροπικοί ne sont justifiés que par une raison toute contingente ; celui des παραγραφικοί l'est pour une raison juridique, mais extrinsèque, purement procédurale. Tel quel, cet ordre ne paraît cependant avoir été troublé que par des causes matérielles, ruptures de séries et interversions plus ou moins accidentelles[1]. La question qui se pose à l'éditeur moderne est de savoir s'il faut le rétablir — mais il n'y aurait pas d'avantage à cela ; ou s'il faut essayer un classement logique — mais il n'y a pas de classement parfait. En fin de compte, nous avons gardé l'ordre traditionnel ; c'est celui de F, tout simplement parce que les manuscrits du groupe de F ont d'abord été les plus utilisés. Il est clair que la raison ne vaut rien : cet ordre-là n'est même pas le moins mauvais ; mais il serait plus gênant d'y renoncer, étant donné nos habitudes de citation, qu'il ne peut l'être de conserver une suite qui, après tout, n'est pas continuellement déraisonnable.

L'existence d'un classement ancien est du moins intéressante pour l'histoire du texte. Il y a des chances pour

1. Toutefois, F fait suivre les deux *Contre Stéphanos* du *Contre Evergos et Mnésiboulos* : tous les trois se rapportent à une affaire de faux témoignage. Ce fait isolé n'a pas grande portée.

qu'elle remonte haut : à Callimaque, comme on l'admet généralement[1], peut-être même à un prédécesseur de Callimaque[2]. Il n'y a pas de raison de douter que la collection ainsi constituée ne nous ait pas été transmise intégralement ; or, elle a été définitivement arrêtée dès le début ; dès le début, elle a dû faire autorité. Comme plaidoyers civils, un *Contre Critias* est cité par Harpocration, et un *Pour Satyros* par Photius (p. 491, 29) : nos manuscrits ne nous les donnent pas et il n'y en a pas trace par ailleurs ; mais aussi bien les termes dans lesquels en parlent Harpocration et Photius donnent à penser qu'ils n'appartenaient pas à la collection consacrée. Comment celle-ci avait-elle été établie pour ce qui nous intéresse ?

Dans la tradition du texte démosthénique, les plaidoyers civils ont une place un peu à part. En général, ils n'ont pas été rédigés dans les mêmes conditions que les autres discours. Ils n'étaient pas faits pour une édition plus ou moins proche, comme les harangues et sans doute certains plaidoyers politiques qu'il y avait un intérêt de propagande à publier : ou bien ils étaient destinés aux clients qui avaient à plaider leur cause, ou bien ils étaient écrits, pour une fin toute personnelle, par les plaideurs eux-mêmes. De savoir comment ils étaient rédigés et comment ils se sont conservés, la question n'est pas toujours très claire. Il apparaît que les deux premiers *Contre Aphobos* ont été écrits — avant le procès — sous une forme bien arrêtée ; il est possible, en revanche, que le troisième, dont l'authenticité a été mise en doute, soit fait de pièces et de morceaux qu'on aura trouvés dans l'héritage de Démosthène. Quant aux discours que l'auteur destinait à des clients, en gardait-il un double ? Nous ne savons[3]. Peut-être l'exemplaire principal ne comportait-il pas toujours une structure définitive : il arrive que des

1. A la suite de Sauppe, *Epistula ad G. Hermannum* (*Ausgew. Schr.*, p. 110).

2. E. Bethe, *Demosth. scriptorum corpus ubi et qua aetate collectum editumque sit*, 1897, p. 4.

3. On serait tenté de le croire pour le *Pour Phormion* qui a été utilisé d'assez près dans le *Contre Stéphanos I*, dont nous admettons qu'il est aussi de Démosthène.

morceaux paraissent surajoutés ou susceptibles d'être déplacés. Cependant, on doit admettre qu'il n'y a eu dans le principe qu'un seul texte; il pouvait être communiqué par les plaideurs qui le détenaient, s'ils y avaient intérêt : l'auteur du second *Contre Boeotos*, qui n'est certainement pas l'auteur du premier, utilise manifestement certains développements du premier.

A quel moment ces discours ont-ils été réunis? Il y a de bonnes raisons de penser que, lorsque Callimaque dressait dans ses Πίνακες la liste des œuvres de Démosthène, il n'avait guère eu le moyen de faire lui-même le récolement des plaidoyers civils, qui, dans les conditions que nous venons de voir, n'était pas si facile à faire. Ces plaidoyers pouvaient être à la Bibliothèque ; mais y étaient-ils venus par le hasard des acquisitions successives? Pour que l'ensemble des discours ait déjà pu former un « corpus » qui se prêtait à un classement logique, il est plus vraisemblable qu'un recueil en existait déjà et que la peine de le constituer a été épargnée aux Alexandrins, lesquels se sont d'abord peu occupés des prosateurs : il faut retenir l'hypothèse[1] d'une édition athénienne qui ne serait pas de beaucoup postérieure à la mort de Démosthène et dans laquelle on aurait compris, par souci de piété familiale peut-être et en tout cas de patriotisme littéraire, tout ce qu'on pouvait recueillir sur place et à ce moment : les discours achevés et publiés du vivant de l'orateur, ceux qu'on avait trouvés dans ses papiers — à l'occasion ce qu'on pourrait appeler ses brouillons — ceux enfin qui, rassemblés de droite et de gauche, étaient ou n'étaient pas du Démosthène, mais pouvaient du moins en être.

Que l'édition princeps ait été une édition athénienne ou alexandrine, elle doit être en tout cas du début de l'époque hellénistique. L'histoire la plus ancienne du texte, à partir de là, nous échappe quelque peu. On se bornera ici à rappeler qu'il est question dans nos sources d'Ἀττικιανά, d'ἀρχαία ἔκδοσις, de δημώδης ἔκδοσις, mais d'ailleurs seulement à propos d'autres catégories de discours. De tout

1. C'est celle de E. Bethe dans le mémoire précité ; on peut la retenir indépendamment des conséquences que l'auteur en tire ; elle se justifie particulièrement pour les plaidoyers civils.

cela, nous ne savons pas grand chose et, quand on a essayé d'établir des rapports entre telle de ces éditions anciennes et telle branche de notre tradition manuscrite, la tentative n'a pas donné de résultats positifs[1]. C'est cette tradition qu'il faut considérer en elle-même, avec les caractères particuliers qu'elle présente dans les discours privés.

Les manuscrits qui entrent pour nous en ligne de compte sont : 1° le *Parisinus* 2934 (S) ; 2° le *Marcianus* 416 (F) avec ceux qui s'y rattachent ; 3° l'*Augustanus*, *Monacensis* 485 (A), tous du xe ou xie siècle ; subsidiairement, pour le discours LIX, le *Parisinus* 2935 (Y) de même époque, et qui est ici en rapport étroit avec S. La série entière n'est fournie que par S et F[2].

Nous n'avons plus à parler de S ni de A en général[3]. Dans la seconde famille, nous connaissons déjà F ; nous ne mentionnons que pour mémoire le *Bavaricus* (B), qui en est une copie ; mais il faut joindre à F le *Marcianus* 418 (Q) qui, dans la partie qui nous intéresse, commence au discours XXXII, et l'*Ambrosianus* 112 (D) qui commence au discours XXIX : D n'avait guère été utilisé jusqu'à ces derniers temps ; Rennie, dans l'édition d'Oxford, lui a rendu la place qu'il mérite[4]. F, Q et D sont de même époque et très étroitement apparentés[5] ; aussi bien certaines de leurs divergences doivent faire conclure qu'ils ne procèdent pas l'un de l'autre, mais tous ensemble du même original : celui-ci devait comporter des variantes quelquefois révélées par une correction commune, souvent indiquée par le sigle γρ (γράφεται) qui introduit en marge une leçon particulière — tantôt dans les trois manuscrits, tantôt dans un seul d'entre eux.

1. Pour la question des Ἀττικιανά, dont Usener avait fait grand état, cf. Lipsius, *Zur Textgesch. des Dem.*, in *Berichte üb. die Verhandl. der kön. sächs. Gesellsch. der Wiss.*, 1893, p. 12 sq.

2. Lipsius, *o. l.*, p. 19.

3. Au sujet de ces manuscrits, voir l'édition des *Harangues* de M. Croiset, p. xliv sq. ; sur ceux-là et les autres, cf. C. Fuhr, *Demosth. orat.*, I ; Butcher, *Demosth. orat.*, I, et W. Rennie aux tomes II et III de la même édition.

4. D a corrigé parfois, semble-t-il, de lui-même. Mais il offre aussi des concordances notables avec S, par exemple dans le discours LIII.

5. Par exemple, ils donnent tous à XLVI 19 ἴσεσθε pour οἴεσθε (S).

C'est peut-être dans la seconde moitié du corpus démosthénique que l'unité de notre tradition est le plus sensible. On rappelle que tous nos manuscrits nous donnent un *Contre Zénothémis* incomplet, avec la coupure au même endroit. Ils ont fidèlement conservé des erreurs de lecture, parfois grossières (ainsi XXXVI 43, où κέκτησαι pour κέκτηται n'a été corrigé que par D, de son chef ; XXXV 33, où nous manque, il est vrai, le témoignage de S, mais où l'absurde οἰκούντων a été maintenu à la fois par A et par la famille de F ; XLI 3, où la faute moins visible n'a pu être révélée, tout récemment, que par l'épigraphie : tous nos manuscrits substituent au démotique Τειθράσιος celui de Θριάσιος, plus familier ; LIII 14-15, transposition commune). Tous, enfin, dans plusieurs cas significatifs, offrent une concordance remarquable en face de la tradition indirecte.

Les citations des auteurs, à vrai dire, sont souvent sans intérêt pour l'établissement du texte. Celles de Stobée ou de Photius par exemple, quand on peut admettre leur exactitude littérale, paraissent empruntées à des copies médiocres : rien de spécial à notre cas, la critique est habituée à cette constatation. Pour Denys d'Halicarnasse et surtout pour Harpocration, il n'en est pas toujours de même. Leurs leçons sont de valeur très inégale. Nous observons, d'ailleurs, que chacun d'eux avait plusieurs exemplaires, parfois, à sa disposition : pour nous en tenir à un cas particulièrement intéressant, nous relevons dans deux citations du *Contre Nééra* 67 chez Harpocration (s. v. ἀποπεφασμένως et πωλῶσι) deux lectures tout à fait différentes, et dont l'une justement offre au lexicographe la matière d'une discussion sémantique[1]. Que peut représenter la tradition de ces deux auteurs? On a dit beaucoup de mal de celle de Denys : le mal est peut-être justifié pour ce qui est des harangues[2], mais un assez long

1. Il est remarquable que nos manuscrits concordent ici avec la plus mauvaise des deux traditions représentées par Harpocration.

2. Pour les plaidoyers civils aussi, il arrive qu'il représente une tradition inférieure : à XXXIX 16, il semble avoir eu sous les yeux Πύλας au lieu de la bonne leçon Ταμύνας que donnent tous nos manuscrits de Démosthène.

extrait du *Contre Conon* 3-9 offre une série de leçons étrangères à nos manuscrits et dont quelques-unes sont recommandables. Quant à Harpocration, il nous fournit de son chef, pour les plaidoyers civils, trois lectures au moins qui sont tout autre chose que des variantes ordinaires et qui, en face du texte banalisé de nos manuscrits, s'imposent (XLVII 12 ἐκαλίστρουν : ἐκάλουν codd. ; LII 20 Ἄκην : Θρᾴκην codd. ; LIV 26 λίθον : βωμόν codd.). Dans le même ordre d'idées, il faut retenir ce que nous apprend Hermogène (p. 608 Walz) : que certaines éditions portaient dans le *Contre Nééra* une phrase que son réalisme excessif avait fait exclure des autres, et qui de fait n'est donnée par aucun de nos manuscrits (il est vrai que A nous fait défaut, mais nous avons sa copie, *r*).

Faut-il admettre que, parallèlement à notre tradition, il y en ait eu dans l'antiquité une ou plusieurs autres qui, à l'occasion, auraient été plus fidèles au texte primitif ? Ni le témoignage de Denys ni même celui d'Hermogène n'obligent à le penser. Les leçons excellentes qui sont propres à Harpocration pourraient le suggérer. Mais, en fin de compte, elles ne suffisent pas à le faire admettre[1]. D'abord, le degré et le genre d'unité qu'il y a entre nos manuscrits ne commandent pas d'assigner à leur archétype une date très reculée[2], mais plutôt une date assez basse pour qu'on puisse s'expliquer plus simplement les altérations qu'avait pu subir çà et là un texte qui, dans l'ensemble, aurait été de bonne qualité. Ensuite, nous avons d'autres témoins anciens qui ne manifestent pas un désaccord profond avec cet archétype présumé : ce sont les papyrus[3] ; comme il arrive assez souvent, les papyrus

1. Comme le voudrait Helmke, *De Demosthenis codicibus quaestiones selectae*, où on trouve le relevé des leçons d'Harpocration en faveur de l'hypothèse d'une tradition distincte.

2. Blass le situe au ve ou vi^e siècle. Drerup, *Antike Demosthenesausgaben* (*Philol.*, Suppl. VII, p. 544), voudrait remonter beaucoup plus haut, jusqu'à l'époque alexandrine. Butcher (*Demosthenis orationes* d'Oxford, I, p. vii) dit avec bon sens : *serioribus certe romani imperii temporibus adsignandus est.* Le fait qu'on n'a pu compléter le *Contre Zénothémis* indique plutôt l'âge du *codex* que celui des papyrus — donc une date plutôt postérieure au iie siècle.

3. Il est vrai que leur témoignage n'est pas très abondant en ce qui

ne fournissent guère de lecture préférable à celle de nos manuscrits ; ils concordent tantôt avec l'un, tantôt avec l'autre ; en général, ils laissent reconnaître que, de sa forme primitive à celle de l'archétype, le texte n'a pas dû varier beaucoup pendant un grand nombre de siècles[1]. Enfin, tel détail significatif fait apercevoir une très longue continuité entre les deux états : une trentaine de fois dans le *Contre Léocharès* (XLIV), S donne de première main pour les mots de la famille de ποιεῖν des formes du type ποεῖν avec chute de l'ι intervocalique devant un ε ou un η : si l'on se rappelle que ces formes sont d'accord avec une graphie ancienne qui se présente dans les mêmes conditions aux ve et ive siècles[2], si l'on considère que leur emploi est limité à un seul discours qui n'est certainement pas de Démosthène, il est bien permis de penser que S ou S pr. reproduit ici, pour ce discours spécialement, l'aspect le plus ancien du texte[3].

La conclusion peut donc être assez optimiste, pourvu que l'optimisme ne soit pas aveugle : même en dehors des leçons d'Harpocration que nous avons signalées, telle citation du même auteur (e. g. XXXV 26), telle altération brusquement révélée par hasard (comme celle de Θριάσιος XL 3) nous font soupçonner que, dans le détail, notre texte, même amendé, est loin d'être parfait. L'essentiel, c'est qu'il dérive, par de bons intermédiaires, de la tradition la plus authentique ; c'est qu'il ne remonte pas à une recension ancienne qui, pour avoir été accréditée, n'en serait pas moins l'équivalent d'une mauvaise édition.

En tout cela, à vrai dire, nous prenons notre tradition comme formant à certains égards une unité. Or, pour les harangues du moins, et même pour le reste, on a quelque-

nous concerne : Pap. Bodl., fr. 47 = XXXIV, 5-7 ; Oxyrh. Pap. 1093 = XXXIX, 7-23 ; 16.702 = XL 52-53 ; Pap. Gr. et Lat. VI 721 = LI, 7-10.

1. Cf. Butcher, I, p. xi ; Rennie dans la même édition, II, 2, p. viii sq.

2. Cf. Meisterhans, *Grammat. der att. Inschr.*[3], p. 57, qui montre les variations de l'usage à la même époque dans l'épigraphie. Pour les manuscrits d'Aristophane où la forme sans ι doit être parfois maintenue, cf. V. Coulon, *Aristoph.* (Coll. des Univ. de Fr.), I, p. xxix.

3. A l'exemple de Blass (cf. *Demosth. orat.*, III, p. xvi sq.), nous avons conservé ces *antiquae scribendi rationis vestigia.*

fois admis que les différentes branches de cette tradition correspondraient à des éditions anciennes de valeur inégale[1]. Pour ce qui est des plaidoyers civils, cette conception est insoutenable.

Comment, pour cette série, pouvons-nous nous représenter les rapports entre les différentes familles de manuscrits? Nous avons dit qu'entre l'archétype présumé et les représentants les plus authentiques de ces familles, il ne fallait pas exagérer la distance ; mais, d'autre part, il y a eu des intermédiaires, donc des rameaux différents à partir de l'archétype. Peut-être même, comme pour les harangues — mais nous l'admettrions moins volontiers — le texte de l'archétype aura-t-il été contaminé chez l'un ou l'autre de ses dérivés. De toute façon, les choses sont bien brouillées pour nous ; si une copie ne procédait jamais que d'un original, la critique aurait trop beau jeu : ici comme ailleurs, il lui faut bien constater, d'une famille à l'autre, des interférences. Certaines leçons et pas mal de corrections ou de variantes font supposer que les copistes consultaient, à l'occasion, divers originaux ; parfois même, ils devaient travailler avec plusieurs exemplaires, comme l'atteste, en dehors de la double copie de LI dans A, la double copie de la συγγραφή du *Contre Lacritos* dans F Q D, où les variantes impliquent l'existence de deux originaux différents. Ceci, du reste, n'exclut pas une hiérarchie entre les « familles »; mais nous n'avons pas le droit de présumer *a priori* que les rapports sont les mêmes dans toutes les parties de l'œuvre démosthénique. Et les plaidoyers civils ont bien constitué une partie spéciale dans la tradition ancienne; un menu fait est en l'occurrence suggestif : les indications stichométriques, qui, communes à S et à F, remontent haut — mais qu'il est peut-être téméraire de faire remonter à l'époque alexandrine — obligent à reconnaître que, dans l'original d'où elles pro-

1. Notamment Drerup, dans le travail précité, et surtout dans *Vorlaüf. Bericht üb. eine Studienreise zur Erforsch. der Demosthenesüberlief.* (*Sitzungsber. d. philos.-philol. Kl. d. kön. bayer. Ak. d. W.*, 1902, III). Voir en particulier p. 294, où S est donné comme représentant d'une excellente édition « atticiste » et A comme dérivé d'une vulgate alexandrine (*des verwilderten alexandrinischen Vulgattexts*).

viennent, la longueur des lignes n'était pas la même pour les discours privés que pour les autres[1].

Pourtant, ici comme ailleurs, on affirme unanimement la primauté de S. Est-elle justifiée? Sans doute, S conserve quelques-uns de ses mérites : respect de l'ordre des mots, exactitude de certaines graphies ou de certaines formes verbales, quelquefois — mais plus rarement — pureté du texte exempt d'une glose. Ce sont surtout des mérites de copiste, qu'il y a lieu de partager entre S et ses auteurs. Mais, d'autre part, on ne peut lui reconnaître ici ni la place qu'il occupe ailleurs dans l'ensemble de la tradition manuscrite, ni la supériorité qui lui appartient dans d'autres catégories de discours. Dans les harangues, son témoignage s'oppose souvent au témoignage concordant de A et de F ; dans les plaidoyers civils, c'est plutôt l'inverse : un discours assez long comme le *Contre Macartatos* montrerait une autre ligne de partage[2]. Dans ces conditions, les leçons de S *solus* ne sont pas des plus nombreuses ; parmi elles, les erreurs manifestes ne manquent pas, dont certaines peuvent remonter plus haut que S (ainsi XLI 15 ὁμολογήσαντας, leçon qui n'a pas été retenue ailleurs, mais qui est indiquée à titre de variante par F et Q ; XXXVI 47 διὰ τῆς ; XLV 67 ἀνάγκης χρεία, d'accord avec la mauvaise tradition représentée par Stobée). La valeur des autres leçons est-elle vraiment éminente? Dans le même *Contre Macartatos*, nous relevons au bilan de S *solus*, en dehors de variantes orthographiques et de fautes de copie : 33 ὑπολαμβάνετε bis : ὑποβάλλετε cett. ; 61 τοὺς οἰκείους τοὺς 'Αγνίου : τοὺς οἰκ. τοῦ 'A. cett. ; 79 οἱ ἀπὸ τοῦ Βουσέλου : add. γενόμενοι cett. Ceci représente une moyenne. Or, on peut voir tout de suite que les bonnes leçons de A *solus* (et l'épreuve de ce discours n'est pas particulièrement favorable à A) sont sensiblement plus nombreuses, et quelques-unes d'entre elles autrement significatives (e. g. 22 Φανόστρατος : Φανοστράτη cett. ; ὁ υἱὸς ὁ : οὗτος cett., cf. 63 ; 48 Προσπαλτίου : παλτίου cett. ; 82 φανερᾷ τῇ ψήφῳ, expression technique : φαν. ψήφῳ cett.).

1. Buerger, *Stichom. Untersuch.*, Gymnasialprogr. Munchen, 1892.
2. Encore une fois, il n'y a rien de constant ; aussi bien S donne parfois la mauvaise leçon en face de A F (30 ἔκδειαν).

A vrai dire, il y a une question plus large : quelle est, comparativement, la valeur des traditions représentées par A d'une part, par S F Q D d'autre part ? L'estime où l'on a tenu l'*Augustanus* a varié ; mais, bien qu'on lui ait témoigné parfois quelque faveur depuis une cinquantaine d'années, on le met toujours au-dessous de S : le dernier éditeur des plaidoyers civils, Rennie, est encore très net dans ce sens. De fait, A a ses défauts évidents : il manque de soin, lui ou son original, il est trop libre. Et si l'on fait le relevé des leçons qui lui sont propres, il se trouve qu'un grand nombre est à écarter du premier coup. Mais les bonnes lui ont déjà valu une considération particulière de la part de Blass qui, dans les cas douteux, lui donne volontiers la préférence[1]. C'est qu'il ne faut pas seulement considérer les chiffres bruts qui feraient apparaître pour A un passif plus chargé. Les mauvaises leçons sont en majorité des erreurs banales de copiste ; les bonnes sont souvent de qualité. Presque toutes les fois où une variante nettement distincte et de valeur incontestable nous est fournie par un seul manuscrit, ce manuscrit est l'*Augustanus*. Citons pour quelques discours pris au hasard : XXXIV 2 ἐν Βοσπόρῳ : ἐμπόρων cett. ; 16 ἔγραφον : ἔλαχον cett. ; 28 ἀμφοτερόπλοα : ἑτερόπλοα cett. ; XXXV 2 ἀπολωλεκέναι : ἀποδεδωκέναι cett. ; 13 σωτηρία δ' ἔσται : σωτηρία ἔστω cett. ; XLVIII 10 ὑπενοοῦμεν : ὑπενόουν μὲν cett. ; LIII 14 ἀπρόσκλητον : ἀπόκληρον cett. ; LVII 32 διακοσίας : τὰς τριακοσίας cett. Tantôt la leçon de A permet de corriger un texte qui nous donne la *lectio facilior* (e. g. XXXV 13) ; tantôt elle s'oppose à une erreur visible par quoi S et F s'apparentent en face de A (XXXV 2, ou encore XXXVII 51 λαχόντα contre λαχόντας). On constate même assez souvent, là où le texte banalisé des autres ne ferait pas soupçonner l'erreur, que le même manuscrit est souvent plus exact dans l'emploi des formes verbales[2].

On ne peut évidemment pas interpréter ces faits en ad-

1. Dans le *Contre Lacritos*, au lieu de huit leçons qu'adoptait Dindorf, treize sont retenues par Blass. Rennie, qui est plutôt en réaction, en garde onze.

2. Il y a tel cas où la leçon des autres, conservée généralement par les éditeurs, fait contresens : ainsi XLIII 11 εἰσήγαγον (εἰσῆγον A).

mettant que A ou ses auteurs directs, représentants d'une tradition médiocre, ont fait de la critique conjecturale. On ne peut pas l'interpréter non plus en admettant que les bonnes leçons ont été empruntées capricieusement par eux à une autre tradition — qui, par ailleurs, n'est plus représentée pour nous. Aussi bien nous est-il permis d'entrevoir les procédés de travail de A. Il a copié deux fois le discours *Sur la couronne triérarchique.* Les deux textes présentent de nombreuses divergences. L'un des deux (A^b), qui est à sa place dans l'ordre naturel des plaidoyers, appartient probablement à l'original qui servait de base au copiste : c'est lui qui fournit au § 8, en face de δικαστήριον de A^a S F Q D Pap., le δεσμωτήριον qui éclaire le texte et qui est du type des très bonnes leçons de A. D'autre part, il y a tout de même une parenté marquée entre A^a et A^b : seize fois ils concordent contre les autres, et certaines de leurs leçons communes sont de bonnes leçons caractérisées ; du reste, celles qui sont propres à A^a sont loin d'être méprisables et plusieurs fois méritent la préférence. Il convient d'admettre que A^a et A^b représentent deux rejetons d'une tradition différente de celle de S F Q D et souvent meilleure. C'est cette tradition — en général, par l'intermédiaire du second de ces rejetons — qui est attestée par A dans l'ensemble des plaidoyers civils. Et ce qui en précise la nature, c'est le caractère de certaines fautes : telles leçons inintelligibles de A sont parfois plus rapprochées du texte original que les corrections malencontreuses et plus ou moins concordantes des autres manuscrits[1] : ainsi XXXIV 9 ὡρωπον : ἄνθρωπον cett., lege ῥῶπον ; XXXVI 11 ἡδεῖον : ἴδιον cett., lege ἥδιον ; XXXVIII 27 δίκαι ἢ ὡς εἰκός τὸ : δίκαι ἢ ὡς τὸ S δικαίως τὸ FQ, lege δίκαι ἢ ὡς εἰκόστῳ ; XL 31 τότε... ἀποδιαιτηθείσης : ταύτῃ... ἀποδιαιτηθεὶς S τότε... ἀποδιαιτηθεὶς v., lege ταύτης ἀποδιαιτηθείσης ; LVIII 40 συνενδεκατίζοντας : ἐνδικάζοντας cett. ἐνδεκάζοντας Harpocr., lege συνδεκατίζοντας

Nous concluons que, dans l'ensemble de la tradition qui est attestée par nos manuscrits et qui continue la bonne

1. Une observation analogue était faite au sujet des harangues par A. Spengel, *Ueb. d. Handschr. Cod. Aug. I monac. d. Demosth.*, 1872, p. 5.

tradition ancienne, le rameau le plus authentique pour les plaidoyers civils est encore celui qui est représenté par A : en dépit des erreurs de copiste qui le déparent, nous n'avons pas hésité à rétablir ce manuscrit dans son droit de priorité.

Il faut dire quelques mots des documents qui sont parfois donnés dans nos discours : leur authenticité a été jadis très attaquée, notamment par A. Westermann. On en discute beaucoup moins aujourd'hui.

Ce sont, d'une part, des textes officiels, surtout des lois ; de l'autre, des actes juridiques comme des contrats, ou des pièces de procédure comme des témoignages — ceux-ci les plus nombreux. On ne les trouve que dans un petit nombre de plaidoyers civils et chaque fois, comme qui dirait, pour un certain type de procès : *Contre Lacritos*, *Contre Macartatos*, *Contre Stéphanos* I et II, *Contre Nééra*. Tous les manuscrits ne les présentent pas : ils ne sont pas dans S, sauf deux témoignages du *Contre Stéphanos* I. Les indications stichométriques témoignent qu'ils étaient absents de l'original où le calcul des lignes a été fait. Si l'on ajoute que les actes de certains discours politiques, comme le discours *Sur la couronne*, sont manifestement des faux, il y a là déjà quelques motifs de défiance. On a pu produire une argumentation plus directe. Dans quelles conditions ces pièces ont-elles été insérées ? On se représente mal que le texte du logographe les ait comprises : lecture devait en être faite, au fur et à mesure, d'après le dossier. Donc, c'est aux copistes que nous les devrions. A la rigueur, on peut s'expliquer que telle ou telle loi soit authentique si elle a été transcrite d'après la stèle, ou les archives, ou plus probablement d'après quelque recueil comme il en a existé à l'époque hellénistique. Mais c'est tout ; et contre les autres pièces, on a essayé de faire valoir des arguments de critique interne qui les condamneraient[1].

Rien de tout cela n'est probant. Les indications stichométriques et le témoignage négatif de S ne sauraient prouver que les documents en question n'aient pas figuré dans

1. Cf. H. Schucht, *De documentis orat. att. insertis et de litis instrumentis prioris adversus Stephanum orat. demosth.*, 1892.

l'archétype — ce qui, d'ailleurs, ne serait pas décisif. Elles ne prouvent nullement qu'ils ne soient pas très anciens [1]. Il est arbitraire de supposer que quelque faussaire, pour illustrer son texte, ait pratiqué un échantillonnage, retenant seulement un discours type dans chaque catégorie pour y insérer tantôt une pièce authentique, tantôt un document forgé. Et l'on comprend très bien, en revanche, que le plaideur ait eu à sa disposition, en dehors du dossier, les documents qui lui servaient d'aide-mémoire pour poursuivre sa démonstration : on observe justement que ce sont parfois des extraits ou des formules abrégées. Toute la question est donc de savoir ce que valent les pièces, considérées en elles-mêmes. Or, sauf pour quelques témoignages du *Contre Macartatos*, la critique interne ne fournit aucun motif plausible de suspicion ; ajoutons que, dans bien des cas, les pièces ne pouvaient être fabriquées avec les seules indications du discours qu'elles complètent parfois de données qui ne s'inventent pas. Positivement, il y a de bonnes raisons d'en retenir le plus grand nombre : dans celles du *Contre Stéphanos* I qui ont servi de thème principal à l'hypercritique de Schucht [2], Schucht lui-même relevait une série de noms propres qui nous sont attestés, avec les mêmes patronymes et les mêmes démotiques, par les inscriptions contemporaines : le hasard ne peut tout de même pas expliquer cela. Il convient d'admettre l'authenticité de presque tous les documents des plaidoyers civils, dont quelques-uns sont de première valeur [3].

Nous avons peu à dire au sujet de la présente édition. On sait que l'apparat critique, dans cette collection, est

1. En ce qui nous concerne, relevons qu'ils doivent être antérieurs, de toute façon, au IVe siècle : le nom du plaideur Sosithéos, que donne Libanios dans l'Ὑπόθεσις du *Contre Macartatos*, n'est fourni que par des témoignages.

2. *O. l.*, p. 87 sq.

3. La première réaction décisive à l'hypercritique a été de Kirchner, *De litis instrum. quae exstant in Dem. quae fertur in Lacr. et priore adv. Stephan. orat.*, 1883. On se reportera au travail d'ensemble de Drerup, *Ueb. d. bei d. Att. Redn. eingel. Urkunden*, in *Neue Jahrb. f. class. Philol.*, Supplem., XXIV, 1898, p. 221-366.

généralement réduit à l'essentiel et destiné à justifier le texte adopté, seulement où il y a lieu : il est inutile d'y mentionner telle étourderie d'un copiste isolé. De même, on n'a pas jugé à propos de signaler, sauf par exception, les variantes des manuscrits quant à l'ordre des mots : les éditeurs sont d'accord pour admettre en l'occurrence soit la leçon de S, soit celle que recommandent les habitudes du grec oratoire. Pour ce qui est des formes ou de l'orthographe, il faut distinguer. La leçon qui est retenue nous vient parfois de S, par exemple ἠμφεσβήτησε ; il serait oiseux de le répéter à tout coup. Dans d'autres cas, la leçon commune aux manuscrits est corrigée d'après des témoignages indirects, surtout ceux de l'épigraphie : ainsi on écrit λητουργεῖν au lieu de λειτουργεῖν On sait que ce genre de correction ne doit pas être multiplié ; quand il s'impose, nous ne le relevons pas ; nous l'indiquons ailleurs. Il y a, enfin, des formes pour lesquelles l'usage a pu être indécis, ainsi les imparfaits du type ἤμελλον-ἔμελλον[1] ; il n'y a de solution, en l'espèce, qu'empirique : nous avons conservé ou rétabli les leçons de S.

On sait qu'il existe déjà une traduction des *Plaidoyers Civils*, celle de Dareste. C'est une très bonne traduction, à la fois très juste et très vivante. Il est superflu de dire que nous lui devons beaucoup. Seulement, elle est faite parfois sur un texte fautif, et si, par ailleurs, elle comporte très peu d'erreurs d'interprétation, il lui arrive « d'allonger », ou de sacrifier l'exactitude à l'aisance. Ajoutons que certaines des conceptions juridiques qu'elle peut impliquer sont aujourd'hui abandonnées ou combattues. Et puis elle est d'un avocat à la Cour de Cassation de 1875 : elle est — parfois — un peu académique. Mais cela ne veut pas dire qu'on ait fait mieux : on a fait un peu autrement.

1. Encore que l'augment en ἠ n'apparaisse dans l'épigraphie qu'après 300 (Meisterhans, *o. l.*, p. 169, 3) ; toutefois, cf. Kühner-Blass, *Ausf. Gramm. d. gr. Spr.*, II, p. 9.

XXVII

CONTRE APHOBOS I

NOTICE

La cause est célèbre. Démosthène, spolié par ses tuteurs, entreprit de leur faire rendre gorge. Après des pourparlers et des propositions d'arbitrage, il intenta l'action de tutelle (δίκη ἐπιτροπῆς), sous l'archontat de Timocratès (364/3)[1].

La δίκη ἐπιτροπῆς est une des actions qui nous sont le moins mal connues. C'était une action « estimable » (§ 67), c'est-à-dire qu'après un verdict de condamnation, le montant de l'indemnité était fixé par le tribunal qui avait à se prononcer entre les propositions du demandeur et du défendeur (τίμησις et ἀντιτίμησις ; cf. *C. Onét.* I 32). Elle était soumise à l'arbitrage public (§ 49), ce qui semble indiquer qu'elle était portée devant les Quarante et non pas, comme on l'admet souvent, devant l'archonte[2]. Si la sentence de l'arbitre n'était pas acceptée par l'une ou l'autre partie, l'action était jugée par un tribunal. Comme un assez grand nombre d'actions privées, la δίκη ἐπιτροπῆς comportait l'*épobélie* (§ 67) : le demandeur, en cas d'insuccès — sans doute quand il n'obtenait pas le cinquième

1. *C. Onét.* I 17. Le même passage atteste que Démosthène était majeur depuis deux ans. Or, la tutelle finissait à la majorité du pupille (cf. Lys. XXXII, 9). Dès avant, la situation était bien connue (*C. Onét.* I 6) ; ce ne sont pas les pourparlers qui ont retardé de deux ans l'action judiciaire, mais plus probablement le régime décrit par Aristote, *Const. d'Ath.*, 42, 5, et qui devait exister dès cette époque : pendant les deux ans que dure l'éphébie, il n'est pas permis au jeune Athénien d'ester en justice, sauf pour une série d'actions dont la δίκη ἐπιτροπῆς ne fait pas partie. Cf. Photiades in Ἀθηνᾶ, 1926, p. 44 sq.

2. Cf. R. Bonner et G. Smith, *The admin. of just. from Homer to Aristotle*, II, p. 104 sq.

des voix[1] — était frappé d'une condamnation civile (un sixième du montant de la demande) au bénéfice de son adversaire.

D'après les règles de la procédure athénienne, l'action se divisait de plein droit quand il y avait plusieurs défendeurs : Démosthène ayant eu trois tuteurs, c'est trois demandes distinctes qu'il dut introduire. Le présent discours est celui qu'il prononça contre l'un des tuteurs, en 363 probablement[2], devant le tribunal auquel son adversaire, condamné par l'arbitre (§ 51), en avait appelé. Naturellement, il ne pouvait guère parler de la gestion d'Aphobos sans parler de la gestion collective des tuteurs ; naturellement aussi, il a dû donner son principal effort à l'action qui vint la première[3] : si bien que, sur les trois plaidoyers auxquels il y avait lieu, le seul *Contre Aphobos* paraît avoir été l'objet d'une rédaction complète et définitive[4]. Il est bien douteux que Démosthène l'ait écrit en vue d'une édition ; il aurait pu le faire, à la rigueur, pour les besoins de son enseignement ; mais il est plus probable qu'on aura trouvé ce discours dans ses papiers avec la réplique qui fait corps avec lui, l'un et l'autre ayant été entièrement rédigés avant les débats[5].

1. Cette condition n'est pas formulée ici ; elle l'est seulement à propos d'un autre cas d'épobélie (Isocr., XVIII, 12). Mais il y a bien des chances qu'elle ait été générale (*contra*, Lipsius, *Das attische Recht u. Rechtsverfahren*, p. 939).

2. C'est en 364/3 que l'action a été « tirée au sort » ; c'est après cette formalité qu'elle est venue devant l'arbitre, et l'arbitrage durait assez longtemps. D'autre part, le procès contre Onétor, motivé par l'exécution de la sentence, est de 362/1.

3. *C. Aph.* III 6.

4. C'est sans raisons suffisantes, semble-t-il, qu'on admet parfois que Démosthène renonça à ses actions contre les deux autres tuteurs : du moins serait-il excessif de le conclure d'un mot plutôt vague d'Eschine, III, 173. Le Pseudo-Plutarque affirme que les trois tuteurs ont été condamnés (*Dix Orat.*, p. 884 c) ; et le Pseudo-Plutarque, qui procède souvent de Cécilius et qui donne ici des précisions, n'est pas un auteur si mal renseigné. En tout cas, les deux autres actions ont été intentées (*C. Aph.* III 6), et il a bien fallu que Démosthène se préoccupât des plaidoyers auxquels elles devaient donner lieu : il n'y en a pas de trace apparente ; mais nous retrouverons la question à propos du troisième *Contre Aphobos*.

5. Le second *Contre Aphobos* a bien été rédigé pour compléter le

Le premier *Contre Aphobos*, pour la plus grande part, est en faits et en chiffres : c'est même par là qu'il est le plus intéressant. Au reste, on y retrouve les principales pièces d'un schéma traditionnel (exorde, narration, démonstration, réfutation, résumé, péroraison). On voit que Démosthène a été à l'école ; on lui voit aussi, dès ses débuts, une certaine liberté d'allure. Il n'est pas sûr qu'il ait imité un de ses devanciers en particulier. On pense à Isée parce qu'Isée a été le maître de Démosthène : une tradition voulait même qu'il eût composé le discours *Contre Aphobos* ou, du moins, y eût mis la dernière main [1]. Mais les rapports qu'on a signalés ne sont guère décisifs [2]. On pourrait en indiquer aussi avec le *Contre Diogiton* de Lysias, qui concerne également une affaire de tutelle : en admettant même que Démosthène ait eu ce discours à sa disposition, l'emprunt ne serait pas davantage attesté. Tout orateur instruit disposait à ce moment d'un héritage collectif où il trouvait à se ravitailler en lieux communs pour chaque catégorie de procès. La partie essentielle est ici la discussion serrée où sont établies les malversations des tuteurs (§§ 13-48) et d'où résulte un effet de masse que Démosthène, il faut bien le dire, a recherché et obtenu aux dépens d'une parfaite clarté : du moins, les membres du jury avaient-ils pu être convaincus à tous les moments d'un exposé que l'orateur a voulu aussi objectif que possible.

Refaire cet exposé serait inutile. Il suffira d'en marquer les lignes maîtresses. Tout pupille devait recevoir à sa majorité (XXXVIII 15) un compte de tutelle (λόγος). Pour discuter le sien, Démosthène dispose des renseignements qu'ont pu lui fournir sa mère et son intendant sur les éléments de la succession ; à défaut du testament qui a disparu, de certaines pièces laissées par son père (ὑπομνήματα,

premier devant les juges. Il comporte un ἐπίλογος plus pathétique et plus long. Il est vrai qu'il répond à un argument que l'adversaire a produit devant les juges ; mais cet argument, il était facile de le prévoir, ou plutôt il était connu depuis le moment de l'arbitrage (§ 1 sq.).

1. Voir Libanios dans l'Ὑπόθεσις du *Contre Onétor* II.

2. A vrai dire, une base de comparaison nous fait défaut, puisque nous n'avons plus de λόγοι ἐπιτροπικοί d'Isée.

II 6) ; enfin, de la déclaration que ses tuteurs eux-mêmes ont eu à faire pour l'impôt sur le capital. L'héritage est évalué (avec un peu d'exagération) à 14 talents. Or, les articles remis par les tuteurs représentent 1 talent et 10 mines (en réalité, un peu plus). Le reste a disparu : les raisons alléguées par l'adversaire à propos de chaque article sont des raisons misérables ; et il y a des détournements attestés. Il n'est pas douteux pour nous que, de plus, l'administration ait été très déficiente ; mais, même si l'administrateur n'avait pas été responsable en principe de sa négligence, il se trouvait l'être indirectement pour n'avoir pas affermé le patrimoine [1].

Ce qui donne son intérêt historique au discours, c'est qu'il nous fait voir comment on testait vers 380 et qu'il nous fait connaître la composition d'un riche patrimoine.

A cette époque, le « testament » n'était plus réservé, comme il l'avait sans doute été d'abord, à ceux qui, n'ayant pas de descendants mâles, adoptaient un successeur : il pouvait y avoir lieu à διαθήκη quand on avait un fils, comme dans le cas présent ; le fils était héritier nécessaire, mais la διαθήκη contenait des legs et même d'autres dispositions. C'était, dès ce moment-là, un acte de « dernière volonté » au sens moderne du mot. Quelque vingt-cinq ans plus tôt, le *Contre Diogiton* de Lysias nous offre l'exemple d'une forme mixte, où l'essentiel réside dans un acte entre vifs : le testament y comporte un écrit, mais d'un caractère déclaratoire, plutôt que constitutif. Ici, le rapport est renversé [2] : si le père de Démosthène a « confié » aux tuteurs, à titre de « dépôt », ses enfants et sa fortune [3], s'il y a eu, à certains égards, un acte bilatéral

1. Il est question, au § 58, des lois qui concernent le cas. Ces lois devaient régler les modalités de l'affermage des biens du pupille (qui se faisait, nous le savons, sous la garantie de l'autorité publique) et peut-être indiquer les conditions où l'affermage était obligatoire : quoi qu'ait l'air d'en dire Démosthène, il ne l'était pas dans tous les cas ; mais, naturellement, le testament était exécutoire sur ce point comme sur les autres.

2. Pour l'analyse du cas, cf. E. F. Bruck, *Die Schenck. auf den Todesf. im gr. u. röm. Recht*, p. 99 sq. ; cf. p. 122 sq. (qui, il est vrai, ne tient pas suffisamment compte de l'élément d'acte entre vifs).

3. *C. Aph.* I 4 ; II 15-16.

au cours d'une entrevue suprême — que d'ailleurs Aphobos niait pour son compte — l'essentiel réside dans l'écrit, spécialement dénommé διαθήκη, qui, à la rigueur, aurait pu se suffire à lui-même, et qui est considéré comme une source de droit indépendante[1]. Ce qui accuse ce caractère de la διαθήκη, c'est que le père de Démosthène y réglait l'administration future du patrimoine[2]. — Mais, dans le testament étaient comprises en outre deux dispositions importantes[3]. D'une part, il y avait désignation de tuteurs, chose normale aussi bien. D'autre part, la sœur et la mère de Démosthène étaient données en mariage à deux des tuteurs.

La première n'était pas près d'être nubile : l'acte n'en était pas moins passé dès ce moment, et Démophon, l'époux, recevait la dot au jour du décès[4]. En fait, l'union n'eut pas lieu ; or, visiblement, il n'y eut pas à considérer qu'un état de mariage avait été rompu, aucun divorce n'intervint. La « dation » de la femme par le parent qualifié (κύριος) apparaît donc comme la condition du mariage, mais ne constitue pas le mariage. Elle ne le constitue pas davantage dans le second cas, où pourtant l'union aurait pu avoir lieu tout de suite puisqu'il n'y a pas de délai de viduité en droit athénien. Ce second cas est aussi intéressant à un autre point de vue : la dation en mariage, qui est ici désignée par le terme plus technique d'ἐγγυᾶν (*C. Aph.* II 15-16), émane d'un premier mari. Le mari, en droit athénien, avait-il donc pouvoir pour céder sa femme? Il ne devait l'avoir que dans certaines conditions : il fallait pour cela, semble-t-il, que la femme n'eût plus d'autre

1. Il est dit notamment que c'est la διαθήκη qui mettait les tuteurs en possession : *C. Aph.* II 6.

2. *C. Aph.* I 40 ; II 15 ; III 29 ; 42.

3. Pour la seconde, noter *C. Aph.* III 43 : ἣν δὲ ταῦθ' ἃ γεγράφθαι φησὶν ἐν τῇ διαθήκῃ, δύο μὲν τάλαντα Δημοφῶντα λαβεῖν εὐθύς, τὴν δ'ἀδελφὴν ὅταν ἡλικίαν ἔχῃ. Les « donations » qui sont faites à Aphobos et à Démophon le sont à cause de mariage ; en les inscrivant dans le testament, le père de Démosthène n'a même pas eu à mentionner la condition résolutoire, puisque la dation en mariage faisait partie de la διαθήκη.

4. Cela est dit expressément pour lui (*C. Aph.* I 5, 45 ; II 15 ; III 43, 45). Si cela n'est pas dit pour Aphobos, qui devait épouser la veuve du défunt, il ne faut pas conclure avec Bruck que la donation soit sus-

κύριος que son mari, à qui son père, en l'absence de proches parents mâles, l'avait « confiée », suivant l'expression de la loi (*C. Stéph.* II 18) : ce qui devait être le cas de Cléoboulè, la mère de Démosthène[1].

La fortune du père de Démosthène était une des plus considérables en son temps. L'orateur y distingue (§§ 7-11) deux éléments selon que le capital est « actif » ou non (ἐνεργά et ἀργά). Cette analyse est remarquable ; car le second élément comprend des articles producteurs d'intérêts : le terme d'ἐνεργά est restreint au capital qui « travaille » dans l'industrie[2]. Il y a là une notion économique que certains Athéniens au moins possédaient parfaitement, et qu'il est intéressant de relever.

Les ἀργά comprennent d'abord (?), ce qui peut nous paraître illogique, des matières premières pour l'industrie exercée par le père de Démosthène ; en tout cas la maison, meubles, hardes et joyaux ; 80 mines d'argent en caisse ; enfin, les sommes placées au dehors : elles représentent un poste assez important (16.600 drachmes) relativement à l'argent conservé « à la maison ». Cette dernière expression est consacrée[3] ; elle correspond à un élément du patrimoine qui, dans le cas du *Contre Diogiton*, était beaucoup plus considérable[4]. On garde moins l'argent ; on le fait fructifier. Il y a pas mal de petits prêts à des particuliers. Il y a surtout, ce qui est plus intéressant, des dépôts bancaires, dans quatre établissements différents. De trois d'entre eux, à vrai dire, il n'est pas probable qu'ils rapportent intérêt : ils servent peut-être au fonctionnement commercial de l'industrie. Le plus important est un véritable placement : placement dans des affaires maritimes

pendue à son égard : il n'y avait lieu d'insister que pour Démophon, dont le mariage ne devait être consommé qu'une dizaine d'années plus tard. Cf. d'ailleurs I 41.

1. En ce sens, Dareste, *Nouv. Ét. d'hist. du dr.*, p. 64 sqq. Cf. *Rev. des Ét. gr.*, XXXI (1918), p. 185 sqq.

2. On le dit aussi du capital commercial, non pas pour le prêteur inactif, mais pour l'ἔμπορος qui est dans les affaires (*C. Dionysod.* 29 ; le verbe ἐργάζομαι est employé ainsi dans le même domaine). On le dit également du capital bancaire (*P. Phorm.* 5).

3. Cf. Hasebroeck in *Hermes*, 1920, p. 143 sq.

4. Lys. XXXII 13 : 5 talents.

pour lequel la banque sert d'intermédiaire (I 11 ; cf. III 36).

Le capital « actif » est celui qui retient le plus l'attention ; c'est celui qui occupait le plus le père de Démosthène[1]. Il ne faut d'ailleurs pas en exagérer l'importance relative : il ne représente guère plus d'un tiers de la fortune totale. Le décompte, chez Démosthène, n'en est pas très clair. Il y avait une fabrique d'armes et une fabrique de meubles : l'orateur n'y considère, expressément, que la valeur des esclaves ouvriers (pour l'évaluation du revenu, il n'a pas égard à l'amortissement de ce matériel humain, ni à la valeur de l'outillage, qui devait être du reste assez peu de chose). On peut s'étonner de voir mentionnée à ce poste une somme de 1 talent, prêtée au taux ordinaire de 12 °/₀ (une drachme par mine et par mois : § 9) : il est possible qu'il s'agisse de créances pour objets vendus. Mais, même avec cela, le total de 4 talents, 5.000 drachmes ne paraît pas suffisamment justifié[2] par l'orateur. Du moins, ce qu'on entrevoit de cette double exploitation nous laisse l'idée d'une entreprise remarquablement conduite : les ouvriers qualifiés que pouvait comporter le personnel des ateliers n'y auraient pas suffi ; ni même cet intendant Milyas qui faisait un peu office de directeur technique. La gestion financière et commerciale exigeait la personnalité d'un directeur avisé qui, peu à peu, avait monté la maison et qui, par l'investissement

1. Pour cette partie spécialement est à retenir l'analyse technique que donne W. Schwahn, *Demosth. gegen Aphobos. Ein Beitr. zur Gesch. d. gr. Wirtsch.*, 1929, réserve faite de certaines conceptions trop modernes (cf. Fr. Oertel, in *Rh. Mus.*, 1930, p. 230 sqq. ; J. Korver, in *Mnemos.*, 1941-1942, p. 8 sqq. ; M. I. Finley, *Stud. in Land and Credit in anc. Athens*, p. 257, 299).

2. Pour les chiffres relatifs à la fabrique d'armes (note au § 9), nous avons adopté l'interprétation de Schwahn avec laquelle nous obtenons, comme total de la valeur du capital humain, la somme très raisonnable d'une centaine de mines. Le capital de la fabrique de meubles, possédée à titre d'antichrèse, est compté pour la valeur de l'hypothèque, soit 40 mines. En ajoutant la somme d'un talent qu'on vient de voir, on obtient à peu près 20.000 drachmes en tout. Or, Démosthène évalue le capital « actif » à 29.000 drachmes. D'où vient la différence? On ne peut faire que des conjectures là-dessus : Schwahn (p. 16 sq.) admet qu'il s'agit des produits ouvrés en magasin.

méthodique de ses capitaux, le remploi régulier de ses bénéfices, l'extension progressive de ses affaires, était parvenu à l'une des plus larges réussites que pouvait comporter l'état économique du moment. Vrai type d'industriel, comme il n'y en avait sans doute pas beaucoup à Athènes : en tout cas, il n'a eu de successeur ni en ceux à qui il avait donné sa confiance ni en celui qui fut son héritier.

XXVII

CONTRE APHOBOS I

ACTION DE TUTELLE

Sujet du discours

1 Démosthène, du dème de Paeania, père de l'orateur, laissait en mourant deux enfants, Démosthène et une fille ; il désigne trois tuteurs des orphelins et administrateurs des biens : deux de ses parents, Aphobos et Démophon, et un ami d'enfance, Thérippidès. Il lègue à Thérippidès l'usufruit de 70 mines jusqu'à la majorité de Démosthène ; il marie sa fille à Démophon, qui devait recevoir une dot de 2 talents, et sa femme, mère des deux enfants, Cléoboulè, fille de Gylon, à Aphobos, avec une dot de 80 mines et la jouissance de la maison et des meubles y contenus, jusqu'à la majorité de Démosthène. **2** L'un et l'autre recueillent immédiatement leurs legs, mais ni Aphobos n'épouse la veuve, ni Démophon la fille. Après avoir administré la fortune, qui s'élevait à 14 talents, comme le montre l'orateur, ils étaient débiteurs de 30 talents pour le capital et les revenus. Or ils n'ont remis à Démosthène, lors de sa majorité, qu'une somme insignifiante. C'est pourquoi celui-ci poursuit Aphobos par l'action de tutelle pour la somme de 10 talents : car, les tuteurs étant au nombre de trois, Aphobos est débiteur pour le tiers[1] ; cette somme, suivant l'orateur, représente à la fois le capital et les intérêts.

3 *Contre Aphobos*, II. Ce discours est une réponse à plusieurs défenses présentées par Aphobos ; on y trouve aussi le rappel de ce qui avait été dit dans le premier.

1 Si Aphobos avait bien voulu, juges, satisfaire à ses obligations ou accepter l'arbitrage de parents au sujet de

1. Ceci n'est pas tout à fait exact. Aphobos doit le tiers pour la part qu'il a eue à la gestion collective ; il est débiteur unique pour la dot qu'il a reçue.

XXVII

ΚΑΤ' ΑΦΟΒΟΥ ΕΠΙΤΡΟΠΗΣ Α

ΥΠΟΘΕΣΙΣ

1 Δημοσθένης ὁ Παιανιεύς, Δημοσθένους τοῦ ῥήτορος πατήρ, τελευτῶν ἐπὶ δύο παισί, τῷ τε Δημοσθένει καὶ θυγατρί, ἐπιτρόπους καθίστησι καὶ τῶν παίδων καὶ τῶν χρημάτων τρεῖς, δύο μὲν συγγενεῖς, Ἄφοβόν τε καὶ Δημοφῶντα, ἕνα δὲ φίλον ἐκ παίδων, Θηριππίδην. Καὶ Θηριππίδῃ μὲν δίδωσιν ἑβδομήκοντα καρποῦσθαι μνᾶς, ἄχρις ἂν Δημοσθένης εἰς ἄνδρας ἐγγραφῇ· Δημοφῶντι δ' ἐγγυᾷ τὴν θυγατέρα, προστάξας αὐτὸν προῖκα δύο τάλαντα λαβεῖν· Ἀφόβῳ δὲ τὴν ἑαυτοῦ μὲν γυναῖκα, τῶν δὲ παίδων μητέρα, Κλεοβούλην τὴν Γύλωνος, ἀξιοῖ γήμασθαι μνᾶς ἐπιδοὺς ὀγδοήκοντα, καὶ χρῆσθαι κελεύει τῇ τ' οἰκίᾳ καὶ τοῖς ἐν αὐτῇ σκεύεσι μέχρι τῆς Δημοσθένους εἰς ἄνδρας ἐγγραφῆς. 2 Οὗτοι τὰ μὲν δοθέντα χρήματα αὐτοῖς εὐθὺς λαμβάνουσι, γαμεῖ δ' οὔτ' Ἄφοβος τὴν γυναῖκα τοῦ τελευτήσαντος οὔτε Δημοφῶν τὴν θυγατέρα. Διαχειρίσαντες δὲ τὴν οὐσίαν τεττάρων καὶ δέκα ταλάντων, ὡς ὁ ῥήτωρ ἐπιδείκνυσιν, ὀφείλοντες τριάκοντα τάλαντ' ἐκτῖσαι ἐπικαρπίας καὶ ἀρχαῖον, μικρὰ παντελῶς παρέδωκαν εἰς ἄνδρας ἐγγραφέντι τῷ Δημοσθένει. Διὸ πρὸς τὸν Ἄφοβον εἰσελήλυθεν ἐπιτροπῆς δέκα ταλάντων τὴν δίκην λαχών, ἐπειδὴ τρίτος ὢν ἐπίτροπος τὸ τρίτον ὀφείλει τῶν χρημάτων· ἃ καὶ συντίθησιν ὁ ῥήτωρ ἔκ τε τῶν ἀρχαίων καὶ τῆς ἐπικαρπίας.

3 Κατ' Ἀφόβου Β. Πρός τινας ἀντιρρήσεις εἰσαγομένας ὑπὸ τοῦ Ἀφόβου οὗτος ὁ λόγος ἐπηγώνισται, ἔχει δὲ καὶ τῶν προειρημένων ἐπανάμνησιν.

1 Εἰ μὲν ἐβούλετ' Ἄφοβος, ὦ ἄνδρες δικασταί, τὰ δίκαια ποιεῖν ἢ περὶ ὧν διεφερόμεθα τοῖς οἰκείοις ἐπιτρέπειν,

Ὑπόθεσις. 2 ἀρχαῖον scripsi auctore Foerster : ἀποδοῦναι codd. || 3 B add. Bekker || εἰσαγομένας Schaefer : ἀγομένας codd.

1 διεφερόμεθα S : διαφερ. v.

nos démêlés, tout procès et toute difficulté eussent été épargnés : il n'y avait qu'à respecter la sentence de ces arbitres, et tous les différends entre nous étaient éteints. Mais il s'est dérobé au jugement de ceux qui étaient le mieux informés de nos affaires, et il se présente devant vous qui n'en savez rien de précis : c'est donc auprès de vous qu'il me faut essayer d'obtenir mon dû. **2** Je n'ignore pas, juges, qu'en face d'adversaires habiles à la parole et à l'intrigue, c'est une rude partie qu'un procès où il y va de toute une fortune, pour un jeune homme sans aucune expérience. Pourtant, en dépit de tous les avantages qu'ils ont sur moi, j'ai bon espoir d'obtenir justice, même à votre tribunal ; et pour ce qui est de l'exposé des faits, je saurai moi-même assez bien me faire entendre pour qu'aucun détail ne vous échappe et pour que vous rendiez votre arrêt en connaissance de cause. **3** Je vous demanderai seulement, juges, de m'écouter avec bienveillance et, si vous trouvez qu'on m'a fait tort, de m'accorder l'appui qui m'est dû. Je présenterai mes explications aussi brièvement que possible. J'essayerai d'abord de vous faire connaître les faits en remontant assez haut pour que vous puissiez les suivre le plus facilement[1].

4 Mon père, Démosthène, juges, a laissé, avec une fortune d'environ 14 talents, deux enfants — ma sœur, âgée de cinq ans alors, et moi, de sept — et notre mère qui avait apporté une dot de 50 mines[2]. Au moment de sa mort, voici quelles furent ses dispositions à notre égard. Il confia les siens et sa fortune à Aphobos mon adversaire, et à Démophon fils de Démon, qui étaient ses neveux, l'un par son frère, l'autre par sa sœur ; en outre, à Thérippidès, du dème de Paeania, avec qui il n'avait pas de lien de parenté, mais qui était son ami d'enfance. **5** A

1. Il y a là à peu près tous les lieux communs d'un exorde : tentative d'arbitrage privé, excuse de la jeunesse et de l'inexpérience, appel à la bienveillance, annonce d'un exposé complet « depuis le début ».

2. A en juger par les chiffres que nous avons par ailleurs, celui-là est assez honnête, mais reste dans la moyenne pour une bonne bourgeoisie athénienne.

οὐδὲν ἂν ἔδει δικῶν οὐδὲ πραγμάτων· ἀπέχρη γὰρ ἂν τοῖς ὑπ' ἐκείνων γνωσθεῖσιν ἐμμένειν, ὥστε μηδεμίαν ἡμῖν εἶναι πρὸς τοῦτον διαφοράν. Ἐπειδὴ δ' οὗτος τοὺς μὲν σαφῶς εἰδότας τὰ ἡμέτερ' ἔφυγε μηδὲν διαγνῶναι περὶ αὐτῶν, εἰς δ' ὑμᾶς τοὺς οὐδὲν τῶν ἡμετέρων ἀκριβῶς ἐπισταμένους ἐλήλυθεν, ἀνάγκη ἐστὶν ἐν ὑμῖν παρ' αὐτοῦ πειρᾶσθαι τῶν δικαίων τυγχάνειν. 2 Οἶδα μὲν οὖν, ὦ ἄνδρες δικασταί, ὅτι πρὸς ἄνδρας καὶ λέγειν ἱκανοὺς καὶ παρασκευάσασθαι δυναμένους χαλεπόν ἐστιν εἰς ἀγῶνα καθίστασθαι περὶ τῶν ὄντων ἁπάντων, ἄπειρον ὄντα παντάπασι πραγμάτων διὰ τὴν ἡλικίαν· ὅμως δέ, καίπερ πολὺ τούτων καταδεέστερος ὤν, πολλὰς ἐλπίδας ἔχω καὶ παρ' ὑμῖν τεύξεσθαι τῶν δικαίων καὶ μέχρι γε τοῦ τὰ γεγενημένα διεξελθεῖν καὶ αὐτὸς ἀρκούντως ἐρεῖν, ὥσθ' ὑμᾶς μήτ' ἀπολειφθῆναι τῶν πραγμάτων μηδὲ καθ' ἓν μήτ' ἀγνοῆσαι περὶ ὧν δεήσει τὴν ψῆφον ἐνεγκεῖν. 3 Δέομαι δ' ὑμῶν, ὦ ἄνδρες δικασταί, μετ' εὐνοίας τ' ἀκοῦσαί μου, κἂν ἠδικῆσθαι δοκῶ, βοηθῆσαί μοι τὰ δίκαια. Ποιήσομαι δ' ὡς ἂν δύνωμαι διὰ βραχυτάτων τοὺς λόγους. Ὅθεν οὖν ῥᾷστα μαθήσεσθε περὶ αὐτῶν, ἐντεῦθεν ὑμᾶς καὶ ἐγὼ πρῶτον πειράσομαι διδάσκειν.

4 Δημοσθένης γὰρ οὑμὸς πατήρ, ὦ ἄνδρες δικασταί, κατέλιπεν οὐσίαν μὲν σχεδὸν τεττάρων καὶ δέκα ταλάντων, ἐμὲ δ' ἑπτ' ἐτῶν ὄντα καὶ τὴν ἀδελφὴν πέντε, ἔτι δὲ τὴν ἡμετέραν μητέρα πεντήκοντα μνᾶς εἰς τὸν οἶκον εἰσενηνεγμένην. Βουλευσάμενος δὲ περὶ ἡμῶν, ὅτ' ἔμελλε τελευτᾶν, ἅπαντα ταῦτ' ἐνεχείρισεν Ἀφόβῳ τε τουτωὶ καὶ Δημοφῶντι τῷ Δήμωνος υἱεῖ, τούτοιν μὲν ἀδελφιδοῖν ὄντοιν, τῷ μὲν ἐξ ἀδελφοῦ, τῷ δ' ἐξ ἀδελφῆς γεγονότοιν, ἔτι δὲ Θηριππίδῃ τῷ Παιανιεῖ, γένει μὲν οὐδὲν προσήκοντι, φίλῳ δ' ἐκ

2 παρ' ὑμῖν v. : παρ' ὑμῶν A (sicut Isaeus, VII 5) ‖ ἐνεγκεῖν v. : διενεγκεῖς F ‖ 3 τ' ἀκοῦσαί μου Blass coll. XLV 1, LIV 2 (adde XXXV 5) : τέ μου (γ' ἐμοῦ F) ἀκοῦσαι codd. ‖ οὖν v. : δ' οὖν A ‖ 4 κατέλιπεν v. : κατέλειπεν S (sic 5, 8, 9, 10, 32, 49) ‖ τουτωὶ Blass : τούτῳ codd. (τουτω S).

ce dernier, il légua l'usufruit de 70 mines à prendre sur mes biens, jusqu'à ma majorité, pour éviter que l'appât du gain n'en fît un mauvais administrateur. A Démophon, il donna ma sœur en mariage avec une dot de 2 talents à recevoir immédiatement ; à Aphobos, notre mère, avec une dot de 80 mines et la jouissance de la maison et des meubles qui m'appartenaient : il se disait que, notre parenté étant ainsi renforcée, la tutelle n'en serait que mieux gérée. **6** Eux commencèrent par prélever ces legs sur la succession. Et, après avoir eu en main tout le reste de la fortune, après avoir géré la tutelle durant dix années, ils se trouvent nous avoir dépouillés de tout, sauf de la maison, de quatorze esclaves et de 30 mines d'argent, soit la valeur de 70 mines qu'ils m'ont transmise[1]. **7** Voilà, juges, pour le résumer d'un mot, l'ensemble de leurs méfaits. Quant au montant de la succession, ils sont mes meilleurs témoins : car, dans la symmorie, ils ont fixé en mon nom ma contribution sur le taux de 500 drachmes pour 25 mines, c'est-à-dire sur le même taux que Timothée, fils de Conon, et ceux qui possédaient le cens le plus élevé[2]. J'aurai à vous instruire sur les divers articles de la succession, sur ceux qui étaient actifs, sur ceux qui ne l'étaient pas, et sur la valeur de chacun d'eux : vous pourrez ainsi vous rendre compte que jamais tuteurs n'ont dilapidé plus manifestement et plus impudemment la fortune de leurs pupilles. **8** Mais d'abord, pour prouver que la contribution que j'ai dite est bien celle à laquelle ils m'ont taxé dans ma symmorie, je vais vous

1. Cette valeur est sous-estimée : à la maison (30 mines), il convient de joindre des objets (cf. § 10) qui n'ont pas tous été détournés.

2. L'εἰσφορά est une contribution sur le capital, en principe impôt de guerre ; depuis 378/7, les assujettis étaient classés en *symmories*, qui représentaient des parts égales du capital imposable. Démosthène était le plus fortement imposé dans sa symmorie (ἡγεμών : *C. Aph.*, II 4). Le principe d'après lequel il l'était est celui d'une proportion de 20 % correspondant peut-être à toute la fraction du capital qui, théoriquement, pouvait être exigée par la cité : le passage implique que le taux était progressif. C'est cette fraction que désigne le mot

παιδὸς ὑπάρχοντι. 5 Κἀκείνῳ μὲν ἔδωκεν ἐκ τῶν ἐμῶν ἑβδομήκοντα μνᾶς καρπώσασθαι τοσοῦτον χρόνον ἕως ἐγὼ ἀνὴρ εἶναι δοκιμασθείην, ὅπως μὴ δι' ἐπιθυμίαν χρημάτων χεῖρόν τι τῶν ἐμῶν διοικήσειεν· Δημοφῶντι δὲ τὴν ἐμὴν ἀδελφὴν καὶ δύο τάλαντ' εὐθὺς ἔδωκεν ἔχειν, αὐτῷ δὲ τούτῳ τὴν μητέρα τὴν ἡμετέραν καὶ προῖκά τ' ὀγδοήκοντα μνᾶς, καὶ τὴν οἰκίαν ⟨οἰκεῖν⟩ καὶ σκεύεσι χρῆσθαι τοῖς ἐμοῖς, ἡγούμενος, καὶ τούτους ἔτ' οἰκειοτέρους εἴ μοι ποιήσειεν, οὐκ ἂν χεῖρόν μ' ἐπιτροπευθῆναι [ταύτης τῆς οἰκειότητος προσγενομένης]. 6 Λαβόντες δ' οὗτοι ταῦτα πρῶτον σφίσιν αὐτοῖς ἐκ τῶν χρημάτων, καὶ τὴν ἄλλην οὐσίαν ἅπασαν διαχειρίσαντες, καὶ δέκ' ἔτη ἡμᾶς ἐπιτροπεύσαντες, τὰ μὲν ἄλλα πάντ' ἀπεστερήκασιν, τὴν οἰκίαν δὲ καὶ ἀνδράποδα τέτταρα καὶ δέκα καὶ ἀργυρίου μνᾶς τριάκοντα, μάλιστα σύμπαντα ταῦτ' εἰς ἑβδομήκοντα μνᾶς παραδεδώκασι. 7 Καὶ τὸ μὲν κεφάλαιον τῶν ἀδικημάτων, ὡς ἂν συντομώτατ' εἴποι τις, τοῦτ' ἔστιν, ὦ ἄνδρες δικασταί· τὸ δὲ πλῆθος τῆς οὐσίας ὅτι τοῦτ' ἦν τὸ καταλειφθέν, μέγιστοι μὲν αὐτοὶ μάρτυρές μοι γεγόνασιν· εἰς γὰρ τὴν συμμορίαν ὑπὲρ ἐμοῦ συνετάξαντο κατὰ τὰς πέντε καὶ εἴκοσι μνᾶς πεντακοσίας δραχμὰς εἰσφέρειν, ὅσονπερ Τιμόθεος ὁ Κόνωνος καὶ οἱ τὰ μέγιστα κεκτημένοι τιμήματ' εἰσέφερον· δεῖ δὲ καὶ καθ' ἕκαστον ὑμᾶς ἀκοῦσαι τά τ' ἐνεργὰ αὐτῶν καὶ ὅσ' ἦν ἀργὰ καὶ ὅσου ἦν ἄξι' ἕκαστα. Ταῦτα γὰρ μαθόντες ἀκριβῶς εἴσεσθε ὅτι τῶν πώποτ' ἐπιτροπευσάντων οὐδένες ἀναιδέστερον οὐδὲ περιφανέστερον ἢ οὗτοι τὰ ἡμέτερα διηρπάκασιν. 8 Πρῶτον μὲν οὖν ὡς συνετιμήσανθ' ὑπὲρ ἐμοῦ ταύτην τὴν εἰσφορὰν εἰς τὴν συμμορίαν, παρέξομαι τούτων μάρτυρας, ἵν' εἰδῆθ' ὅτι οὐ

5 ἡμετέραν A : ἐμὴν cett. ‖ προῖκά τ' Bekker : προικα θ' S προῖκα v. ‖ οἰκεῖν add. Frohberger coll. XXIX 43 ‖ ἔτ' om. S ‖ εἴ μοι AS : ἐμοὶ F (qui habet εἰ ante καὶ τούτους) ‖ ταύτης... προσγενομένης seclusi ‖ 7 τὸ post ἦν om. A ‖ τιμήματα A (cf. XXIX 60) : τίμημα S τιμητὰ F ‖ 8 ἵν' εἰδῆτ' Blass : ἔπειθ' codd.

produire des témoins : vous saurez ainsi que mon père ne m'a pas laissé dans la pauvreté ni avec une fortune de 70 mines, mais que la succession atteignait un chiffre assez élevé pour qu'ils ne pussent eux-mêmes le dissimuler à la cité. Prends-moi ce témoignage et lis-le.

Témoignage

9 Voilà qui suffit déjà pour établir le montant de la succession : 3 talents, c'est le cens correspondant à une fortune de 15 ; or, tel est le taux de contribution qu'ils ont admis. Mais vous serez renseignés plus précisément encore en apprenant la composition de l'avoir. Mon père, juges, a laissé deux ateliers ; ni l'un ni l'autre n'était de la petite industrie : l'un était de trente fabricants de couteaux, dont deux ou trois valaient chacun 5 ou 6 mines, et les autres pas moins de 3[1] : il rapportait annuellement 30 mines net ; l'autre, de vingt fabricants de lits, qui lui étaient engagés pour une créance de 40 mines, et qui rapportaient 12 mines net. Plus, une somme de un talent d'argent prêtée* à raison d'une drachme à la mine : l'intérêt annuel s'élevait à plus de 7 mines. **10** Voilà pour le capital actif, et mes adversaires reconnaîtront eux-mêmes l'exactitude de ces chiffres. Total : 4 talents, 5.000 drachmes en capital, dont le revenu était de 50 mines par an. Plus, de l'ivoire et du fer comme matière première et du bois pour les lits, d'une valeur de 80 mines ; de la noix de galle et du bronze, qui avaient été achetés pour 70 mines. Plus, une maison valant 3.000 drachmes, des meubles, coupes, joyaux d'or, vêtements, le trousseau de ma mère — le tout valant environ 10.000 drachmes — et 80 mines d'argent en caisse. **11** Voilà pour ce qui était à la maison. Plus, des prêts

τίμημα (§ 9) : ailleurs, à propos de l'εἰσφορά, il semble désigner tout le capital déclaré (cf. Busolt-Sowoboda, *Gr. Staatsk.*, II, p. 1224 ssq.).

1. Nous adoptons la ponctuation proposée par Schwahn, *o. l.*, p. 15 sq. (on lit généralement : trente-deux ou trente-trois ouvriers, valant 5 ou 6 mines...). Il n'est guère croyable que les ouvriers non

πένητα κατέλιπέν μ' ὁ πατὴρ οὐδ' ἑβδομήκοντα μνῶν οὐσίαν κεκτημένον, ἀλλὰ τοσαύτην ὅσην οὐδ' αὐτοὶ οὗτοι ἀποκρύψασθαι διὰ τὸ μέγεθος πρὸς τὴν πόλιν ἐδυνήθησαν. Καί μοι ἀναγίγνωσκε λαβὼν ταύτην τὴν μαρτυρίαν.

ΜΑΡΤΥΡΙΑ

9 Δῆλον μὲν τοίνυν καὶ ἐκ τούτων ἐστὶν τὸ πλῆθος τῆς οὐσίας. Πεντεκαίδεκα ταλάντων γὰρ τρία τάλαντα τίμημα· ταύτην ἠξίουν εἰσφέρειν τὴν εἰσφοράν. Ἔτι δ' ἀκριβέστερον εἴσεσθε τὴν οὐσίαν αὐτὴν ἀκούσαντες· ὁ γὰρ πατήρ, ὦ ἄνδρες δικασταί, κατέλιπεν δύ' ἐργαστήρια, τέχνης οὐ μικρᾶς ἑκάτερον, μαχαιροποιοὺς μὲν τριάκοντα, καὶ δύ' ἢ τρεῖς ἀνὰ πέντε μνᾶς καὶ ἕξ, τοὺς δ' οὐκ ἐλάττονος ἢ τριῶν μνῶν ἀξίους, ἀφ' ὧν τριάκοντα μνᾶς ἀτελεῖς ἐλάμβανεν τοῦ ἐνιαυτοῦ τὴν πρόσοδον, κλινοποιοὺς δ' εἴκοσι τὸν ἀριθμόν, τετταράκοντα μνῶν ὑποκειμένους, οἳ δώδεκα μνᾶς ἀτελεῖς αὐτῷ προσέφερον, ἀργυρίου δ' εἰς τάλαντον ἐπὶ δραχμῇ δεδανεισμένον, οὗ τόκος ἐγίγνετο τοῦ ἐνιαυτοῦ ἑκάστου πλεῖν ἢ ἑπτὰ μναῖ. 10 Καὶ ταῦτα μὲν ἐνεργὰ κατέλιπεν, ὡς καὶ αὐτοὶ οὗτοι ὁμολογήσουσιν· ὧν γίγνεται τοῦ μὲν ἀρχαίου κεφάλαιον τέτταρα τάλαντα καὶ πεντακισχίλιαι, τὸ δ' ἔργον αὐτῶν πεντήκοντα μναῖ τοῦ ἐνιαυτοῦ ἑκάστου, χωρὶς δὲ τούτων ἐλέφαντα μὲν καὶ σίδηρον, ὃν κατηργάζοντο, καὶ ξύλα κλίνει' εἰς ὀγδοήκοντα μνᾶς ἄξια, κηκῖδα δὲ καὶ χαλκὸν ἑβδομήκοντα μνῶν ἐωνημένα. Ἔτι δ' οἰκίαν τρισχιλίων, ἔπιπλα δὲ καὶ ἐκπώματα καὶ χρυσία καὶ ἱμάτια, τὸν κόσμον τῆς μητρός, ἄξια σύμπαντα ταῦτ' εἰς μυρίας δραχμάς, ἀργυρίου δ' ἔνδον ὀγδοήκοντα μνᾶς. 11 Καὶ ταῦτα μὲν οἴκοι κατέλιπεν πάντα, ναυτικὰ δ' ἑβδομήκοντα

9 ante *καὶ* interpunxi auctore Schwahn : post τρεῖς v. (add. τοὺς μὲν A) ‖ δεδανεισμένον A : — μένου v. ‖ πλεῖν Dindorf : πλεῖον codd. ‖ 10 κατηργάζοντο S pr. : κατειργάζ. S corr. v. ‖ μνᾶς Wolf : μνῶν codd. ‖ τὸν A S : *καὶ* v.

maritimes pour une valeur de 70 mines placées chez Xouthos, un dépôt de 2.400 drachmes à la banque de Pasion, de 600 drachmes chez Pylade, de 1.600 chez Démomélès, fils de Démon, enfin des sommes prêtées par 2 et 300 drachmes, s'élevant ensemble à 1 talent. Tous ces articles réunis dépassent 8 talents et 50 mines. En calculant, vous trouverez le total de 14 talents[1].

12 Tel était, juges, le montant de la succession. Quant à dire en détail ce qui a été dilapidé, ce que chacun s'est approprié pour son compte, ce qu'ils ont détourné en commun, le temps d'une seule plaidoirie n'y suffirait pas : il faut prendre à part le cas de chacun d'eux. Quant à la partie de la succession que détiennent Démon ou Thérippidès, il sera temps d'en parler quand je produirai mes demandes contre eux. Je vous entretiendrai aujourd'hui de ce qu'Aphobos, au témoignage de ses collègues, a en main, de ce que, à ma connaissance, il a reçu. Je vais d'abord établir qu'il possède la dot, de 80 mines ; ensuite, je passerai aux autres articles, en étant aussi bref que possible.

13 Aussitôt après la mort de mon père, Aphobos vint s'installer dans la maison, suivant les termes du testament[2]. Il prit possession des joyaux d'or de ma mère et des coupes qui faisaient partie de la succession : tout cela représentait une valeur de 50 mines. En outre, il reçut de Thérippidès et de Démophon le prix des esclaves vendus, jusqu'à concurrence des 80 mines de la dot. **14** Une fois nanti, et sur le point de partir pour Corcyre comme triérarque, il fit à Thérippidès un reçu

qualifiés soient les moins nombreux ; et dans l'interprétation ordinaire, la rentabilité serait très médiocre, à peine supérieure au loyer de l'argent, très inférieure à celle de l'autre fabrique. Les *trente* ouvriers (cf. §§ 6 et 18) devaient valoir en tout $27 \times 3 + 3 \times 5$, soit près de 100 mines : le taux du revenu est le même pour les deux fabriques, 30 %.

1. Plus exactement, 13 talents 46 mines.

2. Sans doute parce que la résidence avait été jugée nécessaire par Démosthène le père pour la direction de l'industrie. Les ateliers ne sont pas dans un local à part (cf. § 24).

μνᾶς, ἔκδοσιν παρὰ Ξούθῳ, τετρακοσίας δὲ καὶ δισχιλίας ἐπὶ τῇ τραπέζῃ τῇ Πασίωνος, ἑξακοσίας δ' ἐπὶ τῇ Πυλάδου, παρὰ Δημομέλει δὲ τῷ Δήμωνος υἱεῖ χιλίας καὶ ἑξακοσίας, κατὰ διακοσίας δὲ καὶ τριακοσίας ὁμοῦ τι τάλαντον διακεχρημένον. Καὶ τούτων αὖ τῶν χρημάτων τὸ κεφάλαιον πλέον ἢ ὀκτὼ τάλαντα καὶ πεντήκοντα μναῖ γίγνονται. Συμπάντων δ' εἰς τέτταρα καὶ δέκα τάλανθ' εὑρήσετε σκοποῦντες.

12 Καὶ τὸ μὲν πλῆθος τῆς οὐσίας τοῦτ' ἦν τὸ καταλειφθέν, ὦ ἄνδρες δικασταί. Ὅσα δ' αὐτῆς διακέκλεπται καὶ ὅσ' ἰδίᾳ ἕκαστος εἴληφεν καὶ ὁπόσα κοινῇ πάντες ἀποστεροῦσιν, οὐκ ἐνδέχεται πρὸς ταὐτὸ ὕδωρ εἰπεῖν, ἀλλ' ἀνάγκη χωρὶς ἕκαστον διελεῖν ἐστίν. Ἃ μὲν οὖν Δημοφῶν ἢ Θηριππίδης ἔχουσι τῶν ἐμῶν, τότ' ἐξαρκέσει περὶ αὐτῶν εἰπεῖν, ὅταν κατ' αὐτῶν τὰς γραφὰς ἀπενέγκωμεν· ἃ δὲ τοῦτον ἔχοντ' ἐξελέγχουσιν ἐκεῖνοι καὶ ἐγὼ οἶδ' αὐτὸν εἰληφότα, περὶ τούτων ἤδη ποιήσομαι τοὺς λόγους πρὸς ὑμᾶς. Πρῶτον μὲν οὖν ὡς ἔχει τὴν προῖκα, τὰς ὀγδοήκοντα μνᾶς, τοῦθ' ὑμῖν ἐπιδείξω, μετὰ δὲ ταῦτα καὶ περὶ τῶν ἄλλων, ὡς ἂν δύνωμαι διὰ βραχυτάτων.

13 Οὗτος γὰρ εὐθὺς μετὰ τὸν τοῦ πατρὸς θάνατον ᾤκει τὴν οἰκίαν εἰσελθὼν κατὰ τὴν ἐκείνου διαθήκην, καὶ λαμβάνει τά τε χρυσία τῆς μητρὸς καὶ τὰ ἐκπώματα τὰ καταλειφθέντα. Καὶ ταῦτα μὲν ὡς εἰς πεντήκοντα μνᾶς εἶχεν, ἔτι δὲ τῶν ἀνδραπόδων τῶν πιπρασκομένων παρά τε Θηριππίδου καὶ Δημοφῶντος τὰς τιμὰς ἐλάμβανεν, ἕως ἀνεπληρώσατο τὴν προῖκα, τὰς ὀγδοήκοντα μνᾶς. 14 Καὶ ἐπειδὴ εἶχεν, ἐκπλεῖν μέλλων εἰς Κόρκυραν τριήραρχος, ἀπέγραψε ταῦτα πρὸς Θηριππίδην ἔχονθ' ἑαυτὸν καὶ

11 πεντήκοντα Reiske : τριάκοντα codd. ‖ γίγνονται A S : γίγνεται F ‖ συμπάντων v. : σύμπαντα A ‖ 12 Δημοφων S corr. v. : Δήμων S pr. ‖ ἐξελέγχουσιν v. : ἐλέγξουσιν F ‖ ἐγὼ v. : ἔγωγ' A ‖ δύνωμαι v. : ἐγὼ δύν. S ‖ 13 τῶν om. S ‖ 14 Κόρκυραν S : Κέρκυραν v. ‖ ἀπέγραψε A S : ἀπεγράψατο F.

de ces objets, et il reconnut avoir touché la dot. Comme témoins, j'ai d'abord Démophon et Thérippidès, les cotuteurs ; ensuite Démocharès, du dème de Leuconoè, le mari de ma tante, et beaucoup d'autres qui peuvent attester qu'il reconnaissait avoir ce bien en sa possession. **15** Car, comme il ne fournissait pas d'aliments[1] à ma mère tout en gardant la dot, et qu'il ne voulait pas affermer mon patrimoine, mais prétendait l'administrer avec les autres tuteurs, Démocharès lui fit des représentations à ce sujet. Sur quoi, Aphobos ne contesta pas qu'il fût en possession de la dot, ni ne protesta comme s'il n'avait pas reçu les fonds ; il reconnut tout, au contraire, disant seulement qu'il avait un petit différend avec ma mère au sujet de joyaux d'or et qu'une fois cette affaire réglée, il ferait en sorte que j'eusse toute satisfaction au sujet de mon entretien et du reste. **16** Or, s'il est établi qu'il a reconnu le fait devant Démocharès et tous les autres assistants, qu'il a touché de Démophon et de Thérippidès le prix des esclaves représentant la dot, qu'il a fait lui-même un reçu de la dot à ses cotuteurs, qu'il a habité la maison dès la mort de mon père, comment ne pas conclure, en présence de tous ces aveux, qu'il a bien pris possession des 80 mines de la dot et qu'il y a vraiment de l'impudence de sa part à nier la chose? **17** Comme preuve, prends-moi les témoignages et lis.

Témoignages

Aphobos a donc reçu la dot dans les circonstances que j'ai dites, et il la détient. Or, comme il n'a pas épousé ma mère, il est débiteur de cette dot, aux termes de la loi, avec intérêt au taux de 9 oboles[2]. Je ne compte pourtant qu'une drachme comme taux ; cela fait, en additionnant

1. Le mari débiteur de la dot peut être actionné en payement du capital (δίκη προικός) ou d'une pension alimentaire (δίκη σίτου). Cf. *C. Nééra* 52 ; Isée III 19.

2. Toujours à la mine et par mois, donc 18 %. La loi en question est celle qui concerne la répudiation (*C. Nééra* 52). La concession

ὡμολόγει κεκομίσθαι τὴν προῖκα. Καὶ πρῶτον μὲν τούτων Δημοφῶν καὶ Θηριππίδης, οἱ τούτου συνεπίτροποι, μάρτυρές εἰσιν· ἔτι δὲ καὶ ὡς αὐτὸς ὡμολόγει ταῦτ' ἔχειν, Δημοχάρης θ' ὁ Λευκονοεύς, ὁ τὴν τηθίδα τὴν ἐμὴν ἔχων, καὶ ἄλλοι πολλοὶ μάρτυρες γεγόνασιν. **15** Οὐ γὰρ διδόντος τούτου σῖτον τῇ μητρί, τὴν προῖκ' ἔχοντος, οὐδὲ τὸν οἶκον μισθοῦν ἐθέλοντος, ἀλλὰ μετὰ τῶν ἄλλων ἐπιτρόπων διαχειρίζειν ἀξιοῦντος, ἐποιήσατο λόγους περὶ τούτων ὁ Δημοχάρης. Οὗτος δ' ἀκούσας οὔτ' ἠμφεσβήτησεν μὴ ἔχειν οὔτε χαλεπῶς ἤνεγκεν ὡς οὐκ εἰληφώς, ἀλλ' ὡμολόγει καὶ ἔτι μικρὸν ἔφη πρὸς τὴν ἐμὴν μητέρα περὶ χρυσιδίων ἀντιλέγεσθαι· τοῦτ' οὖν διευκρινησάμενος, καὶ περὶ τῆς τροφῆς καὶ περὶ τῶν ἄλλων ποιήσειν οὕτως ὥστ' ἔχειν μοι πάντα καλῶς. **16** Καίτοι εἰ φανήσεται πρός τε τὸν Δημοχάρη ταῦθ' ὡμολογηκὼς καὶ πρὸς τοὺς ἄλλους οἳ παρῆσαν, παρά τε τοῦ Δημοφῶντος καὶ τοῦ Θηριππίδου τῶν ἀνδραπόδων εἰς τὴν προῖκα τὰς τιμὰς εἰληφώς, αὐτός θ' ἑαυτὸν ἔχειν τὴν προῖκ' ἀπογράψας πρὸς τοὺς συνεπιτρόπους, οἰκῶν τε τὴν οἰκίαν ἐπειδὴ τάχιστ' ἐτελεύτησεν ὁ πατήρ, πῶς οὐκ ἐκ πάντων ὁμολογουμένου τοῦ πράγματος εὑρεθήσεται φανερῶς τὴν προῖκα, τὰς ὀγδοήκοντα μνᾶς, κεκομισμένος, καὶ λίαν ἀναιδῶς μὴ λαβεῖν ἐξαρνούμενος; **17** ἀλλὰ μὴν ὡς ἀληθῆ λέγω, λαβὲ τὰς μαρτυρίας καὶ ἀνάγνωθι.

ΜΑΡΤΥΡΙΑΙ

Τὴν μὲν τοίνυν προῖκα τοῦτον τὸν τρόπον ἔχει λαβών. Μὴ γήμαντος δ' αὐτοῦ τὴν μητέρα τὴν ἐμήν, ὁ μὲν νόμος κελεύει τὴν προῖκ' ὀφείλειν ἐπ' ἐννέ' ὀβολοῖς, ἐγὼ δ' ἐπὶ δραχμῇ μόνον τίθημι. Γίγνεται δ', ἐάν τις συντιθῇ τό τ'

15 τὴν S : τὴν δὲ v. ‖ ἠμφεσβήτησε S (sic alibi) : ἠμφισβ. A F ‖ ἔχειν v. : σχεῖν A ‖ ἔτι A S : τι v. ‖ **16** Δημοχάρη S : — ην A F ‖ **17** ἔχει v. : εἶχε S.

le capital et l'intérêt de dix ans, environ 3 talents. **18** Voilà une somme que je le convaincs ainsi d'avoir reçue et de détenir, puisqu'il l'a avoué devant tous les témoins que vous avez entendus. Il détient en outre 30 mines, soit le revenu de l'atelier qu'il a perçu ; avec une impudence inouïe, il a entrepris de m'en dépouiller. A la mort de mon père, cet atelier rapportait 30 mines : la moitié des esclaves ayant été vendue par eux [1], c'est exactement 15 mines par an qui devaient me revenir. **19** Thérippidès, qui a eu la gestion de l'atelier pendant sept ans, a porté en compte 11 mines par an, soit 4 de moins qu'il n'aurait dû ; quant à Aphobos, qui a eu la gestion pendant les deux premières années, il ne porte rien du tout : à l'en croire, tantôt l'atelier chômait ; tantôt, ce n'est pas lui qui en avait l'administration, mais l'intendant Milyas, notre affranchi, à qui je n'ai qu'à demander des comptes. Peut-être fournira-t-il encore aujourd'hui de ces prétextes : il sera aisément convaincu de mensonge. **20** Prétendra-t-il que l'atelier a chômé? Mais il a porté en compte des sommes, non pas pour la nourriture des esclaves, mais pour la fabrication — le prix de l'ivoire qui devait servir aux poignées de couteaux et à d'autres pièces — ce qui suppose bien que les ouvriers travaillaient. De plus, il compte, comme ayant été payé à Thérippidès, le loyer de trois esclaves [2] que celui-ci avait dans mon atelier. Or, si la fabrique n'avait pas marché, Thérippidès n'avait pas à percevoir de loyer, pas plus que ces dépenses d'exploitation ne devraient figurer à mon compte. **21** « C'est vrai, dira-t-il, mais les objets fabriqués ne se sont pas vendus. » Alors, il doit prouver qu'il me les a remis, et fournir le témoignage des personnes présentes. Sinon, il faut bien

de Démosthène peut faire douter qu'elle s'appliquât ici de plein droit.

1. Sans doute ceux dont il est question au § 13. Démosthène, qui signale les détournements, ne remarque guère la désinvolture avec laquelle un établissement industriel était traité.

2. Les esclaves peuvent être loués au dehors par leurs maîtres — ce qui est un véritable « louage de choses » (voir notamment *C. Nicostr.* 20 sq.).

ἀρχαῖον καὶ τὸ ἔργον τῶν δέκ' ἐτῶν, μάλιστα τρία τάλαντα. 18 Καὶ ταῦτα μὲν οὕτως ὑμῖν ἐπιδείκνυμι λαβόντα καὶ ἔχειν ὁμολογήσαντα μαρτύρων ἐναντίον τοσούτων· ἄλλας τοίνυν ἔχει τριάκοντα μνᾶς, τοῦ ἐργαστηρίου λαβὼν τὴν πρόσοδον, καὶ ἀναισχυντότατ' ἀνθρώπων ἀποστερεῖν ἐπικεχείρηκεν. Ἐμοὶ δ' ὁ πατὴρ κατέλιπεν τριάκοντα μνᾶς ἀπ' αὐτῶν τὴν πρόσοδον· ἀποδομένων δὲ τούτων τὰ ἡμίσεα τῶν ἀνδραπόδων, πεντεκαίδεκά μοι μνᾶς γίγνεσθαι κατὰ λόγον προσῆκε. 19 Θηριππίδης μὲν οὖν ἕπτ' ἔτη τῶν ἀνδραπόδων ἐπιμεληθεὶς ἕνδεκα μνᾶς τοῦ ἐνιαυτοῦ ἀπέφηνε, τέτταρσι μναῖς καθ' ἕκαστον ἐνιαυτὸν ἔλαττον ἢ ὅσον προσῆκε λογιζόμενος. Οὗτος δὲ δύ' ἔτη τὰ πρῶτ' ἐπιμεληθεὶς οὐδ' ὁτιοῦν ἀποδείκνυσιν, ἀλλ' ἐνίοτε μέν φησιν ἀργῆσαι τὸ ἐργαστήριον, ἐνίοτε δ' ὡς αὐτὸς μὲν οὐκ ἐπεμελήθη τούτων, ὁ δ' ἐπίτροπος Μιλύας, ὁ ἀπελεύθερος ὁ ἡμέτερος, διῴκησεν αὐτά, καὶ παρ' ἐκείνου μοι προσήκει λόγον λαβεῖν. Ἂν οὖν καὶ νῦν εἴπῃ τινὰ τούτων τῶν λόγων, ῥᾳδίως ἐξελεγχθήσεται ψευδόμενος. 20 Ἂν μὲν οὖν ἀργὸν φῇ γενέσθαι, λόγον αὐτὸς ἀπενήνοχεν ἀναλωμάτων οὐκ εἰς σιτία τοῖς ἀνθρώποις, ἀλλ' εἰς ἔργα, τὸν [εἰς τὴν τέχνην] ἐλέφαντα εἰς μαχαιρῶν λαβὰς καὶ ἄλλας ἐπισκευάς, ὡς ἐργαζομένων τῶν δημιουργῶν. Ἔτι δὲ Θηριππίδῃ τριῶν ἀνδραπόδων, ἃ ἦν αὐτῷ ἐν τῷ ἐμῷ ἐργαστηρίῳ, μισθὸν ἀποδεδωκέναι λογίζεται. Καίτοι μὴ γενομένης ἐργασίας οὔτ' ἐκείνῳ λαβεῖν μισθὸν οὔτ' ἐμοὶ τὰ ἀναλώματα ταῦτα λογισθῆναι προσῆκεν. 21 Εἰ δ' αὖ γενέσθαι μὲν φήσει, τῶν δ' ἔργων ἀπρασίαν εἶναι, δεῖ δήπου τά γ' ἔργ' αὐτὸν ἀποδεδωκότα μοι φαίνεσθαι, καὶ ὧν ἐναντίον

17 ἔργον v. : πρόσεργον S (sic 35, 39) qui habet ἔνεργον in γρ. || δέκ' A : δώδεκ' v. || 18 ὑμῖν om. A || ἀποδομένων v. : ἀποδεδομένων S || γίγνεσθαι v. : γενέσθαι A S || 19 post ἐργαστήριον lacunam esse censuit Wachendorf (cf. 21) || προσήκει v. : προσῆκε A || ἐξελεγχθήσεται A S : ἐλεγχθ. v. || 20 τὸν A : των S τῶν F || εἰς τὴν τέχνην seclusi || εἰς Blass. : καὶ codd. || 21 ἀπρασίαν v. : — ίας S || γ' F : τε S om. A.

qu'il ait entre les mains le revenu de l'atelier pendant deux ans, soit 30 mines, puisqu'il est établi que la fabrication ne s'est pas arrêtée. **22** Dira-t-il autre chose? Soutiendra-t-il que c'est Milyas qui a eu la gestion[1]? Mais comment le croire? Il déclare avoir soldé lui-même les dépenses, soit plus de 500 drachmes : et toutes les recettes qu'il y a eu, c'est Milyas qui les aurait en main. J'imagine que c'est le contraire qui aurait eu lieu : en admettant que Milyas ait eu la gestion, c'est Milyas qui aurait soldé les dépenses, et c'est Aphobos qui aurait touché les recettes; je n'en veux pour preuve que le caractère de l'homme et son effronterie. Prends-moi ces témoignages et fais-en lecture au tribunal.

Témoignages

23 Voilà donc 30 mines qu'il détient, comme revenu de l'atelier. Plus l'intérêt pendant huit ans : mettons-le seulement à une drachme, cela fait 30 autres mines. Cette somme, il se l'est appropriée pour son compte. Avec la dot, le total est exactement de 4 talents, intérêt et principal. Quant aux valeurs sur lesquelles il a fait main basse avec les autres tuteurs et dont certaines, à ce qu'il prétend, ne figuraient même pas dans la succession, je vais maintenant vous les faire connaître une par une. **24** Il y a d'abord l'atelier de meubles que mon père a laissé et qui a disparu par leur fait. Il était engagé pour 40 mines et il comprenait vingt ouvriers. Je vais établir qu'il y a là un détournement manifeste et singulièrement impudent. Tout le monde reconnaît que ces ouvriers faisaient partie de la succession, qu'ils étaient chez nous et qu'ils rapportaient à mon père, comme je l'ai dit, 12 mines par an. Or, mes tuteurs ne font figurer à mon actif, de ce chef, aucune recette en dix ans, pas la moindre; mais, comme dépenses, Apho-

1. C'est en effet assez probable, et Démosthène l'admet lui-même, un peu plus loin. Seulement Milyas n'était pas directeur commercial; quant à Aphobos, il n'y entendait rien : les objets fabriqués ne se sont pas vendus, et ils se seront égarés.

ἀπέδωκε παρασχέσθαι μάρτυρας. Εἰ δὲ μηδὲν τούτων πεποίηκεν, πῶς οὐκ ἔχει τὴν πρόσοδον δυοῖν ἐτοῖν τὴν ἐκ τοῦ ἐργαστηρίου, τὰς τριάκοντα μνᾶς, φανερῶς οὕτως τῶν ἔργων γεγενημένων; 22 εἰ δ' αὖ τούτων μὲν μηδὲν ἐρεῖ, Μιλύαν δ' αὐτὰ φήσει πάντα διῳκηκέναι, πῶς χρὴ πιστεύειν, ὅταν φῇ τὰ μὲν ἀναλώματ' αὐτὸς ἀνηλωκέναι, πλέον ἢ πεντακοσίας δραχμάς, λῆμμα δ' εἴ τι γέγονεν, ἐκεῖνον ἔχειν; ἐμοὶ μὲν γὰρ δοκεῖ τοὐναντίον ἂν γενέσθαι τούτων, εἰ καὶ Μιλύας αὐτῶν ἐπεμελεῖτο, τὰ μὲν ἀναλώματ' ἐκεῖνος ἀναλῶσαι, τὰ δὲ λήμμαθ' οὗτος λαβεῖν, εἴ τι δεῖ τεκμαίρεσθαι πρὸς τὸν ἄλλον αὐτοῦ τρόπον καὶ τὴν ἀναίδειαν. Λάβ' οὖν τὰς μαρτυρίας ταύτας, καὶ ἀνάγνωθ' αὐτοῖς.

ΜΑΡΤΥΡΙΑΙ

23 Ταύτας τοίνυν ἔχει τριάκοντα μνᾶς ἀπὸ τοῦ ἐργαστηρίου, καὶ τὸ ἔργον αὐτῶν ὀκτὼ ἐτῶν· ὃ ἂν ἐπὶ δραχμῇ τις τιθῇ μόνον, ἄλλας τριάκοντα μνᾶς εὑρήσει. Καὶ ταῦτα μὲν ἰδίᾳ μόνος εἴληφεν· ἃ συντεθέντα πρὸς τὴν προῖκα μάλιστα τέτταρα τάλαντα γίγνεται σὺν τοῖς ἀρχαίοις. Ἃ δὲ μετὰ τῶν ἄλλων ἐπιτρόπων κοινῇ διήρπακεν, καὶ ὅσ' ἔνια μηδὲ καταλειφθῆναι παντάπασιν ἠμφεσβήτηκεν, ταῦθ' ὑμῖν ἤδη ἐπιδείξω καθ' ἕκαστον. 24 Πρῶτον μὲν οὖν περὶ τῶν κλινοποιῶν, οὓς κατέλιπεν μὲν ὁ πατήρ, ἀφανίζουσι δ' οὗτοι, τετταράκοντα μὲν μνῶν ὑποκειμένους, εἴκοσι δ' ὄντας τὸν ἀριθμόν, ἐπιδείξω ὑμῖν ὡς λίαν ἀναιδῶς καὶ φανερῶς μ' ἀποστεροῦσι. Τούτους γὰρ καταλειφθῆναι μὲν οἴκοι παρ' ἡμῖν πάντες ὁμολογοῦσιν, καὶ τὰς δώδεκα μνᾶς ἑκάστου τοῦ ἐνιαυτοῦ τῷ πατρὶ γίγνεσθαί φασιν· αὐτοὶ δὲ

21 ἀπέδωκε S : ἀποδέδωκε v. ‖ παρασχέσθαι v. : παρέχεσθαι S ‖ τὰς om. F ‖ 22 μηδὲν v. : οὐδὲν A ‖ 23 τριάκοντα S : τὰς τριακ. A F ‖ post ἄλλας habet ὁμοῦ F Secl. Dindorf ‖ ἠμφεσβήτηκεν S (sic alibi) : ἠμφισβ. A F ‖ καθ' v. : καθ' ἓν F ‖ 24 μὲν pone κατέλ. om. S F ‖ μὲν om. A ante μνῶν.

bos compte un total de 1.000 drachmes, ou peu s'en faut. Voilà jusqu'où va son impudence. **25** Quant aux esclaves eux-mêmes, pour lesquels ces dépenses auraient été faites, jamais ils ne me les ont remis. La raison qu'ils en donnent est la plus vaine qui soit : d'après eux, celui qui avait engagé ces esclaves à mon père est un fripon achevé, il a laissé en souffrance je ne sais combien de prêts gratuits[1], il a des dettes protestées ; et là-dessus, ils ont appelé un grand nombre de témoins contre lui. Mais qui donc a pris possession des esclaves ? Comment sont-ils sortis de la maison ? Qui les a revendiqués ? Qui les a obtenus en justice[2] ? Ils ne sauraient le dire. **26** Si leurs excuses étaient fondées, ils n'avaient pas à fournir des témoins au sujet de la fourberie de cet individu : en quoi m'intéresse-t-elle ? Il leur fallait revendiquer les esclaves à leur tour, indiquer ceux qui les avaient saisis, donner toutes les précisions là-dessus. Mais leur procédé est révoltant : ils reconnaissent que les esclaves faisaient partie de la succession, ils les ont pris chez eux, ils ont perçu le produit de leur travail pendant dix ans ; et voilà tout un atelier qui disparaît par leur fait ! Pour preuve, prends-moi les témoignages et lis-les.

Témoignages

27 D'ailleurs, Moeriadès n'était pas insolvable ; et ce n'était pas un contrat téméraire que mon père avait passé au sujet des esclaves. En voici la meilleure preuve : Aphobos a pris chez lui cet atelier, vous l'avez entendu dire aux témoins ; et lui qui aurait dû, en sa qualité de tuteur, s'opposer à ce qu'un tiers contractât sur ce bien, a prêté de son chef à Moeriadès, sur ces mêmes esclaves, 500 drachmes qu'il a reconnu lui avoir été exactement

1. Un ἔρανος est un prêt consenti par plusieurs personnes et remboursé sans intérêts par versements échelonnés : on le pratiquait entre amis pour les besoins de la vie privée, mais aussi, comme l'attestent d'autre part le *Contre Eschine* de Lysias et le *Contre Athénogène* d'Hypéride, dans l'industrie et le commerce terrestre.

2. La thèse des adversaires est peut-être qu'il y avait d'autres créanciers qui avaient un droit de préférence.

λῆμμα μὲν παρ' αὐτῶν ἐν δέκ' ἔτεσιν οὐδὲν ἐμοὶ γεγενημένον ἀποφαίνουσιν ἀλλ' οὐδὲ μικρόν, ἀναλώματος δὲ κεφάλαιον εἰς αὐτοὺς οὗτος ὀλίγου δεῖν λογίζεται χιλίας· εἰς τοῦτ' ἀναιδείας ἐλήλυθεν. **25** Αὐτοὺς δὲ τοὺς ἀνθρώπους, εἰς οὓς ταῦτ' ἀνηλωκέναι φησίν, οὐδαμοῦ μοι παραδεδώκασιν, ἀλλὰ πάντων κενότατον λόγον λέγουσιν, ὡς ὁ ὑποθεὶς τῷ πατρὶ τἀνδράποδα πονηρότατος ἀνθρώπων ἐστὶν καὶ ἐράνους τε λέλοιπε πλείστους καὶ ὑπέρχρεως γέγονε, καὶ τούτων οὐκ ὀλίγους κεκλήκασι κατ' ἐκείνου μάρτυρας. Τὰ δ' ἀνδράποδ' ὅστις ἐστὶν ὁ λαβών, ἢ πῶς ἐκ τῆς οἰκίας ἐξῆλθεν, ἢ τίς ἀφείλετο, ἢ πρὸς τίνα δίκην ἥττηνται περὶ αὐτῶν, οὐκ ἔχουσιν εἰπεῖν. **26** Καίτοι εἴ τι ἔλεγον ὑγιές, οὐκ ἂν κατὰ τῆς ἐκείνου πονηρίας παρείχοντο μάρτυρας, ἧς οὐδέν μοι προσήκει φροντίζειν, ἀλλὰ τούτων ἂν ἀντελαμβάνοντο καὶ τοὺς λαβόντας ἀπεδείκνυσαν καὶ οὐδὲν ἂν αὐτῶν παρέλειπον. Νῦν δ' ὠμότατ' ἀνθρώπων, ὁμολογοῦντες καταλειφθῆναι καὶ λαβόντες ὡς αὑτοὺς καὶ καρπωσάμενοι δέκ' ἔτη τοὺς ἀνθρώπους, ἄρδην ὅλον τὸ ἐργαστήριον ἀφανίζουσι. Καὶ ταῦθ' ὡς ἀληθῆ λέγω, λαβέ μοι τὰς μαρτυρίας καὶ ἀναγίγνωσκε.

ΜΑΡΤΥΡΙΑΙ

27 Ὅτι τοίνυν οὐκ ἄπορος ἦν ὁ Μοιριάδης, οὐδ' ἦν τῷ πατρὶ τοῦτο τὸ συμβόλαιον εἰς τἀνδράποδ' ἠλιθίως συμβεβλημένον, μεγίστῳ τεκμηρίῳ γνώσεσθε· λαβὼν γὰρ ὡς ἑαυτὸν Ἄφοβος τοῦτο τὸ ἐργαστήριον, ὡς αὐτοὶ τῶν μαρτύρων ἠκούσατε, καὶ δέον αὐτόν, εἰ καί τις ἄλλος ἐβούλετ' εἰς ταῦτα συμβαλεῖν, τοῦτον διακωλύειν ἐπίτροπόν γ' ὄντα, αὐτὸς ἐπὶ τούτοις τοῖς ἀνδραπόδοις τῷ Μοιριάδῃ πεντακο-

24 δεῖν v. : δεῖ S (cf. 29) ‖ 25 φησίν v. : φασίν A ‖ κενότατον A : καινότατον v. ‖ ἐξῆλθεν v. : ἐξῆλθον A ‖ τίς ἀφείλετο v. : ὡς ἀφείλ. τις F ‖ 26 μοι om. F ‖ ἂν om. S ‖ λαβόντας v. : εἰληφότας A ‖ οὐδὲν ἂν v. : οὐδένα S ‖ παρέλειπον v. : παρέλιπον A S F ‖ 27 συμβαλεῖν A : συμβάλλειν v. ‖ διακωλύειν v. : κωλύειν A.

remboursées[1]. **28** N'est-ce pas scandaleux? Pour nous, aucune recette sur ces esclaves ; le gage même s'évanouit, alors que nous sommes des créanciers plus anciens ; et lui, qui a prêté sur ce qui nous appartenait, qui en a perçu les revenus si longtemps, a touché son capital et ses intérêts sur ce gage qui était à nous, tout cela sans difficulté! Comme preuve, prends-moi les témoignages et lis.

TÉMOIGNAGES

29 Voyez maintenant de quelle somme ils me dépouillent en faisant disparaître ces ouvriers en meubles : 40 mines en capital, plus le produit du travail de dix ans, soit 2 talents, puisque le revenu de l'atelier était de 12 mines par an. S'agit-il là d'un article peu important, qui puisse passer inaperçu et qu'il soit facile de sauter dans un compte? Ne voilà-t-il pas plutôt un vol manifeste de près de 3 talents? Cette dilapidation étant le fait collectif des tuteurs, Aphobos me doit le tiers de la somme.

30 Aussi bien, juges, pour l'ivoire et le fer qui faisaient partie de la succession, ils ont agi de même : ces articles n'apparaissent pas davantage dans leurs comptes. Or, quand on possède un aussi grand nombre d'ouvriers en meubles et d'ouvriers couteliers, il est impossible de ne pas laisser aussi du fer et de l'ivoire. Il y en avait nécessairement : comment les ouvriers travailleraient-ils sans matière première? **31** Mon père possédait plus de cinquante esclaves, il dirigeait deux ateliers dont l'un — la fabrique de meubles — exigeait facilement 2 mines d'ivoire par mois, et l'autre — la fabrique d'armes — une quantité au moins égale, sans compter le fer : et d'après eux, il n'aurait rien laissé comme matière première. Voilà

1. Le droit hypothécaire exclut, en principe, la pratique des secondes hypothèques, sauf consentement du premier créancier. Celui-ci est représenté par le tuteur, lequel a consenti à une opération dont on peut contester l'opportunité et la délicatesse, mais dont la correction juridique peut être admise. — Pour l'expression συμβάλλειν εἴς τι, cf. *I. G.* II^2, 2631 sq.

σίας δραχμὰς ἐδάνεισεν, ἃς ὀρθῶς καὶ δικαίως παρ' ἐκείνου κεκομίσθαι ὡμολόγηκεν. 28 Καίτοι πῶς οὐ δεινόν, εἰ ἡμῖν μὲν πρὸς τῷ λῆμμ' ἀπ' αὐτῶν μηδὲν γεγονέναι καὶ αὐτὰ τὰ ὑποτεθέντ' ἀπόλωλεν, οἳ πρότερον συνεβάλομεν, τῷ δ' εἰς τὰ ἡμέτερα δανείσαντι καὶ τοσούτῳ χρόνῳ πράξαντι καὶ οἱ τόκοι καὶ τἀρχαῖ' ἐκ τῶν ἡμετέρων ἀποδέδοται καὶ οὐδεμί' ἀπορία γέγονεν; ἀλλὰ μὴν ὡς ἀληθῆ λέγω, λαβὲ τὴν μαρτυρίαν καὶ ἀνάγνωθι.

ΜΑΡΤΥΡΙΑΙ

29 Σκέψασθε τοίνυν ὅσον ἀργύριον οὗτοι παρὰ τοὺς κλινοποιοὺς κλέπτουσι, τετταράκοντα μὲν μνᾶς αὐτὸ τὸ ἀρχαῖον, δέκα δ' ἐτῶν τὸ ἔργον αὐτῶν δύο τάλαντα· δώδεκα γὰρ μνᾶς ἑκάστου τοῦ ἐνιαυτοῦ τὴν πρόσοδον αὐτῶν ἐλάμβανον. Ἆρα μικρόν τι καὶ ἐξ ἀφανοῦς ποθεν καὶ παραλογίσασθαι ῥᾴδιον, ἀλλ' οὐ φανερῶς οὑτωσὶ μικροῦ δεῖν τρία τάλαντα ταῦτ' ἀνηρπάκασιν; ὧν κοινῇ διαπεφορημένων τὸ τρίτον δήπου μέρος παρὰ τούτου μοι προσήκει κεκομίσθαι.

30 Καὶ μήν, ὦ ἄνδρες δικασταί, καὶ τὰ περὶ τοῦ ἐλέφαντος καὶ σιδήρου τοῦ καταλειφθέντος παραπλήσιά πως τούτοις πεποιήκασιν· οὐδὲ γὰρ ταῦτ' ἀποφαίνουσιν. Καίτοι κεκτημένον μὲν τοσούτους κλινοποιούς, κεκτημένον δὲ μαχαιροποιοὺς οὐχ οἷόν τε μὴ οὐχὶ καὶ σίδηρον καὶ ἐλέφαντα καταλιπεῖν, ἀλλ' ἀνάγκη ταῦτά γ' ὑπάρχειν· τί γὰρ ἂν ἠργάζοντο τούτων μὴ ὑπαρξάντων; 31 τὸν τοίνυν πλέον ἢ πεντήκοντ' ἀνδράποδα κεκτημένον καὶ δυοῖν τέχναιν ἐπιμελούμενον, ὧν θάτερον ἐργαστήριον εἰς τὰς κλίνας ῥᾳδίως δύο μνᾶς τοῦ μηνὸς ἀνήλισκεν ἐλέφαντος, τὸ δὲ μαχαιροποιεῖον οὐκ ἔλαττον ἢ τοσοῦτον ἕτερον σὺν σιδήρῳ, τοῦτον

28 τῷ S corr. (τω) : τὸ S pr. A F ‖ συνεβάλομεν A F : συνεβάλλομεν S ‖ post χρόνῳ add. ὕστερον v. : om. S pr. ‖ ἀποδέδοται A : ἀποδέδονται v. ‖ 29 δεῖν v. : δεῖ S pr. ‖ 30 ἠργάζοντο S : εἰργάζ. v.

jusqu'où ils poussent l'impudence ! **32** On voit tout de suite l'invraisemblance de leurs dires ; mais du reste, que mon père ait laissé des matières premières en quantité suffisante, non seulement pour alimenter le travail de ses ouvriers, mais pour que le public pût s'en procurer chez lui, il y a des faits qui le prouvent : lui-même en faisait commerce de son vivant[1] et, après sa mort, Démophon et Aphobos en ont écoulé hors de la maison et en vendaient à tout venant. **33** A combien doit-on évaluer les quantités qu'il laissait, puisqu'il est certain qu'elles pouvaient entretenir des industries aussi importantes et qu'en outre mes tuteurs en ont vendu ? Loin d'être minime, le chiffre n'est-il pas bien plus élevé que celui qui figure dans ma demande ? Prends-moi ces témoignages et donnes-en lecture au tribunal.

Témoignages

Voilà donc plus d'un talent d'ivoire qui ne paraît dans leurs comptes ni comme matière première ni comme objet travaillé : il n'en reste plus trace.

34 Maintenant, juges, d'après les comptes qu'ils produisent, d'après ce qu'ils reconnaissent eux-mêmes avoir reçu, je vais vous montrer qu'à eux trois ils détiennent plus de 8 talents qui m'appartiennent, et que, pour sa part, Aphobos a pris là-dessus 3 talents et 1.000 drachmes ; j'évalue les dépenses à un chiffre plus élevé qu'ils ne le font eux-mêmes, et je retranche ce qu'ils m'ont restitué : vous verrez par là que tout leur fait est d'une rare audace. **35** Sur ce qui m'appartient, ils reconnaissent avoir reçu : Aphobos, 108 mines — sans compter ce que je vais prouver qu'il détient — Thérippidès, 2 talents, Démophon, 87 mines. Ce qui fait au total 5 talents 15 mines. Une partie de cette somme a été touchée en plusieurs fois, soit environ 77 mines qui représentent le produit du tra-

1. Détail intéressant : le père de Démosthène devait acheter l'ivoire et le fer en gros ; ç'avait été l'occasion d'un commerce annexe.

οὔ φασιν καταλιπεῖν οὐδὲν τούτων· εἰς τοῦτ' ἀναιδείας ἐληλύθασιν. 32 Ὅτι μὲν οὖν οὐ πιστὰ λέγουσιν, καὶ ἐκ τούτων αὐτῶν ῥᾴδιόν ἐστι μαθεῖν· ὅτι δ' ἐκεῖνος κατέλιπε τοσοῦτον τὸ πλῆθος ὥστε μὴ μόνον ἱκανὸν εἶναι κατεργάζεσθαι τοῖς ἑαυτοῦ δημιουργοῖς, ἀλλὰ καὶ τῷ βουλομένῳ πρὸς ὠνεῖσθαι τῶν ἄλλων, ἐκεῖθεν φανερόν, ὅτι αὐτός τ' ἐπώλει ζῶν καὶ Δημοφῶν καὶ οὗτος τοῦ πατρὸς ἤδη τετελευτηκότος ἐκ τῆς οἰκίας τῆς ἐμῆς ἀπεδίδοντο τοῖς βουλομένοις. 33 Καίτοι πόσον τινὰ χρὴ τὸν καταλειφθέντα νομίζειν εἶναι, ὅταν φαίνηται τηλικούτοις τ' ἐργαστηρίοις ἐξαρκῶν καὶ χωρὶς ὑπὸ τῶν ἐπιτρόπων πιπρασκόμενος; ἆρ' ὀλίγον, ἀλλ' οὐ πολλῷ πλείω τῶν ἐγκεκλημένων; λαβὲ τοίνυν τὰς μαρτυρίας ταυτασὶ καὶ ἀνάγνωθ' αὐτοῖς.

ΜΑΡΤΥΡΙΑΙ

Τούτου τοίνυν τοῦ ἐλέφαντός ἐστι πλέον ἢ τάλαντον, ὃν οὔτ' αὐτὸν οὔτε τὸ ἔργον μοι ἀποφαίνουσιν, ἀλλὰ καὶ τοῦτον ἄρδην ἀφανίζουσιν ὅλον.

34 Ἔτι τοίνυν, ὦ ἄνδρες δικασταί, παρὰ τὸν λόγον ὃν ἀποφέρουσιν, ἐξ ὧν αὐτοὶ λαβεῖν ὁμολογοῦσιν, ἐπιδείξω ὑμῖν τρεῖς μὲν ὄντας αὐτοὺς πλέον ἢ ὀκτὼ τάλαντ' ἐκ τῶν ἐμῶν ἔχοντας, ἰδίᾳ δ' ἐκ τούτων Ἄφοβον τρία τάλαντα καὶ χιλίας εἰληφότα, τά τ' ἀνηλωμένα χωρὶς τούτων πλείω τιθεὶς καὶ ὅσ' ἐκ τούτων ἀπέδοσαν ἀφαιρῶν, ἵν' εἰδῆθ' ὅτι οὐ μικρᾶς ἀναιδείας τὰ ἐγχειρήματ' αὐτῶν ἐστίν. 35 Λαβεῖν γὰρ ἐκ τῶν ἐμῶν ὁμολογοῦσιν οὗτος μὲν ὀκτὼ καὶ ἑκατὸν μνᾶς, χωρὶς ὧν ἔχοντ' αὐτὸν ἐγὼ ἐπιδείξω νῦν, Θηριππίδης δὲ δύο τάλαντα, Δημοφῶν δ' ἑπτὰ καὶ ὀγδοήκοντα μνᾶς. Τοῦτο δ' ἐστὶ πέντε τάλαντα καὶ πεντεκαίδεκα μναῖ. Τούτου τοίνυν ὃ μὲν οὐχ ἄθρουν ἐλήφθη, σχεδόν εἰσιν ἑβδομήκοντα μναῖ καὶ ἑπτά, ἡ πρόσοδος ἡ ἀπὸ τῶν

32 πρὸς ὠνεῖσθαι Schaefer : προσωνεῖσθαι codd. ‖ 33 ταυτασὶ v. : ταύτας F ‖ 35 καὶ πεντεκαίδεκα μναῖ S (qui scripsit μνᾶς) : om. cett. ‖ οὐχ ἄθρουν Dindorf : ουκ αθρουν S οὐκ ἄθροον cett. ‖ ἡ om. A S.

vail des esclaves ; l'autre l'a été tout de suite, soit près de 4 talents : en ajoutant le revenu de dix ans, calculé seulement sur le taux d'une drachme, vous trouverez, capital et intérêts, une somme de 8 talents, 1.000 drachmes. **36** Maintenant, il faut soustraire des 77 mines, c'est-à-dire du produit de l'atelier, le prix de notre entretien : Thérippidès comptait 7 mines par an de ce chef [1] — somme que nous portons à notre débit ; soit, pour mes tuteurs, une dépense totale de 70 mines en dix ans. Je leur fais grâce de la différence — 700 drachmes — en comptant plus largement qu'eux. D'autre part, ce qu'ils m'ont remis à ma majorité et ce qu'ils ont payé en mon nom comme contributions doit être déduit des 8 talents et plus. **37** Or, Aphobos et Thérippidès m'ont restitué 31 mines, et ils comptent, comme contributions versées, 18 mines [2]. Je leur fais encore la part belle et je porte cet article à 30 mines, pour éviter toute contestation. Retranchez 1 talent de 8, il reste 7 : d'après leur propre aveu, ils détiennent forcément cette somme. Et celle-là, nieraient-ils tout le reste pour me dépouiller, il faut qu'ils la restituent puisqu'ils reconnaissent l'avoir touchée sur mon patrimoine. **38** En réalité, que font-ils ? Comme revenu des fonds, ils ne portent rien en compte. Quant au capital, ils prétendent l'avoir dépensé, en plus des 77 mines. Démophon fait mieux : d'après ses comptes, c'est encore nous qui lui devons ! N'est-ce pas là une impudence énorme et éclatante ? N'est-ce pas là le comble d'une avidité scandaleuse ? Que sera donc un scandale, si de pareils excès n'en sont pas un ? **39** En ce qui concerne Aphobos,

1. Dans le *Contre Diogiton* de Lysias, § 28, on compte pour trois enfants 1.000 drachmes, soit à peu près le même chiffre où est compris l'entretien d'esclaves (ibid.), ainsi que les frais d'instruction (*infra* 46).

2. Dans cette période du moins (376-366 environ), on ne peut pas dire que l'εἰσφορά ait pesé très lourdement sur les grosses fortunes. Il est vrai que Démosthène n'a pas précisé quel était le montant du patrimoine *déclaré* (§§ 7 sq.) : encore appartenait-il à la catégorie la plus imposée (le chiffre était probablement de dix talents : cf. § 50). Or, la période en question n'a pas été, dans l'histoire extérieure d'Athènes, une période de tranquillité.

ἀνδραπόδων, ὃ δ' εὐθὺς ἔλαβον οὗτοι, μικροῦ δέοντα τέτταρα τάλαντα· οἷς τὸ ἔργον ἂν προσθῆτ' ἐπὶ δραχμῇ μόνον τῶν δέκ' ἐτῶν, ὀκτὼ τάλανθ' εὑρήσετε σὺν τοῖς ἀρχαίοις καὶ χιλίας γιγνομένας. **36** Τὴν μὲν τοίνυν τροφὴν ἀπὸ τῶν ἑβδομήκοντα μνῶν καὶ ἑπτὰ λογιστέον τῶν ἀπὸ τοῦ ἐργαστηρίου γενομένων. Θηριππίδης γὰρ ἑπτὰ μνᾶς ἐδίδου καθ' ἕκαστον τὸν ἐνιαυτὸν εἰς ταῦτα, καὶ ἡμεῖς τοῦτο λαβεῖν ὁμολογοῦμεν. Ὥσθ' ἑβδομήκοντα μνᾶς ἐν τοῖς δέκ' ἔτεσιν εἰς τροφὴν τούτων ἡμῖν ἀνηλωκότων, τὸ περιὸν τὰς ἑπτακοσίας προστίθημ' αὐτοῖς, καὶ τούτων πλείω εἰμὶ τεθηκώς. Ὃ δ' ἐμοὶ δοκιμασθέντι παρέδοσαν καὶ ὅσον εἰς τὴν πόλιν εἰσενηνόχασιν, τοῦτ' ἀπὸ τῶν ὀκτὼ ταλάντων καὶ τοῦ προσόντος ἀφαιρετέον ἐστίν. **37** Ἀπέδοσαν μὲν τοίνυν οὗτος καὶ Θηριππίδης μίαν καὶ τριάκοντα μνᾶς, εἰσφορὰς δ' εἰσενηνοχέναι λογίζονται δυοῖν δεούσας εἴκοσι μνᾶς. Ἐγὼ δ' ὑπερβαλὼν καὶ τοῦτο ποιήσω τριάκοντα μνᾶς, ἵνα πρὸς ταῦτα μηδ' ἀντειπεῖν ἔχωσιν. Οὐκοῦν ἂν ἀφέλητε τὸ τάλαντον ἀπὸ τῶν ὀκτὼ ταλάντων, ἑπτὰ τὰ λειπόμεν' ἐστί, καὶ ταῦτα, ἐξ ὧν αὐτοὶ λαβεῖν ὁμολογοῦσι, τούτους ἔχειν ἐστὶν ἀναγκαῖον. Τοῦτο τοίνυν, εἰ καὶ τἄλλα πάντ' ἀποστεροῦσιν ἀρνούμενοι μὴ ἔχειν, ἀποδοῦναι προσῆκεν, ὁμολογοῦντάς γε λαβεῖν ταῦτ' ἐκ τῶν ἐμῶν. **38** Νῦν δὲ τί ποιοῦσιν; ἔργον μὲν οὐδὲν ἀποφαίνουσι τοῖς χρήμασιν, αὐτὰ δὲ τὰ ἀρχαῖα πάντ' ἀνηλωκέναι φασὶ σὺν ταῖς ἑπτὰ καὶ ἑβδομήκοντα μναῖς· Δημοφῶν δὲ καὶ πρὸς ὀφείλοντας ἡμᾶς ἐνέγραψε. Ταῦτ' οὐ μεγάλη καὶ περιφανὴς ἀναισχυντία; ταῦτ' οὐχ ὑπερβολὴ δεινῆς αἰσχροκερδίας; τί οὖν ποτ' ἐστὶ τὸ δεινόν, εἰ μὴ ταῦτα δόξει τηλικαύτας ὑπερβολὰς ἔχοντα; **39** οὗτος τοίνυν τὸ καθ' αὑτὸν ὀκτὼ καὶ ἑκατὸν

35 δέοντα S : δέον cett. || δραχμῇ v. : δραχμην S || **36** γενομένων A S : γιγνομ. v. || τὸν om. A F || μνᾶς A : μνῶν codd. || εἰς A : om. cett. || τούτων S : τούτῳ cett. || **37** καὶ S (superscr.) F : om. A S pr. || τούτους v. : τούτοις A || **38** πρὸς ὀφείλοντας Foerster (sic **59**) : προσοφείλ. codd.

qui reconnaît avoir reçu personnellement 108 mines [1], il est redevable et de cette somme et des intérêts pendant dix ans, au total 3 talents, 1.000 drachmes. Pour prouver que, dans les comptes de tutelle, chacun d'eux, tout en avouant avoir reçu les sommes en question, prétend les avoir dépensées entièrement, prends les témoignages et lis.

TÉMOIGNAGES

40 Je suppose, juges, que vous êtes suffisamment instruits sur tout ce qu'ils ont volé et pillé, chacun de son côté. Vous auriez été encore mieux renseignés s'ils avaient bien voulu me rendre le testament de mon père. Tous les articles de la succession, ma mère l'affirme, y figuraient ; on y voyait aussi sur quoi les legs devaient être prélevés et comment mon patrimoine devait être affermé. **41** Mais j'ai beau le leur réclamer : ils reconnaissent qu'il y avait un testament, mais ils ne le produisent pas. Et cela pour dissimuler le montant de la succession qu'ils ont dilapidée, et pour ne pas montrer qu'ils ont touché les legs : comme si les faits ne suffisaient pas à les convaincre ! Prends les témoignages qui constatent leurs réponses, et lis.

TÉMOIGNAGES

42 Celui-ci [2] reconnaît l'existence du testament et déclare que les 2 talents ont été donnés à Démophon, et les 80 mines à Aphobos ; quant aux 70 mines qu'il a reçues, il prétend qu'elles ne figuraient pas dans le testament, pas plus que le montant de la succession, ni les conditions

1. Cf. § 35. Mais il ne nous est dit, ni ici ni là, comment ce chiffre était obtenu : nous savons seulement que la somme n'a pas dû être touchée en une fois — ce qui peut expliquer le calcul des intérêts qui ne s'élèvent guère qu'à 7 et demi pour cent, alors que, pour un autre poste, Démosthène le chiffrait à 12 % en se targuant de sa modération (§ 23). Mais alors, pourquoi parle-t-il « des intérêts pendant dix ans »? — Le total de 3 talents 1.000 drachmes a déjà été avancé § 34.

2. Thérippidès, comme l'indique la suite.

μνᾶς λαβεῖν ὁμολογῶν, ἔχει καὶ αὐτὰς καὶ τὸ ἔργον δέκ' ἐτῶν, μάλιστα τρία τάλαντα καὶ χιλίας. Καὶ ταῦθ' ὡς ἀληθῆ λέγω, καὶ ἐν τοῖς λόγοις τῆς ἐπιτροπῆς τὸ λῆμμ' ἕκαστος τοῦθ' ὁμολογῶν λαβεῖν ἅπαν ἀνηλωκέναι λογίζεται, λαβὲ τὰς μαρτυρίας καὶ ἀνάγνωθι.

ΜΑΡΤΥΡΙΑΙ

40 Νομίζω τοίνυν, ὦ ἄνδρες δικασταί, περὶ τούτων ἱκανῶς μὲν ὑμᾶς μεμαθηκέναι, καὶ ὅσα κλέπτουσιν καὶ κακουργοῦσιν ἕκαστος αὐτῶν· ἔτι δ' ἀκριβέστερον ἔγνωτ' ἄν, εἴ μοι τὰς διαθήκας ἃς ὁ πατὴρ κατέλιπεν οὗτοι ἀποδοῦναι ἠθέλησαν. Ἐν γὰρ ἐκείναις ἐγέγραπτο, ὥς φησιν ἡ μήτηρ, ἃ κατέλιπεν ὁ πατὴρ πάντα, καὶ ἐξ ὧν ἔδει τούτους λαβεῖν τὰ δοθέντα, καὶ τὸν οἶκον ὅπως μισθώσουσι. 41 Νῦν δ' ἀπαιτοῦντος ἐμοῦ καταλειφθῆναι μὲν ὁμολογοῦσιν, αὐτὰς δ' οὐκ ἀποφαίνουσι. Ταῦτα δὲ ποιοῦσι τό τε πλῆθος οὐ βουλόμενοι καταφανὲς ποιῆσαι τῆς οὐσίας τὸ καταλειφθέν, ὃ διηρπάκασιν οὗτοι, τάς τε δωρεὰς ἵνα μὴ δοκῶσιν ἔχειν, ὥσπερ οὐκ ἐξ αὐτοῦ τοῦ πράγματος ἐξελεγχθησόμενοι ῥᾳδίως. Λαβὲ δ' αὐτοῖς τὰς μαρτυρίας ὧν ἐναντίον ἀπεκρίναντο, καὶ ἀνάγνωθι.

ΜΑΡΤΥΡΙΑΙ

42 Οὗτος διαθήκην μὲν γενέσθαι φησίν, καὶ τὰ δύο τάλαντα Δημοφῶντι καὶ τὰς ὀγδοήκοντα μνᾶς τούτῳ δοθῆναι μαρτυρεῖ· τὰς δ' ἑβδομήκοντα μνᾶς, ἃς Θηριππίδης ἔλαβεν, οὐ προσγραφῆναί φησιν, οὐδὲ τὸ πλῆθος τῆς οὐσίας τὸ καταλειφθέν, οὐδὲ τὸν οἶκον ὅπως μισθώσουσιν·

39 δέκ' v. : τῶν δέκ' A || τοῖς om. A S || 40 μισθώσουσι Reiske : μισθώσοιντο A μισθώσοιτο v. || 41 ἐξελεγχθησόμενοι S : ἐλεγχθ. v. || ὧν ἐναντίον A : ὧν S ὡς F || 42 Θηριππίδης del. Voemel.

d'affermage : cet aveu serait contraire à ses intérêts. Prends-moi la réponse du suivant.

Témoignage

43 Celui-là[1] reconnaît également l'existence du testament et déclare que la somme fixée a été versée à Thérippidès sur la vente du bronze et de la noix de galle — ce que Thérippidès nie — ainsi que les 2 talents à Démophon. Quant au legs qui lui était fait, il déclare qu'il figurait dans le testament, mais qu'il ne l'a pas accepté : ainsi, il ne sera pas dit qu'il l'a reçu ! Lui non plus ne dit rien sur le chiffre total de la succession, ni sur l'obligation d'affermer : cet aveu serait contraire aussi à ses intérêts. **44** Le montant de la succession n'en ressort pas moins, en dépit de leurs efforts pour faire disparaître mon patrimoine, du testament même d'après lequel des legs aussi importants leur ont été faits, comme ils le reconnaissent à la charge les uns des autres. Lorsqu'un homme dispose de 4 talents et 3.000 drachmes pour donner aux uns 3 talents et 2.000 drachmes en dots, à l'autre l'usufruit de 7 mines, il est évident que cette somme n'a pas été prélevée sur une succession médiocre, mais qu'il devait me rester, à moi, plus du double[2]. **45** Il n'avait pas l'intention, apparemment, de me laisser dans le besoin, moi son fils, ni le désir d'enrichir encore mes tuteurs, qui étaient déjà riches : c'est en rapport avec mon héritage qu'il a fait un legs aussi élevé à Thérippidès, et qu'il a donné à Démophon, qui ne devait épouser ma sœur que longtemps après, l'usufruit des 2 talents ; il voulait de deux choses l'une : ou les disposer, par ces libéralités, à mieux administrer la tutelle ou, en cas de malversation de leur part, les rendre sans excuse à vos yeux pour s'être aussi mal conduits envers nous après avoir été aussi

1. Aphobos lui-même. Il ne s'agit pas d'un témoignage personnel d'Aphobos (les parties ne témoignent pas) mais d'un tiers qui a entendu sa réponse. Cette réponse et les autres ont pu être recueillies au cours de l'arbitrage (cf. § 49).

2. Il n'y a pas là l'indication d'une quotité disponible. Cléoboulè,

οὐ γὰρ αὐτῷ συμφέρει προσομολογῆσαι ταῦτα. Λαβὲ δὴ τὴν τούτου ἀπόκρισιν.

ΜΑΡΤΥΡΙΑ

43 Οὗτος αὖ τὴν μὲν διαθήκην γενέσθαι φησίν, καὶ τὸ ἀργύριον ἐκ τοῦ χαλκοῦ καὶ τῆς κηκῖδος ἀποδοθῆναι τῷ Θηριππίδῃ, ὃ ἐκεῖνος οὔ φησιν, καὶ τὰ δύο τάλαντα τῷ Δημοφῶντι· περὶ δὲ τῶν αὐτῷ δοθέντων γραφῆναι μέν φησιν, οὐχ ὁμολογῆσαι δ' αὐτός, ἵνα μὴ δοκῇ λαβεῖν. Τὸ δὲ πλῆθος τῆς οὐσίας οὐδ' οὗτος ἀποφαίνει καθόλου, οὐδὲ τὸ μισθοῦν τὸν οἶκον· οὐδὲ γὰρ οὐδὲ τούτῳ συμφέρει προσομολογῆσαι ταῦτα. 44 Δῆλον τοίνυν ἐστὶν οὐδὲν ἧττον τὸ πλῆθος τῶν καταλειφθέντων, καίπερ ἀφανιζόντων τούτων τὴν οὐσίαν, ἐκ τῶν διαθηκῶν ἐξ ὧν τοσαῦτα χρήματ' ἀλλήλοις φασὶ δοθῆναι. Ὅστις γὰρ ἐκ τεττάρων ταλάντων καὶ τρισχιλίων τοῖς μὲν τρία τάλαντα καὶ δισχιλίας προῖκα ἔδωκεν, τῷ δ' ἑβδομήκοντα μνᾶς καρποῦσθαι, φανερὸν δήπου πᾶσιν ὅτι οὐκ ἀπὸ μικρᾶς οὐσίας, ἀλλὰ πλέον ἢ διπλασίας ἧς ἐμοὶ κατέλειπεν ταῦτ' ἀφεῖλεν. 45 Οὐ γὰρ δήπου τὸν μὲν υἱὸν ἐμὲ πένητ' ἐβούλετο καταλιπεῖν, τούτους δὲ πλουσίους ὄντας ἔτι πλουσιωτέρους ποιῆσαι ἐπεθύμησεν, ἀλλ' ἕνεκα τοῦ πλήθους τῶν ἐμοὶ καταλειπομένων Θηριππίδῃ τε τοσοῦτον ἀργύριον καὶ Δημοφῶντι τὰ δύο τάλαντα, οὔπω μέλλοντι τῇ ἀδελφῇ τῇ ἐμῇ συνοικήσειν, καρποῦσθαι ἔδωκεν, ἵνα δυοῖν θάτερον διαπράξαιτο, ἢ διὰ τὰ διδόμενα βελτίους αὐτοὺς εἶναι τὰ περὶ τὴν ἐπιτροπὴν προτρέψειεν, ἢ εἰ κακοὶ γίγνοιντο, μηδεμιᾶς συγγνώμης παρ' ὑμῶν τυγχάνοιεν, εἰ τοσούτων ἀξιωθέντες τοιαῦτ' εἰς

42 δὴ om. A ‖ ἀπόκρισιν A : μαρτυρίαν S F ‖ μαρτυρία codd. : ἀπόκρισις debebat esse ‖ **43** post καθόλου habet τὸ καταλειφθὲν A : om. S F, del. Rennie ‖ τούτῳ v. : τούτοις A ‖ **44** ἔδωκε Blass coll. XXIX 4 (adde XXVII 5) et ex sententia : δέδωκε codd. ‖ κατέλειπε Blass : κατέλιπε codd. ‖ **45** τε om. A ‖ τὰ S : om. v. ‖ προτρέψειεν v. : τρέψειεν A.

largement gratifiés. **46** Eh bien, Aphobos, lui qui, outre la dot, a pris possession des servantes et qui a habité notre maison, maintenant qu'il doit rendre compte de tout cela, prétend qu'il ne faisait que gérer ses affaires. Il a poussé l'avarice jusqu'à frustrer mes maîtres de leur salaire ; et il y a telles contributions qu'il porte à mon compte sans les avoir versées. Prends-moi ces témoignages et lis.

TÉMOIGNAGES

47 Qu'il ait tout mis au pillage sans épargner la plus petite chose, quelle preuve plus convaincante pourrait-on en donner que celle qui est fournie par tant de témoignages et de présomptions? Il a reconnu avoir touché la dot, il a fait un reçu à ses cotuteurs ; après avoir exploité personnellement l'atelier, il ne produit pas les revenus ; **48** le reste, ou il l'a vendu — et il ne restitue pas les prix — ou il se l'est approprié et l'a fait disparaître ; le montant du vol ressort du compte qu'il présente lui-même ; et avec cela, il a soustrait le testament, il a fait argent des esclaves[1], bref il a administré comme ne l'auraient pas fait nos pires ennemis : non, je ne vois pas quelles preuves plus convaincantes on pourrait fournir.

49 Devant l'arbitre, il a osé dire qu'il avait acquitté, sur les fonds, des dettes que j'aurais eues envers Démophon et Thérippidès ses cotuteurs, et que ceux-ci avaient reçu de fortes sommes provenant de mon patrimoine. Mais il serait bien empêché de prouver l'un et l'autre point. Car il n'a pas établi, pièces en main, que mon père m'ait laissé des dettes, et il ne produit pas le témoignage des prétendus créanciers qui auraient été payés. En outre, le chiffre des sommes qu'il a imputées à ses cotuteurs n'équivaut pas à ce qu'il a certainement reçu pour son compte : il s'en faut

d'ailleurs, devait recouvrer sa dot ancienne (50 mines) : son mari l'a seulement accrue de 30 mines. La dot d'une fille (ici 2 talents) était dans la pratique supérieure au dixième de l'héritage du fils (Isée, III, 51) — mais sans que la loi eût rien fixé et sans qu'il y eût obligation, autre que morale, pour le constituant.

1. Cf. §§ 13, 18.

ἡμᾶς ἐξαμαρτάνοιεν. **46** Οὗτος τοίνυν καὶ αὐτὸς πρὸς τῇ προικὶ καὶ τὰς θεραπαίνας λαβὼν καὶ τὴν οἰκίαν οἰκῶν, ἐπειδὴ δεῖ λόγον αὐτὸν δοῦναι τούτων, τὰ ἑαυτοῦ πράττειν φησίν· καὶ εἰς τοσοῦτον αἰσχροκερδίας ἦλθεν ὥστε καὶ τοὺς διδασκάλους τοὺς μισθοὺς ἀπεστέρηκεν καὶ τῶν εἰσφορῶν ἔστιν ἃς οὐ κατέθηκεν, ἐμοὶ δὲ λογίζεται. Λαβὲ δὴ καὶ ταύτας αὐτοῖς τὰς μαρτυρίας καὶ ἀνάγνωθι.

ΜΑΡΤΥΡΙΑΙ

47 Πῶς οὖν ἄν τις σαφέστερον ἐπιδείξειεν πάντα διηρπακότα καὶ μηδὲ τῶν μικρῶν ἀπεσχημένον, ἢ τοῦτον τὸν τρόπον ἐπιδεικνὺς μετὰ τοσούτων μαρτύρων καὶ τεκμηρίων; τὴν μὲν προῖκα λαβεῖν ὁμολογήσαντα καὶ ἔχειν αὑτὸν πρὸς τοὺς ἐπιτρόπους ἀπογράψαντα, τὸ δ' ἐργαστήριον κεκαρπωμένον αὐτὸν καὶ τὴν πρόσοδον οὐκ ἀποφαίνοντα, **48** τῶν δ' ἄλλων τὰ μὲν πεπρακότα καὶ τὰς τιμὰς οὐκ ἀποδεδωκότα, τὰ δ' ὡς ἑαυτὸν λαβόντα καὶ ταῦτ' ἠφανικότα, ἔτι δὲ παρὰ τὸν λόγον ὃν αὐτὸς ἀπέδωκε τοσαῦτα κλέπτοντα, πρὸς δὲ τούτοις τὴν διαθήκην ἠφανικότα, τὰ ἀνδράποδα πεπρακότα, τἆλλ' οὕτω πάντα διῳκηκότα, ὡς οὐδ' ἂν οἱ ἔχθιστοι διοικήσειαν; ἐγὼ μὲν οὐκ οἶδ' ὅπως ἄν τις σαφέστερον ἐπιδείξειεν.

49 Ἐτόλμα τοίνυν πρὸς τῷ διαιτητῇ λέγειν ὡς ἀπὸ τῶν χρημάτων χρέα τε πάμπολλ' ἐκτέτεικεν ὑπὲρ ἐμοῦ Δημοφῶντι καὶ Θηριππίδῃ τοῖς συνεπιτρόποις, καὶ ὡς πολλὰ τῶν ἐμῶν λάβοιεν, οὐδέτερ' ἔχων ἐπιδεικνύναι τούτων. Οὔτε γὰρ ὡς ὀφείλοντά με κατέλιπεν ὁ πατὴρ ἐν τοῖς γράμμασιν ἀπέφηνεν, οὐδ' οἷς ἀποδεδωκέναι ταῦτ' ἔφη παρέσχηται μάρτυρας, οὔτ' αὖ τὸν ἀριθμὸν τῶν χρημάτων εἰς τοὺς συν-

46 τὰς om. A S, iure fortasse ‖ αὐτὸν v. : αὐτῶν S. ‖ **47** interrogandi signum post τεκμηρίων posuit Blass ‖ αὑτὸν scripsi auctore Rennie : αὐτὸν codd. (αυτον S) ‖ **48** λαβόντα v. : λαμβάνοντα A ‖ ἀπέδωκε A : ἐπέδωκε S F ‖ **49** οὐδέτερ' v. : οὐδέτερον A.

de beaucoup. **50** L'arbitre l'interrogea là-dessus, point par point, et lui demanda comment il administrait son bien à lui, s'il prélevait les dépenses sur le capital ou sur les intérêts, et si, dans ma situation, il aurait accepté de ses tuteurs un compte comme celui-là et n'aurait pas plutôt réclamé le capital avec les intérêts accumulés. A cela il ne répondit rien ; mais il m'adressa une sommation[1] où il se disait prêt à faire la preuve que le montant de la succession était de 10 talents et à combler le déficit s'il y avait lieu. **51** Sur quoi je le requis de faire cette preuve devant l'arbitre : il ne la fit point, et n'établit pas davantage que les cotuteurs m'eussent remis des fonds : autrement, la sentence arbitrale n'eût pas été prononcée contre lui[2] ; il versa seulement au dossier certain témoignage dont il essaiera de se prévaloir. Si donc, aujourd'hui encore, il prétend que tels fonds m'ont été versés, demandez-lui par qui et, sur chaque point, exigez des témoignages. **52** Ou bien s'il porte à mon actif les sommes dont sont redevables l'un et l'autre des cotuteurs, on verra qu'il n'indique ainsi que le tiers de ce qu'il faudrait, et de plus qu'il ne m'en fait pas plus riche d'autant. Car, de même que je l'ai convaincu, lui, de détenir des valeurs aussi considérables, j'en prouverai autant à la charge des deux autres. Il n'a donc pas le droit de tenir ce langage : il doit montrer que lui-même ou les cotuteurs ont effectivement transmis les fonds. Sinon, quel cas pouvez-vous faire de cette sommation* ? Il n'est pas plus avancé pour établir que je suis rentré en possession.

53 Il était donc bien embarrassé devant l'arbitre : point par point, il se trouvait convaincu, comme il l'est aujourd'hui devant vous ; alors il eut l'audace de faire le mensonge le plus inouï : mon père aurait laissé 4 talents enfouis dans une cachette, et c'est à ma mère qu'il en aurait donné la possession ! Argument à deux fins ; ou bien, je m'attendrais à le lui voir fournir au-

1. Le sommation (πρόκλησις) est une requête solennelle, devant témoins et le plus souvent par écrit, de déférer l'affaire à un arbitre privé ou de recourir à tel moyen de preuve, la question surtout.

2. Démosthène le dit en passant : on ne se prévaut pas, en général, de la sentence de l'arbitre public (cf. XL 40).

ἐπιτρόπους ἐπανέφερεν ὅσον αὐτὸς φαίνεται λαβών, ἀλλὰ πολλοῖς ἐλάττω χρήμασιν. 50 Ἐρωτηθεὶς δ' ὑπὸ τοῦ διαιτητοῦ ταῦτά τε καθ' ἕκαστον, καὶ τὴν οὐσίαν τὴν αὑτοῦ πότερον ἐκ τῶν ἐπικαρπιῶν ἢ τἀρχαῖ' ἀναλίσκων διῴκηκεν, καὶ πότερον ἐπιτροπευθεὶς ἀπεδέξατ' ἂν τοῦτον τὸν λόγον παρὰ τῶν ἐπιτρόπων ἢ τἀρχαῖ' ἂν ἀπολαβεῖν ἠξίου σὺν τοῖς ἔργοις τοῖς γεγενημένοις, πρὸς μὲν ταῦτ' ἀπεκρίνατ' οὐδέν, προὐκαλεῖτο δ' ἐθέλειν ἐπιδεῖξαί μοι τὴν οὐσίαν δέκα ταλάντων οὖσαν· εἰ δέ τι ἐλλείποι, αὐτὸς ἔφη προσθήσειν. 51 Κελεύοντος δ' ἐμοῦ πρὸς τὸν διαιτητὴν ἐπιδεικνύναι ταῦτ' οὐκ ἐπέδειξεν, οὐδ' ὡς οἱ συνεπίτροποι παρέδοσαν (οὐ γὰρ ἂν αὐτοῦ κατεδιῄτησεν), μαρτυρίαν δ' ἐνεβάλετο τοιαύτην, περὶ ἧς πειράσεταί τι λέγειν. Ἂν μὲν οὖν καὶ νῦν ἔχειν με φῇ, τίνος παραδόντος ἐρωτᾶτ' αὐτόν, καὶ καθ' ἕκαστον παρασχέσθαι μάρτυρας ἀξιοῦτε. 52 Ἐὰν δ' εἶναί μοι φῇ τοῦτον τὸν τρόπον, λογιζόμενος τὰ παρ' ἑκατέρῳ τῶν ἐπιτρόπων, διπλασίοις ἐλάττω φανήσεται λέγων, ἔχοντα δ' οὐδὲν μᾶλλον ἀποφαίνων. Ἐγὼ γὰρ ὥσπερ καὶ τοῦτον τοσαῦτ' ἔχοντ' ἐξήλεγξα, οὕτως κἀκείνων ἑκάτερον οὐκ ἐλάττω τούτων ἔχοντ' ἐπιδείξω. Ὥστ' οὐ τοῦτ' αὐτῷ λεκτέον, ἀλλ' ὡς ἢ αὐτὸς ἢ οἱ συνεπίτροποι παρέδοσαν. Εἰ δὲ μὴ τοῦτ' ἐπιδείξει, πῶς χρὴ ταύτῃ τῇ προκλήσει προσέχειν ὑμᾶς τὸν νοῦν; οὐδὲν γὰρ μᾶλλον ἔχοντά μ' ἐπιδείκνυσι.

53 Πολλὰ τοίνυν ἀπορηθεὶς πρὸς τῷ διαιτητῇ περὶ πάντων τούτων, καὶ καθ' ἕκαστον ἐξελεγχόμενος ὥσπερ νυνὶ παρ' ὑμῖν, ἐτόλμησε ψεύσασθαι πάντων δεινότατον, ὡς τέτταρά μοι τάλανθ' ὁ πατὴρ κατέλιπε κατορωρυγμένα καὶ τούτων κυρίαν τὴν μητέρ' ἐποίησεν. Ταῦτα δ' εἶπεν, ἵν' εἰ μὲν καὶ νῦν προσδοκήσαιμ' αὐτὸν ἐρεῖν, ἀπολογούμενος

49 οὐδ' S : οὔθ' cett. ‖ ὅσον A S : ὅσονπερ F ‖ 50 ante ἐπιτροπευθεὶς add. οὕτως A οὗτος F : αὐτὸς coni. Wolf ‖ ἐλλείποι v. : ἐλλίποι S ‖ 52 τούτων S corr. F : τοῦτον A S pr. (an legendum τούτου?) ‖ 53 νῦν A F : νυνὶ S.

jourd'hui, et alors je perdrais mon temps à le réfuter quand j'avais autre chose à établir contre lui ; ou bien, ne pensant pas qu'il serait produit, je le négligerais — et alors il s'en servirait lui-même : ainsi, je passerais pour riche et je ne susciterais plus autant la pitié de mes juges. **54** Aussi bien, il n'a versé aucun témoignage à l'appui de cette affirmation : il l'a lancée sans autre preuve, comme s'il devait en être cru sur parole. Ainsi, lorsqu'on lui demande à quoi il a dépensé une si grosse part de mon patrimoine, il prétend qu'il a acquitté des dettes en mon nom et, à ce moment-là, il me fait passer pour pauvre ; mais, quand il lui plaît, il paraît que je suis riche puisque mon père a laissé tant d'argent à la maison. En fait, cette allégation ne saurait être vraie, il est impossible que rien de pareil ait eu lieu : il est facile de le comprendre par bien des raisons. **55** Si mon père s'était défié de mes tuteurs, il ne leur aurait certainement pas confié le reste de la succession ; il ne leur aurait pas révélé non plus ce qu'il laissait ainsi en cachette : c'eût été folie pure que de leur indiquer les biens qui étaient dissimulés, quand il répugnait déjà à leur faire administrer la fortune visible. Si, au contraire, il avait confiance, il n'aurait pas soustrait ainsi à leur possession une partie du patrimoine, alors qu'il les rendait maîtres de la plus grande. Il n'aurait pas non plus confié à ma mère la garde de cet argent, alors qu'il la donnait elle-même en mariage à Aphobos, l'un des tuteurs : c'était une absurdité de vouloir conserver cet argent par les soins de ma mère, et, en même temps, de donner pouvoir sur elle et sur l'argent à l'un de ceux dont il se défiait. **56** Et puis, s'il y avait quelque chose de vrai dans cette histoire, croyez-vous qu'Aphobos n'aurait pas épousé ma mère qui lui avait été donnée par mon père ? Nanti des 80 mines de la dot qu'il avait reçue en prévision de son mariage avec elle, il est allé épouser la fille de Philonidès de Mélitè : s'il y avait eu 4 talents dans la maison et si ma mère en avait eu la possession comme il le prétend, pensez-vous qu'il ne serait pas accouru pour devenir maître de l'argent en même temps que de la femme ? **57** Comment ! la fortune visible* qui, au su de

περὶ αὐτῶν διατρίβοιμι, δέον ἕτερά μ' αὐτοῦ κατηγορεῖν πρὸς ὑμᾶς· εἰ δ' ὡς οὐ ῥηθησομένων παραλίποιμι, νῦν αὐτὸς εἴποι, ἵνα δοκῶν εἶναι πλούσιος ἧττον ὑφ' ὑμῶν ἐλεοίμην.
54 Καὶ μαρτυρίαν μὲν οὐδεμίαν ἐνεβάλετο τούτων ὁ ταῦτ' εἰπεῖν ἀξιώσας, ψιλῷ δὲ λόγῳ χρησάμενος ὡς πιστευθησόμενος εἰκῇ. Καὶ ὅταν μὲν ἔρηταί τις αὐτόν, εἰς τί τῶν ἐμῶν τοσαῦτα χρήματ' ἀνήλωκεν, χρέα φησὶν ὑπὲρ ἐμοῦ ἐκτετεικέναι καὶ πένητ' ἐνταυθοῖ ζητεῖ ποιεῖν· ὅταν δὲ βούληται, πλούσιον ὡς ἔοικεν, εἴπερ γε καὶ τοσοῦτον ἐκεῖνος ἀργύριον οἴκοι κατέλιπεν. Ὡς δ' οὐκ ἀληθῆ λέγειν οἷόν τ' αὐτόν, ἀλλ' ἀδύνατόν τι γενέσθαι τούτων, ἐκ πολλῶν ῥᾴδιον μαθεῖν.
55 Εἰ μὲν γὰρ ὁ πατὴρ ἠπίστει τούτοις, δῆλον ὅτι οὔτ' ἂν τἄλλ' ἐπέτρεπεν οὔτ' ἂν ταῦθ' οὕτω καταλείπων αὐτοῖς ἔφραζε· μανία γὰρ δεινὴ τὰ κεκρυμμέν' εἰπεῖν, μηδὲ τῶν φανερῶν μέλλοντ' ἐπιτρόπους καταστήσειν. Εἰ δ' ἐπίστευεν, οὐκ ἂν δήπου τὰ μὲν πλεῖστ' αὐτοῖς τῶν χρημάτων ἐνεχείρισεν, τῶν δ' οὐκ ἂν κυρίους ἐποίησεν. Οὐδ' ἂν τῇ μὲν μητρί μου ταῦτα φυλάττειν ἔδωκεν, αὐτὴν δ' ἐκείνην ἑνὶ τῶν ἐπιτρόπων τούτῳ γυναῖκ' ἔδωκεν· οὐ γὰρ ἔχει λόγον, σῴζειν μὲν τὰ χρήματα διὰ τῆς ἐμῆς μητρὸς ζητεῖν, ἕνα δὲ τῶν ἀπιστουμένων καὶ αὐτῆς καὶ τῶν χρημάτων κύριον ποιεῖν.
56 Ἔτι δέ, τοῦτον εἴ τι τούτων ἦν ἀληθές, οἴεσθ' οὐκ ἂν αὐτὴν λαβεῖν δοθεῖσαν ὑπὸ τοῦ πατρός; ὃς τὴν μὲν προῖκ' αὐτῆς ἤδη, τὰς ὀγδοήκοντα μνᾶς, ἔχων ὡς συνοικήσων αὐτῇ, τὴν Φιλωνίδου τοῦ Μελιτέως θυγατέρ' ἔγημεν· τεττάρων δὲ ταλάντων ἔνδον ὄντων, καὶ ταῦτ' ἐκείνης ἐχούσης, ὡς οὗτός φησιν, οὐκ ἂν ἡγεῖσθ' αὐτὸν κἂν ἐπιδραμεῖν, ὥστε γενέσθαι μετ' ἐκείνης αὐτῶν κύριον; 57 ἢ τὴν μὲν φανερὰν οὐσίαν,

53 οὐ A S : μὴ v. || παραλίποιμι S : — λείποιμι A F || 54 εἰκῇ Blass : δι' ἐκείνων S ὑπ' ἐκείνου A ὑπ' ἐκείνων v. || γε om. A F || 55 καταλείπων Reiske : καταλιπὼν codd. || τῶν A S : τούτων F || ἐκείνην om. F || τούτῳ v. : τούτων F S pr. || ἔδωκεν v. : ἐξέδωκεν S γρ. || 56 τοῦτον εἴ τι τούτων restitui secundum S in XXIX 48 : τούτων εἴ τι codd. || signum interrogandi post πατρὸς posuit Sandys || αὐτῶν S : αὐτὸν A F.

beaucoup d'entre vous, avait été laissée en héritage, il l'a dilapidée, de concert avec les autres tuteurs, de la façon éhontée que vous savez : et, dans une circonstance où vous ne deviez pas être au courant, il se serait abstenu de prendre ce qui était à sa disposition? Qui le croira? Ce n'est pas vrai, juges, ce n'est pas vrai : tout ce que laissait mon père, il le leur a remis ; mais il veut recourir à cette fable pour que je vous inspire moins d'intérêt.

58 J'aurais bien d'autres charges encore à relever ; mais il suffit d'en énoncer une, capitale, pour réduire à néant tous ses moyens de défense : Aphobos pouvait s'épargner tous ces ennuis en affermant mon patrimoine, aux termes des lois que voici[1]. Prends les lois et lis.

Lois

C'est conformément à ces lois qu'Antidôros a pu recueillir, d'une succession de 3 talents et 3.000 drachmes qui avait été affermée pendant six ans, plus de 6 talents. Plusieurs d'entre vous ont été témoins de la chose : car Théogénès de Probalinthos, qui avait pris à loyer son patrimoine, lui a compté cette somme en pleine agora.
59 Or, moi, j'avais hérité de 14 talents : au bout de dix ans, si on calcule d'après la durée et le taux de la location, j'aurais dû recevoir, raisonnablement, plus du triple[2]. Pourquoi Aphobos n'a-t-il pas procédé ainsi? A lui de vous le dire. Prétendra-t-il qu'il était plus avantageux de ne pas affermer? Alors, je lui demanderai, non pas même de produire ma fortune doublée ou triplée, mais de montrer que le seul capital m'ait été restitué en entier. Mais, si, sur une succession de 14 talents, les uns ne m'ont pas seulement transmis 70 mines, et que je sois encore le débiteur de l'autre d'après les comptes qu'il fournit, est-il raisonnable d'accepter leurs dires? Certainement non.

60 Avec une succession dont je vous ai indiqué le

1. Cf. *Notice*, p. 27, n. 1.

2. On peut constater que Démosthène en prend à son aise avec l'arithmétique — outre qu'il argumente à partir d'un cas qui pouvait être exceptionnel.

ἣν καὶ ὑμῶν πολλοὶ συνῄδεσαν ὅτι κατελείφθη, μετὰ τῶν συνεπιτρόπων οὕτως αἰσχρῶς διήρπασεν, ὧν δ' οὐκ ἐμέλλεθ' ὑμεῖς ἔσεσθαι μάρτυρες, ἀπέσχετ' ἂν ἐξὸν αὐτῷ λαβεῖν; καὶ τίς ἂν πιστεύσειεν; οὐκ ἔστιν ταῦτ', ὦ ἄνδρες δικασταί, οὐκ ἔστιν, ἀλλὰ τὰ μὲν χρήματα ὅσα κατέλιπεν ὁ πατὴρ πάντα τούτοις παρέδωκεν, οὗτος δ', ἵν' ἧττον ἐλεηθῶ παρ' ὑμῖν, τούτοις τοῖς λόγοις χρήσεται.

58 Πολλὰ μὲν οὖν ἔγωγ' ἔχω καὶ ἄλλα τούτου κατηγορεῖν· ἓν δὲ περὶ πάντων κεφάλαιον εἰπών, πάσας αὐτοῦ διαλύσω τὰς ἀπολογίας. Τούτῳ γὰρ ἐξῆν μηδὲν ἔχειν τούτων τῶν πραγμάτων, μισθώσαντι τὸν οἶκον κατὰ τουτουσὶ τοὺς νόμους. Λαβὲ τοὺς νόμους καὶ ἀνάγνωθι.

ΝΟΜΟΙ

Κατὰ τούτους τοὺς νόμους Ἀντιδώρῳ μὲν ἐκ τριῶν ταλάντων καὶ τρισχιλίων ἐν ἓξ ἔτεσιν ἓξ τάλαντα καὶ πλέον ἐκ τοῦ μισθωθῆναι παρεδόθη, καὶ ταῦθ' ὑμῶν τινὲς εἶδον· Θεογένης γὰρ ὁ Προβαλίσιος, ὁ μισθωσάμενος αὐτοῦ τὸν οἶκον, ἐν τῇ ἀγορᾷ ταῦτα τὰ χρήματ' ἐξηρίθμησεν.
59 Ἐμοὶ δ' ἐκ τεττάρων καὶ δέκα ταλάντων ἐν δέκ' ἔτεσιν πρὸς τὸν χρόνον τε καὶ τὴν ἐκείνου μίσθωσιν πλέον ἢ τριπλάσια κατὰ τὸ εἰκὸς προσῆκον γενέσθαι, τοῦτο διὰ τί οὐκ ἐποίησεν, ἐρωτᾶτ' αὐτόν. Εἰ μὲν γάρ φησι βέλτιον εἶναι μὴ μισθωθῆναι τὸν οἶκον, δειξάτω μὴ διπλάσια μηδὲ τριπλάσιά μοι γεγενημένα, ἀλλ' αὐτὰ τὰ ἀρχαῖ' ἐμοὶ πάντ' ἀποδεδομένα. Εἰ δ' ἐκ τεττάρων καὶ δέκα ταλάντων οἱ μὲν μηδ' ἑβδομήκοντα μνᾶς παραδεδώκασιν, ὁ δὲ καὶ πρὸς ὀφείλοντά μ' αὐτῷ ἀπέγραψεν, πῶς ἀποδέξασθαί τι προσήκει τούτων λεγόντων; οὐδαμῶς δήπουθεν.

60 Τοσαύτης τοίνυν οὐσίας μοι καταλειφθείσης ὅσην

57 πολλοὶ A F : οἱ πολλοὶ S ‖ ὧν v. : ἧς A ‖ πάντα v. : ταῦτα S ‖ ἐλεηθῶ v. : ἐλεοίμην S γρ. ‖ 59 ἐμοὶ S : μοι v. ‖ οἱ μὲν Blass coll. 63 : ἐμοὶ μὲν codd.

montant dès le début, et dont le tiers produisait un revenu de 50 mines[1], si avides qu'ils fussent et même s'ils ne voulaient pas affermer, ils pouvaient, rien qu'avec les revenus et en laissant les choses en l'état, subvenir à notre entretien et aux contributions publiques, et ajouter au capital tout le surplus ; **61** en rendant productif le reste du patrimoine, c'est-à-dire le double, ils pouvaient prélever, s'ils avaient soif d'argent, une part honnête, tout en accroissant le capital avec les revenus en excédent. Ils n'ont rien fait de tout cela : ils se sont vendu les uns aux autres ceux des esclaves qui avaient le plus de valeur, et le reste, ils l'ont fait complètement disparaître. Ainsi, pour moi, ils ont anéanti jusqu'au revenu que j'avais d'abord, tandis que, pour eux-mêmes, ils s'en taillaient un, qui n'était pas mince, à mes dépens. **62** Le reste a été entièrement pillé par eux avec la même impudence. Ils s'entendent pour nier jusqu'à l'existence de plus de la moitié de la succession ; pour une fortune aussi considérable, ils fournissent des comptes qui en supposent une de 5 talents seulement. Et, après avoir fait disparaître les revenus, produisent-ils du moins le capital? Le capital lui-même — quelle impudence ! — aurait été dépensé. Et ils ne rougissent pas de ces audaces ! **63** Vraiment, où en serais-je si leur tutelle avait duré plus longtemps? Ils ne sauraient le dire. Puisque, après dix années, j'ai reçu si peu des uns alors que l'autre me constitue encore son débiteur, il n'y a aucun doute : mettons que j'eusse eu un an à la mort de mon père et que la tutelle eût duré six ans de plus, je n'aurais même pas reçu ce peu qu'ils me laissent : si on admet que leurs prétendues dépenses sont régulières, il n'y avait pas assez, dans ce qu'ils m'ont transmis, pour m'entretenir encore pendant six ans ; ou bien ils m'auraient eu à leur charge, ou bien ils m'auraient

1. De quel tiers s'agit-il? Ce pourrait être le « capital actif » qui, en effet, correspondait au tiers de la succession et produisait 50 mines de revenu (§§ 9-10) ; mais le reste n'était pas aussi productif à beaucoup près. Plus probablement, c'est le tiers de la succession prise dans son ensemble ; mais celle-ci ne produisait pas 150 mines. Ici encore, le raisonnement arithmétique est fallacieux.

ἐξ ἀρχῆς ἠκούσατε, καὶ τοῦ τρίτου μέρους πρόσοδον αὐτῆς φερούσης πεντήκοντα μνᾶς, ἐξὸν τούτοις [τοῖς] ἀπληστοτάτοις οὖσι χρημάτων, καὶ εἰ μὴ μισθοῦν τὸν οἶκον ἐβούλοντο, ἀπὸ μὲν τούτων τῶν προσιόντων, ἐῶντας ὥσπερ εἶχεν κατὰ χώραν, ἡμᾶς τε τρέφειν καὶ τὰ πρὸς τὴν πόλιν διοικεῖν, καὶ ὅσ' ἐξ αὐτῶν περιεγίγνετο, ταῦτα προσπεριποιεῖν, 61 τὴν δ' ἄλλην οὐσίαν ἐνεργὸν ποιήσασιν, οὖσαν ταύτης διπλασίαν, αὐτοῖς τε, εἰ χρημάτων ἐπεθύμουν, μέτρι' ἐξ αὐτῶν λαβεῖν, ἐμοί τε σὺν τοῖς ἀρχαίοις τὸν οἶκον ἐκ τῶν προσόδων μείζω ποιῆσαι, τούτων μὲν οὐδὲν ἐποιήσαν, ἀποδόμενοι δ' ἀλλήλοις τὰ πλείστου ἄξια τῶν ἀνδραπόδων, τὰ δὲ καὶ παντάπασιν ἀφανίσαντες, ἐμοῦ μὲν ἀνεῖλον καὶ τὴν ὑπάρχουσαν πρόσοδον, σφίσι δ' αὐτοῖς οὐ μικρὰν ἐκ τῶν ἐμῶν κατεσκευάσαντο. 62 Λαβόντες δὲ καὶ τἄλλ' αἰσχρῶς οὑτωσὶ πάντα, πλέον ἢ τὰ ἡμίσεα τῶν χρημάτων μηδὲ καταλειφθῆναι κοινῇ πάντες ἀμφισβητοῦσιν, ὡς πεντεταλάντου δὲ μόνον τῆς οὐσίας οὔσης ἐκ τοσαύτης τοὺς λόγους ἀπενηνόχασιν, οὐ πρόσοδον μὲν ἐξ αὐτῶν οὐκ ἀποφαίνοντες, τὰ δὲ κεφάλαια φανερὰ ἀποδεικνύντες, ἀλλ' αὐτὰ τὰ ἀρχαῖ' οὕτως ἀναιδῶς ἀνηλῶσθαι φάσκοντες. Καὶ οὐδ' αἰσχύνονται ταῦτα τολμῶντες. 63 Καίτοι τί ποτ' ἂν ἔπαθον ὑπ' αὐτῶν, εἰ πλείω χρόνον ἐπετροπεύθην; οὐκ ἂν ἔχοιεν εἰπεῖν. Ὅπου γὰρ δέκ' ἐτῶν διαγενομένων παρὰ μὲν τῶν οὕτω μικρὰ κεκόμισμαι, τῷ δὲ καὶ πρὸς ὀφείλων ἐγγέγραμμαι, [πῶς οὐκ ἄξιον διαγανακτεῖν;] δῆλον δὴ παντάπασιν· εἰ κατελείφθην μὲν ἐνιαύσιος, ἓξ ἔτη δὲ πρὸς ἐπετροπεύθην ὑπ' αὐτῶν, οὐδ' ἂν τὰ μικρὰ ταῦτα παρ' αὐτῶν ἀπέλαβον. Εἰ γὰρ ἐκεῖν' ἀνήλωται ὀρθῶς, οὐδὲν ἂν τῶν νῦν παραδοθέντων ἐξήρκεσεν εἰς ἕκτον ἔτος,

60 ἀπληστοτάτοις οὖσι Reiske : τοῖς ἀπλ οὖσι S τοῖς ἀπλ. A F || 61 καὶ A : om. cett. || 62 οὑτωσὶ S : οὕτω v. || ἡμίσεα v. : ἡμίση S || αὐτὰ v. : ταυτα S || 63 ἔχοιεν v. : ἔχοιμ' ἂν A || κεκόμισμαι v. : —ισθαι S || πῶς ... διαγανακτεῖν secl. Blass (διαγανακτεῖν S : ἀγανακτεῖν cett.) || δὴ Blass : δὲ codd. || εἰ v. : εἰ γὰρ A.

laissé mourir de faim. **64** N'est-ce pas révoltant ? Tels autres, qui ont hérité d'une fortune d'un ou deux talents, l'ont vu doubler et tripler par le fermage, si bien qu'ils ont pu être assujettis aux liturgies [1] ; et moi, dont le patrimoine était soumis depuis longtemps à la triérarchie et à des contributions élevées, c'est à peine si je pourrai subvenir à des contributions médiocres, à cause de leurs vols éhontés. Peut-on imaginer pires choses? Ils sont allés jusqu'à faire disparaître le testament pour qu'il ne pût les dénoncer ; ils ont administré leur propre fortune à l'aide de mes revenus, ils ont largement accru leurs capitaux aux dépens du mien ; enfin, ils ont réduit tout mon patrimoine à néant, comme s'ils avaient eu à exercer je ne sais quelles vengeances contre nous. **65** Mais vous, même quand vous condamnez ceux qui vous ont fait tort, vous ne leur enlevez pas toute leur fortune : par pitié pour leurs femmes et pour leurs enfants, vous en laissez à eux-mêmes une partie [2]. Mes tuteurs ne vous ressemblent pas, il s'en faut : même après avoir reçu de nous les libéralités qui leur étaient faites pour qu'ils administrent honnêtement, voilà à quelles indignités ils se sont portés envers nous. Et ils n'éprouvent pas de honte — je ne dis pas : de pitié — à la pensée que ma sœur, que mon père avait dotée de 2 talents, ne trouvera pas d'établissement convenable. Ils se comportent comme les pires ennemis ; ce ne sont pas des amis et des parents que mon père a laissés : ils n'ont cure de leurs proches. **66** Quant à moi, me voilà soumis aux pires épreuves : je ne sais comment doter ma sœur, ni, par ailleurs, comment soutenir ma maison. Par surcroît, l'État me presse, exigeant les contributions : c'est son droit, puisque mon père m'a laissé une fortune suffisante ; mais tout ce qu'il m'a laissé, ils me l'ont pris. **67** Et, en cherchant ici à recouvrer mon bien, je cours le plus grand danger : car, si mon adversaire est acquitté, ce qu'aux Dieux ne plaise, je lui serai redevable de 100 mines, à titre d'épobélie ; et, si

1. Pour le chiffre de fortune en question, cf. Isée, III, 80.
2. Sur cette pratique, Glotz, *Solid. de la fam. dans le droit crim.*, p. 532 sq.

ἀλλ' ἢ παρ' αὐτῶν ἄν μ' ἔτρεφον ἢ τῷ λιμῷ περιεῖδον ἀπολόμενον. 64 Καίτοι πῶς οὐ δεινόν, εἰ ἕτεροι μὲν οἶκοι ταλαντιαῖοι καὶ διτάλαντοι καταλειφθέντες ἐκ τοῦ μισθωθῆναι διπλάσιοι καὶ τριπλάσιοι γεγόνασιν, ὥστ' ἀξιοῦσθαι λῃτουργεῖν, ὁ δ' ἐμὸς τριηραρχεῖν εἰθισμένος καὶ μεγάλας εἰσφορὰς εἰσφέρειν μηδὲ μικρὰς δυνήσεται διὰ τὰς τούτων ἀναισχυντίας; τίνας δ' οὗτοι λελοίπασιν ὑπερβολὰς εἰπεῖν; οἳ καὶ τὴν διαθήκην ἠφανίκασιν ὡς λήσοντες, καὶ τὰς μὲν σφετέρας αὐτῶν οὐσίας ἐκ τῶν ἐπικαρπιῶν διῳκήκασι καὶ τἀρχαῖα τῶν ὑπαρχόντων ἐκ τῶν ἐμῶν πολλῷ μείζω πεποιήκασι, τῆς δ' ἐμῆς οὐσίας, ὥσπερ τὰ μέγισθ' ὑφ' ἡμῶν ἀδικηθέντες, ὅλον τὸ κεφάλαιον ἀνῃρήκασι; 65 καὶ ὑμεῖς μὲν οὐδὲ τῶν εἰς ὑμᾶς ἁμαρτανόντων ὅταν τινὸς καταψηφίσησθε, οὐ πάντα τὰ ὄντ' ἀφείλεσθε, ἀλλ' ἢ γυναῖκας ἢ παιδί' αὐτῶν ἐλεήσαντες μέρος τι κἀκείνοις ὑπελίπετε· οὗτοι δὲ τοσοῦτον διαφέρουσιν ὑμῶν ὥστε καὶ δωρεὰς παρ' ἡμῶν προσλαβόντες ἵνα δικαίως ἐπιτροπεύσωσι, τοιαῦτ' εἰς ἡμᾶς ὑβρίκασι. Καὶ οὐδ' ᾐσχύνθησαν, εἰ μὴ ἠλέησαν, τὴν ἐμὴν ἀδελφήν, εἰ δυοῖν ταλάντοιν ὑπὸ τοῦ πατρὸς ἀξιωθεῖσα, μηδενὸς τεύξεται τῶν προσηκόντων, ἀλλ' ὥσπερ ἔχθιστοί τινες, ἀλλ' οὐ φίλοι καὶ συγγενεῖς καταλειφθέντες οὐδὲν τῆς οἰκειότητος ἐφρόντισαν. 66 'Αλλ' ἐγὼ μὲν ὁ πάντων ταλαιπωρότατος πρὸς ἀμφότερ' ἀπορῶ, ταύτην θ' ὅπως ἐκδῶ καὶ τἄλλ' ὁπόθεν διοικῶ. Προσεπίκειται δ' ἡ πόλις ἀξιοῦσ' εἰσφέρειν, δικαίως· οὐσίαν γὰρ ἱκανὴν πρὸς ταῦτα κατέλιπέν μοι ὁ πατήρ. Τὰ δὲ χρήματα τὰ καταλειφθένθ' οὗτοι πάντ' εἰλήφασιν. 67 Καὶ νῦν κομίσασθαι τἀμαυτοῦ ζητῶν εἰς κίνδυνον καθέστηκα τὸν μέγιστον. Ἂν γὰρ ἀποφύγῃ μ' οὗτος, ὃ μὴ γένοιτο, τὴν ἐπωβελίαν ὀφλήσω μνᾶς ἑκατόν. Καὶ τούτῳ μέν, ἐὰν

63 περιεῖδον ἀπολόμενον v. : παρίδον ἀπολλύμενον A || 65 γυναῖκας v. : — α A || ὑπελίπετε Schaefer : ὑπελείπετε v. ὑπολείπετε A || post μὴ add. ἔδεισαν οὐδ' A ᾔδεισαν οὐδ' S F : del. Reiske || οὐδὲν v. : οὐδὲ S.

vous le condamnez, il pourra fixer le chiffre de la condamnation — encore n'est-ce pas sur sa propre fortune qu'il la payera, mais sur la mienne ; au lieu que, pour moi, les dépens ne seront pas soumis à estimation et que je serai non seulement dépouillé de mon patrimoine, mais frappé de déchéance [1], si vous ne me prenez pas en pitié. **68** Je vous le demande, juges, je vous en prie, je vous en supplie : rappelez-vous les lois et les serments que vous avez prêtés, assistez-moi selon la justice, et que les prières de cet homme ne prévalent pas sur les nôtres ! Votre pitié doit aller, non pas aux malhonnêtes gens, mais à ceux qui sont injustement malheureux ; non pas à ceux qui dépouillent leur prochain avec une pareille cruauté, mais à nous qui sommes privés depuis si longtemps de ce que notre père nous avait laissé, qui subissons en plus les outrages de nos adversaires et qui, en ce moment, sommes exposés à l'atimie. **69** Ah, quelle ne serait pas la douleur de notre père, s'il savait son fils menacé de l'épobélie pour les dots et les legs que lui-même avait donnés à ces gens ! Lorsqu'on voit des citoyens qui fournissent sur leurs propres biens de quoi établir les filles, je ne dis pas de leurs parents, mais de leurs amis dans le besoin, un Aphobos ne veut même pas restituer, au bout de dix ans, la dot qu'il a reçue !

1. Il y a là quelque chose d'obscur : normalement, la déchéance civique (atimie) ne frappe le débiteur insolvable que pour les dettes envers l'État : or, l'épobélie elle-même n'en est pas une. On trouve cependant un développement analogue, et à l'occasion d'un procès privé, dans Isocr., *Sur l'Attel.*, 46-47.

καταψηφίσησθε, τιμητόν, κοὐκ ἐκ τῶν ἑαυτοῦ χρημάτων, ἀλλ' ἐκ τῶν ἐμῶν ποιήσεται τὴν ἔκτεισιν· ἐμοὶ δ' ἀτίμητον τοῦτ' ἔστιν, ὥστ' οὐ μόνον ἔσομαι τῶν πατρῴων ἀπεστερημένος, ἀλλὰ καὶ πρὸς ἠτιμωμένος, ἂν μὴ νῦν ἡμᾶς ὑμεῖς ἐλεήσητε. 68 Δέομαι οὖν ὑμῶν, ὦ ἄνδρες δικασταί, καὶ ἱκετεύω καὶ ἀντιβολῶ, μνησθέντας καὶ τῶν νόμων καὶ τῶν ὅρκων οὓς ὀμόσαντες δικάζετε, βοηθῆσαι ἡμῖν τὰ δίκαια, καὶ μὴ περὶ πλείονος τὰς τούτου δεήσεις ἢ τὰς ἡμετέρας ποιήσασθαι. Δίκαιοι δ' ἔστ' ἐλεεῖν οὐ τοὺς ἀδίκους τῶν ἀνθρώπων, ἀλλὰ τοὺς παρὰ λόγον δυστυχοῦντας, οὐδὲ τοὺς ὠμῶς οὕτως τἀλλότρι' ἀποστεροῦντας, ἀλλ' ἡμᾶς τοὺς πολὺν χρόνον ὧν ὁ πατὴρ ἡμῖν κατέλιπεν στερομένους καὶ πρὸς ὑπὸ τούτων ὑβριζομένους καὶ νῦν περὶ ἀτιμίας κινδυνεύοντας. 69 Μέγα δ' ἂν οἶμαι στενάξαι τὸν πατέρ' ἡμῶν, εἰ αἴσθοιτο τῶν προικῶν καὶ τῶν δωρεῶν ὧν αὐτὸς τούτοις ἔδωκεν, ὑπὲρ τούτων τῆς ἐπωβελίας τὸν αὑτοῦ υἱὸν ἐμὲ κινδυνεύοντα, καὶ ἄλλους μέν τινας ἤδη τῶν πολιτῶν οὐ μόνον συγγενῶν, ἀλλὰ καὶ φίλων ἀνδρῶν ἀπορούντων θυγατέρας παρὰ σφῶν αὐτῶν ἐκδόντας, Ἄφοβον δὲ μηδ' ἣν ἔλαβεν προῖκ' ἐθέλοντ' ἀποδοῦναι, καὶ ταῦτ' ἔτει δεκάτῳ.

67 κοὐκ S : καὶ οὐκ A οὐκ F ‖ ἀπεστερημένος S : ἐστερημένος cett. ‖ νῦν om. A ‖ ἡμᾶς ὑμεῖς S : ὑμεῖς μ' cett. ‖ **68** παρὰ λόγον Stobaeus Flor. XLVI 66 : παραλόγως codd. ‖ **69** μέγα v. : μεγάλα A ‖ αὑτοῦ v. : αὐτὸν F.

XXVIII

CONTRE APHOBOS II

NOTICE

Comme défendeur, Aphobos a parlé après Démosthène : Démosthène lui réplique. La réplique était admise dans les causes privées, et un temps de parole, d'ailleurs restreint, lui était accordé (Arist., *Const. des Ath.*, 67, 2).

Ce qui semble avoir été particulièrement mauvais dans la cause d'Aphobos, c'est qu'il n'avait pas affermé le patrimoine de son pupille : Démosthène dira formellement (XXIX, 29) que ce fut une des raisons majeures de sa condamnation. Aphobos avait donc songé à se défendre là-dessus. Et, devant l'arbitre déjà, il avait prétendu[1] que, s'il n'avait pas affermé, c'est que le défunt lui-même avait recommandé de « dissimuler » sa fortune, à raison d'une dette publique dont le patrimoine de Démosthène aurait continué à répondre. Démosthène avait soigneusement retenu cela, et il avait gardé en réserve la réplique à une allégation qui lui donnait beau jeu : il avait beau jeu, en effet, à dénoncer une arrière-pensée de calomnie, et non seulement l'absence de preuves, mais l'invraisemblance intrinsèque et le vrai caractère d'un moyen qui, mis ainsi en relief, apparaissait désespéré.

Cette allégation, du reste, ne laisse pas d'être intéressante pour nous. Aphobos soutenait que Gylon, le grand-père maternel de Démosthène, avait été condamné à une forte amende qui n'avait pas été acquittée. On sait que les dettes envers l'État se transmettaient aux descen-

1. Ou, du moins, il avait versé au dossier un témoignage dans ce sens. Cela suffisait pour que Démosthène fût averti. Naturellement, pour rendre sa réplique plus accablante, il joue le rôle du plaideur pris de court.

dants : ceux-ci étaient frappés de déchéance (ἄτιμοι) jusqu'à parfait payement[1], et ils étaient même formellement considérés comme débiteurs, puisqu'il est dit ici — ce que Démosthène admet implicitement — que le patrimoine aurait pu être l'objet de poursuites à fin de confiscation (§ 1, ἵνα μὴ κινδυνεύσῃ) ; à lui seul, ce texte prouverait clairement ce que quelquefois on a voulu nier : en pareil cas au moins, les descendants, héritiers nécessaires, étaient tenus de la dette. — Mais quels descendants? Il paraît certain que la loi visait, en principe, les seuls descendants par les mâles[2] ; or, Démosthène était petit-fils de Gylon par sa mère. Cela doit signifier qu'il était rattaché par un lien spécial à son grand-père maternel, et nous croyons que la solution de la difficulté doit être trouvée dans le fait que Clèoboulè avait été mariée, comme nous l'avons vu, dans des conditions spéciales : son père, en la mariant, avait fait son gendre seul κύριος de sa fille, et sa fille héritière de son bien. Le cas est, en somme, comparable à celui d'une épiclère : car le fils d'une épiclère est héritier et continuateur de son aïeul maternel[3].

Démosthène affirme que la dette a été acquittée. Il montre que ni son père ni ses tuteurs eux-mêmes n'ont songé à dissimuler son bien. Après quoi, il reprend et résume les arguments du premier discours. Il termine par un ἐπίλογος émouvant.

1. [Démost.] XLIII 58 ; cf. Andoc. I 73. Sur la question, voir E. Demisch, *Die Schuldenerbfolge im att. Recht*, p. 27-50.

2. Cf. [Démost.] LIX 6-8.

3. Cf. *Revue des Études grecques*, XXXI (1918), p. 191 sq. A cela se rattache une question d'ordre général, sur laquelle le *Contre Spoudias* donnera occasion de revenir.

XXVIII

CONTRE APHOBOS II

1 Il y a bien des mensonges, et de grands, dans ce que vous a dit Aphobos. Mais il y en a un dont je veux d'abord le convaincre, et c'est celui qui m'a le plus indigné. Il a prétendu que mon grand-père était débiteur de l'État : c'est pour cela que mon père n'aurait pas voulu que mon patrimoine fût affermé, car ç'eût été le compromettre[1]. Voilà le prétexte ; mais mon grand-père était-il encore débiteur au moment de sa mort ? Aphobos n'a fourni là-dessus aucun témoignage. Il en a seulement versé un au dossier, pour prouver qu'il avait été débiteur ; encore a-t-il attendu le dernier jour, le réservant pour la réplique, afin de pouvoir jeter le discrédit sur ma cause. **2** S'il en donne lecture, soyez attentifs : ce qui est attesté, vous le verrez, ce n'est pas que la dette coure encore, c'est qu'elle a existé. Je veux donc commencer par réduire à néant le moyen dont il se prévaut le plus. Nous nions le fait même. Si je l'avais pu et si je n'avais pas été pris de court, j'aurais fourni des témoignages prouvant que la dette a été acquittée et que mon grand-père était complètement en règle avec la cité. En tout cas, je vais établir, par des présomptions valables, que la dette n'existait pas et qu'il n'y avait aucun risque pour nous à posséder notre bien au grand jour. **3** D'abord, Démocharès, qui a épousé la sœur de notre mère, fille de Gylon, n'a point dissimulé sa fortune : il exerce la chorégie, la triérarchie et les autres liturgies[2], et il n'éprouve aucune crainte de ce genre. En outre, mon père

1. Pour éviter une confiscation comme pour éluder les charges, on transformait un « bien visible » en « bien invisible » (cf. *C. Aph.* I 55) ; à tout le moins, si Démosthène avait été débiteur public, il n'était pas indiqué de « révéler » son patrimoine en procédant à une location de celui-ci qui se serait faite par le ministère de l'archonte.

2. Cf. *C. Aph.* I 64. La chorégie est le service d'entretien et d'instruction d'un chœur en vue des fêtes publiques.

XXVIII

ΚΑΤ' ΑΦΟΒΟΥ Β

1 Πολλὰ καὶ μεγάλ' ἐψευσμένου πρὸς ὑμᾶς Ἀφόβου, τοῦτ' αὐτὸν ἐλέγξαι πειράσομαι πρῶτον ἐφ' ᾧ μάλιστ' ἠγανάκτησα τῶν ῥηθέντων. Εἶπεν γὰρ ὡς ὁ πάππος ὤφειλε τῷ δημοσίῳ καὶ διὰ ταῦθ' ὁ πατὴρ οὐκ ἐβούλετο μισθωθῆναι τὸν οἶκον, ἵνα μὴ κινδυνεύσῃ. Καὶ τὴν μὲν πρόφασιν ποιεῖται ταύτην, ὡς δ' ὀφείλων ἐτελεύτησεν ἐκεῖνος, οὐδεμίαν παρέσχετο μαρτυρίαν· ἀλλ' ὡς μὲν ὦφλεν, ἐνεβάλετο τηρήσας τὴν τελευταίαν ἡμέραν, ταύτην δ' εἰς τὸν ὕστερον λόγον ὑπελίπετο, ὡς διαβάλλειν τὸ πρᾶγμ' ἐξ αὐτῆς δυνησόμενος. 2 Ἐὰν οὖν ἀναγνῷ, προσέχετ' αὐτῇ τὸν νοῦν· εὑρήσετε γὰρ οὐχ ὡς ὀφείλει μεμαρτυρημένον, ἀλλ' ὡς ὦφλεν. Τοῦτ' οὖν ἐλέγξαι πειράσομαι πρῶτον ἐφ' ᾧ φρονεῖ μάλιστα· ὃ καὶ ἡμεῖς ἀμφισβητοῦμεν. Εἰ μὲν οὖν τότ' ἐξεγένετο καὶ μὴ τῷ χρόνῳ τοῦτ' ἐνηδρεύθημεν, παρεσχόμεθ' ἂν μάρτυρας ὡς ἐξετείσθη τὰ χρήματα καὶ πάντ' αὐτῷ διελέλυτο τὰ πρὸς τὴν πόλιν· νῦν δὲ τεκμηρίοις μεγάλοις ἐπιδείξομεν ὡς οὔτ' ὤφειλεν οὔτ' ἦν κίνδυνος οὐδεὶς ἡμῖν φανερὰ κεκτημένοις τὰ ὄντα. 3 Πρῶτον μὲν γὰρ Δημοχάρης, ἔχων ἀδελφὴν τῆς ἐμῆς μητρός, θυγατέρα δὲ Γύλωνος, οὐκ ἀποκέκρυπται τὴν οὐσίαν, ἀλλὰ χορηγεῖ καὶ τριηραρχεῖ καὶ τὰς ἄλλας λῃτουργίας λῃτουργεῖ καὶ οὐδὲν τῶν τοιούτων δέδοικεν. Ἔπειτ' αὐτὸς ὁ πατὴρ τήν

Titulus in inscr. Κατὰ τοῦ αὐτοῦ β' in suscript. Πρὸς Ἄφοβον ὁ ὕστερος S.

1 ἐψευσμένου A S : ψευσαμένου v. ‖ ἐλέγξαι S : ἐξελέγξαι A F ‖ post κινδυνεύσῃ add. πρὸς τὸ δημόσιον S γρ. ‖ ὦφλεν v. : ὤφειλεν A ‖ ὑπελίπετο S : ὑπελείπετο cett. ‖ διαβάλλειν A : διαβαλεῖν cett. ‖ 2 μεμαρτυρημένον Foerster : — μένην codd.

a révélé, parmi les articles de la succession, 4 talents et 3.000 drachmes qui figuraient dans le testament et dont ils ont pris possession, comme mes tuteurs l'attestent les uns à l'égard des autres. **4** Ensuite, Aphobos lui-même, de concert avec ses collègues, a rendu public le montant de la succession en me mettant à la tête de ma symmorie et en m'attribuant un cens qui, loin d'être médiocre, me rendait contribuable sur le taux de 500 drachmes pour 25 mines. S'il y avait quelque chose de fondé dans leurs allégations, il n'aurait point procédé ainsi ; il aurait pris toutes ses précautions. En fait, il est établi que Démocharès, mon père et eux-mêmes ont révélé les biens sans rien redouter de ce qu'ils disent.

5 Le plus étrange, c'est que, tout en soutenant que mon père avait interdit d'affermer le patrimoine, ils ne produisent pas le testament qui permettrait de vérifier ce point, et qu'après avoir supprimé un témoignage de cette importance, ils prétendent en être crus sans examen à votre tribunal. Ils auraient dû, dès la mort de mon père, faire sceller le testament en présence d'un grand nombre de témoins[1] pour que, en cas de contestation, on pût se reporter à cette pièce et établir la vérité sur tous les points. **6** Au lieu de cela, ils ont fait sceller d'autres actes où bien des articles de la succession ne figuraient pas, et qui étaient simplement des aide-mémoire ; quant au testament, qui les mettait en possession de l'héritage y compris ces actes qu'ils faisaient sceller, qui, de plus, les déchargeait du grief de ne pas avoir affermé le patrimoine, c'est lui qu'ils n'ont pas scellé, c'est lui qu'ils n'ont pas produit. Sans doute, il faut les en croire sur parole, quoi qu'ils disent !

7 Pour moi, je ne sais pas ce que cela signifie. C'est mon père qui aurait défendu d'affermer mon patrimoine et de révéler l'état de mes biens : révéler à moi ou à la cité ? Il apparaît que, tout à rebours, vous les avez révélés à

1. Ailleurs, nous voyons un testament scellé par son auteur, ainsi dans l'affaire des *Contre Stéphanos* ; Isée, VII, 1 ; cf. VI, 31 sq. ; Aristoph., *Guêpes*, 587. Ici, l'acte serait scellé par les tuteurs, mais après coup (cf. XLI 21) pour l'utilisation de la pièce comme document authentique (cf. XXXIII 36).

τ' ἄλλην οὐσίαν καὶ τέτταρα τάλαντα καὶ τρισχιλίας φανερὰς ἐποίησεν, ἃς οὗτοι γραφῆναί τ' ἐν ταῖς διαθήκαις καὶ λαβεῖν σφᾶς αὐτοὺς κατ' ἀλλήλων καταμαρτυροῦσιν. 4 Ἔτι δὲ καὶ αὐτὸς Ἄφοβος μετὰ τῶν συνεπιτρόπων τῇ πόλει τὸ πλῆθος τῶν καταλειφθέντων χρημάτων ἐμφανὲς ἐποίησεν, ἡγεμόνα με τῆς συμμορίας καταστήσας οὐκ ἐπὶ μικροῖς τιμήμασιν, ἀλλ' ἐπὶ τηλικούτοις ὥστε κατὰ τὰς πέντε καὶ εἴκοσι μνᾶς πεντακοσίας εἰσφέρειν. Καίτοι τούτων εἴ τι ἦν ἀληθές, οὐδὲν ἂν αὐτῶν ἐποίησεν, ἀλλὰ πάντ' ἂν ηὐλαβήθη. Νῦν δὲ καὶ Δημοχάρης καὶ ὁ πατὴρ καὶ αὐτοὶ οὗτοι φαίνονται φανερὰ ποιοῦντες, καὶ οὐδένα τοιοῦτον κίνδυνον δεδιότες.

5 Πάντων δ' ἀτοπώτατόν ἐστιν, λέγοντας ὡς ὁ πατὴρ οὐκ εἴα μισθοῦν τὸν οἶκον, τὴν μὲν διαθήκην μηδαμοῦ ταύτην ἀποφαίνειν, ἐξ ἧς ἦν εἰδέναι τἀκριβές, τηλικαύτην δ' ἀνελόντας μαρτυρίαν οὕτως οἴεσθαι δεῖν εἰκῇ πιστεύεσθαι παρ' ὑμῖν. Ἀλλ' ἐχρῆν, ἐπειδὴ τάχιστ' ἐτελεύτησεν ὁ πατήρ, εἰσκαλέσαντας μάρτυρας πολλοὺς παρασημήνασθαι κελεῦσαι τὰς διαθήκας, ἵν' εἴ τι ἐγίγνετ' ἀμφισβητήσιμον, ἦν εἰς τὰ γράμματα ταῦτ' ἐπανελθεῖν καὶ τὴν ἀλήθειαν πάντων εὑρεῖν. 6 Νῦν δ' ἕτερα μὲν παρασημήνασθαι ἠξίωσαν, ἐν οἷς πολλὰ τῶν καταλειπομένων οὐκ ἐγέγραπτο, ὑπομνήματα δ' ἦν· αὐτὴν δὲ τὴν διαθήκην, δι' ἧς ⟨καὶ⟩ τούτων ὧν ἐσημήναντο γραμμάτων καὶ τῶν ἄλλων ἁπάντων χρημάτων ἐγίγνοντο κύριοι, καὶ τοῦ μὴ μισθοῦν τὸν οἶκον τῆς αἰτίας ἀπελέλυντο, ταύτην δ' οὐκ ἐσημήναντο, οὐδ' αὐτὴν ἀπέδοσαν. Ἄξιόν γε πιστεύειν αὐτοῖς ὅ τι ἂν περὶ τούτων λέγωσιν.

7 Ἀλλ' ἔγωγ' οὐκ οἶδ' ὅ τι τοῦτ' ἔστιν. Οὐκ εἴα μισθοῦν τὸν οἶκον οὐδ' ἐμφανῆ τὰ χρήματα ποιεῖν ὁ πατήρ. Πότερον

3 τ' om. F ‖ 4 τούτων εἴ τι F : εἴ τι τούτων cett. ‖ ἦν om. A ‖ 5 δεῖν om. F ‖ ἐγί(γ)νετο S : ἐγένετο A F ‖ 6 καὶ add. Blass coll. xx 90 (adde xxvii 55, xxix 47) ‖ χρημάτων A : χρημ. ὧν S F ‖ 7 ἔγωγ' v. : ἐγὼ S recte fortasse.

la cité, mais que, pour moi, vous les avez rendus tout à fait invisibles ; vous ne me représentez même pas ceux d'après lesquels vous m'avez taxé et m'avez fait payer les contributions ! Montrez-la donc, cette fortune. Quel en était le chiffre? Quand me l'avez-vous remise? En présence de qui? **8** Vous aviez reçu vos 2 talents et vos 80 mines sur le total de 4 talents et 3.000 drachmes : vous n'avez donc pu comprendre ces sommes dans la déclaration de fortune que vous avez faite en mon nom à la cité, puisque à ce moment elles vous appartenaient. Mais voyons : avec la maison, les quatorze esclaves et les 30 mines que vous m'avez remis, je ne pouvais pas être astreint à une contribution aussi élevée que celle à laquelle vous m'avez taxé dans ma symmorie. **9** De toute nécessité, il faut que vous ayez en main tout le surplus de la succession, qui est très supérieur à cette somme : vous êtes manifestement convaincus de l'avoir mis au pillage, et c'est pour cela que vous osez recourir à ces inventions. Aussi bien, tantôt vous rejetez la responsabilité les uns sur les autres, tantôt vous attestez les uns contre les autres que vous avez reçu les valeurs. Vous prétendez n'avoir touché que peu de chose ; mais vous produisez des comptes de dépenses énormes. **10** Après avoir géré la tutelle collectivement, vous vous ingéniez, chacun de votre côté, à des roueries ; vous avez fait disparaître le testament qui aurait pu établir la vérité sur tous les points, et on vous voit vous contredire sans cesse quand vous parlez les uns des autres.

Prends-moi les témoignages et lis-les tout d'une suite au tribunal : il faut lui remettre en mémoire à la fois les témoignages et les dires, afin qu'il juge mieux en connaissance de cause.

Témoignages

11 Ainsi, d'après la déclaration qu'ils ont faite en mon nom d'un commun accord, je suis classé parmi ceux qui possèdent un patrimoine de 15 talents. Or, la fortune

ἐμοί; ἢ τῇ πόλει; φαίνεσθε γὰρ τοὐναντίον ἐκείνῃ μὲν φανερὰ ποιήσαντες, ἐμοὶ δὲ παντάπασιν ἀφανῆ πεποιηκότες, καὶ οὐδὲ ταῦτ' ἀποφαίνοντες ἐξ ὧν τιμησάμενοι τὰς εἰσφορὰς εἰσεφέρετε. Δείξατε γὰρ ταύτην τὴν οὐσίαν, τίς ἦν καὶ ποῦ παρέδοτέ μοι καὶ τίνος ἐναντίον. **8** Τὰ μὲν γὰρ δύο τάλαντα καὶ τὰς ὀγδοήκοντα μνᾶς ἀπὸ τῶν τεττάρων ταλάντων καὶ τρισχιλίων ἐλάβετε, ὥστ' οὐδὲ ταῦτα ὑπὲρ ἐμοῦ εἰς τὸ δημόσιον ἐτιμήσασθε· ὑμέτεραι γὰρ ἦσαν ἐν ἐκείνοις τοῖς χρόνοις. Ἀλλὰ μὴν ἔκ γε τῆς οἰκίας καὶ τῶν τεττάρων καὶ δέκ' ἀνδραπόδων καὶ τῶν τριάκοντα μνῶν, ἅ μοι παρεδώκατε, τὴν εἰσφορὰν οὐχ οἷόν τε γενέσθαι τοσαύτην ὅσην ὑμεῖς συνετάξασθε πρὸς τὴν συμμορίαν. **9** Ἀλλ' ἀνάγκη μεγάλη τὰ καταλειφθέντα, πολλῷ πλείον' ὄντα τούτων, πάνθ' ὑμᾶς ἔχειν ἐστίν, ἃ φανερῶς ὅτι διηρπάκατ' ἐξελεγχόμενοι τοιαῦτα πλάττεσθαι τολμᾶτε. Καὶ ποτὲ μὲν εἰς ἀλλήλους ἀναφέρετε, πάλιν δ' εἰληφέναι κατ' ἀλλήλων μαρτυρεῖτε. Φάσκοντες δ' οὐ πολλὰ λαβεῖν μεγάλων ἀναλωμάτων λόγους ἀπενηνόχατε. **10** Πάντες δὲ κοινῇ μ' ἐπιτροπεύσαντες ἰδίᾳ μετὰ ταῦθ' ἕκαστος μηχανᾶσθε. Καὶ τὴν μὲν διαθήκην ἠφανίκατε, ἐξ ἧς ἦν εἰδέναι περὶ πάντων τὴν ἀλήθειαν, φαίνεσθε δ' οὐδέποτε ταὐτὰ περὶ ἀλλήλων λέγοντες.

Λαβὲ δὴ τὰς μαρτυρίας καὶ ἀνάγνωθ' αὐτοῖς πάσας ἐφεξῆς, ἵνα μνησθέντες καὶ τῶν μεμαρτυρημένων καὶ τῶν εἰρημένων ἀκριβέστερον διαγιγνώσκωσι περὶ αὐτῶν.

ΜΑΡΤΥΡΙΑΙ

11 Ταῦθ' οὗτοι πρὸς πεντεκαιδεκαταλάντους οἴκους συνετιμήσανθ' ὑπὲρ ἐμοῦ· μνῶν δ' οὐδ' ἑβδομήκοντ' ἀξίαν

7 post ἐμοὶ add. ταῦτα v. : om. S del. Dindorf ‖ γὰρ S : μὲν γὰρ cett. ‖ 8 ταῦθ' A : ταύτας v. ‖ γε F : τε A S ‖ 9 ποτὲ A : τοτὲ v. τότε S ‖ 10 ἕκαστος Naber : ἕκαστοι codd. ‖ καὶ τῶν εἰρημένων S : om. v. ‖ διαγιγνώσκωσι Baiter-Sauppe : διαγνῶσι A διαγιγνώσκουσιν S γινώσκωσι F ‖ Μαρτυρίαι v. : — ία S.

qu'ils m'ont remise, à eux trois, ne représente même pas 70 mines. Lis la suite.

TÉMOIGNAGES

Cette dot, il est prouvé qu'Aphobos l'a reçue : ses cotuteurs en témoignent contre lui, et d'autres aussi, devant lesquels il a reconnu le fait. Or, il ne l'a pas restituée, pas plus qu'il n'a versé de pension à ma mère. Prends les autres témoignages et lis.

TÉMOIGNAGES

12 Pendant deux ans, il a exploité l'atelier ; il a payé à Thérippidès le loyer des esclaves ; mais, à moi, après avoir perçu le revenu de ces deux années, soit 30 mines, il ne restitue ni cette somme ni les intérêts. Prends le témoignage suivant et lis.

TÉMOIGNAGE

Après avoir pris ces esclaves chez lui et tout ce qui, avec eux, nous avait été donné en gage, voilà les dépenses qu'il a comptées de ce chef ; de recette, aucune. Et il a fait disparaître les esclaves eux-mêmes, qui rapportaient annuellement 12 mines net. Lis le témoignage suivant.

TÉMOIGNAGE

13 Il a vendu cet ivoire et ce fer, et il prétend qu'ils ne se trouvaient même pas dans la succession : le prix de ces matières aussi a été détourné par lui, soit un talent environ. Lis ces témoignages.

TÉMOIGNAGES

Voilà donc 3 talents et 1.000 drachmes qu'il détient,

μοι παραδεδώκασι τὴν οὐσίαν τρεῖς ὄντες. Λέγε τὰς ἐφεξῆς.

ΜΑΡΤΥΡΙΑΙ

Ταύτην τὴν προῖκα οἵ τε συνεπίτροποι καταμαρτυροῦσιν αὐτὸν λαβεῖν, ἄλλοι τε πρὸς οὓς ἔχειν ὡμολόγησεν. Ταύτην οὔτ᾽ αὐτὴν οὔτε τὸν σῖτον ἀποδέδωκεν. Λαβὲ τὰς ἄλλας καὶ ἀναγίγνωσκε.

ΜΑΡΤΥΡΙΑΙ

12 Δύ᾽ ἔτη τὸ ἐργαστήριον διοικήσας Θηριππίδῃ μὲν ἀποδέδωκε τὴν μίσθωσιν· ἐμοὶ δέ, δυοῖν ἐτοῖν λαβὼν τὴν πρόσοδον, τριάκοντα μνᾶς, οὔτ᾽ αὐτὰς οὔτε τὸ ἔργον ἀποδέδωκεν. Λάβ᾽ ἑτέραν καὶ ἀνάγνωθι.

ΜΑΡΤΥΡΙΑ

Ταῦτα τἀνδράποδ᾽ ὡς αὑτὸν λαβὼν οὗτος καὶ τἄλλα τὰ μετὰ τούτων ὑποτεθένθ᾽ ἡμῖν, ἀνάλωμα μὲν εἰς αὐτὰ τοσοῦτο λελόγισται, λῆμμα δ᾽ ἀπ᾽ αὐτῶν οὐδ᾽ ὁτιοῦν, καὶ αὐτοὺς δὲ τοὺς ἀνθρώπους ἠφάνικεν, οἳ δώδεκα μνᾶς ἀτελεῖς ἑκάστου τοῦ ἐνιαυτοῦ προσέφερον. Λέγ᾽ ἑτέραν.

ΜΑΡΤΥΡΙΑ

13 Τοῦτον τὸν ἐλέφαντα καὶ τὸν σίδηρον πεπρακὼς οὐδὲ καταλειφθῆναί φησιν, ἀλλὰ καὶ τούτων τὴν τιμὴν ἀποστερεῖ με, μάλιστα τάλαντον. Λέγε ταυτασί.

ΜΑΡΤΥΡΙΑΙ

Ταῦθ᾽ οὗτος τρία τάλαντα καὶ χιλίας ἔχει χωρὶς τῶν

11 Μαρτυρίαι v. : — ία S ‖ post προῖκα add. ἣν v. : om. A S ‖ συνεπίτροποι A : ἐπίτροποι cett. ‖ τὰς S : om. A F ‖ 12 οὗτος v. : οὕτως S ‖ λέγ᾽ v. : λαβὲ A.

sans compter le reste. Il a donc reçu, en capital, 5 talents ; avec les intérêts, à compter seulement au taux d'une drachme, cela fait plus de 10 talents. Lis la suite.

TÉMOIGNAGES

14 Toutes ces sommes figuraient dans le testament, et ils les ont touchées : ils l'attestent les uns contre les autres. A entendre Aphobos, il aurait bien été convoqué par mon père et se serait rendu à la maison, mais n'aurait pas eu d'entrevue avec celui qui l'avait mandé et n'aurait convenu de rien avec lui[1] ; seulement, il aurait entendu Démophon faire lecture d'un acte et Thérippidès déclarer que c'était là le testament de mon père. Ceci, alors qu'il a bien eu une entrevue avec mon père et s'est entendu avec lui sur tous les points qui faisaient l'objet du testament. **15** En effet, juges, lorsque mon père se vit à l'article de la mort, il fit venir mes tuteurs, tous les trois ensemble ; il fit asseoir à côté de lui Démon, son frère, et il nous remit entre leurs mains « comme un dépôt », dit-il : il confia ma sœur à Démophon, à qui elle était donnée en mariage avec une dot de 2 talents, payables de suite ; quant à moi, il me commit à tous collectivement ainsi que sa fortune, en recommandant d'affermer le patrimoine et de me conserver mon bien. **16** En même temps, il léguait à Thérippidès les 70 mines et donnait ma mère en mariage à Aphobos, avec une dot de 80 mines, et il me plaça sur les genoux de ce dernier[2]. De tout cela, cet homme, d'une impiété sans pareille, n'a tenu aucun compte, lui qui n'était mis en possession de mes biens que pour respecter ces dernières volontés : de concert avec les autres tuteurs, il m'a dépouillé de tout mon patrimoine. Et il fera appel aujourd'hui à votre pitié, lui qui, avec les deux autres, ne m'a même pas rendu

1. Ici est accusé le caractère bilatéral des dispositions de dernière volonté, en particulier par le mot ὁμολογεῖν : cf. Platon, *Lois*, XI, 924 A, ἑκόντας τε καὶ ὁμολογοῦντας ἐπιτροπεύσειν.

2. Pour le symbolisme, cf. Lys. XVIII 10.

ἄλλων· τοῦ μὲν οὖν ἀρχαίου πέντε τάλανθ' ἃ εἴληφεν· σὺν δὲ τοῖς ἔργοις, ἂν ἐπὶ δραχμῇ τις τιθῇ μόνον, πλέον ἢ δέκα τάλαντ' ἔχει. Λέγε τὰς ἐφεξῆς.

ΜΑΡΤΥΡΙΑΙ

14 Ταῦθ' οὗτοι γραφῆναί τ' ἐν ταῖς διαθήκαις καὶ λαβεῖν σφᾶς αὐτοὺς κατ' ἀλλήλων μαρτυροῦσιν. Οὗτος δὲ καὶ μεταπεμφθῆναι φάσκων ὑπὸ τοῦ πατρός, καὶ ἐλθὼν εἰς τὴν οἰκίαν, εἰσελθεῖν μὲν οὔ φησιν ὡς τὸν μεταπεμψάμενον, οὐδ' ὁμολογῆσαι περὶ τούτων οὐδέν, Δημοφῶντος δ' ἀκοῦσαι γραμματεῖον ἀναγιγνώσκοντος καὶ Θηριππίδου λέγοντος ὡς ἐκεῖνος ταῦτα διέθετο, καὶ προσεισεληλυθὼς καὶ ἅπαντα διωμολογημένος πρὸς τὸν πατέρα ὅσαπερ ἐκεῖνος γράψας κατέλιπεν. **15** Ὁ γὰρ πατήρ, ὦ ἄνδρες δικασταί, ὡς ᾔσθετο τὴν νόσον οὐκ ἀποφευξόμενος, συγκαλέσας τούτους τρεῖς ὄντας, καὶ συμπαρακαθισάμενος Δήμωνα τὸν ἀδελφόν, τὰ σώμαθ' ἡμῶν εἰς τὰς χεῖρας ἐνέθηκεν παρακαταθήκην ἐπονομάζων, τὴν μὲν ἀδελφὴν Δημοφῶντι καὶ δύο τάλαντα προῖκα διδοὺς εὐθύς, καὶ γυναῖκ' αὐτῷ ταύτην ἐγγυῶν, ἐμὲ δὲ πᾶσιν κοινῇ μετὰ τῶν χρημάτων παρακατατιθέμενος, καὶ ἐπισκήπτων μισθῶσαί τε τὸν οἶκον καὶ διασῶσαί μοι τὴν οὐσίαν, **16** διδοὺς ἅμα τε Θηριππίδῃ τὰς ἑβδομήκοντα μνᾶς, καὶ τούτῳ τήν τ' ἐμὴν μητέρ' ἐγγυῶν ἐπὶ ταῖς ὀγδοήκοντα μναῖς, κἄμ' εἰς τὰ τούτου γόνατα τιθείς· ὧν οὗτος ὁ πάντων ἀνθρώπων ἀνοσιώτατος οὐδένα λόγον ἐποιήσατο, κύριος τῶν ἐμῶν γενόμενος ἐπὶ τούτοις, ἀλλὰ τὰ χρήματά με πάντ' ἀπεστερηκὼς μετὰ

13 πέντε A F : τρία S ‖ ἃ secl. Reiske ‖ δραχμῇ v. : δραχμην S ‖ **14** τ' Blass coll. **3** : μὲν codd. ‖ οὐδὲν S : οὐδενὸς cett. ‖ προσεισεληλυθὼς A S (secundum σ puncto notatum) : προεισελ. v. ‖ ὅσαπερ v. : ἅπερ A ‖ **15** ἀποφευξόμενος v. : ἀναφευξ. S ‖ **16** τε ante Θηριππίδῃ S : post Θ. cett. ‖ ἑβδομήκοντα A : ὀγδοήκοντα S F ex inseq. uersu ‖ τιθείς S : ἐντιθείς v. ‖ οὐδένα S : οὐδενὸς cett. ‖ ἐποιήσατο S : δέδωκε F ἔδωκε A ‖ με om. F.

la valeur de 70 mines : encore a-t-il tout fait pour me l'enlever aussi. **17** Car, au moment où mes actions contre mes tuteurs allaient être introduites devant le tribunal, ils ont suscité contre moi une réquisition d'échange[1]. Ainsi, ou bien j'y déférerais, et il me serait impossible de plaider contre eux puisque ces actions étaient transmises à mon adversaire ; ou bien je refuserais, et alors, obligé de subvenir à la liturgie avec une fortune aussi réduite, je me trouverais ruiné. C'est Thrasyloque, du dème d'Anagyronte, qui leur servit d'instrument dans l'affaire. Sans réfléchir aux conséquences, j'acceptai l'échange avec lui, en réservant mes actions dans l'attente de la décision judiciaire ; mais, celle-ci n'étant pas intervenue, j'étais pris de court : pour ne pas être privé de l'exercice de mes actions, j'acquittai la liturgie en hypothéquant ma maison et tout mon bien, car je tenais à poursuivre ces hommes devant votre tribunal.

18 Ainsi, après tous les torts que j'ai subis, ne suis-je pas encore leur victime pour avoir voulu me faire rendre justice ? Qui d'entre vous n'éprouverait une légitime indignation contre Aphobos et une légitime pitié pour moi, en le voyant ajouter à la fortune de plus de 10 talents qu'il avait recueillie ma propre fortune qui était si considérable, et en nous voyant, nous, non seulement frustrés de notre patrimoine, mais dépouillés par leurs manœuvres malhonnêtes du peu même qu'ils viennent de me laisser ? Quelles seraient nos ressources, si votre sentence s'égarait ? Les biens qui sont hypothéqués à nos créanciers ? Mais ils appartiennent à ceux-ci. Le reliquat de ces biens[2] ? Mais il revient à Aphobos, si nous sommes condamnés à

1. Sur l'objet et la procédure de l'ἀντίδοσις, voir le *Contre Phénippos*. Il suffit d'indiquer ici que la réquisition d' « échange » procède d'un contribuable soumis à une liturgie, qui somme un autre, plus riche et non astreint, de prendre sa place. Démosthène a été requis et nous voyons que le résultat de cette procédure était de le priver de ses actions, considérées comme faisant partie de son patrimoine : dans l'interprétation que nous adopterons, il s'agit non pas d'un transfert définitif à son adversaire, mais d'une suspension jusqu'à attribution judiciaire (διαδικασία) de la liturgie. Démosthène parle à nouveau de cette histoire dans le *Contre Midias* 78 sq.

2. Faut-il entendre : l'excédent de la valeur des biens sur la dette, ou les biens non hypothéqués? Cf. Lipsius, p. 702, n. 95.

τῶν συνεπιτρόπων, ἐλεεῖσθαι νῦν ὑφ' ὑμῶν ἀξιώσει, μνῶν οὐδ' ἑβδομήκοντ' ἄξια τρίτος αὐτὸς ἀποδεδωκώς, εἶτα καὶ τούτοις [αὐτὸς] πάλιν ἐπιβεβουλευκώς. 17 Ὡς γὰρ τὰς δίκας ταύτας ἔμελλον εἰσιέναι κατ' αὐτῶν, ἀντίδοσιν ἐπ' ἐμὲ παρεσκεύασαν, ἵν' εἰ μὲν ἀντιδοίην, μὴ ἐξείη μοι πρὸς αὐτοὺς ἀντιδικεῖν, ὡς καὶ τῶν δικῶν τούτων τοῦ ἀντιδιδόντος γιγνομένων, εἰ δὲ μηδὲν τούτων ποιοίην, ἵν' ἐκ βραχείας οὐσίας λῃτουργῶν παντάπασιν ἀναιρεθείην. Καὶ τοῦτ' αὐτοῖς ὑπηρέτησε Θρασύλοχος ὁ Ἀναγυράσιος· ᾧ τούτων οὐδὲν ἐνθυμηθεὶς ἀντέδωκα μέν, ἀπέκλεισα δ' ὡς διαδικασίας τευξόμενος· οὐ τυχὼν δὲ ταύτης, τῶν χρόνων ὑπογύων ὄντων, ἵνα μὴ στερηθῶ τῶν δικῶν, ἀπέτεισα τὴν λῃτουργίαν ὑποθεὶς τὴν οἰκίαν καὶ τἀμαυτοῦ πάντα, βουλόμενος εἰς ὑμᾶς εἰσελθεῖν τὰς πρὸς τουτουσὶ δίκας.

18 Ἆρ' οὐ μεγάλα μὲν ἐξ ἀρχῆς ἠδίκημαι, μεγάλα δ', ὅτι δίκην ζητῶ λαβεῖν, νῦν ὑπ' αὐτῶν βλάπτομαι; τίς δ' οὐκ ἂν ὑμῶν τούτῳ μὲν φθονήσειε δικαίως, ἡμᾶς δ' ἐλεήσειεν, ὁρῶν τῷ μὲν πρὸς τῇ οὐσίᾳ τῇ παραδοθείσῃ πλεῖν ἢ δέκα ταλάντων τὴν ἐμὴν τοσαύτην οὖσαν προσγεγενημένην, ἡμᾶς δὲ μὴ μόνον τῶν πατρῴων διημαρτηκότας, ἀλλὰ καὶ τῶν νῦν παραδοθέντων διὰ τὴν τούτων πονηρίαν ἀπεστερημένους; ποῖ δ' ἂν τραποίμεθα, εἴ τι ἄλλο ψηφίσαισθ' ὑμεῖς περὶ αὐτῶν; εἰς τὰ ὑποκείμενα τοῖς δανείσασιν; ἀλλὰ τῶν ὑποθεμένων ἐστίν. Ἀλλ' εἰς τὰ περιόντ' αὐτῶν; ἀλλὰ τούτου γίγνεται, τὴν ἐπωβελίαν ἐὰν ὄφλωμεν. 19 Μηδαμῶς, ὦ ἄνδρες δικασταί, γένησθ' ἡμῖν τοσούτων αἴτιοι κακῶν· μηδὲ τὴν μητέρα κἀμὲ καὶ τὴν ἀδελφὴν ἀνάξια παθόντας περιίδητε, οὓς ὁ πατὴρ οὐκ ἐπὶ ταύταις ταῖς ἐλπίσιν κατέλιπεν, ἀλλὰ τὴν μὲν ὡς Δημοφῶντι συνοικήσουσαν ἐπὶ δυοῖν ταλάντοιν προικί, τὴν δ' ἐπ' ὀγδοή-

16 αὐτὸς seclusi : αὐτοῖς Reiske ‖ 17 ἀντιδοίην Schaefer : ἀντιδῴην codd. ‖ ἀντιδιδόντος A : ἀντιδόντος cett. ‖ ᾧ S : ἐγὼ δὲ cett. ‖ εἰσελθεῖν A S : ἐλθεῖν F ‖ 18 δίκην ζητῶ S pr. F : δίκην ζητῶν S corr. ζητῶν δίκην A ‖ πλεῖν Dindorf : πλεῖον codd. ‖ 19 ante γένησθε add. μὴ A.

l'épobélie. **19** Non, juges, ne nous jetez pas dans une telle détresse ! Ne permettez pas que ma mère, ma sœur et moi nous subissions un traitement indigne ; mon père, en mourant, nous ménageait un autre avenir : ma sœur devait épouser Démophon avec 2 talents de dot ; ma mère ce misérable, avec 80 mines ; et moi, je devais succéder à mon père dans le service de la cité et dans l'exercice de ses liturgies. **20** Assistez-nous, juges ; je vous le demande pour la justice, pour vous-mêmes, pour nous et pour notre père mort : sauvez-nous, ayez pitié, puisque eux, nos parents, n'ont pas eu pitié. C'est en vous qu'est notre refuge. Je vous prie, je vous supplie au nom de vos enfants, de vos femmes et de tout ce qui vous est cher. Que les Dieux vous soient en aide pour autant ! Ne m'abandonnez pas, n'enlevez pas à ma mère jusqu'à ses dernières espérances, ne lui infligez pas un sort indigne d'elle ! **21** A cette heure, elle attend mon retour en se disant que j'aurai obtenu justice auprès de vous et qu'elle pourra marier ma sœur. Si votre sentence était autre, ce qu'aux Dieux ne plaise, dans quels sentiments sera-t-elle, dites-moi, quand elle me verra non seulement dépouillé de l'héritage paternel, mais frappé de déchéance par surcroît ; quand la perspective de la misère lui ôtera jusqu'à l'espoir d'un établissement convenable pour ma sœur? **22** Non, juges, je ne dois pas subir à votre tribunal ce déni de justice, et il ne doit pas conserver un tel bien, lui, au mépris de la justice. Si vous n'avez pas encore éprouvé mon dévoûment, l'espérance est du moins permise que je ne serai pas inférieur à mon père. Pour Aphobos, l'épreuve n'est plus à faire : vous savez qu'ayant recueilli une fortune considérable, non seulement il ne s'est jamais signalé à votre service, mais la preuve est faite qu'il s'est emparé du bien d'autrui. **23** Considérez tout cela, rappelez-vous le reste, et votez suivant la justice. Les preuves ne vous manquent pas : témoignages, présomptions, vraisemblances, aveux même, puisqu'ils reconnaissent avoir pris possession de tout mon bien — après quoi, ils prétendent l'avoir dépensé ; non, ils ne l'ont pas dépensé, ce sont eux qui le détiennent tout entier. **24** Et bien pénétrés de cette vérité, deman-

κοντα μναῖς τούτῳ τῷ σχετλιωτάτῳ πάντων ἀνθρώπων, ἐμὲ δ' ὑμῖν διάδοχον ἀνθ' αὑτοῦ τῶν λῃτουργιῶν ἐσόμενον. **20** Βοηθήσατ' οὖν ἡμῖν, βοηθήσατε, καὶ τοῦ δικαίου καὶ ὑμῶν αὐτῶν ἕνεκα καὶ ἡμῶν καὶ τοῦ πατρὸς τοῦ τετελευτηκότος. Σώσατε, ἐλεήσατε, ἐπειδή μ' οὗτοι συγγενεῖς ὄντες οὐκ ἠλέησαν. Εἰς ὑμᾶς καταπεφεύγαμεν. Ἱκετεύω, ἀντιβολῶ πρὸς παίδων, πρὸς γυναικῶν, πρὸς τῶν ὄντων ἀγαθῶν ὑμῖν. Οὕτως ὄναισθε τούτων, μὴ περιίδητέ με, μηδὲ ποιήσητε τὴν μητέρα καὶ τῶν ἐπιλοίπων ἐλπίδων εἰς τὸν βίον στερηθεῖσαν ἀνάξιον αὑτῆς τι παθεῖν· **21** ἣ νῦν μὲν οἴεται τυχόντα με τῶν δικαίων παρ' ὑμῖν ὑποδέξεσθαι καὶ τὴν ἀδελφὴν ἐκδώσειν· εἰ δ' ὑμεῖς ἄλλο τι γνώσεσθε, ὃ μὴ γένοιτο, τίν' οἴεσθ' αὐτὴν ψυχὴν ἕξειν, ὅταν ἐμὲ μὲν ἴδῃ μὴ μόνον τῶν πατρῴων ἀπεστερημένον, ἀλλὰ καὶ πρὸς ἠτιμωμένον, περὶ δὲ τῆς ἀδελφῆς μηδ' ἐλπίδ' ἔχουσαν ὡς τεύξεταί τινος τῶν προσηκόντων διὰ τὴν ἐσομένην ἀπορίαν; **22** οὐκ ἄξιος, ὦ ἄνδρες δικασταί, οὔτ' ἐγὼ δίκης ἐν ὑμῖν μὴ τυχεῖν, οὔθ' οὗτος τοσαῦτα χρήματ' ἀδίκως κατασχεῖν. Ἐμοῦ μὲν γὰρ εἰ καὶ μήπω πεῖραν εἰλήφατε ποῖός τις ἂν εἰς ὑμᾶς εἴην, ἐλπίζειν προσήκει μὴ χείρω τοῦ πατρὸς ἔσεσθαι. Τούτου δὲ πεῖραν ἔχετε, καὶ σαφῶς ἴσθ' ὅτι πολλὴν οὐσίαν παραλαβὼν οὐ μόνον οὐδὲν πεφιλοτίμηται πρὸς ὑμᾶς, ἀλλὰ καὶ τἀλλότρι' ἀποστερῶν ἐπιδέδεικται. **23** Ταῦτ' οὖν σκοποῦντες καὶ τἄλλα μνησθέντες, ᾗ δίκαιόν ἐστι, ταύτῃ ψηφίσασθε. Πίστεις δ' ἔχεθ' ἱκανὰς ἐκ μαρτύρων, ἐκ τεκμηρίων, ἐκ τῶν εἰκότων, ἐξ ὧν οὗτοι λαβεῖν ὁμολογοῦντες ἀθρόα τἀμά, ταῦτ' ἀνηλωκέναι φασὶν οὐκ ἀνηλωκότες, ἀλλ' αὐτοὶ πάντ' ἔχοντες. **24** Ὧν ἐνθυμουμένους χρὴ ποιήσασθαί τιν' ἡμῶν πρόνοιαν, εἰδότας ὅτι ἐγὼ μὲν

20 post σώσατε et ἐλεήσατε add. με F ‖ μ' om. A S ‖ **21** ὑποδέξεσθαι Schaefer : — ξασθαι codd. ‖ ἴδῃ v. : εἴδῃ A ‖ **22** καὶ A S : ὥστε F ‖ ἐπιδέδεικται v. : ἀποδεδ. S ‖ **23** ψηφίσασθε Baiter-Sauppe : ψηφίσησθε S διαψηφίσασθε v. ‖ post οὗτοι superscr. μὲν S ‖ ὁμολογοῦντες S : ὁμολογοῦσιν cett. ‖ ταῦτ' S : ταῦτα δὲ cett.

dez-vous aussi ce que vous pouvez attendre de nous : dites-vous que moi, qui aurai recouvré mon bien grâce à vous, je serai naturellement disposé à vous servir par mes liturgies, puisque je vous devrai de la reconnaissance pour cette juste restitution ; mais lui, si vous le rendez maître de mon patrimoine, n'en fera point autant : ces biens qu'il a nié avoir reçus, ne vous attendez pas à ce qu'il les mette à votre service ; il les dissimulera plutôt, pour que son acquittement paraisse justifié.

τἀμαυτοῦ δι' ὑμῶν κομισάμενος εἰκότως λῃτουργεῖν ἐθελήσω, χάριτας ὀφείλων ὅτι μοι δικαίως ἀπέδοτε τὴν οὐσίαν, οὗτος δ', ἐὰν αὐτὸν ποιήσητε τῶν ἐμῶν κύριον, οὐδὲν ποιήσει τοιοῦτον. Μὴ γὰρ οἴεσθ' αὐτόν, ὑπὲρ ὧν ἤρνηται μὴ λαβεῖν, ὑπὲρ τούτων ὑμῖν λῃτουργεῖν ἐθελήσειν, ἀλλ' ἀποκρύψεσθαι μᾶλλον, ἵνα δικαίως ἀποπεφευγέναι δοκῇ.

24 μὴ om. A ‖ ἀποκρύψεσθαι Reiske : — ψασθαι codd.

XXIX

CONTRE APHOBOS III

NOTICE

Aphobos fut condamné à restituer dix talents, comme l'avait demandé Démosthène ; mais il n'accepta pas sa condamnation, ou du moins il chercha par une voie indirecte à en neutraliser l'effet : il intenta l'action de faux témoignage (δίκη ψευδομαρτυρίων) contre l'un des témoins de son adversaire, Phanos. S'il triomphait, Démosthène risquait de voir son succès à lui remis en question : sans doute, le procès de tutelle n'était pas de ceux qui pouvaient être révisés à la suite de la condamnation d'un témoin ; mais, après avoir fait condamner Phanos, Aphobos pouvait se retourner contre Démosthène et intenter la δίκη κακοτεχνιῶν[1] : cette action étant estimable, il réclamerait une indemnité en rapport avec le préjudice que lui avait causé le premier procès. Démosthène avait donc de bonnes raisons d'intervenir : il vint appuyer Phanos en justice — probablement au cours de l'année 362[2] — et ce fut l'occasion du troisième discours *Contre Aphobos.*

Nous arrivons à reconstituer l'affaire, mais aucun exposé suivi (διήγησις) ne nous y aide : c'est que, comme nous le verrons, les juges devaient déjà être au courant.

1. Cf. [Dém.] XLVII 1 ; XLIX 56. C'est une action privée. L'action de faux témoignage l'est aussi, elle vise à obtenir une condamnation pécuniaire au profit de celui qui l'intente. Il faut ajouter, toutefois, qu'après trois condamnations, le faux témoin est frappé d'atimie (cf. Andoc., I, 74).

2. Daprès le § 3, le procès contre Onétor, qui est de l'année 362/1, était alors en cours : il est vrai que l'expression δίκην ἔχειν peut n'être pas prise au pied de la lettre ; mais la situation qui est décrite dans ce passage paraît exclure l'année 363.

Le point de départ, c'est la sommation qu'Aphobos avait adressée à son adversaire, au cours de la procédure d'arbitrage, de lui livrer un certain Milyas pour la question. A en croire Démosthène, la question ne pouvait rien donner : n'oublions pas, toutefois, que ce Milyas (déjà mentionné *C. Aph.* I 19, 22) avait exercé la fonction d'intendant. En tout cas, Démosthène le refusa comme étant de condition libre[1] : il aurait été affranchi par Démosthène le père à son lit de mort. L'affranchissement testamentaire paraît encore rare à cette époque, et la condition de Milyas peut avoir été incertaine ; l'orateur s'appuie surtout sur la possession d'état. Mais, pour justifier son refus, il avait argué d'une déclaration d'Aphobos lui-même, reconnaissant Milyas pour libre : déclaration qui avait été attestée par Phanos. C'est ce témoignage de Phanos qui a donné lieu à une prise à partie le jour même du jugement, puis à la poursuite pour faux témoignage qui vient maintenant en justice.

Tel qu'il nous est transmis, le plaidoyer comporte le développement de deux thèmes qui, étant donné la situation, se justifient l'un et l'autre : d'une part, Démosthène établit, directement et indirectement, que le témoignage de Phanos est bien véridique (§§ 2-26) ; d'autre part, il expose que ce témoignage, portant sur un point tout à fait secondaire et même accessoire, n'a été pour rien dans la condamnation de son adversaire. Cependant, la critique moderne a souvent nié l'authenticité du discours[2]. Et il faut convenir que, si tous ses arguments ne sont pas d'égale valeur, il y en a d'assez troublants. Comment se fait-il que, entre les deux premiers et le troisième *Contre Aphobos*, il y ait des discordances et même des contradictions? Les discordances peuvent parfois s'expliquer[3] ;

1. Ce genre d'incident n'était pas rare : c'est une contestation analogue qu'on trouve, par ex., dans le *Trapézitique* d'Isocrate, 14, 17, 49.

2. Voir la bibliographie ancienne dans Blass, *Att. Bereds.*, III, I², p. 232. Cf. Lipsius, p. 958, n. 12.

3. D'après le troisième discours, le témoignage présentement attaqué avait été lu devant le tribunal, il en avait été fait état par Démosthène : aucune allusion à cela dans le premier, non plus qu'au différend qui avait donné lieu au témoignage, et qui avait pourtant son importance puisqu'il avait provoqué une sommation à fin de torture. — On

mais n'est-il pas étrange que, sur les manœuvres déloyales auxquelles s'était livré Aphobos pour conserver la succession, il y ait des précisions qui manquent dans le premier discours, où elles seraient à leur place, et qui apparaissent dans le troisième, où elles n'ont que faire[1]? En outre, nous voyons figurer ici parmi les tuteurs *Démon*, père de Démophon : Δήμωνι ὄντι θείῳ αὐτῷ καὶ συνεπιτρόπῳ (§ 56). Impossible d'admettre une faute de copiste[2] : le contexte et le premier qualificatif l'interdisent. Et ce Démon est justement nommé ailleurs, comme l'adversaire de Démosthène, dans un procès qui paraît bien être un des procès de tutelle (§§ 20, 52). Or, dans le premier *Contre Aphobos*, il n'est question, expressément, que de trois tuteurs qui sont Démophon, Thérippidès et Aphobos[3].

On a essayé (Dareste et Blass, notamment) de pallier ces difficultés. Il nous semble que la dernière au moins subsiste[4]. Ce qui subsiste aussi, c'est une impression générale qu'on pourrait même préciser plus qu'on ne l'a fait : le discours est un discours de défense pour Phanos, inculpé de faux témoignage, et la plus grande partie, en somme, roule sur des faits qui concernent la gestion de la tutelle, qui, donc, avaient été l'objet du premier procès et n'avaient pas de lien direct avec celui-ci. Sans doute — et c'est ce que les partisans de l'authenticité n'ont pas manqué de faire valoir — Démosthène était personnellement intéressé à justifier après coup la condamnation d'Aphobos, et, au surplus, dans une action de faux témoignage qui vise à frapper le premier jugement de suspicion au moins morale, il est naturel que les adversaires discutent ou défendent ce jugement. Mais, c'est là question de proportion et d'opportunité : et il est bien permis de

peut répondre qu'en rédigeant les premiers discours — ce serait un nouvel indice qu'il les a rédigés avant les débats — Démosthène n'a pas fait une revue exhaustive de ses moyens de preuve.

1. Voir notamment §§ 35 sq., où il s'agit de griefs concernant plutôt les autres tuteurs.

2. La faute a été faite ailleurs, XXVII 12, où la correction s'impose.

3. Ce sont justement les trois que nomme aussi notre discours, § 6.

4. En tout cas pour le καὶ συνεπιτρόπῳ. Quant au procès contre Dèmon, voir p. 69, n. 1.

suspecter un discours où l'une et l'autre sont assez mal traitées[1]. Encore si Démosthène était le seul à parler ici, ou s'il avait toutes ses aises comme *synégore* ! Mais voici le plus grave : Démosthène, en effet, parle comme synégore ; le présent discours devrait être compris dans le temps de parole que la partie défenderesse avait à sa disposition ; or, Phanos a dû présenter lui-même sa défense, et il faut bien admettre qu'il a pris de ce temps une bonne part[2] : et Démosthène aura pu encore prononcer un aussi long plaidoyer ? Car c'est un des plus longs, parmi tous les discours que nous avons sur des causes privées. A compter à la rigueur, le temps de parole dévolu à l'une des parties excédait quelque peu cette mesure[3] ; mais nous voyons que, dans la pratique, celle-ci était rarement dépassée[4] : on ne conçoit guère que, pour une simple synégorie, et

1. Le *Contre Stéphanos* I est autrement adapté à l'action de faux témoignage pour lequel il a été fait. Quant au *Contre Evergos et Mnésiboulos*, il est vrai qu'une bonne partie s'en rapporte au premier procès ; mais le lien entre celui-ci et l'affaire de faux témoignage y est beaucoup plus étroit que dans le troisième *Contre Aphobos*. Il est naturel qu'en pareil cas un plaideur revienne sur le procès antérieur quand c'est pour tirer de l'arrêt même, et des conditions où il a été rendu, une présomption favorable ou contraire au témoin incriminé ; mais justement c'est une présomption que Démosthène n'utilise pas dans cette seconde partie — la plus longue — où l'affaire de la tutelle est si copieusement exposée.

2. Le *Pour Phormion* nous fournira l'exemple d'une synégorie aussi longue que celle-ci. Mais là le défendeur, incapable de plaider lui-même, avait laissé la parole à ses amis (voir aussi le *Contre Léocharès*) : le cas de Phanos devait être différent ; en tout cas, aucune justification n'est donnée.

3. D'après les chiffres que nous fournit Aristote ('Α. Π., 67, 2) sur la durée, évaluée en mesures d'eau, du temps de parole accordé aux parties dans les affaires privées, nous pouvons nous faire une idée approximative de la longueur *maxima* d'un plaidoyer dans une cause définie où la partie eût été seule à parler ; cf. G. Colin, in *Rev. des Ét. gr.*, XXX (1917), p. 66 sq. Sans refaire ici un calcul d'ailleurs facile à effectuer, nous pouvons conclure que, la partie Phanos ayant à sa disposition 10 *choes* en tout et au maximum, la seule synégorie en aurait employé au moins 7 ½.

4. Un des discours où elle est dépassée est le *Contre Stéphanos* I dans une affaire de même espèce : l'orateur y laisse entendre lui-même qu'il a utilisé tout son temps de parole. Or, si l'on défalque de ce plaidoyer le texte des pièces qui y figure, on constate que la longueur du *Contre Aphobos* III égale bien les trois quarts de la sienne.

si intéressé qu'il pût y être, Démosthène ait prévu autant et plus de temps que d'autres plaideurs dans l'affaire qui leur était personnelle, presque autant qu'il en avait consacré lui-même à exposer l'affaire de tutelle, autrement complexe et dans laquelle il plaidait seul et pour son propre compte[1].

Il y a une autre remarque qu'on n'a pas faite : elle porte sur un très mince détail, mais elle a peut-être son intérêt. On sait qu'à partir d'une certaine époque, qui est en tout cas sensiblement antérieure à la date où nous sommes ici, les témoignages durent être consignés par écrit et que lecture en était faite au tribunal : dès lors, la formule par laquelle les orateurs introduisent un témoignage est régulièrement quelque chose comme : « Prends les témoignages et lis. » Sans doute, l'ancienne formule (« appelle-moi les témoins »), qui remonte au temps du témoignage oral, subsiste çà et là[2] ; mais elle est incomparablement plus rare[3] : ainsi, dans les quatre autres discours de Démosthène qui ont rapport à sa tutelle, elle n'apparaît pas une seule fois. Ici, en revanche, nous la trouvons quatre fois sur sept[4]. Voilà une particularité assez curieuse, et qui pourrait déjà éveiller la défiance. — Mais peut-être aussi nous met-elle sur la voie d'une solution.

Car nous sommes ici devant un petit problème, qu'on ne saurait trancher par la condamnation sommaire du discours. Apocryphe, par qui aurait-il été composé? On ne peut songer au commode « rhéteur de basse époque » : la formation du *corpus* démosthénique est de date trop ancienne. Et puis, on l'a dit depuis longtemps, comment concevoir la fabrication d'un plaidoyer imaginaire sur la base d'un état de cause aussi particulier et avec des pré-

1. Il est remarquable que le discours ne se présente point comme une *synégorie ;* remarquable aussi qu'il ne soit pour ainsi dire pas parlé de l'action elle-même.

2. Adressée au héraut, elle a encore sa raison d'être, puisque les témoins assistent à la lecture de leur témoignage. Quand elle est employée, d'ailleurs, c'est assez souvent dans une intention particulière.

3. Du moins dans les affaires privées. Sur les différentes formules, cf. Leisi, *Zeuge im att. R.*, p. 93, où manquent du reste des statistiques.

4. Encore, sur les trois autres cas, deux sont-ils particuliers : on peut dire qu'ils nécessitaient l'autre formule (§§ 21, 39).

cisions aussi nombreuses, aussi difficiles à inventer et, somme toute, aussi bien assorties ? Comment la concevoir même — ou surtout — du vivant de Démosthène ou peu de temps après sa mort ? Ajoutons, sans vouloir faire trop de fond sur les appréciations littéraires, que ce discours ne trahit certes pas une main étrangère à celle de Démosthène.

Tout cela est si vrai que, par une contradiction suggestive, tel savant comme Lipsius, qui se refuse à admettre l'authenticité du texte, n'en utilise pas moins le texte pour les renseignements juridiques qu'il fournit, et cela sur des points où il est seul à les fournir. Cette contradiction, qui est inévitable, il faut la résoudre. Il n'y a qu'un moyen pour cela : c'est d'admettre que nous avons ici, non pas un seul discours, mais une série de développements que Démosthène se réservait d'utiliser pour tel ou tel des nombreux plaidoyers que son affaire nécessitait [1]. Par là s'expliqueraient l'abondance disproportionnée de certains exposés et la présence de tels paragraphes qui n'ont rien à voir avec la cause de Phanos [2]. Le travail du premier éditeur, outrepassant quelque peu

1. Nous avons déjà observé que les plaidoyers contre Thérippidès et contre Démophon ont dû être prononcés ou, en tout cas, préparés. Les §§ 3 et 15 de notre discours font allusion non seulement au procès contre Onétor, mais à un procès contre Æsios. Quant au Dèmon que nous avons rencontré, il est certain que Démosthène eut maille à partir avec lui. Voir aussi § 35.

2. C'est aux plaidoyers contre Thérippidès et contre Démophon qu'on peut croire destinés, en partie, ces développements. Ainsi, au § 36, il est question des manœuvres dolosives par lesquelles les tuteurs s'étaient approprié les sommes qui étaient engagées dans le commerce maritime par l'intermédiaire de Xouthos (cf. XXVII 11) : les tuteurs, y compris Aphobos ; mais il n'est pas question de cette affaire dans le premier plaidoyer, et on peut penser qu'Aphobos, qui avait déjà dans son lot assez d'articles de la succession, n'avait pas celui-là en propre ; en tout cas, il n'est guère admissible que Démosthène eût tenu l'histoire en réserve pour le procès de Phanos. — Un autre cas, dans le même passage (§ 35), est encore plus net : il s'agit d'une dissimulation de biens par personne interposée ; or le bien en question, dont l'adversaire (οὗτος) reste débiteur, c'est la dot *de la sœur* de Démosthène ; ainsi celui qui devait recevoir cette dot et qui l'a reçue en fait — l'affirmation revient à plusieurs reprises — ce n'est pas Aphobos, c'est naturellement Démophon, époux présomptif de la sœur de Démosthène.

sa mission — aux yeux des modernes, du moins — aurait consisté à coudre : sa main se décèlerait dans une adjonction maladroite, comme le καὶ συνεπιτρόπῳ du § 56 qu'il croyait plus ou moins nécessaire[1], ou dans les phrases qui annoncent un témoignage et pour lesquelles Démosthène avait pu se contenter d'un mot. De dire jusqu'où elle s'est fait sentir, il n'est pas raisonnable de s'y risquer[2] : semer des crochets dans le texte serait arbitraire et ne rimerait à rien. Contentons-nous de formuler dans sa généralité, et avec la prudence qui convient, la conclusion qui nous paraît plausible : le troisième *Contre Aphobos* est, pour l'essentiel, du Démosthène ; mais il n'appartient pas tout entier au *Pour Phanos*, encore que ce plaidoyer dût être construit sur les mêmes idées directrices que nous trouvons ici. L'éditeur l'a « corsé » de développements qui n'avaient guère pu y entrer, en particulier d'un long passage qui se retrouve textuellement dans le premier *Contre Aphobos* et dont il est difficile de penser que Démosthène dut le réciter à nouveau tel quel devant les juges de Phanos[3]. Encore le résultat a-t-il été impar-

1. Le procès contre Dèmon dont il est question à plusieurs reprises a donné lieu à cette erreur, qui paraît d'ailleurs avoir été partagée dans l'antiquité ([Plut.], *X Orat.*, p. 844 c ; cf. Phot., *Bibl.*, p. 492, 30). En fait, Dèmon a dû être actionné, non pas comme ayant exercé la tutelle, mais comme ayant été mêlé à l'affaire — peut-être comme recéleur des biens dont son fils Démophon était redevable.

2. Nous remarquons parmi les formules qui rattachent à l'affaire de Phanos telles explications plus ou moins opportunes, une obscurité qui trahit la maladresse (§ 36).

3. Il s'agit de cette invention à laquelle avait recouru Aphobos, d'un trésor caché par le père de Démosthène dans sa maison : la discussion, qui tient toute une page, figure à la fois I 55-57 et III 47-49, et dans les mêmes termes. Il n'est pas probable, du reste, que l'éditeur du troisième *Contre Aphobos* l'ait transcrite du premier : ce n'est pas ainsi qu'on peut se représenter son travail et, au surplus, une variante que nous trouvons sur la fin — la seule, ou à peu près — est assez intéressante pour justifier un doublet (III 49 : ἀλλὰ τὰ μὲν χρήματα... κατωρύττετο). Mais il est encore moins probable que Démosthène ait précisément réédité, pour le procès de Phanos, une histoire qui aurait si bien justifié le même genre de critiques qu'il adresse à Aphobos : « Quel rapport avec l'affaire elle-même? » En revanche, il paraîtra naturel de rattacher cette seconde rédaction légèrement retouchée à l'un des plaidoyers contre les deux autres tuteurs, doublement intéressés à adopter la fable de leur collègue — à moins qu'on n'y voie une

fait : car personne ne jugera que les derniers mots fassent une fin de discours[1] ; ce qui n'est pas non plus un argument négligeable[2].

première rédaction du passage correspondant du premier *Contre Aphobos* (les variantes de XXVII 55 et XXIX 47, par exemple, ont peut-être, à cet égard, leur intérêt).

1. Il y a une fin assez abrupte dans le *Contre Aphobos* I et, d'une façon générale, dans les discours de ce groupe ; mais, dans le cas présent, il y a plus grave : il est exagéré de dire avec Blass (p. 236) que même le *Contre Onétor* II — qui, du reste, est une réplique — offre un exemple comparable.

2. Pour ce qui est de l'exorde lui-même, nous ne sommes pas sûrs du tout qu'il fût destiné au *Pour Phanos*. Un exorde a beau être rédigé en termes généraux, on est obligé de constater que celui-ci, loin d'annoncer l'affaire en question, en ferait prévoir une tout autre ; et ce n'est pas précisément une défense appropriée que celle qui est indiquée à la fin du § 1 (νῦν δ' ἁπλῶς δεῖ κτλ.). — L'hypothèse de E. Drerup (*Aus einer Advokatenrepublik*), selon laquelle le *Contre Aphobos* III serait un exercice d'école de Démosthène professeur d'éloquence, va un peu dans le même sens que la nôtre ; mais elle ne rend pas compte des disparates.

XXIX

CONTRE APHOBOS III

DÉFENSE DE PHANOS
POURSUIVI POUR FAUX TÉMOIGNAGE

Sujet du discours

1 Au cours du procès de tutelle qui lui était intenté, Aphobos réclama Milyas à Démosthène pour le mettre à la question, sachant bien qu'il ne lui serait pas livré. De fait, Démosthène refusa, affirmant que Milyas n'était pas esclave, mais libre, car son père, sur le point de mourir, l'avait affranchi. Entre autres preuves, il fournit un témoignage de Phanos : celui-ci attesta devant les juges qu'Aphobos avait reconnu devant l'arbitre que Milyas était de condition libre. **2** Condamné dans l'affaire de tutelle, Aphobos poursuit Phanos pour faux témoignage : Phanos est défendu par Démosthène, qui affirme la vérité de son témoignage et qui établit, en outre, qu'Aphobos n'a subi aucun préjudice de ce chef, mais que sa condamnation a été entraînée par d'autres témoignages[1] : comme il n'a pas attaqué ceux-ci, il est évident qu'elle était justifiée.

1 Si je ne savais, juges, que, dans mon premier procès avec Aphobos, il a recouru à des mensonges beaucoup plus gros et plus graves qu'aujourd'hui et que, néanmoins, je n'ai pas eu de peine à le convaincre grâce à l'évidence de ses méfaits, je serais terriblement inquiet : serais-je capable, aujourd'hui encore, de vous faire voir les manœuvres par lesquelles il cherche à vous tromper sur tous les points? Mais, avec l'aide des Dieux, si vous nous écoutez en toute impartialité, j'ai bon espoir que l'impudence de mon adversaire ne vous échappera pas plus qu'aux

1. Ce sont là, en effet, les deux thèmes obligés de la défense dans une action en faux témoignage : pour le second, cf. XLV 51 sq.

XXIX

ΠΡΟΣ ΑΦΟΒΟΝ ΥΠΕΡ ΦΑΝΟΥ ΨΕΥΔΟΜΑΡΤΥΡΙΩΝ

ΥΠΟΘΕΣΙΣ

1 Κρινόμενος τῆς ἐπιτροπῆς Ἄφοβος ἐξῄτει παρὰ Δημοσθένους Μιλύαν εἰς βάσανον, εἰδὼς οὐ δοθησόμενον. Οὐ γὰρ ἐδίδου Δημοσθένης, φάσκων οὐκ οἰκέτην ἀλλ' ἐλεύθερον εἶναι τὸν Μιλύαν, ἐλευθερωθένθ' ὑπὸ τοῦ πατρός, ὅτ' ἐτελεύτα, καὶ εἰς τούτου πίστιν ἄλλα τε παρεχόμενος καὶ δὴ καὶ μαρτυρίαν Φάνου, ὃς ἐμαρτύρησε πρὸς τοὺς δικαστὰς φάσκων ὡμολογηκέναι Ἄφοβον ἐπὶ τοῦ διαιτητοῦ ἐλεύθερον εἶναι Μιλύαν. 2 Ἁλοὺς δὴ τῆς ἐπιτροπῆς Ἄφοβος ψευδομαρτυριῶν Φάνῳ δικάζεται, ὑπὲρ οὗ τοῦτον τὸν λόγον ὁ Δημοσθένης λέγει, καὶ τἀληθῆ φάσκων αὐτὸν μεμαρτυρηκέναι, καὶ πρὸς τούτῳ δεικνὺς ὡς οὐδὲν ἐκ ταύτης τῆς μαρτυρίας Ἄφοβος ἐβλάβη, ἀλλὰ δι' ἑτέρους ἥλω μάρτυρας, οἷς οὐκ ἐπισκηψάμενος δῆλός ἐστιν ἠδικηκώς.

1 Εἰ μὴ πρότερόν μοι δίκης γενομένης πρὸς Ἄφοβον, ὦ ἄνδρες δικασταί, συνῄδειν πολλῷ τούτων μείζω καὶ δεινότερ' αὐτοῦ ψευσαμένου ῥᾳδίως ἐξελέγξας διὰ τὴν περιφάνειαν τῶν ἀδικημάτων, θαυμασίως ἂν ὡς ηὐλαβούμην μὴ καὶ νῦν οὐ δυνηθῶ δεῖξαι πῇ παρακρούεταί ποθ' ἕκασθ' ὑμᾶς αὐτῶν. Νῦν δὲ σὺν θεοῖς εἰπεῖν, ἄνπερ ἴσοι καὶ κοινοὶ γένησθ' ἡμῶν ἀκροαταί, πολλὰς ἐλπίδας ἔχω μηδὲν ἧττον ὑμᾶς τὴν ἀναίδειαν τὴν τούτου γνώσεσθαι τῶν πρότερον δικασάντων. Καὶ ταῦτ' εἰ μὲν ἐδεῖτο λόγου τινὸς [ἢ] ποικιλίας, ἔγωγε κατω-

Titulus in subscriptione Πρὸς Ἄφοβον S ὑπὲρ Φάνου habet A. Ὑπόθεσις 1 ὃς Wolf : ὡς codd. || φάσκων susp. habeo.

1 μὴ v. : *καὶ μὴ* A || θαυμασίως A S D : θαυμαστῶς F || ὡς S : ἴσως A om. F D || παρακρούεται v. : — σεται F D || αὐτῶν v. : αὐτοὺς S || ἡμῶν om. S || ἢ secl. Blass.

premiers juges. S'il fallait pour cela quelque habileté oratoire, ma jeunesse m'inspirerait de l'hésitation et de la défiance ; mais il ne s'agit que de vous instruire par le simple exposé de sa conduite à notre égard : cela suffira, je pense, pour vous faire savoir de quel côté est la mauvaise foi.

2 Je suis sûr qu'en intentant ce procès, Aphobos ne comptait nullement établir qu'il eût été victime d'un faux témoignage ; mais il se disait que l'énormité de la condamnation prononcée contre lui me ferait mal voir, tandis qu'elle lui vaudrait quelque sympathie. Voilà pourquoi il vient se défendre ici sur la cause désormais jugée, alors que, la première fois, il n'avait rien pu dire pour se justifier. Quant à moi, juges, si j'avais déjà procédé à l'exécution du jugement et si je me refusais à toute concession raisonnable, certes je serais dans mon droit en exécutant contre lui votre sentence ; pourtant, on pourrait trouver que j'y mets trop de rigueur et de cruauté, en expulsant de ses biens un homme qui est mon parent. **3** Mais, tout au contraire, lui m'a dépouillé, de concert avec les autres tuteurs, de tout mon patrimoine et, même après avoir été convaincu en justice, il ne se croit tenu à rien faire comme il faut : pour donner le change sur sa fortune, il a fait passer la maison qu'il louait sous le nom d'Æsios [1], son domaine rural sous celui d'Onétor [2] ; il m'a engagé ainsi dans un procès avec des tiers et m'a suscité des embarras ; en même temps, il enlevait les meubles de sa maison, il emmenait les esclaves, comblait la citerne, arrachait les portes : c'est tout juste s'il n'a pas mis le feu à la maison elle-même. Enfin, il est allé s'établir à Mégare, où il paye la taxe de métèque [3]. Devant une pareille conduite, il est donc beaucoup plus juste de vous indigner contre lui que de me reprocher un excès de rigueur.

4 Pour ce qui est de son avidité et de sa scélératesse, je me réserve d'y revenir : dès maintenant, vous les connaissez en gros. Ce que je veux établir, pour l'instant,

1. Frère d'Aphobos (cf. § 15).
2. Cf. discours XXX-XXXI.
3. Pareil fait, de la part d'un Athénien, est très mal vu. Nous en

κνουν ἂν τὴν ἐμαυτοῦ καταμεμφόμενος ἡλικίαν· νῦν δ' ἁπλῶς δεῖ διδάξαι καὶ διηγήσασθαι τὰ τούτῳ πεπραγμένα περὶ ἡμῶν· ἐκ δὲ τούτων οἶμαι πᾶσιν ὑμῖν εὔγνωστον ἔσεσθαι πότερός ποθ' ἡμῶν ἐσθ' ὁ πονηρός.

2 Οἶδα μὲν οὖν ὅτι τὴν δίκην οὗτος εἴληχε ταύτην, οὐχὶ τῷ τὰ ψευδῆ τιν' αὐτοῦ καταμεμαρτυρηκέναι ἐξελέγξειν πιστεύων, ἀλλ' ἡγούμενος διὰ τὸ μέγεθος τοῦ τιμήματος τῆς δίκης ἣν ὦφλεν, ἐμοὶ μὲν ἂν γενέσθαι τινὰ φθόνον, αὐτῷ δ' ἔλεον. Καὶ διὰ ταῦτα περὶ τῆς γεγενημένης δίκης νῦν ἀπολογεῖται, περὶ ἧς τότ' οὐδὲν ἔσχε δίκαιον εἰπεῖν. Ἐγὼ δ', ὦ ἄνδρες δικασταί, εἰ μὲν ἐπεπράγμην τοῦτον τὴν δίκην ἢ μηδὲν ἤθελον μέτριον συγχωρεῖν, ἠδίκουν μὲν οὐδ' ἂν οὕτως, τὰ παρ' ὑμῖν γνωσθέντα πραττόμενος αὐτόν, ὅμως δ' ἂν εἶχέν τις εἰπεῖν, ὡς λίαν ὠμῶς καὶ πικρῶς ὄντα συγγενῆ τοῦτον ἐκ τῆς οὐσίας [ἁπάσης] ἐκβέβληκα. 3 Νῦν δὲ τοὐναντίον ἐστίν· οὗτος ἐμὲ τῶν πατρῴων ἁπάντων μετὰ τῶν συνεπιτρόπων ἀπεστέρηκεν, καὶ οὐδ' ἐν ὑμῖν φανερῶς ἐξελεγχθεὶς οἴεται δεῖν οὐδὲν τῶν μετρίων ποιεῖν, ἀλλὰ διασκευασάμενος τὴν οὐσίαν, καὶ παραδοὺς τὴν μὲν συνοικίαν Αἰσίῳ, τὸν δ' ἀγρὸν Ὀνήτορι, πρὸς μὲν ἐκείνους δίκην καὶ πράγματ' ἔχειν ἐμὲ πεποίηκεν, ἐκ δὲ τῆς οἰκίας [αὐτὸς] τὰ σκεύη λαβὼν καὶ τἀνδράποδ' ἐξαγαγὼν καὶ τὸν λάκκον συντρίψας καὶ τὰ θυρώματ' ἀποσπάσας καὶ μόνον οὐκ αὐτὴν τὴν οἰκίαν ἐμπρήσας, Μέγαράδ' ἐξῴκηκεν κἀκεῖ μετοίκιον τέθηκεν. Ὥστε πολὺ ἂν δικαιότερον διὰ ταῦτα τὰ ἔργα τοῦτον μισήσαιτε ἢ ἐμοῦ τιν' ἀνεπιείκειαν καταγνοίητε.

4 Περὶ μὲν οὖν τῆς αἰσχροκερδίας τῆς τούτου καὶ μιαρίας ὕστερόν μοι δοκεῖ διεξελθεῖν πρὸς ὑμᾶς· καὶ νῦν δ' ὡς ἐν κεφαλαίοις ἀκηκόατε· περὶ δὲ τῶν μεμαρτυρημένων ὡς ἔστιν ἀληθῆ περὶ ὧνπερ οἴσετε τὴν ψῆφον, ἤδη πειράσομαι

1 δεῖ om. A S ‖ 2 ὑμῖν v. : ὑμῶν A ‖ ἁπάσης (habet in γρ. F) del. Blass ‖ 3 συνοικίαν A S corr. : οἰκίαν v. ‖ Αἰσίῳ Wolf : Ἀφόβῳ codd. ‖ μὲν om. A ‖ αὐτὸς om. Photius s. v. λάκκος ‖ ἐξαγαγὼν codd. : ἀπαγαγὼν Photius ‖ ἐξῴκηκεν codd. ἐξῳκίσθη Photius.

c'est la véracité du témoignage qui est en cause. Et je vous demanderai, juges, comme une chose équitable, d'écouter impartialement les deux parties. Vous y êtes intéressés, aussi bien : car mieux vous serez renseignés sur les faits, plus la sentence que vous rendrez sera conforme à la justice et à votre serment. **5** Je vais vous prouver que non seulement Aphobos a reconnu que Milyas était de condition libre, mais qu'il a établi, en fait, la certitude de la chose ; qu'en outre, il s'est dérobé à l'épreuve la plus sûre, celle de la question, et qu'ayant refusé de faire connaître la vérité par ce moyen, il recourt à des subterfuges, il produit de faux témoins, il essaye par ses discours de dissimuler la vérité. Et mes preuves seront assez fortes et assez manifestes : vous saurez tous, de toute certitude, que c'est nous qui sommes véridiques et que, dans ses allégations à lui, il n'y a rien de fondé. Je commencerai mon exposé au point où il vous renseignera le plus facilement et le plus vite.

6 J'ai intenté des actions de tutelle, juges, contre Démophon, Thérippidès et mon présent adversaire, pour avoir été dépouillé de tout mon patrimoine. C'est l'action contre Aphobos qui est venue la première : j'ai pleinement démontré aux juges, comme je vous démontrerai à vous, qu'il a détourné, de concert avec les autres tuteurs, toute la succession, et je n'ai pas recouru pour cela à des faux témoignages. **7** En voici la meilleure preuve : au cours du procès, d'innombrables témoignages furent lus ; ils émanaient de gens qui, les uns, avaient remis à Aphobos une part de mes biens, les autres, l'avaient vu recevoir tels objets, les autres, lui en avaient acheté et avaient payé le prix : il n'a attaqué[1] aucun de ces témoignages, il ne s'est risqué à en poursuivre aucun — sauf celui-ci, où il ne saurait montrer qu'il soit question d'une seule drachme. **8** Or, pour estimer la somme dont

connaissons d'autres exemples : Lys. XXXI 9 (cf. XXIII 15) ; Lyc., *C. Léocr.* 21.

1. Cette prise à partie (ἐπίσκηψις) est le préliminaire obligé d'une action en faux témoignage. Elle doit avoir lieu devant le tribunal, au moment où il va être procédé au vote (Aristote, *Const. d'Ath.*, 68, 4) ; le procès se lie ensuite devant le même magistrat que dans la première action.

διδάσκειν ὑμᾶς. Δέομαι δ' ὑμῶν, ὦ ἄνδρες δικασταί, δικαίαν δέησιν, ἐξ ἴσου ἡμῶν ἀμφοτέρων ἀκοῦσαι. Τοῦτο δ' ἐστὶ καὶ ὑπὲρ ὑμῶν ὁμοίως· ὅσῳ γὰρ ἂν ἀκριβέστερον τὰ πεπραγμένα μάθητε, τοσούτῳ δικαιοτέραν καὶ εὐορκοτέραν θήσεσθε τὴν ψῆφον περὶ αὐτῶν. 5 Ἐπιδείξω δὲ τοῦτον οὐ μόνον ὡμολογηκότ' εἶναι τὸν Μιλύαν ἐλεύθερον, ἀλλὰ καὶ φανερὸν τοῦτ' ἔργῳ πεποιηκότα, καὶ πρὸς τούτοις ⟨τοὺς⟩ ἐκ βασάνου περὶ αὐτῶν πεφευγότα τοῦτον τοὺς ἀκριβεστάτους ἐλέγχους, καὶ οὐκ ἐθελήσαντ' ἐκ τούτων ἐπιδεῖξαι τὴν ἀλήθειαν, ἀλλὰ πανουργοῦντα καὶ μάρτυρας ψευδεῖς παρεχόμενον καὶ διακλέπτοντα τοῖς ἑαυτοῦ λόγοις τὴν ἀλήθειαν τῶν πεπραγμένων, οὕτω μεγάλοις καὶ φανεροῖς ἐλέγχοις ὥσθ' ὑμᾶς πάντας εἴσεσθαι σαφῶς ὅτι ἡμεῖς μὲν ἀληθῆ λέγομεν, οὗτος δ' οὐδὲν ὑγιὲς εἴρηκεν. Ἄρξομαι δ' ἐντεῦθεν ὅθεν καὶ ὑμεῖς ῥᾷστ' ἂν μάθοιτε κἀγὼ τάχιστ' ἂν διδάξαιμι.

6 Ἐγὼ γάρ, ὦ ἄνδρες δικασταί, Δημοφῶντι καὶ Θηριππίδῃ καὶ τούτῳ δίκας ἔλαχον ἐπιτροπῆς ἀποστερηθεὶς ἁπάντων τῶν ὄντων. Γενομένης δέ μοι τῆς δίκης πρὸς τοῦτον πρῶτον, ἐπέδειξα σαφῶς τοῖς δικάζουσιν, ὥσπερ ὑμῖν ἐπιδείξω, πάνθ' ὅσ' ἡμῖν κατελείφθη χρήματ' ἀπεστερηκότα τοῦτον μετ' ἐκείνων, οὐ καταψευδομαρτυρησάμενος. 7 Τεκμήριον δὲ μέγιστον· μαρτυριῶν γὰρ πλέον ἢ πάνυ πολλῶν τῶν ἁπασῶν ἀναγνωσθεισῶν ἐπὶ τῇ δίκῃ, καὶ τούτων τῶν μὲν ὡς ἔδοσάν τι τούτῳ τῶν ἐμῶν καταμαρτυρουσῶν, τῶν δ' ὡς παρῆσαν κομιζομένῳ, τῶν δ' ὡς πριάμενοι παρὰ τούτου τούτῳ τὰς τιμὰς διέλυσαν, οὐδ' ᾗ τινι τούτων τῶν ψευδομαρτυρίων ἐπεσκήψατο, οὐδὲ τετόλμηκεν διώκειν ἀλλ' ἢ ταύτην μίαν οὖσαν, ἐν ᾗ δραχμὴν οὐκ ἂν ἔχοι δεῖξαι μεμαρτυρημένην. 8 Καίτοι τό γε τίμημα

5 ante ἐκ βασάνου add. τοὺς Rennie. Malim ἐκ βασάνου delere || ἀλλὰ v. : ἀλλ'ἀεὶ A, nescio an recte || 6 ante Δημοφῶντι habent Δήμωνι καὶ F D || 7 ἐπὶ... τούτων om. D habet in γρ. F || τούτων om. A || ψευδομαρτυρίων scripsit Rennie sine adnotatione (cf. Lipsius, *Attisches Recht*, p. 778) : ψευδομαρτυριῶν codd. Sic ubique in hac et aliis orationibus.

j'avais été dépouillé, ce n'est pas d'après ce témoignage que j'avais fait mon calcul, puisqu'il n'y est pas question d'argent : l'état avait été dressé d'après les autres — ceux qu'il n'a pas attaqués. C'est ainsi que les juges de cette affaire, non seulement ont prononcé la condamnation d'Aphobos, mais m'ont accordé le chiffre que je demandais*. Pourquoi donc a-t-il négligé tous ces témoignages pour s'attaquer à celui-ci? C'est ce que je vais vous apprendre. **9** Pour tous les témoignages attestant qu'il détenait des biens, il savait parfaitement qu'il serait d'autant mieux convaincu de les détenir que la discussion serait plus largement ouverte sur chaque point en particulier — ce qui ne pouvait manquer de se produire dans une action pour faux témoignage ; car le grief pour lequel nous ne disposions, la première fois, que d'une petite partie de notre temps de parole et que nous n'avions pu faire valoir qu'avec les autres, nous allions avoir tout notre temps pour l'exposer isolément. **10** En revanche, il a attaqué le témoignage qui constate sa réponse : s'il a fait un aveu, se dit-il, il dépend de lui, tout aussi bien, de nier ce qu'il a reconnu ; voilà le motif de sa poursuite*. Je vais donc vous démontrer à tous la vérité de ce témoignage, non pas d'après des vraisemblances vagues, ni d'après des raisonnements forgés pour la circonstance, mais — je pense que ce sera votre avis unanime — comme la justice le commande. Écoutez et jugez.

11 Sachant que le débat portait sur le témoignage tel qu'il a été consigné par écrit*, sachant que votre sentence porterait aussi là-dessus, je me dis que la première chose que j'avais à faire, c'était d'adresser à Aphobos une sommation[1] en vue d'établir la vérité. Que fais-je donc? J'offre à Aphobos de lui livrer pour la question un esclave lettré qui était présent lorsque mon adversaire fit cet aveu et qui consigna le témoignage par écrit : nous ne lui avions pas commandé un acte frauduleux, ni de faire un compte rendu incomplet des déclarations

1. Il a déjà été question de cette sorte d'acte : cf. XXVII 50. Le présent discours fait connaître plusieurs προκλήσεις, soit à fin d'administrer la question comme ici, soit pour offrir ou requérir le serment décisoire.

τῶν χρημάτων ὧν ἀπεστερήμην οὐκ ἐκ ταύτης συντιθεὶς ἐλογιζόμην τοσοῦτον (οὐ γὰρ ἔνεστ' ἀργύριον), ἀλλ' ἐξ ἐκείνων καθ' ἕκαστα τιθείς, αἷς οὗτος οὐκ ἐκεσκήψατο. Ὅθεν οἱ τότ' ἀκούσαντες οὐ μόνον αὐτοῦ κατέγνωσαν, ἀλλὰ καὶ τῶν ἐπιγεγραμμένων ἐτίμησαν. Τίνος οὖν ἕνεκ' ἐκείνας μὲν εἴασε, τῇδε δ' ἐπεσκήψατο; ἐγὼ καὶ τοῦτο διδάξω. 9 Τῶν μαρτυριῶν ὅσαι μὲν αὐτοῦ χρήματ' ἔχειν κατεμαρτύρουν, ᾔδει σαφῶς ὅτι τοσούτῳ μᾶλλον ἐξελεγχθήσεται ταῦτ' ἔχων ὅσῳ πλείων λόγος δοθήσεται καθ' ἓν περὶ ἑκάστου. Τοῦτο δ' ἤμελλεν ἐν τῇ τῶν ψευδομαρτυρίων ἔσεσθαι κρίσει· ὃ γὰρ τότ' ἐν μικρῷ μέρει τινὶ τοῦ παντὸς ὕδατος μετὰ τῶν ἄλλων κατηγορήσαμεν, νῦν πρὸς ἅπαν τὸ ὕδωρ αὐτὸ καθ' αὑτὸ διδάξειν ἐμέλλομεν. 10 Ἀποκρίσει δ' ἐπισκηψάμενος ἐνόμιζεν, ὥσπερ τόθ' ὡμολόγησεν, οὕτω πάλιν ἔξαρνος γενέσθαι ταῦτ' ἐφ' ἑαυτῷ γενήσεσθαι. Διὰ ταῦτα τήνδε διώκει. Βούλομαι δὴ ταύτην ὡς ἔστιν ἀληθὴς ἐπιδεῖξαι σαφῶς πᾶσιν ὑμῖν, οὐκ ἐξ εἰκότων οὐδὲ λόγων πρὸς τὸ παρὸν μεμηχανημένων, ἀλλ' ἐκ τοῦ παρὰ πᾶσιν ὑμῖν δόξοντος, ὡς ἐγὼ νομίζω, δικαίου. Σκοπεῖτε δ' ἀκούσαντες.

11 Ἐγὼ γάρ, ὦ ἄνδρες δικασταί, περὶ τῆς μαρτυρίας τῆς ἐν τῷ γραμματείῳ γεγραμμένης εἰδὼς ὄντα μοι τὸν ἀγῶνα, καὶ περὶ τούτου τὴν ψῆφον ὑμᾶς οἴσοντας ἐπιστάμενος, ᾠήθην δεῖν μηδὲν ἄλλο τούτου πρότερον ἢ τοῦτον προκαλούμενος ἐλέγξαι. Καὶ τί ποιῶ; παραδοῦναι παῖδ' ἤθελον αὐτῷ γράμματ' ἐπιστάμενον βασανίζειν, ὃς παρῆν ὅθ' ὡμολόγει ταῦθ' οὗτος, καὶ τὴν μαρτυρίαν ἔγραφεν, οὐδὲν ὑφ' ἡμῶν κελευσθεὶς κακοτεχνεῖν, οὐδὲ τὸ μὲν γράφειν, τὸ δ' ἀφαιρεῖν ὧν οὗτος εἰρήκει περὶ τούτων, ἀλλ'

8 ἀπεστερήμην v. : ἀπεστερούμην A ‖ 9 ἐξελεγχθήσεται v. : ἐλεγχθ. A D ‖ 10 εἰκότων S F corr. : εἰκότος A F pr. D ‖ δόξοντος S : δόξαντος v. ‖ ἀκούσαντες v. : ἀκούοντες A ‖ 11 ἐλέγξαι A S : ἐξελέγξαι F D.

d'Aphobos ; nous voulions simplement que tout fût rapporté avec exactitude, y compris ces déclarations. **12** Vraiment, qu'y avait-il de plus indiqué que de mettre cet esclave à la torture pour nous convaincre de mensonge ? Mais Aphobos savait mieux que personne que le témoignage était véridique : c'est pourquoi il a esquivé cette épreuve. Et cela, ce n'est pas une ou deux personnes qui le savent : la sommation n'a pas eu lieu furtivement, mais en pleine agora et devant une nombreuse assistance. Appelle-moi les témoins.

TÉMOINS

13 Voyez combien il est retors et décidé à jouer l'ignorance en matière de justice : il poursuit pour faux témoignage, c'est là-dessus que vous êtes appelés à voter sous la foi du serment ; et au sujet du témoignage — c'est-à-dire sur le point même où il devrait s'expliquer — il se dérobe à l'épreuve de la torture ; en revanche, pour des questions étrangères à celle-là, il prétend avoir réclamé des esclaves : ce qui, d'ailleurs, est faux. **14** N'est-ce point merveilleux ? Il se pose en victime parce qu'on ne lui a pas livré un homme qu'il réclamait — un homme libre, comme je le prouverai clairement — et il s'imagine que les témoins n'ont pas à se plaindre lorsque, au sujet des faits dont ils ont témoigné, j'offre un esclave, unanimement reconnu pour tel, et qu'il refuse, lui, de le recevoir ! Tout de même, il n'a pas le droit de prétendre que la torture, selon qu'il lui plaît, fait foi dans tels cas et non dans tels autres.

15 Il y a plus : le premier témoin qui ait déposé dans le même sens est le frère d'Aphobos, Æsios. Aujourd'hui, il nie le fait parce qu'il appuie son frère en justice ; il l'a reconnu alors, avec les autres témoins, parce qu'il ne voulait ni se parjurer ni être condamné comme il l'aurait été séance tenante[1]. Il est bien certain que, si j'avais

1. La proche parenté ne dispense donc pas de l'obligation de déposer. Tout témoin cité doit ou bien confirmer le témoignage dont il est donné lecture, ou bien prêter le serment auquel il est fait allusion ici et qui est un serment d'ignorance (ἐξωμοσία : cf. Pollux, VIII, 55 ;

ἁπλῶς ὑπὲρ τοῦ πάντα τἀληθῆ καὶ τὰ τούτῳ ῥηθέντα γράψαι. 12 Καίτοι τί κάλλιον ἦν τοῦ τὸν παῖδα στρεβλοῦντ' ἐλέγξαι ψευδομένους ἡμᾶς; ἀλλὰ συνῄδει πάντων μάλιστ' ἀνθρώπων ὅτι τἀληθῆ μεμαρτύρηται· διόπερ ἔφυγε τὴν βάσανον. Ἀλλὰ μὴν οὐχ εἷς οὐδὲ δύο ταῦτ' ἴσασιν, οὐδ' ὑπὸ μάλης ἡ πρόκλησις γέγονεν, ἀλλ' ἐν τῇ ἀγορᾷ μέσῃ πολλῶν παρόντων. Καί μοι κάλει τούτων τοὺς μάρτυρας.

ΜΑΡΤΥΡΕΣ

13 Οὕτω τοίνυν οὗτός ἐστιν σοφιστὴς καὶ σφόδρ' ἑκὼν τὰ δίκαι' ἀγνοεῖν προσποιούμενος, ὥστε ψευδομαρτυρίων διώκων, καὶ περὶ τούτου τὴν ψῆφον ὑμῶν μελλόντων οἴσειν καὶ ὀμωμοκότων, περὶ τῆς μαρτυρίας μὲν ἔφυγε τὴν βάσανον, περὶ οὗ μάλιστα προσῆκεν αὐτῷ τὸν λόγον ποιεῖσθαι, περὶ δ' ἄλλων φησὶν ἐξαιτεῖν, ψευδόμενος. 14 Καίτοι πῶς οὐχ ὑπερφυές, αὐτὸν μὲν δεινὰ πεπονθέναι φάσκειν, εἰ τὸν ἐλεύθερον ἐξαιτῶν, ὡς ἐγὼ σαφῶς ὑμῖν ἐπιδείξω, μὴ παρέλαβεν, τοὺς δὲ μάρτυρας οὐ δεινὰ πάσχειν νομίζειν, τὸν ὁμολογουμένως δοῦλον περὶ ὧν ἐμαρτύρησαν ἐκδιδόντος, οὐκ ἐθέλοντος τούτου παραλαβεῖν; οὐ γὰρ δὴ τοῦτό γ' ἔνεστιν εἰπεῖν, ὡς περὶ μὲν τινῶν ὧν αὐτὸς βούλεται σαφὴς ἡ βάσανος, περὶ δ' αὖ τινῶν οὐ σαφής.

15 Ἔτι τοίνυν, ὦ ἄνδρες δικασταί, ταύτην τὴν μαρτυρίαν ἐμαρτύρησεν ἁδελφὸς ὁ τούτου πρῶτος Αἴσιος, ὃς νῦν μὲν ἔξαρνός ἐστιν τούτῳ συναγωνιζόμενος, τότε δ' ἐμαρτύρησεν ταῦτα μετὰ τῶν ἄλλων, οὔτ' ἐπιορκεῖν οὔτ' εὐθὺς παραχρῆμα δίκην ὀφλισκάνειν βουλόμενος. Ὃν οὐκ ἂν

11 πάντα τἀληθῆ v. : πάντἀληθῆ S. Scripserim πάντα τ' ἀληθῆ (uel πάντα τε τἄλλ' ἀληθῆ) ‖ 12 ἐλέγξαι S F : ἐξελέγξαι A D ‖ ἔφυγε F : ἔφευγε S πέφευγε A ‖ 13 ἔφυγε A D : ἔφευγε v. ‖ 14 αὐτὸν S : αὑτὸν v. ‖ ὁμολογουμένως A S : ὁμολογούμενον ὡς F D ‖ ἐμαρτύρησαν v. : — σεν A ‖ post ἐκδιδόντος desideratur ἐμοῦ ‖ οὐ γὰρ δὴ A S : οὐδὲ γὰρ F D ‖ 15 ἁδελφὸς Bekker : ὁ ἀδελφὸς S ἀδελφὸς cett.

médité de produire un faux témoignage, ce n'est pas Æsios que j'aurais inscrit parmi les témoins : je lui savais les liens les plus étroits avec Aphobos, et je n'ignorais pas qu'il allait défendre sa cause ; au surplus, j'étais en procès contre lui : ce serait une absurdité de faire figurer son propre adversaire comme faux témoin.
16 Or, pour attester cette première déclaration, il y a bien des gens ; il y a aussi des présomptions qui valent des témoignages. D'abord, s'il n'avait pas réellement fait cette déposition, ce n'est pas maintenant qu'il l'aurait niée, mais au moment même où on en faisait lecture devant le tribunal, car cette dénégation lui était plus utile alors que maintenant. En second lieu, il ne serait pas resté inactif ; il m'aurait intenté une action de dommage[1] pour l'avoir exposé indûment à une poursuite pour faux témoignage, où l'on court le risque non pas seulement d'une amende, mais de la dégradation civique[2].
17 En outre, s'il avait eu à cœur d'établir la vérité, il m'aurait réclamé pour la torture l'esclave qui avait pris note des témoignages : si je refusais, ma cause aurait été jugée mauvaise. Mais il s'en faut qu'il ait procédé ainsi : lorsque, devant ses dénégations, j'ai offert, moi, de livrer l'esclave, c'est lui qui l'a refusé. Décidément, les deux frères sont pareils, ils ne veulent pas de la question dans cette affaire. **18** Tout ce que je dis là est prouvé : Æsios, qui a déposé avec les autres, n'a pas contesté son témoignage, alors qu'on en faisait lecture devant lui, qui était aux côtés d'Aphobos ; d'autre part, j'ai offert mon esclave pour que la question lui fût administrée, au sujet de toute l'affaire : et il l'a refusé. Sur chacun de ces points, je vais vous fournir des témoignages. Appelle-moi ici les témoins.

Plat., *Lois*, XI, 936 E) particulièrement solennel (Arist., *Const. d'Ath.*, 55, 5). Comment était sanctionnée cette obligation? Le présent passage est le seul qui fournisse un renseignement à ce propos, pour le cas d'un témoin présent à l'audience (sur la discussion à laquelle il donne lieu, cf. Leisi, *Zeuge*, p. 50).

1. Encore un renseignement isolé : du reste, pour que la δίκη βλάβης pût être intentée dans ces conditions, il fallait que le tribunal eût accepté le témoignage d'un absent, ce qui était certainement irrégulier.

2. Cf. *Notice*, p. 63, n. 1.

δήπου, ψευδῆ μαρτυρίαν εἰ παρεσκευαζόμην, ἐνέγραψ' ἂν εἰς τοὺς μάρτυρας, ὁρῶν μὲν Ἀφόβῳ χρώμενον μάλιστ' ἀνθρώπων ἁπάντων, εἰδὼς δὲ συνεροῦντ' αὐτῷ τὴν δίκην, ἔτι δ' ἐμαυτοῦ ὄντ' ἀντίδικον· οὐ γὰρ ἔχει λόγον τὸν ἑαυτοῦ διάφορον [καὶ τούτου ἀδελφὸν] μὴ ἀληθινῆς μαρτυρίας ἐγγράψαι μάρτυρα. 16 Τούτων τοίνυν εἰσὶ μὲν πολλοὶ μάρτυρες, ἔτι δ' οὐκ ἐλάττω τεκμήρια τῶν μαρτύρων. Πρῶτον μὲν γάρ, εἴπερ ὡς ἀληθῶς ταῦτα μὴ ἐμαρτύρησεν, οὐκ ἂν νῦν ἔξαρνος ἦν, ἀλλὰ τότ' εὐθὺς ἐπὶ τοῦ δικαστηρίου τῆς μαρτυρίας ἀναγιγνωσκομένης, ἡνίκα μᾶλλον ἂν αὐτὸν ἢ νῦν ὠφέλει. Δεύτερον δ' οὐκ ἂν ἡσυχίαν ἦγεν, ἀλλὰ δίκην ἄν μοι βλάβης ἔλαχεν, εἰ ψευδομαρτυρίων ὑπόδικον αὐτὸν ἐποίουν [κατὰ τἀδελφοῦ] οὐ προσῆκον, ἐν ᾗ καὶ περὶ χρημάτων καὶ περὶ ἀτιμίας ἄνθρωποι κινδυνεύουσιν. 17 Ἔτι δὲ τὸ πρᾶγμ' ἂν ἐξελέγξαι ζητῶν, ἐξῄτησεν ἄν με τὸν παῖδα τὸν γράφοντα τὰς μαρτυρίας, ἵν' εἰ μὴ παρεδίδουν, μηδὲν δίκαιον λέγειν ἐδόκουν. Νῦν δὲ τοσούτου ποιῆσαί τι τούτων ἐδέησεν ὥστ' οὐδ' ἐμοῦ παραδιδόντος, ἐπειδὴ ταῦτ' ἔξαρνος ἐγένεθ' οὗτος, παραλαβεῖν ἠθέλησεν, ἀλλ' ὁμοίως φαίνονται καὶ περὶ τούτων φεύγοντες τὰς βασάνους. 18 Καὶ ταῦθ' ὡς ἀληθῆ λέγω, καὶ ἔν τε τοῖς μάρτυσιν μεμαρτυρηκὼς [Αἴσιος] οὐκ ἠρνήθη ταῦτ' ἐπὶ τοῦ δικαστηρίου τούτῳ παρεστηκὼς τῆς μαρτυρίας ἀναγιγνωσκομένης, ἐμοῦ τ' ἐκδιδόντος τὸν παῖδα περὶ ἁπάντων τούτων βασανίζειν αὐτοῖς οὐκ ἠθέλησε παραλαβεῖν, καθ' ἕκαστον ὑμῖν παρέξομαι τοὺς μάρτυρας. Καί μοι κάλει δεῦρ' αὐτούς.

15 ἐνέγραψα A S : ἔγραψα F D ‖ καὶ τούτου ἀδελφὸν om. A del. Blass ‖ **16** κατὰ τἀδελφοῦ (κατα τ' αδελφου) S : κατ' ἀδ. A κατὰ τοῦ ἀδ. F D, secl. Blass ‖ alterum περὶ om. A ‖ **17** τοσούτου Cobet : τοσοῦτο τοῦ codd. ‖ **18** Αἴσιος om. A S pr. F D : post μεμαρτυρηκώς F γρ. : post μάρτυσιν S corr. ‖ ἠρνήθη v. : ἠρν. τε S ‖ αὐτοῖς v. : αὐτὸς S corr. ‖ ἠθέλησε A S : — σαν F D.

Témoins

19 Voici maintenant, à mon sens, parmi tous les faits de la cause, la meilleure preuve qu'Aphobos a bien répondu comme nous disons ; j'insiste là-dessus : lorsqu'il me réclama, après avoir fait cet aveu qui a été attesté, l'individu dont il s'agit, comme je voulais, dès ce moment-là, le convaincre de mauvaise foi, que fis-je? **20** Je le citai comme témoin à l'encontre de Dèmon, son oncle et le complice de ses détournements : je rédigeai la formule[1] et le requis de porter un témoignage identique à celui qu'il incrimine ici même. Il le prit d'abord de haut, mais, comme l'arbitre lui enjoignait de témoigner ou de se récuser sous serment[2], il finit, à contre-cœur, par témoigner. Et pourtant, si l'individu était bien esclave, si Aphobos n'avait pas déjà reconnu qu'il était libre, pourquoi témoigner, pourquoi ne pas se tirer d'affaire par un serment? **21** Ce n'est pas tout : j'offrais de livrer l'esclave qui avait consigné par écrit le témoignage : il pouvait reconnaître son écriture, et il se rappelait parfaitement qu'Aphobos avait fait cet aveu. De mon côté, si je faisais cette offre, ce n'est pas que je fusse à court de témoins, car j'en avais ; mais je voulais qu'Aphobos ne pût arguer leurs témoignages de faux, et que l'épreuve de la question fît foi pour eux. Pourtant, comment pourrait-on condamner des témoins pour avoir précisément établi, chose inouïe dans vos tribunaux, qu'ils ont pour eux le témoignage même de celui qui les poursuit? En preuve de ce que je dis, prends la sommation et le témoignage.

Sommation. Témoignage

22 Voilà les moyens de preuve qu'il a refusés, tous les indices qu'il fournit de sa mauvaise foi : et il prétend

1. Cf. § 11.
2. Cf. § 13. Il est étrange que l'arbitre ait obligé une partie à témoigner contrairement à la loi citée *C. Stéph.* II 10.

ΜΑΡΤΥΡΕΣ

19 Ὃ τοίνυν, ὦ ἄνδρες δικασταί, πάντων τῶν εἰρημένων οἶμαι μέγιστον ὑμῖν σημεῖον τοῦ ταῦτ' ἀποκρίνασθαι τοῦτον, βούλομαι διελθεῖν. Ἐπειδὴ γὰρ ἐξῄτει με τὸν ἄνθρωπον ταῦθ' ὡμολογηκὼς ἃ μεμαρτύρηται, βουλόμενος καὶ τότ' αὐτὸν ἐξελέγξαι τεχνάζοντα τί ποιῶ; **20** προσκαλοῦμαι κατὰ Δήμωνος εἰς μαρτυρίαν, ὄντος αὐτῷ θείου καὶ κοινωνοῦ τῶν ἀδικημάτων, καὶ συγγράψας ταῦτ' ἐκέλευον μαρτυρεῖν ἃ νῦν διώκει τῶν ψευδομαρτυρίων. Οὗτος δὲ τὸ μὲν πρῶτον ἀπηναισχύντει, τοῦ δὲ διαιτητοῦ κελεύοντος μαρτυρεῖν ἢ ἐξομνύειν ἐμαρτύρησεν πάνυ μόγις. Καίτοι εἴ γ' ἦν δοῦλος ἄνθρωπος καὶ μὴ προωμολόγητο πρὸς τοῦδ' ἐλεύθερος εἶναι, τί μαθὼν ἐμαρτύρησεν, ἀλλ' οὐκ ἐξομόσας ἀπηλλάγη τοῦ πράγματος; **21** ἀλλὰ μὴν καὶ περὶ τούτων ἤθελον παραδοῦναι τὸν παῖδα τὸν γράφοντα τὴν μαρτυρίαν, ὃς τά τε γράμματ' ἔμελλεν γνώσεσθαι τὰ ἑαυτοῦ καὶ τοῦτον ἐμνημόνευεν ἀκριβῶς μαρτυρήσαντα ταῦτα. Καὶ ταῦτ' ἤθελον οὐχὶ μαρτύρων ἀπορῶν οἳ παρῆσαν (ἦσαν γάρ), ἀλλ' ἵνα μὴ τούτους αἰτιῷτο τὰ ψευδῆ μαρτυρεῖν, ἀλλὰ τὸ πιστὸν ἐκ τῆς βασάνου τούτοις ὑπάρχοι. Καίτοι πῶς ἄξιόν ἐστι καταγνῶναι τῶν μαρτύρων διὰ τοῦτο, οἳ μόνοι τῶν πώποτ' ἠγωνισμένων δίκην ἐν ὑμῖν τὸν διώκοντ' αὐτὸν αὑτοῖς μάρτυρα τούτων ἐπιδεικνύουσιν γεγενημένον; ἀλλὰ μὴν ὡς ἀληθῆ λέγω, λαβὲ τὴν πρόκλησιν καὶ τὴν μαρτυρίαν.

ΠΡΟΚΛΗΣΙΣ. ΜΑΡΤΥΡΙΑ

22 Τηλικαῦτα τοίνυν δίκαια φυγὼν οὗτος, καὶ ἐκ τοσού-

19 διελθεῖν v. : διεξελθεῖν A ‖ τότ' S pr. : τοῦτ' cett. ‖ 20 προσκαλοῦμαι codd. : προκαλ. Manutii ed. ‖ μόγις v. : μόλις A ‖ προωμολόγητο v. : προσωμολ. A S ‖ μαθὼν v. : παθὼν F corr.

vous faire croire ses témoins à lui, tandis qu'il calomnie les miens et taxe de mensonge leurs témoignages. Je recourrai donc ici aux vraisemblances. Vous reconnaîtrez tous, je suppose, que les faux témoins sont déterminés ou par l'appât du gain s'ils sont misérables, ou par l'esprit de camaraderie, ou par la haine à l'égard de la partie adverse. **23** Eh bien ! aucun de ces motifs n'a pu inspirer mes témoins : ni la camaraderie, puisque, par les occupations et par l'âge, ils diffèrent non seulement de moi, mais entre eux ; ni la haine à l'égard d'Aphobos — ceci encore est évident : l'un est son frère et l'appuie en justice ; l'autre, Phanos, est lié avec lui et il est de la même tribu ; Philippe n'est ni son ami ni son ennemi : voilà donc un reproche qui ne serait pas plus fondé. **24** La misère ne peut être invoquée non plus : ils ont tous assez de bien pour vous servir avec zèle dans les liturgies et pour satisfaire à leurs obligations. En dehors de cela, ils sont connus de vous et ne le sont pas à leur désavantage : ce sont des gens posés. Vraiment, s'ils ne sont ni indigents, ni ennemis d'Aphobos, ni mes amis, quelle raison y a-t-il de les soupçonner d'avoir porté un faux témoignage? Pour moi, je n'en vois pas[1].

25 Tout cela, Aphobos ne l'ignore pas : mieux que personne, il sait que les témoins ont dit vrai. Il n'en poursuit pas moins son méchant procès, et non seulement il nie avoir tenu des propos qui sont aussi bien établis qu'ils peuvent l'être, mais il prétend que l'individu en question est réellement esclave. Je vais donc vous prouver en peu de mots qu'en cela encore, il ment. Sur ce point aussi, je lui ai offert moi-même de lui livrer pour la question les servantes qui se souviennent que Milyas fut affranchi à la mort de mon père et qu'il fut libre depuis[2].

1. On remarquera le mode d'argumentation : il est à base de psychologie, et d'ailleurs de psychologie abstraite ; c'est ainsi qu'on a d'abord pratiqué l'*éthos* (Antiphon est assez caractéristique à cet égard), et la tradition s'est maintenue.

2. Démosthène était trop jeune à l'époque pour qu'il puisse témoigner d'après ses souvenirs (ce qui, en principe, serait licite). Sa mère pourrait, tout au plus, prêter serment : elle n'y a pas été admise. Reste l'épreuve de la question. En l'espèce, d'ailleurs, l'affranchissement testamentaire paraît avoir été sans formes.

των τεκμηρίων ἐπιδεικνύμενος ὅτι συκοφαντεῖ, τοῖς μὲν αὑτοῦ μάρτυσιν ἀξιοῖ πιστεύειν ὑμᾶς, τοὺς δ' ἐμοὺς διαβάλλει καί φησιν οὐ τἀληθῆ μαρτυρεῖν. Βούλομαι δὴ καὶ ἐκ τῶν εἰκότων περὶ αὐτῶν εἰπεῖν. Οἶδ' οὖν ὅτι πάντες ἂν ὁμολογήσαιτε τοὺς τὰ ψευδῆ μαρτυροῦντας ἢ κέρδεσιν δι' ἀπορίαν ἐπαιρομένους ἢ δι' ἑταιρίαν ἢ καὶ δι' ἔχθραν τῶν ἀντιδίκων ἐθέλειν ἄν τι τοιοῦτον ποιῆσαι. 23 Τούτων τοίνυν οὐδὲ δι' ἓν ἂν εἶεν ἐμοὶ μεμαρτυρηκότες. Οὔτε γὰρ ἑταιρίᾳ (πῶς γάρ; οἵ γε μήτ' ἐν ταῖς αὐταῖς διατριβαῖς μήτε καθ' ἡλικίαν, μὴ ὅτι ἐμοί τινες αὐτῶν, ἀλλ' οὐδὲ σφίσιν αὐτοῖς εἰσίν), οὔτ' ἔχθρᾳ τούτου· φανερὸν γὰρ καὶ τοῦτ' ἔστιν· ὁ μὲν γὰρ ἀδελφὸς καὶ σύνδικος, Φᾶνος δ' ἐπιτήδειος καὶ φυλέτης, Φίλιππος δ' οὔτε φίλος οὔτ' ἐχθρός, ὥστ' οὐδὲ ταύτην ἄν τις ἐπενέγκοι δικαίως τὴν αἰτίαν. 24 Καὶ μὴν οὐδὲ δι' ἀπορίαν ἄν τις φήσειεν· πάντες γὰρ κέκτηνται τοσαύτην οὐσίαν ὥστε καὶ λῃτουργεῖν ὑμῖν προθύμως καὶ τὰ προσταττόμενα ποιεῖν. Χωρὶς δὲ τούτων οὔτ' ἀγνῶτες ὑμῖν οὔτ' ἐπὶ τὰ χείρω γιγνωσκόμενοι, μέτριοι δ' ὄντες ἄνθρωποι. Καίτοι εἰ μήτ' ἄποροι μήτ' ἐχθροὶ τούτου μήτ' ἐμοὶ φίλοι, πῶς χρὴ κατὰ τούτων λαβεῖν τιν' ὑποψίαν ὡς τὰ ψευδῆ μαρτυροῦσιν; ἐγὼ μὲν γὰρ οὐκ οἶδα.

25 Ταῦτα τοίνυν οὗτος εἰδώς, καὶ πάντων μάλιστ' ἐπιστάμενος τἀληθῆ μεμαρτυρηκότας αὐτούς, ὅμως συκοφαντεῖ καί φησιν οὐ μόνον οὐκ εἰπεῖν ταῦτα, ἃ πῶς τις ἂν μᾶλλον ἐξελέγξειεν εἰρηκότα; ἀλλὰ καὶ δοῦλον εἶναι τὸν ἄνθρωπον τῷ ὄντι. Βούλομαι δὴ διὰ βραχέων εἰπὼν πρὸς ὑμᾶς ἐξελέγξαι καὶ ταῦτ' αὐτὸν ψευδόμενον. Ἐγὼ γάρ, ὦ ἄνδρες δικασταί, καὶ περὶ τούτων ἠθέλησα τούτῳ παραδοῦναι βασανίζειν τὰς θεραπαίνας αἳ τελευτῶντος τοῦ πατρὸς μνημονεύουσιν ἀφεθέντα τοῦτον ἐλεύθερον εἶναι

22 ἑταιρίαν A S : ἑταιρείαν F (sic infra) ‖ 24 ἐμοὶ om. F D ‖ 25 δὴ Blass coll. 10, 22 : δὲ codd. ‖ ταῦτ' αὐτὸν A : ταυτον S τοῦτ' αὐτὸν F.

26 En outre, ma mère a offert de jurer[1] sur la tête des seuls enfants qu'elle ait — ma sœur et moi, pour lesquels elle est restée veuve — que Milyas a bien été affranchi par mon père à l'article de la mort et que depuis il a été traité chez nous en homme libre. Personne d'entre vous ne peut penser qu'elle consentirait à jurer cela sur nos têtes si elle n'était pas persuadée de la vérité de son serment. Pour prouver ce que je dis, et que nous étions disposés à cet acte, appelle-moi les témoins.

Témoins

27 Voilà donc les preuves que nous pouvions fournir ; voilà les moyens décisifs auxquels nous offrions de recourir pour prouver la vérité des témoignages : il s'est dérobé à tout et il s'imagine qu'en m'accusant calomnieusement au sujet du précédent procès, il vous décidera à condamner le témoin. C'est bien là le procédé le plus malhonnête, le plus arrogant. **28** Car lui-même a suborné des faux témoins à ce sujet, de connivence avec Onétor, son beau-frère, et Timocratès : moi, qui n'étais pas prévenu et qui pensais que le débat roulerait sur le seul témoignage incriminé, je n'ai pas de témoins à ma disposition pour établir ce que la tutelle lui a rapporté. Néanmoins, en dépit de son astuce, je crois pouvoir vous montrer facilement, par l'exposé des faits, qu'il a été condamné le plus justement du monde, **29** non point parce que j'avais empêché que Milyas fût mis à la question, ni parce qu'il avait reconnu que celui-ci était libre et que les témoins avaient attesté cet aveu, mais parce qu'il a été convaincu de détenir une grosse part de mes biens et parce qu'il n'avait pas affermé mon patrimoine en dépit des prescriptions légales et du testament de mon père ; et je vais vous en donner la preuve : ces choses-là — le texte des lois et l'énormité de leurs dépré-

1. Les femmes ne sont pas admises à témoigner ; mais elles peuvent prêter serment, au moins devant l'arbitre (cf. § 33 ; XXXIX 3 et XL 10). Le serment sur la tête des enfants est connu par ailleurs (Lys. XXXII 13 ; Dém. LIV 38 ; ici même, 33, 52, 54).

τότε. 26 Καὶ πρὸς τούτοις ἡ μήτηρ κατ' ἐμοῦ καὶ τῆς ἀδελφῆς, οἳ μόνοι παῖδές ἐσμεν αὐτῇ, δι' οὓς κατεχήρευσε τὸν βίον, πίστιν ἠθέλησ' ἐπιθεῖναι παραστησαμένη, τὸν ἄνθρωπον τοῦτον ἀφεῖναι τὸν πατέρ' ἡνίκ' ἐτελεύτα, καὶ νομίζεσθαι παρ' ἡμῖν τοῦτον ἐλεύθερον· ἣν μηδεὶς ὑμῶν νομιζέτω καθ' ἡμῶν ποτ' ἂν ὀμνύναι ταῦτ' ἂν ἐθέλειν, εἰ μὴ σαφῶς ᾔδει τὰ εὔορκ' ὀμουμένη. Ἀλλὰ μὴν ὡς ἀληθῆ λέγω καὶ ταῦτ' ἦμεν ἕτοιμοι ποιεῖν, κάλει τούτων τοὺς μάρτυρας.

ΜΑΡΤΥΡΕΣ

27 Τοσαῦτα τοίνυν δίκαια λέγειν ἐχόντων ἡμῶν καὶ καταφεύγειν εἰς τοὺς μεγίστους ἐλέγχους ἐθελόντων περὶ τῶν μεμαρτυρημένων, πάντα ταῦτα φυγὼν οὗτος οἴεται, περὶ τῆς γεγενημένης δίκης διαβάλλων καὶ κατηγορῶν ἐμοῦ, τοῦ μάρτυρος ὑμᾶς πείσειν καταψηφίσασθαι, πάντων οἶμαι πρᾶγμα κατασκευάσας ἀδικώτατον καὶ πλεονεκτικώτατον. 28 Αὐτὸς μὲν γὰρ μάρτυρας ψευδεῖς παρεσκεύασται περὶ τούτων, συγχορηγὸν ἔχων Ὀνήτορα τὸν κηδεστὴν καὶ Τιμοκράτην· ἡμεῖς δ' οὐχὶ προειδότες, ἀλλ' ὑπὲρ αὐτῆς τῆς μαρτυρίας ἡγούμενοι τὸν ἀγῶν' ἔσεσθαι, τοὺς περὶ τῶν ἐκ τῆς ἐπιτροπῆς χρημάτων μάρτυρας οὐ παρεσκευάσμεθα νῦν. Ὅμως δέ, καίπερ οὕτως τούτου σεσοφισμένου, τὰ πράγματ' αὐτὰ διεξιὼν οἶμαι ῥᾳδίως ὑμῖν ἐπιδείξειν δικαιότατ' ἀνθρώπων τοῦτον ὠφληκότα τὴν δίκην, 29 οὐχ ὅτι τὸν Μιλύαν ἐκώλυον βασανίζειν, οὐδ' ὅτι τοῦτον ἐλεύθερον ὡμολόγησεν, οἱ δὲ μάρτυρες οἴδ' ἐμαρτύρησαν, ἀλλ' ὅτι πολλὰ τῶν ἐμῶν ἐξηλέγχθη λαβὼν καὶ τὸν οἶκον οὐκ ἐμίσθωσεν τῶν νόμων κελευόντων καὶ τοῦ πατρὸς ἐν τῇ διαθήκῃ γράψαντος, ὡς ἐγὼ σαφῶς ὑμῖν ἐπιδείξω· ταῦτα μὲν γὰρ ἦν πᾶσιν ἰδεῖν, οἱ νόμοι καὶ τὸ

26 κατεχήρευσε v. : κατεχήρευε D || ἠθέλησεν v. : ἤθελεν S || alterum ἂν A S : om. F D.

dations — tout le monde pouvait les constater ; tandis que Milyas, personne ne savait qui c'était. La lecture de ma demande vous fera connaître qu'il en a bien été ainsi.

30 Quand j'ai intenté contre Aphobos, juges, mon action de tutelle, je ne me suis pas contenté d'une estimation globale, comme quelqu'un qui ferait un méchant procès : j'ai inscrit chaque article à part, en indiquant à quel titre il avait reçu telle somme, le montant de cette somme, celui qui la lui avait remise, et pas une fois je n'ai mentionné Milyas comme étant au courant. **31** Voici le début de la demande[1] : « Démosthène contre Aphobos. Griefs : Aphobos détient des valeurs qui m'appartiennent, à la suite de la tutelle qu'il a exercée. Soit : 80 mines, montant de la dot de ma mère qu'il a reçue conformément au testament de mon père... » Ainsi commence la liste des détournements que je lui reproche. Or, qu'ont attesté les témoins ? « Un tel et un tel témoignent avoir été présents, devant l'arbitre Notharchos, lorsque Aphobos a reconnu que Milyas était de condition libre, comme ayant été affranchi par Démosthène le père. » **32** Eh bien ! interrogez-vous : y a-t-il un orateur, un sophiste, un magicien qui vous paraisse assez habile et assez éloquent pour faire croire à qui que ce soit, d'après ce témoignage, que la dot de sa mère est possédée par Aphobos ? Avec quels arguments, par Zeus ? — « Il a reconnu que Milyas était de condition libre » : avait-il pour cela la dot ? On ne peut certes pas tirer cette conclusion. **33** Comment donc le fait a-t-il été établi ? D'abord, Thérippidès, cotuteur d'Aphobos, a attesté qu'il lui avait remis la dot : en second lieu, Démon, son oncle, et d'autres témoins ont déclaré qu'Aphobos s'était reconnu débiteur d'une pension envers ma mère comme détenteur de la dot[2]. Ces témoignages, il ne les a pas attaqués — apparemment parce qu'il les savait véridiques. En outre, ma mère a offert de jurer, sur ma tête et sur celle de ma

1. Formule de l'ἔγκλημα produite par le demandeur devant le magistrat.

2. Cf. XXVII 15.

πλῆθος ὧν οὗτοι διηρπάκεσαν χρημάτων· τὸν Μιλύαν δ' οὐδ' ὅστις ἔστιν οὐδεὶς ᾔδει. Γνώσεσθε δ' ἐκ τῶν ἐγκεκλημένων ὅτι ταῦθ' οὕτως ἔχοντ' ἐστίν.

30 Ἐγὼ γάρ, ὦ ἄνδρες δικασταί, τὴν δίκην ἔλαχον τούτῳ τῆς ἐπιτροπῆς οὐχ ἓν τίμημα συνθείς, ὥσπερ ἂν εἴ τις συκοφαντεῖν ἐπιχειρῶν, ἀλλ' ἕκαστον ἐγγράψας καὶ πόθεν λαβὼν καὶ πόσον τὸ πλῆθος καὶ παρὰ τοῦ, καὶ οὐδαμοῦ τὸν Μιλύαν παρέγραψ' ὡς εἰδότα τι τούτων. 31 Ἔστιν οὖν τοῦ μὲν ἐγκλήματος ἀρχή 'τάδ' ἐγκαλεῖ Δημοσθένης Ἀφόβῳ· ἔχει μου χρήματ' Ἄφοβος ἀπ' ἐπιτροπῆς ἐχόμενα, ὀγδοήκοντα μὲν μνᾶς, ἣν ἔλαβεν προῖκα τῆς μητρὸς κατὰ τὴν διαθήκην τοῦ πατρός'. Τοῦτο πρῶτόν ἐστιν τῶν χρημάτων ὧν ἀπεστερῆσθαί φημι. Τοῖς δὲ μάρτυσιν τί μεμαρτύρηται; 'μαρτυροῦσιν παραγενέσθαι πρὸς τῷ διαιτητῇ Νοθάρχῳ, ὅτε Ἄφοβος ὡμολόγει τὸν Μιλύαν ἐλεύθερον εἶναι, ἀφεθέντα ὑπὸ τοῦ Δημοσθένους πατρός.' 32 Σκοπεῖτε τοίνυν παρ' ὑμῖν αὐτοῖς εἴ τις ἂν ὑμῖν ἢ ῥήτωρ ἢ σοφιστὴς ἢ γόης οὕτω θαυμάσιος δοκεῖ γενέσθαι καὶ λέγειν δεινὸς ὥστ' ἐκ ταύτης τῆς μαρτυρίας διδάξαι τιν' ἀνθρώπων, ὡς ἔχει τὴν προῖκ' Ἄφοβος τῆς μητρὸς τῆς ἑαυτοῦ. Καὶ τί λέγων, ὦ πρὸς Διός; 'ὡμολόγησεν εἶναι Μιλύαν ἐλεύθερον;' καὶ τί μᾶλλον ἔχων τὴν προῖκα; οὐδὲν ἂν δήπου διὰ τοῦτό γε δόξειεν. 33 Ἀλλὰ πόθεν τοῦτ' ἐπεδείχθη; πρῶτον μὲν Θηριππίδης ὢν αὐτῷ συνεπίτροπος κατεμαρτύρησε δοῦναι· δεύτερον δὲ Δήμων θεῖος ὢν καὶ τῶν ἄλλων οἱ παρόντες ἐμαρτύρησαν σῖτον τῇ μητρὶ δώσειν ὁμολογεῖν τοῦτον ὡς ἔχοντα τὴν προῖκα. Καὶ τούτοις οὐκ ἐπεσκήψατο, δῆλον ὅτι τἀληθῆ μεμαρτυρηκότας εἰδώς. Ἔτι τοίνυν ἡ

30 τὴν et τῆς om. A ‖ συνθείς v. : συντιθείς S ‖ εἰ om. A ‖ παρέγραψ' v. : προσέγρ. A ‖ **31** ἔστιν οὖν A S : ἔστι μὲν οὖν F D ‖ ἀπ' A : ὑπ' S F ‖ τί om. S ‖ τὸν S : om. cett. ‖ **32** ἑαυτοῦ A S F : ἐμῆς D S γρ. F γρ. ‖ Διός A S : τοῦ Διός F D ‖ ὡμολόγησεν S : ὡμολόγησας F (εν superscr.) ὁμολογεῖς A ‖ ἔχων S pr. : ἔχω v. ‖ **33** τοῦτ' v. : ταῦτ' A ‖ ἐπεδείχθη v. : ἐδείχθη A ‖ τἀληθῆ μεμαρτυρηκότας v. : ὡς τἀληθῆ μεμαρτύρηται S F γρ.

sœur, qu'il avait reçu sa dot conformément au testament de mon père. **34** Ces 80 mines, dirons-nous qu'il les a, oui ou non? et que sa condamnation est due à tels ou tels témoignages? J'imagine qu'elle est due à l'évidence du fait. Eh bien! après avoir joui des intérêts de cette somme pendant dix ans, même condamné, il ne se résout pas encore à s'acquitter : il se pose en victime et il impute sa condamnation à tels témoins; et pourtant aucun de ceux-là n'a attesté qu'il détenait la dot.

35 Quant à l'argent placé au dehors, à la fabrique de meubles, à l'ivoire et au fer laissés chez nous, à la dot de notre sœur qu'il a mise sous le nom d'un autre pour pouvoir garder de notre bien tout ce qu'il lui plairait, suivez-moi : vous allez voir que sa condamnation est justifiée et qu'à propos de tout cela on n'avait que faire de donner la question à Milyas. **36** Pour les biens que tu as fait passer en d'autres mains, il y a une loi dont les termes sont formels : tu en restes débiteur, ni plus ni moins que si tu avais continué à posséder[1]. Alors, pourquoi la torture? Quant à l'argent placé en prêts maritimes, vous vous êtes entendus avec Xouthos, vous vous êtes partagé les fonds, vous avez fait disparaître les actes de prêt, et, après avoir tout arrangé à votre guise, après avoir falsifié les registres[2] comme Démon en a témoigné contre vous, vous essayez, fripons que vous êtes, de circonvenir les juges. **37** Quant aux ouvriers ébénistes, tu les a emmenés chez toi, tu as gagné gros en prêtant pour ton propre compte sur mon bien — opération que ton devoir était d'interdire aux tiers, le cas échéant — et finalement, tu les as fait disparaître : qu'est-ce que les témoins peuvent avoir à faire là-dedans? Ce n'est pas eux qui ont déclaré que tu reconnaissais avoir prêté sur mon bien et t'être approprié les esclaves : c'est toi qui as relaté la chose dans ton compte, les témoins n'ont fait que la confirmer. **38** Et, pour ce qui est de l'ivoire

1. L'allusion étant isolée, nous ignorons la portée de cette loi, et si elle ne s'appliquait qu'aux biens dont un tuteur était responsable. Pollux, VIII, 143, parle d'une δίκη καθυφέσεως dont le nom correspond au verbe qui est employé ici pour la fraude en question.

2. Ces γράμματα semblent être ici, comme ils le sont dans d'autres cas (voir le *Contre Timothée*), les livres de banque : c'est l'argent de cer-

μήτηρ πίστιν ἠθέλησεν ἐπιθεῖναι κατ' ἐμοῦ καὶ τῆς ἀδελφῆς παραστησαμένη, λαβεῖν τὴν προῖκα τοῦτον τὴν ἑαυτῆς κατὰ τὴν τοῦ πατρὸς διαθήκην. **34** Ταύτας τὰς ὀγδοήκοντα μνᾶς πότερ' αὐτὸν ἔχειν φῶμεν ἢ μή; καὶ πότερον διὰ τούσδ' ὀφλεῖν τοὺς μάρτυρας ἢ διὰ τούσδε; ἐγὼ μὲν γὰρ οἶμαι διὰ τὴν ἀλήθειαν. Ταύτας τοίνυν δέκ' ἔτη κεκαρπωμένος, καὶ οὐδὲ δίκην ὀφλὼν ἀποδοῦναι τετολμηκώς, δεινὰ πεπονθέναι φησὶν καὶ διὰ τούσδε τοὺς μάρτυρας ὠφληκέναι. Καίτοι τούτων γ' οὐδεὶς αὐτὸν ἔχειν ταύτην ἐμαρτύρησεν.

35 Περὶ τοίνυν τῆς ἐκδόσεως καὶ τῶν κλινοποιῶν καὶ τοῦ σιδήρου καὶ τοῦ καταλειφθέντος ἡμῖν ἐλέφαντος καὶ τῆς προικὸς τῆς ἀδελφῆς, ἣν οὗτος καθυφεῖκεν ὑπὲρ τοῦ καὶ αὐτὸς ἔχειν ὅσα βούλοιτο τῶν ἐμῶν, ἀκούσατε, καὶ σκοπεῖθ' ὡς δικαίως τ' ὦφληκεν καὶ οὐδὲν ἦν Μιλύαν περὶ τούτων βασανιστέον. **36** Περὶ μὲν γὰρ ὧν καθυφεῖκας, νόμος ἔστιν, διαρρήδην ὃς κελεύει σ' ὁμοίως ὀφλισκάνειν ὥσπερ ἂν αὐτὸς ἔχῃς· ὥστε τί [τῷ νόμῳ] καὶ τῇ βασάνῳ; περὶ δ' αὖ τῆς ἐκδόσεως, ἐπικοινωνήσαντες τῷ Ξούθῳ καὶ διανειμάμενοι τὰ χρήματα καὶ τὰς συγγραφὰς ἀνελόντες, καὶ πάνθ' ὃν τρόπον ἐβούλεσθε κατασκευάσαντες, καὶ διαφθείραντες τὰ γράμματα, ὡς ὑμῶν ὁ Δήμων κατεμαρτύρει, φενακίζετε καὶ τουτουσὶ παρακρούσασθαι ζητεῖτε. **37** Περὶ τοίνυν τῶν κλινοποιῶν, εἰ σὺ λαβὼν ὡς σαυτὸν καὶ πόλλ' ἰδίᾳ κερδάνας ἐπὶ τοῖς ἐμοῖς δανείζων, ὃν καὶ τοὺς ἄλλους προσῆκε κωλύειν, εἶτ' ἀφανεῖς πεποίηκας, τί σοι ποιήσωσιν οἱ μάρτυρες; οὐ γὰρ οὗτοί γε μεμαρτυρήκασιν ὡς ὡμολόγεις ἐπὶ τοῖς ἐμοῖς δανείζειν καὶ λαβεῖν τἀνδράποδ' ὡς σαυτόν, ἀλλ' ἐν τῷ λόγῳ τοῦτ' ἔγραψας σύ, κατεμαρτύρησαν δ' οἱ μάρτυρες. **38** 'Αλλὰ

34 γ' om. A ‖ **35** καθυφεῖκεν S : καθυφῆκεν (sic **39**) cett. ‖ **36** τῷ νόμῳ seclusi ‖ αὖ v. : ταύτης S ‖ ἐβούλεσθε F D : ἐβούλοντο A S ‖ **37** ὡς σαυτὸν Blass coll. XXVII 27 : ἀργύριον codd. ‖ ποιήσωσιν S F pr. : ποιήσουσιν F corr. ‖ ὡμολόγεις S corr. : ὁμολογεῖς cett. ‖ ἔγραψας A S : γέγραφας F D ‖ σύ, κατεμαρτύρησαν S corr. F D : συγκατεμαρτ. A S pr.

et du fer, j'affirme qu'il est à la connaissance de tous les ouvriers de la fabrique que tu en as fait commerce : au moment du premier procès, et maintenant encore, j'ai offert à Aphobos de lui livrer pour la question celui d'entre eux qu'il voudrait. Dira-t-il que je refuse celui qui est au courant et que j'offre ceux qui ne le sont pas? Raison de plus, alors, pour accepter : car, si ces esclaves que je livrais, en les disant renseignés, ne révélaient aucun détournement de sa part, il était à coup sûr déchargé du grief. **39** Mais la vérité est tout autre : c'est qu'il aurait été convaincu d'avoir vendu et d'avoir touché le prix. Voilà pourquoi il n'a pas voulu des esclaves qui étaient reconnus comme tels : il a réclamé un homme qui était libre et qu'il n'était même pas permis de livrer; non qu'il eût à cœur d'établir la vérité, mais pour que mon refus lui fournît un semblant d'argument. Sur tous ces points — dot, personne interposée et le reste — on va vous lire, pour votre instruction, les lois et les témoignages.

Lois. Témoignages

40 D'ailleurs, ce n'est pas seulement cela qui peut vous montrer que mon refus ne lui a pas causé le plus léger préjudice : voyez les faits eux-mêmes. Supposons que Milyas ait été mis à la roue, et voyons les aveux qu'Aphobos aurait pu souhaiter de sa part. Celui-ci, sans doute : qu'à sa connaissance, Aphobos ne détenait aucune part des biens? Et c'est en effet ce qu'il prétend. Mais s'ensuivrait-il qu'il ne détient rien? Pas le moins du monde[1] : car je vous ai fourni le témoignage de ceux qui étaient au courant, qui avaient remis les valeurs, qui assistaient à cette remise. Or, la présomption et la preuve se tirent non pas de ce que quelqu'un ignore ces détournements (car il y en a beaucoup qui peuvent les ignorer),

tains *dépôts* qui a été engagé, par l'intermédiaire du banquier, dans des prêts maritimes conclus par συγγραφαί.

1. Par conséquent, la torture n'est pas considérée devant les tribunaux comme fournissant une preuve décisoire.

μὴν περί γε τοῦ ἐλέφαντος καὶ τοῦ σιδήρου, πάντας ἐγώ φημι τοὺς οἰκέτας εἰδέναι τοῦτον πωλοῦντα, καὶ παραδοῦναι καὶ τότε καὶ νῦν ἤθελον αὐτῷ τούτων ὅντινα βούλοιτο λαβὼν βασανίζειν. Εἰ τοίνυν φήσει με, τὸν εἰδότ' οὐκ ἐθέλοντ' ἐκδοῦναι, τοὺς οὐκ εἰδότας ἐκδιδόναι, πολὺ δὴ μᾶλλον αὐτῷ παραλαβεῖν φανήσεται προσῆκον· εἰ γάρ, οὓς ὡς εἰδότας ἐξεδίδουν ἐγώ, μηδὲν ἔχειν ἔφασαν τούτων αὐτόν, ἀπήλλακτο δήπουθεν ἂν τῆς αἰτίας. 39 Ἀλλ' οὐχὶ τοιοῦτόν ἐστιν, ἀλλὰ σαφῶς ἂν ἐξηλέγχθη πωλῶν καὶ τὴν τιμὴν κεκομισμένος. Διόπερ τοὺς ὁμολογουμένως δούλους παραβὰς τὸν ἐλεύθερον ἠξίου βασανίζειν, ὃν οὐδ' ὅσιον παραδοῦναι, τὸ πρᾶγμ' οὐκ ἄγειν εἰς ἔλεγχον ζητῶν, ἀλλὰ μὴ παραλαμβάνων βουλόμενός τι δοκεῖν λέγειν. Περὶ τοίνυν πάντων τούτων, πρῶτον μὲν περὶ τῆς προικός, εἶθ' ὑπὲρ ὧν καθυφεῖκεν, εἶθ' ὑπὲρ τῶν ἄλλων, ἀναγνώσεται τούς τε νόμους καὶ τὰς μαρτυρίας, ἵν' εἰδῆτε.

ΝΟΜΟΙ. ΜΑΡΤΥΡΙΑΙ

40 Οὐ τοίνυν μόνον ἐκ τούτων ἂν γνοίητε, ὅτι δεινὸν οὐδ' ὁτιοῦν πέπονθεν τὸν ἄνθρωπον οὐκ ἐκδόντος ἐμοῦ βασανίζειν, ἀλλὰ καὶ τὸ πρᾶγμ' αὔτ' εἰ σκέψαισθε. Θῶμεν γὰρ δὴ τὸν Μιλύαν ἐπὶ τοῦ τροχοῦ στρεβλοῦσθαι, καὶ τί μάλιστ' ἂν αὐτὸν εὔξαιτο λέγειν σκοπῶμεν. Οὐχ ὅτι τῶν χρημάτων οὐδ' ὁτιοῦν οἶδεν τοῦτον ἔχοντα; καὶ δὴ λέγει. Διὰ τοῦτ' ἄρ' οὐκ ἔχει; πολλοῦ γε δεῖ· τοὺς γὰρ εἰδότας καὶ δόντας καὶ παρόντας μάρτυρας παρεσχόμην ἐγώ. Τεκμήριον δὲ καὶ πίστις ἐστίν, οὐκ εἴ τίς τι μὴ οἶδε τοῦτον ἔχοντα (πολλοὶ γὰρ ἂν εἶεν), ἀλλ' εἴ τις οἶδεν. 41 Καταμαρτυρησάντων τοίνυν

38 ante περὶ add. καὶ A F ‖ γε om. A ‖ ἐγώ v. : ἔγωγε S ‖ ἐκδοῦναι marg. ed. Paris. a. 1570 : δοῦναι codd. ‖ δὴ v. : δήπου A ‖ 39 ὁμολογουμένως A S Q : — μένους F D ‖ ἄγειν v. : ἀγαγεῖν F ‖ in lemm. Νόμοι om. S ‖ 40 σκέψαισθε Wolf : σκέψεσθε S — ησθε A — ασθε F D (qui εἰ om.) ‖ δὴ v. : ἤδη A ‖ δεῖ S : καὶ δεῖ A F ‖ καὶ δόντας Dindorf : καὶ διδόντας S om. cett.

mais de ce que quelqu'un les connaît. **41** Parmi ceux qui ont témoigné contre toi — et ils sont nombreux — lequel as-tu pris à partie pour faux témoignage? Indique-le. Tu en serais bien incapable. Ne fournis-tu pas ainsi la preuve convaincante de ton mensonge? Tu te poses en victime et tu prétends avoir été condamné injustement, faute d'avoir pu donner la question : or, tu as mis hors de cause ceux qui attestaient que tu avais reçu et que tu détenais telles sommes — les sommes mêmes pour lesquelles tu réclamais que Milyas fût mis à la torture, en affirmant qu'elles ne faisaient pas partie de la succession ! Il valait bien mieux poursuivre ces témoins-là si tu avais subi une injustice ; mais tu n'en as subi aucune et tu fais un méchant procès.

42 Parmi tant de preuves de ton improbité, l'affaire du testament est caractéristique. Dans cet acte, juges, mon père avait indiqué tous les articles de la succession et il prescrivait à mes tuteurs d'affermer mon patrimoine. Aphobos n'a pas produit ce testament, pour que je ne pusse pas y trouver le chiffre de la fortune. Il a seulement avoué détenir les biens qui étaient trop visibles pour qu'une dénégation fût permise. **43** D'autre part, voici ce qu'il déclare avoir figuré au testament : Démophon devait recevoir 2 talents au lendemain du décès et épouser ma sœur quand elle serait en âge, c'est-à-dire au bout de dix ans ; lui-même recevait 80 mines, épousait ma mère et devait habiter la maison ; Thérippidès avait l'usufruit de 70 mines jusqu'à ma majorité. Tous les autres articles de la succession, ainsi que l'obligation d'affermer le patrimoine, il les a fait disparaître du testament : ce n'était pas son intérêt, pensait-il, qu'on fît la lumière là-dessus à votre tribunal. **44** Seulement, comme ils reconnaissaient eux-mêmes que mon père en mourant avait laissé à chacun d'eux de si grosses sommes, les juges ont pu utiliser ces aveux pour évaluer l'héritage[1] : quand on prélève sur sa fortune 4 talents et

1. Le raisonnement que faisait Démosthène dans le premier discours aurait été reconnu comme valable par les juges. Et c'est en effet celui auquel ils pouvaient être le plus sensibles, encore qu'il n'y eût pas de proportion *ne varietur* entre le montant des legs et celui d'une succession.

τοσούτων σου μαρτύρων, τίνι τῶν ψευδομαρτυρίων ἐπεσκήψω; δεῖξον. Ἀλλ' οὐκ ἂν ἔχοις δεῖξαι. Καίτοι πῶς οὐ σαφῶς σὺ σαυτὸν ἐξελέγχεις, ὅτι ψεύδει δεινὰ πεπονθέναι φάσκων καὶ τὴν δίκην ἀδίκως ὠφληκέναι τὸν ἄνθρωπον οὐ παραλαβών, ὃς τοὺς ταῦτα μαρτυρήσαντας ἔχειν σε καὶ λαβεῖν περὶ ὧν ὡς οὐ καταλειφθέντων σὺ τὸν Μιλύαν ἐξῄτεις, ἀφῆκας τῶν ψευδομαρτυρίων; οὓς πολὺ κάλλιον ἦν, εἴπερ ἠδίκησο, διώκειν. Ἀλλ' οὐκ ἠδικημένος σὺ συκοφαντεῖς.

42 Πολλαχόθεν μὲν οὖν ἄν τις ἴδοι τὴν σὴν πονηρίαν, μάλιστα δ' εἰ περὶ τῆς διαθήκης ἀκούσειεν. Τοῦ γὰρ πατρός, ὦ ἄνδρες δικασταί, τὰ καταλειφθέντα πάντ' ἐν τῇ διαθήκῃ γράψαντος καὶ τὸν οἶκον ὅπως μισθώσωσιν, ταύτην μὲν οὐκ ἀπέδωκεν, ἵνα μὴ τὸ πλῆθος εὕροιμ' ἐγὼ τῶν χρημάτων ἐξ αὐτῆς, ὡμολόγει δὲ κεκτῆσθαι ταῦτα ἃ μάλιστ' οὐχ οἷόν τ' ἦν ἐξάρνῳ γενέσθαι διὰ τὴν περιφάνειαν. 43 Ἦν δὲ ταῦθ' ἃ γεγράφθαι φησὶν ἐν τῇ διαθήκῃ, δύο μὲν τάλαντα Δημοφῶντα λαβεῖν εὐθύς, τὴν δ' ἀδελφὴν ὅταν ἡλικίαν ἔχῃ (τοῦτο δ' ἔμελλεν εἰς ἔτος δέκατον γενήσεσθαι), τοῦτον δ' ὀγδοήκοντα μνᾶς καὶ τὴν μητέρα τὴν ἐμὴν καὶ τὴν οἰκίαν οἰκεῖν, Θηριππίδην δ' ἑβδομήκοντα μνᾶς λαβόντα καρπώσασθαι, τέως ἀνὴρ ἐγὼ γενοίμην. Τὰ δ' ἄλλ' ὅσ' ἐμοὶ χωρὶς τούτων κατελείφθη καὶ τὸ μισθοῦν τὸν οἶκον ἠφάνιζεν ἐκ τῆς διαθήκης, οὐ συμφέρον αὑτῷ νομίζων ταῦτ' ἐπιδειχθῆναι παρ' ὑμῖν. 44 Ἐπειδὴ τοίνυν ὡμολόγηθ' ὑπ' αὐτῶν τούτων τὸν πατέρ' ἡμῶν τελευτῶντα τοσοῦτον ἀργύριον τούτων ἑκάστῳ δοῦναι, τεκμήριον οἱ δικάζοντες τότε τὰς ὁμολογίας ἐποιήσαντο ταύτας τοῦ πλήθους τῶν χρημάτων· ὅστις γὰρ ἀπὸ τῶν ὄντων τέτταρα

41 σὺ v. : σοι S ‖ σὺ add. S ‖ 42 πάντ' om. S ‖ μισθώσωσι A S : — σουσι FD ‖ ἐξ v. : τῶν ἐξ S ‖ κεκτῆσθαι secl. Blass ‖ 43 τέως F : τέως ἂν S θ' ἕως ἂν A ‖ ἐγὼ om. F ‖ ἠφάνιζεν A S : — σεν F D ‖ συμφέρον A S : — ειν F D ‖ 44 ὡμολόγητο S : — εῖτο cett. ‖ αὐτῶν τούτων Blass : αὐτοῦ τούτου A S αὐτοῦ τὸ F αὐτῶν τοῦ D.

3.000 drachmes en dots et en legs, il est visible qu'il ne s'agit pas d'une succession médiocre : il devait me rester, à moi, plus du double. **45** Il n'avait pas l'intention, apparemment, de me réduire à la pauvreté, moi son fils, ni le désir d'enrichir encore mes tuteurs, qui étaient déjà riches : c'est en considérant l'importance de la succession qu'il a donné à Thérippidès l'usufruit de 70 mines, et à Démophon, qui ne devait épouser ma sœur que longtemps après, celui de deux talents[1]. Ces sommes, on ne l'a jamais vu me les remettre, même quelque peu réduites : ou bien, d'après lui, elles ont été dépensées, ou bien il ne les a pas reçues, ou il n'en a jamais entendu parler, ou c'est un tel qui les a, ou elles sont dans la maison : bref, tous les prétextes ; mais il ne saurait dire quand je les ai reçues[2].

46 Pour ce qui est de l'argent qui aurait été laissé dans la maison, je vais vous prouver qu'il ment. C'est une allégation qu'il a produite quand il fut avéré que la succession était considérable et qu'il ne put établir qu'il me l'avait remise : il lui fallait montrer, par une raison spécieuse, que je n'avais pas à obtenir de lui ce qui était chez nous. **47** Mais, si mon père n'avait pas eu confiance en eux, il ne leur aurait certainement pas confié le reste de la succession ; il ne leur aurait pas révélé non plus ce qu'il laissait ainsi : alors, comment sont-ils renseignés? Si, au contraire, il avait confiance, il n'aurait pas soustrait à leur possession une partie du patrimoine alors qu'il les rendait maîtres de la plus grande. Il n'aurait pas non plus confié à ma mère la garde de cet argent alors qu'il la donnait elle-même en mariage à Aphobos, qui était un des tuteurs : c'était une absurdité de vouloir conserver cet argent par les soins de ma mère et en même temps de donner pouvoir sur elle et, du même coup, sur l'argent, à l'un de ceux dont il se défiait. **48** Et puis, s'il y avait quelque chose de

1. Ce développement correspond, avec quelques variantes de pure forme, à *C. Aph.* I 44-45.

2. Il n'est plus question ici de chose jugée. Le passage ne donne pas l'impression d'avoir été écrit pour le présent procès, mais plutôt pour l'affaire de tutelle.

τάλαντα καὶ τρισχιλίας προῖκα καὶ δωρεὰν ἔδωκεν, φανερὸν ἦν ὅτι οὐκ ἀπὸ μικρᾶς οὐσίας, ἀλλὰ πλέον ἢ διπλασίας ἧς ἐμοὶ κατέλειπεν ταῦτ' ἀφεῖλεν. 45 Οὐ γὰρ ἂν ἐδόκει τὸν μὲν υἱὸν ἐμὲ πένητα βούλεσθαι καταστῆσαι, τούτους δὲ πλουσίους ὄντας ἔτι πλουσιωτέρους ποιῆσαι ἐπιθυμεῖν, ἀλλ' ἕνεκα τοῦ πλήθους τῶν ἐμοὶ καταλειπομένων Θηριππίδῃ τε τὰς ἑβδομήκοντα μνᾶς καὶ Δημοφῶντι τὰ δύο τάλαντα, οὔπω μέλλοντι τῇ ἀδελφῇ τῇ ἐμῇ συνοικήσειν, καρποῦσθαι δοῦναι. Ταῦτα δὴ τὰ χρήματ' οὐδαμοῦ παραδοὺς ἐφαίνετο, οὐδ' ἐλάττω μικροῖς· ἀλλὰ τὰ μὲν ἀνηλωκέναι, τὰ δ' οὐ λαβεῖν ἔφη, τὰ δ' οὐκ εἰδέναι, τὰ δὲ τὸν δεῖν' ἔχειν, τὰ δ' ἔνδον εἶναι, τὰ δὲ πάντα μᾶλλον ἢ ὅπου παρέδωκεν εἶχεν λέγειν.

46 Περὶ δὲ τοῦ μὴ καταλειφθῆναι τὰ χρήματ' ἔνδον, βούλομαι σαφῶς ὑμῖν ἐπιδεῖξαι ψευδόμενον. Τοῦτον γὰρ τὸν λόγον καθεῖκεν ἐπειδὴ τὰ χρήματα μὲν πολλὰ πέφηνεν ὄντα, οὐκ εἶχε δ' ἐπιδεῖξαι ταῦθ' ὡς ἀποδέδωκεν, ἵν' ἐξ εἰκότος οὐδὲν προσῆκον ἡμῖν φανῇ κομίζεσθαι τὰ γ' ὄντα παρ' ἡμῖν. 47 Εἰ μὲν τοίνυν ὁ πατὴρ ἠπίστει τούτοις, δῆλον ὅτι οὔτ' ἂν τἄλλ' ἐπέτρεπεν, οὔτ' ἂν ἐκεῖν' οὕτω καταλείπων αὐτοῖς ἔφραζεν· ὥστε πόθεν ἴσασιν; εἰ δ' ἐπίστευεν, οὐκ ἂν δήπου τὰ μὲν πλεῖστ' αὐτοῖς τῶν χρημάτων ἐνεχείρισεν, τῶν δ' οὐκ ἂν κυρίους ἐποίησεν. Οὐδ' ἂν τῇ μὲν μητρί μου ταῦτα φυλάττειν παρέδωκεν, αὐτὴν δὲ ταύτην ἑνὶ τῶν ἐπιτρόπων τούτῳ γυναῖκ' ἠγγύησεν· οὐ γὰρ ἔχει λόγον, σῶσαι μὲν τὰ χρήματα δι' ἐκείνης ζητεῖν, ἕνα δὲ τῶν ἀπιστουμένων καὶ ταύτης κἀκείνων κύριον ποιεῖν. 48 Ἔτι

44 κατέλειπε Blass : κατέλιπε codd. (cf. XXVII 44) ‖ 45 ἐπιθυμεῖν A S : — ῆσαι F D (transpos. ante ποιῆσαι) ‖ συνοικήσειν A S : συνοικεῖν F D ‖ 46 μὴ om. F D ‖ καθεῖκεν S : καθῆκεν cett. ‖ πέφηνεν F : ἀπέφηνεν A S ‖ ἀποδέδωκεν v. : ἀπέδωκεν A ‖ εἰκότος v. : εἰκότων A ‖ 47 τοίνυν A S : οὖν F D ‖ ἐκεῖν' οὕτω A : ἐκεῖνα S D ἐκεινως F (α superscr.) ‖ καταλείπων Reiske : — λιπὼν codd. ‖ ἐνεχείρισε F (sic XXVII 55) : ἐνεχείριζε A S ‖ τούτῳ A : τούτων S F D ‖ καὶ A : om. cett.

vrai dans cette histoire, croyez-vous qu'Aphobos n'aurait pas épousé ma mère, qui lui avait été donnée par mon père? Nanti des 80 mines de la dot qu'il avait reçue en prévision de son mariage avec elle, il est allé épouser la fille de Philonidès de Mélité, par amour de l'argent et pour que son beau-père lui verse encore 80 mines, en plus de celles qu'il avait touchées sur notre bien : s'il y avait eu quatre talents dans la maison et si ma mère en avait eu la possession comme il le prétend, pensez-vous qu'il ne serait pas accouru pour devenir maître de l'argent en même temps que de la femme? **49** Comment! La fortune visible qui, au su de beaucoup d'entre vous, avait été laissée en héritage, il l'a dilapidée, de concert avec les autres tuteurs, d'une façon aussi éhontée : et, dans une circonstance où vous ne deviez pas être au courant, il se serait abstenu de prendre ce qui était à sa disposition? Qui le croira? Ce n'est pas vrai, juges, ce n'est pas vrai : la vérité, c'est que tous les biens laissés par mon père ont été enterrés du jour où ils sont passés entre leurs mains et, se voyant hors d'état de prouver qu'il m'ait rien remis de mon patrimoine, Aphobos recourt à ces inventions pour que, paraissant à mon aise, je ne vous inspire aucune pitié[1].

50 J'aurais bien d'autres choses à établir à sa charge. Mais je n'ai pas le loisir, quand mon témoin risque la dégradation civique[2], d'insister sur mes griefs personnels. Je veux seulement vous faire lecture d'une sommation : vous reconnaîtrez, après l'avoir entendue, que le témoignage était véridique et que si, aujourd'hui, il prétend avoir réclamé Milyas à propos de toute l'affaire, primitivement il ne s'agissait que de 30 mines; vous verrez d'ailleurs qu'il n'a subi aucun préjudice du fait de ce témoignage. **51** Comme j'entendais le confondre sur tous les points et que je voulais rendre manifestes ses artifices et sa malhonnêteté, je lui demandai à combien s'élevait la somme pour laquelle il réclamait Milyas comme étant au courant. Il répondit mensongè-

1. Pour la correspondance entre *C. Aph.* I 55-57 et III 47-49, voir *Notice*, p. 69.
2. Cf. § 16.

δὲ τοῦτον, εἴ τι τούτων ἀληθὲς ἦν, οἴεσθ' οὐκ ἂν αὐτὴν λαβεῖν δοθεῖσαν ὑπὸ τοῦ πατρός; ὃς τὴν μὲν προῖκ' αὐτῆς ἤδη, τὰς ὀγδοήκοντα μνᾶς, ἔχων ὡς αὐτῇ συνοικήσων, τὴν Φιλωνίδου τοῦ Μελιτέως θυγατέρ' ἔγημεν δι' αἰσχροκέρδιαν, ἵνα πρὸς αἷς εἶχεν παρ' ἡμῶν, ἑτέρας ὀγδοήκοντα μνᾶς λάβοι παρ' ἐκείνου· τεττάρων δὲ ταλάντων ἔνδον ὄντων καὶ ταῦτ' ἐκείνης ἐχούσης, ὡς οὗτός φησιν, οὐκ ἂν ἡγεῖσθ' αὐτὸν κἂν ἐπιδραμεῖν, ὥστε γενέσθαι μετ' ἐκείνης αὐτῶν κύριον; 49 ἢ τὴν μὲν φανερὰν οὐσίαν, ἣν καὶ ὑμῶν πολλοὶ συνῄδεσαν ὅτι κατελείφθη, μετὰ τῶν συνεπιτρόπων οὕτως αἰσχρῶς διήρπασεν, ὧν δ' οὐκ ἐμέλλεθ' ὑμεῖς ἔσεσθαι μάρτυρες, ἀπέσχετ' ἂν ἐξὸν αὐτῷ λαβεῖν; καὶ τίς ἂν πιστεύσειεν; οὐκ ἔστι ταῦτ', ὦ ἄνδρες δικασταί, οὐκ ἔστιν· ἀλλὰ τὰ μὲν χρήματα, ὅσα κατέλιπεν ὁ πατήρ, ἐκείνῃ τῇ ἡμέρᾳ κατωρύττετο ὅτ' εἰς τὰς τούτων χεῖρας ἦλθεν, οὗτος δ' οὐκ ἔχων ἂν εἰπεῖν ὅπου τι τούτων ἀπέδωκεν, ἵν' εὔπορος εἶναι δοκῶν μηδενὸς τύχω παρ' ὑμῶν ἐλέου, τούτοις χρῆται τοῖς λόγοις.

50 Πολλὰ μὲν οὖν ἔγωγ' ἔχω καὶ ἄλλα τούτου κατηγορεῖν· οὐκ ἐνδέχεται δέ μοι, τῷ μάρτυρι τοῦ κινδύνου περὶ τῆς ἐπιτιμίας ὄντος, περὶ ὧν αὐτὸς ἠδίκημαι λέγειν. Ἀλλὰ βούλομαι πρόκλησιν ὑμῖν ἀναγνῶναι· γνώσεσθε γὰρ ἐξ αὐτῆς ἀκούσαντες, τὰ μεμαρτυρημέν' ὡς ἔστιν ἀληθῆ, καὶ τὸν Μιλύαν ὅτι νῦν μὲν περὶ πάντων φησὶν ἐξαιτεῖν, τὸ δὲ πρῶτον ὑπὲρ τριάκοντα μόνον μνῶν ἐξῄτει, καὶ προσέτι ζημιοῦται κατὰ τὴν μαρτυρίαν οὐδέν. 51 Ἐγὼ γὰρ πανταχῇ τοῦτον ἐλέγξαι βουλόμενος, καὶ τὰς τέχνας αὐτοῦ καὶ τὰς πανουργίας ἐμφανεῖς ὑμῖν καταστῆσαι πειρώμενος, ἠρόμην αὐτὸν πόσ' εἴη τὰ χρήματα τὸ πλῆθος καθ' ἃ τὸν Μιλύαν ὡς εἰδότ' ἐξῄτησεν· οὗτος δὲ ψευσάμενος περὶ

48 τοῦτον εἴ τι τούτων S : τούτων εἴ τι F D (sic XXVII 56) εἴ τι τούτων A ‖ αὐτῆς F : αὐτὸς S τῆς μητρὸς αὐτὸς A ‖ αὐτῶν S : αὐτὸν A F ‖ **49** ἐκείνῃ v. : ἐν ἐκ. A ‖ ὅπου v. : ὅποι S ‖ **50** μὲν A : om. S F ‖ μόνον v. : μόνων S ‖ **51** ἐλέγξαι S pr. : ἐξελ. v. ‖ εἰδότα A : συνειδότα cett.

rement que c'était toute l'affaire qui était en question : « Eh bien ! lui dis-je, je suis prêt à te livrer l'esclave qui tient la copie de ta sommation. **52** Je jurerai le premier[1] que tu as reconnu que Milyas était de condition libre et que tu en as témoigné contre Démon ; si tu jures le contraire sur la tête de ta fille, je te tiens quitte de la somme pour laquelle il sera prouvé, par la question infligée à l'esclave, que tu avais primitivement réclamé Milyas : ta condamnation en sera diminuée d'autant ; ainsi tu ne subiras aucun préjudice du fait des témoins. » **53** Cette sommation avait lieu devant une nombreuse assistance : il répondit par un refus. Vraiment, quand un homme a refusé d'être ainsi à lui-même son propre juge, faut-il que vous, des jurés, vous condamniez les témoins pour lui obéir ? Ne devez-vous pas plutôt le considérer comme l'homme le plus dénué de scrupules ? En preuve de ce que je dis, appelle-moi les témoins.

Témoins

54 Et l'on ne peut pas dire que j'étais seul dans ces dispositions et que les témoins étaient d'un autre avis : ils étaient prêts à amener leurs enfants et à jurer sur leurs têtes pour garantir la vérité de leur témoignage[2]. Mais Aphobos ne jugea pas à propos de nous déférer le serment, ni à eux, ni à moi : en recourant à des histoires inventées et à des faux témoins de profession, il compte qu'il lui sera facile de vous abuser. Prends-moi aussi ce témoignage.

Témoignage

55 Pourrait-on mieux fournir la preuve que nous sommes victimes de la calomnie, que le témoignage était véridique et la condamnation méritée ? Aphobos a refusé

1. Autre exemple d'un double serment : LV 27.

2. Les témoins ne prêtent serment, en général, que s'ils en sont requis par la partie adverse ou, comme ici, sur l'offre qu'ils ont faite quand elle est acceptée : cf. Glotz, art. *Jusjurandum*, in *Dict. des Ant.* III, p. 765 sq.

πάντων ἔφησεν. 'Περὶ μὲν τοίνυν' ἔφην ἐγώ' τούτου παραδώσω σοι τὸν ἔχοντα τἀντίγραφα ὧν σύ με προὐκαλέσω. 52 Προομόσαντος δέ μου τὸν ἄνθρωπον ὡς ὡμολόγησας ἐλεύθερον εἶναι καὶ κατὰ Δήμωνος ἐμαρτύρησας, ἂν ἀπομόσῃς τἀναντία τούτων κατὰ τῆς θυγατρός, ἀφίημί σοι πάνθ' ὑπὲρ ὧν ἂν ἐξαιτήσας φανῇς τὸ πρῶτον βασανιζομένου τοῦ παιδός, καὶ τοσούτῳ σοι γενέσθω τὸ τίμημ' ἔλαττον ὧν ὦφλες, καθ' ὃ τὸν Μιλύαν ἐξῄτησας, ἵνα μηδὲν ζημιωθῇς παρὰ τοὺς μάρτυρας.' 53 Ταῦτ' ἐμοῦ προκαλεσαμένου πολλῶν παρόντων, οὐκ ἂν ἔφη ποιῆσαι. Καίτοι ὅστις αὐτὸς αὑτῷ ταῦτ' ἔφυγεν δικάσαι, πῶς ὑμᾶς χρὴ τοὺς ὀμωμοκότας τούτῳ πειθομένους καταγνῶναι τῶν μαρτύρων, ἀλλ' οὐ τοῦτον ἀναισχυντότατον πάντων ἀνθρώπων εἶναι νομίζειν; ἀλλὰ μὴν ὡς ἀληθῆ λέγω, κάλει τούτων τοὺς μάρτυρας.

ΜΑΡΤΥΡΕΣ

54 Οὐ τοίνυν ἐγὼ μὲν ταῦθ' ἕτοιμος ἦν, οἱ δὲ μάρτυρες οὐ τὴν αὐτὴν γνώμην ἐμοὶ εἶχον, ἀλλ' ἐκεῖνοι παραστησάμενοι τοὺς παῖδας, ὑπὲρ ὧν ἐμαρτύρησαν, πίστιν ἐπιθεῖναι ἠθέλησαν κατ' ἐκείνων. Ὁ δ' οὔτ' ἐκείνοις οὔτ' ἐμοὶ δοῦναι τὸν ὅρκον ἠξίωσεν, ἀλλ' ἐπὶ λόγοις μεμηχανημένοις καὶ μάρτυσιν οὐ τἀληθῆ μαρτυρεῖν εἰθισμένοις τὸ πρᾶγμα καταστήσας, ἐλπίζει ῥᾳδίως ὑμᾶς ἐξαπατήσειν. Λάβ' οὖν αὐτοῖς καὶ ταύτην τὴν μαρτυρίαν.

ΜΑΡΤΥΡΙΑ

55 Πῶς οὖν ἄν τις σαφέστερον ἐξελέγξειεν συκοφαντουμένους ἡμᾶς καὶ καταμεμαρτυρημένα τἀληθῆ καὶ τὴν δίκην

51 ὧν Dobrée : ὡς codd. || 52 τοσούτῳ A S : τοσοῦτο F D || ὃ F : ἃ v. || 54 ἐκεῖνοι S v. : κἀκεῖνοι || post ὁ δ' add. οὔτ' αὐτοῖς (αὐτὸς S pr.) S F D || 55 καταμεμαρτυρημένα Foerster : — μένον S F — μένους A.

de mettre à la question, au sujet des faits attestés, l'esclave qui avait consigné le témoignage par écrit ; son frère Æsios a porté le même témoignage que celui qu'il prétend faux ; **56** Aphobos lui-même a témoigné contre Démon, son oncle et cotuteur, dans le même sens que les témoins qu'il poursuit ; il a refusé de faire mettre les servantes à la question pour savoir si Milyas était libre ; ma mère a offert de faire la preuve en prêtant serment sur nos têtes ; Aphobos n'a voulu recevoir pour la question aucun de mes autres esclaves, mieux renseignés que Milyas sur tous les points ; il n'a attaqué pour faux témoignage aucun de ceux qui avaient attesté qu'il détenait mes biens ; **57** il n'a pas produit le testament, il n'a pas affermé mon patrimoine comme l'y obligeait la loi ; quand il s'est agi de prêter serment après les témoins et moi, ce qui devait le libérer des sommes pour lesquelles il avait réclamé Milyas, il n'a pas cru devoir le faire : non, par tous les Dieux, je ne vois pas quelles preuves plus rigoureuses je pourrais fournir. Eh bien ! lui qui calomnie si visiblement mes témoins, qui n'a subi aucun préjudice du fait de leurs dépositions et qui a été justement condamné, il ne rougit pas. **58** Si encore sa malhonnêteté n'avait pas été déjà reconnue, au tribunal de ses amis comme à celui de l'arbitre public, son attitude serait moins scandaleuse. Mais il m'avait décidé à soumettre l'affaire à l'arbitrage d'Archénéos, de Dracontidès et de Phanos — celui-là même qu'il poursuit aujourd'hui pour faux témoignage : il les a récusés quand il a su d'eux que, s'ils prononçaient une sentence sous la foi du serment [1], ils condamneraient sa gestion. Alors, il est allé devant l'arbitre public [2] et, comme il n'avait rien à dire pour sa défense, il a été condamné. **59** Les juges, auxquels

1. Il semble que les arbitres privés prêtent serment quand ils rendent une véritable sentence : la question est d'ailleurs discutée. Cf. XXXIV 21 ; XLI 15 ; LII 30 sq. ; *Rev. des Ét. gr.*, 1939, p. 397 sq.

2. Exactement : « tiré au sort » ; non pas qu'on soit ainsi désigné pour la fonction (tout citoyen est obligatoirement arbitre dans sa soixante et unième année), mais parce que les causes sont réparties par le sort entre les arbitres inscrits au rôle (cf. Arist., *Const. d'Ath.*, 53, 5).

δικαίως ὠφλημένην, ἢ τοῦτον τὸν τρόπον ἐπιδεικνύς; οἰκέτην τὸν τὴν μαρτυρίαν γράφοντ' οὐκ ἐθελήσαντα τοῦτον βασανίζειν περὶ αὐτῶν τῶν μεμαρτυρημένων· Αἴσιον τὸν ἀδελφὸν αὐτοῦ ταῦτα μεμαρτυρηκότα ἅ φησιν εἶναι ψευδῆ· 56 τοῦτον αὐτὸν ταὐτὰ τοῖς μάρτυσιν οὓς διώκει μεμαρτυρηκότα μοι κατὰ Δήμωνος, ὄντος αὐτῷ θείου καὶ συνεπιτρόπου· τὰς θεραπαίνας οὐκ ἐθελήσανθ' ὑπὲρ τοῦ τὸν ἄνθρωπον ἐλεύθερον εἶναι βασανίζειν· τὴν μητέρα τὴν ἐμαυτοῦ πίστιν περὶ τούτων ἐπιθεῖναι καθ' ἡμῶν ἐθέλουσαν· τῶν ἄλλων οἰκετῶν οὐκ ἐθελήσαντα τοῦτον παραλαμβάνειν οὐδένα τῶν πάντ' εἰδότων μᾶλλον ἢ Μιλύας· τῶν μαρτύρων οἳ κατεμαρτύρουν χρήματ' ἔχειν αὐτόν, οὐδενὶ τῶν ψευδομαρτυρίων ἐπεσκημμένον· 57 τὴν διαθήκην οὐκ ἀποδόντα, οὐδὲ τὸν οἶκον μισθώσαντα τῶν νόμων κελευόντων· πίστιν ἐπιθεῖναι προομνύντος ἐμοῦ καὶ τῶν μαρτύρων, ὥστ' ἀφεῖσθαι τοῦτον τῶν χρημάτων καθ' ἃ τὸν Μιλύαν ἐξήτησεν, οὐκ οἰηθέντα δεῖν; μὰ τοὺς θεούς, ἐγὼ μὲν οὐκ ἂν ἔχοιμ' ἐπιδεῖξαι ταῦτ' ἀκριβέστερον ἢ τοῦτον τὸν τρόπον. Οὕτω τοίνυν φανερῶς τῶν τε μαρτύρων καταψευδόμενος καὶ ἐκ τῶν πραγμάτων οὐδὲν ζημιούμενος καὶ τὴν δίκην δικαίως ὠφληκώς, ὅμως ἀναισχυντεῖ. 58 Καὶ εἰ μὲν μὴ καὶ παρὰ τοῖς αὑτοῦ φίλοις καὶ παρὰ τῷ διαιτητῇ προεγνωσμένος ἀδικεῖν τούτους ἐποιεῖτο τοὺς λόγους, ἧττον ἂν ἦν ἄξιον θαυμάζειν· νῦν δ' ἐπιτρέψαι με πείσας Ἀρχένεῳ καὶ Δρακοντίδῃ καὶ Φάνῳ τουτῳί, τῷ νῦν ὑπ' αὐτοῦ φεύγοντι τῶν ψευδομαρτυρίων, τούτους μὲν ἀφῆκεν ἀκούσας αὐτῶν ὅτι, εἰ μεθ' ὅρκου ταῦτα διαιτήσουσιν, καταγνώσονται τὴν ἐπιτροπήν, ἐπὶ τὸν κληρωτὸν δὲ διαιτητὴν ἐλθὼν καὶ οὐδὲν ἔχων ἀπολύσασθαι τῶν ἐγκεκλημένων ὦφλεν τὴν δίαιταν. 59 Οἱ δικασταὶ δ' ἀκούσαντες,

55 εἶναι om. S || 56 ἐθελήσαντα A : ἐθέλοντα cett. || οὐδένα τῶν A : οὐδὲν αὐτῶν F D τῶν S || 57 ἀποδόντα v. : ἀποδιδόντα A || τε F : om. cett. || 58 Ἀρχένεῳ S (ι superscr.) F : Ἀρχιναίῳ A || εἰ A S : οἳ D οἱ F.

il en avait appelé, se prononcèrent, une fois instruits, dans le même sens que ses amis et que l'arbitre, et ils ont estimé la condamnation à 10 talents ; non pas du tout, par Zeus, parce qu'il avait reconnu que Milyas était de condition libre — cela ne faisait rien à l'affaire — mais parce que j'avais hérité d'une succession de 15 talents, qu'il n'avait pas affermé mon patrimoine, qu'en ayant eu la gestion pendant dix années avec ses collègues, il avait estimé en mon nom ma contribution dans la symmorie à 5 mines[1], au même chiffre que pour Timothée, fils de Conon, et ceux qui possèdent le cens le plus élevé ;
60 qu'après avoir administré aussi longtemps une fortune pour laquelle il avait admis lui-même une si forte contribution, il ne m'avait même pas laissé, pour son compte, la valeur de 20 mines, et que, de concert avec les autres tuteurs, il m'avait dépouillé du capital tout entier et des intérêts. Sur quoi les juges, calculant le revenu total, non pas d'après le loyer ordinaire d'un patrimoine[2], mais au taux le plus bas, ont trouvé que les détournements se montaient en tout à plus de 30 talents : en conséquence, ils ont fixé sa condamnation à 10 talents.

1. Expression elliptique qui s'éclaire par XXVII 7, 9 ; XXVIII 4. On a soupçonné une lacune dans le texte : il n'est pas nécessaire de l'admettre.

2. C'est-à-dire du patrimoine d'un pupille qui aurait été affermé, comme on l'a vu XXVII 58 sq.

εἰς οὓς ἐφῆκεν, ταὐτὰ καὶ τοῖς τούτου φίλοις καὶ τῷ διαιτητῇ περὶ αὐτῶν ἔγνωσαν καὶ δέκα ταλάντων ἐτίμησαν, οὐ μὰ Δί' οὐχ ὅτι τὸν Μιλύαν ὡμολόγησεν εἶναι ἐλεύθερον (τοῦτο μὲν γὰρ οὐδὲν ἦν), ἀλλ' ὅτι πεντεκαίδεκα ταλάντων οὐσίας μοι καταλειφθείσης τὸν μὲν οἶκον οὐκ ἐμίσθωσεν, δέκα δ' ἔτη μετὰ τῶν συνεπιτρόπων διαχειρίσας πρὸς μὲν τὴν συμμορίαν ὑπὲρ παιδὸς ὄντος ἐμοῦ πέντε μνᾶς συνετάξατ' εἰσφέρειν, ὅσονπερ Τιμόθεος ὁ Κόνωνος καὶ οἱ τὰ μέγιστα κεκτημένοι τιμήματ' εἰσέφερον, χρόνον δὲ τοσοῦτον τὰ χρήματα ταῦτ' ἐπιτροπεύσας, ὑπὲρ ὧν τηλικαύτην αὐτὸς εἰσφορὰν ἠξίωσε εἰσφέρειν, ἐμοὶ τὸ μὲν καθ' αὑτὸν οὐδ' εἴκοσι μνῶν ἄξια παρέδωκεν, μετὰ δ' ἐκείνων ὅλα τὰ κεφάλαια καὶ τὰς ἐπικαρπίας ἀπεστέρηκεν. Θέντες οὖν οἱ δικασταὶ τοῖς πᾶσι χρήμασιν οὐκ ἐφ' ὅσῳ μισθοῦσιν τοὺς οἴκους τόκον, ἀλλ' ὃς ἦν ἐλάχιστος, ηὗρον τὸ σύμπαν πλέον ἢ τριάκοντα τάλαντ' αὐτοὺς ἀποστεροῦντας· διὸ τούτῳ τῶν δέκα ταλάντων ἐτίμησαν.

59 ὄντος om. A ‖ 60 ἠξίωσεν F : ἠξίου cett. ‖ τὸ μὲν Blass : μὲν τὸ codd. ‖ ἀπεστέρηκεν S : — σεν v. ‖ οὐκ A S : οὐδ' F D ‖ ὃς A F : ὅσον S D.

XXX-XXXI

CONTRE ONÈTOR I-II

NOTICE

Les discours *Contre Onètor*, que Démosthène a rédigés dans les mêmes conditions que les deux premiers *Contre Aphobos*[1], ont rapport à une affaire qui s'était greffée sur le procès de tutelle. L'exécution du jugement incombant à la partie gagnante, Démosthène, après la condamnation d'Aphobos[2], a été pour saisir un domaine rural appartenant à son adversaire : il en a été empêché par le beau-frère de celui-ci, Onètor, qui l'a expulsé du fonds (ἐξάγειν). Il riposte par la δίκη ἐξούλης[3]. Le procès fut intenté et vint devant le tribunal au cours de l'année 362/1[4].

La δίκη ἐξούλης sert à sanctionner plusieurs droits privilégiés, entre autres le droit de saisir en vertu d'un jugement : c'est une action proprement pénale[5], dirigée contre

1. Tous deux, par conséquent, avant les débats : le second, qui est aussi une réplique, complète le premier en le renforçant d'une présomption que Démosthène aurait déjà pu utiliser, mais qu'il tenait en réserve (§ 1 sq.) ; par ailleurs, il répond à un argument qui avait pu être fourni par Onétor au moment de l'arbitrage (§ 6 sq.) et réfute l'allégation qui, nous allons le voir, devait justement être le point essentiel de la défense : celle qui concerne la date de l'hypothèque (§ 12 sq.).

2. Aphobos, en effet, avait refusé de s'acquitter de lui-même (XXIX 2 sq.) ; Démosthène prétend l'avoir ménagé et n'avoir pas entamé tout de suite les mesures d'exécution (ibid.).

3. Le titre des discours doit être corrigé, puisqu'il s'agit d'une action pénale intentée par Démosthène lui-même : il convient de lire Κατ' Ὀνήτορος, comme nous y autorisent, du reste, un manuscrit et plusieurs citations.

4. La sœur d'Aphobos avait divorcé au mois Posidéon de l'archontat de Timocratès, fin de 363 (I 15) ; le temps qui s'est écoulé depuis est indiqué par l'expression ἐν τρισὶν ἔτεσιν (I 33), ce qui nous reporte au deuxième archontat après celui-là. L'action a été intentée et jugée sous le même archontat (I 34).

5. Elle entraîne d'ailleurs non seulement une condamnation au

qui fait obstacle à une prise de biens légitime, contre qui, notamment, expulse un saisissant d'un immeuble[1]. Cette ἐξαγωγή[2], aussi bien, est à sa manière un acte de justice privée par quoi les oppositions légitimes peuvent se produire : si l'opposant a juste titre, la δίκη ἐξούλης à laquelle il défendra aura pour objet de vérifier son droit ; que celui-ci soit reconnu, le demandeur sera débouté. C'est dans ces termes que se pose la question entre Onètor et Démosthène. Démosthène, qui poursuit Onètor pour expulsion illégitime, doit justifier la saisie du fonds. Son adversaire soutient que la saisie a eu lieu *a non domino*, le fonds lui ayant été hypothéqué à lui-même pour la dot de sa sœur ; celle-ci est divorcée : la créance dotale est échue ; le droit d'Onètor sur le bien est opposable au tiers saisissant.

Démosthène affirme que l'inscription est simulée et nie jusqu'à l'existence de la dette que l'hypothèque est censée garantir : la dot n'a jamais été versée, et le divorce n'a eu lieu que pour la forme. Comme il fournit sur ce point des présomptions plausibles, il en tire un argument *a fortiori* : c'est celui qu'il développe le plus longuement. Mais le nœud de la question juridique n'est pas là : ce qu'il s'agit de démontrer en tout état de cause, c'est la priorité du titre que sanctionne pour le plaideur la δίκη ἐξούλης ; il faut qu'exerçant une saisie en vertu d'un jugement, il n'ait pas rencontré un droit acquis, antérieur au jugement. C'est ce qu'il marque dès le début lorsqu'il indique d'un mot les conditions où s'est engagé le procès : il a été expulsé d'une terre qui était la propriété d'Aphobos à la date de la condamnation[3] ; autrement dit, il n'y avait pas de titre opposable à ce moment-là.

bénéfice de la partie qui l'intente, mais une amende égale au profit de l'État.

1. Il apparaît dans certains cas que la violence pouvait être fictive (*vis ex conventu*) ; ici, elle avait été réelle (I 2). Nous reviendrons sur l'ἐξαγωγή à propos du *Contre Zénothémis*, où son rôle est important.

2. Le mot ἐξούλη répond justement à celui-là : l'étymologie donnée par Libanios dans la première Ὑπόθεσις et par Harpocration, *s. u.*, est exacte. On ne peut le traduire que sous bénéfice de commentaire.

3. I, 2 ; cf. 17, 28. — Démosthène paraît dire, et même faire dire à ses adversaires, que l'inscription serait postérieure à la date où le

Les deux discours ont un rapport occasionnel avec le droit du mariage. La sœur d'Onètor a divorcé, et même deux fois ; la seconde fois, le divorce procède de la femme elle-même. Nous avons d'autres exemples de la chose ; il y a même un terme consacré pour cela : on emploie le verbe ἀπολείπειν. A vrai dire, nous ne savons pas bien dans quelles conditions cette forme de divorce peut avoir lieu : d'autres textes indiquent une démarche personnelle de la femme auprès de l'archonte[1], le nôtre ne parle que du tuteur de la femme, qui a fait inscrire le divorce auprès du même magistrat[2]. Peut-être les textes se complètent-ils : de toute façon, on peut admettre que l'intervention du κύριος, père ou frère de la femme, est requise. Il y a inscription ; mais, sur le rôle de l'archonte, nous ne sommes pas fixés. Est-ce un rôle passif d'enregistrement? C'est bien possible, et notre texte nous le ferait croire. — Ce qui, d'un autre côté, est remarquable, c'est que, même après l'acte de divorce, le mariage puisse être considéré comme subsistant : la raison en est que, dans le mariage grec, ce qu'on retient au premier chef, c'est un état de fait, la cohabitation[3] : le mot συνοικεῖν est plusieurs fois employé ici comme définissant la situation réelle, et c'est celui par lequel on désigne l'état de mariage. — Ce qu'on observe également, c'est que, tout de suite après son premier divorce, la sœur d'Onètor a été remariée : en droit athénien, il n'y a pas de délai légal[4].

Il est question, en outre, de la dot : elle accompagne

mari aurait été en demeure (I 18) : en général, on n'attendait pas ce moment-là, ce qui se conçoit assez pour une sûreté. Du reste, on entrevoit que le procès, dont nous ne connaissons pas l'issue, pouvait être scabreux. Le divorce, qui rendait la dette exigible — et une hypothèque réalisable — avait eu lieu à une date où le procès de tutelle était sans doute engagé, mais où la sentence n'était pas intervenue (cf. I 15 ; II 2). Sur ce point délicat et essentiel, Démosthène ne paraît pas à son aise (II, 12). — Dans l'ensemble, et pour l'analyse du cas, cf. E. Rabel, in *Zeitsch. f. Sav.-Stift.*, *R. A.*, 1915, p. 363 sq.

1. [Andoc.], IV, 14 ; cf. Plut., *Alcib.*, 8 ; Isée, III, 78.

2. I, 17, 26, 31 (la première fois avec le pluriel, ἐγράψαντο, mais le seul personnage actif est Onètor).

3. Cf. Paoli, *Studi di dir. att.*, p. 265 sq.

4. Pas plus dans le cas de divorce que dans le cas de prédécès du mari : cf. Beauchet, I, p. 372 sq.

normalement le mariage. Le mari n'en devient pas propriétaire ; c'est la femme qui l'est, en théorie du moins[1] : en fait, le droit est exercé par les tuteurs. Dans le cas de divorce, ils poursuivent le recouvrement de la dot contre le mari, qui en est débiteur[2]. La restitution est souvent garantie par une hypothèque comme celle dont il s'agit ici : hypothèque conventionnelle, et non légale. Elle porte le nom spécial d'ἀποτίμημα, qui lui est commun avec l'hypothèque que possède le mineur sur les biens du fermier de son patrimoine[3]. Nous n'avons pas ici à nous demander si cette terminologie indique une particularité du droit hypothécaire : la question n'intervient qu'incidemment (II, 6).

Malgré leur caractère plus ou moins technique, les deux discours se laissent lire sans peine. La discussion, facile à suivre, est relevée par moment d'un humour âpre et sans gaîté, mais qui en accentue la note personnelle.

1. I, 12 ; cf. 29. Voir aussi, à propos d'une procédure spéciale, Dém. LIII 28 ; Lex. Seg. V 250, 14.

2. La loi citée ap. [Dém.] LIX 52 ne concerne expressément que le cas de répudiation par le mari (ἀποπομπή) : peut-être les prescriptions relatives aux intérêts étaient-elles moins rigoureuses dans le cas d'ἀπόλειψις ; mais l'obligation de restituer le capital était la même.

3. On a dans M. I. Finley, *Land and Credit*, p. 151 sqq., le recueil le plus récent (1952) des ἀποτιμήματα des deux catégories qui ont été retrouvés sur les pierres, en Attique pour la majorité (le nombre s'en est sensiblement accru depuis la publication des *Inscr. Jurid. Gr.*, t. I, p. 108 sq.) : ils constituent plus d'un tiers de nos inscriptions hypothécaires. Rappelons, à ce propos, l'usage du mot ὅρος, qui apparaît plusieurs fois dans le second *Contre Onétor ;* l'ὅρος est proprement la borne ou stèle qui est plantée sur le fonds hypothéqué et qui porte mention de l'engagement ; pour les maisons, on recourt parfois à une inscription sur les murs (pour le procédé, cf. J. H. Fine, *Horoi*, in *Hesperia*, Suppl. IX, 1951, p. 56 sq.) ; mais ὅρος a un emploi général, et c'est le mot qui désigne couramment, dans les deux cas, une inscription hypothécaire. Chez les Athéniens de l'époque classique, les ὅροι sont le seul instrument de publicité.

XXX

CONTRE ONÈTOR I

POUR DÉPOSSESSION

Sujet du discours

1 Aphobos, au moment où Démosthène allait intenter contre lui l'action de tutelle[1], épousa la sœur d'Onètor, qu'il avait reçue de Timocratès, son premier mari, lequel se disposait lui-même à épouser une fille épiclère[2]. Plus tard, Onêtor, alors que le procès était déjà engagé contre Aphobos, reprit sa sœur à la suite d'un divorce qui, l'orateur le prouve, n'était qu'une comédie. Après qu'Aphobos eut été condamné, Démosthène s'en prit à ses biens et voulut saisir ses domaines ruraux : il fut expulsé par Onètor, qui prétendait que ceux-ci étaient la propriété de sa sœur comme lui ayant été engagés pour garantir la restitution de la dot. 2 C'est pourquoi Démosthène intente l'action de dépossession, comme ayant été expulsé de biens qui appartenaient auparavant à Aphobos et qui étaient devenus sa propriété à lui : il soutient qu'Aphobos n'a pas reçu la dot, mais seulement la femme ; qu'Onètor, en effet, n'avait pas voulu remettre la dot parce qu'il voyait Aphobos en procès et sa fortune compromise : « aujourd'hui, dit-il, on simule le divorce et on a pris inscription pour une somme qu'Aphobos n'a pas reçue, à seule fin de me dépouiller de ce qui m'appartient ». Le terme ἐξούλη est attique : ἐξίλλειν était employé au sens de repousser et expulser par violence.

1 Pour rien au monde, juges, je n'aurais voulu ni de mes démêlés anciens avec Aphobos, ni de mes démêlés récents avec Onètor, son beau-frère ; mais, après leur avoir adressé plusieurs fois à tous deux de justes sommations, je n'ai rien pu obtenir de ce qui était raisonnable : j'ai trouvé le second encore bien plus intransigeant que

1. Expression assez inexacte : cf. § 15.

2. Fille héritière épousée par le plus proche parent du père. Nous ne savons d'où Libanios tient ce renseignement.

XXX

ΚΑΤ' ΟΝΗΤΟΡΟΣ ΕΞΟΥΛΗΣ Α

ΥΠΟΘΕΣΙΣ

1 Ἄφοβος, μέλλοντος αὐτῷ Δημοσθένους τὰς τῆς ἐπιτροπῆς δίκας λαγχάνειν, ἔγημεν Ὀνήτορος ἀδελφὴν ἐκδοθεῖσαν αὐτῷ παρὰ Τιμοκράτους τοῦ προτέρου ἀνδρός, ἐπειδὴ ἐκεῖνος ἐπίκληρον λαμβάνειν ἔμελλε. Μετὰ δὲ ταῦτ' Ὀνήτωρ, ἤδη φεύγοντος Ἀφόβου τὴν τῆς ἐπιτροπῆς δίκην, ὡς ὁ ῥήτωρ ἀποδείκνυσι, πλασάμενος ἀπόλειψιν τὴν ἀδελφὴν παρ' ἑαυτὸν ἀπήγαγεν. Ἐπεὶ δ' Ἄφοβος ἑάλω, ἐπὶ τὴν οὐσίαν αὐτοῦ τὸν ῥήτορ' ἀφικνούμενον καὶ εἰς τὰ χωρί' εἰσιόντ' ἐξήλασεν Ὀνήτωρ, φάσκων τῆς ἀδελφῆς εἶναι τὰ χωρία, εἰς τὴν προῖκ' ἀποτιμηθέντα. 2 Διόπερ ἐξούλης αὐτῷ δικάζεται ὁ Δημοσθένης, ὡς ἐκ τῶν Ἀφόβου πρότερον, νῦν δ' ἑαυτῷ γεγενημένων ἐξεληλαμένος, φάσκων οὐκ εἰληφέναι τὴν προῖκ' Ἄφοβον, ἀλλὰ τὴν γυναῖκα μόνον· τὴν γὰρ προῖκα μὴ βουληθῆναι Ὀνήτορα δοῦναι, διότι κινδυνεύοντα τὸν Ἄφοβον ἑώρα καὶ τὴν οὐσίαν αὐτοῦ. Νῦν οὖν, φησί, πλαστὴ μὲν ἡ ἀπόλειψις, ὑπὲρ δ' ὧν οὐκ εἴληφεν Ἄφοβος, τὸ χωρίον ἀποτετίμηται ἐπ' ἀποστερήσει τῶν ἐμῶν. Τὸ δὲ τῆς ἐξούλης ὄνομα Ἀττικόν· ἐξίλλειν γὰρ ἔλεγον τὸ ἐξωθεῖν καὶ ἐκβάλλειν βίᾳ.

1 Περὶ πολλοῦ ποιούμενος, ὦ ἄνδρες δικασταί, μήτε πρὸς Ἄφοβόν μοι συμβῆναι τὴν γενομένην διαφορὰν μήτε τὴν νῦν οὖσαν πρὸς Ὀνήτορα τουτονί, κηδεστὴν ὄντ' αὐτοῦ, πολλὰ καὶ δίκαια προκαλεσάμενος ἀμφοτέρους, οὐδενὸς ἐδυνήθην τυχεῖν τῶν μετρίων, ἀλλ' ηὕρηκα πολὺ

In titulis Κατ' Ὀνήτορος habent D post argum. Harpocratio Caecilius fr. 164 : Πρὸς Ὀνήτορα cett. codd.

Ὑπόθεσις 1 παρὰ Blass. coll. § 11 : ὑπὸ codd. || ἀπολείψιν D : ἀπολείψειν v. || ἑαυτὸν Morel : ἑαυτῷ codd. || 2 ἐξίλλειν edd. : ἐξέλλειν codd.

le premier, et méritant davantage une condamnation. 2 Il me paraissait convenable de faire trancher notre différend par des amis et de ne pas aborder votre tribunal[1] : impossible de l'y décider. Quand je lui ai demandé d'être à lui-même son propre juge[2] et de ne pas s'exposer à un échec en justice, j'ai été traité avec mépris ; et non seulement il n'a pas daigné entrer en discussion avec moi, mais il m'a expulsé avec violence de la terre qui était la propriété d'Aphobos au moment où celui-ci fut condamné. 3 Puisque, de concert avec son beau-frère, il essaye de me dépouiller de mon bien et que, confiant dans ses artifices, il s'est présenté devant vous, je n'ai plus qu'une chose à faire : tenter d'obtenir justice à votre tribunal. Je n'ignore point, juges, que j'aurai contre moi, dans ce débat, un orateur astucieux et des témoins prêts à mentir ; je crois pourtant que la justice de ma cause me donnera sur lui une grande supériorité : 4 ceux même d'entre vous qui, jusqu'ici, le tenaient pour un honnête homme, reconnaîtront d'après sa conduite à mon égard qu'il a toujours été, à leur insu, l'être le plus méchant et le plus disposé à l'injustice. Je vais établir, en effet, que non seulement il n'a pas versé la dot pour laquelle il prétend que le fonds était hypothéqué, mais que, dès le début de l'affaire, il en a voulu à mes biens ; qu'en outre, sa sœur, au nom de laquelle il m'a expulsé dudit fonds, n'a point divorcé[3], 5 mais que, dans ce procès qu'il affronte, il sert de prête-nom à Aphobos pour me frustrer de mon bien. Mes raisons seront assez fortes, mes preuves assez convaincantes : vous saurez, sans doute possible, qu'en le poursuivant ici, j'ai pour moi le bon droit et l'équité. Je vais reprendre les choses au point où mon exposé vous instruira le mieux.

6 Comme beaucoup d'Athéniens, juges, Onètor n'ignorait pas que ma tutelle était gérée malhonnêtement ; les torts que je subissais étaient criants : il y avait

1. On a rappelé qu'un plaidoyer se prévaut couramment de cette marque de bonne volonté (cf. *C. Aph.* I 1).

2. L'expression paraît indiquer simplement, ici, le consentement de l'adversaire à un arbitrage.

3. Cf. *Notice*, p. 90, 91.

τοῦτον ἐκείνου δυσκολώτερον καὶ μᾶλλον ἄξιον ὄντα δοῦναι δίκην. **2** Τὸν μὲν γὰρ οἰόμενος δεῖν ἐν τοῖς φίλοις διαδικάσασθαι τὰ πρὸς ἐμὲ καὶ μὴ λαβεῖν ὑμῶν πεῖραν οὐχ οἷός τ' ἐγενόμην πεῖσαι. Τοῦτον δ' αὐτὸν αὑτῷ κελεύων γενέσθαι δικαστήν, ἵνα μὴ παρ' ὑμῖν κινδυνεύσῃ, τοσοῦτον κατεφρονήθην, ὥστ' οὐχὶ μόνον λόγου τυχεῖν οὐκ ἠξιώθην, ἀλλὰ καὶ ἐκ τῆς γῆς ἧς Ἄφοβος ἐκέκτηθ' ὅτ' ὠφλίσκανέ μοι τὴν δίκην, ὑβριστικῶς ὑπ' αὐτοῦ πάνυ ἐξεβλήθην. **3** Ἐπειδὴ οὖν συναποστερεῖ τέ με τῶν ὄντων τῷ ἑαυτοῦ κηδεστῇ, πιστεύων τ' εἰς ὑμᾶς εἰσελήλυθεν ταῖς αὑτοῦ παρασκευαῖς, ὑπόλοιπόν ἐστιν ἐν ὑμῖν πειρᾶσθαι παρ' αὐτοῦ τῶν δικαίων τυγχάνειν. Οἶδα μὲν οὖν, ὦ ἄνδρες δικασταί, ὅτι μοι πρὸς παρασκευὰς λόγων καὶ μάρτυρας οὐ τἀληθῆ μαρτυρήσοντας ὁ ἀγών ἐστιν· ὅμως μέντοι τοσοῦτον οἶμαι διοίσειν τῷ δικαιότερα τούτου λέγειν, **4** ὥστ' εἰ καί τις ὑμῶν πρότερον τοῦτον ἡγεῖτ' εἶναι μὴ πονηρόν, ἔκ γε τῶν πρὸς ἐμὲ πεπραγμένων γνώσεται ὅτι καὶ τὸν ἄλλον χρόνον ἐλάνθανεν αὑτὸν κάκιστος ὢν καὶ ἀδικώτατος ἁπάντων. Ἀποδείξω γὰρ αὐτὸν οὐ μόνον τὴν προῖκ' οὐ δεδωκότα ἧς φησι νῦν ἀποτετιμῆσθαι τὸ χωρίον, ἀλλὰ καὶ ἐξ ἀρχῆς τοῖς ἐμοῖς ἐπιβουλεύσαντα, καὶ πρὸς τούτοις τὴν μὲν γυναῖκ' οὐκ ἀπολελοιπυῖαν ὑπὲρ ἧς ἐξήγαγέ μ' ἐκ ταύτης τῆς γῆς, **5** προϊστάμενον δ' ἐπ' ἀποστερήσει τῶν ἐμῶν Ἀφόβου καὶ τούτους ὑπομένοντα τοὺς ἀγῶνας, οὕτω μεγάλοις τεκμηρίοις καὶ φανεροῖς ἐλέγχοις ὥσθ' ὑμᾶς ἅπαντας εἴσεσθαι σαφῶς ὅτι δικαίως καὶ προσηκόντως οὗτος φεύγει ταύτην ὑπ' ἐμοῦ τὴν δίκην. Ὅθεν δὲ ῥᾷστα μαθήσεσθε περὶ αὐτῶν, ἐντεῦθεν ὑμᾶς καὶ ἐγὼ πρῶτον πειράσομαι διδάσκειν.

6 Ἐγὼ γάρ, ὦ ἄνδρες δικασταί, πολλούς τ' ἄλλους Ἀθηναίων καὶ τοῦτον οὐκ ἐλάνθανον κακῶς ἐπιτροπευόμενος,

2 ἧς A : ἣν v. || **3** συναποστερεῖ τε Reiske : συναποστερεῖται A συναπεστέρει S ἀποστερεῖται F D || τῷ v. : τὸ A || **4** γε om. A || γνώσεται A : γνώσεσθε S F D || ἄλλον A : παρεληλυθότα v. || ἁπάντων S : πάντων v. || ἀποτετιμῆσθαι A S : ἀποτιμήσασθαι F D || **5** ἅπαντας S : πάντας v.

eu assez de pourparlers et de discussions au sujet de mes affaires auprès de l'archonte et de bien d'autres[1]. On connaissait le montant de la succession ; on savait également que ceux qui avaient mon patrimoine en main n'avaient pas voulu l'affermer, de manière à jouir des revenus. A voir ce qui se passait, tous ceux qui étaient au courant pensaient bien que j'obtiendrais justice contre mes tuteurs, dès ma majorité. **7** Timocratès et Onètor étaient de ceux-là ; ils ont toujours eu cette conviction, et en voici la meilleure preuve : Onètor avait bien voulu donner sa sœur à Aphobos, parce qu'il le voyait en possession à la fois de son patrimoine et du mien, qui était considérable ; mais il était trop défiant pour se dessaisir de la dot, comme s'il admettait que les pupilles ont une hypothèque constituée sur les biens de leurs tuteurs[2]. Et, tout en lui accordant sa sœur, il fit convenir par Timocratès, le premier mari de celle-ci, qu'il serait débiteur de la dot envers Onètor*, au taux de 5 oboles[3]. **8** Lorsque Aphobos, condamné sur l'action de tutelle, refusa de s'exécuter, Onètor n'essaya même pas d'arranger l'affaire entre nous ; en revanche, lui qui n'avait pas livré la dot et qui en restait maître, soutint que sa sœur était divorcée et feignit de ne pouvoir rentrer en possession de ce qu'il avait versé. Et, sur le fondement d'une prétendue hypothèque, il a osé m'expulser du fonds : tel a été son mépris pour moi, pour vous, et pour les lois établies. **9** Voilà, juges, ce qui s'est passé : voilà le motif de l'action que je lui intente et qui est soumise à votre jugement. Je vais produire d'abord le témoignage de Timocratès lui-même, sur le fait qu'il s'était reconnu débiteur de la dot et qu'il en avait servi les intérêts à Aphobos, conformément à leur convention ; ensuite, il sera

1. On ne voit pas à qui Démosthène fait allusion, s'il fait allusion à des magistrats. Pour l'archonte, chargé des affaires familiales et de la protection des orphelins, son rôle — d'ailleurs purement officieux ici — se comprend assez bien ; mais c'est à tort qu'on a conclu de ce texte que le procès de tutelle venait devant lui.

2. On a quelquefois invoqué ce texte à l'appui de la thèse suivant laquelle le droit athénien aurait reconnu une hypothèque légale au pupille : il suffit de savoir lire pour constater qu'il prouve exactement le contraire.

3. Taux modéré (10 %) : le taux ordinaire est de neuf oboles en cas

ἀλλ' ἦν καταφανὴς εὐθὺς ἀδικούμενος· τοσαῦται πραγματεῖαι καὶ λόγοι παρά τε τῷ ἄρχοντι καὶ παρὰ τοῖς ἄλλοις ἐγίγνονθ' ὑπὲρ τῶν ἐμῶν. Τό τε γὰρ πλῆθος τῶν καταλειφθέντων ἦν φανερόν, ὅτι τ' ἀμίσθωτον τὸν οἶκον ἐποίουν οἱ διαχειρίζοντες, ἵν' αὐτοὶ τὰ χρήματα καρποῖντο, οὐκ ἄδηλον ἦν. Ὥστ' ἐκ τῶν γιγνομένων οὐκ ἔσθ' ὅστις οὐχ ἡγεῖτο τῶν εἰδότων δίκην με λήψεσθαι παρ' αὐτῶν, ἐπειδὴ τάχιστ' ἀνὴρ εἶναι δοκιμασθείην. 7 Ἐν οἷς καὶ Τιμοκράτης καὶ Ὀνήτωρ ταύτην ἔχοντες διετέλεσαν τὴν διάνοιαν. Τεκμήριον δὲ πάντων μέγιστον· οὗτος γὰρ ἐβουλήθη μὲν Ἀφόβῳ δοῦναι τὴν ἀδελφήν, ὁρῶν τῆς θ' αὑτοῦ πατρῴας οὐσίας καὶ τῆς ἐμῆς οὐκ ὀλίγης αὐτὸν κύριον γεγενημένον, προέσθαι δὲ τὴν προῖκ' οὐκ ἐπίστευεν, ὥσπερ εἰ τὰ τῶν ἐπιτροπευόντων χρήματ' ἀποτίμημα τοῖς ἐπιτροπευομένοις καθεστάναι νομίζων. Ἀλλὰ τὴν μὲν ἀδελφὴν ἔδωκεν, τὴν δὲ προῖκ' αὐτῷ Τιμοκράτης ἐπὶ πέντ' ὀβολοῖς ὀφειλήσειν ὡμολόγησεν, ᾧ πρότερον ἡ γυνὴ συνοικοῦσ' ἐτύγχανεν. 8 Ὀφλόντος δέ μοι τὴν δίκην Ἀφόβου τῆς ἐπιτροπῆς καὶ οὐδὲν δίκαιον ποιεῖν ἐθέλοντος, διαλύειν μὲν ἡμᾶς Ὀνήτωρ οὐδ' ἐπεχείρησεν, οὐκ ἀποδεδωκὼς δὲ τὴν προῖκα, ἀλλ' αὐτὸς κύριος ὤν, ὡς ἀπολελοιπυίας τῆς ἀδελφῆς καὶ δοὺς κομίσασθαι δ' οὐ δυνάμενος, ἀποτιμήσασθαι φάσκων τὴν γῆν ἐξάγειν μ' ἐξ αὐτῆς ἐτόλμησεν· τοσοῦτον καὶ ἐμοῦ καὶ ὑμῶν καὶ τῶν κειμένων νόμων κατεφρόνησεν. 9 Καὶ τὰ μὲν γενόμενα, καὶ δι' ἃ φεύγει τὴν δίκην καὶ περὶ ὧν οἴσετε τὴν ψῆφον, ταῦτ' ἐστίν, ὦ ἄνδρες δικασταί· παρέξομαι δὲ μάρτυρας πρῶτον μὲν αὐτὸν Τιμοκράτην, ὡς ὡμολόγησεν ὀφειλήσειν τὴν προῖκα καὶ τὸν τόκον ἀπεδίδου τῆς προικὸς Ἀφόβῳ κατὰ τὰς ὁμο-

6 παρά τε A : καὶ παρὰ v. ‖ τὸν om. S ‖ διαχειρίζοντες v. : — σαντες A ‖ ἐπειδὴ Dobrée : ἐπειδὰν codd. ‖ **7** θ' αὑτοῦ Baiter-Sauppe : τε αὐτοῦ codd. (sine spiritu S) ‖ ἐπίστευεν A : -σεν S -σαν F ‖ **8** οὐδ' S : οὐκ v. ‖ κειμένων om. A ‖ **9** alterum καὶ S : om. A F D ‖ μάρτυρας S : μάρτυρα A F D ‖ Τιμοκράτην S : τὸν Τιμ. A F D.

attesté qu'Aphobos, de son côté, a reconnu que Timocratès lui servait les intérêts. Prends-moi les témoignages.

TÉMOIGNAGES

10 Il est donc établi que la dot n'a jamais été livrée et qu'Aphobos n'en a pas pris possession. Du reste, la vraisemblance indique assez qu'ils avaient préféré cet arrangement pour les raisons que j'ai dites, plutôt que de voir la dot confondue dans le patrimoine d'Aphobos qui allait être si compromis. On ne peut pas dire que c'est faute de ressources qu'ils n'ont pas livré la dot immédiatement : Timocratès possède une fortune de plus de 10 talents, Onètor, de plus de 30 ; ce n'est donc pas pour ce motif qu'ils auraient ajourné le payement. **11** On ne peut pas dire non plus que, tout en étant riches, ils n'avaient pas d'argent liquide et que, pour ne pas laisser la femme sans époux, ils se sont hâtés de conclure le mariage sans fournir la dot en même temps : car on les voit prêter à d'autres des sommes considérables, et, en outre, la femme était pourvue d'un mari, elle n'était pas veuve quand elle sortit de chez Timocratès et fut donnée à Aphobos. Voilà donc encore un prétexte qu'on ne peut raisonnablement accepter. **12** Aussi bien, juges, vous reconnaîtrez tous qu'en traitant une affaire de ce genre, n'importe qui aimerait mieux emprunter à un tiers que de ne pas fournir à un beau-frère la dot convenue. Car, si vous ne vous acquittez pas tout de suite, vous êtes un débiteur dont on ne sait pas s'il sera honnête ou non ; tandis qu'en donnant à la fois la femme et le bien de la femme, vous devenez un parent, un beau-frère : **13** en vous exécutant loyalement, vous échappez à tout soupçon. Dans ces conditions, puisque aucun des motifs que j'ai indiqués ne les obligeait à se porter débiteurs, et qu'ils ne pouvaient y être disposés d'eux-mêmes, il n'y a pas d'autre explication possible : si la dot n'a pas été remise, la raison en est nécessairement qu'ils n'ont pas eu confiance.

de répudiation ([Dém.] LIX 52) et, d'après *C. Aph.* I 17, en cas d'ἐγγύη non suivie de mariage.

λογίας, ἔπειθ' ὡς αὐτὸς Ἄφοβος ὡμολόγει κομίζεσθαι τὸν τόκον παρὰ Τιμοκράτους. Καί μοι λαβὲ τὰς μαρτυρίας.

ΜΑΡΤΥΡΙΑΙ

10 Ἐξ ἀρχῆς μὲν τοίνυν ὁμολογεῖται μὴ δοθῆναι τὴν προῖκα μηδὲ γενέσθαι κύριον αὐτῆς Ἄφοβον. Δῆλον δὲ καὶ ἐκ τῶν εἰκότων ὅτι τούτων ἕνεχ' ὧν εἴρηκα ὀφείλειν εἵλοντο μᾶλλον ἢ καταμεῖξαι τὴν προῖκ' εἰς τὴν οὐσίαν τὴν Ἀφόβου τὴν οὕτω κινδυνευθήσεσθαι μέλλουσαν. Οὔτε γὰρ δι' ἀπορίαν οἷόν τ' εἰπεῖν ὡς οὐκ εὐθὺς ἀπέδοσαν (Τιμοκράτει τε γάρ ἐστιν οὐσία πλέον ἢ δέκα ταλάντων, Ὀνήτορί τε πλέον ἢ τριάκοντα, ὥστ' οὐκ ἂν διὰ τοῦτό γ' εἶεν οὐκ εὐθὺς δεδωκότες), 11 οὔτε κτήματα μὲν ἦν αὐτοῖς, ἀργύριον δ' οὐκ ἔτυχεν παρόν, ἡ γυνὴ δ' ἐχήρευεν, διὸ πρᾶξαι ταῦτ' ἠπείχθησαν οὐχ ἅμα τὴν προῖκα διδόντες· ἀργύριόν τε γὰρ οὗτοι δανείζουσιν ἄλλοις οὐκ ὀλίγον, συνοικοῦσάν τε ταύτην, ἀλλ' οὐ χηρεύουσαν παρὰ Τιμοκράτους ἐξέδοσαν, ὥστ' οὐδ' ἂν ταύτην τὴν σκῆψιν εἰκότως αὐτῶν τις ἀποδέξαιτο. 12 Καὶ μήν, ὦ ἄνδρες δικασταί, κἀκεῖν' ἂν πάντες ὁμολογήσαιτε, ὅτι τοιοῦτον πρᾶγμα συναλλάττων ὁστισοῦν ἕλοιτ' ἂν ἑτέρῳ μᾶλλον ὀφείλειν ἢ κηδεστῇ τὴν προῖκα μὴ ἀποδοῦναι. Μὴ διαλυσάμενος μὲν γὰρ ἔσται χρήστης ἄδηλος εἴτ' ἀποδώσει δικαίως εἴτε μή, μετὰ δὲ τῆς γυναικὸς τἀκείνης ἀποδοὺς οἰκεῖος καὶ κηδεστής· 13 ἐν οὐδεμιᾷ γάρ ἐστιν ὑποψίᾳ τὰ δίκαια πάντα ποιήσας. Ὥσθ' οὕτως τοῦ πράγματος ἔχοντος, καὶ τούτων οὐδὲ καθ' ἓν ὧν εἶπον ὀφείλειν ἀναγκασθέντων, οὐδὲ βουληθέντων ἄν, οὐκ ἔστ' εἰπεῖν ἄλλην πρόφασιν δι' ἣν οὐκ ἀπέδοσαν, ἀλλ' ἀνάγκη ταύτην εἶναι τὴν αἰτίαν, δι' ἣν δοῦναι τὴν προῖκ' οὐκ ἐπίστευσαν.

10 κινδυνευθήσεσθαι A S : διακινδ. F D || **12** μὴν A : μὲν δὴ v. || ἔσται A S : γίνεται F secl. Blass || **13** δι' ἣν v. : διὸ A || uerba δοῦναι τὴν προῖκα secluserim.

14 Ayant établi ce point incontestable, je n'aurai pas de mal, je crois, à démontrer par les faits eux-mêmes que la dot n'a pas été payée non plus postérieurement ; vous allez voir que, même s'ils n'avaient pas obéi à ces motifs et s'ils avaient eu, en gardant l'argent, l'intention de s'exécuter à brève échéance, ils n'auraient pas livré la dot, ils ne s'en seraient jamais dessaisis : la situation même le leur commandait. **15** Entre le mariage de cette femme et son prétendu divorce, il s'est écoulé deux ans : elle s'est mariée, en effet, sous l'archontat de Polyzèlos, au mois Skirophorion, et le divorce a été inscrit sous l'archontat de Timocratès, au mois Posidéon[1]. Dès ma majorité[2], j'avais fait entendre mes plaintes, j'avais réclamé le compte de tutelle ; enfin, me voyant entièrement dépouillé, j'intentai les actions, sous le même archontat de Timocratès. **16** Pendant ce délai, Onètor a dû rester débiteur de la dot, conformément aux conventions ; il n'y a aucune vraisemblance qu'il l'ait fournie. Ce qui l'avait décidé, en effet, à se porter débiteur et à verser les intérêts, c'était la crainte de compromettre la dot qui aurait été confondue dans le patrimoine d'Aphobos : comment aurait-il payé le capital, alors que le procès était déjà engagé? A ce moment-là, il aurait plutôt songé à se le faire restituer s'il s'en était dessaisi au début. Non, juges, ce n'est pas possible. **17** Or, la femme a bien été mariée à la date que j'indique ; c'est bien dans l'intervalle que nous avons commencé d'être en instance, Aphobos et moi ; et c'est après que j'ai obtenu jour pour mon action qu'ils ont fait inscrire le divorce par-devant l'archonte : sur tous ces points, voici les témoignages ; prends-les.

Témoignage

Après cet archontat, il y a eu celui de Kèphisodôros,

1. La première de ces deux dates correspond à peu près à juin 366, et la seconde à décembre 364.

2. Les manuscrits ajoutent μετὰ τοὺς γάμους, « après le mariage » — celui de la sœur d'Onétor apparemment ; mais ce mariage est de 366 : la chronologie est en défaut. La correction de Photiadès (in Ἀθηνᾶ, 1926, p. 24) κατὰ τοὺς νόμους, « conformément aux lois », donnerait

14 Ἐγὼ τοίνυν ὁμολογουμένως οὕτω ταῦτ' ἐξελέγχων, ὡς οὐδ' ὕστερον ἀπέδοσαν, οἶμαι ῥᾳδίως ἐπιδείξειν ἐξ αὐτῶν τῶν πεπραγμένων, ὥσθ' ὑμῖν γενέσθαι φανερὸν ὅτι κἂν εἰ μὴ ἐπὶ τούτοις, ἀλλ' ἐπὶ τῷ διὰ ταχέων ἀποδοῦναι τἀργύριον εἶχον, οὐκ ἄν ποτ' ἀπέδοσαν οὐδ' ἂν προεῖντο· τοιαύτας ἀνάγκας εἶχεν αὐτοῖς τὸ πρᾶγμα. **15** Δύο μὲν γάρ ἐστιν ἔτη τὰ μεταξὺ τοῦ συνοικῆσαί τε τὴν γυναῖκα καὶ φῆσαι τούτους πεποιῆσθαι τὴν ἀπόλειψιν· ἐγήματο μὲν γὰρ ἐπὶ Πολυζήλου ἄρχοντος σκιροφοριῶνος μηνός, ἡ δ' ἀπόλειψις ἐγράφη ποσιδεῶνος μηνὸς ἐπὶ Τιμοκράτους· ἐγὼ δ' εὐθέως [μετὰ τοὺς γάμους] δοκιμασθεὶς ἐνεκάλουν καὶ λόγον ἀπῄτουν, καὶ πάντων ἀποστερούμενος τὰς δίκας ἐλάγχανον ἐπὶ τοῦ αὐτοῦ ἄρχοντος. **16** Ὁ δὴ χρόνος οὗτος ὀφειλῆσαι μὲν ἐνδέχεται κατὰ τὰς ὁμολογίας, ἀποδοῦναι δ' οὐκ ἔχει πίστιν. Ὃς γὰρ διὰ ταῦτ' ἐξ ἀρχῆς ὀφείλειν εἵλετο καὶ τὸν τόκον φέρειν, ἵνα μὴ κινδυνεύοι ἡ προὶξ μετὰ τῆς ἄλλης οὐσίας, πῶς οὗτος ἂν ἀπέδωκεν ἤδη τὴν δίκην φεύγοντος; ὃς εἰ καὶ τότ' ἐπίστευσεν, τηνικαῦτ' ἂν ἀπολαβεῖν ἐζήτησεν. Οὐκ ἔνεστι δήπουθεν, ὦ ἄνδρες δικασταί. **17** Ἀλλὰ μὴν ὡς ἐγήματο μὲν ἡ γυνὴ καθ' ὃν ἐγὼ λέγω χρόνον, ἀντίδικοι δ' ἡμεῖς ἤδη πρὸς ἀλλήλους ἐν τῷ μεταξὺ χρόνῳ κατέστημεν, ὕστερον δ' ἢ ἐγὼ τὴν δίκην ἔλαχον τὴν ἀπόλειψιν οὗτοι πρὸς τὸν ἄρχοντ' ἀπεγράψαντο, λαβέ μοι καθ' ἕκαστον ταύτας τὰς μαρτυρίας.

ΜΑΡΤΥΡΙΑ

Μετὰ τοίνυν τοῦτον τὸν ἄρχοντα Κηφισόδωρος, Χίων.

14 ἐξελέγχων A S : ἐλέγχων F ἐλέγχω D || οὐδ' A S : δ' F D || κἂν εἰ μὴ v. : εἰ μὴ καὶ S || **15** ἐστὶν S : ἦν A F || ποσιδεῶνος edd. ex inscript. usu : ποσειδεῶνος codd. (— δαιῶνος A) || εὐθέως S : εὐθὺς v. || μετὰ τοὺς γάμους (quae uerba habet post δοκιμασθεὶς A) secl. Blass : κατὰ τοὺς νόμους coni. Photiades || **16** τὸν A : om. cett. || **17** δ' ἢ v. : δὴ S δ' ᾗ A δ' F D || οὗτοι πρὸς τὸν ἄρχοντα om. A || καθ' ἕκαστον v. : καὶ A.

puis celui de Chion : c'est sous ces derniers que je fis connaître mes griefs [1], étant désormais majeur ; et mon action a été intentée sous celui de Timocratès [2]. Prends-moi ce témoignage.

TÉMOIGNAGE

18 Lis encore celui-ci.

TÉMOIGNAGE

Il résulte donc aussi des témoignages qu'ils n'ont pas fourni la dot : c'est pour sauver la fortune d'Aphobos qu'ils se livrent à ces manœuvres impudentes. Dans un délai aussi court, à les entendre, ils se sont portés débiteurs, puis ils ont fourni la dot, puis la femme a divorcé, puis ils n'ont pu obtenir leur remboursement, puis ils ont pris inscription sur le fonds ! N'y a-t-il pas là, visiblement, une collusion destinée à me frustrer des biens que vous m'avez adjugés ? **19** D'ailleurs, d'après les propres réponses d'Onètor, de Timocratès et d'Aphobos, il est impossible que la dot ait été fournie : c'est ce que je vais essayer de montrer. J'ai interrogé chacun d'eux devant de nombreux témoins : j'ai demandé à Onètor et à Timocratès s'il y avait des témoins en présence desquels ils eussent livré la dot ; à Aphobos, s'il y en avait en présence desquels il l'eût reçue. **20** Ils ont été unanimes : chacun m'a répondu qu'il n'y avait eu aucun témoin ; mais Aphobos aurait obtenu son payement par acomptes, au fur et à mesure de ses besoins. A qui le fera-t-on croire ? La dot était d'un talent : et Onètor et Timocratès auraient remis sans témoins à Aphobos, de la main à la main, une pareille somme ! Mais, même avec de nombreux témoins — à plus forte raison de cette manière — personne n'aurait payé à cet homme-là, de confiance et sans garantie, si on voulait n'avoir pas de difficulté, en cas de contesta-

une indication superflue. Il vaut mieux considérer les mots comme interpolés.

1. Toute cette chronologie n'implique pas que l'inscription ait été prise après le jugement : le point est d'importance ; cf. *Notice*, p. 90, n. 3.

2. Ce passage est celui qui indique de la façon la plus nette que l'action de Démosthène contre ses tuteurs a été retardée jusqu'à sa ving-

Ἐπὶ τούτων ἐνεκάλουν δοκιμασθείς, ἔλαχον δὲ τὴν δίκην ἐπὶ Τιμοκράτους. Λαβὲ ταύτην τὴν μαρτυρίαν.

ΜΑΡΤΥΡΙΑ

18 Ἀνάγνωθι δὲ καὶ ταύτην τὴν μαρτυρίαν.

ΜΑΡΤΥΡΙΑ

Δῆλον μὲν τοίνυν καὶ ἐκ τῶν μεμαρτυρημένων, ὅτι τὴν προῖκ' οὐ δόντες, ἀλλ' ἐπὶ τῷ διασῴζειν Ἀφόβῳ τὴν οὐσίαν ταῦτα τολμῶσι πράττειν. Οἳ γὰρ ἐν τοσούτῳ χρόνῳ καὶ ὀφειλῆσαι καὶ ἀποδοῦναι καὶ τὴν γυναῖκ' ἀπολιπεῖν καὶ οὐ κομίσασθαι καὶ τὸ χωρίον ἀποτιμήσασθαί φασιν, πῶς οὐ φανερὸν ὅτι προστάντες τοῦ πράγματος τὰ γνωσθένθ' ὑφ' ὑμῶν ἀποστερῆσαί με ζητοῦσιν; 19 ὡς δὲ καὶ ἐξ ὧν αὐτὸς οὗτος καὶ Τιμοκράτης καὶ Ἄφοβος ἀπεκρίναντο, οὐχ οἷόν τ' ἀποδεδόσθαι τὴν προῖκα, ταῦτ' ἤδη πειράσομαι διδάσκειν ὑμᾶς. Ἐγὼ γάρ, ὦ ἄνδρες δικασταί, τούτων ἕκαστον ἠρόμην πολλῶν ἐναντίον μαρτύρων, Ὀνήτορα μὲν καὶ Τιμοκράτην, εἴ τινες εἶεν μάρτυρες ὧν ἐναντίον τὴν προῖκ' ἀπέδοσαν, αὐτὸν δ' Ἄφοβον, εἴ τινες παρῆσαν ὅτ' ἀπελάμβανεν. 20 Καί μοι πάντες ἀπεκρίναντο καθ' ἕκαστον, ὅτι οὐδεὶς μάρτυς παρείη, κομίζοιτο δὲ λαμβάνων καθ' ὁποσονοῦν δέοιτ' Ἄφοβος παρ' αὐτῶν. Καίτοι τῷ τοῦθ' ὑμῶν πιστόν, ὡς ταλάντου τῆς προικὸς οὔσης ἄνευ μαρτύρων Ὀνήτωρ καὶ Τιμοκράτης Ἀφόβῳ τοσοῦτον ἀργύριον ἐνεχείρισαν; ᾧ μὴ ὅτι τοῦτον τὸν τρόπον, ἀλλ' οὐδὲ μετὰ πολλῶν μαρτύρων ἀποδιδοὺς εἰκῇ τις ἂν ἐπίστευσεν, ἵν' εἴ τις γίγνοιτο διαφορά, κομίσασθαι ῥᾳδίως παρ' ὑμῖν δύνηται.

17 ταύτην v. : μοι A ‖ **18** καὶ οὐ κομίσασθαι post ἀπολιπεῖν transpos. Sauppe : post ἀποδοῦναι codd. ‖ ὅτι προστάντες τοῦ πράγματος τὰ γνωσθέντα v. : ἐκ τοῦ πραγμ. ὅτι καταγνωσθέντα S (τὰ καταγν. in γρ.) ‖ **19** εἴ τινες A S : οἵ τινες F D ‖ εἴ τινες S : οἵ τινες A F D ‖ **20** οὐδὲ A S : οὐ F D ‖ γίγνοιτο S : γένοιτο v. ‖ παρ' ὑμῖν v. : ὑπ' αὐτοῦ S.

tion, pour obtenir son remboursement auprès de vous. **21** Une pareille affaire ne se traite jamais sans témoins — je ne dis pas avec un homme de cette espèce, mais avec qui que ce soit. Nous obéissons au même motif quand nous célébrons des noces et que nous y invitons nos proches [1] : c'est qu'il ne s'agit pas d'une chose secondaire ; c'est la vie de nos sœurs et de nos filles que nous confions à autrui ; en pareille occasion, on s'entoure de toutes les sûretés. **22** Il était donc tout indiqué qu'Onètor en usât de même : si vraiment il remettait la dot à Aphobos, les mêmes témoins devant lesquels il s'était reconnu débiteur et s'était engagé à verser les intérêts auraient dû constater le payement. En agissant ainsi, il se libérait entièrement, tandis qu'en payant de la main à la main, il risquait de voir produire contre lui les témoins qui avaient assisté à la convention, ni plus ni moins que s'il restait débiteur. **23** En fait, ils n'ont pu décider ceux-ci — leurs parents, pourtant, mais qui valent mieux qu'eux — à témoigner que la dot avait été remise ; d'autre part, ils se doutaient bien que des tiers étrangers à leur famille n'auraient pas obtenu crédit auprès de vous s'ils les avaient produits comme témoins. En outre, s'ils déclaraient que la dot avait été versée en une fois, ils savaient que nous réclamerions pour les mettre à la question les esclaves qui avaient apporté les fonds : comme le versement n'avait pas eu lieu, ils auraient refusé et, du même coup, ils étaient convaincus de mensonge. Mais, en prétendant qu'ils avaient remis les fonds eux-mêmes, de la main à la main, et par acomptes, ils s'imaginaient qu'on ne pourrait les confondre. **24** En fait de mensonge, ils ont donc choisi celui que leur imposait la situation. Voilà leurs artifices et leurs fourberies : en faisant figure de gens simples, ils comptent vous abuser facilement, alors que la simplicité n'est pas du tout leur fait dans les questions d'intérêt, mais bien la diligence la plus attentive. Prends-moi les témoignages qui constatent leurs réponses, et lis-les.

tième année, deux ans après sa majorité ; deux ans qui doivent correspondre au service de l'éphébie (cf. *C. Aph.* I, *Notice*, p. 24).

1. Sur cette forme de témoignage, cf. Beauchet, I, p. 140 sq.

21 Μὴ γὰρ ὅτι πρὸς τοῦτον τοιοῦτον ὄντα, ἀλλ' οὐδὲ πρὸς ἄλλον οὐδ' ἄν εἷς οὐδένα τοιοῦτον συνάλλαγμα ποιούμενος ἀμαρτύρως ἂν ἔπραξεν· ἀλλὰ τῶν τοιούτων ἕνεκα καὶ γάμους ποιοῦμεν καὶ τοὺς ἀναγκαιοτάτους παρακαλοῦμεν, ὅτι οὐ πάρεργον, ἀλλ' ἀδελφῶν καὶ θυγατέρων βίους ἐγχειρίζομεν, ὑπὲρ ὧν τὰς ἀσφαλείας μάλιστα σκοποῦμεν. 22 Εἰκὸς τοίνυν καὶ τοῦτον, ὧνπερ ἐναντίον ὀφείλειν ὡμολόγησεν καὶ τὸν τόκον οἴσειν, τῶν αὐτῶν τούτων παρόντων διαλύσασθαι πρὸς Ἄφοβον, εἴπερ ὡς ἀληθῶς ἀπεδίδου τὴν προῖκ' αὐτῷ. Τοῦτον μὲν γὰρ τὸν τρόπον πράξας, ὅλου τοῦ πράγματος ἀπηλλάττετο, μόνος μόνῳ δ' ἀποδιδούς, τοὺς ἐπὶ ταῖς ὁμολογίαις παραγενομένους ὡς κατ' ὀφείλοντος ἂν αὐτοῦ μάρτυρας ὑπελείπετο. 23 Νῦν τοίνυν τοὺς μὲν ὄντας οἰκείους καὶ βελτίους αὑτῶν οὐκ ἐδύναντο πεῖσαι τὴν προῖκ' ἀποδεδωκέναι σφᾶς μαρτυρεῖν, ἑτέρους δ' εἰ παρέχοιντο μάρτυρας μηδὲν γένει προσήκοντας, οὐκ ἂν ἡγοῦνθ' ὑμᾶς αὐτοῖς πιστεύειν. Ἔτι δ' ἀθρόαν μὲν φάσκοντες δεδωκέναι τὴν προῖκα, ᾔδεσαν ὅτι τοὺς ἀπενεγκόντας οἰκέτας ἐξαιτήσομεν, οὓς μὴ γεγενημένης τῆς δόσεως παραδοῦναι μὴ 'θέλοντες ἠλέγχοντ' ἄν· εἰ δ' αὐτοὶ μόνοι μόνῳ τοῦτον τὸν τρόπον ἀποδεδωκέναι λέγοιεν, ἐνόμιζον οὐκ ἐλεγχθήσεσθαι. 24 Διὰ τοῦτο τοῦτον εἵλοντ' ἐξ ἀνάγκης ψεύδεσθαι τὸν τρόπον. Τοιαύταις τέχναις καὶ πανουργίαις, ὡς ἁπλοῖ τινὲς εἶναι δόξοντες, ἡγοῦνται ῥᾳδίως ὑμᾶς ἐξαπατήσειν, ἁπλῶς οὐδ' ἂν μικρὸν ὑπὲρ τῶν διαφερόντων, ἀλλ' ὡς οἷόν τ' ἀκριβέστατα πράξαντες. Λαβὲ τὰς μαρτυρίας αὐτοῖς ὧν ἐναντίον ἀπεκρίναντο, καὶ ἀνάγνωθι.

21 τοῦτον A S : τὸν F D ‖ σκοποῦμεν v. : ποιοῦμεν S γρ. ‖ 22 ἀποδιδούς A S : ἀποδούς F D ‖ 23 μηδὲν A : μηδὲ S om. F D ‖ πιστεύειν v. : πιστεύσειν S ‖ ἀποδεδωκέναι S : δεδωκέναι v. ‖ 24 δόξοντες S : δόξαντες v. ‖ ἀκριβέστατα S : ἀκριβέστατ' ἂν A F.

Témoignages

25 Il y a mieux : je vais établir que cette femme n'a divorcé que pour la forme, et qu'en fait, elle continue à habiter avec Aphobos. Je pense que, lorsque vous serez éclairés sur ce point, leur cause vous paraîtra encore plus suspecte et que vous serez plus disposés à m'accorder justice. Je recourrai en partie à des témoignages, en partie à des présomptions sérieuses et à des raisons probantes. **26** Le divorce de cette femme, juges, avait déjà été inscrit par-devant l'archonte ; Onètor prétendait avoir pris inscription sur le domaine pour la restitution de la dot — et je voyais Aphobos qui continuait, comme si de rien n'était, à posséder, à cultiver la terre, et sa femme qui habitait toujours avec lui ; j'étais fixé : tout cela n'était qu'une invention pour dépister. **27** Afin de vous rendre la chose manifeste, je sommais Onètor, par-devant témoins, de faire la preuve du contraire : j'offrais de livrer pour la question un esclave qui était au courant de tout et que j'avais saisi sur les biens d'Aphobos quand celui-ci était déjà en demeure. Devant cette sommation, Onètor refusa l'épreuve de la question sur le point de savoir si sa sœur habitait toujours avec Aphobos ; en revanche, il ne put nier que ce dernier continuât à cultiver la terre : le fait était trop évident, il le reconnut. **28** Du reste, il y a autre chose qui montre bien que le mariage n'était pas rompu et qu'Aphobos était encore en possession à la veille du procès[1] ; ce sont les manœuvres auxquelles il s'est livré après sa condamnation : il savait bien qu'il n'avait pas consenti d'hypothèque et que le fonds devait me revenir en vertu du jugement, quand il a enlevé tout ce qu'il était possible d'enlever, les fruits, les instruments de culture, tout, sauf les tonneaux placés en terre ; il n'a laissé que ce qui

1. Le texte dit « avant que le procès n'ait eu lieu », ce qui implique : jusqu'à ce moment-là. Le mot δίκη est en soi équivoque : il peut se rapporter à la sentence (cf. *infra* et II 2) ; mais le *terminus ante quem* qu'il indique peut être simplement le début de la procédure. Pour la question de la priorité du droit, il y a bien de la différence.

ΜΑΡΤΥΡΙΑΙ

25 Φέρε δή, ὦ ἄνδρες δικασταί, καὶ τὴν γυναῖχ' ὑμῖν ἐπιδείξω λόγῳ μὲν ἀπολελοιπυῖαν, ἔργῳ δὲ συνοικοῦσαν Ἀφόβῳ· νομίζω γάρ, ἂν τοῦτ' ἀκριβῶς μάθητε, μᾶλλον ὑμᾶς τούτοις μὲν ἀπιστήσειν, ἐμοὶ δ' ἀδικουμένῳ τὰ δίκαια βοηθήσειν. Μάρτυρας δὲ τῶν μὲν ὑμῖν παρέξομαι, τῶν δ' ἐπιδείξω μεγάλα τεκμήρια καὶ πίστεις ἱκανάς. 26 Ἐγὼ γάρ, ὦ ἄνδρες δικασταί, μετὰ τὸ γεγράφθαι παρὰ τῷ ἄρχοντι ταύτην τὴν γυναῖκ' ἀπολελοιπυῖαν καὶ τὸ φάσκειν Ὀνήτορ' ἀντὶ τῆς προικὸς ἀποτετιμῆσθαι τὸ χωρίον, ὁρῶν Ἄφοβον ὁμοίως ἔχοντα καὶ γεωργοῦντα τὴν γῆν καὶ τῇ γυναικὶ συνοικοῦντα, σαφῶς ᾔδειν ὅτι λόγος ταῦτα καὶ παραγωγὴ τοῦ πράγματός ἐστιν. 27 Βουλόμενος δ' ἐμφανῆ ποιῆσαι ταῦτα πᾶσιν ὑμῖν, ἐξελέγχειν αὐτὸν ἠξίουν ἐναντίον μαρτύρων, εἰ μὴ φάσκοι ταῦθ' οὕτως ἔχειν, καὶ παρεδίδουν οἰκέτην εἰς βάσανον, ὃς συνῄδει πάντ' ἀκριβῶς· ὃν ἔλαβον κατὰ τὴν ὑπερημερίαν ἐκ τῶν Ἀφόβου. Οὗτος δ' ἐμοῦ ταῦτ' ἀξιώσαντος, περὶ μὲν τοῦ συνοικεῖν Ἀφόβῳ τὴν ἀδελφὴν ἔφυγε τὴν βάσανον· ὡς δ' οὐκ ἐκεῖνος ἐγεώργει τὴν γῆν, οὐκ ἐδύνατ' ἀρνηθῆναι διὰ τὴν περιφάνειαν, ἀλλὰ προσωμολόγησεν. 28 Οὐ μόνον δ' ἐκ τούτων ἦν [ῥᾴδιον] γνῶναι ὅτι καὶ συνῴκει τῇ γυναικὶ καὶ τὸ χωρίον ἐκέκτητ' ἔτι πρὶν γενέσθαι τὴν δίκην, ἀλλὰ καὶ ἐξ ὧν ὀφλὼν διεπράξατο περὶ αὐτῶν. Ὡς γὰρ οὐκ ἀποτετιμηκώς, ἀλλ' ἐμῶν ἐσομένων κατὰ τὴν δίκην, ἃ μὲν οἷόν τ' ἦν ἐξενεγκεῖν, ᾤχετο λαβών, τοὺς καρποὺς καὶ τὰ σκεύη τὰ γεωργικὰ πάντα πλὴν τῶν πιθακνῶν· ὃ δ' οὐχ οἷόν τ' ἦν ἀνελεῖν, ἐξ ἀνάγκης ὑπέλιπεν, ὥστ' ἐγγενέσθαι τούτῳ

25 ἐπιδείξω A : ἀποδ. v. ‖ 27 ἐξελέγχειν S : ἐλέγχ. A F ‖ 28 ῥᾴδιον S : ῥᾷστον F D om. A del. Blass ‖ πιθακνῶν codd. : φιδακνῶν Schaefer quod ad sermonis attici usum magis accommodatum esse uidetur ‖ ὃ F : ἃ cett. ‖ post ἀνελεῖν add. τὴν γῆν D S γρ. F γρ. ‖ ὑπέλιπεν v. : — λειπεν A.

ne pouvait s'emporter, et Onètor n'a plus maintenant à revendiquer que la terre nue. **29** Quelle dérision ! L'un prétend avoir pris inscription sur le fonds, et l'autre, qui aurait consenti l'hypothèque, cultive au grand jour. La sœur est censée divorcée ; mais justement, sur ce point comme sur l'autre, Onètor refuse publiquement l'épreuve décisive. L'un, qui, à l'en croire, est séparé de sa femme, enlève du fonds les fruits et tous les instruments de culture ; et l'autre, représentant de cette femme divorcée en faveur de qui l'inscription aurait été prise, ne manifeste aucune émotion devant tout cela et reste inactif. **30** La chose n'est-elle pas claire comme le jour et n'est-ce pas là une collusion avouée? Pour en convenir, il suffit de raisonner correctement sur tous ces faits. Qu'il ait reconnu qu'Aphobos était en possession à la veille du procès que j'ai eu contre lui, qu'il ait refusé de procéder à la question sur le point de savoir si sa sœur continuait d'habiter avec Aphobos, que le matériel ait été enlevé du fonds après jugement à l'exception des objets attachés au sol, voici des témoignages qui le prouvent. Prends et lis.

Témoignages

31 Voilà donc bien des présomptions en ma faveur ; mais Onètor a montré lui-même, plus que personne, que le divorce de sa sœur était simulé. Il aurait dû protester si, après avoir fourni la dot comme il prétend, il avait reçu, au lieu d'argent, un fonds litigieux ; or, son attitude n'a pas été celle d'un adversaire qui aurait subi un préjudice : il s'est plutôt montré le parent le plus dévoué d'Aphobos en prenant son fait et cause dans le procès qu'il avait contre moi. Ainsi, moi qui ne lui avais causé aucun tort, il a fait tout ce qu'il a pu, de connivence avec Aphobos, pour me dépouiller de mon patrimoine ; et Aphobos, qu'il aurait dû considérer comme un étranger s'il y avait un mot de vrai dans ce qu'ils viennent dire maintenant, il a travaillé à l'enrichir de mes biens. **32** Et cette conduite, il ne l'a pas tenue seulement pendant les débats : la sentence était déjà prononcée quand

νῦν αὐτῆς τῆς γῆς ἀμφισβητεῖν. 29 Καίτοι δεινὸν τὸν μὲν λέγειν ὡς ἀπετιμήσατο τὸ χωρίον, τὸν δ' ἀποτετιμηκότα φαίνεσθαι γεωργοῦντα, καὶ φάσκειν μὲν ἀπολελοιπέναι τὴν ἀδελφήν, ὑπὲρ αὐτῶν δὲ τούτων φανερὸν εἶναι φεύγοντα τοὺς ἐλέγχους, καὶ τὸν μὲν οὐ συνοικοῦντα, ὡς οὗτός φησιν, καὶ τοὺς καρποὺς καὶ τὰ ἐκ τῆς γεωργίας ἅπαντ' ἐξενεγκεῖν, τὸν δ' ὑπὲρ τῆς ἀπολελοιπυίας πράττοντα ὑπὲρ ἧς ἀποτετιμῆσθαί φησι τὸ χωρίον, φαίνεσθαι μηδ' ὑπὲρ ἑνὸς τούτων ἀγανακτοῦντα, ἀλλ' ἡσυχίαν ἔχοντα. 30 Ταῦτ' οὐ πολλὴ περιφάνει' ἐστίν; ταῦτ' οὐχ ὁμολογουμένη προστασία; φήσειέ γ' ἄν τις, εἰ διαλογίζοιτ' ὀρθῶς ἕκαστ' αὐτῶν. Ὡς τοίνυν ὡμολόγει μὲν ἐκεῖνον γεωργεῖν πρὶν γενέσθαι τὴν δίκην ἐμοὶ πρὸς αὐτόν, ὑπὲρ δὲ τοῦ μὴ συνοικεῖν τὴν ἀδελφὴν οὐκ ἠθέλησεν ποιήσασθαι τὴν βάσανον, ἡ δὲ γεωργία ἐξεσκευάσθη μετὰ τὴν δίκην πλὴν τῶν ἐγγείων, λαβὲ ταύτας τὰς μαρτυρίας καὶ ἀνάγνωθι.

ΜΑΡΤΥΡΙΑΙ

31 Ἐμοὶ τοίνυν τοσούτων ὑπαρχόντων τεκμηρίων, οὐχ ἥκιστ' αὐτὸς ἔδειξεν Ὀνήτωρ ὅτι οὐκ ἀληθινὴν ἐποιήσατο τὴν ἀπόλειψιν. Ὧι γὰρ προσῆκεν χαλεπῶς φέρειν, εἰ τὴν προῖκα δούς, ὥς φησιν, ἀντ' ἀργυρίου χωρίον ἀμφισβητούμενον ἀπελάμβανεν, οὗτος οὐχ ὡς διάφορος οὐδ' ὡς ἀδικούμενος, ἀλλ' ὡς οἰκειότατος πάντων τὴν πρὸς ἐμὲ δίκην αὐτῷ συνηγωνίζετο. Κἀμὲ μὲν συναποστερῆσαι μετ' ἐκείνου τῶν πατρῴων ἐπεχείρησεν, καθ' ὅσον αὐτὸς οἷός τ' ἦν, ὑφ' οὗ κακὸν οὐδ' ὁτιοῦν ἦν πεπονθώς· Ἀφόβῳ δ', ὃν ἀλλότριον εἶναι προσῆκε νομίζειν, εἴ τι τούτων ἀληθὲς ἦν ὧν νῦν λέγουσιν, καὶ τἀμὰ πρὸς τοῖς ἐκείνου περιποιεῖν ἐζήτησεν. 32 Καὶ οὐ μόνον ἐνταῦθα τοῦτ' ἐποίησεν,

29 μηδ' v. : μὴ S ‖ ἀγανακτοῦντα A S : ὑπεραγαν. F D ‖ 30 ἐγγείων v. : πιθακνῶν A ‖ ταύτας om. F D ‖ 31 συναποστερῆσαι v. : οὖν ἀποστερῆσαι A.

il est monté sur l'estrade pour demander aux juges, avec prières, supplications et larmes, d'estimer la condamnation d'Aphobos à un talent, pour lequel il se portait caution[1]. Ce sont là des faits assez bien établis ; les juges qui siégeaient au tribunal et beaucoup des assistants les connaissent. Je vais pourtant vous fournir des témoins. Prends-moi ce témoignage.

Témoignage

33 Il y a encore, juges, une forte présomption : vous reconnaîtrez sans peine qu'en réalité, cette femme habitait toujours avec Aphobos et qu'aujourd'hui encore, elle n'a pas divorcé. Avant d'entrer dans la maison d'Aphobos, elle n'avait pas été un jour sans époux : Timocratès était encore vivant quand elle l'a quitté pour épouser Aphobos, et, depuis trois ans, on ne lui connaît pas un autre mari. Qui les en croira? A ce moment-là, pour ne pas rester sans mari, elle n'en aurait quitté un que pour un autre : et maintenant, si elle est vraiment divorcée, elle aurait supporté si longtemps ce nouvel état quand il ne tenait qu'à elle de faire un nouveau mariage, à l'âge qu'elle a et avec un frère aussi riche ! **34** Non, juges, il n'y a rien de vrai ni de vraisemblable là-dedans : il n'y a que propos fallacieux ; la femme continue d'habiter avec Aphobos, c'est un fait patent : on ne le dissimule même pas. Je vais vous fournir le témoignage de Pasiphon qui l'a soignée dans une maladie et qui a vu Aphobos assis à côté d'elle ; c'était sous le présent archontat, et mon action contre Onètor était déjà engagée. Prends-moi le témoignage de Pasiphon.

Témoignage

35 Pour moi, juges, je n'ignorais pas que, dès le len-

1. L'action de tutelle, comme procès « estimable » (cf. p. 74, n. 1), comporte, après la sentence de condamnation (κατάγνωσις), un second vote en vue duquel le défendeur est admis à présenter une « contre

ἀλλὰ καὶ κατεγνωσμένης ἤδη τῆς δίκης, ἀναβὰς ἐπὶ τὸ δικαστήριον ἐδεῖθ' ἱκετεύων ὑπὲρ αὐτοῦ καὶ ἀντιβολῶν καὶ δάκρυσι κλάων ταλάντου τιμῆσαι, καὶ τούτου αὐτὸς ἐγίγνετ' ἐγγυητής. Καὶ ταῦθ' ὁμολογούμενα μέν ἐστιν πολλαχόθεν (οἵ τε γὰρ ἐν τῷ δικαστηρίῳ τότε δικάζοντες καὶ τῶν ἔξωθεν παρόντων πολλοὶ συνίσασιν), ὅμως δὲ καὶ μάρτυρας ὑμῖν παρέξομαι. Καί μοι λαβὲ ταύτην τὴν μαρτυρίαν.

ΜΑΡΤΥΡΙΑ

33 Ἔτι τοίνυν, ὦ ἄνδρες δικασταί, καὶ τεκμηρίῳ μεγάλῳ γνῶναι ῥᾴδιον ὅτι τῇ ἀληθείᾳ συνῴκει καὶ οὐδέπω καὶ τήμερον ἀπολέλοιπεν. Αὕτη γὰρ ἡ γυνή, πρὶν μὲν ὡς Ἄφοβον ἐλθεῖν, μίαν ἡμέραν οὐκ ἐχήρευσεν, ἀλλὰ παρὰ ζῶντος Τιμοκράτους ἐκείνῳ συνῴκησεν, νῦν δ' ἐν τρισὶν ἔτεσιν ἄλλῳ συνοικοῦσ' οὐδενὶ φαίνεται. Καίτοι τῷ πιστόν ὡς τότε μέν, ἵνα μὴ χηρεύσειεν, παρ' ἀνδρὸς ὡς ἄνδρ' ἐβάδιζεν, νῦν δ', εἴπερ ὡς ἀληθῶς ἀπολέλοιπεν, τοσοῦτον ἂν χρόνον χηρεύουσ' ἠνείχετ' ἐξὸν ἄλλῳ συνοικεῖν, τοῦ τ' ἀδελφοῦ κεκτημένου τοσαύτην οὐσίαν, αὐτή τε ταύτην ἔχουσα τὴν ἡλικίαν; 34 οὐκ ἔχει ταῦτ' ἀλήθειαν, ὦ ἄνδρες δικασταί, πιθανήν, ἀλλά λόγοι ταῦτ' εἰσί, συνοικεῖ δ' ἡ γυνὴ φανερῶς καὶ οὐδ' ἐπικρύπτεται τὸ πρᾶγμα. Παρέξομαι δ' ὑμῖν Πασιφῶντος μαρτυρίαν, ὃς ἀρρωστοῦσαν αὐτὴν θεραπεύων ἑώρα παρακαθήμενον Ἄφοβον ἐπὶ τούτου τοῦ ἄρχοντος, ἤδη τούτῳ ταυτησὶ τῆς δίκης εἰληγμένης. Καί μοι λαβὲ τὴν Πασιφῶντος μαρτυρίαν.

ΜΑΡΤΥΡΙΑ

35 Ἐγὼ τοίνυν εἰδώς, ὦ ἄνδρες δικασταί, καὶ μετὰ τὴν

32 τούτου A : τούτων S F D ‖ **33** τῷ v. : τὸ S τῷ τοῦτο A ‖ νῦν S : νυνὶ v. ‖ ἂν om. F D ‖ **34** ἀλήθειαν... πιθανήν S : ἀληθείαν... πιστήν v. ἀληθίνην... πίστιν A ‖ οὐδ' ἐπικρύπτεται Blass : οὐκ ἐπικρ. S οὐδὲ κρύπτ. A F ‖ εἰληγμένης Wolf : εἰλεγμ. S F D ἐληλεγμ. A.

demain du jugement, Onètor avait recueilli les objets provenant de la maison d'Aphobos et qu'il avait en sa possession tous les biens de celui-ci et, par conséquent, les miens ; j'étais certain que la femme d'Aphobos habitait toujours avec lui : j'ai donc réclamé[1] trois servantes qui savaient que le mariage n'était pas rompu et que les biens étaient recélés par mes adversaires[2] ; je ne voulais pas me borner à des affirmations, mais recourir à la torture. **36** Telle était la sommation que je lui adressai, et tous les assistants la déclarèrent équitable : il a refusé de s'en rapporter à un moyen aussi sûr et, comme s'il y avait des preuves plus certaines, en pareille matière, que la torture et les témoignages, il n'a ni fourni de témoignages, pour établir que la dot avait été versée, ni livré à la question les esclaves qui étaient au courant, pour établir que le divorce était effectif ; il a répondu à ma demande par le mépris le plus insolent, se refusant à toute conversation. Peut-on être plus odieux? Peut-on se targuer plus délibérément de méconnaître le droit? Prends-moi la sommation elle-même et lis-la.

Sommation

37 En matière publique comme en matière privée, vous considérez la torture comme la plus sûre des preuves : lorsqu'un événement a eu pour témoins des esclaves et des hommes libres et qu'il faut éclaircir le point contesté, ce n'est pas au témoignage des hommes libres que vous vous en rapportez ; c'est en donnant la question aux esclaves que vous essayez d'établir la vérité. Et vous avez raison, juges ; car il est déjà arrivé que des témoignages aient été reconnus mensongers, tandis que des déclarations arrachées par la torture, on n'a jamais pu

estimation » (ἀντιτίμησις) opposée à la τίμησις du demandeur. — Pour l'offre de cautionnement, cf. Plat., *Apol.*, 38 B.

1. Par sommation, comme il est dit un peu plus bas : c'est l'incident de procédure le plus courant.

2. C'est-à-dire Onétor et Timocratès. On a vu le rôle de celui-ci en faveur de son ancien beau-frère : son divorce avait eu lieu à l'amiable (cf. Isée, II, 7).

δίκην τοῦτον εὐθὺς ἀποδεδεγμένον τὰ ἐκ τῆς οἰκίας τῆς Ἀφόβου χρήματα, καὶ κύριον τῶν τ' ἐκείνου καὶ τῶν ἐμῶν ἁπάντων γεγενημένον, καὶ συνοικοῦσαν [αὐτῷ] τὴν γυναῖκα σαφῶς ἐπιστάμενος, τρεῖς θεραπαίνας ἐξῄτησ' αὐτόν, αἳ συνοικοῦσάν τε τὴν γυναῖκ' ᾔδεσαν καὶ τὰ χρήμαθ' ὅτι παρὰ τούτοις ἦν, ἵνα μὴ λόγοι μόνον, ἀλλὰ καὶ βάσανοι περὶ αὐτῶν γίγνοιντο. 36 Οὗτος δ' ἐμοῦ προκαλεσαμένου ταῦτα, καὶ πάντων τῶν παρόντων δίκαια λέγειν μ' ἀποφηναμένων, οὐκ ἠθέλησεν εἰς τοῦτο τἀκριβὲς καταφυγεῖν, ἀλλ' ὥσπερ ἑτέρων τινῶν ὄντων περὶ τῶν τοιούτων σαφεστέρων ἐλέγχων ἢ βασάνων καὶ μαρτυριῶν, οὔτε μάρτυρας παρεχόμενος τὴν προῖχ' ὡς ἀπέδωκεν, οὔτ' εἰς βάσανον ἐκδιδοὺς τὰς συνειδυίας περὶ τοῦ μὴ συνοικεῖν τὴν ἀδελφήν, ὅτι ταῦτ' ἠξίουν, ὑβριστικῶς πάνυ καὶ προπηλακιστικῶς οὐκ εἴα μ' αὐτῷ διαλέγεσθαι. Τούτου γένοιτ' ἄν τις σχετλιώτερος ἄνθρωπος, ἢ μᾶλλον ἑκὼν τὰ δίκαι' ἀγνοεῖν προσποιούμενος; λαβὲ δ' αὐτὴν τὴν πρόκλησιν καὶ ἀνάγνωθι.

ΠΡΟΚΛΗΣΙΣ

37 Ὑμεῖς τοίνυν καὶ ἰδίᾳ καὶ δημοσίᾳ βάσανον ἀκριβεστάτην πασῶν ⟨πίστεων⟩ νομίζετε, καὶ ὅπου ἂν δοῦλοι καὶ ἐλεύθεροι παραγένωνται, δέῃ δ' εὑρεθῆναι τὸ ζητούμενον, οὐ χρῆσθε ταῖς τῶν ἐλευθέρων μαρτυρίαις, ἀλλὰ τοὺς δούλους βασανίζοντες, οὕτω ζητεῖτε τὴν ἀλήθειαν εὑρεῖν [τῶν πεπραγμένων]. Εἰκότως, ὦ ἄνδρες δικασταί· τῶν μὲν γὰρ μαρτυρησάντων ἤδη τινὲς οὐ τἀληθῆ μαρτυρῆσαι ἔδοξαν· τῶν δὲ βασανισθέντων οὐδένες πώποτ'

35 αὐτῷ secl. Blass ‖ γίγνοιντο v. : γένοιντο A ‖ 36 ἀποφηναμένων S : ἀποφαιν. v. ‖ μαρτυριῶν S : μαρτύρων v. ‖ ἀπέδωκεν S : ἀποδέδωκεν v. ‖ βάσανον A S : βασάνους F D ‖ μὴ om. F D ‖ οὐκ codd. : an potius οὐδ'? ‖ δ' αὐτὴν A S : ταύτην F D ‖ ἀνάγνωθι S : ἀναγίγνωσκε v. ‖ 37 πίστεων add. Dobrée ‖ ὅπου ἂν A S : ὁπόταν F ‖ τῶν πεπραγμένων F D : om. A S del. Rennie ‖ τῶν S : δούλων v. (in γρ. S).

en démontrer la fausseté[1]. **38** Un moyen aussi sûr, il s'y dérobe ; des preuves aussi convaincantes et décisives, il les écarte : et c'est pour invoquer le témoignage d'Aphobos et de Timocratès, celui-ci affirmant qu'il a livré la dot, celui-là qu'il l'a reçue ; et il voudra que vous l'en croyiez sous prétexte que l'opération a eu lieu sans témoins, tant il vous suppose de naïveté ! **39** Il n'y a rien de vrai ni de vraisemblable dans ce qu'ils vous diront : avouer que la dot n'a pas été fournie dès le début, prétendre l'avoir remise plus tard, sans témoins, et dans un espace de temps où le versement ne pouvait avoir lieu puisque la fortune d'Aphobos était déjà litigieuse, tout cela, sans parler du reste, constitue, je crois, une preuve suffisante.

1. L'excellence de la torture est l'objet d'un lieu commun : le même développement se retrouve dans les mêmes termes chez Isée, VIII, 12.

ἐξηλέγχθησαν, ὡς οὐκ ἀληθῆ τὰ ἐκ τῆς βασάνου εἶπον. 38 Οὗτος δὲ τηλικαῦτα δίκαια φυγὼν καὶ σαφεῖς οὕτω καὶ μεγάλους ἐλέγχους παραλιπών, Ἄφοβον παρεχόμενος μάρτυρα καὶ Τιμοκράτην, τὸν μὲν ὡς ἀπέδωκε τὴν προῖκα, τὸν δ' ὡς ἀπείληφεν, ἀξιώσει πιστεύεσθαι παρ' ὑμῖν, ἀμάρτυρον τὴν πρὸς τούτους πρᾶξιν γεγενῆσθαι προσποιούμενος· τοσαύτην ὑμῶν εὐήθειαν κατέγνωκεν. 39 Ὅτι μὲν τοίνυν οὔτ' ἀληθῆ οὔτ' ἀληθείαις ἐοικότα λέξουσιν, καὶ ἐκ τοῦ ἐξ ἀρχῆς αὐτοὺς ὁμολογεῖν τὴν προῖκα μὴ δοῦναι, καὶ ἐκ τοῦ πάλιν ἄνευ μαρτύρων ἀποδεδωκέναι φάσκειν, καὶ ἐκ τοῦ τὸν χρόνον μὴ ἐγχωρεῖν ἀμφισβητουμένης ἤδη τῆς οὐσίας ἀποδοῦναι τἀργύριον, καὶ ἐκ τῶν ἄλλων ἁπάντων ἱκανῶς ἀποδεδεῖχθαι νομίζω.

38 ἀπέδωκε S : ἀποδέδωκε v. ‖ 39 τοίνυν om. F D ‖ ἀληθείαις A : ἀληθείᾳ v. ἀληθέσιν coni. Blass Rennie ex Aristide II 552 ‖ ἀποδεδεῖχθαι S : ἀποδεδ. μοι v.

XXXI

CONTRE ONÈTOR II

POUR DÉPOSSESSION

Sujet du discours

Dans ce discours, Démosthène, comme il l'indique lui-même, complète le premier sur plusieurs points; il y répond aussi à plusieurs objections.

Nous avons déjà dit, à propos de ces plaidoyers, que beaucoup les attribuent à Isée, ne pouvant les croire de Démosthène en raison de son âge ; d'autres, sans aller aussi loin, veulent qu'Isée y ait mis la dernière main. De fait, ils ressemblent à ceux de cet orateur. Mais il n'y a rien d'étonnant à ce que le disciple ait imité le maître et qu'il ait reproduit sa manière à une époque où son propre talent n'était pas encore mûr.

1 Il y a une présomption que j'ai laissée de côté dans mon premier discours, et qui n'a pas moins d'importance que les autres pour établir que mes adversaires n'ont pas livré la dot à Aphobos : j'en parlerai d'abord ; après quoi, je tâcherai de réfuter certaines allégations mensongères que vous venez d'entendre d'Onètor. Lorsque celui-ci entreprit de me disputer les biens d'Aphobos, il n'indiqua pas pour la dot, comme il le fait aujourd'hui, le chiffre d'un talent, mais celui de 80 mines : il plaça des inscriptions hypothécaires pour 2.000 drachmes sur la maison, et pour 1 talent sur la terre ; car son intention était de conserver l'une aussi bien que l'autre à son beau-frère. **2** Quand j'eus obtenu condamnation contre Aphobos[1], voyant dans quelles dispositions vous êtes à l'égard de la malhonnêteté trop impudente, il se ravisa : il se dit que mon cas allait soulever l'indignation si, après avoir été dépouillé d'une telle fortune, je ne pouvais rien saisir sur Aphobos détenteur de mes biens et si j'en étais mani-

1. L'inscription était donc déjà prise à ce moment (cf. § 12).

XXXI

ΚΑΤ' ΟΝΗΤΟΡΟΣ ΕΞΟΥΛΗΣ Β

ΥΠΟΘΕΣΙΣ

Παραλελειμμένα τιν' ἐν τῷ προτέρῳ λόγῳ διὰ τούτου προστίθησιν, ὡς καὶ αὐτὸς ἐπισημαίνεται, καὶ δὴ καὶ πρός τινας ἀντιρρήσεις ἵσταται.

Περὶ δὲ τῶν λόγων τούτων προειρήκαμεν ὅτι πολλοί φασιν αὐτοὺς ὑπ' Ἰσαίου συντεθῆναι, τοῦ ῥήτορος ἀπιστοῦντες εἶναι διὰ τὴν ἡλικίαν, οἱ δέ γε, εἰ μὴ τοῦτο, διωρθῶσθαί γ' ὑπὸ τοῦ Ἰσαίου· ἐοίκασι γὰρ τοῖς ἐκείνου λόγοις. Θαυμαστὸν δ' οὐδέν εἰ τὸν διδάσκαλον ἐμιμήσατο, καὶ μηδέπω πρὸς τὸ τέλειον ἥκων [ἐπὶ] τὸν ἐκείνου χαρακτῆρα μετῄει τέως.

1 Ὃ παρέλιπον ἐν τῷ προτέρῳ λόγῳ τεκμήριον, οὐδενὸς τῶν εἰρημένων ἔλαττον, τοῦ μὴ δεδωκέναι τὴν προῖκα τούτους Ἀφόβῳ, τοῦτο πρῶτον εἰπών, μετὰ τοῦτο καὶ περὶ ὧν οὗτος ἔψευσται πρὸς ὑμᾶς ἐξελέγχειν αὐτὸν πειράσομαι. Οὗτος γάρ, ὦ ἄνδρες δικασταί, τὸ πρῶτον ὅτε τῶν Ἀφόβου διενοεῖτ' ἀμφισβητεῖν, οὐχὶ τάλαντον ἔφη τὴν προῖκα, ὥσπερ νυνί, ἀλλ' ὀγδοήκοντα μνᾶς δεδωκέναι, καὶ τίθησιν ὅρους ἐπὶ μὲν τὴν οἰκίαν δισχιλίων, ἐπὶ δὲ τὸ χωρίον ταλάντου, βουλόμενος μὴ μόνον τοῦτο, ἀλλὰ κἀκείνην διασῴζειν αὑτῷ. 2 Γενομένης δέ μοι τῆς δίκης πρὸς αὐτόν, ἰδὼν ὡς διάκεισθ' ὑμεῖς πρὸς τοὺς λίαν ἀναιδῶς ἀδικοῦντας, ἔννους γίγνεται, καὶ δεινὰ πάσχειν ἡγήσατο δόξειν ἐμὲ τοσούτων χρημάτων ἀπεστερημένον, εἰ μηδ' ὁτιοῦν ἕξοιμι τῶν Ἀφόβου λαβεῖν τοῦ τἄμ' ἔχοντος, ἀλλ'

Ὑπόθεσις, s. f. ἐπὶ secl. Blass.

1 εἰρημένων A F : προειρημένων S || καὶ τίθησιν A S : κἆτα τίθησιν F κατατίθησιν D || τοῦτο v. : τἆλλα S τὰ ἄλλα A || 2 ἰδὼν v. : εἰδὼς A || διάκεισθ' A F : διέκεισθ' S.

festement empêché par lui. **3** Alors, que fait-il? Il enlève les inscriptions de la maison ; la dot, à l'en croire, n'est plus que d'un talent, pour lequel la terre serait hypothéquée. Or, il est évident que, si les inscriptions qu'il avait placées sur la maison étaient justifiées et répondaient à une dette réelle, il en était de même de celles qu'il avait mises sur la terre ; mais, inversement, si les premières ont été mises à tort dans une intention de fraude, il y a des chances pour que les autres ne soient pas fondées non plus. **4** C'est là une question qu'il faut examiner non pas d'après mes arguments à moi, mais d'après sa conduite à lui : en supprimant l'inscription de lui-même, sans y être contraint par qui que ce soit, il a rendu son mensonge évident par son fait. Et c'est une chose établie : quant au fonds, aujourd'hui encore, il le prétend hypothéqué pour 1 talent ; quant à l'inscription supplémentaire qu'il avait prise pour 2.000 drachmes sur la maison et qu'il a enlevée après le jugement, je vais fournir le témoignage des gens qui sont au courant. Prends-moi le témoignage.

Témoignage

5 Ainsi, hypothèque de 2.000 drachmes sur la maison, hypothèque d'un talent sur la terre : c'est donc comme créancier de 80 mines qu'il s'apprêtait à faire opposition à ma saisie. Y a-t-il rien qui fasse mieux présumer la fausseté de ses déclarations présentes que cette contradiction manifeste sur le même objet? Pour moi, je ne vois pas ce qu'on pourrait trouver de plus décisif.

6 Et remarquez l'impudence : il a osé soutenir devant vous qu'il ne m'enlevait pas la propriété de la terre, pour autant que la valeur en dépasse 1 talent — alors que, d'après sa propre estimation, elle ne vaut pas plus[1]. Pourquoi donc prenais-tu une autre hypothèque sur la maison, quand tu faisais valoir une créance de 80 mines? Si le champ valait plus d'un talent, que ne la prenais-tu

1. Passage important au sujet du droit hypothécaire. L'interpréta-

ὑπὸ τούτου κωλυόμενος φανερὸς γενήσομαι. Καὶ τί ποιεῖ; 3 τοὺς ὅρους ἀπὸ τῆς οἰκίας ἀφαιρεῖ, καὶ τάλαντον μόνον εἶναι τὴν προῖκά φησιν, ἐν ᾧ τὸ χωρίον ἀποτετιμῆσθαι. Καίτοι δῆλον ὅτι τοὺς ἐπὶ τῆς οἰκίας ὅρους εἰ δικαίους ἔθηκεν καὶ ὄντως ἀληθεῖς, δικαίους καὶ τοὺς ἐπὶ τοῦ χωρίου τέθηκεν· εἰ δ' εὐθὺς ἀδικεῖν βουλόμενος ψευδεῖς ἔθηκεν ἐκείνους, εἰκὸς καὶ τούτους οὐκ ἀληθεῖς ὑπάρχειν. 4 Τοῦτο τοίνυν οὐκ ἐξ ὧν ἐγὼ δεδήλωκα λόγων δεῖ σκοπεῖν, ἀλλ' ἐξ ὧν αὐτὸς οὗτος διεπράξατο· οὐδ' ὑφ' ἑνὸς γὰρ ἀναγκασθεὶς ἀνθρώπων αὐτὸς ἀνεῖλεν τοὺς ὅρους, ἔργῳ φανερὸν ποιήσας ὅτι ψεύδεται. Καὶ ταῦθ' ὡς ἀληθῆ λέγω, τὸ μὲν χωρίον καὶ νῦν οὗτός φησιν ἀποτετιμῆσθαι ταλάντου, τὴν δ' οἰκίαν ὡς προσωρίσατο δισχιλίων καὶ πάλιν τοὺς ὅρους ἀνεῖλεν γενομένης τῆς δίκης, τοὺς εἰδότας ὑμῖν μάρτυρας παρέξομαι. Καί μοι λαβὲ τὴν μαρτυρίαν.

ΜΑΡΤΥΡΙΑ

5 Δῆλον τοίνυν ὅτι δισχιλίων μὲν ὡρισμένος τὴν οἰκίαν, ταλάντου δὲ τὸ χωρίον, ὡς ὀγδοήκοντα μνᾶς δεδωκὼς ἔμελλεν ἀμφισβητήσειν. Μεῖζον οὖν ἄν τι γένοιτο τεκμήριον ὑμῖν τοῦ μηδὲν ἀληθὲς νῦν λέγειν τοῦτον ἢ εἰ φανείη μὴ ταὐτὰ λέγων τοῖς ἐξ ἀρχῆς περὶ τῶν αὐτῶν; ἐμοὶ μὲν γὰρ οὐδὲν ἂν δοκεῖ τούτου μεῖζον εὑρεθῆναι.

6 Σκέψασθε τοίνυν τὴν ἀναίδειαν, ὅς γ' ἐν ὑμῖν ἐτόλμησεν εἰπεῖν ὡς οὐκ ἀποστερεῖ μ' ὅσῳ πλείονος ἄξιόν ἐστι ταλάντου, καὶ ταῦτ' αὐτὸς τιμήσας οὐκ ἄξιον εἶναι πλείονος. Τί γὰρ βουλόμενος δισχιλίων προσωρίσω τὴν οἰκίαν, ὅτε τὰς ὀγδοήκοντα μνᾶς ἐνεκάλεις, εἴ γε τὸ χωρίον ἄξιον ἦν πλείονος, ἀλλ' οὐκ ἐπὶ τούτῳ καὶ τὰς δισχιλίας ἐτίθεις;

3 δικαίους A S : δικαίως F ‖ ἔθηκεν (ἔθεικεν) v. : τέθεικε A ‖ δικαίους A S corr. manu recent. δικαίως S pr. F ‖ εὐθὺς v. (S in marg.) : τούτους S ‖ ἐκείνους v. (S in marg.) : κἀκείνους S ‖ **4** αὐτὸς A F : οὗτος S F γρ. D ‖ προσωρίσατο A S : προωρίσατο F D (sic 6) ‖ post πάλιν add. ὅτι A ‖ **5** νῦν om. A D ‖ **6** ὅς γ' A : ὃς v.

sur lui pour les 2.000 drachmes supplémentaires? **7** Eh quoi? Quand il te plaît de sauver toute la fortune d'Aphobos, le champ ne vaudra qu'un talent; il te faudra une nouvelle hypothèque de 2.000 drachmes sur la maison; la dot, alors, s'élèvera à 80 mines, et tu revendiqueras les deux immeubles. Mais, que ce ne soit plus ton intérêt, et tout est changé : la maison vaut 1 talent, parce qu'aujourd'hui, c'est moi qui l'ai; et le champ a un surplus de valeur qui n'est pas moindre de 2 talents. Ainsi, c'est moi qui paraîtrai lui faire tort, bien loin d'être dépouillé. **8** Tu vois, tu as beau jouer ton rôle en prétendant avoir versé la dot : il est manifeste que tu n'as rien versé du tout. Les actes sincères et exempts de fraude sont simples et restent tels qu'ils étaient au début : toi, à l'inverse, tu es convaincu de n'avoir été que l'instrument d'Aphobos contre moi.

9 Il est curieux de voir d'après cela quel serment il aurait prêté si on le lui avait déféré. Supposons qu'au moment où il soutenait que la dot était de 80 mines, on lui ait offert de le désintéresser s'il jurait que ce chiffre était exact : qu'aurait-il fait? Il aurait juré, apparemment : quel motif invoquera-t-il pour ne pas l'avoir fait alors puisque, aujourd'hui, il réclame ce moyen de preuve? Donc, il aurait prêté un faux serment, et c'est lui-même qui se dénonce : car maintenant, ce n'est pas 80 mines, mais 1 talent qu'il déclare avoir versé. Or, quelle raison voit-on pour qu'il se soit parjuré plutôt la première fois que la seconde? Et quel jugement est-on en droit de porter sur l'homme qui n'a pas plus de scrupule à se dénoncer comme parjure?

10 Dira-t-on que toutes ces manœuvres ne sont pas absolument certaines, que la preuve du dol n'est pas complète? Mais il a proposé publiquement au nom d'Aphobos de fixer sa condamnation à 1 talent, pour le payement duquel il se portait personnellement caution : ce qui fait présumer, remarquez-le, non seulement que sa sœur vivait toujours avec Aphobos et qu'il traitait celui-ci en parent, mais que la dot n'avait pas été remise. **11** Après avoir

tion en est discutée : faut-il entendre que le surplus de valeur de la chose hypothéquée devrait revenir à Démosthène? ou que celui-ci n'a

7 ἢ ὅταν μέν σοι δοκῇ πάντα τὰ Ἀφόβου διασῴζειν, τό τε χωρίον ἔσται ταλάντου μόνον ἄξιον, καὶ τὴν οἰκίαν ἐν δισχιλίαις προσέξεις, ἥ τε προὶξ ὀγδοήκοντα μναῖ γενήσονται, καὶ ἀξιώσεις ἔχειν ἀμφότερα· ὅταν δέ σοι μὴ συμφέρῃ, τἀναντία πάλιν ἡ μὲν οἰκία ταλάντου, διότι νῦν ἐγὼ ταύτην ἔχω, τοῦ δὲ χωρίου τὸ περιὸν οὐκ ἐλάττονος ἢ δυοῖν ἄξιον, ἵν' ἐγὼ δοκῶ βλάπτειν τοῦτον, οὐκ ἀποστερεῖσθαι; 8 ὁρᾷς ὡς ὑποκρίνει μὲν δεδωκέναι τὴν προῖκα, φαίνει δὲ κατ' οὐδ' ὁντινοῦν τρόπον δεδωκώς; τὰ γὰρ ἀληθῆ καὶ μὴ κακουργούμενα τῶν πραγμάτων ἁπλῶς, οἷ' ἂν ἐξ ἀρχῆς πραχθῇ, τοιαῦτ' ἐστίν· σὺ δὲ τοὐναντίον ἐξελέγχει πράξας εἰς τὴν καθ' ἡμῶν ὑπηρεσίαν.

9 Ἄξιον τοίνυν καὶ τὸν ὅρκον, ὁποῖόν τιν' ἂν ὤμοσεν, εἴ τις ἔδωκεν, ἐκ τούτων ἰδεῖν. Ὃς γὰρ ὀγδοήκοντα μνᾶς ἔφη τὴν προῖκ' εἶναι, εἰ τότ' αὐτῷ τις ἔδωκεν, ὀμόσαντι ταῦτ' ἀληθῆ λέγειν, κομίσασθαι, τί ἐποίησεν ἄν; ἢ δῆλον ὅτι ὤμοσεν; τί γὰρ καὶ λέγων οὐ φήσει τότ' ἂν ὀμόσαι, νῦν γε τοῦτ' ἀξιῶν; οὐκοῦν ὅτι γ' ἐπιώρκησεν ἄν, ἑαυτὸν ἐξελέγχει· νῦν γὰρ οὐκ ὀγδοήκοντα μνᾶς, ἀλλὰ τάλαντον δεδωκέναι φησίν. Τί μᾶλλον ἂν οὖν εἰκότως τις αὐτὸν ἐκεῖν' ἐπιορκεῖν ἢ τάδ' ἡγοῖτο; ἢ τίνα τις δικαίως ἂν ἔχοι περὶ τούτου διάνοιαν, τοῦ ῥᾳδίως οὕτως αὐτὸν ἐξελέγχοντος ὄντ' ἐπίορκον;

10 Ἀλλὰ νὴ Δί' ἴσως οὐχὶ πάντ' αὐτῷ τοιαῦτα πέπρακται, οὐδὲ πανταχόθεν δῆλός ἐστι τεχνάζων. Ἀλλὰ καὶ τιμώμενος φανερὸς γέγονεν ὑπὲρ Ἀφόβου ταλάντου, καὶ τοῦτ' αὐτὸς ἡμῖν ἀποδώσειν ἐγγυώμενος. Καίτοι σκέψασθ' ὅτι τοῦτ' ἔστι τεκμήριον οὐ μόνον τοῦ τὴν γυναῖκα συνοικεῖν Ἀφόβῳ καὶ τοῦτον οἰκείως ἔχειν, ἀλλὰ καὶ τοῦ μὴ δεδωκέναι τὴν προῖκα. 11 Τίς γὰρ ἀνθρώπων ἠλίθιος

7 τό τε A S pr. : τότε τὸ F D S corr. ‖ δυοῖν v. : δυεῖν S ‖ 9 ὀμόσαντι v. : ὁμολογήσαντι S pr. ‖ ὤμοσεν A S : ὡμολόγησεν F D ‖ τοῦτ' S : τοιαῦτ' v. ‖ 10 τεχνάζων : ἐπηρεάζων S γρ. ‖ 11 ἀνθρώνων F : ἄνθρωπος A S.

versé une telle somme et reçu pour toute garantie un fonds litigieux, non content d'avoir été lésé une première fois, il aurait admis qu'un homme aussi malhonnête pouvait agir honnêtement et il se serait encore porté caution pour lui en justice? Qui serait assez fou pour cela? Personne, j'imagine. Ce serait, en effet, une absurdité : le même individu qui ne pouvait pas se faire rembourser à lui-même un talent aurait promis que son débiteur en payerait autant à un tiers[1], et il l'aurait cautionné pour cela? La vérité, les faits l'indiquent d'eux-mêmes : c'est qu'il n'a pas versé la dot; par une complaisance que devait payer une bonne part de mes biens, il a pris cette inscription : il voulait faire de sa sœur, associée avec Aphobos, l'héritière de ma fortune. **12** Et maintenant, il voudrait vous égarer et vous tromper : il prétend qu'il a placé les inscriptions avant qu'Aphobos ne fût condamné en justice. Pas avant, en tout cas, qu'il ne fût condamné à tes yeux — en admettant que tu dises vrai aujourd'hui : car, si tu procédais comme tu as fait, c'est évidemment que tu étais fixé sur sa malhonnêteté. Allégation ridicule, d'ailleurs : comme si les juges ne savaient pas que les auteurs de pareilles fraudes se préoccupent toujours de les justifier et qu'on ne les a jamais vus se laisser condamner sans rien dire et en convenant de leurs torts! Seulement, n'est-ce pas, quand ils sont convaincus de ne pas dire un mot de vrai, on les connaît pour ce qu'ils sont. **13** Onètor me paraît justement dans ce cas. Voyons, dis-moi un peu : faudra-t-il admettre, quand tu prends inscription pour 80 mines, que la dot est de 80 mines, plus forte si l'inscription est plus forte, moindre si elle est moindre? Ta sœur n'a encore épousé aucun autre mari et n'a pas quitté Aphobos; tu n'as pas versé la dot; tu refuses de t'en rapporter sur ces points à la torture et à tout autre moyen de preuve : faudra-t-il

pas à se plaindre d'être dépouillé de plus d'un talent, puisque la terre estimée (ἀποτίμημα), sur laquelle il n'a d'ailleurs rien à prétendre, ne vaut pas plus? La première explication n'est pas seulement naturelle (cf. Lipsius, p. 702, n. 95, contre Pappulias, Ἡ ἐμπράγμ. ασφαλ., p. 157) : elle est beaucoup plus d'accord avec la suite.

1. Ce genre de promesse est l'essentiel du cautionnement grec. A

ἐστιν οὕτως ὥστ' ἀργύριον μὲν δοὺς τοσοῦτον, ἔπειθ' ἓν λαβὼν χωρίον ἀμφισβητούμενον εἰς ἀποτίμησιν, σὺν οἷς πρότερον ἐζημίωτο, τὸν ἀδικήσανθ' ὡς δίκαιόν τι ποιήσοντα καὶ τοῦ τῆς δίκης ὀφλήματος προσεγγυήσασθαι; ἐγὼ μὲν οὐδέν' οἶμαι. Καὶ γὰρ οὐδὲ λόγον τὸ πρᾶγμ' ἔχον ἐστίν, τὸν αὐτὸν αὑτῷ μὴ δυνάμενον κομίσασθαι τάλαντον, τοῦτον ἄλλῳ τινὶ φάσκειν ἀποτείσειν καὶ ταῦτ' ἐγγυᾶσθαι. Ἀλλὰ καὶ ἀπ' αὐτῶν τούτων ἐστὶ δῆλον ὅτι τὴν μὲν προῖκ' οὐκ ἔδωκεν, ἀντὶ δὲ πολλῶν χρημάτων τῶν ἐμῶν οἰκεῖος ὢν Ἀφόβῳ ταῦτ' ἀπετιμᾶτο, κληρονόμον τὴν ἀδελφὴν τῶν ἐμῶν μετ' ἐκείνου καταστῆσαι βουλόμενος. **12** Εἶτα νῦν παρακρούσασθαι ζητεῖ καὶ φενακίζει, λέγων ὡς πρότερον τοὺς ὅρους ἔστησεν ἢ κεῖνον τὴν δίκην ὀφλεῖν. Οὐ πρότερόν γ' ἢ παρὰ σοί, νῦν εἰ ἀληθῆ λέγεις. Δῆλον γὰρ ὅτι καταγνοὺς ἀδικίαν αὐτοῦ ταῦτ' ἐποίεις. Εἶτα καὶ γελοῖον τοῦτο λέγειν, ὥσπερ οὐκ εἰδότων ὑμῶν ὅτι πάντες οἱ τὰ τοιαῦτ' ἀδικοῦντες σκοποῦσι τί λέξουσιν, καὶ οὐδεὶς πώποτ' ὦφλεν σιωπῶν οὐδ' ἀδικεῖν ὁμολογῶν· ἀλλ' ἐπειδὰν οἶμαι μηδὲν ἀληθὲς λέγων ἐξελεγχθῇ, τότε γιγνώσκεται ὁποῖός ἐστιν. **13** Ὅπερ καὶ οὗτος ἔμοιγε δοκεῖ πάσχειν. Ἐπεὶ φέρε, πῶς ἐστι δίκαιον, ἐὰν μὲν ὀγδοήκοντα μνῶν θῇς ὅρους, ὀγδοήκοντα μνᾶς εἶναι τὴν προῖκα, ἐὰν δὲ πλείονος πλέον, ἐὰν δ' ἐλάττονος ἔλαττον; ἢ πῶς ἐστι δίκαιον, τῆς ἀδελφῆς τῆς σῆς μηδέπω καὶ τήμερον ἄλλῳ συνοικούσης μηδ' ἀπηλλαγμένης Ἀφόβου, μηδὲ τὴν προῖκα δεδωκότος σοῦ, μηδ' ὑπὲρ τούτων εἰς βάσανον μηδ' εἰς ἄλλο δίκαιον μηδὲν καταφεύγειν ἐθέλοντος, ὅτι σὺ

11 ὥστ' Blass : ὡς A ὃς v. ‖ ποιήσοντα D : ποιήσαντα v. ‖ ἐγὼ μὲν S : om. cett. (secluserim, scripto deinde οὐδείς, οἶμαι) ‖ καὶ ταῦτα codd. : an ταῦτα καί? ‖ ἐγγυᾶσθαι v. : ἐγγυήσασθαι S corr. (ἐγγυ... S pr.) ‖ οὐκ ἔδωκεν A S : οὐ δέδωκεν F D ‖ ἀπετιμᾶτο S : ἐπετιμ. A F D ‖ **12** νῦν εἰ ἀληθῆ λέγεις Blass : νῦν εἴ γε ἀλ. λέγ. F D νυνὶ... S pr. (λέγ. ἀλ. add. S corr. manu recent.) εἴ γε νῦν λέγ. ἀλ. A ‖ λέγειν v. : λέγει S ‖ καὶ οὐδεὶς S : οὐδεὶς δὲ cett. ‖ **13** σοῦ S : τούτου A S γρ. F D ‖ καταφεύγειν A S : — φυγεῖν v.

admettre, parce que tu prétends avoir pris inscription, que le fonds t'appartient? Non, je pense : ce sont les faits qu'il faut considérer, et non pas les raisons que les gens comme vous se ménagent à l'avance pour colorer leurs prétentions. **14** Et puis, voici le plus fort : serait-il cent fois vrai que vous avez versé la dot — ce qui n'est pas — à qui vous en prendre de ce qui arrive? N'est-ce pas à vous qui, en la versant, avez pris hypothèque sur ce qui m'appartenait? Quand Aphobos est devenu ton beau-frère, n'y avait-il pas dix ans pleins qu'il était détenteur de mes biens qu'il a été condamné à restituer? Quoi donc? Tu devrais, toi, être payé intégralement : et celui qui a obtenu condamnation, l'orphelin victime de ses tuteurs, lui qui a été frustré d'une dot bien réelle, lui qui, par une exception justifiée, n'aurait même pas dû courir le risque de l'épobélie, il faudra qu'il endure tout sans pouvoir se faire restituer quoi que ce soit, et cela quand il était prêt à un arrangement avec vous pour peu que vous eussiez voulu satisfaire à la justice!

l'époque classique, il s'y ajoute couramment une promesse de payement éventuel, de la part du garant lui-même : c'est même celle-ci qui est désignée dans ce passage par le seul verbe ἐγγυᾶσθαι (cf. § 10).

στῆσαι φῂς ὅρους, σὸν εἶναι τὸ χωρίον; ἐγὼ μὲν οὐδαμῶς οἶμαι· τὴν γὰρ ἀλήθειαν σκεπτέον, οὐχ ἅ τις αὑτῷ παρεσκευάσεν ἐξεπίτηδες εἰς τὸ λέγειν τι δοκεῖν, ὥσπερ ὑμεῖς.

14 Ἔπειτα τὸ δεινότατον· εἰ καὶ δεδωκότες ἦθ' ὡς μάλιστα τὴν προῖκα, ἣν οὐ δεδώκατε, τίς ὁ τούτων αἴτιος; οὐχ ὑμεῖς, ἐπεὶ ⟨ἐπὶ⟩ τἄμ' ἔδοτε; οὐχ ὅλοις ἔτεσιν πρότερον δέκα τἀμὰ λαβὼν εἶχεν ἐκεῖνος ὧν ὦφλεν τὴν δίκην, ἢ κηδεστήν σοι γενέσθαι; ἢ σὲ μὲν δεῖ κομίσασθαι πάντα, τὸν δὲ καὶ καταδεδικασμένον καὶ δι' ὀρφανίαν ἠδικημένον καὶ προικὸς ἀληθινῆς ἀπεστερημένον, ὃν μόνον ἀνθρώπων οὐδὲ τῆς ἐπωβελίας ἄξιον ἦν κινδυνεύειν, ἠναγκάσθαι τοιαῦτα παθεῖν, κεκομισμένον μηδ' ὁτιοῦν, καὶ ταῦτ' ἐθέλοντα ποιεῖν ⟨ἐφ'⟩ ὑμῖν αὐτοῖς, εἴ τι τῶν δεόντων ἐβούλεσθε πράττειν;

14 ἐπὶ add. Boissonade ‖ τἄμ' codd. : malim τοῖς ἐμοῖς quod falso emendatum fuerit postquam excidit ἐπὶ ‖ δεῖ A : ἔδει v. ‖ καταδεδικασμένον A (cf. Iseaum x 24) : — δικασάμενον v. ‖ οὐδὲ codd. : οὐδ' ὑπὲρ coni. Rennie coll. xxvii 69 ‖ ἐφ' add. Seager.

XXXII

CONTRE ZÉNOTHÉMIS

NOTICE

Ce plaidoyer, mutilé à la fin, se rapporte à une *exception* (παραγραφή) : c'est le premier des παραγραφικοὶ λόγοι, dont les grammairiens anciens avaient fait une série spéciale dans le classement des discours démosthéniques. Il appartient en même temps à une autre catégorie, qui est également représentée par plusieurs spécimens dans les œuvres de Démosthène : celle qui concerne des δίκαι ἐμπορικαί, actions « commerciales », comme on traduit quelquefois pour la brièveté. Quelques mots d'abord sur ces deux notions procédurales que nous retrouverons ailleurs.

Le terme παραγραφή[1] s'applique aussi bien à une fin de non-recevoir absolue, par exemple la prescription, qu'à une exception dilatoire, par exemple le déclinatoire d'incompétence : il y a « exception » d'une façon générale, toutes les fois qu'on invoque un moyen qui paralyse le droit de l'adversaire et qui rend l'action non recevable aux termes de la loi. Car c'est la loi qui donne ou qui refuse les actions. Elle les refuse dans des espèces qui sont prévues par des dispositions particulières ou qui figurent dans une réglementation générale des « cas où il n'y a pas action », laquelle représente peut-être une codification des dispositions antérieures, réalisée dès le milieu du IVe siècle[2]. — Les παραγραφικοὶ λόγοι, comme de juste, ont pour objet, ou de soutenir, ou de combattre

1. Bien qu'on l'ait contesté, ni le mot ni la chose ne paraissent antérieurs à l'extrême fin du Ve siècle ; sur les débuts de l' « exception », cf. Lysias, coll. Budé, t. II, p. 95 sq.

2. A une date qui se situe entre 355 et 342. Cf. Lipsius, *Att. R.*, p. 87, n. 13.

une exception : le *Contre Zénothémis* appartient à la première série. Au reste, et bien qu'en principe la παραγραφή s'oppose à la δίκη εὐθεῖα — l'exception à l'action directe — bien que l'orateur, dans ce genre de plaidoyers, ne se propose immédiatement que de justifier ou de combattre le renvoi de l'affaire, il ne s'y prive pas de plaider au fond : l'observation en a été faite depuis longtemps.

Quant aux δίκαι ἐμπορικαί, elles constituent une catégorie d'actions qui, depuis le milieu du IVe siècle, jouissent du privilège d'une procédure rapide : elles font partie des δίκαι ἔμμηνοι, des actions qui doivent être jugées dans le délai d'un mois[1]. Elles peuvent être intentées, devant les thesmothètes[2], par ou contre les patrons de navires (ναύκληροι) et les négociants maritimes (ἔμποροι), sans distinction de nationalité[3]. Elles comportent des rigueurs spéciales, à l'égard du défendeur condamné et du demandeur téméraire : le premier est astreint à la contrainte par corps[4], le second est passible de l'*épobélie*[5]. La question délicate est de savoir quel est au juste leur domaine d'application[6]. La loi qui le définissait est citée plusieurs fois dans les discours démosthéniques (ici même, § 1 ; *Contre Apatourios*, § 1 ; *Contre Phormion*, § 42), mais avec des variantes : la citation la plus exacte paraît être celle que fournit le *Contre Zénothémis*. La difficulté porte sur deux points : 1° Comment interpréter

1. [Dém.] XXXIII 23 ; cf. Hégés., *Sur L'Halon.*, 12.

2. [Dém.] XXXIII 1 ; XXIV 45 ; Arist., *Const. d'Ath.*, 59, 5.

3. Dans ce domaine, les simples étrangers (ξένοι) comme les métèques sont assimilés aux citoyens (cf. H. F. Hitzig, *Der griech. Fremdenprozess*, in *Zeitschr. d. Sav. Stift.*, *R. A.*, XXVIII, 1907, p. 228), sauf la réserve qu'on verra au § 29, relative à la *cautio iudicio sistendi*. Dans les discours qui concernent des δίκαι ἐμπορικαί, on voit des étrangers ester en justice, soit comme demandeurs, soit comme défendeurs, sans l'assistance d'un patron et devant les mêmes magistrats que des citoyens. Ici même, le demandeur, Zénothémis, est un Marseillais, non résidant. Son adversaire Protos est aussi un étranger (§ 29).

4. [Dém.] XXXIII, 1.

5. [Dém.] XXXV 46 ; LVI 4. Sur l'épobélie, cf. *C. Aph.* I 67. Dans notre cas, le payement en est également garanti par la contrainte par corps.

6. Sur les discussions qui se sont élevées là-dessus, cf. Beauchet, *Hist. du dr. privé*, IV, p. 88 sqq. ; Lipsius, *Att. R.*, p. 631 sqq.

les mots τῶν Ἀθήναζε καὶ τῶν Ἀθήνηθεν συμβολαίων ? *Stricto sensu*, pour les uns — c'est-à-dire que les δίκαι ἐμπορικαί seraient données à l'occasion de conventions relatives à des expéditions de ou sur la place d'Athènes. *Lato sensu*, pour les autres (qui s'autorisent surtout du *Contre Apatourios*) — c'est-à-dire qu'il y aurait lieu à δίκη ἐμπορική pour toute demande en justice qui concerne une affaire de commerce maritime intéressant la place d'Athènes. Disons seulement ici que la seconde interprétation nous paraît la plus plausible : elle a pour elle les formules plus compréhensives du *Contre Apatourios* et du *Contre Phormion* ; elle est beaucoup plus conforme à l'esprit d'une législation qui, en l'espèce, favorisait le commerce maritime et qui ne l'aurait pas assez favorisé en restant sur un terrain exclusivement contractuel ; elle se tient, enfin, malgré l'apparence, plus près de la lettre du texte qui emploie non pas le mot συνθῆκαι, mais le mot συμβόλαια : or, si le premier a le sens strict de « contrat », le second a une valeur plus large et se rapproche souvent du terme « obligation ». 2° La loi ajoute : καὶ περὶ ὧν ἂν ὦσι συγγραφαί. On a entendu ces mots dans des sens divers. Une seule interprétation nous apparaît correcte : « et (en outre) dans les cas où l'une des parties peut se prévaloir d'un contrat écrit » — dans d'autres hypothèses que celles qui sont visées à l'article précédent[1]. Nous verrons que le *Contre Apatourios* nous fournit un de ces cas.

Le *Contre Zénothémis* est un des plus ardus parmi les plaidoyers de Démosthène, et il est parfois malaisé de se représenter les faits même qui y sont rapportés. On ne s'en étonnera pas quand on aura vu que la cause est mauvaise et que l'orateur est intéressé à l'embrouiller[2].

1. C'est également l'interprétation de Hitzig, *o. l.*, p. 227. Cf. *Rev. des Ét. gr.*, 1938, p. 22 sq.

2. Le discours a été l'objet d'une étude spéciale de Mitteis, in *Zeitschr. d. Sav. Stift.*, *R. A.*, XXIII (1902), p. 288 sq. Des travaux plus récents, avec lesquels nous sommes en accord dans l'ensemble sans en adopter toutes les conclusions, sont ceux de P. Vinogradoff, *The legal background of Demosthenes' speech in Zenothemis v. Demon*, in *Rev. d'hist. du dr.*, III (1922), p. 163 sq. (cf. du même, *Outlines of hist. jurispr.*, II, p. 222, 227), et de P. S. Photiades, Νομικὴ ἑρμηνεία τῆς Δημ. π. Ζηνοθ. παραγραφῆς, in Ἀθηνᾶ XXVI (1923), p. 109 sq. — La

Le plaideur, Démon, est un parent de Démosthène (§ 31) ; il n'est pas tout à fait inconnu par ailleurs[1]. Il n'a pas eu affaire directement avec Zénothémis, mais avec un certain Protos, dont il est beaucoup question dans le discours et dont le rôle paraît avoir été décisif dans le procès. Ce Protos est donné comme le débiteur de Démon — plus exactement de Démon et consorts[2] — sans doute à l'occasion d'un prêt maritime comportant hypothèque sur un chargement de blé[3]. Et il aurait dû, en effet, embarquer du blé à Syracuse, où il a repris la mer pour Athènes ; il est censé l'avoir fait : Démon, son ayant cause, ne met pas la chose en doute un instant. En réalité, le navire contenait bien du blé, mais qui, d'après Zénothémis, n'appartenait pas du tout à Protos : on va voir que la thèse de l'adversaire, telle qu'on peut la restituer à travers les obscurités et les demi-aveux du plaidoyer, est autrement plausible que celle de l'orateur, et que la manœuvre de Démon en reçoit un jour assez inquiétant.

Le navire en question avait pour propriétaire et capitaine un certain Hégestratos, Marseillais. Zénothémis, également Marseillais, s'y était embarqué. C'était l'asso-

thèse de A. C. Cosman, *Demosthenes' rede tegen Zen., met inleiding en commentar* (résumé en fr.), 1939, dont je dois communication à l'obligeance de G. Mathieu, ne paraît pas apporter rien de nouveau au point de vue juridique qu'une interprétation assez inconsistante de la cause (en particulier pour ce qui est de la δίκη βλάβης intentée par Zénothémis).

1. Cf. Blass, p. 492 sq. — C'est l'auteur du décret qui rappela Démosthène de l'exil en 323.

2. § 26 ; cf. §§ 11, 21. La société était fréquente dans les affaires de commerce maritime ; Protos lui-même a un associé (§ 17). Nous retrouverons cette pratique dans les trois autres discours relatifs à des prêts à la grosse.

3. Ceci apparaît certain d'après les §§ 26 et 30 notamment. Il n'y a pas à s'étonner que Protos soit désigné de termes comme ὁ παρ' ἡμῶν συμπλέων (§ 8) ou ἐπιπλέων (§ 12) : d'une part, le lien entre débiteur et créancier dans un contrat maritime peut comporter l'idée de cette espèce de subordination ; d'autre part, Dèmon a intérêt à ne pas préciser la qualité de débiteur hypothécaire chez Protos. Moins encore on fera état d'une expression comme ἡμέτερον appliquée par Dèmon à ce que nous regardons comme son gage : de la part d'un créancier hypothécaire, elle est courante.

cié d'Hégestratos[1]; tous les deux faisaient le commerce du blé : rien d'étonnant à ce que Hégestratos, qui avait déjà pour son compte emprunté sur quille (§ 14), ait contracté, de concert avec son associé, de nouveaux emprunts sur la cargaison de blé que transportait le navire (§ 4). L'opération est d'un type usuel : il s'agit d'un prêt à la grosse[2], garanti par des marchandises, et qui ne doit être restitué, avec de forts intérêts, que si le navire arrive à bon port ; les créanciers, des Marseillais, voyagent, comme il est fréquent, avec les marchandises hypothéquées. — Une autre opération se produit alors entre Hégestratos et Zénothémis (§ 16) ; elle n'est pas très claire, mais nous comprenons qu'elle visait à régler les droits respectifs des deux associés[3] : Hégestratos apparaît désormais comme propriétaire, et Zénothémis comme créancier hypothécaire (vis-à-vis d'Hégestratos). — Pendant la traversée, Hégestratos périt en mer : incident assez obscur, sur lequel le plaideur essaye de donner le change[4]. Zénothémis est désormais substitué à Hégestratos comme propriétaire du blé et, vis-à-vis des créanciers marseillais, délégué à la dette totale.

Tout cela, qui est la thèse de Zénothémis, se tient. Et, dans tout cela, Protos n'apparaît pas. Mais Protos n'en affirmera pas moins son droit sur le même blé dont il a été question jusqu'ici. En réalité, et à bien lire, il n'y a qu'une explication possible de son attitude dans l'affaire : et Démon, son ayant cause, était plus intéressé que per-

1. § 15 ; cf. §§ 4, 7, 16.

2. § 5 ; cf. § 12.

3. Zénothémis, est-il dit (§ 12), aurait avancé de l'argent à Hégestratos : peut-être s'agit-il non pas d'un versement d'espèces, mais d'un prêt fictif. On sait que la συγγραφή — et l'acte en question en est une — est parfois, à l'époque hellénistique, un contrat à cause abstraite, c'est-à-dire qu'il contient essentiellement une reconnaissance de dette où la *causa obligationis* invoquée ne sert qu'à donner une forme juridique à l'engagement : or, cette opération n'est pas sans exemple, même à l'époque classique.

4. Il soutient qu'Hégestratos voulait couler son navire et qu'il avait pour complice Zénothémis. S'il est possible qu'Hégestratos ait été coupable de baraterie, la première allégation n'en apparaît pas moins forcée, et la seconde est tout à fait invraisemblable ; cf. Photiadès, *art. cité*, p. 116 sq.

sonne à ne pas la faire entrevoir. C'est qu'ayant contracté un emprunt à Athènes — probablement pour le voyage de Syracuse et retour — il n'a pas remployé les fonds à Syracuse : genre de fraude dont il est parfois question dans cette catégorie de plaidoyers. En cours de route, et surtout lorsque le navire, après plusieurs incidents, est rentré au Pirée, Protos essaie de se faire passer pour le propriétaire du blé[1]. C'est ainsi qu'il a maille à partir avec Zénothémis — Démon, son créancier, se trouvant bientôt mêlé à l'affaire.

Ici vont se poser les questions juridiques. Zénothémis affirme son droit comme réalisation d'une hypothèque ; on est à échéance, le débiteur Hégestratos est mort, le créancier hypothécaire a droit de saisir : Zénothémis saisit le blé (§ 17). Sur quoi il rencontre l'opposition de Protos qui avait d'abord pris possession du même blé — qui était censé être déjà en possession (§ 14). Or, le droit du créancier hypothécaire est spécialement protégé[2] ; l'acte juridique que représente la saisie est conçu comme ayant une valeur propre, à l'encontre de laquelle, nous l'avons vu, toute opposition prend la forme d'une ἐξαγωγή, c'est-à-dire d'une expulsion ; ensuite de quoi il y a lieu à la δίκη ἐξούλης, intentée par l' « expulsé » qui prétend posséder un titre privilégié et qui, par cette action proprement pénale, fera indirectement reconnaître son droit de propriété[3]. Mais Zénothémis, qui est en possession,

1. La disparition d'Hégestratos est l'événement qu'il exploite surtout et qui, peut-être, lui a suggéré l'idée de sa manœuvre. On comprend qu'il ait pu vouloir faire disparaître ou falsifier la συγγραφή passée entre Hégestratos et Zénothémis : elle fournissait la meilleure preuve du droit de ce dernier ; le § 27 contient une allusion obscure à cette tentative.

2. Sur le cas de Zénothémis, cf. E. Rabel, in *Zeitschr. d. Sav.-Stif.*, *R. A.*, XXXVI (1915), p. 367 sqq.

3. Cf. Lysias, coll. Budé, t. II, p. 229. — Il est difficile de dire si l'ἐξαγωγή comporte toujours un élément de violence. Telle qu'elle apparaît dans notre texte, elle joue le rôle, en tout cas, d'un rite formaliste. Mais on ne peut plus admettre la théorie de Mitteis (*Zeitschr. d. Sav.-Stift.*, *R. A.*, XXIII, 1902, p. 288), qui voyait dans l'ἐξαγωγή, d'après le § 17, une *vis ex conventu*, analogue à celle de la *deductio quae moribus fit*, et destinée à répartir à l'amiable les rôles de demandeur et de défendeur dans un procès au pétitoire.

ne consent pas à se laisser éconduire par Protos : d'abord parce qu'il veut avoir affaire à Démon, qu'il voit derrière Protos (§ 17) ; ensuite, parce qu'il a de quoi intenter contre celui-ci une autre action, qui est probablement la δίκη βλάβης, l'action pour dommage (§ 27). Il l'intente en effet, et il obtient condamnation contre Protos.

Démon a pris fait et cause pour son débiteur : il veut être payé sur le chargement de blé que celui-ci prétend lui appartenir. Peut-être était-il de bonne foi au début : il n'a guère pu le rester. Mais, victime de Protos, il n'en épouse pas moins la thèse de Protos, et c'est aux dépens de Zénothémis qu'il essayera de rentrer dans son argent. Seulement, il va falloir pour cela, à son grand déplaisir (§ 20), qu'il entre personnellement en lutte contre Zénothémis[1] : il l'éconduit donc et l'action qui s'ensuit, intentée par Zénothémis, ne peut être que la δίκη ἐξούλης ; c'est d'ailleurs une δίκη ἐμπορική, les actions ne perdant pas leur nature pour être commercialisées.

A la demande de son adversaire, Démon oppose une exception. La loi sur les δίκαι ἐμπορικαί spécifiait qu'en dehors des cas visés par elle, une action n'était pas recevable (§ 1). N'ayant avec Zénothémis ni συμβόλαιον, ni συγγραφή, Démon prétend qu'il ne peut être l'objet d'une action commerciale de la part de son adversaire. Que vaut cette argumentation? Dans une pareille cause, elle est suspecte *a priori* ; plutôt qu'une objection contre la théorie des actions commerciales que nous avons adoptée, elle en fournit une confirmation indirecte[2] : Démon joue

1. Pour bien comprendre cette substitution de Dèmon à Protos, il faut tenir compte de l'état du droit hypothécaire : en principe, le débiteur est libéré lorsqu'il a « fourni » (παρέχειν) ou « livré » (παραδιδόναι) le gage au créancier. C'est cette tradition — réelle ou fictive, peu importe — qui a eu lieu ici (§ 20), et Protos, ayant défendu « son » blé pour la forme, décline alors toute responsabilité (§ 19 : οὐδὲν αὐτῷ μέλειν). Cf. XXXV 11.

2. Il nous paraît contradictoire, après avoir admis la théorie en question, d'accepter comme fondée en droit l'argumentation du *Contre Zénothémis* (voir Beauchet, *o. l.*, p. 94). Si la manœuvre de Démon consistait seulement à multiplier les obstacles devant Zénothémis, peu lui importait la validité de sa παραγραφή. On notera de quelle façon cavalière il la justifie au début et se donne l'air, au § 24, d'en avoir établi le bien-fondé.

sur le mot συμβόλαιον. Au surplus, qu'espérait-il? La παραγραφή même accueillie par les juges, rien ne dit que l'affaire ne pût être portée devant un autre tribunal. Mais Démon pouvait lasser son adversaire. Il pouvait aussi l'intimider : l'un, citoyen en vue, l'autre, simple étranger et qui avait besoin de retourner à ses affaires — la partie n'était pas égale. Zénothémis pouvait être amené à composition[1].

Certains admettent que ce plaidoyer est l'œuvre de Démosthène. Les dénégations du plaideur (§§ 31-32) ne portent pas nécessairement là-dessus ; au demeurant, il serait permis d'en faire bon marché. Mais il faut reconnaître qu'en faveur de l'authenticité, il n'y a pas de raison bien positive : la personnalité de Démosthène n'est guère sensible dans la facture. Il se peut, comme on l'a suggéré, que le discours soit de Démon lui-même, qui a joué un rôle politique et qui devait être un orateur.

La date ne peut être déterminée avec certitude. Démon est d'une génération postérieure à celle de Démosthène. Un *terminus post quem* paraît fourni par l'année 344, où commence le gouvernement de Timoléon sous lequel le commerce de Syracuse a pu reprendre. D'autre part, au moment du procès, Démosthène est depuis pas mal de temps aux affaires (§ 32) ; mais l'indication reste vague. Il faut tout de même en tenir compte — et tenir compte aussi d'une certaine impression : l'activité politique de l'orateur semble assez intense. On pourrait dire finalement que le discours est des environs de 340.

1. Cf. Photiadès, *art. cité*, p. 132.

XXXII

CONTRE ZÉNOTHÉMIS

EXCEPTION

Sujet du discours

1 Un négociant maritime, du nom de Protos, avait emprunté à Démon, parent de Démosthène : avec l'argent, il a acheté du blé à Syracuse et l'a transporté à Athènes sur un navire que commandait Hégestratos. Hégestratos et Zénothémis, à qui l'exception est opposée, étaient Marseillais d'origine. Voici la fraude que, selon l'orateur, ils commirent à Syracuse. Ils empruntèrent des fonds et, au lieu de les prendre sur leur navire, ils les expédièrent en secret à Marseille, dans l'intention de frustrer leurs créanciers ; **2** comme, d'après le texte du contrat, la somme ne pouvait leur être réclamée en cas de perte du navire, ils méditèrent de couler celui-ci. Hégestratos y descendit de nuit en pleine traversée et se mit à faire une voie d'eau. Pris sur le fait, il se jette à la mer pour échapper aux passagers et périt sur-le-champ. Zénothémis, qui était, au dire de l'orateur, le complice d'Hégestratos, une fois que le navire eut été ramené à grand peine à Athènes, revendiqua le chargement de blé, sous prétexte qu'il appartenait à Hégestratos et que celui-ci lui avait emprunté de l'argent. **3** Sur l'opposition de Protos et de Démon, il intente contre eux une action commerciale. Il obtient d'abord condamnation par défaut contre Protos qui, d'après Démosthène, était consentant et de connivence avec lui ; ensuite, il assigne Démon à son tour. Celui-ci oppose l'exception à fin de non-recevoir, en se prévalant de la loi qui accorde les actions « pour obligations contractées dans le commerce de ou sur Athènes », alors que, dit-il, Zénothémis n'a à faire valoir aucune obligation à son égard. **4** Si l'état de cause est celui d'une exception, l'argumentation est la même que s'il y avait action directe[1] : elle tend à prouver que le blé

1. L'observation de Libanios est juste. Au reste, il est possible que,

XXXII

ΠΡΟΣ ΖΗΝΟΘΕΜΙΝ ΠΑΡΑΓΡΑΦΗ

ΥΠΟΘΕΣΙΣ

1 Δανεισάμενος παρὰ Δήμωνος, ἑνὸς τῶν Δημοσθένους συγγενῶν, ἔμπορός τις, Πρῶτος ὄνομα, ἐπρίατο τοῦ ἀργυρίου σῖτον ἐν Συρακούσαις, καὶ τοῦτον ἐκόμισεν εἰς Ἀθήνας ἐπὶ νεὼς ἧς Ἡγέστρατος ἐναυκλήρει. Ἡγέστρατος δὲ καὶ Ζηνόθεμις, πρὸς ὅν ἐστιν ἡ παραγραφή, Μασσαλιῶται μὲν ἦσαν τὸ γένος, κακούργημα δὲ τοιοῦτον ἐν Συρακούσαις ἐκακούργησαν, ὡς ὁ ῥήτωρ φησίν. Ἐδανείσαντο χρήματα, ταῦτα δ' εἰς μὲν τὴν ναῦν οὐκ ἐνέθεντο, λάθρᾳ δ' εἰς τὴν Μασσαλίαν ἀπέστειλαν, ἀποστερῆσαι τοὺς δανείσαντας βεβουλευμένοι. 2 Ἐπειδὴ γὰρ ἐγέγραπτ' ἐν τῷ συμβολαίῳ, εἰ πάθοι τι ἡ ναῦς, μὴ ἀπαιτεῖσθαι αὐτοὺς τὰ χρήματα, ἐσκέψαντο καταδῦσαι τὴν ναῦν. Νύκτωρ οὖν ἐν τῷ πλῷ κατελθὼν ὁ Ἡγέστρατος διέκοπτε τοῦ πλοίου τὸ ἔδαφος. Φωραθεὶς δὲ καὶ φεύγων τοὺς ἐπιβάτας εἰς τὴν θάλασσαν εἰσπίπτει καὶ παραχρῆμ' ἀπόλλυται. Ὁ τοίνυν Ζηνόθεμις, ὁ κοινωνός, ὥς φησιν ὁ ῥήτωρ, τοῦ Ἡγεστράτου, μόλις σωθείσης εἰς Ἀθήνας τῆς νεώς, ἠμφισβήτει τοῦ σίτου, λέγων εἶναι τὸν σῖτον Ἡγεστράτου, ἐκεῖνον δὲ παρ' ἑαυτοῦ δεδανεῖσθαι χρήματα. 3 Ἐνστάντων δὲ αὐτῷ τοῦ τε Πρώτου καὶ τοῦ Δήμωνος, ἀμφοτέροις ἔλαχε δίκην ἐμπορικήν. Καὶ τὸν Πρῶτον ἐξ ἐρήμης ἑλὼν ἑκόντα, ὥς φησι Δημοσθένης, καὶ συγκακουργοῦντα, εἰσάγει καὶ τὸν Δήμωνα δεύτερον εἰς τὸ δικαστήριον. Ὁ δὲ παραγράφεται μὴ εἰσαγώγιμον εἶναι τὴν δίκην, νόμον παρεχόμενος τὸν διδόντα τοῖς ἐμπόροις τὰς δίκας εἶναι περὶ τῶν Ἀθήναζε καὶ τῶν Ἀθήνηθεν συμβολαίων· Ζηνοθέμιδι δέ φησι μηδὲν συμβόλαιον εἶναι πρὸς αὐτόν. 4 Καὶ ὁ μὲν ἀγών ἐστι παραγραφικός, ὁ δὲ λόγος, ὡς τῆς εὐθυδικίας τοῦ πράγματος εἰσηγμένης, οὕτως εἴρηται περὶ τοῦ μὴ

Ὑπόθεσις ‖ 2 καταδῦσαι Reiske : καταλῦσαι v. ‖ 3 αὐτῷ Reiske : αὐτῶν codd.

n'appartenait pas à Zénothémis, mais à Protos, à qui Démon a prêté l'argent. Le plaideur ne veut pas avoir l'air de s'appuyer seulement sur la lettre de la loi, en ayant tort sur le fond ; il montre qu'il n'a rien à redouter d'une action directe, mais que, de surcroît, la loi lui accorde une exception.

1 Puisque j'ai opposé l'exception à fin de non-recevoir, je veux d'abord, juges, vous parler des lois sur lesquelles je m'appuie. Les lois, juges, accordent des actions aux patrons et négociants pour obligations contractées dans le commerce de ou vers Athènes et pour celles qui sont constatées par écrit : elles ajoutent qu'une action intentée en dehors de ces cas n'est pas recevable. **2** Or, il n'y a, entre Zénothémis et moi ni obligation contractée ni acte écrit[1], et lui-même le reconnaît dans sa demande : il déclare, en effet, avoir prêté à un capitaine, Hégestratos, et que, celui-ci ayant péri en mer, nous avons voulu nous approprier le chargement ; tels sont les termes de la demande. Je vais donc vous montrer que l'action n'est pas recevable et, du même coup, vous apercevrez toutes les manœuvres et toute l'improbité de mon adversaire. **3** Je vous demande à tous, juges, de donner à cette affaire autant d'attention que vous en avez jamais donné à une autre : vous reconnaîtrez chez notre homme une impudence et une friponnerie peu communes, si du moins je réussis — et je l'espère — à vous exposer en détail ce qu'il a fait.

4 Zénothémis était un agent d'Hégestratos, le capitaine qui périt en mer, comme il dit lui-même dans sa demande (il n'a pas ajouté comment, mais je vous l'expliquerai)[2]. Voici la fraude qu'ils concertèrent. L'un et l'autre empruntaient de l'argent à Syracuse. Si ceux qui

dans des procès comme les δίκαι ἐμπορικαί, le jugement de la παραγραφή ait porté aussi sur le fond (cf. § 13) et que le rejet de l'exception ait entraîné la condamnation du défendeur. Cf. *Rev. des Ét. gr.*, 1939, p. 413, n. 3, à propos de la thèse de U. E. Paoli, *Studi sul proc. att.*, p. 75 sq. sur l'« indissolubilité du procès ».

1. Cf. *Notice*, p. 112. L'argumentation implique que la loi distingue bien, en effet, entre les deux termes et leur attribue une portée différente.

2. Cf. § 6.

Ζηνοθέμιδος εἶναι τὸν σῖτον, ἀλλὰ τοῦ Πρώτου, ᾧ ὁ Δήμων ἐδάνεισε τὸ ἀργύριον. Οὐ γὰρ βούλεται δοκεῖν ῥήματι τοῦ νόμου μόνον ἰσχυρίζεσθαι κατὰ τὸ πρᾶγμ' ἀδικῶν, ἀλλὰ δείκνυσιν ὡς θαρρεῖ μὲν καὶ τῇ εὐθείᾳ, ἐκ περιουσίας δ' αὐτῷ καὶ παραγραφὴν ὁ νόμος δίδωσι.

1 Ἄνδρες δικασταί, βούλομαι παραγεγραμμένος μὴ εἰσαγώγιμον εἶναι τὴν δίκην, περὶ τῶν νόμων πρῶτον εἰπεῖν, καθ' οὓς παρεγραψάμην. Οἱ νόμοι κελεύουσιν, ὦ ἄνδρες δικασταί, τὰς δίκας εἶναι τοῖς ναυκλήροις καὶ τοῖς ἐμπόροις τῶν Ἀθήναζε καὶ τῶν Ἀθήνηθεν συμβολαίων, καὶ περὶ ὧν ἂν ὦσι συγγραφαί· ἂν δέ τις παρὰ ταῦτα δικάζηται, μὴ εἰσαγώγιμον εἶναι τὴν δίκην. 2 Τουτῳὶ τοίνυν Ζηνοθέμιδι πρὸς μὲν ἐμὲ ὅτι οὐδὲν ἦν συμβόλαιον οὐδὲ συγγραφή, καὐτὸς ὁμολογεῖ ἐν τῷ ἐγκλήματι· δανεῖσαι δέ φησιν Ἡγεστράτῳ ναυκλήρῳ, τούτου δ' ἀπολομένου ἐν τῷ πελάγει, ἡμᾶς τὸ ναῦλον σφετερίσασθαι· τουτὶ τὸ ἔγκλημ' ἐστίν. Ἐκ δὴ τοῦ αὐτοῦ λόγου τήν τε δίκην οὐκ εἰσαγώγιμον οὖσαν μαθήσεσθε, καὶ τὴν ὅλην ἐπιβουλὴν καὶ πονηρίαν τουτουὶ τοῦ ἀνθρώπου ὄψεσθε. 3 Δέομαι δ' ὑμῶν πάντων, ὦ ἄνδρες δικασταί, εἴπερ ἄλλῳ τινὶ πώποτε πράγματι τὸν νοῦν προσέσχετε, καὶ τούτῳ προσέχειν· ἀκούσεσθε γὰρ ἀνθρώπου τόλμαν καὶ πονηρίαν οὐ τὴν τυχοῦσαν, ἅνπερ ἐγὼ τὰ πεπραγμέν' αὐτῷ πρὸς ὑμᾶς πολλάκις εἰπεῖν δυνηθῶ. Οἶμαι δέ.

4 Ζηνόθεμις γὰρ οὑτοσί, ὢν ὑπηρέτης Ἡγεστράτου τοῦ ναυκλήρου, ὃν καὶ αὐτὸς ἔγραψεν ἐν τῷ ἐγκλήματι ὡς ἐν τῷ πελάγει ἀπώλετο (πῶς δέ, οὐ προσέγραψεν, ἀλλ' ἐγὼ φράσω), ἀδίκημα τοιουτονὶ μετ' ἐκείνου συνεσκευάσατο. Χρήματ' ἐν ταῖς Συρακούσαις ἐδανείζεθ' οὗτος κἀκεῖνος.

4 αὐτῷ D : αὐτῶν **v.**

2 τουτῳὶ Blass : τούτῳ codd. ‖ τουτὶ A : καὶ τουτὶ v. ‖ δὴ A S : δὲ cett. ‖ 3 πάντων A S : ἁπάντων cett. ‖ προσέσχετε Reiske : προσέχετε codd. ‖ προσέχειν v. : προσχεῖν S Q προσσχεῖν Baiter-Sauppe ‖ 4 ἐδανείζεθ' v. : ἐδανείζοντο A ‖ οὗτος v. : οὑτοσὶ A.

voulaient prêter à Zénothémis se renseignaient auprès d'Hégestratos, celui-ci affirmait que Zénothémis avait beaucoup de blé à lui sur le navire. Voulait-on prêter à Hégestratos, Zénothémis assurait que la cargaison appartenait à Hégestratos. L'un était patron, l'autre passager : on les en croyait facilement quand ils parlaient l'un de l'autre. **5** Une fois en possession des fonds, ils les envoient chez eux, à Marseille, et n'embarquent aucune marchandise[1]. Les contrats portaient, suivant la clause d'usage, que les fonds seraient restitués si le navire arrivait à bon port : pour frustrer leurs créanciers, ils méditèrent de couler le navire. Ils étaient à deux ou trois journées de terre, quand Hégestratos descendit de nuit à fond de cale et se mit à faire une voie d'eau. L'autre, comme s'il n'eût rien su, restait en haut avec les passagers. Entendant du bruit et se rendant compte qu'il se passait quelque chose d'inquiétant à fond de cale, les gens du navire descendent pour porter secours. **6** Hégestratos, pris en flagrant délit et s'attendant à être châtié, s'enfuit : on le poursuit, il se jette à la mer, manque le canot dans l'obscurité de la nuit et se noie. Il eut ainsi le sort qu'il méritait : misérable, il périt misérablement[2] en subissant ce qu'il avait prémédité de faire subir aux autres. **7** Quant à Zénothémis, son associé et son complice, on le vit d'abord sur le navire, au moment du crime, jouer l'ignorance et l'effroi, presser l'homme de proue[3] et les matelots de s'embarquer dans le canot en abandonnant le navire au plus vite : à l'en croire, la situation était désespérée, le navire allait couler dans un instant. Tout cela pour réussir le coup qu'ils avaient projeté et anéantir leurs obligations. **8** Ce fut en vain : celui qui naviguait pour notre compte[4] résista et promit à l'équipage une forte récompense s'il réussissait à sauver le

1. Contrairement à une obligation qui, on le verra, figure dans les contrats de prêts à la grosse.

2. Pareille allitération appartient plutôt au langage poétique.

3. Le πρῳρεύς, à l'avant du navire, est chargé de surveiller la mer.

4. Cette expression assez embarrassée semble bien désigner Protos, dont Démon, son créancier, est une espèce de commanditaire. Cf. *Notice*, p. 113 sq.

Ὡμολόγει δ' ἐκεῖνος μὲν πρὸς τοὺς τούτῳ δανείζοντας, εἴ τις ἔροιτο, ἐνεῖναι σῖτον ἐν τῇ νηὶ τούτῳ πολύν, οὗτος δὲ πρὸς τοὺς ἐκείνῳ τὸν γόμον οἰκεῖον ἔχειν αὐτὸν τῆς νεώς· ὢν δ' ὁ μὲν ναύκληρος, ὁ δ' ἐπιβάτης, ἐπιστεύοντ' εἰκότως ἃ περὶ ἀλλήλων ἔλεγον. 5 Λαμβάνοντες δὲ τὰ χρήματα οἴκαδ' ἀπέστελλον εἰς τὴν Μασσαλίαν, καὶ οὐδὲν εἰς τὴν ναῦν εἰσέφερον. Οὐσῶν δὲ τῶν συγγραφῶν, ὥσπερ εἰώθασιν ἅπασαι, σωθείσης τῆς νεὼς ἀποδοῦναι τὰ χρήματα, ἵν' ἀποστερήσαιεν τοὺς δανείσαντας, τὴν ναῦν καταδῦσαι ἐβουλεύσαντο. Ὁ μὲν οὖν Ἡγέστρατος, ὡς ἀπὸ τῆς γῆς ἀπῆραν δυοῖν ἢ τριῶν ἡμερῶν πλοῦν, καταβὰς τῆς νυκτὸς εἰς κοίλην ναῦν διέκοπτε τοῦ πλοίου τὸ ἔδαφος. Οὑτοσὶ δ', ὡς οὐδὲν εἰδώς, ἄνω μετὰ τῶν ἄλλων ἐπιβατῶν διέτριβεν. Ψόφου δὲ γενομένου, αἰσθάνονται οἱ ἐν τῷ πλοίῳ ὅτι κακόν τι ἐν κοίλῃ νηὶ γίγνεται, καὶ βοηθοῦσι κάτω. 6 Ὡς δ' ἡλίσκεθ' ὁ Ἡγέστρατος καὶ δίκην δώσειν ὑπέλαβεν, φεύγει καὶ διωκόμενος ῥίπτει αὑτὸν εἰς τὴν θάλατταν, διαμαρτὼν δὲ τοῦ λέμβου διὰ τὸ νύκτ' εἶναι, ἀπεπνίγη. Ἐκεῖνος μὲν [οὖν] οὕτως ὥσπερ ἄξιος ἦν, κακὸς κακῶς ἀπώλετο, ἃ τοὺς ἄλλους ἐπεβούλευσε ποιῆσαι, ταῦτα παθὼν αὐτός. 7 Οὑτοσὶ δ' ὁ κοινωνὸς αὐτοῦ καὶ συνεργὸς τὸ μὲν πρῶτον εὐθὺς ἐν τῷ πλοίῳ παρὰ τἀδικήματα, ὡς οὐδὲν εἰδώς, ἀλλ' ἐκπεπληγμένος καὶ αὐτός, ἔπειθεν τὸν πρῳρέα καὶ τοὺς ναύτας εἰς τὸν λέμβον ἐμβαίνειν καὶ ἐκλείπειν τὴν ναῦν τὴν ταχίστην, ὡς ἀνελπίστου τῆς σωτηρίας οὔσης καὶ καταδυσομένης τῆς νεὼς αὐτίκα μάλα, ἵν' ὅπερ διενοήθησαν τοῦτ' ἐπιτελεσθείη καὶ ἡ ναῦς ἀπόλοιτο καὶ τὰ συμβόλαι' ἀποστερήσαιεν. 8 Ἀποτυχὼν δὲ τούτου, καὶ τοῦ παρ' ἡμῶν ἐμπλέοντος ἐναντιωθέντος καὶ τοῖς ναύταις μισθούς, εἰ

4 ἐκεῖνος v. : οὗτος S ‖ οὗτος S : οὑτοσὶ v. ‖ ὢν A. ὡς S ἦν F Q ‖ 5 Μασσαλίαν v. : Μεσσαλίαν S corr. ‖ δυοῖν A F Q : δυεῖν S ‖ 6 ὑπέλαβε v. : ὑπελάμβανε A ‖ διωκόμενος S : ἐκδιωκ. v. ‖ οὖν om. S del. Rennie ‖ 7 ἐμβαίνειν A : ἐκβαίνειν v. ‖ ἐκλείπειν A : ἐκλιπεῖν v. ‖ τοῦτ' ἐπιτελεσθείη A S τουτὶ τελεσθείη F Q D ‖ 8 ἐμπλέοντος A : συμπλέοντος v.

navire. Celui-ci fut sauvé, en effet, et parvint à Céphallénie, grâce aux Dieux d'abord, à la vaillance de l'équipage ensuite. Alors Zénothémis, de concert avec les Marseillais compatriotes d'Hégestratos, intrigua pour que le navire ne continuât pas sa route sur Athènes : il prétextait qu'il était de Marseille, que les marchandises en étaient aussi, le capitaine et les créanciers également. **9** Sa manœuvre échoua encore : les magistrats de Céphallénie décidèrent que le navire devait retourner à Athènes d'où il était parti [1]. Et cet homme que personne n'aurait cru assez osé pour venir ici après les machinations dont il s'était rendu coupable, cet homme, Athéniens, a poussé l'impudence et l'audace, non pas seulement jusqu'à venir, mais jusqu'à nous intenter une action en revendiquant le blé qui nous appartient [2].

10 Pourquoi cela, et qu'est-ce qui lui a donné assez d'assurance pour paraître ici et plaider? Je vais vous le dire, juges — oh ! bien à contre-cœur, j'en atteste Zeus et les autres Dieux, mais j'y suis obligé. Il y a au Pirée une officine de fripons qui s'entendent entre eux : vous-mêmes, vous les reconnaîtrez sûrement si vous les voyez. **11** Au moment où Zénothémis intriguait pour que le navire ne revînt pas ici, c'est un de cette bande que nous envoyâmes d'un commun accord pour nous représenter : on le connaissait bien sur la place, mais nous ne savions ce qu'il était. Malheur aussi grand pour nous, si l'on peut dire, que si nous avions traité directement avec de francs coquins. Ce représentant, un nommé Aristophon — le même qui a monté le coup de Miccalion, comme nous venons de l'apprendre — s'embaucha lui-même au service de mon adversaire et lui promit son office : c'est lui qui a tout machiné ; l'autre ne demandait pas mieux que d'accueillir son offre. **12** Comme il n'avait pas réussi à perdre le bâtiment et qu'il n'avait

1. Témoignage intéressant qui implique qu'il y avait dès cette époque, en matière de commerce maritime, une espèce de droit commun international : cf. Paoli, *Studi di dir. att.*, p. 16.

2. Sur l'action dont il s'agit (δίκη ἐξούλης) et sur son rapport avec le droit de propriété, voir *Notice*, p. 115 sq.

διασώσειαν τὴν ναῦν, μεγάλους ἐπαγγειλαμένου, σωθείσης εἰς Κεφαλληνίαν τῆς νεὼς διὰ τοὺς θεοὺς μάλιστά γε, εἶτα καὶ διὰ τὴν τῶν ναυτῶν ἀρετήν, πάλιν μετὰ τῶν Μασσαλιωτῶν τῶν τοῦ Ἡγεστράτου πολιτῶν μὴ καταπλεῖν Ἀθήναζε τὸ πλοῖον ἔπραττε, λέγων ὡς αὐτός τε καὶ τὰ χρήματ' ἐκεῖθέν ἐστι, καὶ ὁ ναύκληρος εἴη καὶ οἱ δεδανεικότες Μασσαλιῶται. **9** Ἀποτυχὼν δὲ καὶ τούτου, καὶ τῶν ἀρχόντων τῶν ἐν τῇ Κεφαλληνίᾳ γνόντων Ἀθήναζε τὴν ναῦν καταπλεῖν, ὅθενπερ ἀνήχθη, ὃν οὐδ' ἂν εἷς ἐλθεῖν ᾤετο δεῦρο τολμῆσαι τοιαῦτά γ' ἐσκευωρημένον καὶ πεποιηκότα, οὗτος, ὦ ἄνδρες Ἀθηναῖοι, τοσοῦτον ὑπερβέβληκεν ἀναιδείᾳ καὶ τόλμῃ ὥστ' οὐκ ἐλήλυθεν μόνον, ἀλλὰ καὶ τοῦ σίτου τοῦ ἡμετέρου ἀμφισβητήσας ἡμῖν δίκην προσείληχεν.

10 Τί οὖν ποτ' ἐστὶν τὸ αἴτιον, καὶ τῷ ποτ' ἐπηρμένος οὗτος καὶ ἐλήλυθεν καὶ τὴν δίκην εἴληχεν; ἐγὼ ὑμῖν ἐρῶ, ἄνδρες δικασταί, ἀχθόμενος μὲν νὴ τὸν Δία καὶ θεούς, ἀναγκαζόμενος δέ. Ἔστιν ἐργαστήριον μοχθηρῶν ἀνθρώπων συνεστηκότων ἐν τῷ Πειραιεῖ· οὓς οὐδ' ὑμεῖς ἀγνοήσετ' ἰδόντες. **11** Ἐκ τούτων ἕνα, ἡνίχ' οὗτος ἔπραττεν ὅπως ἡ ναῦς μὴ καταπλεύσεται δεῦρο, πρεσβευτὴν ἐκ βουλῆς τινα λαμβάνομεν γνώριμον οὑτωσί, ὅ τι δ' ἦν οὐκ εἰδότες, ἀτύχημ' οὐδὲν ἔλαττον, εἰ οἷόν τ' εἰπεῖν, ἀτυχήσαντες ἢ τὸ ἐξ ἀρχῆς πονηροῖς ἀνθρώποις συμμεῖξαι. Οὗτος ὁ πεμφθεὶς ὑφ' ἡμῶν (Ἀριστοφῶν ὄνομ' αὐτῷ), ὃς καὶ τὰ τοῦ Μικκαλίωνος πράγματ' ἐσκευώρηται (ταῦτα γὰρ νῦν ἀκούομεν), ἠργολάβηκεν αὐτὸς καὶ κατεπήγγελται τουτῳί, καὶ ὅλως ἐστὶν ὁ πάντα πράττων οὗτος· ὁδὶ δ' ἄσμενος δέδεκται ταῦτα. **12** Ὡς γὰρ διήμαρτεν τοῦ διαφθαρῆναι τὸ πλοῖον,

8 διασωσειαν S : διασώσαιεν v. || Κεφαλληνίαν v. : Κεφαληνίαν S (item 9) || καὶ om. F Q D || **10** καί ἐλήλυθε v. : κατελήλυθε S Q τ' ἐλήλυθεν D || ἐργαστήριον A : — ια v. || ἀγνοήσετε v. : ἀγνοήσαιτε A || **11** καταπλεύσεται Blass : — εῖται v. — ηται S || post ἦν add. τοιοῦτος v. om. S || οὐδὲν v. : οὐδενὸς A (quod si retineas, delenda sint uerba ἢ τὸ... συμμεῖξαι) || ἢ v. : καὶ S || τὸ v. : τό γε A || οὗτος ὁ v. : οὑτοσὶ S οὗτος A.

pas de quoi s'acquitter envers ses créanciers (comment pourrait-il le faire, puisqu'il n'a pas embarqué les marchandises[1]?), il revendique ce qui était notre bien : il prétend avoir prêté à Hégestratos sur le blé acheté par l'homme qui naviguait pour notre compte. Ses créanciers, qu'il a d'abord dupés, voyant qu'au lieu de rentrer dans leurs fonds, ils avaient devant eux un débiteur de mauvaise foi et pas d'autre gage, se sont dit que, si vous vous laissiez prendre à ses roueries, ils récupéreraient leur argent à nos dépens : ils ont beau savoir qu'il n'y a que mensonge dans ce qu'il dit contre nous, ils sont bien obligés, par intérêt personnel, de faire cause commune avec lui.

13 Tel est donc, en résumé, l'état de l'affaire sur laquelle vous êtes appelés à voter. Je vais d'abord vous produire des témoignages à l'appui de mes dires, après quoi je pourrai vous instruire sur les autres points. Lis-moi les témoignages.

TÉMOIGNAGES

14 Ainsi, le navire revint ici, quand les magistrats de Céphallénie eurent décidé, malgré les manœuvres de Zénothémis, qu'il devait rentrer au port d'où il était parti. Les créanciers qui avaient prêté de l'argent sur le bâtiment à son départ le saisirent immédiatement[2]; quant au chargement, il était détenu par celui qui l'avait acheté : c'était précisément notre débiteur. Là-dessus, on vit arriver Zénothémis, accompagné de celui que nous avions envoyé comme représentant, Aristophon. Il revendique le blé, sous prétexte qu'il avait prêté de l'argent à Hégestratos. **15** « Que dis-tu, l'homme? », réplique tout de suite Protos (c'est le nom de celui qui avait importé le blé, notre débiteur), « tu as prêté à Hégestratos? Mais c'est avec lui que tu as dupé tous les autres pour lui permettre d'emprunter. Comment ! Tu lui as entendu répéter

1. Dans la langue commerciale, le mot χρήματα désigne alternativement les espèces empruntées et les marchandises qui les représentent.

2. Hégestratos, ναύκληρος, était probablement propriétaire du navire ; les créanciers qui ont prêté sur quille saisissent immédiatement le navire, leur débiteur ayant péri.

οὐκ ἔχων ἀποδοῦναι τὰ χρήματα τοῖς δανείσασιν (πῶς γάρ; ἅ γ' ἐξ ἀρχῆς μὴ ἐνέθετο) ἀντιποιεῖται τῶν ἡμετέρων, καί φησι τῷ Ἡγεστράτῳ ἐπὶ τούτῳ τῷ σίτῳ δεδανεικέναι ὃν ὁ παρ' ἡμῶν ἐπιπλέων ἐπρίατο. Οἱ δὲ δανεισταὶ τὸ ἐξ ἀρχῆς ἐξηπατημένοι, ὁρῶντες ἑαυτοῖς ἀντὶ τῶν χρημάτων ἄνθρωπον πονηρὸν χρήστην, ἄλλο δ' οὐδέν, ἐλπίδ' ἔχοντες ὑπὸ τούτου παρακρουσθέντων ὑμῶν ἐκ τῶν ἡμετέρων ἀπολήψεσθαι τὰ ἑαυτῶν, ὃν ἴσασιν ψευδόμενον ταῦτα καθ' ἡμῶν, τούτῳ συνδικεῖν ἀναγκάζονται τοῦ συμφέροντος εἵνεκα τοῦ ἑαυτῶν.

13 Τὸ μὲν οὖν πρᾶγμ' ὑπὲρ οὗ τὴν ψῆφον οἴσετε, ὡς εἰπεῖν ἐν κεφαλαίῳ, τοιοῦτόν ἐστιν. Βούλομαι δὲ τοὺς μάρτυρας ὧν λέγω πρῶτον ὑμῖν παρασχόμενος, μετὰ ταῦτ' ἤδη καὶ τἄλλα διδάσκειν. Καί μοι λέγε τὰς μαρτυρίας.

ΜΑΡΤΥΡΙΑΙ

14 Ἐπειδὴ τοίνυν ἀφίκετο δεῦρο τὸ πλοῖον, γνόντων τῶν Κεφαλλήνων ἀντιπράττοντος τούτου, ὅθεν ἐξέπλευσε τὸ πλοῖον, ἐνταῦθα καὶ καταπλεῖν αὐτό, τὴν μὲν ναῦν οἱ ἐπὶ τῇ νηὶ δεδανεικότες ἐνθένδ' εὐθέως εἶχον, τὸν δὲ σῖτον ὁ ἠγορακὼς εἶχεν· ἦν δ' οὗτος ὁ ἡμῖν τὰ χρήματ' ὀφείλων. Μετὰ ταῦθ' ἧκεν οὗτος ἔχων τὸν παρ' ἡμῶν πεμφθέντα πρεσβευτήν, τὸν Ἀριστοφῶντα, καὶ ἠμφεσβήτει τοῦ σίτου, φάσκων Ἡγεστράτῳ δεδανεικέναι. 15 'Τί λέγεις, ἄνθρωπε;' εὐθέως ὁ Πρῶτος (τοῦτο γὰρ ἦν τοὔνομα τῷ τὸν σῖτον εἰσαγαγόντι, τῷ τὰ χρήμαθ' ἡμῖν ὀφείλοντι) 'σὺ χρήματα δέδωκας Ἡγεστράτῳ, μεθ' οὗ τοὺς ἄλλους ἐξηπάτηκας ὅπως δανείσηται, καὶ σοὶ πολλάκις λέγοντος ὅτι τοῖς προϊεμένοις ἀπολεῖται τὰ χρήματα; σὺ οὖν ταῦτ'

12 γ' om. S ‖ ἐξηπατημένοι codd. : ἠπατ. Harpocratio s. u. χρῆσται ‖ ἄλλο δ' οὐδὲν A S : ἀλλ' οὐδ' F Q D ‖ ἐλπίδ' v. : ἐλπίδας A ‖ εἵνεκα v. : ἕνεκα A S ‖ 13 ἤδη A S : δὴ v. ‖ 14 ἐνθένδε A S : ἐνθάδε F Q D ‖ 15 post εὐθέως add. ὁ ἄνθρωπος v. om. A S ‖ λέγοντος A corr. : λέγοντα v. ‖ προϊεμένοις A S : προεμένοις F Q D.

que de l'argent qu'on lui avançait, c'était de l'argent perdu, et après cela, tu lui en aurais avancé toi-même? » L'autre ne se démontait pas. Sur quoi l'un des assistants : « Ce que tu dis fût-il vrai, Hégestratos, ton associé et compatriote, t'a bien trompé, à ce qu'il paraît : c'est pour de pareils méfaits qu'il s'est condamné lui-même à mort. » **16** « Mais, dit un autre, ils étaient de connivence pour tout, et je vais vous en donner la preuve : avant qu'Hégestratos se soit mis à faire une voie d'eau, lui et Zénothémis ont déposé un contrat écrit[1] entre les mains d'un passager. Pourtant, si tu lui avais remis des fonds sur parole, pourquoi prenais-tu une sûreté avant le crime? Et si tu ne te fiais pas à lui, pourquoi n'as-tu pas réglé les choses avant le départ? » **17** Inutile de rapporter la scène tout au long; nous eûmes beau dire, nous n'en fûmes pas plus avancés : il ne laissait pas enlever le blé. Protos voulait l'éconduire, ainsi que l'associé de Protos, Phertatos; mais lui s'y opposait, déclarant expressément qu'il ne se laisserait éconduire par personne, sinon par moi. **18** Après cela, Protos et moi lui adressâmes sommation[2], à fin d'en référer aux magistrats de Syracuse : s'il était établi que le blé avait été acheté par Protos, les droits acquittés par lui, le prix versé par lui, nous demandions que Zénothémis fût condamné comme étant de mauvaise foi; dans le cas contraire, nous offrions de l'indemniser des frais, de lui payer, en outre, 1 talent et de lui abandonner le blé. Ni sommation ni paroles n'y firent : nous étions réduits à cette alternative, ou de l'éconduire, ou de perdre le chargement rentré à bon port, qui était là et qui nous appartenait. **19** De son côté, Protos faisait constater qu'il voulait éconduire Zénothémis et se déclarait prêt à faire le voyage de Sicile : si, malgré cette offre, nous abandonnions le chargement à Zénothémis, il se désintéressait de l'affaire. Ainsi donc, Zénothémis a refusé de se laisser

1. On verra fréquemment le contrat écrit confié à un dépositaire.

2. Cette variété de πρόκλησις est inspirée du même esprit que les autres; elle est à fin d'enquête (auprès de magistrats étrangers; cf. § 9), étant entendu que le résultat de l'enquête entraînera condamnation *ipso iure* de l'une ou de l'autre partie.

ἀκούων αὐτὸς ἂν προήκω;' ἔφη καὶ ἀναιδὴς ἦν. 'Οὐκοῦν εἰ τὰ μάλιστ' ἀληθῆ λέγεις,' τῶν παρόντων τις ὑπέλαβεν, 'ὁ σὸς κοινωνὸς καὶ πολίτης, ὁ Ἡγέστρατος, ὡς ἔοικεν, ἐξηπάτηκέν σε, καὶ ὑπὲρ τούτων αὐτὸς αὑτῷ θανάτου τιμήσας ἀπόλωλεν.' 16 'Καὶ ὅτι γ',' ἔφη τις τῶν παρόντων, 'ἁπάντων ἐστὶ συνεργὸς οὗτος ἐκείνῳ, σημεῖον ὑμῖν ἐρῶ· πρὸ γὰρ τοῦ διακόπτειν ἐπιχειρῆσαι τὴν ναῦν, τίθενται πρός τινα τῶν συμπλεόντων οὗτος καὶ ὁ Ἡγέστρατος συγγραφήν. Καίτοι εἰ μὲν εἰς πίστιν ἔδωκας, τί πρὸ τοῦ κακουργήματος ἂν τὰ βέβαι' ἐποιοῦ; εἰ δ' ἀπιστῶν ἐτύγχανες, τί οὐχ, ὥσπερ οἱ ἄλλοι, τὰ δίκαι' ἐλάμβανες ἐν τῇ γῇ'. 17 Τί ἂν τὰ πολλὰ λέγοι τις; ἦν γὰρ οὐδ' ὁτιοῦν πλέον ἡμῖν ταῦτα λέγουσιν, ἀλλ' εἴχετο τοῦ σίτου. 'Εξῆγεν αὐτὸν ὁ Πρῶτος καὶ ὁ κοινωνὸς τοῦ Πρώτου, Φέρτατος· οὑτοσὶ δ' οὐκ ἐξήγετο, οὐδ' ἂν ἔφη διαρρήδην ὑπ' οὐδενὸς ἐξαχθῆναι, εἰ μὴ αὐτὸν ἐγὼ ἐξάξω. 18 Μετὰ ταῦτα προὐκαλεῖθ' ὁ Πρῶτος αὐτὸν καὶ ἡμεῖς ἐπὶ τὴν ἀρχὴν τὴν τῶν Συρακοσίων, κἂν μὲν ἐωνημένος τὸν σῖτον ἐκεῖνος φαίνηται καὶ τὰ τέλη κείμεν' ἐκείνῳ καὶ τὰς τιμὰς ὁ διαλύων ἐκεῖνος, τοῦτον πονηρὸν ὄντ' ἠξιοῦμεν ζημιοῦσθαι, εἰ δὲ μή, καὶ τὰ διάφορ' ἀπολαβεῖν καὶ τάλαντον προσλαβεῖν, καὶ τοῦ σίτου ἀφιστάμεθα. Ταῦτ' ἐκείνου προκαλουμένου καὶ λέγοντος καὶ ἡμῶν οὐδὲν ἦν πλέον, ἀλλ' ἦν αἵρεσις ἢ τοῦτον ἐξάγειν ἢ ἀπολωλεκέναι σωθέντα καὶ παρόντα τὰ ἡμέτερ' αὐτῶν. 19 Ὁ γὰρ αὖ Πρῶτος διεμαρτύρετ' ἐξάγειν, βεβαιῶν ἀναπλεῖν ἐθέλειν εἰς τὴν Σικελίαν· εἰ δὲ ταῦτ' ἐθέλοντος αὐτοῦ προησόμεθ' ἡμεῖς τούτῳ τὸν σῖτον, οὐδὲν αὐτῷ μέλειν. Καὶ ὅτι ταῦτ' ἀληθῆ λέγω, καὶ οὔτ' ἂν

15 εἰ A S : εἰ καὶ v. ‖ τούτων v. : τούτου A ‖ **16** ὁ A S : om. cett. ‖ ante συγγραφὴν add. βιβλίον v. om. S ‖ ἔδωκας A S : δέδωκας F Q D ‖ **17** ante Π. εἴχετο v. : ἀντείχετο A ‖ ὁ om. S ‖ **18** alterum τὴν om. S ‖ ἐκείνῳ A : ἐκείνου v. ‖ ἠξιοῦμεν A : ἀξιοῦμεν v. ‖ post ἐξάγειν add. ἡμᾶς A ‖ καὶ om. F Q D ‖ **19** διεμαρτύρετ' v. : — ατο A ‖ βεβαιῶν marg. ed. Paris. a. 1570 : βεβαιοῦν codd. ‖ αὐτοῦ S : αὑτοῦ v. ‖ προησόμεθα Reiske : ποιησόμεθα A προήσομεν v.

éconduire par d'autres que moi, il s'est dérobé à la sommation d'en référer à Syracuse ; enfin, c'est au cours de la traversée qu'ils avaient déposé le contrat écrit[1] : en preuve, lis les témoignages.

Témoignages

20 Ainsi, il n'a consenti ni à se laisser éconduire par Protos ni à faire le voyage de Sicile pour trancher la question de droit ; d'autre part, il était évident qu'il avait été au courant de tous les projets criminels d'Hégestratos : nous qui avions passé un contrat sur la place d'Athènes, et qui avions reçu livraison du blé de celui qui l'avait acheté en bonne et due forme à Syracuse, il ne nous restait qu'à éconduire Zénothémis. **21** Quel autre parti prendre? Aucun de nos associés ne pouvait encore supposer que vous adjugeriez le chargement* à celui qui avait pressé l'équipage de l'abandonner pour qu'il pérît avec le navire. C'est là précisément la meilleure preuve qu'il n'avait aucun droit sur le blé : qui donc conseillerait de laisser périr ce qui lui appartient à ceux qui veulent le sauver? Qui donc, à sa place, n'aurait déféré à la sommation et ne serait allé en Sicile, où il était facile d'avoir une preuve authentique? **22** Nous ne pouvions pas non plus faire cette supposition injurieuse pour vous, que vous n'écarteriez pas la demande de mon adversaire portant sur des marchandises qu'il avait tout fait pour écarter d'ici — d'abord lorsqu'il pressait l'équipage de les abandonner, ensuite lorsqu'il intriguait à Céphallénie pour que le navire ne revînt pas à Athènes. **23** Ne serait-ce pas, en effet, un scandale et une absurdité? Quand des Céphalléniens, pour conserver le chargement aux Athéniens, ont décidé que le navire devait rentrer ici, vous, des Athéniens, vous attribueriez la propriété de vos concitoyens à ceux qui ont voulu la jeter à la mer, et vous jugeriez mon adversaire recevable à réclamer un chargement qu'il a voulu empêcher par tous les moyens d'arriver ici? Par Zeus et tous les Dieux, c'est impossible. Lis mon exception.

1. A la leçon πλῷ (traversée), il est permis de préférer la leçon πλοίῳ

ἐξαχθῆναι ἔφη, εἰ μὴ ὑπ' ἐμοῦ, οὔθ' ἃ προὐκαλεῖτο περὶ τοῦ ἀναπλεῖν ἐδέχετο, ἔν τε τῷ πλῷ τὴν συγγραφὴν ἔθεντο, λέγε τὰς μαρτυρίας.

ΜΑΡΤΥΡΙΑΙ

20 Ἐπειδὴ τοίνυν οὔτ' ἐξάγεσθαι ἤθελεν ὑπὸ τοῦ Πρώτου οὔτ' εἰς τὴν Σικελίαν ἀναπλεῖν ἐπὶ τὰ δίκαια, προειδὼς θ' ἅπαντ' ἐφαίνετο ἃ ὁ Ἡγέστρατος ἐκακούργει, λοιπὸν ἦν ἡμῖν τοῖς ἐνθένδε μὲν πεποιημένοις τὸ συμβόλαιον, παρειληφόσι δὲ τὸν σῖτον παρὰ τοῦ δικαίως ἐκεῖ πριαμένου, ἐξάγειν τοῦτον. 21 Τί γὰρ ἂν καὶ ἄλλ' ἐποιοῦμεν; οὔπω γὰρ τοῦτό γ' οὐδεὶς ἡμῶν τῶν κοινωνῶν ὑπέλαβεν ὡς ὑμεῖς γνώσεσθέ ποτ' εἶναι τούτου τὸν σῖτον, ὃν καταλιπεῖν οὗτος ἔπειθεν τοὺς ναύτας, ὅπως ἀπόλοιτο τοῦ πλοίου καταδύντος. Ὃ καὶ μέγιστόν ἐστι σημεῖον τοῦ μηδὲν προσήκειν αὐτῷ. Τίς γὰρ ἂν τὸν ἑαυτοῦ σῖτον ἔπειθε προέσθαι τοὺς σῴζειν βουλομένους; ἢ τίς οὐκ ἂν ἔπλει δεξάμενος τὴν πρόκλησιν εἰς τὴν Σικελίαν, οὗ ταῦτ' ἦν ἐλέγξαι καθαρῶς; 22 καὶ μὴν οὐδὲ τοῦτ' ἐμέλλομεν ὑμῶν καταγνώσεσθαι, ὡς εἰσαγώγιμον ψηφιεῖσθε τούτῳ τὴν δίκην περὶ τούτων τῶν χρημάτων ἃ κατὰ πολλοὺς τρόπους οὗτος ἔπραττεν ὅπως μὴ εἰσαγώγιμα δεῦρ' ἔσται, πρῶτον μὲν ὅτ' αὐτὰ καταλιπεῖν τοὺς ναύτας ἔπειθεν, εἶθ' ὅτ' ἐν Κεφαλληνίᾳ μὴ δεῦρο πλεῖν τὴν ναῦν ἔπραττεν. 23 Πῶς γὰρ οὐκ αἰσχρὸν καὶ δεινὸν ἂν γένοιτο, εἰ Κεφαλλῆνες μέν, ὅπως τοῖς Ἀθηναίοις σωθῇ τὰ χρήματα, δεῦρο πλεῖν τὴν ναῦν ἔκριναν, ὑμεῖς δ' ὄντες Ἀθηναῖοι τὰ τῶν πολιτῶν τοῖς καταποντίσαι βουληθεῖσιν δοῦναι γνοίητε, καὶ ἃ μὴ καταπλεῖν ὅλως οὗτος δεῦρ' ἔπραττεν, ταῦτ' εἰσαγώγιμα τούτῳ ψηφίσαισθε; μὴ δῆτ' ὦ Ζεῦ καὶ θεοί. Λέγε δή μοι τί παραγέγραμμαι.

19 πλῷ A : πλοίῳ S πλείω v. || ἔθεντο scripsi : ἔθετο codd. || 20 ἐνθένδε μὲν A S : ἐνθάδε F Q D || 21 καὶ om. A || ὑπέλαβεν A S : ὑπελάμβανεν F Q || καταλιπεῖν v. : — λείπειν S || 22 ἐμέλλομεν Reiske : ἔμελλον codd. || 23 τοῖς om. Q D || ὅλως om. S || δῆτ' A : δήπου v. δήπου γ' S.

EXCEPTION

Lis la loi.

LOI

24 L'exception que j'ai opposée à fin de non-recevoir est conforme aux lois : je crois l'avoir suffisamment démontré. Je veux maintenant vous faire connaître l'intrigue de l'astucieux personnage qui a monté toute l'affaire, Aristophon : Zénothémis et lui, se rendant compte qu'ils n'avaient absolument aucun titre à faire valoir, proposent un arrangement à Protos et décident mon homme à s'en remettre entièrement à eux. Depuis le début, à vrai dire, ils manœuvraient naturellement dans ce sens — nous en avons maintenant la certitude — mais jusque-là sans succès. **25** En effet, tant qu'il avait l'espoir d'un bénéfice à faire sur le chargement de blé, Protos continuait à le revendiquer : il aimait mieux réaliser un profit personnel tout en s'acquittant envers nous que d'entrer en société avec eux et de les admettre au partage en nous frustrant de notre dû. Mais alors que, de retour ici, il était aux prises avec tous ces ennuis, il y eut baisse sur les blés : lui, aussitôt, de changer d'idée. **26** En même temps — car il faut vous dire toute la vérité, Athéniens — il y avait des heurts avec nous, ses créanciers, qui trouvions très désagréable d'avoir à subir la perte sur le blé et qui lui reprochions de nous avoir, au lieu d'argent, rapporté un méchant procès. Alors cet homme, qui de lui-même n'est pas non plus très honnête, cela se voit bien, passe du côté de nos adversaires et consent à se laisser condamner par défaut dans l'action que Zénothémis lui avait intentée avant qu'ils ne fissent cause commune. **27** En effet, si Zénothémis s'était désisté, il se serait dénoncé du même coup comme un plaideur

(navire). Mais la seconde n'autoriserait pas, semble-t-il, l'interprétation de Photiadès (*art. cité*, p. 124), d'après laquelle Zénothémis avait fait afficher à bord une copie du contrat pour avertir les tiers de ses droits. En fait, il y a ici une référence au § 16, où il était question d'un contrat déposé entre les mains d'un passager : c'est bien ce dépôt qu'indique le verbe ἔθεντο, ici comme plus haut.

ΠΑΡΑΓΡΑΦΗ

Λέγε δή μοι τὸν νόμον.

ΝΟΜΟΣ

24 Ὅτι μὲν τοίνυν ἐκ τῶν νόμων παρεγραψάμην μὴ εἰσαγώγιμον εἶναι τὴν δίκην, ἱκανῶς οἴομαι δεδεῖχθαι· τέχνην δ' ἀκούσεσθε τοῦ σοφοῦ τοῦ ταῦτα πάντα συντεθηκότος, τοῦ Ἀριστοφῶντος. Ὡς γὰρ ἐκ τῶν πραγμάτων ἁπλῶς οὐδὲν ἑώρων δίκαιον ἑαυτοῖς ἐνόν, ἐπικηρυκεύονται τῷ Πρώτῳ καὶ πείθουσι τὸν ἄνθρωπον ἐνδοῦναι τὰ πράγμαθ' ἑαυτοῖς, πράττοντες μὲν ὡς ἔοικεν καὶ ἐξ ἀρχῆς τοῦτο, ὡς ἡμῖν νῦν φανερὸν γέγονεν, οὐ δυνάμενοι δὲ πεῖσαι. **25** Ὁ γὰρ Πρῶτος, ἕως μὲν ᾤετο τὸν σῖτον κέρδος ἐλθόντα ποιήσειν, ἀντείχετο τούτου, καὶ μᾶλλον ᾑρεῖτ' αὐτός τε κερδᾶναι καὶ ἡμῖν τὰ δίκαι' ἀποδοῦναι, ἢ κατακοινωνήσας τούτοις τῆς μὲν ὠφελίας τούτους ποιῆσαι μερίτας, ἡμᾶς δ' ἀδικῆσαι· ὡς δὲ δεῦρ' ἥκοντος αὐτοῦ καὶ περὶ ταῦτα πραγματευομένου, ἐπανῆκεν ὁ σῖτος, ἄλλην εὐθέως ἔλαβεν γνώμην. **26** Καὶ ἅμα (εἰρήσεται γάρ, ἄνδρες Ἀθηναῖοι, πᾶσα πρὸς ὑμᾶς ἡ ἀλήθεια) καὶ ἡμεῖς οἱ δεδανεικότες προσεκρούομεν αὐτῷ καὶ πικρῶς εἴχομεν, τῆς τε ζημίας ἐφ' ἡμᾶς ἰούσης τῆς περὶ τὸν σῖτον καὶ συκοφάντην ἀντὶ χρημάτων αἰτιώμενοι τοῦτον ἡμῖν κεκομικέναι. Ἐκ τούτων, οὐδὲ φύσει χρηστὸς ὢν ἅνθρωπος δῆλον ὅτι, ἐπὶ τούτους ἀποκλίνει, καὶ συγχωρεῖ τὴν δίκην ἔρημον ὀφλεῖν, ἣν οὗτος αὐτῷ λαγχάνει τότε ὅτ' οὔπω ταὔτ' ἐφρόνουν. **27** Εἰ μὲν γὰρ ἀφῆκε τὸν Πρῶτον, ἐξελήλεγκτ' ἂν εὐθέως ἡμᾶς συκοφαντῶν· ὀφλεῖν δὲ παρὼν ἐκεῖνος οὐ συνεχώρει,

24 παρεγραψάμην v. : παρεγεγραμην S ‖ συντεθηκότος edd. : συντεθεικότος A S συντεταχότος v. ‖ νῦν v. : νυνὶ A ‖ 25 ante Πρῶτος add. ὁ ἄνθρωπος v. (cf. 15) ‖ 26 ἄνδρες A S D : ὦ ἄ v. ‖ πᾶσα om. F Q D ‖ περὶ Wolf : ἐπὶ codd. ‖ ἅνθρωπος Schaefer : ἄνθρωπος v. (sine spiritu S) ‖ ταὔτ' A S : ταῦτα v.

de mauvaise foi vis-à-vis de nous ; d'autre part, l'autre ne consentait à se laisser condamner que par défaut : de la sorte, si on observait à son égard les conventions, tout allait bien ; sinon, il faisait opposition[1]. D'ailleurs, qu'est-ce que cette histoire ? Si Protos a commis ce que Zénothémis lui reproche dans sa demande, ce n'est pas une condamnation civile qui était justifiée, c'est, il me semble, la peine capitale : si vraiment, au fort du danger et de la tempête, il s'est enivré au point de ressembler à un fou furieux, que ne mérite-t-il pas ? et s'il a soustrait des actes ? s'il a brisé des sceaux ? **28** Au surplus, ce sont choses à régler entre vous : mais ne va pas mêler ma cause à celle-là. Si Protos t'a fait tort en paroles ou en actes, tu as obtenu justice apparemment : aucun de nous ne t'en a empêché et personne aujourd'hui n'intercède pour Protos ; si tu l'as calomnié, ce n'est pas notre affaire. Mais, diras-tu, notre homme a levé le pied : **29** oui, à votre instigation, pour que notre témoin fût défaillant et pour que vous pussiez dire maintenant contre lui tout ce qui vous plaît. Car, si le jugement par défaut n'avait pas été concerté entre vous, en même temps que tu le citais, tu l'aurais amené devant le polémarque pour obtenir caution de lui[2] ; et alors, ou bien il te fournissait des garants et il était forcé de rester à Athènes, faute de quoi tu avais à qui t'en prendre ; ou bien, il n'en fournissait pas, et il allait en prison. **30** En réalité, vous avez monté l'affaire ensemble : lui s'imagine que, grâce à toi, il n'aura pas à payer la différence dont il m'est redevable*, et toi, en l'accusant, tu comptes t'approprier notre bien. Et la preuve, la voici : moi, je vais le sommer* ; toi, tu ne le feras pas plus que tu n'as exigé caution de lui.

31 Et puis, ils espèrent par un autre moyen surprendre votre jugement et vous abuser. Ils vont mettre Démosthène en cause : ils diront que je comptais sur lui en éconduisant Zénothémis — allégation qui trouvera crédit, à ce qu'ils supposent, car il s'agit d'un orateur en

1. Cet acte (τὴν ἔρημον ἀντιλαχεῖν) suppose une excuse valable et doit être accompli dans les deux mois. Cf. Pollux, VIII, 61.

2. L'étranger défendeur est soumis à une saisie préventive de la personne, à moins qu'il ne fournisse la *cautio iudicio sisti*. Ce moyen

ἵν' ἐὰν μὲν αὐτῷ ποιῶσιν ἃ ὡμολογήκασιν —, εἰ δὲ μή, τὴν ἔρημον ἀντιλάχῃ. Ἀλλὰ τί ταῦτα; εἰ μὲν γὰρ ἃ γέγραφεν οὗτος εἰς τὸ ἔγκλημ' ἐποίει, οὐκ ὀφλεῖν ἂν δίκην δικαίως, ἀλλ' ἀποθανεῖν ὁ Πρῶτος ἔμοιγε δοκεῖ. Εἰ γὰρ ἐν κακοῖς καὶ χειμῶνι τοσοῦτον οἶνον ἔπινεν ὥσθ' ὅμοιον εἶναι μανίᾳ, τί οὐκ ἄξιός ἐστι παθεῖν; ἢ εἰ γράμματ' ἔκλεπτεν; ἢ εἰ ὑπανέῳγεν; 28 ἀλλὰ ταῦτα μὲν αὐτοὶ πρὸς ἑαυτοὺς ὑμεῖς ὅπως ποτ' ἔχει διακρινεῖσθε· τῇ δ' ἐμῇ δίκῃ μηδὲν ἐκείνης πρόσαγε. Εἴ τί σ' ἠδίκηκεν ὁ Πρῶτος ἢ λέγων ἢ ποιῶν, ἔχεις ὡς ἔοικε δίκην· οὐδεὶς ἡμῶν ἐκώλυεν, οὐδὲ νῦν παραιτεῖται. Εἰ σεσυκοφάντηκας, οὐ περιεργαζόμεθα. Νὴ Δί' ἀλλ' ἐκποδών ἐστιν ἄνθρωπος. 29 Διά γ' ὑμᾶς, ἵνα τάς τε μαρτυρίας τὰς ἡμετέρας λίπῃ, καὶ νῦν ὑμεῖς ὅ τι ἂν βούλησθε λέγητε κατ' αὐτοῦ. Εἰ γὰρ μὴ δι' ὑμῶν ἔρημος ἐγίγνεθ' ἡ δίκη, ἅμ' ἂν αὐτὸν προσεκαλοῦ καὶ κατηγγύας πρὸς τὸν πολέμαρχον, καὶ εἰ μὲν κατέστησέ σοι τοὺς ἐγγυητάς, μένειν ἠναγκάζετ' ἄν, ἢ σὺ παρ' ὧν λήψει δίκην ἑτοίμους εἶχες, εἰ δὲ μὴ κατέστησεν, εἰς τὸ οἴκημ' ἂν ᾔει. 30 Νῦν δὲ κοινωσάμενοι τὸ πρᾶγμα, ὁ μὲν διὰ σοῦ τὴν γεγονυῖαν ἔκδειαν οὐκ ἀποδώσειν ἡμῖν οἴεται, σὺ δ' ἐκείνου κατηγορῶν τῶν ἡμετέρων κύριος γενήσεσθαι. Τεκμήριον δέ· ἐγὼ μὲν γὰρ αὐτὸν κλητεύσω, σὺ δ' οὔτε κατηγγύησας οὔτε νῦν κλητεύσεις.

31 Ἔτι τοίνυν ἑτέρα τις ἐστὶν ἐλπὶς αὐτοῖς τοῦ παρακρούσεσθαι καὶ φενακιεῖν ὑμᾶς. Αἰτιάσονται Δημοσθένην, καὶ ἐκείνῳ με πιστεύοντα φήσουσιν ἐξαγαγεῖν τουτονί, ὑπολαμβάνοντες τῷ ῥήτορα καὶ γνώριμον εἶναι ἐκεῖνον πιθανὴν ἔχειν τὴν αἰτίαν. Ἐμοὶ δ' ἐστὶ μέν, ὦ ἄνδρες

27 ὁ om. S ‖ ἐστι A S : εἴη F Q ‖ ἢ A F Q : om. S ‖ 28 αὐτοὶ om. F Q D ‖ διακρινεῖσθε v. : — εσθε A S ‖ ἐκώλυεν S : ἐκώλυσεν v. σε κωλύσειεν A ‖ εἰ S : εἰ δὲ v. ‖ ἄνθρωπος Bekker : ἄνθρωπος codd. (sine spiritu S) ‖ 29 λίπῃ v. : λίπει S λείπῃ A ‖ ᾔει v. : ἀπῆκτο A ‖ 30 τὴν om. S. ‖ ἔκδειαν A F pr. D : ἔνδειαν S F corr. Q ‖ κλητεύσεις v. : κλητεύεις S ‖ 31 παρακρούσεσθαι S : — σασθαι A F Q D ‖ με A : ἐμὲ cett. ‖ ἐξαγαγεῖν A : ἐξάγειν v. ‖ μὲν S : om. v. ‖ ὦ ἄνδρες Ἀθηναῖοι om. A.

vue. La vérité, Athéniens, c'est que Démosthène est bien mon parent (je jure par tous les Dieux que je dirai la vérité) ; **32** mais, quand je suis allé le trouver, en lui demandant s'il pourrait assister au procès et m'appuyer [1] : « Démon, m'a-t-il répondu, je veux bien faire tout ce que tu me demanderas : il serait mal d'en user autrement. Cependant, il faut considérer ma situation aussi bien que la tienne : depuis que j'ai commencé à parler sur les affaires publiques, il ne m'est pas arrivé de me mêler d'une seule affaire privée. Bien plus, je me suis abstenu des causes publiques quand elles touchaient à des intérêts particuliers (?)... »

de contrainte est employé devant le polémarque ; cf. Isocr. XVII 14 ; Dém. LIX 40, 49 ; schol. Aristoph., *Guêpes*, 1042.

1. Démosthène aurait joué le rôle de συνήγορος.

Ἀθηναῖοι, Δημοσθένης οἰκεῖος γένει (καὶ πάντας ὑμῖν ὄμνυμι τοὺς θεοὺς ἦ μὴν ἐρεῖν τἀληθῆ), 32 προσελθόντος δ' αὐτῷ μου καὶ παρεῖναι καὶ βοηθεῖν ἀξιοῦντος εἴ τι ἔχοι, 'Δήμων,' ἔφη, 'ἐγὼ ποιήσω μὲν ὡς ἂν σὺ κελεύῃς (καὶ γὰρ ἂν δεινὸν εἴη)'. Δεῖ μέντοι καὶ τὸ σαυτοῦ καὶ τοὐμὸν λογίσασθαι. Ἐμοὶ συμβέβηκεν, ἀφ' οὗ περὶ τῶν κοινῶν λέγειν ἠρξάμην, μηδὲ πρὸς ἓν πρᾶγμ' ἴδιον προσεληλυθέναι· ἀλλὰ καὶ τῆς πολιτείας αὐτῆς τὰ τοιαῦτ' ἐξέστηκα.....

31 Δημοσθένης v. : ὁ Δημ. A || 32 post μέντοι add. σε A || mancam esse orationem indicatur in S tribus uersibus punctorum.

XXXIII

CONTRE APATOURIOS

NOTICE

Le *Contre Apatourios* touche à un assez grand nombre de questions : actions commerciales, exceptions, hypothèque, compromis, cautionnement, prescription, etc..., tout cela s'y rencontre. Comme l'affaire, malgré quelques obscurités dans le détail, peut être suivie sans peine d'un bout à l'autre, le plus simple sera de la prendre pour cadre de l'exposé juridique.

Le plaideur — anonyme, et dont nous ne savons s'il est Athénien ou étranger [1] — a prêté, ou plutôt fait prêter, de l'argent au Byzantin Apatourios dans des circonstances qu'il est intéressant de préciser. Apatourios avait antérieurement contracté un emprunt qu'il se trouvait hors d'état de rembourser. Cet emprunt était gagé sur son navire, et, comme il y avait terme échu, les créanciers procédaient à la saisie — ou allaient y procéder : il y a ici, en effet, une difficulté, d'ailleurs classique, et qui intéresse grandement la portée du droit hypothécaire, mais dont il est sans inconvénient d'ajourner l'examen, parce qu'elle n'intéresse point le cas Apatourios (§ 6). Quoi qu'il en soit, le plaideur consent à s'entremettre : le bien d'Apatourios échappera aux griffes de ses créanciers ; naturellement, c'est à la condition d'un nouvel emprunt, que consentent le plaideur et un ami et compatriote d'Apatourios, Parménon. Mais le plaideur n'a pas d'argent disponible ; il fait avancer 30 mines par la banque d'Héraclidès, en se portant personnellement garant (§ 7) :

1. D'après l'impression que laissent les §§ 4 sq., la première hypothèse est pourtant la plus probable.

opération qui fait songer au *mandatum credendae pecuniae* du droit romain, et qui fait l'effet d'appartenir à la pratique du monde commerçant. Parménon, de son côté, s'est engagé à fournir 10 mines, et il en a effectivement versé 3 ; mais, sur ces entrefaites, il se brouille avec Apatourios : obligé par son acompte de rester dans l'affaire — autre point intéressant, qu'on verra signalé en temps utile (§ 7) — il ne veut pas, du moins, y rester en nom et charge le plaideur de ses intérêts : il lui remet les 7 mines restantes que le plaideur transmet à Apatourios, et, pour les trois déjà versées, il y a l'équivalent d'une novation par substitution de créancier[1]. Le plaideur se fait garantir la dette de 10 mines, pour laquelle il est devenu créancier personnel, et celle de 30, pour laquelle il est caution, par une hypothèque qui porte sur le navire d'Apatourios et sur l'équipage, et qui a lieu sous la forme de la πρᾶσις ἐπὶ λύσει, vente sous condition de rachat[2].

Peu après, la banque d'Héraclidès tombe en déconfiture ; Apatourios essaie de se dérober à ses obligations et de détourner le gage ; il en est empêché par Parménon, qui peut faire prévenir le plaideur à temps. Celui-ci procède à une saisie conservatoire, « transmet » le gage aux « cautions » de la banque, qui jouent ici un rôle de syndics, puis fait vendre le navire, qui produit tout juste les

1. La question de texte qui se pose ici (§ 8) n'a pas d'intérêt juridique : on peut donner le même sens à ἀνθομολογησάμενος (Dareste, *Pl. civ.*, p. 214, n. 3) qu'à ἀνομολογησάμενος.

2. C'est le seul exemple que nous ayons en droit athénien — il y en a d'autres à l'époque hellénistique — de la garantie d'une couverture pour la caution. Elle a lieu ici sous une forme indirecte. Ce qui est directement garanti par la πρᾶσις ἐπὶ λύσει, c'est la dette qu'Apatourios a contractée envers l'orateur ; seulement, la condition à laquelle le rachat de la chose vendue — ou, si l'on veut, la libération du gage — pourra s'effectuer, c'est qu'Apatourios s'acquittera non seulement de sa dette envers le plaideur, mais de sa dette envers la banque auprès de qui l'a cautionné le plaideur. Nous adoptons sur ce point l'interprétation de Rabel, in *Zeitschr. d. Sav.-Stift.*, *R. A.*, XXVIII (1907), p. 328, n. 1, et de Partsch, *Griech. Bürgschaftsr.*, p. 286. Ajoutons pourtant une remarque : une fois la garantie hypothécaire définie en ces termes, c'est la forme abstraite du prêt (δάνειον ; cf. Mitteis, *Reischr. u. Volksr.*, p. 475) qui a été donnée à l'engagement de rembourser les 40 mines (cf. § 12 : συγγραφὰς... καθ' ἃς ἐδανείσθη τὰ χρήματα).

40 mines nécessaires ; après quoi, on supprime l'acte du contrat, et enfin Apatourios et le plaideur se donnent réciproquement quittance et décharge (§§ 9-12)[1].

Cependant, l'intervention de Parménon dans l'affaire avait entraîné un procès entre lui et Apatourios. On convint d'un arbitrage. A en croire l'orateur, les deux parties auraient constitué trois arbitres et en même temps, chacune de leur côté, une caution pour garantir l'exécution de la sentence éventuelle. L'un des trois arbitres aurait été le plaideur. Particularité assez remarquable, sinon étrange, un autre des arbitres aurait été en même temps caution d'Apatourios (ce qui a fait penser que le plaideur, malgré ses dénégations, était, pour sa part, caution de Parménon). Mais — toujours d'après les dires du plaideur — l'arbitrage n'aurait pu avoir lieu sous la forme qui avait été prévue, l'acte du compromis aurait été égaré ou détourné, et l'arbitre unique par qui Apatourios prétendait faire trancher l'affaire aurait été récusé par Parménon : celui-ci n'en a pas moins été condamné, d'ailleurs par défaut.

Apatourios, lui, soutenait que l'arbitrage avait été régulier et que le plaideur était garant de son exécution. Il intente contre ce dernier une δίκη ἐμπορική, à quoi son adversaire réplique par une παραγραφή. Tel est le procès.

1. Le récit étant naturellement écourté en cet endroit, quelques obscurités subsistent sur certains points. L'initiative de Parménon ne peut guère s'autoriser d'un droit, malgré le mot ἐπιλαμβάνεται du § 9 (d'ailleurs, cf. § 13) : sa raison d'être est seulement de préparer l'intervention du plaideur. Si, d'autre part, le plaideur procède immédiatement à une saisie bientôt suivie de vente, c'est sans doute que la fraude d'Apatourios le constitue en demeure ; on voit, au surplus, que la forme de πρᾶσις donnée à l'engagement n'avait pas empêché le débiteur de rester en possession. Quant à la transmission du gage, il semble qu'il faille la comprendre comme une tradition fictive, ce qu'elle était aussi, quoique en un autre sens, dans le *Contre Zénothémis*, § 21 : elle signifie que la vente, sans doute surveillée par les cautions de la banque, aura lieu en leur nom ou, du moins, à leur profit. Après cela, on peut s'étonner que les cautions de la banque aient à respecter, sur mandat du plaideur, la créance de Parménon (§ 10) ; mais ceci doit être justement en accord avec un droit hypothécaire qui, même dans la forme de la πρᾶσις, ne paraît pas comporter la propriété absolue du gage, en tant que la valeur de celui-ci dépasse le montant de la dette.

C'est un procès de garantie (δίκη ἐγγύης)[1], qui, étant donnée la notion grecque du cautionnement, n'exige qu'une condition pour pouvoir être intenté : c'est que la dette n'a pas été acquittée[2]. En l'espèce, Parménon est absent : Apatourios s'en prend immédiatement à son garant, et, sur ce point, le plaideur n'élève aucune contestation (cf. § 23). — D'autre part, l'action est « commerciale ». Il est curieux que, dans les discussions qu'il y a eu au sujet du domaine d'application des δίκαι ἐμπορικαί, on n'ait pas songé au cas du *Contre Apatourios*, qui est pourtant assez probant. L'action est « commerciale », simplement parce qu'Apatourios, négociant maritime, poursuivait l'exécution d'une obligation sur le fondement d'un acte écrit — l'acte du compromis : c'est la seconde des espèces qui est prévue par la loi sur les δίκαι ἐμπορικαί[3].

Maintenant, sur quoi s'appuie la παραγραφή? Essentiellement sur l'article de la loi qui déclare l'action commerciale non recevable hors des cas visés par elle (cf. XXXII, 1); en fait, le plaideur nie toute obligation à l'égard d'Apatourios : sa défense est donc plutôt une défense au fond; mais il paraît que l'exception était couramment entendue et appliquée dans un sens large en matière d'actions commerciales : le précédent discours en témoignait déjà; le suivant le montrera encore. Subsidiairement, le plaideur indique, plutôt qu'il n'invoque, deux autres moyens de défense qui eussent pu donner lieu à une véritable παραγραφή : d'une part, il fait valoir qu'il a reçu quittance et décharge (§ 3); d'autre part, il fait allusion à la loi qui limite à un an l'obligation issue du cautionnement (§ 27). Nous retrouverons dans le *Pour Phormion* l'exception fondée sur une ἄφεσις. Nous y retrouverons également la prescription extinctive; elle appa-

1. L'existence et la désignation d'une action spécifique ἐγγύης ne nous sont attestées que par un texte de Théophraste, *Car.*, XII, 4 (cf. ici même, § 27, ἐδεδίκαστο ἄν μοι τῆς ἐγγύης, expression qui ne suffirait pas à faire preuve par elle-même). Les deux exemples concrets que nous avons de cette action nous sont fournis par le présent discours et le plaidoyer d'Isée, *Sur la succession de Dikéogénès*.

2. Cf. Partsch, *o. l.*, p. 180 sqq. ; pour le cas d'espèce, *id.*, p. 153.

3. Cf. la notice du *Contre Zénothémis*, p. 112.

raît ici sous une forme qui ne laisse pas d'être embarrassante. Il est curieux d'abord que le plaideur se défende de vouloir recourir à un tel moyen : il tire seulement de la loi une présomption contre son adversaire. D'ailleurs, l'existence d'une prescription au bénéfice de toute espèce de caution — et d'une prescription particulièrement brève : celle de droit commun est de cinq ans — a paru suspecte [1]. Les objections qu'on soulève là contre sont cependant gratuites [2]. Tout en reconnaissant qu'une citation rapide, peut-être inexacte, peut-être tronquée, est insuffisante pour nous permettre de fonder une opinion, disons que l'existence d'une ancienne loi protégeant les cautions en général [3] n'a rien d'invraisemblable ; ajoutons seulement, ce qui a son intérêt, que, dans le monde des affaires spécialement, arguer de la prescription n'était pas vu d'un bon œil [4].

Le *Contre Apatourios* n'est pas un mauvais plaidoyer, encore que certaines réticences compromettent la cause du plaideur. Mais il n'est certainement pas de Démosthène : on a pu relever une longue série de particularités syntaxiques ou stylistiques qui démentent l'attribution traditionnelle [5]. — Quant à la date, nous avons un *terminus a quo* : d'après le *Contre Olympiodoros* (§§ 12, 26), la banque Héraclidès était encore en activité en 343 ; or, elle est tombée en déconfiture plus de deux ans avant le

1. Voir l'exposé des difficultés dans Beauchet, *o. l.*, IV, p. 525 sqq.

2. On fait valoir que, dans plusieurs contrats de location, l'engagement de la caution est pour une durée de plus d'un an. A quoi Partsch, *o. l.*, p. 252 sq., fait une réponse pertinente : les termes de la loi n'impliquent nullement que la caution sera libérée une année après son contrat ; ils signifient qu'elle le sera un an après la date où commence sa responsabilité de caution (ce qu'exprime le mot ἐγγύη).

3. On connaît, pour Rome, la loi *Furia de sponsu*, qui doit être du IVe siècle de la Ville, et aux termes de laquelle l'obligation des *sponsores et fidepromissores* d'Italie s'éteignait par deux ans depuis l'échéance de la dette.

4. Thalheim, *Rechtsalt.*, p. 105, n. 7 ; cf. Caillemer, art. *Eggyê*, dans le *Dict. des Ant.*, p. 492. On retrouvera la prescription extinctive, également, dans le *Contre Nausimachos et Xénopeithès* ; cf. *Contre Macartatos*, 16.

5. E. R. Schulze, *Prolegom. in Dem. quae fertur orat. adv. Apaturium capita duo*, p. 48-84.

procès contre Apatourios (§ 9). Le plus probable est que celui-ci a été plaidé pendant le règne d'Alexandre[1].

1. Les relations commerciales du plaideur avec Byzance (§ 5) n'ont guère pu avoir lieu avant 341, date où fut conclu un traité d'alliance entre cette cité et Athènes, et elles ont cessé depuis sept ans (§ 4). Cf. A. Schäfer III, B, p. 299 sq.

XXXIII

CONTRE APATOURIOS

EXCEPTION

Sujet du discours

1 Celui qui oppose l'exception avait été personnellement en relations d'affaires avec Apatourios, mais il avait reçu quittance et décharge : c'est comme représentant de Parménon qu'il est l'objet d'une action à fin de payement. Parménon, compatriote du négociant maritime Apatourios, était de Byzance, mais il avait été banni de sa patrie à la suite d'une condamnation. D'abord ami d'Apatourios, il s'était brouillé avec lui, et ils étaient entrés en procès, Parménon poursuivant Apatourios pour coups et pour dommages, Apatourios intentant l'action contraire. **2** D'après les dires d'Apatourios, l'affaire fut confiée à l'arbitrage du seul Aristoclès, qui aurait condamné Parménon. Le prétendu garant ne reconnaît rien de tel : d'abord, il y aurait eu trois arbitres, et non pas le seul Aristoclès ; ensuite, dans le texte du compromis, la caution de Parménon était Archippos ; Apatourios aurait fait disparaître l'acte frauduleusement, en persuadant à Aristoclès, qui le détenait, de ne pas le produire et de prétendre que l'esclave qui en avait la garde l'avait égaré pendant son sommeil ; **3** on n'aurait pas dressé un nouvel acte et il n'y aurait pas eu d'arbitrage : le précédent compromis, en effet, était annulé par la disparition de l'acte[1] et on n'en aurait pas conclu un second ; seulement, Aristoclès, contre toute justice, aurait prononcé une sentence contre Parménon, bien que n'étant plus arbitre, et cela malgré l'absence de Parménon, rappelé par un grand malheur, et son opposition à l'arbitrage. Tels sont les arguments que fait valoir le défendeur. Son exception se fonde premièrement sur la décharge qu'il a obtenue d'Apatourios, secondement sur

1. L'analyse correcte de Libanios fait ressortir l'importance de cet argument dans une cause de droit commercial.

XXXIII

ΠΡΟΣ ΑΠΑΤΟΥΡΙΟΝ ΠΑΡΑΓΡΑΦΗ

ΥΠΟΘΕΣΙΣ

1 Ὁ παραγραφόμενος τὴν δίκην ἴδια μέν τινα συμβόλαια πρὸς Ἀπατούριον ἔχων ἄφεσιν ἐπ' ἐκείνοις καὶ ἀπαλλαγὴν ἐποιήσατο, νῦν δ' ὑπὲρ Παρμένοντος ἐγκαλεῖται καὶ ἀπαιτεῖται χρήματα. Ὁ γὰρ Παρμένων πολίτης μὲν ἦν τοῦ ἐμπόρου τοῦ Ἀπατουρίου Βυζάντιος, φυγὴν δ' ἐκ τῆς πατρίδος κατεδεδίκαστο. Φίλῳ δὲ κατ' ἀρχὰς τῷ Ἀπατουρίῳ χρώμενος, ὕστερον προσκρούσας εἰς δίκας ἦλθε, καὶ ἐδίωκε τὸν Ἀπατούριον πληγῶν τε καὶ βλάβης, κἀκεῖνος αὖθις τῷ Παρμένοντι δίκην ἀντέλαχεν. **2** Ὁ μὲν οὖν Ἀπατούριος ἑνὶ διαιτητῇ τὸ πρᾶγμ' ἐπιτραπῆναί φησιν Ἀριστοκλεῖ κἀκεῖνον καταγνῶναι τοῦ Παρμένοντος· διόπερ ἐπὶ τοῦτον ἥκει τὸν νῦν παραγραφόμενον τὴν δίκην, ἐγγυητὴν τοῦ Παρμένοντος γεγενῆσθαι φάσκων. Ὁ δ' οὐδὲν τούτων ὁμολογεῖ, ἀλλὰ πρῶτον μέν φησι τρισὶν αὐτοὺς ἐπιτρέψαι διαιτηταῖς, οὐχ ἑνὶ τῷ Ἀριστοκλεῖ, ἔπειτ' ἐγγυητὴν τοῦ Παρμένοντος ἐν ταῖς συνθήκαις Ἄρχιππον γραφῆναι, κἀκείνας δ' ἀφανισθῆναι τὰς συνθήκας κακουργίᾳ τοῦ Ἀπατουρίου, πείσαντος τὸν Ἀριστοκλέα τὸν ἔχοντ' αὐτὰς μὴ κομίζειν εἰς μέσον, ἀλλὰ λέγειν ὡς ἀπολώλεκε τὸ γραμματεῖον καθεύδων ὁ παῖς· **3** ἑτέρας δ' οὐκέτι γραφῆναι συνθήκας, οὐδ' ἐπιτραπῆναι τὸ πρᾶγμα διαιτητῇ, τῆς μὲν πρότερον ἀναιρεθείσης τῇ τῶν συνθηκῶν ἀπωλείᾳ, δευτέρας δ' οὐκέτι συμβαθείσης αὐτοῖς· τὸν δ' Ἀριστοκλέα παρὰ πάντα τὰ δίκαια κατὰ τοῦ Παρμένοντος ἀποφήνασθαι οὐκέτ' ὄντα διαιτητήν, καὶ ταῦτ' ἀποδημοῦντός τε τοῦ Παρμένοντος κατὰ συμφορὰν μεγάλην καὶ ἀπηγορευκότος αὐτῷ μὴ διαιτᾶν. Ταῦτά τ' οὖν ὁ τὴν δίκην φεύγων προτείνεται τὰ δίκαια καὶ παραγράφεται τὸν ἀγῶνα, λέγων ἐπὶ μὲν τοῖς γενομένοις αὐτῷ πρὸς Ἀπα-

Ὑπόθεσις 2 ἑνὶ Wolf : ἐν codd. ‖ 3 post ἐπιτραπῆναι excidisse πάλιν aut simile uerbum suspicari licet.

le fait qu'aucune obligation n'a plus été contractée après cela ; or, les lois n'accordent pas d'action en pareils cas.

1 Aux termes de la loi, juges, les négociants maritimes et les patrons de navires auront action par-devant les thesmothètes en réparation du préjudice à eux causé sur la place, à raison d'expéditions de ou sur Athènes[1] ; l'auteur du préjudice est passible de la peine supplémentaire de l'emprisonnement jusqu'à acquittement de la condamnation prononcée contre lui : ceci pour que personne ne lèse témérairement aucun négociant. **2** Mais, à qui est actionné pour une obligation non existante, la loi ouvre le recours d'une exception, afin que personne ne soit l'objet d'une demande calomnieuse et que les actions soient réservées aux seuls négociants ou patrons qui sont victimes d'un préjudice réel. En fait, il est arrivé souvent qu'un défendeur, dans les actions commerciales, soulevant à votre tribunal l'exception que lui accorde la loi, a établi que la demande était mal fondée et, sous prétexte de commerce maritime, calomnieuse. **3** Dans l'espèce, celui qui a tout monté avec mon adversaire et qui a suscité le procès actuel vous sera dévoilé au cours de mes explications ; en attendant, comme la demande d'Apatourios est mensongère et son action illégale, comme il y a eu quittance et décharge de toutes les obligations existant entre nous, comme je n'ai pas contracté de nouvelle obligation, pas plus maritime que terrestre[2], j'ai opposé l'exception pour faire déclarer l'action non recevable, conformément aux lois qu'on va vous lire.

Lois

4 Je dis que c'est à l'encontre de ces lois qu'Apatourios a intenté le procès et que sa demande est mensongère : les preuves ne me manqueront pas. Il y a longtemps,

1. Sur la rédaction de la loi et sur les particularités des actions commerciales, cf. *Contre Zénothémis*, *Notice*, p. 111 sq.

2. Tels sont les deux motifs d'exception qui figurent dans cet exposé de l'état de cause (πρόθεσις) : on remarquera que la prescription extinctive, invoquée plus loin incidemment, ne l'est pas ici.

τούριον συμβολαίοις ἄφεσιν ὑπάρξαι, ὕστερον δ' οὐδὲν ἔτι γεγενῆσθαι συμβόλαιον, περὶ δὲ τῶν τοιούτων τοὺς νόμους μὴ διδόναι δικάζεσθαι.

1 Τοῖς μὲν ἐμπόροις, ὦ ἄνδρες δικασταί, καὶ τοῖς ναυκλήροις κελεύει ὁ νόμος εἶναι τὰς δίκας πρὸς τοὺς θεσμοθέτας, ἐάν τι ἀδικῶνται ἐν τῷ ἐμπορίῳ ἢ ἐνθένδε ποι πλέοντες ἢ ἑτέρωθεν δεῦρο, καὶ τοῖς ἀδικοῦσιν δεσμὸν ἔταξεν τοὐπιτίμιον, ἕως ἂν ἐκτείσωσιν ὅ τι ἂν αὐτῶν καταγνωσθῇ, ἵνα μηδεὶς ἀδικῇ μηδένα τῶν ἐμπόρων εἰκῇ. 2 Τοῖς δὲ περὶ τῶν μὴ γενομένων συμβολαίων εἰς κρίσιν καθισταμένοις ἐπὶ τὴν παραγραφὴν καταφεύγειν ἔδωκεν ὁ νόμος, ἵνα μηδεὶς συκοφαντῆται, ἀλλ' αὐτοῖς τοῖς τῇ ἀληθείᾳ ἀδικουμένοις τῶν ἐμπόρων καὶ τῶν ναυκλήρων αἱ δίκαι ὦσιν. Καὶ πολλοὶ ἤδη τῶν φευγόντων ἐν ταῖς ἐμπορικαῖς παραγραψάμενοι κατὰ τὸν νόμον τουτονὶ καὶ εἰσελθόντες εἰς ὑμᾶς ἐξήλεγξαν τοὺς δικαζομένους ἀδίκως ἐγκαλοῦντας καὶ ἐπὶ τῇ προφάσει τοῦ ἐμπορεύεσθαι συκοφαντοῦτας. 3 Ὁ μὲν οὖν μετὰ τούτου μοι ἐπιβεβουλευκὼς καὶ τὸν ἀγῶνα τουτονὶ κατεσκευακὼς προϊόντος τοῦ λόγου καταφανὴς ὑμῖν ἔσται· ἐγκαλοῦντος δέ μοι Ἀπατουρίου τὰ ψευδῆ καὶ παρὰ τοὺς νόμους δικαζομένου, καὶ ὅσα μὲν ἐμοὶ καὶ τούτῳ ἐγένετο συμβόλαια πάντων ἀπαλλαγῆς καὶ ἀφέσεως γενομένης, ἄλλου δὲ συμβολαίου οὐκ ὄντος ἐμοὶ πρὸς τοῦτον, οὔτε ναυτικοῦ οὔτ' ἐγγείου, παρεγραψάμην τὴν δίκην μὴ εἰσαγώγιμον εἶναι κατὰ τοὺς νόμους τουτουσί.

ΝΟΜΟΙ

4 Ὡς τοίνυν παρὰ τοὺς νόμους τούτους εἴληχέ μοι τὴν δίκην Ἀπατούριος καὶ τὰ ψευδῆ ἐγκέκληκεν, ἐκ πολλῶν

1 δικασταί S Q γρ. : Ἀθηναῖοι v. ‖ 2 μὴ om. S ‖ μηδεὶς συκοφαντῆται A S : μὴ συκοφαντῶνται v. ‖ τουτονὶ S : τοῦτον cett. ‖ 3 ἐγγείου D Suidas s. v. ἔγγειον : ἐγγαίου v.

juges, que je suis dans les affaires maritimes : ce fut d'abord à mes risques et périls ; il n'y a pas sept ans que j'ai renoncé à la navigation : j'essaye de faire travailler, en les plaçant dans des entreprises maritimes, les petits capitaux que je possède. **5** A force d'avoir été un peu partout et de fréquenter la place, je suis connu de presque tout ce qui navigue ; ces gens de Byzance, en particulier, je suis en relations très étroites avec eux, parce que j'ai séjourné dans leur pays. Telle est donc ma situation. Il y a deux ans, mon adversaire et son compatriote Parménon, Byzantin d'origine, mais exilé de sa patrie, débarquèrent ici. **6** Ils vinrent me trouver dans le port et me parlèrent argent. Apatourios se trouvait devoir sur son navire 40 mines ; ses créanciers le pressaient, exigeaient le payement ; c'était la saisie[1], car il était en demeure. Dans l'embarras où il était, Parménon lui ayant promis une avance de 10 mines, il me priait de lui en fournir 30 : il se plaignait de ses créanciers qui, désireux d'avoir son navire, le discréditaient sur la place pour pouvoir s'approprier le gage après l'avoir mis dans l'impossibilité de s'acquitter. **7** Je n'avais pas d'argent disponible ; mais j'étais le client du banquier Héraclidès : je le décidai à prêter la somme en m'acceptant comme caution. Et Apatourios avait déjà reçu les 30 mines, quand il survint une brouille entre lui et Parménon ; mais, comme celui-ci s'était engagé à lui fournir 10 mines et lui en avait versé 3, cet acompte le mettait dans l'obligation de verser le reste[2]. **8** Ne voulant point passer le contrat en personne avec un ennemi, il me pria d'agir de manière à sauvegarder ses intérêts : je reçus les 7 mines de Parménon, je fis novation avec Apa-

1. Le verbe ἐμβατεύω concerne l'exécution du débiteur hypothécaire, laquelle a lieu de plein droit à l'échéance, sans recours à justice. L'imparfait ἐνεβάτευον ne signifie pas nécessairement que l'exécution a eu lieu en fait, et on l'interprète en général au sens conatif. Mais on peut observer que le débiteur est en demeure et que les créanciers ne demandent qu'à s'approprier le navire : il n'est pas exclu que, d'après le droit hypothécaire athénien, le créancier pût être encore désintéressé — comme le seront ceux-là — après l'ἐμβάτευσις.

2. Il y a ici une opération remarquable, un *pactum de mutuando* (cf. Partsch, *Griech. Bürgsch.*, p. 286), pour 10 mines avec versement

ὑμῖν τοῦτ' ἐπιδείξω. Ἐγὼ γάρ, ὦ ἄνδρες δικασταί, πολὺν ἤδη χρόνον ἐπὶ τῆς ἐργασίας ὢν τῆς κατὰ θάλατταν, μέχρι μέν τινος αὐτὸς ἐκινδύνευον, οὔπω δὲ ἔτη ἐστὶν ἑπτὰ ἀφ' οὗ τὸ μὲν πλεῖν καταλέλυκα, μέτρια δ' ἔχων τούτοις πειρῶμαι ναυτικοῖς ἐργάζεσθαι. 5 Διὰ δὲ τὸ ἀφῖχθαι πολλαχόσε καὶ διὰ τὸ εἶναί μοι τὰς διατριβὰς περὶ τὸ ἐμπόριον γνωρίμως ἔχω τοῖς πλείστοις τῶν πλεόντων τὴν θάλατταν· τούτοις δὲ τοῖς ἐκ Βυζαντίου καὶ πάνυ οἰκείως χρῶμαι διὰ τὸ ἐνδιατρῖψαι αὐτόθι. Ἔχοντος δέ μου οὕτως ὡς λέγω, κατέπλευσαν δεῦρο τρίτον ἔτος οὗτός τε καὶ πολίτης αὐτοῦ Παρμένων, Βυζάντιος μὲν τὸ γένος, φυγὰς δ' ἐκεῖθεν. 6 Προσελθόντες δέ μοι ἐν ἐμπορίῳ οὗτος καὶ ὁ Παρμένων ἐμνήσθησαν περὶ ἀργυρίου. Ἔτυχεν δὲ οὑτοσὶ ὀφείλων ἐπὶ τῇ νηὶ τῇ ἑαυτοῦ τετταράκοντα μνᾶς, καὶ οἱ χρῆσται κατήπειγον αὐτὸν ἀπαιτοῦντες καὶ ἐνεβάτευον εἰς τὴν ναῦν, εἰληφότες τῇ ὑπερημερίᾳ. Ἀπορουμένῳ δ' αὐτῷ μνᾶς μὲν δέκα ὁ Παρμένων ὡμολόγησεν δώσειν, τριάκοντα δὲ μνᾶς ἐδεῖτό μου οὗτος συνευπορῆσαι, αἰτιώμενος τοὺς χρήστας ἐπιθυμοῦντας τῆς νεὼς διαβεβληκέναι αὐτὸν ἐν τῷ ἐμπορίῳ, ἵνα κατάσχωσι τὴν ναῦν εἰς ἀπορίαν καταστήσαντες τοῦ ἀποδοῦναι τὰ χρήματα. 7 Ἐμοὶ μὲν οὖν οὐκ ἔτυχεν παρὸν ἀργύριον, χρώμενος δὲ Ἡρακλείδῃ τῷ τραπεζίτῃ ἔπεισα αὐτὸν δανεῖσαι τὰ χρήματα λαβόντα ἐμὲ ἐγγυητήν. Ἤδη δὲ τῶν τριάκοντα μνῶν πεπορισμένων, ἔτυχεν προσκεκρουκώς τι τούτῳ ὁ Παρμένων· ὡμολογηκὼς δ' εὐπορήσειν αὐτῷ δέκα μνᾶς, καὶ τούτων δεδωκὼς τὰς τρεῖς, διὰ τὸ προειμένον ἀργύριον ἠναγκάζετο καὶ τὸ λοιπὸν διδόναι. 8 Αὐτὸς μὲν οὖν διὰ τοῦτο οὐκ ἐβούλετο ποιήσασθαι τὸ συμβόλαιον, ἐμὲ δ' ἐκέλευεν πρᾶξαι ὅπως αὐτῷ ὡς ἀσφαλέστατα ἕξει. Λαβὼν δὲ [ἐγὼ] τὰς ἑπτὰ μνᾶς παρὰ

6 προσελθόντες A : προσιόντες cett. || ἐπὶ S F Q : ἐν A || 7 οὖν om. F Q D || τι om. A D || τούτων v. : τούτῳ A || προειμένον Wolf : προτέμενον A S προειρημένον F Q || 8 ἐκέλευεν v. : ἐκέλευσεν A || ἐγὼ om. S.

tourios pour les 3 qu'il avait déjà reçues de lui, et il me vendit à réméré le navire et les esclaves jusqu'à remboursement des 10 mines qu'il avait reçues par mon intermédiaire et des 30 pour lesquelles il m'avait constitué caution auprès du banquier[1]. Pour preuve de mes dires, écoutez les témoignages.

Témoignages

9 C'est ainsi qu'Apatourios put s'acquitter envers ses créanciers. Peu de temps après, Héraclidès fit banqueroute et resta d'abord caché. Apatourios, par fraude, essaye d'envoyer les esclaves à l'étranger et de faire quitter le port au navire. Ce fut là le commencement de nos démêlés. Parménon, ayant eu vent de la chose, se saisit des esclaves que l'autre voulait emmener, l'empêche de lever l'ancre et, m'ayant envoyé chercher, me met au courant. **10** A ce récit, je jugeai que l'auteur d'un pareil coup était un fripon et je pris mes dispositions à la fois pour être libéré de mon cautionnement auprès de la banque et pour que l'étranger ne fût pas frustré de ce qu'il avait avancé à Apatourios par mon intermédiaire. Je mis des gardiens au navire, je rendis compte de la saisie aux garants de la banque[2] et je leur transmis le gage en précisant qu'il était dû à l'étranger 10 mines sur le navire. Cela fait, je saisis les esclaves*, afin que, si le premier gage était insuffisant, le second garantît le surplus. **11** Comme j'avais constaté la mauvaise foi d'Apatourios, je réglai ainsi les affaires, pour mon compte et pour celui de l'étranger. Lui protestait, comme si les torts étaient de mon côté et non du sien : il me demandait si ce n'était pas assez pour moi d'être personnellement dégagé de mon cautionnement auprès de la banque, sans aller protéger la créance de Parménon en saisissant le

immédiat de 3 mines qui engage le créancier pour le surplus. On a pu parler à ce propos, mais en un sens particulier et assez improprement, de contrat réel (cf. Claudel, in *Rev. des Ét. gr.*, 1913, p. 221 sq.).

1. La vente à réméré est une forme fréquente de l'hypothèque : l'opération est désignée plus loin du terme de θέσις (§ 12).

2. Nous ne connaissons pas autrement ces ἐγγυηταὶ τῆς τραπέζης, qui paraissent ici faire office de syndics de faillite.

τοῦ Παρμένοντος, καὶ τὰς τρεῖς ἃς προειλήφει οὗτος παρ' ἐκείνου, ἀνθομολογησάμενος πρὸς τοῦτον, ὠνὴν ποιοῦμαι τῆς νεὼς καὶ τῶν παίδων, ἕως ἀποδοίη τάς τε δέκα μνᾶς ἃς δι' ἐμοῦ ἔλαβεν, καὶ τὰς τριάκοντα ὧν κατέστησεν ἐμὲ ἐγγυητὴν τῷ τραπεζίτῃ. Καὶ ὡς ἀληθῆ λέγω, ἀκούσατε τῶν μαρτυριῶν.

ΜΑΡΤΥΡΙΑΙ

9 Τὸν μὲν τρόπον τοῦτον ἀπήλλαξεν τοὺς χρήστας Ἀπατούριος οὑτοσί. Οὐ πολλῷ δὲ χρόνῳ μετὰ ταῦτα τῆς τραπέζης ἀνασκευασθείσης, καὶ τοῦ Ἡρακλείδου κατ' ἀρχὰς κεκρυμμένου, ἐπιβουλεύει οὑτοσὶ τούς τε παῖδας ἐκπέμψαι Ἀθήνηθεν καὶ τὴν ναῦν ἐξορμίσαι ἐκ τοῦ λιμένος. Ὅθεν ἐμοὶ πρὸς τοῦτον ἡ πρώτη διαφορὰ ἐγένετο. Αἰσθόμενος γὰρ ὁ Παρμένων ἐξαγομένων τῶν παίδων ἐπιλαμβάνεται καὶ τὴν ναῦν κατεκώλυσεν αὐτὸν ἐξορμίζειν, καὶ μεταπεμψάμενος ἐμὲ λέγει τὸ πρᾶγμα. 10 Ὡς δ' ἤκουσα, τοῦτον μὲν ἀνοσιώτατον ἡγησάμην εἶναι τῷ ἐπιχειρήματι, ἐσκοπούμην δὲ ὅπως αὐτός τε ἀπολυθήσομαι τῆς ἐγγύης τῆς ἐπὶ τὴν τράπεζαν, καὶ ὁ ξένος μὴ ἀπολεῖ ἃ δι' ἐμοῦ τούτῳ ἐδάνεισεν. Καταστήσας δὲ φύλακας τῆς νεὼς διηγησάμην τοῖς ἐγγυηταῖς τῆς τραπέζης τὴν πρᾶξιν, καὶ παρέδωκα τὸ ἐνέχυρον, εἰπὼν αὐτοῖς ὅτι δέκα μναῖ ἐνείησαν τῷ ξένῳ ἐν τῇ νηί. Ταῦτα δὲ πράξας κατηγγύησα τοὺς παῖδας, ἵν' εἴ τις ἔκδεια γίγνοιτο, τὰ ἐλλείποντα ἐκ τῶν παίδων εἴη. 11 Καὶ ἐγὼ μὲν ἐπειδὴ ἔλαβον τοῦτον ἀδικοῦντα, διωρθωσάμην ὑπὲρ ἐμαυτοῦ καὶ τοῦ ξένου· ὁ δ' ὥσπερ ἀδικούμενος, ἀλλ' οὐκ ἀδικῶν ἐμέμφετό μοι, καὶ ἠρώτα εἰ οὐχ ἱκανόν μοι εἴη αὐτῷ ἀπολυθῆναι τῆς ἐγγύης τῆς πρὸς τὴν τράπεζαν, ἀλλὰ καὶ ὑπὲρ τοῦ ἀργυρίου τοῦ Παρμένοντος τὴν ναῦν κατεγγυῶ καὶ τοὺς παῖδας, καὶ

8 ἀνθομολογησάμενος codd. : ἀνομολογ. Schulze || τε A : om. cett. || **10** ἔκδεια Valesius : ἔνδεια codd. (cf. XXXII 30) || **11** εἰ A : ἢ S F Q ἦ D.

navire et les esclaves, et sans me brouiller avec lui-même pour un individu qui n'était qu'un banni. **12** Je répondis que Parménon s'était fié à moi : s'il était banni et si, dans son malheur, il était lésé par Apatourios, raison de plus pour que je prisse ses intérêts. Bref, j'allai jusqu'au bout et je me brouillai complètement avec Apatourios ; encore pus-je faire rentrer tout juste l'argent, la vente du navire ayant produit 40 mines, c'est-à-dire exactement la somme pour laquelle il était hypothéqué. La banque reçut ses 30 mines, Parménon ses 10 ; nous supprimâmes, en présence de nombreux témoins, l'acte du prêt, et nous nous donnâmes réciproquement quittance et décharge de nos obligations, de manière à éteindre toute créance de lui envers moi et de moi envers lui. En preuve, écoutez les témoignages.

TÉMOIGNAGES

13 Depuis, je n'ai eu avec lui aucune affaire, petite ou grande. Quant à Parménon, il était en instance contre lui pour les coups qu'il en avait reçus lorsqu'il avait saisi les esclaves qu'Apatourios voulait emmener et pour le dommage qu'il lui avait fait subir en l'empêchant d'aller en Sicile. Le procès était en train, quand Parménon lui déféra le serment sur certains chefs de la demande ; Apatourios accepta le serment et convint d'une clause pénale pour le cas où il ne le prêterait pas. En preuve, prends-moi ce témoignage.

TÉMOIGNAGE

14 Après avoir accepté, se rendant compte qu'un parjure de sa part serait évident pour trop de monde, il ne se présenta pas pour prêter le serment et, s'imaginant que plaider le dispenserait de jurer, il assigne Parménon. Les deux procès étant en instance[1], ils recourent, sur la suggestion de leurs amis, à un arbitrage. On dresse l'acte

1. L'expression de l'orateur est formelle : il y a donc, pour deux demandes contraires relatives aux mêmes faits, deux procès instruits

ὑπὲρ ἀνθρώπου φυγάδος ἀπεχθανοίμην αὐτῷ. 12 Ἐγὼ δὲ τὸν πιστεύσαντα ἐμαυτῷ τοσούτῳ ἔφην ἧττον ἂν περιιδεῖν, ὅσῳ φυγὰς ὢν καὶ ἀτυχῶν ἠδικεῖτο ὑπὸ τούτου. Πάντα δὲ ποιήσας καὶ εἰς πᾶσαν ἀπέχθειαν τούτῳ ἐλθών, μόλις εἰσέπραξα τὸ ἀργύριον, πραθείσης τῆς νεὼς τετταράκοντα μνῶν, ὅσουπερ ἡ θέσις ἦν. Ἀποδοθεισῶν δὲ τῶν τριάκοντα μνῶν ἐπὶ τὴν τράπεζαν καὶ τῶν δέκα τῷ Παρμένοντι, ἐναντίον πολλῶν μαρτύρων τάς τε συγγραφὰς ἀνειλόμεθα καθ' ἃς ἐδανείσθη τὰ χρήματα, καὶ τῶν συναλλαγμάτων ἀφεῖμεν καὶ ἀπηλλάξαμεν ἀλλήλους ὥστε μήτε τούτῳ πρὸς ἐμὲ μήτ' ἐμοὶ πρὸς τοῦτον πρᾶγμα εἶναι μηδέν. Καὶ ὡς ἀληθῆ λέγω, ἀκούσατε τῶν μαρτυριῶν.

ΜΑΡΤΥΡΙΑΙ

13 Μετὰ ταῦτα τοίνυν ἐμοὶ μὲν οὔτε μεῖζον οὔτε ἔλαττον πρὸς αὐτὸν συμβόλαιον γέγονεν· ὁ δὲ Παρμένων ἐδικάζετο τούτῳ τῶν τε πληγῶν ὧν ἔλαβεν ὑπὸ τούτου ὅτε τῶν παίδων ἐξαγομένων ἐπελάβετο, καὶ ὅτι τοῦ εἰς Σικελίαν πλοῦ διὰ τοῦτον κατεκωλύθη. Ἐνεστηκυίας δὲ τῆς δίκης δίδωσιν ὁ Παρμένων ὅρκον τούτῳ περί τινων ἐγκλημάτων, καὶ οὗτος ἐδέξατο, ἐπιδιαθέμενος ἀργύριον ἐὰν μὴ ὀμόσῃ τὸν ὅρκον. Καὶ ὅτι ἀληθῆ λέγω, λαβέ μοι τὴν μαρτυρίαν.

ΜΑΡΤΥΡΙΑ

14 Δεξάμενος τοίνυν τὸν ὅρκον, εἰδὼς ὅτι πολλοὶ αὐτῷ συνείσονται ἐπιορκήσαντι, ἐπὶ μὲν τὸ ὀμόσαι οὐκ ἀπήντα, ὡς δὲ δίκῃ λύσων τὸν ὅρκον προσκαλεῖται τὸν Παρμένοντα. Ἐνεστηκυιῶν δ' αὐτοῖς τῶν δικῶν πεισθέντες ὑπὸ τῶν παρόντων εἰς ἐπιτροπὴν ἔρχονται, καὶ γράψαντες συνθήκας

12 πιστεύσαντα A F corr. : πιστεύοντα S πιστεύσοντα F pr. Q D ‖ πᾶσαν S : ἅπασαν v. ‖ δέκα A : δέκα μνῶν cett. ‖ 14 ἐπιορκήσαντι v. : — σοντι A.

du compromis : il y avait un arbitre commun — Phocritos, un compatriote à eux — et deux assesseurs désignés, l'un pour Apatourios — c'était Aristoclès d'Oè — l'autre pour Parménon — c'était moi. **15** L'acte stipulait qu'en cas d'unanimité, la sentence des trois arbitres aurait effet ; sinon, deux suffrages suffiraient pour qu'elle fût obligatoire. Ceci convenu, ils constituèrent des cautions qui leur garantiraient réciproquement l'exécution de l'arbitrage[1] : celle d'Apatourios fut Aristoclès, celle de Parménon Archippos de Myrrhinonte. L'acte fut d'abord déposé entre les mains de Phocritos ; puis, Phocritos les pria de prendre un autre dépositaire : ce fut Aristoclès. En preuve, écoutez les témoignages.

Témoignages

16 Ainsi, l'acte a été déposé chez Aristoclès, et l'arbitrage avait été confié à Phocritos, à Aristoclès et à moi : vous avez là-dessus le témoignage de ceux qui sont au courant. Je vous prie maintenant, juges, d'écouter ce qui s'est passé ensuite : vous verrez par là qu'Apatourios agit à mon égard en sycophante. S'étant rendu compte que Phocritos et moi nous étions d'accord, et sachant que nous prononcerions contre lui, il voulut rompre le compromis : pour cela, il se mit en tête de falsifier l'acte, de connivence avec celui qui en avait le dépôt. **17** En même temps, il eut recours à la chicane, prétendant qu'il n'avait d'arbitre qu'Aristoclès, et que Phocritos et moi nous n'avions pas de pouvoirs, sinon pour effectuer une transaction[2]. Parménon, indigné de cette contestation, demande à Aristoclès de produire l'acte ; la preuve ne serait pas difficile à faire, disait-il, si l'écrit avait été falsifié : il était de la main de son esclave. **18** Aristoclès

et jugés séparément. Nous retrouverons cette situation procédurale dans les discours *Contre Boetos* et dans le *Contre Evergos et Mnésiboulos*.

1. Sur cet emploi du cautionnement, cf. Partsch, *Gr. Bürgsch.*, p. 152 sq.

2. C'est-à-dire pour proposer et faire accepter un accord, et non pas pour émettre une sentence arbitrale.

ἐπιτρέπουσιν ἑνὶ μὲν διαιτητῇ κοινῷ Φωκρίτῳ πολίτῃ αὐτῶν, ἕνα δ' ἑκάτερος παρεκαθίσατο, οὗτος μὲν Ἀριστοκλέα Ὀιῆθεν, ὁ δὲ Παρμένων ἐμέ. 15 Καὶ συνέθεντο ἐν ταῖς συνθήκαις, εἰ μὲν τρεῖς ὄντες ὁμογνώμονες γενοίμεθα, ταῦτα κύρια εἶναι αὐτοῖς, εἰ δὲ μή, οἷς οἱ δύο γνοίησαν, τούτοις ἐπάναγκες εἶναι ἐμμένειν. Συνθέμενοι δὲ ταῦτα, ἐγγυητὰς τούτων ἀλλήλοις κατέστησαν, οὗτος μὲν ἐκείνῳ τὸν Ἀριστοκλέα, ὁ δὲ Παρμένων τούτῳ Ἄρχιππον Μυρρινούσιον. Καὶ τὸ μὲν πρῶτον ἐτίθεντο τὰς συνθήκας παρὰ τῷ Φωκρίτῳ, εἶτα κελεύσαντος τοῦ Φωκρίτου παρ' ἄλλῳ τινὶ θέσθαι, τίθενται παρὰ τῷ Ἀριστοκλεῖ. Καὶ ὡς ἀληθῆ λέγω, ἀκούσατε τῶν μαρτυριῶν.

ΜΑΡΤΥΡΙΑΙ

16 Ὅτι μὲν ἐτέθησαν αἱ συνθῆκαι παρὰ Ἀριστοκλεῖ καὶ ἡ ἐπιτροπὴ ἐγένετο Φωκρίτῳ καὶ Ἀριστοκλεῖ καὶ ἐμοί, οἱ εἰδότες ταῦτα μεμαρτυρήκασιν ὑμῖν. Δέομαι δέ, ὦ ἄνδρες δικασταί, τὰ μετὰ ταῦτα πραχθέντα ἀκοῦσαί μου· ἐντεῦθεν γὰρ ἔσται φανερὸν ὑμῖν ὅτι συκοφαντοῦμαι ὑπὸ τουτουὶ Ἀπατουρίου. Ἐπειδὴ γὰρ ᾔσθετο ὁμογνώμονας ὄντας ἐμὲ καὶ τὸν Φώκριτον καὶ ἔγνω καταδιαιτήσοντας ἡμᾶς ἑαυτοῦ, λῦσαι βουλόμενος τὴν ἐπιτροπήν, διαφθεῖραι τὰς συνθήκας ἐπεχείρησε μετὰ τοῦ ἔχοντος αὐτάς. 17 Καὶ ἦλθεν ἐπὶ τὸ ἀμφισβητεῖν ὡς αὐτῷ διαιτητὴς εἴη ὁ Ἀριστοκλῆς, τὸν δὲ Φώκριτον καὶ ἐμὲ οὐδενὸς κυρίους ἔφησεν εἶναι ἀλλ' ἢ τοῦ διαλῦσαι. Ἀγανακτήσας δὴ τῷ λόγῳ ὁ Παρμένων ἠξίου τὸν Ἀριστοκλέα ἐκφέρειν τὰς συνθήκας, οὐ πόρρω φάσκων εἶναι τὸν ἔλεγχον, εἴ τι κακουργοῖτο περὶ τὰ γράμματα· γεγραφέναι γὰρ αὐτὰ οἰκέτην ἑαυτοῦ.

14 ἐπιτρέπουσιν A : om. cett. || Ὀιῆθεν codd. (sic lapides non semel) : Ὀῆθεν Blass || 15 in lemm. μαρτυρίαι v. : — ία S || 16 ταῦτα om. D, iure fortasse || δὲ A S : δ' ὑμῶν F Q || 17 ἀμφισβητεῖν S F Q : διαμφισβητεῖν A D F γρ. Q γρ. || ἔφησεν S Q γρ. : ἔφη A F Q || διαλῦσαι S : συνδιαλῦσαι v. || δὴ v. : δὲ A.

s'engagea à le produire : il est encore à le faire ; mais il se présenta au jour dit à l'Héphaistéion[1] et prétexta que l'esclave qui demeurait chez lui avait perdu l'acte pendant son sommeil. L'auteur de cette machination, c'était Eryxias, le médecin du Pirée, ami intime d'Aristoclès : c'est lui aussi qui m'a suscité ce procès par inimitié. Voici les témoignages qui attestent qu'Aristoclès prétexta la perte du document.

Témoignages

19 Dès lors, le compromis était rompu, puisque l'acte avait disparu et que les arbitres étaient récusés. Il fut bien question d'en rédiger un autre, mais l'accord ne put se faire : Apatourios voulait Aristoclès comme arbitre, Parménon voulait les trois dont on était d'abord convenu. Ainsi, pas de nouveau contrat, et le premier avait disparu : celui qui l'avait fait disparaître n'en eut pas moins l'audace de prétendre qu'il rendrait la sentence, lui tout seul. Parménon appela des témoins et fit défense[2] à Apatourios de prononcer une sentence contre lui en violation du contrat, sans les autres arbitres. Écoutez les témoins en présence desquels eut lieu cette défense.

Témoignage

20 Sur ces entrefaites, juges, il arriva un grand malheur à Parménon. Il habitait à Ophrynéion[3], étant exilé de sa patrie : lors du tremblement de terre de la Chersonèse, sa maison s'écroula, sa femme et ses enfants périrent. A cette nouvelle, il s'embarqua. Mais Aristo-

1. Les arbitrages privés ont souvent lieu dans des temples. Cf. XXXVI 15 ; Isocr. XVII 15.

2. Pour cet acte d'opposition, cf. XL 44 ; LII 30. Il paraît comporter normalement la garantie du témoignage instrumentaire, et il est visible qu'il a effet dans certaines circonstances. Dans le présent cas, on le comprend d'autant mieux (si le rapport du plaideur est exact) que la validité d'un arbitrage privé est subordonnée à l'accord des parties sur la personne de l'arbitre.

3. Ville de Troade.

18 Ὁμολογήσας δὲ ἐξοίσειν τὰς συνθήκας ὁ Ἀριστοκλῆς ἐμφανεῖς μὲν οὔπω καὶ τήμερον ἐνήνοχεν, εἰς δὲ τὴν ἡμέραν τὴν συγκειμένην ἀπαντήσας εἰς τὸ Ἡφαιστεῖον, προὐφασίζετο ὡς ὁ παῖς περιμένων αὐτὸν ἀπολωλεκὼς εἴη τὸ γραμματεῖον καθεύδων. Ὁ δὲ ταῦτα κατασκευάζων ἦν Ἐρυξίας ὁ ἰατρὸς ὁ ἐκ Πειραιῶς, οἰκείως ἔχων τῷ Ἀριστοκλεῖ· ὅσπερ καὶ ἐμοὶ τοῦ ἀγῶνος αἴτιός ἐστιν, διαφόρως ἔχων. Καὶ ὡς ἐσκήψατο ἀπολωλέναι ὁ Ἀριστοκλῆς, ἀκούσατε τῶν μαρτυριῶν.

ΜΑΡΤΥΡΙΑΙ

19 Ἐντεῦθεν τοίνυν τὸ μὲν τῆς ἐπιτροπῆς ἐλέλυτο, ἠφανισμένων τῶν συνθηκῶν καὶ τῶν διαιτητῶν ἀντιλεγομένων· ἐπιχειροῦντες δὲ γράφειν ἑτέρας συνθήκας περὶ τούτων διηνέχθησαν, οὗτος μὲν ἀξιῶν τὸν Ἀριστοκλέα, ὁ δὲ Παρμένων τοὺς τρεῖς οἷσπερ τὸ ἐξ ἀρχῆς ἡ ἐπιτροπὴ ἐγένετο. Οὐ γραφεισῶν δ' ἑτέρων συνθηκῶν, τῶν δὲ ἐξ ἀρχῆς ἀφανισθεισῶν, εἰς τοῦτ' ἦλθεν ἀναιδείας ὁ ἠφανικὼς τὰς συνθήκας ὥστε εἷς ὢν ἀποφανεῖσθαι ἔφη τὴν δίαιταν. Παρακαλέσας δὲ ὁ Παρμένων μάρτυρας ἀπεῖπεν τῷ Ἀριστοκλεῖ μὴ ἀποφαίνεσθαι παρὰ τὰς συνθήκας καθ' αὑτοῦ ἄνευ τῶν συνδιαιτητῶν. Καὶ ὧν ἐναντίον ἀπεῖπεν, ἀκούσατε τῆς μαρτυρίας.

ΜΑΡΤΥΡΙΑ

20 Μετὰ ταῦτα τοίνυν τῷ Παρμένοντι συνέβη συμφορὰ δεινή, ὦ ἄνδρες δικασταί. Οἰκοῦντος γὰρ αὐτοῦ ἐν Ὀφρυνείῳ διὰ τὴν οἴκοθεν φυγήν, ὅτε ὁ σεισμὸς ἐγένετο ὁ περὶ Χερρόνησον, συμπεσούσης αὐτῷ τῆς οἰκίας ἀπώλοντο ἡ γυνὴ καὶ οἱ παῖδες. Καὶ ὁ μὲν πυθόμενος τὴν συμφορὰν

18 οὐδέπω A : οὔπω cett. ‖ κατασκευάζων S : συγκατασκ. cett. ‖ Ἐρυξίας v. : Ἔρυξις A ‖ ἀπολωλέναι A (cf. 37) : ἀπολωλεκέναι cett. ‖ 19 τὸ A : καὶ cett. ‖ 20 Ὀφρυνείῳ Blass ex inscr. usu : Ὀφρυνίῳ codd. ‖ τῆς F Q : καὶ τῆς A S.

clès, malgré la défense que Parménon lui avait faite devant témoins de rendre aucune sentence contre lui sans les autres arbitres, et alors que Parménon était éloigné d'Athènes par son malheur, le condamna par défaut. **21** Phocritos et moi, qui figurions comme arbitres dans le même acte, nous nous étions récusés, du moment qu'Apatourios contestait notre qualité : lui, qui était l'objet non seulement d'une contestation, mais d'une interdiction, n'en prononça pas moins sa sentence. Pas un d'entre vous, pas un seul Athénien n'aurait osé en faire autant.

22 Aussi bien suppression d'acte, prononcé de sentence, toutes ces manœuvres d'Apatourios et de l'arbitre, leur victime, si elle revient un jour, en poursuivra la réparation. Mais Apatourios pousse l'audace jusqu'à m'intenter, à moi, un procès, en alléguant que j'ai garanti le payement au cas où Parménon serait condamné et que je figurais à l'acte en qualité de caution. Je vais donc réfuter cette prétention comme il convient de le faire : je produirai d'abord des témoins qui attestent que ce n'est pas moi qui étais la caution de Parménon, mais Archippos de Myrrhinonte[1]; ensuite, juges, je recourrai également aux présomptions pour me justifier. **23** Le temps écoulé me semble déjà attester que la demande est mensongère. Le compromis entre Apatourios et Parménon date de plus de deux ans, et de même la sentence d'Aristoclès. Or, les actions commerciales sont jugées dans le délai d'un mois, entre les mois de Mounichion et de Boèdromion[2], pour permettre aux intéressés de se rembarquer sans retard après avoir obtenu justice. Si j'étais réellement la caution de Parménon, pourquoi

1. Cette promesse n'est pas suivie d'effet, et le plaideur ne s'explique point sur le prétendu garant.

2. Nous avons interverti les deux noms de mois qui sont donnés par les manuscrits. Il y a lieu de penser que c'était pendant la saison de la navigation (entre avril et septembre) que les procès commerciaux se jugeaient : la raison d'être d'une procédure rapide, instituée dans l'intérêt des commerçants navigateurs, ne peut guère se comprendre qu'à ce moment-là ; voir l'article de Paoli cité à l'apparat critique. Cf. ici même, §§ 25-26.

ᾤχετο ἐνθένδε ἀποπλέων· ὁ δὲ Ἀριστοκλῆς, διαμαρτυραμένου τοῦ ἀνθρώπου ἐναντίον μαρτύρων μὴ ἀποφαίνεσθαι καθ' αὑτοῦ ἄνευ τῶν συνδιαιτητῶν, ἀποδημήσαντος [τοῦ ἀνθρώπου] διὰ τὴν συμφορὰν ἐρήμην κατ' αὐτοῦ ἀπεφήνατο τὴν δίαιταν. 21 Καὶ ἐγὼ μὲν καὶ ὁ Φώκριτος ἐν ταῖς αὐταῖς συνθήκαις γεγραμμένοι, ὅτι ἠμφεσβήτησεν οὗτος μὴ εἶναι ἡμᾶς διαιτητὰς αὑτῷ, ἐφύγομεν τὸ διαιτῆσαι· ὁ δὲ οὐ μόνον ἀμφισβητηθείς, ἀλλὰ καὶ ἀπορρηθὲν αὐτῷ, οὐδὲν ἧττον τὴν ἀπόφασιν ἐποιήσατο. Ὃ οὔτε ὑμῶν οὔτε τῶν ἄλλων Ἀθηναίων ὑπομεῖναι ἂν ποιῆσαι οὐδείς.

22 Ἃ μὲν οὖν περὶ τὴν ἀφάνισιν τῶν συνθηκῶν καὶ περὶ τὴν γνῶσιν τῆς διαίτης Ἀπατουρίῳ καὶ τῷ διαιτητῇ πέπρακται, ἐάν ποτε σωθῇ ὁ ἠδικημένος, δίκην παρ' αὐτῶν λήψεται· ἐπειδὴ δ' εἰς τοῦτο ἐλήλυθεν Ἀπατούριος ἀναιδείας ὥστε κἀμοὶ δικάζεται, ἐπιφέρων αἰτίαν ὡς ἀνεδεξάμην ἐκτείσειν, εἴ τι καταγνωσθείη τοῦ Παρμένοντος, καί φησιν ἐγγραφῆναι εἰς τὰς συνθήκας ἐμὲ ἐγγυητήν, ὥσπερ προσήκει τοιαύτην αἰτίαν ἀπολύσασθαι, πρῶτον μὲν ὑμῖν μάρτυρας παρασχήσομαι ὡς οὐκ ἠγγυησάμην ἐγὼ τὸν Παρμένοντα, ἀλλ' Ἄρχιππος Μυρρινούσιος, ἔπειτα πειράσομαι καὶ ἐκ τεκμηρίων τὴν ἀπολογίαν ποιήσασθαι, ὦ ἄνδρες δικασταί. 23 Πρῶτον μὲν οὖν τὸν χρόνον ἐμαυτῷ ἡγοῦμαι μάρτυρα εἶναι τοῦ μὴ ἀληθὲς τὸ ἔγκλημα εἶναι. Ἡ μὲν γὰρ ἐπιτροπὴ τούτῳ πρὸς τὸν Παρμένοντα τρίτον ἔτος γέγονεν καὶ ἡ γνῶσις τοῦ Ἀριστοκλέους· αἱ δὲ λήξεις τοῖς ἐμπόροις τῶν δικῶν ἔμμηνοί εἰσιν ἀπὸ τοῦ μουνιχιῶνος μέχρι τοῦ βοηδρομιῶνος, ἵνα παραχρῆμα τῶν δικαίων τυχόντες ἀνάγωνται. Εἰ δὴ τῇ ἀληθείᾳ ἐγγυητὴς

20 διαμαρτυραμένου v. : — ομένου A || τοῦ ἀνθρώπου del. Herwerden || **21** αὐταῖς (i. e. in eadem syngrapha atque Aristocles) S F Q : om. A || **22** δικάζεται A F : δικάζεσθαι S Q D || **23** τοῖς ἐμπόροις om. S. || ἀπὸ τοῦ μουνιχιῶνος μεχρὶ τοῦ βοηδρομιῶνος scripsi auctore Paoli, *Studi sul proc. att.*, p. 177 sq. : ἀπὸ τοῦ βοηδρ. μεχρὶ τοῦ μουνυχιῶνος codd. || δὴ A S : δὲ v.

Apatourios n'aurait-il pas poursuivi l'exécution contre moi dès le prononcé de la sentence? **24** Il ne peut alléguer qu'il hésitait à se brouiller avec un ami : c'est sur lui, et en encourant sa haine, que j'avais poursuivi le recouvrement de la créance de 1.000 drachmes de Parménon, et, lorsqu'il voulait lever l'ancre pour esquiver frauduleusement sa dette envers la banque, c'est moi qui l'en avais empêché. Si donc j'avais cautionné Parménon, ce n'est pas deux ans plus tard, c'est tout de suite qu'il aurait poursuivi l'exécution de ce cautionnement. **25** Mais, dira-t-on, il était à son aise, il pouvait attendre pour exercer son recours contre moi ; et puis, à ce moment, il avait d'autres affaires, étant en partance. Pas du tout : faute de ressources, il s'était dessaisi de son bien, il avait vendu son navire, et, en admettant qu'il fût alors empêché d'agir immédiatement en justice, pourquoi, étant à Athènes l'an passé, ne s'est-il pas décidé, je ne dis pas à m'intenter une action, mais à m'adresser une réclamation? Pourtant, il était tout indiqué, si Parménon avait été condamné envers lui et si j'étais la caution de Parménon, de me faire cette demande en présence de témoins, sinon il y a deux ans, du moins au cours de l'année dernière : si je le payais, il rentrait dans sa créance ; autrement, il intentait l'action ; **26** car, en pareille matière, une réclamation[1] précède toujours l'action en justice. Eh bien ! il n'y a personne qui puisse témoigner avoir été présent dans une circonstance où Apatourios, l'année dernière ou il y a deux ans, m'aurait fait des représentations quelconques sur l'objet de sa plainte actuelle. Or, il était à Athènes l'an dernier, à l'époque où se donnaient les actions commerciales : là-dessus, prends-moi le témoignage que voici.

TÉMOIGNAGE

27 Prends-moi aussi la loi d'après laquelle les cautions sont tenues pendant une année[2]. Notez que je ne me

1. ἀπαίτησις : il s'agit d'un acte officieux, sans caractère juridique.
2. Cf. *Notice*, p. 132.

ἦν τοῦ Παρμένοντος, διὰ τί πρῶτον μὲν οὐκ εὐθὺς τῆς γνώσεως γενομένης ἐπράττετο τὴν ἐγγύην; 24 οὐ γὰρ δὴ τοῦτό γ' αὐτῷ ἔνι εἰπεῖν, ὡς διὰ τὴν πρὸς ἐμὲ φιλίαν ὤκνει μοι ἀπεχθέσθαι. Αὐτὸς γὰρ εἰσεπέπρακτο ὑπ' ἐμοῦ πρὸς ἔχθραν τὰς χιλίας δραχμὰς τὰς τοῦ Παρμένοντος, καὶ ὅτ' ἐξώρμιζε τὴν ναῦν ἐπιβουλεύων ἀποδρᾶναι καὶ ἀποστερῆσαι τὸ ἐπὶ τὴν τράπεζαν χρέως, ἐκωλύθη ὑπ' ἐμοῦ. Ὥστε εἰ ἦν ἠγγυημένος ἐγὼ τὸν Παρμένοντα, οὐκ ἂν τρίτῳ ἔτει ὕστερον, ἀλλ' εὐθὺς τότε εἰσέπραττεν ἄν με τὴν ἐγγύην. 25 Ἀλλὰ νὴ Δία εὐπόρως διέκειτο, ὥστ' ἐνεδέχετο αὐτῷ καὶ ὕστερον ἐπ' ἐμὲ ἐλθεῖν, τότε δ' ἀσχόλως εἶχεν περὶ ἀναγωγὴν ὤν. Ἀλλὰ δι' ἀπορίαν ἐξειστήκει τῶν ἑαυτοῦ καὶ τὴν ναῦν ἐπεπράκει. Εἰ δ' ἄρα ἐμποδών τι αὐτῷ ἐγένετο τοῦ μὴ εὐθὺς τότε δικάσασθαι, διὰ τί πέρυσιν ἐπιδημῶν, μὴ ὅτι δικάσασθαι, ἀλλ' οὐδ' ἐγκαλέσαι μοι ἐτόλμησεν; καίτοι προσῆκεν, εἰ ὁ μὲν Παρμένων ὠφλήκει αὐτῷ τὴν δίκην, ἐγὼ δὲ ἐγγυητὴς ἦν, προσελθεῖν αὐτόν μοι ἔχοντα μάρτυρας καὶ ἀπαιτῆσαι τὴν ἐγγύην, εἰ μὴ πρωπέρυσιν, ἐν τῷ ⟨γ'⟩ ἐξελθόντι ἐνιαυτῷ· καὶ εἰ μὲν αὐτῷ ἀπεδίδουν, κομίσασθαι, εἰ δὲ μή, δικάζεσθαι. 26 Τῶν γὰρ τοιούτων ἐγκλημάτων πρότερον τὰς ἀπαιτήσεις ποιοῦνται ἅπαντες ἢ δικάζονται. Οὐκ ἔστιν τοίνυν ὅστις μαρτυρήσει παραγενέσθαι ὅπου οὗτος ἢ πέρυσιν ἢ πρωπέρυσιν [ἐδικάσατό μοι ἢ] λόγον ὁντινοῦν ἐποιήσατο πρὸς ἐμὲ περὶ ὧν νυνί μοι δικάζεται. Ὅτι δ' ἐπεδήμει πέρυσιν, ὅτε αἱ δίκαι ἦσαν, λαβέ μοι τὴν μαρτυρίαν.

ΜΑΡΤΥΡΙΑ

27 Λαβὲ δή μοι καὶ τὸν νόμον, ὃς κελεύει τὰς ἐγγύας

23 μὲν om. A ‖ ἐπράττετο S : εἰσέπρ. v. ‖ 24 ἀπεχθέσθαι Dindorf : ἀπεχθάνεσθαι A ἀπέχεσθαι cett. ‖ ἠγγυημένος edd. : ἐγγυημένος A ἐγγεγυημένος cett. ‖ με v. : μετὰ S ‖ 25 ἐγένετο A S : ἐγεγόνει cett. ‖ πρωπέρυσιν Dindorf : προπερ. codd. (sic 26) ‖ γ' addidi auctore Blass ‖ 26 ἐδικάσατό μοι ἢ (μοι om. S) secl. Blass.

prévaux pas de cette loi pour dire que je ne suis pas obligé si vraiment je me suis porté caution ; je dis seulement que cette loi, elle aussi, témoigne en ma faveur, car elle prouve que je n'ai pas été caution : autrement, Apatourios aurait intenté l'action pour garantie dans les délais fixés par elle.

Loi

28 Voici encore une preuve des mensonges d'Apatourios. Admettons que j'aie été auprès de lui la caution de Parménon : il est impossible que j'aie eu cette double attitude, me faire un ennemi d'Apatourios dans l'intérêt de Parménon en assurant le recouvrement des avances que l'un avait faites à l'autre par mon intermédiaire, et permettre que Parménon me laissât engagé, vis-à-vis d'Apatourios, dans l'obligation du cautionnement. Pouvais-je compter qu'il me ménagerait, lui que j'avais contraint à s'acquitter envers Parménon? Et, après l'avoir saisi pour me couvrir de mon cautionnement auprès de la banque, quel traitement pouvais-je attendre d'un homme que je m'étais aliéné[1]?

29 Ce n'est pas tout, juges : vous devez considérer que, si j'avais été caution, je n'aurais jamais nié le fait ; en le reconnaissant, j'avais une position beaucoup plus forte ; je n'avais qu'à m'appuyer sur le compromis : il désignait trois arbitres, vous le savez par les témoignages. Dès lors qu'il n'y a pas eu sentence commune, quelle raison aurais-je de nier mon cautionnement? Faute d'arbitrage conforme au contrat, je ne pouvais plus être poursuivi en garantie. Et je n'aurais jamais laissé tomber le moyen de défense dont je disposais, pour recourir à une dénégation[2].

30 Aussi bien, vous avez encore appris ceci par les témoignages : après que ces gens eurent fait disparaître

1. Pour l'argumentation fondée sur les « vraisemblances » psychologiques, cf. *C. Aph.* III 22 sq.

2. La discussion est habile, mais n'est pas sans réplique : quoi qu'en dise le plaideur, il a intérêt à nier l'existence du cautionnement pour le cas où le « premier » compromis serait reconnu comme étant toujours valable.

ἐπετείους εἶναι. Καὶ οὐκ ἰσχυρίζομαι τῷ νόμῳ, ὡς οὐ δεῖ με δίκην δοῦναι εἰ ἠγγυησάμην, ἀλλὰ μάρτυρά μοί φημι τὸν νόμον εἶναι τοῦ μὴ ἐγγυήσασθαι καὶ αὐτὸν τοῦτον· ἐδεδίκαστο γὰρ ἄν μοι τῆς ἐγγύης ἐν τῷ χρόνῳ τῷ ἐν τῷ νόμῳ γεγραμμένῳ.

ΝΟΜΟΣ

28 Γενέσθω τοίνυν καὶ τοῦτο ὑμῖν τεκμήριον τοῦ ψεύδεσθαι Ἀπατούριον· εἰ γὰρ ἠγγυησάμην ἐγὼ τούτῳ τὸν Παρμένοντα, οὐκ ἔστιν ὅπως τούτῳ μὲν ὑπὲρ ἐκείνου ἀπηχθόμην, πρόνοιαν ποιούμενος ὅπως μὴ ἀπολεῖ ἃ δι' ἐμοῦ τούτῳ συνέβαλεν, αὐτὸς δ' ἐμαυτὸν περιεῖδον ἂν ὑπ' ἐκείνου πρὸς τοῦτον ἐν ἐγγύῃ καταλειπόμενον. Τίνα γὰρ ἐλπίδα ἔσχον τοῦτον ἀποσχήσεσθαί μου, ὃν αὐτὸς ἠναγκάκειν ἐκείνῳ τὰ δίκαια ποιῆσαι; καὶ τὴν ἐγγύην αὐτὸν εἰσπράξας τὴν πρὸς τὴν τράπεζαν πρὸς ἀπέχθειαν, τί προσεδόκων ὑπὸ τούτου αὐτὸς πείσεσθαι;

29 Ἄξιον τοίνυν καὶ τοῦτ' ἐνθυμηθῆναι, ὦ ἄνδρες δικασταί, ὅτι οὐκ ἄν ποτε ἔξαρνος ἐγενόμην, εἰ ἠγγυήμην· πολὺ γὰρ ὁ λόγος ἦν μοι ἰσχυρότερος ὁμολογοῦντι τὴν ἐγγύην ἐπὶ τὰς συνθήκας ἰέναι καθ' ἃς ἡ ἐπιτροπὴ ἐγένετο. Ὅτι μὲν γὰρ τρισὶν ἐπετράπη διαιτηταῖς, μεμαρτύρηται ὑμῖν· ὁπότε δὲ μὴ ἔγνωσται ὑπὸ τῶν τριῶν, τί βουλόμενος ἠρνούμην ἂν τὴν ἐγγύην; μὴ γὰρ γενομένης τῆς γνώσεως κατὰ τὰς συνθήκας, οὐδ' ἂν ἐγὼ τῆς ἐγγύης ὑπόδικος ἦν. Ὥστε οὐκ ἄν ποτε, ὦ ἄνδρες δικασταί, παραλιπὼν τὴν οὖσάν μοι ἀπολογίαν, εἰ ἠγγυησάμην, ἐπὶ τὸ ἀρνεῖσθαι ἦλθον.

30 Ἀλλὰ μὴν καὶ τοῦτο μεμαρτύρηται ὑμῖν ὅτι ἐπειδὴ

27 ἰσχυρίζομαι v. : διισχ. A ‖ 28 ὑμῖν v. : ἡμῖν S ‖ ἠγγυησάμην S : ἐνεγυησ. v. ‖ ἀπηχθόμην S : ἀπηχθανόμην v. ‖ τούτῳ om. A. ‖ πρὸς A S : εἰς v. ‖ 29 τοίνυν A S : δὲ v. ‖ ἠγγυήμην Dindorf : ἐγγεγυήμην S ἐνεγεγυήμην A F Q ‖ ἃς A S : ἃς καὶ F Q ‖ ἐγὼ A S : ἔτι v. ‖ παραλιπὼν v. : παραλείπων S ‖ ἦλθον S : ἀνῆλθον A Q D ἀπῆλθον F.

l'acte de compromis, lui et Parménon ont voulu en rédiger un autre, reconnaissant ainsi que la première convention était annulée. Or, dans le moment où il était question de dresser un second écrit au sujet du futur arbitrage, le premier ayant disparu, comment, en l'absence d'un second écrit, pouvait-il y avoir lieu soit à arbitrage, soit à garantie? C'est précisément parce qu'ils ne s'entendaient pas là-dessus qu'on ne rédigea pas de nouvel acte, l'un ne voulant qu'un arbitre et l'autre en exigeant trois. Dès lors qu'a disparu l'ancien compromis, celui où je figurais, d'après lui, comme caution, et qu'il n'en a pas été dressé d'autre, comment est-il fondé à me poursuivre, moi contre qui il n'a pas d'acte à produire[1]?

31 Les témoins vous ont encore appris que Parménon avait fait défense à Aristoclès de rendre une sentence contre lui sans les autres arbitres ; ainsi, le même Aristoclès, qui est reconnu pour avoir fait disparaître l'acte où étaient fixées les conditions de l'arbitrage, déclare avoir rendu une sentence sans les autres arbitres, contrairement à cette défense : dès lors, comment pourriez-vous me condamner justement sur la foi de cet homme? **32** Voyez, en effet, la situation. Supposons qu'Apatourios poursuive ici Parménon au lieu de moi, qu'il lui réclame les 20 mines en se prévalant de la sentence d'Aristoclès, et que Parménon présente ici sa défense en établissant par des témoignages, d'abord, qu'il avait confié l'arbitrage non pas au seul Aristoclès, mais à deux autres avec lui ; **33** ensuite, qu'il avait fait défense à Aristoclès de rendre une sentence contre lui sans les autres arbitres et que, ayant perdu sa femme et ses enfants lors du tremblement de terre, étant parti chez lui à l'annonce de cette catastrophe, il s'est vu, absent d'Athènes, condamner par défaut par celui qui avait fait disparaître l'acte : y a-t-il quelqu'un parmi vous qui, devant cette défense de Parménon, reconnaîtrait comme valable un arbitrage prononcé dans des conditions aussi illégales*? **34** Bien plus, au lieu que tout dans l'affaire

1. Argumentation intéressante : elle suggère que, dans l'usage du commerce, la notion de l'*acte* tend vers celle du *titre*, c'est-à-dire que l'écrit, au lieu d'être la preuve (extérieure) d'une opération juridique,

ἠφανίσθησαν αἱ συνθῆκαι ὑπὸ τούτων, ἐζήτουν ἑτέρας γράφεσθαι οὗτος καὶ ὁ Παρμένων, ὡς ἀκύρων ὄντων αὐτοῖς τῶν πρότερον ὡμολογημένων. Καίτοι ὁπότε περὶ τῆς μελλούσης γνώσεως γενήσεσθαι ἑτέρας ἐνεχείρουν συνθήκας γράφεσθαι, ἐπειδὴ αἱ ὑπάρχουσαι ἀπώλοντο, πῶς ἐνῆν μὴ γραφεισῶν συνθηκῶν ἑτέρων ἢ δίαιταν γενέσθαι ἢ ἐγγύην; περὶ αὐτοῦ γὰρ τούτου διενεχθέντες οὐκ ἔγραψαν ἕτερα γράμματα, ὁ μὲν ἀξιῶν ἕνα διαιτητὴν αὐτῷ εἶναι, ὁ δὲ τρεῖς. Ὁπότε δὲ αἱ μὲν ἐξ ἀρχῆς συνθῆκαι ἠφανίσθησαν, καθ' ἃς ἐμέ φησιν γενέσθαι ἐγγυητήν, ἕτεραι δὲ μὴ ἐγράφησαν, πῶς ὀρθῶς ἂν ἐμοὶ δικάζοιτο, καθ' οὗ μὴ ἔχει παρασχέσθαι συνθήκας;

31 Ἀλλὰ μὴν καὶ ὡς ἀπηγόρευεν ὁ Παρμένων τῷ Ἀριστοκλεῖ καθ' αὑτοῦ μὴ γιγνώσκειν ἄνευ τῶν συνδιαιτητῶν, μεμαρτύρηται ὑμῖν. Ὅταν δὴ ὁ αὐτὸς ἠφανικὼς φαίνηται τὰ γράμματα καθ' ἃ ἔδει τὴν δίαιταν γενέσθαι, καὶ ἄνευ τῶν συνδιαιτητῶν παρὰ τὴν ἀπόρρησιν φῇ δεδιῃτηκέναι, πῶς ἂν τούτῳ τῷ ἀνθρώπῳ πιστεύσαντες δικαίως ἐμὲ ἀπολέσαιτε; **32** σκέψασθε γὰρ τοῦτο, ὦ ἄνδρες δικασταί· εἰ μὴ ἐμὲ νυνί, ἀλλὰ τὸν Παρμένοντα ἐδίωκεν Ἀπατούριος οὑτοσί, εἰσπράττων τὰς εἴκοσι μνᾶς, ἰσχυριζόμενος τῇ Ἀριστοκλέους γνώσει, ὁ δὲ Παρμένων παρὼν ἀπελογεῖτο ὑμῖν καὶ μάρτυτας παρείχετο, τοῦτο μὲν ὅτι οὐ μόνῳ τῷ Ἀριστοκλεῖ, ἀλλὰ τρίτῳ ἐπέτρεψεν, **33** εἶθ' ὅτι ἀπεῖπεν αὐτῷ ἄνευ τῶν συνδιαιτητῶν καθ' αὑτοῦ μὴ ἀποφαίνεσθαι, καὶ ὅτι ἀπολομένης αὐτῷ τῆς γυναικὸς καὶ τῶν παίδων ὑπὸ τοῦ σεισμοῦ καὶ ἐπὶ τηλικαύτην συμφορὰν ἀπάραντος οἴκαδε, ὁ τὰς συνθήκας ἠφανικὼς ἐρήμην αὐτοῦ ἐν τῇ ἀποδημίᾳ κατέγνω τὴν δίαιταν, ἔστιν ὅστις ἂν ὑμῶν ταῦτα τοῦ Παρμένοντος ἀπολογουμένου τὴν οὕτω παρανόμως γνωσθεῖσαν δίαιταν κυρίαν ἔγνω εἶναι; **34** μὴ γὰρ

30 γενήσεσθαι om. F Q D || γράφεσθαι om. A || ἐνῆν v. : ἐνδέχεται A (post ἑτέρων) || **31** δὴ ὁ αὐτὸς S : δ' αὐτὸς A δὲ F Q || **32** ὅτι v. : ὡς A.

soit objet de contestations, admettons qu'on produisît l'acte, qu'Aristoclès fût reconnu comme seul arbitre, que Parménon ne lui eût pas fait défense de rendre une sentence contre lui — mais, simplement, que la catastrophe soit survenue avant que l'arbitrage ait eu lieu : quel est l'adversaire ou l'arbitre assez dur pour n'avoir pas ajourné l'affaire jusqu'au retour du malheureux? Et si Parménon, étant en cause, établissait son bon droit en face de son adversaire sur tous les points, comment pourriez-vous me condamner, moi qui n'ai aucune obligation envers Apatourios?

35 Ainsi, que mon exception soit fondée, que la demande d'Apatourios soit mensongère et son action illégale, je crois vous en avoir fourni de nombreuses preuves : aussi bien, quant à l'essentiel, Apatourios n'essayera même pas de soutenir qu'il ait contre moi un acte quelconque. Lorsqu'il vous dira, au mépris de la vérité, que je figurais comme caution dans le compromis dressé entre lui et Parménon, demandez-lui cette pièce ;
36 rappelez-lui à cette occasion que, partout et toujours, si les parties qui ont passé un contrat écrit scellent l'acte et le déposent chez une personne de confiance, c'est pour pouvoir, en cas de contestation, se reporter au texte et trancher le cas. Mais, quand on a supprimé le document qui fait foi et qu'on prétend égarer les juges par des paroles en l'air, quelle créance mérite-t-on?
37 Sans doute, quelque témoin — ressource commode quand on a pris le parti d'être un malhonnête homme et un sycophante — viendra déposer pour lui contre moi. Soit, mais, si j'attaque ce témoin, comment prouvera-t-il l'exactitude de son témoignage? Se fondera-t-il sur l'acte? Alors qu'il n'attende pas et que le détenteur de cette pièce l'apporte tout de suite. Dira-t-il qu'elle a été perdue? Mais comment pourrais-je discuter le faux témoignage? Encore, si c'était entre mes mains que la pièce eût été déposée, Apatourios pourrait arguer que

devient la condition de l'exercice d'un droit — que le droit, comme on dit, y est incorporé (cf. *Rev. des Ét. gr.*, 1938, p. 38).

ὅτι ἀμφισβητουμένων ἁπάντων, ἀλλ' εἰ ἦσαν μὲν αἱ συνθῆκαι, ὡμολογεῖτο δὲ εἷς εἶναι διαιτητὴς Ἀριστοκλῆς, μὴ ἀπεῖπεν δὲ ὁ Παρμένων αὐτῷ καθ' αὑτοῦ μὴ διαιτᾶν, ἀλλὰ συνέβη πρὶν ἢ τὴν ἀπόφασιν γενέσθαι τῆς διαίτης ἡ συμφορὰ τῷ ἀνθρώπῳ, τίς οὕτως ὠμός ἐστιν ἀντίδικος ἢ διαιτητὴς ὃς οὐκ ἂν ἀνεβάλετο εἰς τὸ ἐπιδημῆσαι τὸν ἄνθρωπον; εἰ δὲ ὁ Παρμένων εἰς λόγον καταστὰς πανταχοῦ δικαιότερ' ἂν φαίνοιτο λέγων τούτου, πῶς ἂν ὀρθῶς ἐμοῦ καταγιγνώσκοιτε, ᾧ τὸ παράπαν πρὸς τὸν ἄνθρωπον τουτονὶ μηδὲν συμβόλαιόν ἐστιν;

35 Ὅτι μὲν οὖν ἐγὼ μὲν ὀρθῶς τὴν παραγραφὴν πεποίημαι, Ἀπατούριος δὲ τὰ ψευδῆ [μοι] ἐγκέκληκε καὶ παρὰ τοὺς νόμους τὴν λῆξιν πεποίηται, ἐκ πολλῶν οἶμαι ἐπιδεδεῖχθαι τοῦτο ὑμῖν, ὦ ἄνδρες δικασταί· τὸ δὲ κεφάλαιον, πρὸς ἐμὲ οὐδ' ἐπιχειρήσει λέγειν Ἀπατούριος ὡς συνθῆκαί τινες αὐτῷ εἰσίν. Ὅταν δὲ λέγῃ ψευδόμενος ὡς ἐν ταῖς πρὸς τὸν Παρμένοντα συνθήκαις ἐνεγράφην ἐγγυητής, ἀπαιτεῖτε αὐτὸν τὰς συνθήκας, **36** καὶ ἐνταῦθα αὐτῷ ἀπαντᾶτε, ὅτι πάντες ἄνθρωποι, ὅταν πρὸς ἀλλήλους ποιῶνται συγγραφάς, τούτου ἕνεκα σημηνάμενοι τίθενται παρ' οἷς ἂν πιστεύσωσιν ἵνα, ἐάν τι ἀντιλέγωσιν, ᾖ αὐτοῖς ἐπανελθοῦσιν ἐπὶ τὰ γράμματα, ἐντεῦθεν τὸν ἔλεγχον ποιήσασθαι περὶ τοῦ ἀμφισβητουμένου. Ὅταν δ' ἀφανίσας τις τἀκριβὲς λόγῳ ἐξαπατᾶν πειρᾶται, πῶς ἂν δικαίως πιστεύοιτο; **37** ἀλλὰ νὴ Δία (τὸ ῥᾷστον τοῖς ἀδικεῖν καὶ συκοφαντεῖν προῃρημένοις) μαρτυρήσει τις αὐτῷ κατ' ἐμοῦ. Ἐὰν οὖν ἐπισκήψωμαι αὐτῷ, πόθεν τὴν ἀπόδειξιν ποιήσεται τοῦ ἀληθῆ μαρτυρεῖν; ἐκ τῶν συνθηκῶν; τοῦτο τοίνυν μὴ ἀναβαλλέσθω, ἀλλ' ἤδη φερέτω ὁ ἔχων τὰς συνθήκας. Εἰ δ' ἀπολωλέναι φήσει, πόθεν λάβω ἐγὼ τὸν

34 ὅτι A S : ὅτι γε F Q ‖ ὡμολογεῖτο v. : ὡμολόγητο A, iure fortasse ‖ **35** μοι om. S, del. Blass ‖ **36** ᾖ... ἐπανελθοῦσιν A S : ἐπανέλθωσιν F Q D ‖ τἀκριβὲς A S : τἀληθὲς F Q D ‖ πιστεύοιτο A : πιστεύοιτε S F Q ‖ **37** ἀπολωλέναι v. : ἀπολωλεκέναι A ‖ φήσει A : φησίν S φησὶ τότε F Q.

c'est moi qui l'ai fait disparaître pour éluder mon obligation de garant; **38** mais, puisque c'est entre les mains d'Aristoclès, pourquoi, si vraiment l'acte a disparu sans sa connivence, n'intente-t-il pas une action[1] à celui qui l'avait en dépôt et qui ne le représente pas? Pourquoi s'en prend-il à moi, en produisant comme témoin l'auteur de la soustraction, celui même qui mériterait sa colère si, en réalité, la fraude n'avait pas été concertée entre eux?

J'ai présenté ma défense, dans la mesure de mes moyens. A vous maintenant de prononcer justement, selon les lois.

1. L'action « en exhibition » (εἰς ἐμφανῶν κατάστασιν) trouve une de ses applications en pareil cas (cf. Isée VI 31).

ἔλεγχον καταψευδομαρτυρηθείς; εἰ μὲν γὰρ παρ' ἐμοὶ ἐτέθη τὸ γραμματεῖον, ἐνῆν αἰτιᾶσθαι Ἀπατουρίῳ ὡς ἐγὼ διὰ τὴν ἐγγύην ἠφάνικα τὰς συνθήκας· 38 εἰ δὲ παρὰ τῷ Ἀριστοκλεῖ, διὰ τί, εἴπερ ἄνευ τῆς τούτου γνώμης ἀπολώλασιν αἱ συνθῆκαι, τῷ μὲν λαβόντι αὐτὰς καὶ οὐ παρέχοντι οὐ δικάζεται, ἐμοὶ δ' ἐγκαλεῖ, μάρτυρα παρεχόμενος κατ' ἐμοῦ τὸν ἠφανικότα τὰς συνθήκας, ᾧ προσῆκεν αὐτὸν ὀργίζεσθαι, εἴπερ μὴ κοινῇ μετὰ τούτου ἐκακοτέχνει;

Εἴρηταί μοι τὰ δίκαια, ὅσα ἐδυνάμην. Ὑμεῖς οὖν κατὰ τοὺς νόμους γιγνώσκετε τὰ δίκαια.

37 μὲν A S : om. cett. ‖ αἰτιᾶσθαι A (qui habet ἂν αἰτ.) : αἰτιάσασθαι cett. ‖ Ἀπατουρίῳ A : — ιον cett. ‖ 38 αὐτὰς v. : ταύτας A.

XXXIV

CONTRE PHORMION

NOTICE

Il s'agit encore d'une « action commerciale » à laquelle a été opposée une exception : l'exception est combattue par le demandeur. L'affaire est relativement claire[1].

L'action a été intentée[2] par Chrysippe contre Phormion. Chrysippe a au moins un associé ; peut-être aussi Phormion (§§ 3, 17). Mais les règles de la procédure exigent qu'une δίκη soit inscrite sous le nom d'un seul demandeur et d'un seul défendeur ; on doit supposer, en revanche, que celui-ci dans l'espèce serait condamné pour le tout : le droit commercial, à la différence du droit civil, admet qu'en vertu du lien d'association, l'action ne se divise ni activement ni passivement[3]. Chrysippe est étranger (§ 1) ; Phormion l'est aussi (§ 50) : nous savons que les étrangers, dans les actions commerciales, sont assimilés aux citoyens.

Le premier a prêté au second une somme de 2.000 drachmes dans les conditions ordinaires du prêt maritime. Celui-ci est contracté, comme très souvent, pour un voyage d'aller et retour (ἀμφοτερόπλους). Il ne sera remboursé que si le navire arrive à bon port (σωθείσης τῆς νεώς), auquel cas il comporte un intérêt de 30 % :

1. On en trouvera un récent exposé, d'ailleurs sans grande nouveauté, dans E. Ziebarth, *Eine Handelsrede aus der Zeit des Dem.*, 1936.

2. Pour la seconde fois : l'année précédente, elle l'avait déjà été ; mais, avant que l'affaire ne vînt devant le tribunal, elle avait été soumise à un arbitrage : l'arbitre n'a pu se prononcer et a renvoyé les parties devant les juges.

3. Nous verrons que le *Contre Dionysodoros* en fournit une preuve *a fortiori*.

taux assez courant dans ce genre d'entreprise, c'est-à-dire pour un voyage d'aller et retour à la distance du Bosphore[1]. Il est garanti par une hypothèque sur les marchandises que Phormion doit embarquer à Athènes : du reste, bien que l'orateur et peut-être le contrat emploient à ce propos le mot ὑποθήκη, le prêteur ne possède pas un droit de saisie sur ces marchandises qui seront vendues au Bosphore (§ 27) : son droit s'exercera sur les marchandises achetées avec le produit de cette vente, une fois qu'elles seront ramenées à Athènes ; il est convenu que la valeur de l'ὑποθήκη doit être le double de la dette[2] — clause qui est attestée ailleurs[3]. L'acte a été rédigé en deux exemplaires (§ 32) ; l'un des deux, ce qui est une pratique normale, a été déposé chez un tiers, le banquier Kittos (§ 6). Le contrat comporte une clause pénale (ailleurs dénommée ἐπιτίμια) : si le débiteur ne satisfait pas à ses obligations, il payera une somme de 5.000 drachmes (§ 33), c'est-à-dire non pas seulement le double du capital, comme il semble avoir été usuel, mais deux fois et demie ce capital[4]. Le voyage prévu est au Bosphore, c'est-à-dire au Bosphore Cimmérien (Crimée actuelle)[5]. Mais il paraît — car Chrysippe ne conteste pas ce point — que l'emprunteur avait la faculté de se libérer par un payement anticipé au Bosphore même. Il devait seulement acquitter, outre les intérêts que nous

1. Cf. Billeter, *Geschichte des Zinsfusses*, p. 30 sq.

2. C'est ainsi que nous entendons, avec Dareste, l'expression ἐφ' ἑτέρᾳ ὑποθήκῃ au § 6 (cf. *C. Lacr.* 18).

3. Dans le *Contre Lacritos*, et ici même à l'égard d'autres créanciers si l'on admet, au § 7, la leçon πεντήκοντα de Reiske, qui seule permet de comprendre le passage. La clause peut avoir été assez fréquente, mais Beauchet (IV, p. 288 sq.) doute, non sans raison, qu'elle ait été de règle. Voir aussi Ashburner, *Rhod. Sea-Law*, p. CCXIII.

4. On doit supposer qu'ici, comme dans le *Contre Dionysodoros*, c'est l'exécution de la clause pénale qui est demandée en justice. Comparé aux autres, le discours est d'une bonne longueur, et la partie n'a pas employé tout son temps de parole (voir la fin) : elle doit disposer des 10 χόες dont parle Aristote (*Cons. d'Ath.*, 67, 2) pour les procès dont le montant est de 5.000 drachmes et au-dessus.

5. Les rois de ce pays favorisaient l'exportation des blés vers Athènes (§ 36 ; cf. Isocr. XVII 4 ; Dém. XX 31 sqq. ; Michel, *Recueil d'inscr. gr.*, n°s 98 et 124). Il est également question du commerce avec le Bosphore dans le discours suivant.

évaluerions à 15 °/₀ pour le voyage d'aller, une clause pénale qui peut être considérée comme indemnité pour manque à gagner et pour frais et risques de retour de la somme : ces ἐπιτίμια (§ 26) paraissent s'être élevés à 50 °/₀ du capital ; ils constitueraient ce qui est connu à l'époque hellénistique sous le nom de ἡμιόλιον[1].

Phormion prétend s'être ainsi acquitté. Chrysippe nie qu'il l'ait fait et qu'il l'ait pu faire. C'est tout le débat. On peut s'étonner, avec le plaideur, qu'il ait lieu non pas sous la forme de l'action directe, mais par la voie de l'exception. Le défendeur, en effet, veut prouver qu'il est libéré par son exécution : défense au fond ; pour prendre le rôle d'agresseur que lui assurait la παραγραφή, il s'autorisait de certains termes de la loi qui ne concernaient sans doute pas son cas[2]. Le plaideur s'en plaint, mais il faut bien qu'il se soumette à la procédure ; en fait, il plaide sur le fond.

Sur le fond, il n'y a pas grand intérêt pour nous à savoir qui a raison. Que Chrysippe ne soit pas rentré dans son argent, c'est plus que probable. Mais son argumentation à l'effet de prouver que son adversaire *n'avait pu* se libérer au Bosphore est assez contradictoire : peu

1. C'est du moins ainsi que nous interpréterions ce qui est dit aux §§ 23-26, passage où l'orateur, visiblement gêné, est plus véhément qu'explicite. Pour le seul voyage d'aller, le taux de 15 °/₀ apparaît normal (cf. Billeter, *o. l.*, p. 33, et surtout les cas cités p. 35 sq.). Phormion aurait dû emprunter pour s'acquitter une somme qui, au cours du change, représenterait 3.360 drachmes attiques. Si l'on tient compte de l'agio et qu'on admette une dette réelle de 3.300 drachmes, elle se décompose en 2.000 pour le capital + 300 pour les intérêts + 1.000 d'ἐπιτίμια. Sur l'ἡμιόλιον, cf. Mitteis, *Reichsrecht u. Volksrecht*, p. 511 sq.

2. La loi disait, comme nous l'avons vu dans les deux précédents discours et comme le plaideur le répète ici, que le défendeur aurait une exception quand l'action commerciale serait intentée en dehors des cas visés, quand il n'y aurait pas obligation d'une espèce prévue. L'adversaire traduit : quand il n'y a plus d'obligation (parce que l'obligation primitive est éteinte par le payement). La formule législative prêtait à la chicane : nous avons vu le plaideur du *Contre Zénothémis* commettre un autre sophisme en s'autorisant du même texte. — Au demeurant, il apparaît que l'adversaire soulevait le déclinatoire d'incompétence (§§ 43 sq.) : et ce n'est pas ce qui gêne le moins le plaideur.

importe que Phormion n'eût pas pu faire d'argent avec sa marchandise si, comme il le soutenait, il avait emprunté pour s'acquitter. On soupçonne qu'un autre personnage a joué un rôle malhonnête dans l'affaire, et celui-là, Chrysippe ne peut l'atteindre parce qu'il n'est plus à Athènes : c'est le capitaine Lampis, entre les mains de qui le payement aurait eu lieu et dont le navire, depuis, a fait naufrage. La perte en mer libérait peut-être Phormion (§§ 33 et 28), mais, si Lampis a pu conserver la somme, ce qui n'a rien d'invraisemblable, on conçoit qu'il ait songé à se l'approprier ; de là son attitude ambiguë et les témoignages qu'il a successivement fournis contre Phormion et pour Phormion. Au second moment, une collusion avec ce dernier n'aurait rien d'impossible.

Le *Contre Phormion* présente une particularité qui lui est commune avec le *Contre Nééra* : il n'est pas prononcé d'un bout à l'autre par le même orateur. C'est Chrysippe qui parle au début, et il paraît bien que c'est lui aussi à la fin ; dans l'intervalle, ce serait son associé[1]. On discute où doit se faire la coupure ; mais il n'y a pas de solution satisfaisante, et peut-être le problème est-il insoluble[2]. Nous adoptons, faute de mieux, la répartition proposée par A. Schäfer et admise aussi par Dareste.

Le plaidoyer peut se dater assez sûrement. Il fait allusion (§§ 38 sq.) à trois moments de crise : si l'on admet qu'ils sont indiqués dans l'ordre chronologique[3], nous pouvons les situer tous les trois. Le premier est de 335

1. Son frère, a-t-on conjecturé d'après le § 39 rapproché du § 38 : c'est possible, sans plus.

2. On trouve plusieurs fois (§§ 18, 22, 31), dans la partie généralement attribuée à l'associé de Chrysippe, une première personne du singulier qui semblerait ne pouvoir se rapporter qu'à Chrysippe lui-même. — D'autre part, au § 32, les intéressés sont désignés par le démonstratif οἵδε, ce qui a donné lieu à l'hypothèse de Blass (p. 581), que le discours aurait d'abord été composé pour un tiers qui devait appuyer en justice la cause de Chrysippe, et qu'il aurait ensuite été refait ou retouché, mais partiellement. C'est peut-être la meilleure explication, et c'est seulement pour des raisons de commodité que nous adoptons la présentation traditionnelle.

3. Au § 39, les mots τὸ πρότερον sembleraient contredire ce postulat ; mais il est permis de les comprendre par référence à ce qui suit, et non à ce qui précède.

(marche d'Alexandre sur Thèbes) ; le second de 330/329 ; le troisième de 328/327[1]. Parlant du dernier, Chrysippe dit : « l'année dernière » : nous serions donc en 327/326. — A une pareille date, il y a peu de chance pour que ce discours, d'ailleurs vigoureux, soit de Démosthène. On a plusieurs fois soutenu qu'il était du même auteur que le *Contre Dionysodoros*.

1. Cf. Dém. XVIII 89 ; *I. G.* II, 5, n° 179 b, Michel, n° 110, l. 66 sq. (archontat d'Aristophon) ; même inscription, l. 70 sq. (archontat d'Euthycritos) : le personnage dont il y est question est, comme Chrysippe, un étranger, et il est récompensé pour les mêmes actes de générosité. Cf. Jardé, *Les céréales dans l'ant. gr.*, p. 44 sq.

XXXIV

CONTRE PHORMION

AU SUJET D'UN PRÊT

Sujet du discours

1 Le négociant Phormion avait emprunté à Chrysippe 20 mines pour un voyage au Bosphore. Là-bas, il se trouva qu'il y avait mévente sur la marchandise qu'il transportait. Aussi, lorsque le capitaine Lampis, en partance pour Athènes, l'invita à embarquer sur son navire les denrées qu'il devait acheter en contre-partie du prêt comme il était stipulé dans le contrat, il n'embarqua ni marchandises ni argent ; il déclara à Lampis que, pour le moment, il était hors d'état de le faire, mais qu'il comptait s'embarquer bientôt avec les marchandises sur un autre navire. **2** Le navire de Lampis quitte le port et fait naufrage ; Lampis se sauve dans un canot avec quelques autres et, arrivé à Athènes, va raconter à Chrysippe que Phormion a eu la chance de rester au Bosphore et de n'avoir rien embarqué sur son navire. Phormion revient plus tard ; Chrysippe lui réclame son argent. D'abord, d'après les dires de Chrysippe, il reconnaît sa dette et promet de s'acquitter. Puis, il soutient qu'il a payé à Lampis et qu'il ne doit rien, puisque aux termes du contrat la perte du navire en mer le libérait. **3** Chrysippe intente donc une action ; l'autre oppose une exception et, devant l'arbitre[1], Lampis témoigne qu'il a reçu l'argent des mains de Phormion, au Bosphore, lequel argent a péri dans le naufrage avec tout le reste. Or, il avait d'abord dit le contraire à Chrysippe, à savoir que Phormion n'avait rien embarqué du tout. Pressé de s'expliquer, Lampis déclare qu'il ne savait pas ce qu'il disait la première fois qu'il avait

1. L'expression pourrait faire croire qu'il s'agit de l'arbitrage public, première instance dans les procès civils, mais qui, justement, ne fonctionne pas en matière commerciale. On verra que l'arbitre en question a été désigné par un compromis extra-judiciaire.

XXXIV

ΠΡΟΣ ΦΟΡΜΙΩΝΑ ΠΕΡΙ ΔΑΝΕΙΟΥ

ΥΠΟΘΕΣΙΣ

1 Φορμίων ἔμπορος δανείζεται παρὰ Χρυσίππου μνᾶς εἴκοσι πλέων εἰς Βόσπορον. Ἀφικόμενος δ' ἐκεῖσε κατέλαβεν ἀπρασίαν τῶν φορτίων ὧν ἐκόμιζε. Διόπερ τοῦ ναυκλήρου Λάμπιδος ἀποπλεῖν Ἀθήναζε βουλομένου, καὶ κελεύοντος αὐτὸν ἐνθέσθαι τῇ νηὶ τὰ ἀγοράσματα τῶν χρημάτων τῶν παρὰ Χρυσίππου (τοῦτο γὰρ ἔφραζεν ἡ συγγραφή), οὔτε φόρτον τιν' ἐνέθετ' οὔτ' ἀργύριον, ἀλλ' ἔφη πρὸς τὸν Λάμπιν ἀδυνάτως ἔχειν ἐν τῷ παρόντι ποιῆσαι ταῦτα, μικρὸν δ' ὕστερον ἐφ' ἑτέρας ἐκπλευσεῖσθαι νεὼς ἅμα τοῖς χρήμασιν. 2 Ἡ μὲν οὖν τοῦ Λάμπιδος ναῦς ἀναχθεῖσα διαφθείρεται, καὶ μετ' ὀλίγων ὁ Λάμπις ἐν τῷ λέμβῳ σῴζεται, καὶ ἀφικόμενος Ἀθήναζε μηνύει Χρυσίππῳ τὸ εὐτύχημα τοῦ Φορμίωνος, ὡς ἀπελείφθη τ' ἐν τῷ Βοσπόρῳ καὶ εἰς τὴν ναῦν οὐδὲν ἐνέθετο. Ὁ δὲ Φορμίων καταπλεύσας ὕστερον καὶ τὸ ἀργύριον ἀπαιτούμενος, τὸ μὲν πρῶτον, ὡς ἔφη Χρύσιππος, καὶ ὀφείλειν ὡμολόγει καὶ ἀποδώσειν ὑπισχνεῖτο, ἔπειθ' ὡς ἀποδεδωκὼς Λάμπιδι μηδὲν ὀφείλειν ἔλεγε· τὴν γὰρ συγγραφὴν κελεύειν παθούσης τι κατὰ θάλατταν τῆς νεὼς ἀπηλλάχθαι τοῦ ὀφλήματος τὸν Φορμίωνα. 3 Ἔλαχεν οὖν δίκην αὐτῷ ὁ Χρύσιππος· ὁ δὲ παρεγράψατο, καὶ Λάμπις ἐμαρτύρησε παρὰ τῷ διαιτητῇ ὡς ἀπειληφὼς εἴη παρὰ Φορμίωνος ἐν Βοσπόρῳ τὰ χρήματα καὶ ἀπολωλεκὼς μετὰ τῶν ἄλλων ἐν τῇ ναυαγίᾳ. Πρότερον δὲ τἀναντία τούτων εἰρήκει πρὸς Χρύσιππον, ὡς οὐδὲν ὁ Φορμίων εἰς τὴν ναῦν ἐντέθεικεν. Ἐλεγχόμενος δ' ἐπὶ τούτοις ὁ Λάμπις ἐξεστηκέναι τότ' ἔφησεν, ὅτ'

Tit. ὑπὲρ Χρυσίππου πρὸς τὴν Φορμίωνος παραγραφὴν Harpocr. s. v. ἐπιθέτους ἑορτὰς inscr. in A, subscr. in S.

1 Ἀθήναζε βουλομένου Blass : βουλ. Ἀθ. codd. || 2 ὀλίγων Wolf : ὀλίγον codd. || μηδὲν Wolf : μηδενὸς codd. || 3 παρεγράψατο Wolf : συνεγρ. codd.

parlé à Chrysippe. Là-dessus, l'arbitre, sans prononcer de sentence, renvoie l'affaire devant le tribunal. **4** Théoriquement, le débat porte sur l'exception : en réalité, on plaide sur le fond. Car l'orateur a raison de souligner au début que son adversaire n'est pas du tout dans un cas d'exception en soutenant qu'il a pleinement exécuté le contrat qui prévoyait le payement entre les mains de Lampis et la libération du débiteur en cas de perte du navire : c'est là une réponse au fond et une réplique directe à la demande, ce n'est pas un moyen qui vise à écarter le procès et qui porte sur la recevabilité de l'action ; tandis que l'exception, précise l'orateur, est accordée par la loi quand on conteste absolument l'existence d'obligations contractées de ou pour la place d'Athènes [1].

5 La même remarque s'applique à ce discours qu'au *Contre Nééra* : il y a ici deux plaideurs. Mais, dans l'autre discours, la séparation est très nette entre les deux parties ; ici, elle est brouillée. A mon avis, la seconde plaidoirie commence aux mots [2] : « Théodotos, Athéniens, nous fit comparaître plusieurs fois ; il put se convaincre que Lampis avait fait un faux témoignage... ». Il est évident que les adversaires de Phormion sont associés.

(*Chrysippe*) **1** Nous vous demanderons comme une chose équitable, juges, de nous écouter l'un après l'autre [3] avec bienveillance ; dites-vous bien que nous ne sommes nullement experts en chicane : il y a longtemps que nous fréquentons votre place et nous avons passé bien des contrats sans jamais comparaître à votre tribunal, ni comme demandeurs ni comme défendeurs. **2** Aujourd'hui même, Athéniens, soyez-en bien persuadés, si nous avions lieu de penser que les fonds avancés par nous à Phormion ont péri avec le navire qui a fait naufrage, jamais nous n'aurions intenté d'action contre lui : nous ne sommes pas des créanciers si effrontés, et nous savons ce que c'est que de perdre de l'argent. Mais il nous vient des reproches de toutes parts, notamment de ceux qui

1. Il y a exagération sur ce point : le domaine de l'exception ne pouvait pas être aussi limité.
2. Au § 21. La solution n'est pas très heureuse.
3. C'est-à-dire les deux associés.

ἐκεῖνα πρὸς τὸν Χρύσιππον ἔλεγε. Τούτων ἀκούσας ὁ διαιτητὴς καὶ μηδὲν ἀποφηνάμενος εἰς τὸ δικαστήριον τὸ πρᾶγμα πέπομφε. 4 Καὶ ὁ ἀγὼν ὀνόματι μέν ἐστι παραγραφικός, τῷ δ' ἀληθεῖ τὴν εὐθεῖαν γίγνεται· εὖ γὰρ καὶ ὁ ῥήτωρ κατ' ἀρχὰς ἐπισημαίνεται, ὡς οὐκ ἔστιν ὅλως παραγραφὴ τὸ λέγειν πεποιηκέναι πάντα κατὰ τὰ συγκείμενα, ἀποδεδωκέναι τὰ χρήματα Λάμπιδι, κελευούσης [τοῦτο] τῆς συγγραφῆς καὶ ἀφιείσης ἐπὶ τοιούτῳ πάθει τὸ ὄφλημα· ταῦτα γάρ ἐστι τὴν εὐθυδικίαν ἀγωνιζομένου καὶ τοῖς ἀποφερομένοις ἐγκλήμασιν ἀπαντῶντος, ἀλλ' οὐχὶ ἀναιροῦντος τὸν περὶ αὐτῶν ἀγῶνα καὶ τὴν εἰσαγωγὴν τῆς δίκης· παραγραφὴν δέ, φησίν, ὁ νόμος δίδωσι περὶ τῶν μὴ γενομένων ὅλως Ἀθήνησι μηδ' εἰς Ἀθήνας συμβολαίων.

5 Τετήρηται δ' ἐν τῷ λόγῳ ταὐτὸν ὅπερ καὶ περὶ τὸν κατὰ Νεαίρας, ὅτι μὴ ὑφ' ἑνὸς εἴρηται προσώπου. Ἀλλ' ⟨ἐκεῖ μὲν⟩ ἑκατέρου διαστολὴ φανερά, ἐνταῦθα δὲ συγκέχυται. Δοκεῖ δ' ἔμοιγ' ἐντεῦθεν ὁ δεύτερος λέγειν 'ἀκούσας τοίνυν ἡμῶν, ὦ ἄνδρες Ἀθηναῖοι, Θεόδοτος πολλάκις καὶ νομίσας τὸν Λάμπιν ψευδῆ μαρτυρεῖν'. Δῆλον δ' ὅτι κοινωνοί τινές εἰσιν οἱ πρὸς τὸν Φορμίων' ἀγωνιζόμενοι.

1 Δίκαια ὑμῶν δεησόμεθα, ὦ ἄνδρες δικασταί, ἀκοῦσαι ἡμῶν μετ' εὐνοίας ἐν τῷ μέρει λεγόντων, γνόντας ὅτι ἰδιῶται παντελῶς ἐσμέν, καὶ πολὺν χρόνον εἰς τὸ ὑμέτερον ἐμπόριον εἰσαφικνούμενοι καὶ συμβόλαια πολλοῖς συμβάλλοντες οὐδεμίαν πώποτε δίκην πρὸς ὑμᾶς εἰσήλθομεν, οὔτ' ἐγκαλοῦντες οὔτ' ἐγκαλούμενοι ὑφ' ἑτέρων. 2 Οὐδ' ἂν νῦν, ἀκριβῶς ἴστε, ὦ ἄνδρες Ἀθηναῖοι, εἰ ὑπελαμβάνομεν ἀπολωλέναι τὰ χρήματα ἐπὶ τῆς νεὼς τῆς διαφθαρείσης ἃ ἐδανείσαμεν Φορμίωνι, οὐκ ἄν ποτ' ἐλάχομεν τὴν δίκην αὐτῷ· οὐχ οὕτως ἡμεῖς ἀναίσχυντοί ἐσμεν οὐδ' ἄπειροι τοῦ ζημιοῦσθαι. Πολλῶν δ' ἡμᾶς κακιζόντων, καὶ μάλιστα

4 τὴν Bekker : παρὰ τὴν codd. || ὅλως Bekker : ὅλον codd. || τοῦτο secl. Blass || ἀφιείσης Wolf : ἀφικούσης codd. || γενομένων Bekker : γινομένων codd. || 5 τὸν Wolf : τῶν codd. || ἐκεῖ μὲν add. Wolf.

1 ἐμπόριον : — ειον S (sic alibi) || συμβάλλοντες v. : συμβαλόντες A || εἰσήλθομεν v. : ἤλθομεν S || 2 ἐδανείσαμεν v. : δεδανείκαμεν A.

ont séjourné au Bosphore avec Phormion et qui ont su que les fonds n'avaient pas péri avec le navire : et nous estimons qu'il serait un peu fort de nous laisser dépouiller sans nous défendre.

3 Au sujet de l'exception, peu de mots suffisent. Nos adversaires ne nient pas du tout qu'il y ait eu un engagement contracté sur notre place : ils disent seulement que cet engagement n'existe plus pour eux, parce qu'ils n'ont rien fait que de conforme aux stipulations écrites. **4** Mais les lois que vous êtes chargés d'appliquer ne disent pas cela : au cas où il n'y a eu aucune obligation contractée à Athènes ou en vue d'Athènes, elles accordent bien une exception[1] ; mais, si l'adversaire ne nie pas cette obligation, s'il soutient seulement qu'il a exécuté le contrat intégralement, elles lui ordonnent de plaider comme défendeur au fond, et non pas de prendre le rôle d'agresseur. Aussi bien, j'espère vous montrer d'après les faits mêmes que l'action est recevable. **5** Considérez, Athéniens, ce qui est reconnu par les adversaires eux-mêmes et ce qu'ils contestent : ce sera le meilleur moyen de vous faire une opinion. Ils reconnaissent avoir fait un emprunt et avoir passé un acte à l'occasion de cet emprunt ; d'autre part, ils prétendent avoir payé la somme en or à Lampis, esclave de Dion[2], au Bosphore. Et nous, nous allons établir, non seulement que Phormion n'a pas payé, mais qu'il n'avait pas les moyens de payer. Mais il est nécessaire de vous exposer brièvement les faits depuis le commencement.

6 Athéniens, j'ai prêté à Phormion, ici présent, 20 mines pour un voyage au Pont aller et retour, sur une hypothèque d'une valeur double ; et un contrat a

1. On s'est demandé si les juges commerciaux d'Athènes étaient alors dessaisis en faveur des tribunaux athéniens de droit commun ou en faveur de juges étrangers (cf. Beauchet, IV, p. 92, n. 2).

2. Ce Lampis, qualifié ici de οἰκέτης, ailleurs probablement (§ 10) de παῖς Δίωνος, n'est certainement pas un métèque, bien qu'on l'ait considéré parfois comme un affranchi. Or, il est capable de témoigner comme en étaient capables les esclaves dans ce genre d'affaire (§ 31). Il y a même lieu d'admettre que, d'une façon générale, les esclaves employés au négoce maritime avaient la capacité juridique en droit commercial (cf. U. E. Paoli, *Studi di dir. att.*, p. 105 sq.).

τῶν ἐν Βοσπόρῳ ἐπιδημησάντων ἅμα Φορμίωνι, οἵπερ τοῦτον ᾔδεσαν οὐ συναπολέσαντα τὰ χρήματα ἐν τῇ νηί, δεινὸν ἡγούμεθα εἶναι τὸ μὴ βοηθῆσαι ἡμῖν αὐτοῖς ἀδικουμένοις ὑπὸ τούτου.

3 Περὶ μὲν οὖν τῆς παραγραφῆς βραχύς ἐστιν ὁ λόγος· καὶ γὰρ οὗτοι οὐ τὸ παράπαν συμβόλαιον ἐξαρνοῦνται μὴ γενέσθαι ἐν τῷ ἐμπορίῳ τῷ ὑμετέρῳ, ἀλλ' οὐκέτι εἶναί φασι πρὸς αὑτοὺς οὐδὲν συμβόλαιον· πεποιηκέναι γὰρ οὐδὲν ἔξω τῶν ἐν τῇ συγγραφῇ γεγραμμένων. 4 Οἱ μέντοι νόμοι, καθ' οὓς ὑμεῖς δικασταὶ κάθησθε, οὐχ οὕτως λέγουσιν, ἀλλ' ὑπὲρ μὲν τῶν μὴ γενομένων ὅλως συμβολαίων Ἀθήνησι μηδ' εἰς τὸ Ἀθηναίων ἐμπόριον παραγράφεσθαι δεδώκασιν, ἐὰν δέ τις γενέσθαι μὲν ὁμολογῇ, ἀμφισβητῇ δὲ ὡς πάντα πεποίηκεν τὰ συγκείμενα, ἀπολογεῖσθαι κελεύουσιν εὐθυδικίαν εἰσιόντα, οὐ κατηγορεῖν τοῦ διώκοντος. Οὐ μὴν ἀλλ' ἔγωγε ἐλπίζω καὶ ἐξ αὐτοῦ τοῦ πράγματος δείξειν εἰσαγώγιμον τὴν δίκην οὖσαν. 5 Σκέψασθε δέ, ὦ ἄνδρες Ἀθηναῖοι, ὅ τι ὁμολογεῖται παρ' αὐτῶν τούτων καὶ τί ἀντιλέγεται· οὕτω γὰρ ἂν ἄριστα ἐξετάσαιτε. Οὐκοῦν δανείσασθαι μὲν [τὰ χρήματα] ὁμολογοῦσι καὶ συνθήκας ποιήσασθαι τοῦ δανείσματος, φασὶν δ' ἀποδεδωκέναι τὸ χρυσίον Λάμπιδι τῷ Δίωνος οἰκέτῃ ἐν Βοσπόρῳ. Ἡμεῖς τοίνυν οὐ μόνον τοῦτο δείξομεν ὡς οὐκ ἀπέδωκεν, ἀλλ' ὡς οὐδ' ἐνῆν αὐτῷ ἀποδοῦναι. Ἀναγκαῖον δ' ἐστὶν βραχέα τῶν ἐξ ἀρχῆς διηγήσασθαι ὑμῖν.

6 Ἐγὼ γάρ, ὦ ἄνδρες Ἀθηναῖοι, ἐδάνεισα Φορμίωνι τουτῳὶ εἴκοσι μνᾶς ἀμφοτερόπλουν εἰς τὸν Πόντον ἐπὶ ἑτέρᾳ ὑποθήκῃ, καὶ συγγραφὴν ἐθέμην παρὰ Κίττῳ τῷ

2 ἐν Βοσπόρῳ A : ἐμπόρων S D ἐμπόρων τῶν vulg. ‖ αὐτοῖς A : om. S F Q D ‖ 3 συμβόλαιον v. : τὸ συμβ. A ‖ 4 μέντοι A : μὲν οὖν v. ‖ μὲν om. A D ‖ 5 τί v. : ὅ τι S ‖ ἐξετάσαιτε D : — σετε A S — σεται F Q ‖ τὰ χρήματα del. Blass (in γρ. F Q) ‖ ἀπέδωκεν S : ἀποδέδωκεν v. ‖ ἐνῆν Herwerden : ἦν A ἐξῆν cett. ‖ 6 τουτωὶ Blass : τούτῳ codd. ‖ ἑτέρᾳ : ἑτέρᾳ γ' A.

été déposé chez le banquier Kittos[1]. Au mépris du contrat qui stipulait que des marchandises seraient chargées sur le navire pour une valeur de 4.000 drachmes, il commet l'acte le plus malhonnête : immédiatement, et à notre insu, il emprunte sur le même gage à Théodoros le Phénicien 4.500 drachmes et au patron Lampis 1.000. **7** Il aurait dû acheter à Athènes pour 150 mines[2] de marchandises, s'il voulait satisfaire tous ses créanciers et respecter les clauses de ses contrats : il n'en acheta que pour 5.500 drachmes, y compris les vivres ; or, il doit 75 mines. Telle est donc, Athéniens, la fraude initiale : il n'a pas fourni la garantie, il n'a pas chargé les marchandises qu'il fallait, malgré la stricte obligation que lui imposait le contrat. Prends-moi ce contrat.

Acte du contrat

Prends-moi aussi le reçu de la déclaration faite aux receveurs du cinquantième[3] et les témoignages.

Déclaration. Témoignages

8 Phormion arrive au Bosphore avec des lettres de moi que je lui avais confiées pour les remettre à un de mes esclaves qui passait l'hiver dans le pays et à un de mes associés. J'y faisais mention du prêt que je lui avais fait et de l'hypothèque, et je donnais ordre qu'aussitôt les marchandises débarquées, on les contrôlât et on en suivît la vente. Ces lettres qu'il avait reçues de moi, il ne les remet pas : c'était pour qu'on ne sût rien de ses manœuvres. A ce moment, les affaires n'allaient pas au Bos-

1. Autre exemple de συγγραφή déposée chez un banquier dans le *Contre Dyonisodoros*, 15. — Ce Kittos est-il le même qui, au début du siècle, était employé dans la banque de Pasion (Isocrate, *Trapèz.* 11 sq.)? L'intervalle est bien long : ce peut être son descendant.

2. Le texte des manuscrits dit 115, chiffre qui s'explique difficilement ; la correction de Reiske est élégante (|Δ| aurait été interprété δέκα πέντε), et elle donne le nombre attendu.

3. Le droit de 2 °/₀ à l'entrée et à la sortie des marchandises était affermé à ceux qu'on appelait les πεντηκοστολόγοι : les registres

τραπεζίτῃ. Κελευούσης δὲ τῆς συγγραφῆς ἐνθέσθαι εἰς τὴν ναῦν τετρακισχιλίων φορτία ἄξια, πρᾶγμα ποιεῖ πάντων δεινότατον· εὐθὺς γὰρ ἐν τῷ Πειραιεῖ ἐπιδανείζεται λάθρᾳ ἡμῶν παρὰ μὲν Θεοδώρου τοῦ Φοίνικος τετρακισχιλίας πεντακοσίας δραχμάς, παρὰ δὲ τοῦ ναυκλήρου Λάμπιδος χιλίας [δραχμάς]. 7 Δέον δ' αὐτὸν καταγοράσαι φορτία Ἀθήνηθεν μνῶν ἑκατὸν πεντήκοντα, εἰ ἤμελλεν τοῖς δανεισταῖς πᾶσι ποιήσειν τὰ ἐν ταῖς συγγραφαῖς γεγραμμένα, οὐ κατηγόρασεν ἀλλ' ἢ πεντακισχιλίων καὶ πεντακοσίων δραχμῶν, σὺν τῷ ἐπισιτισμῷ· ὀφείλει δὲ ἑβδομήκοντα μνᾶς καὶ πέντε. Ἀρχὴ μὲν οὖν αὕτη ἐγένετο τοῦ ἀδικήματος, ὦ ἄνδρες Ἀθηναῖοι· οὔτε γὰρ τὴν ὑποθήκην παρέσχεν οὔτε τὰ χρήματ' ἐνέθετ' εἰς τὴν ναῦν, κελευούσης τῆς συγγραφῆς ἐπάναγκες ἐντίθεσθαι. Καί μοι λαβὲ τὴν συγγραφήν.

ΣΥΓΓΡΑΦΗ

Λαβὲ δὴ καὶ τὴν τῶν πεντηκοστολόγων ἀπογραφὴν καὶ τὰς μαρτυρίας.

ΑΠΟΓΡΑΦΗ. ΜΑΡΤΥΡΙΑΙ

8 Ἐλθὼν τοίνυν εἰς τὸν Βόσπορον, ἔχων ἐπιστολὰς παρ' ἐμοῦ, ἃς ἔδωκ' αὐτῷ ἀπενεγκεῖν τῷ παιδὶ τῷ ἐμῷ παραχειμάζοντι ἐκεῖ καὶ κοινωνῷ τινί, γράψας ἐν τῇ ἐπιστολῇ τό τε ἀργύριον ὃ ἐδεδανείκειν καὶ τὴν ὑποθήκην, καὶ προστάξας, ἐπειδὰν τάχιστα ἐξαιρεθῇ τὰ χρήματα, ἐξετάζειν καὶ παρακολουθεῖν, τὰς μὲν ἐπιστολὰς οὐκ ἀποδίδωσιν οὗτος ἃς ἔλαβεν παρ' ἐμοῦ, ἵνα μηδὲν εἰδείησαν ὧν ἔπραττεν [οὗτος],

6 δραχμὰς om. A : add. S F Q D pap. Bodleiana, fr. 47 || **7** πεντήκοντα coni. Reiske : δέκα πέντε S F Q D pap. καὶ δέκα καὶ πέντε A (ex signo numeri L) || πᾶσι om. F Q D || ποιήσειν A S : ποιεῖν v. ποιῆσαι pap. || παρέσχεν A : παρέσχετο v. || τὰ χρήματ' ἐνεθέτ' εἰς om. S || μαρτυρίαι in lemm. : — ία S || 8 ἔδωκ' S : δέδωκ' v. || παρακολουθεῖν A S : ἐπακ. F Q D || οὗτος seclusi.

phore, à cause de la guerre entre Pairisadès[1] et les Scythes : ses marchandises ne pouvaient s'écouler, et il était dans une situation très difficile, pressé qu'il était par les créanciers qui lui avaient prêté pour le voyage d'aller. 9 Aussi, quand le patron du navire lui rappela qu'il devait, aux termes de son contrat, charger les marchandises qui garantiraient ma créance, il répondit — lui qui, aujourd'hui, prétend s'être acquitté en or — qu'il ne pouvait le faire, attendu que sa cargaison ne s'était pas vendue : « Tu n'as qu'à mettre à la voile, lui dit-il ; quant à moi, quand j'aurai écoulé ma marchandise, je m'embarquerai sur un autre navire. » Prends-moi ce témoignage.

Témoignage

10 Là-dessus, Athéniens, il resta au Bosphore. Lampis, ayant pris la mer, fit naufrage non loin du port ; de fait, son vaisseau était, comme nous l'avons su, chargé plus que de raison, quand il avait encore pris sur le pont un millier de peaux : c'est ce qui produisit la catastrophe. Lui-même se sauva dans le canot, avec les autres esclaves[2] de Dion ; mais il causa la perte de plus de trente personnes libres, sans compter le reste[3]. Ce fut un grand deuil au Bosphore, quand on connut le naufrage ; tout le monde félicitait Phormion de n'avoir pas pris la mer et de n'avoir rien embarqué sur le navire ; et lui-même disait comme les autres. Lis-moi ces témoignages.

qu'ils tenaient étaient ceux des déclarations en douane. Cf. *C. Lacr.* 29 et (pour Syracuse) *C. Zénoth.* 18. Pour le recours à ce genre de « preuve écrite », cf. Lipsius, p. 869.

1. « Archonte » (c'est-à-dire roi) du Bosphore dans la seconde moitié du IVe siècle. Sur les rapports entre la dynastie et Athènes, cf. Glotz, *Hist. gr.*, III, p. 288 sq. — A cette époque, le royaume subissait la pression des Scythes, eux-mêmes pressés par les Sarmates.

2. Il est assez naturel de trouver dans ces mots une confirmation au § 5 où Lampis était désigné comme esclave : à vrai dire, l'expression est ambiguë, parce qu'on peut voir ici un hellénisme qui reviendrait à dire « avec d'autres, qui étaient esclaves de Dion » ; mais cette interprétation serait un peu forcée.

3. Texte quelque peu incertain.

καταλαβὼν δ' ἐν τῷ Βοσπόρῳ μοχθηρὰ τὰ πράγματα διὰ τὸν συμβάντα πόλεμον τῷ Παιρισάδῃ πρὸς τὸν Σκύθην καὶ τῶν φορτίων ὧν ἦγεν πολλὴν ἀπρασίαν, ἐν πάσῃ ἀπορίᾳ ἦν· καὶ γὰρ οἱ δανεισταὶ εἴχοντο αὐτοῦ οἱ τὰ ἑτερόπλοα δανείσαντες. 9 Ὥστε τοῦ ναυκλήρου κελεύοντος αὐτὸν κατὰ τὴν συγγραφὴν ἐντίθεσθαι τὰ ἀγοράσματα τῶν ἐμῶν χρημάτων, εἶπεν οὗτος ὁ νῦν φάσκων ἀποδεδωκέναι τὸ χρυσίον ὅτι οὐκ ἂν δύναιτο ἐνθέσθαι εἰς τὴν ναῦν τὰ χρήματα· ἄπρατον γὰρ εἶναι τὸν ῥῶπον. Καὶ ἐκεῖνον μὲν ἐκέλευεν ἀνάγεσθαι, αὐτὸς δ', ἐπειδὰν διαθῆται τὰ φορτία, ἐφ' ἑτέρας νεὼς ἔφη ἐκπλεύσεσθαι. Καί μοι λαβέ ταύτην τὴν μαρτυρίαν.

ΜΑΡΤΥΡΙΑ

10 Μετὰ ταῦτα τοίνυν, ὦ ἄνδρες Ἀθηναῖοι, οὗτος μὲν ἐν τῷ Βοσπόρῳ κατελέλειπτο, ὁ δὲ Λάμπις ἀναχθεὶς ἐναυάγησεν οὐ μακρὰν ἀπὸ τοῦ ἐμπορίου. Γεγεμισμένης γὰρ ἤδη τῆς νεώς, ὡς ἀκούομεν, μᾶλλον τοῦ δέοντος, προσανέλαβεν ἐπὶ τὸ κατάστρωμα χιλίας βύρσας, ὅθεν καὶ ἡ διαφθορὰ τῇ νηὶ συνέβη. Καὶ αὐτὸς μὲν ἀπεσώθη ἐν τῷ λέμβῳ μετὰ τῶν ἄλλων παίδων τῶν Δίωνος, ἀπώλεσεν δὲ πλέον ἢ τριάκοντα σώματα ἐλεύθερα χωρὶς τῶν ἄλλων. Πολλοῦ δὲ πένθους ἐν τῷ Βοσπόρῳ ὄντος ὡς ἐπύθοντο τὴν διαφθορὰν τῆς νεώς, ηὐδαιμόνιζον Φορμίωνα πάντες τουτονί, ὅτι οὔτε συνανήχθη οὔτε ἐνέθετο εἰς τὴν ναῦν οὐδέν. Συνέβαινεν δὲ παρά τε τῶν ἄλλων καὶ παρ' αὐτοῦ τούτου ὁ αὐτὸς λόγος. Καί μοι ἀνάγνωθι ταύτας τὰς μαρτυρίας.

8 τὰ om. A ‖ Παιρισάδῃ Dindorf ut constat e lapidibus : Παρεισάδῃ S F Q Παρυσάδῃ A (sic **36**) ‖ ἑτερόπλοα edd. : — πλοια codd. (sic alibi) ‖ **9** ῥῶπον Valesius : ὥρωπον A ἄνθρωπον F Q ανωπον in ras. S ‖ λαβὲ A : λέγε ‖ **10** κατελέλειπτο D margo ed. Par. a. 1570 : κατελείπετο S καταλέλειπτο cett. ‖ ἀπεσώθη v. : ἐσώθη A ‖ alterum τῶν F Q : τοῦ A S ‖ τριάκοντα margo ed. Par. a. 1570 : διακόσια A τριακόσια cett. ‖ ἐλεύθερα A : om. cett. ‖ Φορμίωνα A : τὸν Φ. v. ‖ παρ' αὐτοῦ τούτου A : παρὰ τούτου cett.

TÉMOIGNAGES

11 Quant à Lampis, qui, au dire de Phormion, avait reçu de lui la somme en or — notez bien la chose — je vins le trouver aussitôt qu'il eut débarqué à Athènes après avoir échappé au naufrage, et, comme je l'interrogeais sur les événements, il me déclara que Phormion n'avait rien chargé sur le navire, comme il y était obligé par son contrat[1], et qu'il ne lui avait pas remis non plus la somme au Bosphore. Lis-moi le témoignage des personnes présentes à l'entretien.

TÉMOIGNAGE

12 Lorsque Phormion, à son tour, fut arrivé sain et sauf sur un autre navire, je m'en fus lui réclamer mon payement. Et, au début, Athéniens, il ne tint jamais le langage qu'il tient aujourd'hui ; il reconnaissait toujours sa dette et parlait de s'acquitter. Mais, quand il eut lié partie avec ceux qui l'assistent maintenant et font cause commune avec lui, ce ne fut plus du tout le même homme. **13** Me voyant joué, je vais trouver Lampis ; je lui dis que Phormion manquait à ses obligations et ne payait pas sa dette ; je lui demande en même temps s'il savait où il était pour que je pusse le citer en justice[2]. Il m'invite à le suivre et nous trouvons Phormion auprès du marché aux parfums ; j'étais accompagné de recors[3] ; je l'assignai. **14** Or, Athéniens, Lampis, qui assistait à la citation, n'osa point dire que l'autre lui avait remis la somme en or, ni tenir le langage qui eût été tout indiqué : « Tu es fou, Chrysippe. Pourquoi l'assigner? Il m'a remis la somme en or, à moi. » Et non seule-

1. Le plaideur insiste toujours là-dessus : il n'ajoute pas — mais il reconnaît ailleurs implicitement — que le débiteur avait la faculté de se libérer au Bosphore.

2. La citation devait se faire à la personne ; il se pouvait que le débiteur se dissimule ; pour la scène, cf. Lysias XXIII 2, 3, 6.

3. Pour toute citation, l'assistance d'un ou deux recors est obligatoire.

ΜΑΡΤΥΡΙΑΙ

11 Αὐτὸς μὲν τοίνυν ὁ Λάμπις, ᾧ φησιν ἀποδεδωκέναι τὸ χρυσίον (τούτῳ γὰρ προσέχετε τὸν νοῦν), προσελθόντος αὐτῷ ἐμοῦ, ἐπειδὴ τάχιστα κατέπλευσεν ἐκ τῆς ναυαγίας Ἀθήναζε, καὶ ἐρωτῶντος ὑπὲρ τούτων, ἔλεγεν ὅτι οὔτε [τὰ] χρήματα ἔνθοιτο εἰς τὴν ναῦν οὗτος κατὰ τὴν συγγραφήν, οὔτε τὸ χρυσίον εἰληφὼς εἴη παρ' αὐτοῦ ἐν Βοσπόρῳ [τότε]. Καί μοι ἀνάγνωθι τὴν μαρτυρίαν τῶν παραγενομένων.

ΜΑΡΤΥΡΙΑ

12 Ἐπειδὴ τοίνυν, ὦ ἄνδρες Ἀθηναῖοι, ἐπεδήμησεν Φορμίων οὑτοσὶ σεσωσμένος ἐφ' ἑτέρας νεώς, προσῄειν αὐτῷ ἀπαιτῶν τὸ δάνειον. Καὶ οὗτος κατὰ μὲν ἀρχὰς οὐδεπώποτ', ὦ ἄνδρες Ἀθηναῖοι, εἶπε τὸν λόγον τοῦτον ὃν νυνὶ λέγει, ἀλλ' ἀεὶ ὡμολόγει ἀποδώσειν· ἐπειδὴ δὲ ἀνεκοινώσατο τοῖς νῦν παροῦσιν αὐτῷ καὶ συνδικοῦσιν, ἕτερος ἤδη ἦν καὶ οὐχ ὁ αὐτός. 13 Ὡς δ' ᾐσθόμην αὐτὸν διακρουόμενόν με, προσέρχομαι τῷ Λάμπιδι, λέγων ὅτι οὐδὲν ποιεῖ τῶν δικαίων Φορμίων οὐδ' ἀποδίδωσι τὸ δάνειον, καὶ ἅμα ἠρόμην αὐτὸν εἰ εἰδείη ὅπου ἐστίν, ἵνα προσκαλεσαίμην αὐτόν. Ὁ δ' ἀκολουθεῖν μ' ἐκέλευεν ἑαυτῷ, καὶ καταλαμβάνομεν πρὸς τοῖς μυροπωλίοις τουτονί· κἀγὼ κλητῆρας ἔχων προσεκαλεσάμην αὐτόν. 14 Καὶ ὁ Λάμπις, ὦ ἄνδρες Ἀθηναῖοι, παρὼν προσκαλουμένῳ μοι οὐδαμοῦ ἐτόλμησεν εἰπεῖν ὡς ἀπείληφε παρὰ τούτου τὸ χρυσίον, οὐδ' ὃ εἰκὸς ἦν εἶπε 'Χρύσιππε, μαίνει· τί τοῦτον προσκαλεῖ; ἐμοὶ γὰρ ἀπέδωκε τὸ χρυσίον'.

11 τοίνυν A : μὲν τοίνυν cett. ‖ τὰ om. A seclusi ‖ αὐτοῦ A S : τούτου v. ‖ τότε om. A seclusi ‖ παραγενομένων v. : παραγεγενημένων A ‖ **12** Φορμίων A S : ὁ Φ. v. ‖ ἐπειδὴ v. : ἐπεὶ S ‖ ἀνεκοινώσατο v. : ἂν δ' ἐκοιν. A ‖ **13** τουτονὶ A S : αὐτὸν v. ‖ κλητῆρας codd., cf. **15** ‖ **14** εἶπε : εἰπεῖν A ‖ προσκαλεῖ (-ῇ) A S : — εῖς v. ‖ ἀπέδωκε A : ἀποδέδωκε cett. ‖ ὁ om. A S.

ment Lampis ne souffla mot, mais Phormion lui-même ne jugea à propos de rien dire en présence de Lampis, à qui il prétend aujourd'hui avoir payé. **15** Pourtant, Athéniens, lui-même aurait dû répondre : « Mon cher, pourquoi m'assigner? J'ai payé à Lampis, ici présent, qui était au Bosphore. » Et, en même temps, il aurait dû en appeler au témoignage de Lampis. En fait, ni l'un ni l'autre, dans la circonstance, ne dit rien de tel. Comme preuve, prends-moi le témoignage des recors.

Témoignages

16 Prends-moi aussi la formule de ma demande de l'an dernier : elle fournit une preuve décisive qu'à ce moment, Phormion ne prétendait pas encore avoir payé à Lampis.

Demande en justice

Pour rédiger cette formule[1], Athéniens, je n'avais d'autre base que le rapport de Lampis, lequel déclarait que Phormion n'avait pas chargé les marchandises et que lui-même n'avait pas reçu la somme en or. Dites-vous bien que je n'aurais pas été assez déraisonnable, assez insensé pour rédiger la demande en ces termes, si Lampis avait reconnu que le payement avait eu lieu entre ses mains : c'était m'exposer à être confondu par lui.

17 Considérez encore ceci, Athéniens : dans le texte de l'exception que mes adversaires ont déposée l'an dernier, ils n'ont pas osé eux-mêmes mentionner le prétendu payement fait à Lampis. Prends-moi l'exception elle-même.

1. C'est là un des témoignages les plus nets qui prouvent qu'au IVe siècle les demandes en justice, au lieu d'être présentées oralement au magistrat qui les enregistrait lui-même, étaient rédigées par la partie elle-même et déposées par elle au greffe. Sur la réforme intervenue vers 375, voir G. M. Calhoun, in *Transact. of the Amer. Philol. Assoc.*, 1919, p. 177 sq. — Le paragraphe suivant atteste qu'il en était de même des exceptions.

Ἀλλὰ μὴ ὅτι Λάμπις ἐφθέγξατο, ἀλλ' οὐδὲ αὐτὸς οὗτος οὐδὲν ἠξίωσεν εἰπεῖν, παρεστηκότος τοῦ Λάμπιδος, ᾧ νῦν φησὶν ἀποδεδωκέναι τὸ χρυσίον. **15** Καίτοι εἰκός γ' ἦν αὐτὸν εἰπεῖν, ὦ ἄνδρες Ἀθηναῖοι, 'τί με προσκαλεῖ, ἄνθρωπε; ἀποδέδωκα γὰρ τούτῳ τῷ παρεστηκότι τὸ χρυσίον', καὶ ἅμα ὁμολογοῦντα παρέχειν τὸν Λάμπιν· νυνὶ δ' οὐδέτερος αὐτῶν οὐδ' ὁτιοῦν εἶπεν ἐν τοιούτῳ καιρῷ. Καὶ ὅτι ἀληθῆ λέγω, λαβέ μοι τὴν μαρτυρίαν τῶν κλητήρων.

ΜΑΡΤΥΡΙΑΙ

16 Λαβὲ δή μοι καὶ τὸ ἔγκλημα ὃ ἔλαχον αὐτῷ πέρυσιν· ὅ ἐστιν οὐδενὸς ἔλαττον τεκμήριον ὅτι οὐδέπω τότ' ἔφησεν Φορμίων ἀποδεδωκέναι τὸ χρυσίον Λάμπιδι.

ΕΓΚΛΗΜΑ

Τοῦτο τὸ ἔγκλημα ἔγραφον ἐγώ, ὦ ἄνδρες Ἀθηναῖοι, οὐδαμόθεν ἄλλοθεν σκοπῶν ἀλλ' ἢ ἐκ τῆς ἀπαγγελίας τῆς Λάμπιδος, ὃς οὐκ ἔφασκεν οὔτε τὰ χρήματα ἐντεθεῖσθαι τοῦτον οὔτε τὸ χρυσίον ἀπειληφέναι· μὴ γὰρ οἴεσθέ με οὕτως ἀπόπληκτον εἶναι καὶ παντελῶς μαινόμενον ὥστε τοιοῦτο γράφειν ἔγκλημα ὁμολογοῦντος τοῦ Λάμπιδος ἀπειληφέναι τὸ χρυσίον, ὑφ' οὗ ἤμελλον ἐξελεγχθήσεσθαι. **17** Ἔτι δέ, ὦ ἄνδρες Ἀθηναῖοι, κἀκεῖνο σκέψασθε· αὐτοὶ γὰρ οὗτοι παραγραφὴν δόντες πέρυσιν, οὐκ ἐτόλμησαν ἐν τῇ παραγραφῇ γράψαι ὡς ἀποδεδώκασιν Λάμπιδι τὸ χρυσίον. Καί μοι λαβὲ αὐτὴν τὴν παραγραφήν.

14 ἐφθέγξατο A S : οὐκ ἐφθ. v. ‖ οὐδὲν om. A S ‖ **15** αὐτὸν εἰπεῖν S F Q : εἰπεῖν αὐτὸν A D ‖ ἄνθρωπε A S : ὦ ἄνθρ. v. ‖ νυνὶ v. : νῦν A ‖ κλητήρων F Q : κλητόρων A S (cf. Lipsius, *Att. Recht*, 805) ‖ μαρτυρία in lemm. S D : — ίαι v. ‖ **16** οὐδέπω τοτ' Reiske : οὐδεπώποτ' codd. ‖ ἔγραφον A : ἔλαχον ‖ ἀπαγγελίας A : ἀγγελίας S F Q D ‖ **17** δόντες A : διδόντες cett. ‖ post δόντες habet τῆς δίκης A ‖ λαβὲ A S : λέγε F Q D ‖ αὐτὴν A : ταύτην cett.

Exception

Vous entendez, Athéniens : nulle part il n'est dit dans l'exception : « Phormion a payé la somme en or à Lampis » — alors que, dans la demande dont on vient de vous faire lecture, j'avais écrit en propres termes : « les marchandises n'ont pas été chargées sur le navire, et le payement n'a pas été fait ». Quel autre témoignage vous faudrait-il encore après celui-là qui émane d'eux-mêmes ?

(*L'associé de Chrysippe*) **18** L'affaire allait venir en jugement quand ils nous demandèrent de consentir à un arbitrage ; de fait, nous constituâmes comme arbitre, d'après un compromis[1], Théodotos, isotèle[2]. Là-dessus, Lampis se dit que, devant un arbitre, il pourrait déposer à sa fantaisie impunément : il partagea avec Phormion la somme qui m'était due et témoigna juste le contraire de ce qu'il m'avait déclaré auparavant. **19** En effet, Athéniens, ce n'est pas du tout la même chose, pour un faux témoin, de comparaître devant vous, à votre face, ou simplement devant un arbitre. Devant vous, on s'expose à votre indignation et à une pénalité ; devant l'arbitre, on ne risque rien et on témoigne effrontément tout ce qu'on veut[3]. Je me récriai, Athéniens, je protestai devant l'audace de Lampis. **20** Je produisis devant l'arbitre le même témoignage qu'aujourd'hui devant votre tribunal, celui des gens qui nous accompagnaient quand nous fûmes le trouver la première fois et qu'il déclara que ni la somme ne lui avait été remise, ni les marchandises n'avaient été embarquées : ainsi, convaincu sans réplique de faux témoignage et de malhonnêteté, Lampis reconnut qu'il avait tenu ce langage à mon associé ici présent, mais prétendit qu'il n'avait pas su ce qu'il disait. Lis-moi ce témoignage.

1. C'est un acte écrit comme dans les cas analogues que fournissent nos plaidoyers.

2. Métèque d'une catégorie privilégiée.

3. Ainsi, un faux témoignage devant un arbitre *privé* n'exposait pas son auteur à la δίκη ψευδομαρτυρίων ; pour ce qui est de l'arbitrage public, nous ne sommes pas fixés.

ΠΑΡΑΓΡΑΦΗ

Ἀκούετε, ὦ ἄνδρες Ἀθηναῖοι, ὅτι οὐδαμοῦ γέγραπται ἐν τῇ παραγραφῇ ὡς ἀποδέδωκεν τὸ χρυσίον Φορμίων Λάμπιδι, καὶ ταῦτ' ἐμοῦ διαρρήδην γράψαντος εἰς τὸ ἔγκλημα ὃ ἠκούσατε ἀρτίως, ὅτι οὔτε τὰ χρήματα ἔνθοιτο εἰς τὴν ναῦν οὔτ' ἀπέδωκεν τὸ χρυσίον. Τίνα οὖν ἄλλον χρὴ περιμένειν ὑμᾶς μάρτυρα, ὅταν τηλικαύτην μαρτυρίαν παρ' αὐτῶν τούτων ἔχητε;

18 Μελλούσης δὲ τῆς δίκης εἰσιέναι εἰς τὸ δικαστήριον ἐδέοντο ἡμῶν ἐπιτρέψαι τινί· καὶ ἡμεῖς ἐπετρέψαμεν Θεοδότῳ ἰσοτελεῖ κατὰ συνθήκας. Καὶ ὁ Λάμπις μετὰ ταῦτα νομίσας αὑτῷ ἀσφαλὲς ἤδη εἶναι πρὸς διαιτητῇ μαρτυρεῖν ὅ τι βούλοιτο, μερισάμενος τὸ ἐμὸν χρυσίον μετὰ Φορμίωνος τουτουί, ἐμαρτύρει τἀναντία οἷς πρότερον εἰρήκει. 19 Οὐ γὰρ ὅμοιόν ἐστιν, ὦ ἄνδρες Ἀθηναῖοι, εἰς τὰ ὑμέτερα πρόσωπα ἐμβλέποντα τὰ ψευδῆ μαρτυρεῖν καὶ πρὸς διαιτητῇ· παρ' ὑμῖν μὲν γὰρ ὀργὴ μεγάλη καὶ τιμωρία ἀπόκειται τοῖς τὰ ψευδῆ μαρτυροῦσιν, πρὸς δὲ τῷ διαιτητῇ ἀκινδύνως καὶ ἀναισχύντως μαρτυροῦσιν ὅ τι ἂν βούλωνται. Ἀγανακτοῦντος δέ μου καὶ σχετλιάζοντος, ὦ ἄνδρες Ἀθηναῖοι, ἐπὶ τῇ τόλμῃ τοῦ Λάμπιδος, 20 καὶ παρεχομένου πρὸς τὸν διαιτητὴν τὴν αὐτὴν μαρτυρίαν ἥνπερ καὶ νῦν πρὸς ὑμᾶς παρέχομαι, τῶν ἐξ ἀρχῆς προσελθόντων αὐτῷ μεθ' ἡμῶν, ὅτε οὔτε τὸ χρυσίον ἔφη ἀπειληφέναι παρὰ τούτου οὔτε τὰ χρήματα αὐτὸν ἐνθέσθαι εἰς τὴν ναῦν, οὕτως ὁ Λάμπις κατὰ κράτος ἐξελεγχόμενος τὰ ψευδῆ μαρτυρῶν καὶ πονηρὸς ὤν, ὡμολόγει μὲν εἰρηκέναι ταῦτα πρὸς τοῦτον, οὐ μέντοι γε ἐντὸς ὢν εἰπεῖν αὑτοῦ. Καί μοι ἀνάγνωθι ταύτην τὴν μαρτυρίαν.

17 ἀπέδωκεν S : ἀποδέδωκεν cett. ‖ **18** ἐμαρτύρει A : om. cett. ‖ **19** τὰ om. A ‖ ὀργὴ : καὶ ὀργὴ S ‖ ἀπόκειται A : ὑπόκειται cett. ‖ **20** τὰ A : om. cett., forsitan iure (cf. **11**) ‖ τὰ A S : om. cett. ‖ καὶ πονηρὸς ὤν om. A ‖ γε om. A.

Témoignage

21 Théodotos, Athéniens, nous fit comparaître plusieurs fois ; il put se convaincre que Lampis avait fait un faux témoignage et il ne prononça pas l'acquittement de Phormion, mais nous renvoya devant le tribunal : car il ne voulait pas le condamner, étant lié avec lui, comme nous l'apprîmes dans la suite ; quant à l'absoudre, il n'osait le faire, ne voulant pas se parjurer[1]. **22** De fait, considérez la situation elle-même, juges, et demandez-vous comment Phormion aurait pu se procurer la somme en or pour s'acquitter. Il était parti d'ici sans avoir embarqué les marchandises nécessaires : il n'avait pas de quoi garantir ses engagements, et il s'était fait prêter en seconde hypothèque sur le chargement qui était affecté à ma créance ; au Bosphore, ses marchandises n'avaient pu se vendre ; c'est à grand'peine qu'il avait satisfait les créanciers qui lui avaient prêté pour le voyage d'aller. **23** Or, Chrysippe lui avait prêté 2.000 drachmes pour le voyage d'aller et retour et devait en recevoir, à Athènes, 2.600. Et Phormion prétend avoir remis à Lampis, au Bosphore, 120 statères de Cyzique[2] — notez bien ce point — qu'il aurait empruntés à intérêt terrestre (c'est-à-dire, en l'espèce, au denier six) ; or, le statère de Cyzique valait là-bas[3] 28 drachmes attiques. **24** D'après cela, vous n'avez qu'à compter quelle somme, à l'en croire, il aurait déboursée. 120 statères représentent 3.360 drachmes, dont l'intérêt terrestre[4], au denier six, est de 560 drachmes : vous voyez le total. **25** Eh bien ! juges, y a-t-il ou y aura-t-il jamais un homme qui, au

1. Il était question d'un serment de l'arbitre dans *C. Aph.* III 58. On notera qu'ici il paraît être la condition de la sentence.

2. Monnaie d'électrum. — Sur l'opération dont il s'agit, cf. *Notice*, p. 148 sq.

3. Indique la variation du change suivant les places et suivant les moments.

4. L'intérêt « terrestre », par opposition à celui des prêts maritimes, beaucoup plus élevé. Il est intéressant de constater que le taux indiqué ici (16 2/3 %) est considéré comme normal.

ΜΑΡΤΥΡΙΑ

21 Ἀκούσας τοίνυν ἡμῶν, ὦ ἄνδρες Ἀθηναῖοι, ὁ Θεόδοτος πολλάκις, καὶ νομίσας τὸν Λάμπιν ψευδῆ μαρτυρεῖν, οὐκ ἀπέγνω τῆς δίκης, ἀλλ' ἐφῆκεν ἡμᾶς εἰς τὸ δικαστήριον· καταγνῶναι μὲν γὰρ οὐκ ἐβουλήθη διὰ τὸ οἰκείως ἔχειν Φορμίωνι τουτῳί, ὡς ἡμεῖς ὕστερον ἐπυθόμεθα, ἀπογνῶναι δὲ τῆς δίκης ὤκνει, ἵνα μὴ ἐπιορκήσειεν. **22** Ἐξ αὐτοῦ δὴ τοῦ πράγματος λογίσασθε, ὦ ἄνδρες δικασταί, παρ' ὑμῖν αὐτοῖς, ὁπόθεν ἤμελλεν οὗτος ἀποδώσειν τὸ χρυσίον. Ἐνθένδε μὲν γὰρ ἐξέπλει οὐκ ἐνθέμενος εἰς τὴν ναῦν τὰ χρήματα καὶ ὑποθήκην οὐκ ἔχων, ἀλλ' ἐπὶ τοῖς ἐμοῖς χρήμασιν ἐπιδανεισάμενος· ἐν Βοσπόρῳ δ' ἀπρασίαν τῶν φορτίων κατέλαβεν, καὶ τοὺς τὰ ἑτερόπλοα δανείσαντας μόλις ἀπήλλαξεν. **23** Καὶ οὗτος μὲν ἐδάνεισεν αὐτῷ δισχιλίας δραχμὰς ἀμφοτερόπλουν, ὥστ' ἀπολαβεῖν Ἀθήνησιν δισχιλίας ἑξακοσίας δραχμάς· Φορμίων δέ φησιν ἀποδοῦναι Λάμπιδι ἐν Βοσπόρῳ ἑκατὸν καὶ εἴκοσι στατῆρας Κυζικηνούς (τούτῳ γὰρ προσέχετε τὸν νοῦν) δανεισάμενος ἐγγείων τόκων. Ἦσαν δὲ ἔφεκτοι οἱ ἔγγειοι τόκοι, ὁ δὲ Κυζικηνὸς ἐδύνατο ἐκεῖ εἴκοσι καὶ ὀκτὼ δραχμὰς Ἀττικάς. **24** Δεῖ δὴ μαθεῖν ὑμᾶς ὅσα φησὶν χρήματα ἀποδεδωκέναι. Τῶν μὲν γὰρ ἑκατὸν εἴκοσι στατήρων γίγνονται τρισχίλιαι τριακόσιαι ἑξήκοντα, ὁ δὲ τόκος ὁ ἔγγειος ὁ ἔφεκτος τῶν τριάκοντα μνῶν καὶ τριῶν καὶ ἑξήκοντα πεντακόσιαι δραχμαὶ καὶ ἑξήκοντα· τὸ δὲ σύμπαν κεφάλαιον γίγνεται τόσον καὶ τόσον. **25** Ἔστιν οὖν, ὦ ἄνδρες δικασταί, τοιοῦτος ἄνθρωπος ἢ γενήσεται

21 ὁ om. A ‖ ἐφῆκεν v. : ἀφῆκεν S ‖ post δικαστήριον add. ἰέναι A ‖ τουτωὶ Blass : τούτῳ codd. ‖ ἵνα A : ἵν' αὐτὸς v. ‖ ἐπιορκήσειεν v. : — σῃ S corr. (-σει S pr.) ‖ **22** δὴ v. : δὲ A ‖ οὗτος ἀποδώσειν A S : ἀποδ. οὗτ. F Q D ‖ **24** εἴκοσι v. : καὶ εἴκοσι A ‖ ὁ ante ἔγγειος om. S Q D ‖ ὁ ante ἔφεκτος om. F D. Fortasse delenda, auctore Dobrée, siue ὁ ἔφεκτος, siue ὁ ἔγγειος (hoc maluerim) ‖ ἔφεκτος edd. : ἐφεκτὸς codd., nisi quod nullum exhibet accentum S ‖ **25** τοιοῦτος A : οὗτος ὁ v.

lieu de 2.600 drachmes, aimerait mieux en payer 3.360, plus 560 d'intérêt? C'est pourtant la somme que Phormion prétend avoir versée à Lampis, soit 3.920 drachmes! Il pouvait, en effectuant le voyage de retour, s'acquitter à Athènes, et il aurait payé au Bosphore 13 mines de plus!
26 Tu as eu bien du mal à rembourser leur capital à ceux qui t'avaient prêté pour le voyage d'aller, qui avaient fait la traversée avec toi, qui te gardaient à vue : et Chrysippe, qui n'était pas sur les lieux, aurait reçu de toi non seulement le capital et les intérêts, mais le montant de la clause pénale que rien ne t'obligeait à verser[1]?
27 Tu ne redoutais pas ces créanciers qui étaient autorisés par leur contrat à te saisir au Bosphore : et tu te serais préoccupé de celui dont tu avais tout de suite trompé la confiance en n'embarquant pas au départ d'Athènes les marchandises nécessaires, comme ton contrat t'y obligeait? Aujourd'hui, revenu dans la place où la convention a été passée, tu n'hésites pas à frustrer ton créancier : et au Bosphore, où l'on n'avait pas d'action contre toi[2], tu prétends t'être acquitté au delà de ton dû?
28 Tous ceux qui ont emprunté pour un voyage d'aller et retour font constater par des témoins nombreux, en quittant le port, que les marchandises voyagent aux risques du créancier : toi, tu t'appuies sur un seul témoignage, celui de ton propre complice ; tu n'en as appelé ni à celui de notre esclave résidant au Bosphore ni à celui de notre associé ; tu ne leur as pas remis non plus les lettres que nous t'avions confiées et qui leur prescrivaient de surveiller tes démarches. **29** Je vous le

1. On ne comprend pas très bien (mais la mauvaise foi est naturelle à un plaideur) comment cette obligation peut être niée par le créancier qui paraît l'avoir stipulée : on soupçonne qu'il joue sur le mot ἐπιτίμια, qui désigne ici une indemnité en cas de payement anticipé, mais qui peut évoquer la pénalité tout autre, et d'ailleurs bien plus élevée (150 %), que doit subir le débiteur défaillant. Dans l'interprétation que nous proposons, l'indemnité en question se monterait à la moitié du capital.

2. L'expression grecque (οὗ δίκην οὐκ ἔμελλες δώσειν) suggère que l'action *judiciaire* était impossible : indication d'un argument qui sera sous-entendu plus tard (§ 43), à un moment où la question de compétence ne pourra plus être esquivée.

ποτε ὃς ἀντὶ δισχιλίων ἑξακοσίων δραχμῶν τριάκοντα μνᾶς καὶ τριακοσίας καὶ ἑξήκοντα ἀποτίνειν προείλετ' ἄν, καὶ τόκον πεντακοσίας δραχμὰς καὶ ἑξήκοντα δανεισάμενος, ἅς φησιν ἀποδεδωκέναι Φορμίων Λάμπιδι, τρισχιλίας ἐνακοσίας εἴκοσι; ἐξὸν δ' αὐτῷ ἀμφοτερόπλουν Ἀθήνησιν ἀποδοῦναι τὸ ἀργύριον, ἐν Βοσπόρῳ ἀπέδωκε τρισὶ καὶ δέκα μναῖς πλέον; **26** καὶ τοῖς μὲν τὰ ἑτερόπλοα δανείσασι μόλις τἀρχαῖα ἀποδέδωκας, οἳ συνέπλευσάν σοι καὶ προσήδρευον· τούτῳ δὲ τῷ μὴ παρόντι οὐ μόνον τἀρχαῖα καὶ τοὺς τόκους ἀπεδίδους, ἀλλὰ καὶ τὰ ἐπιτίμια τὰ ἐκ τῆς συγγραφῆς ἀπέτινες, οὐδεμιᾶς σοι ἀνάγκης οὔσης; **27** κἀκείνους μὲν οὐκ ἐδεδίεις, οἷς αἱ συγγραφαὶ ἐν Βοσπόρῳ τὴν πρᾶξιν ἐδίδοσαν [τοῦ δανείου]· τούτου δὲ φὴς φροντίζειν, ὃν ἐξ ἀρχῆς εὐθὺς ἠδίκεις οὐκ ἐνθέμενος τὰ χρήματα εἰς τὴν ναῦν κατὰ τὴν συγγραφὴν Ἀθήνηθεν; καὶ νῦν μὲν εἰς τὸ ἐμπόριον ἥκων οὗ τὸ συμβόλαιον ἐγένετο, οὐκ ὀκνεῖς ἀποστερεῖν τὸν δανείσαντα· ἐν Βοσπόρῳ δὲ πλείω τῶν δικαίων φὴς ποιεῖν, οὗ δίκην οὐκ ἔμελλες δώσειν; **28** καὶ οἱ μὲν ἄλλοι πάντες οἱ τὰ ἀμφοτερόπλοα δανειζόμενοι, ὅταν ἀποστέλλωνται ἐκ τῶν ἐμπορίων, πολλοὺς παρίστανται, ἐπιμαρτυρόμενοι ὅτι τὰ χρήματα ἤδη κινδυνεύεται τῷ δανείσαντι· σὺ δ' ἑνὶ σκήπτει μάρτυρι αὐτῷ τῷ συναδικοῦντι, καὶ οὔτε τὸν παῖδα τὸν ἡμέτερον παρέλαβες ἐν Βοσπόρῳ ὄντα οὔτε τὸν κοινωνόν, οὐδὲ τὰς ἐπιστολὰς ἀπέδωκας αὐτοῖς ἃς ἡμεῖς ἐπεθήκαμεν, ἐν αἷς ἐγέγραπτο παρακολουθεῖν σοι οἷς ἂν πράττῃς;

25 ἑξακοσίων : καὶ ἑξ. A ‖ Verba ἃς ... Λάμπιδι transposuerunt Thalheim et alii post προείλετ' ἂν remedio male adhibito, neque omnino necessario ‖ ἐνακοσίας edd. : ἐννακ. codd. ‖ ἀπέδωκε S : ἀποδέδωκε v. ‖ **26** τἀρχαῖα v. : τἀρχαῖον S ‖ συνέπλευσαν v. : συνέπλεον A ‖ ἀπέτινες v. : ἀπέτεινες S pr. ‖ **27** τοῦ δανείου om. A, del. Blass ‖ post ἐξ ἀρχῆς habet ὥς φησιν S ὥς φασιν v. : om. A ‖ **28** ἀμφοτερόπλοα A : ἑτερόπλοα S ἑτερόπλοια F Q ‖ ἤδη om. F Q ‖ δ' ἑνὶ σκήπτει Wolf : δὲ σκήπτει A δ' ἐπισκήπτηι S F Q ‖ συναδικοῦντι A Q : συνδικοῦντι S F D ‖ οὐδὲ Bekker : οὔτε codd. ‖ ἐπεθήκαμεν A S Harpocr. s. u. ἐπιθέτους ἑορτὰς : ἀπεδώκαμεν v.

demande, juges : de quoi n'est pas capable un homme qui, dépositaire de lettres, ne les a pas remises fidèlement à qui de droit? Sa fraude ne vous est-elle pas dénoncée par sa conduite même? Par la Terre et les Dieux, n'aurait-il pas dû, en payant une telle somme, une somme supérieure à sa dette, publier la chose dans la place à cor et à cri? N'aurait-il pas dû convoquer toute la population, et d'abord l'esclave de Chrysippe et notre associé? **30** Vous le savez bien tous : quand on emprunte, c'est avec un petit nombre de témoins ; mais, quand on s'acquitte, on en fait venir beaucoup, afin de passer pour honnête en affaires. Toi, qui restituais à la fois le capital et les intérêts d'aller et retour après n'avoir utilisé l'argent que pour un voyage d'aller, et qui y ajoutais encore une somme de 13 mines, comment n'aurais-tu pas dû t'entourer d'une foule de témoins? Si tu avais procédé ainsi, il n'y aurait pas un négociant plus considéré que toi. **31** Et, au lieu de prendre de nombreux témoins, tu aurais voulu te cacher de tout le monde, comme si tu commettais un crime ! Encore, si c'était à moi, ton créancier, que tu payais, tu aurais pu te passer de témoins : tu te faisais remettre le contrat pour le détruire, et, du coup, tu étais libéré de ton obligation[1]. Mais ce n'est pas à moi que tu payais, c'était à un tiers qui me représentait ; ce n'était pas à Athènes, c'était au Bosphore ; or, l'acte du contrat était déposé ici, et il était à mon nom. Celui à qui tu payais était mortel, il allait s'embarquer pour une grande traversée : et tu n'aurais pris aucun témoin, ni esclave ni libre? **32** Tu réponds que le contrat t'obligeait à payer au capitaine ; mais il ne t'interdisait pas de t'entourer de témoins, ni de remettre tes lettres. Mes associés ont rédigé en double exemplaire la convention qu'ils passaient avec toi, ce qui marque une extrême défiance* : et toi, tu prétends avoir remis la somme au capitaine en tête à tête, quand tu savais qu'il y avait à Athènes un acte qui constatait tes obligations à l'égard de Chrysippe !

1. Sur le procédé, cf. XXXIII 12 ; XLVIII 46. Les Athéniens ne paraissent pas connaître la pratique du reçu, très fréquente dans le droit des papyrus.

29 καίτοι, ὦ ἄνδρες δικασταί, τί οὐκ ἂν πράξειεν ὁ τοιοῦτος ὅστις γράμματα λαβὼν μὴ ἀπέδωκεν ὀρθῶς καὶ δικαίως; ἢ πῶς οὐ φανερόν ἐστιν ὑμῖν τὸ τούτου κακούργημα ἐξ αὐτῶν ὧν ἔπραττεν; καίτοι, ὦ γῆ καὶ θεοί, προσῆκέν γε τοσοῦτο χρυσίον ἀποδιδόντα, καὶ πλέον τοῦ δανείσματος, περιβόητον ποιεῖν ἐν τῷ ἐμπορίῳ, καὶ παρακαλεῖν πάντας ἀνθρώπους, πρῶτον δὲ τὸν παῖδα τὸν τούτου καὶ τὸν κοινωνόν· **30** ἴστε γὰρ δήπου πάντες ὅτι δανείζονται μὲν μετ' ὀλίγων μαρτύρων, ὅταν δ' ἀποδιδῶσιν, πολλοὺς παρίστανται μάρτυρας, ἵνα ἐπιεικεῖς δοκῶσιν εἶναι περὶ τὰ συμβόλαια. Σοὶ δ' ἀποδιδόντι τό τε δάνειον καὶ τοὺς τόκους ἀμφοτέρους, ἑτερόπλῳ τῷ ἀργυρίῳ κεχρημένῳ, καὶ προστιθέντι ἑτέρας τρεῖς καὶ δέκα μνᾶς, πῶς οὐχὶ πολλοὺς ἦν παραληπτέον μάρτυρας; καὶ εἰ τοῦτο ἔπραξας, οὐδ' ἂν εἷς σοῦ μᾶλλον τῶν πλεόντων ἐθαυμάζετο. **31** Σὺ δ' ἀντὶ τοῦ πολλοὺς μάρτυρας τούτων ποιεῖσθαι πάντας ἀνθρώπους λανθάνειν ἐπειρῶ, ὥσπερ ἀδικῶν τι. Καὶ εἰ μὲν ἐμοὶ τῷ δανείσαντι ἀπεδίδους, οὐδὲν ἔδει μαρτύρων· τὴν γὰρ συγγραφὴν ἀνελόμενος ἀπήλλαξο ἂν τοῦ συμβολαίου· νῦν δ' οὐκ ἐμοί, ἀλλ' ἑτέρῳ ὑπὲρ ἐμοῦ ἀποδιδούς, καὶ οὐκ Ἀθήνησιν, ἀλλ' ἐν Βοσπόρῳ, καὶ τῆς συγγραφῆς σοι κειμένης Ἀθήνησι καὶ πρὸς ἐμέ, καὶ ᾧ τὸ χρυσίον ἀπεδίδους ὄντος θνητοῦ καὶ πέλαγος τοσοῦτον μέλλοντος πλεῖν, μάρτυρα οὐδένα ἐποιήσω, οὔτε δοῦλον οὔτ' ἐλεύθερον. **32** Ἡ γὰρ συγγραφή με, φησί, τῷ ναυκλήρῳ ἐκέλευεν ἀποδοῦναι τὸ χρυσίον. Μάρτυρας δέ γ' οὐκ ἐκώλυεν παραλαβεῖν, οὐδὲ τὰς ἐπιστολὰς ἀποδοῦναι. Καὶ οἵδε μὲν πρὸς σὲ δύο συγγραφὰς ἐποιήσαντο ὑπὲρ τοῦ συμβολαίου, ὡς ἂν οἱ μάλιστ' ἀπιστοῦντες· σὺ δὲ μόνος μόνῳ φὴς δοῦναι τῷ ναυκλήρῳ τὸ χρυσίον, εἰδὼς κατὰ σοῦ κειμένην Ἀθήνησι συγγραφὴν πρὸς τοῦτον.

29 δικασταὶ S : Ἀθηναῖοι v. ‖ ἀπέδωκεν F Q D : ἀποδέδωκεν A S ‖ πλέον A : πλεῖον v. ‖ alterum τὸν om. F Q D ‖ **30** ἑτερόπλῳ A : —οίῳ v. ‖ **31** τι v. : τις A ‖ ἀποδιδούς A : ἀπεδίδους v. ‖ **32** με om. A ‖ γε v. : τοι S ‖ παραλαβεῖν A : παρακαλεῖν cett. ‖ οἱ S : σοι.

(*Chrysippe*) **33** Un argument de Phormion, c'est qu'aux termes du contrat, le payement n'aura lieu que si le navire arrive à bon port. Oui, parce qu'aux termes du contrat, tu devais embarquer les marchandises nécessaires, faute de quoi tu devais payer 5.000 drachmes. Mais c'est là une clause qui, pour toi, ne compte pas : de prime abord, tu as contrevenu à tes obligations en n'embarquant pas les marchandises [1], et tu chicanes sur un mot du contrat, quand tu l'as violé toi-même. En vérité, puisqu'au Bosphore, suivant toi, tu aurais non pas embarqué des marchandises, mais payé la somme au capitaine, que viens-tu nous parler du navire? Le risque ne t'intéresse pas, puisque tu n'avais rien embarqué. **34** Au reste, son premier moyen de défense, ce fut justement de soutenir qu'il avait chargé des marchandises sur le navire. Mais il vit qu'il allait être confondu ; les preuves ne manquaient pas — registre des commissaires du port au Bosphore, témoignage de ceux qui se trouvaient sur la place à la même époque ; alors, il change de tactique et, de complicité avec Lampis, il prétend avoir payé la somme en or à celui-ci. **35** Il se prévaut d'une clause du contrat et il ne pense pas que nous ayons les moyens de faire la lumière sur leurs intrigues secrètes. Toutes les déclarations que Lampis m'a faites avant d'être suborné par Phormion, il les a faites, à l'en croire, quand il avait perdu son bon sens ; mais, maintenant qu'il a partagé avec Phormion la somme qui m'est due, il paraît qu'il a recouvré son bon sens, et ses souvenirs sont de tous points exacts.

36 Si j'étais le seul, juges, dont Lampis se joue, la chose n'aurait rien d'étonnant ; mais il vous a fait bien pis, à vous tous. Pairisadès, au Bosphore, avait fait annoncer par le héraut que tout chargement de blé à destination du port d'Athènes pourrait être exporté en franchise [2].

1. Exactement, Phormion n'a pas embarqué autant de marchandises qu'il aurait fallu pour garantir le prêt — ou plutôt l'ensemble des prêts qu'il avait contractés — la valeur du gage étant normalement le double du montant de l'emprunt ; cf. § 6 sq.

2. Cette exemption des droits de douane à la sortie avait déjà été accordée aux Athéniens par Leucon, père et prédécesseur de Pairi-

33 Λέγει δὲ ὡς ἡ συγγραφὴ σωθείσης τῆς νεὼς αὐτὸν ἀποδοῦναι κελεύει τὰ χρήματα. Καὶ γὰρ ἐνθέσθαι τἀγοράσματα εἰς τὴν ναῦν κελεύει σε, εἰ δὲ μή, πεντακισχιλίας δραχμὰς ἀποτίνειν. Σὺ δὲ τοῦτο μὲν τῆς συγγραφῆς οὐ λαμβάνεις, παραβεβηκὼς δ' εὐθὺς ἐξ ἀρχῆς καὶ τὰ χρήματα οὐκ ἐνθέμενος ἀμφισβητεῖς πρὸς ἓν ῥῆμα τῶν ἐν τῇ συγγραφῇ, καὶ τοῦτ' ἀνῃρηκὼς αὐτός. Ὁπότε γὰρ ἐν τῷ Βοσπόρῳ φῂς μὴ τὰ χρήματα ἐνθέσθαι εἰς τὴν ναῦν, ἀλλὰ τὸ χρυσίον τῷ ναυκλήρῳ ἀποδοῦναι, τί ἔτι περὶ τῆς νεὼς διαλέγει; οὐ γὰρ μετέσχηκας τοῦ κινδύνου διὰ τὸ μηδὲν ἐνθέσθαι. 34 Καὶ τὸ μὲν πρῶτον, ὦ ἄνδρες δικασταί, ὥρμησεν ἐπὶ ταύτην τὴν σκῆψιν, ὡς ἐντεθειμένος τὰ χρήματα εἰς τὴν ναῦν· ἐπειδὴ δὲ τοῦτο ἐκ πολλῶν ἤμελλεν ἐξελεγχθήσεσθαι ψευδόμενος, ἔκ τε τῆς ἀπογραφῆς τῆς ἐν Βοσπόρῳ παρὰ τοῖς ἐλλιμενισταῖς καὶ ὑπὸ τῶν ἐν τῷ ἐμπορίῳ ἐπιδημούντων κατὰ τὸν αὐτὸν χρόνον, τηνικαῦτα μεταβαλόμενος συνίσταται μετὰ τοῦ Λάμπιδος καί φησιν ἐκείνῳ τὸ χρυσίον ἀποδεδωκέναι, 35 ἐφόδιον μὲν λαβὼν τὸ τὴν συγγραφὴν κελεύειν, οὐκ ἂν ἡγούμενος δ' ἡμᾶς εὐπόρως ἐξελέγξαι ὅσα μόνοι πρὸς αὑτοὺς αὐτοὶ πράξειαν. Καὶ ὁ Λάμπις, ὅσα μὲν εἶπεν πρὸς ἐμὲ πρὶν ὑπὸ τούτου διαφθαρῆναι, οὐκ ἐντὸς ὢν αὑτοῦ φησιν εἰπεῖν· ἐπειδὴ δὲ τὸ χρυσίον τοὐμὸν ἐμερίσατο, τότ' ἐντὸς εἶναί φησιν αὑτοῦ καὶ πάντ' ἀκριβῶς μνημονεύειν.

36 Εἰ μὲν οὖν, ὦ ἄνδρες δικασταί, ἐμοῦ μόνου κατεφρόνει Λάμπις, οὐδὲν ἂν ἦν θαυμαστόν· νῦν δὲ πολλῷ δεινότερα τούτου πέπρακται αὐτῷ πρὸς πάντας ὑμᾶς. Κήρυγμα γὰρ ποιησαμένου Παιρισάδου ἐν Βοσπόρῳ, ἐάν τις βούληται

33 γὰρ ἐνθέσθαι A F Q : παρενθέσθαι S D ‖ οὐ λαμβάνεις v. : παραλαμβ. A ‖ *καὶ ταῦτ'* coniecerim ‖ μηδὲν v. : μὴ A ‖ **34** δικασταὶ S : Ἀθηναῖοι v. ‖ ἐντεθειμένος v. : ἐνθέμενος A ‖ ἐξελεγχθήσεσθαι v. : ἐλεγχθ. S ‖ ἐλλιμενισταῖς F Q : ἐνλιμ. A S ‖ μεταβαλόμενος F Q : — βαλλόμενος A S ‖ **35** ἐξελέγξαι A S : ἐλέγξαι F Q D ‖ αὐτοὶ v. : οὗτοι A ‖ πρὸς ἐμὲ om. F D in γρ. habet Q ‖ **36** *κήρυγμα* : *κηρύγματα* A.

Lampis, qui se trouvait sur les lieux, prit part à l'exportation et bénéficia du privilège au nom d'Athènes. Il chargea un grand navire et transporta le blé à Acanthos[1], où il le vendit ; le même homme qui s'est entendu avec Phormion pour partager notre argent, **37** voilà ce qu'il a fait, Athéniens, et pourtant il habitait Athènes, il y avait femme et enfants, et les lois prononcent les peines les plus sévères contre quiconque, domicilié en Attique, transporte du blé ailleurs que sur notre place[2]. Bien mieux : c'était le moment où les gens de la ville recevaient des rations de farine d'orge à l'Odéon[3], où ceux du Pirée achetaient leurs pains une obole à l'arsenal et s'écrasaient à la grande halle[4] pour obtenir des rations d'un demi-setier de farine d'orge. En preuve, lis-moi le témoignage et la loi.

Témoignage. Loi

38 C'est avec la complicité et le témoignage de cet homme que Phormion se croit permis de nous dépouiller, nous qui n'avons jamais cessé d'approvisionner votre place en blé, nous qui, par trois fois, en des circonstances critiques où vous avez pu apprécier les bons serviteurs du peuple, avons été au premier rang parmi eux[5]. Lorsque Alexandre marcha sur Thèbes, nous vous avons fait don d'un talent d'argent. **39** Puis, lorsqu'une première fois le blé renchérit et monta jusqu'à 16 drachmes, nous avons importé plus de 10.000 médimnes de froment et nous les avons distribués non pas au cours du blé, mais à

sadès (Dém., *C. Lept.* 31 : d'après le même texte et d'après Isocrate, *Trapéz.* 29, les Athéniens jouissaient, en outre, sous Leucon et son prédécesseur Satyros, du privilège de charger les premiers leurs navires).

1. Sur la côte de Chalcidique.

2. Il est également fait allusion à cette loi dans le *Contre Lacritos* 50 et dans Lycurgue, *Contre Léocratès* 27.

3. Salle de concert bâtie par Périclès, utilisée à l'occasion comme tribunal ou comme halle.

4. Exactement « au grand portique », la στοά en question se confondant probablement avec la στοὰ ἀλφιτόπωλις, la « halle aux blés » (Aristoph., *Femmes à l'ass.*, 686).

5. Pour ce passage et la suite, voir *Notice*, p. 150 sq.

Ἀθήναζε εἰς τὸ Ἀττικὸν ἐμπόριον σιτηγεῖν, ἀτελῆ τὸν σῖτον ἐξάγειν, ἐπιδημῶν ἐν τῷ Βοσπόρῳ ὁ Λάμπις ἔλαβε τὴν ἐξαγωγὴν τοῦ σίτου καὶ τὴν ἀτέλειαν ἐπὶ τῷ τῆς πόλεως ὀνόματι, γεμίσας δὲ ναῦν μεγάλην σίτου ἐκόμισεν εἰς Ἄκανθον κἀκεῖ διέθετο ⟨ὁ⟩ κοινωνήσας τούτῳ ἀπὸ τῶν ἡμετέρων. 37 Καὶ ταῦτ' ἔπραξεν, ὦ ἄνδρες δικασταί, οἰκῶν μὲν Ἀθήνησιν, οὔσης δ' αὐτῷ γυναικὸς ἐνθάδε καὶ παίδων, τῶν δὲ νόμων τὰ ἔσχατα ἐπιτίμια προτεθηκότων, εἴ τις οἰκῶν Ἀθήνησιν ἄλλοσέ ποι σιτηγήσειεν ἢ εἰς τὸ Ἀττικὸν ἐμπόριον, ἔτι δ' ἐν τοιούτῳ καιρῷ, ἐν ᾧ ὑμῶν οἱ μὲν ἐν τῷ ἄστει οἰκοῦντες διεμετροῦντο τὰ ἄλφιτα ἐν τῷ ᾠδείῳ, οἱ δ' ἐν τῷ Πειραιεῖ ἐν τῷ νεωρίῳ ἐλάμβανον κατ' ὀβολὸν τοὺς ἄρτους καὶ ἐπὶ τῆς μακρᾶς στοᾶς τὰ ἄλφιτα, καθ' ἡμίεκτον μετρούμενοι καὶ καταπατούμενοι. Καὶ ὅτι ἀληθῆ λέγω, λαβέ μοι τήν τε μαρτυρίαν καὶ τὸν νόμον.

ΜΑΡΤΥΡΙΑ. ΝΟΜΟΣ

38 Φορμίων τοίνυν τούτῳ χρώμενος κοινωνῷ καὶ μάρτυρι οἴεται δεῖν ἀποστερῆσαι τὰ χρήματα ἡμᾶς, οἵ γε σιτηγοῦντες διατετελέκαμεν εἰς τὸ ὑμέτερον ἐμπόριον, καὶ τριῶν ἤδη καιρῶν κατειληφότων τὴν πόλιν ἐν οἷς ὑμεῖς τοὺς χρησίμους τῷ δήμῳ ἐξητάζετε, οὐδενὸς τούτων ἀπολελείμμεθα, ἀλλ' ὅτε μὲν εἰς Θήβας Ἀλέξανδρος παρῄει, ἐπεδώκαμεν ὑμῖν τάλαντον ἀργυρίου· 39 ὅτε δ' ὁ σῖτος ἐπετιμήθη ⟨τὸ⟩ πρότερον καὶ ἐγένετο ἑκκαίδεκα δραχμῶν, εἰσαγαγόντες πλείους ἢ μυρίους μεδίμνους πυρῶν διεμετρήσαμεν ὑμῖν ⟨ἀντὶ⟩ τῆς καθεστηκυίας τιμῆς πέντε

36 Ἀθήναζε (uel εἰς τὸ Ἀττ. ἐμπ.) suspectum habeo ‖ ὁ κοινωνήσας Blass : κοινωνήσας A προσκοιν. cett. ‖ χρημάτων om. A, del. Blass ‖ **37** προτεθηκότων Blass : προστεθεικότων codd. προτεθεικότων correxerat Wolf ‖ ἄλλοσέ ποι Dobrée (cf. xxxv 51) : ἄλλοθί που codd. ‖ τὰ om. F Q D ‖ ἐλάμβανον S : διελάμβανον v. ‖ τε om. A ‖ **38** γε om. A ‖ τῷ δήμῳ v. : τῇ πόλει S ‖ εἰς Θήβας Ἀλέξανδρος A S : Ἀ. εἰς Θ. v. ‖ **39** τὸ add. Blass ‖ ἀντὶ add. Thalheim auctore Koehler.

5 drachmes le médimne : vous le savez tous pour avoir participé à cette distribution dans le magasin des fêtes publiques[1]. Enfin, l'an dernier, en vue des achats de blé pour le peuple, nous avons donné, mon frère et moi, un talent. Lis-moi là-dessus les témoignages.

Témoignages

40 Eh bien ! s'il y a des présomptions à tirer de là, il n'est pas vraisemblable qu'ayant fourni tant de contributions volontaires pour vous donner de nous une idée avantageuse, nous intentions un procès calomnieux à Phormion pour perdre le bénéfice de cette conduite honorable. Il est donc juste que vous nous veniez en aide. J'ai établi les faits : au début, Phormion n'a pas embarqué les marchandises qu'il aurait fallu pour garantir tous les emprunts qu'il avait contractés à Athènes ; avec ce qu'il a pu vendre au Bosphore, c'est tout juste s'il a désintéressé les créanciers qui lui avaient prêté pour le voyage d'aller ; **41** de plus, il n'avait pas les moyens, et il n'aurait pas eu la sottise, de payer 39 mines au lieu de 2.600 drachmes ; en outre, au moment où il prétend avoir payé la somme en or à Lampis, il n'a requis ni la présence de mon esclave, ni celle de notre associé résidant au Bosphore ; enfin, j'ai pour moi le propre témoignage de Lampis qui, avant d'être suborné par Phormion, a déclaré n'avoir pas reçu notre payement. **42** Et, si Phormion avait établi ainsi sa décharge, point par point, je ne sache pas qu'il eût pu faire une meilleure défense. Quant à la question de savoir si l'action est recevable, la loi elle-même donne un démenti à mon adversaire : elle porte que les actions seront données pour les obligations contractées à Athènes ou pour la place d'Athènes : donc, non pas seulement pour les premières, mais pour toutes celles qui intéressent la navigation vers Athènes[2]. Prends-moi les lois.

1. En grec πομπεῖον, proprement l'endroit où l'on gardait le matériel nécessaire aux processions.

2. Au sujet du domaine des δίκαι ἐμπορικαί, cf. *Contre Zénothémis*, *Notice*, p. 111 sq.

δραχμῶν τὸν μέδιμνον, καὶ ταῦτα πάντες ἴστε ἐν τῷ πομπείῳ διαμετρούμενοι· πέρυσι δὲ εἰς τὴν σιτωνίαν τὴν ὑπὲρ τοῦ δήμου τάλαντον ὑμῖν ἐπεδώκαμεν ἐγώ τε καὶ ὁ ἀδελφός. Καί μοι ἀνάγνωθι τούτων τὰς μαρτυρίας.

ΜΑΡΤΥΡΙΑΙ

40 Ἀλλὰ μὴν εἴ γε δεῖ καὶ τούτοις τεκμαίρεσθαι, οὐκ εἰκὸς ἦν ἐπιδιδόναι μὲν ἡμᾶς τοσαῦτα χρήματα, ἵνα παρ' ὑμῖν εὐδοξῶμεν, συκοφαντεῖν δὲ Φορμίωνα, ἵνα καὶ τὴν ὑπάρχουσαν ἐπιείκειαν ἀποβάλωμεν. Δικαίως ἂν οὖν βοηθήσαιτε ἡμῖν, ὦ ἄνδρες δικασταί. Ἐπέδειξα γὰρ ὑμῖν οὔτ' ἐξ ἀρχῆς τὰ φορτία ἐνθέμενον τοῦτον εἰς τὴν ναῦν ἁπάντων ὧν ἐδανείσατο Ἀθήνηθεν, τῶν τ' ἐν τῷ Βοσπόρῳ πραθέντων τοὺς τὰ ἑτερόπλοα δανείσαντας μόλις διαλύσαντα, 41 ἔτι δ' οὔτ' εὐποροῦντα οὔθ' οὕτως ὄντ' ἀβέλτερον ὥστ' ἀντὶ δισχιλίων καὶ ἑξακοσίων δραχμῶν τριάκοντα μνᾶς καὶ ἐννέα ἀποδοῦναι, πρός τε τούτοις, ὅτε ἀποδοῦναί φησιν τὸ χρυσίον τῷ Λάμπιδι, οὔτε τὸν παῖδα παραλαβόντα τὸν ἐμὸν οὔτε τὸν κοινωνὸν ἐπιδημοῦντα ἐν Βοσπόρῳ. Ἐμοὶ δὲ Λάμπις αὐτὸς μαρτυρῶν φαίνεται ὡς οὐκ ἀπείληφεν τὸ χρυσίον, πρὶν ὑπὸ τούτου διαφθαρῆναι. 42 Καίτοι εἰ καθ' ἓν ἕκαστον οὕτως ἐδείκνυεν Φορμίων, οὐκ οἶδ' ὅπως ἂν ἄλλως ἄμεινον ἀπελογήσατο. Ὑπὲρ δὲ τοῦ τὴν δίκην εἰσαγώγιμον εἶναι ὁ νόμος αὐτὸς διαμαρτύρεται, κελεύων τὰς δίκας εἶναι τὰς ἐμπορικὰς τῶν συμβολαίων τῶν Ἀθήνησιν καὶ εἰς τὸ Ἀθηναίων ἐμπόριον, καὶ οὐ μόνον τῶν Ἀθήνησιν, ἀλλὰ καὶ ὅσα ἂν γένηται ἕνεκα τοῦ πλοῦ τοῦ Ἀθήναζε. Λαβὲ δή μοι τοὺς νόμους.

40 γε v. : τι A ‖ ὑμῖν A S : ὑμῶν F Q D ‖ εὐδοξῶμεν A S : δόξαν ἔχωμεν v. ‖ καὶ om. F Q D ‖ τῷ om. D ‖ **41** ὅτε A : ὅτι F Q D οὔτε S ‖ τῷ A S : om. cett. ‖ **42** δὴ om. A.

Lois

43 Qu'il y ait eu, entre Phormion et moi, une obligation contractée à Athènes, ils ne peuvent le nier eux-mêmes : seulement ils soulèvent une exception, comme quoi l'action n'est pas recevable. Mais à quel tribunal nous adresserons-nous, juges, si ce n'est au vôtre — au lieu où la convention a été passée? Si je subissais un préjudice qui intéresse simplement la navigation vers Athènes, je pourrais obtenir justice de Phormion à votre tribunal[1] : il serait absurde, alors que la convention a été passée sur votre place, de vous déclarer incompétents. **44** D'ailleurs, lorsque nous avons confié l'arbitrage à Théodotos, ils ont reconnu que l'action était recevable à leur égard, et maintenant, ils soutiennent le contraire de ce qu'ils avaient d'abord admis : comme si, devant l'isotèle Théodotos, ils étaient tenus d'accepter le procès sans recourir à une exception et que, devant le tribunal des Athéniens, l'action cessât d'être recevable. **45** Je me demande comment il aurait formulé son exception si Théodotos avait prononcé son acquittement, puisque, après la sentence de Théodotos qui nous renvoie devant le tribunal, il soutient que l'action n'est pas recevable auprès de vous, qui êtes saisis par l'arbitre*. Je subirais un déni de justice si, malgré les lois qui donnent action par-devant les thesmothètes pour conventions passées à Athènes, vous prononciez en faveur de mon adversaire, vous qui avez juré de prononcer selon les lois.

46 Que nous ayons prêté l'argent, c'est ce qui est attesté par l'acte du contrat et par Phormion lui-même ; que le prêt ait été restitué, c'est ce qui n'est attesté par personne, sinon par Lampis, le complice de Phormion. Et,

1. Il semble qu'un raisonnement *a fortiori* s'indique ici. Il n'est pas exempt de sophisme : que les actions commerciales s'appliquent à des cas où la convention a été passée sur la place d'Athènes, cela va de soi (la loi ne paraît d'ailleurs pas l'avoir dit et n'avait que faire de le dire) ; toute la question est de savoir si cette condition est suffisante ; or, les adversaires arguent du fait que le payement a eu lieu au Bosphore : le litige ne relèverait donc pas des tribunaux athéniens. Il y a là un point de droit international qui pouvait donner lieu à débat.

ΝΟΜΟΙ

43 Ὡς μὲν τοίνυν γεγονέ μοι τὸ συμβόλαιον πρὸς Φορμίων' Ἀθήνησιν, οὐδ' αὐτοὶ ἔξαρνοί εἰσιν, παραγράφονται δὲ ὡς οὐκ εἰσαγώγιμον τὴν δίκην οὖσαν. Ἀλλ' εἰς ποῖον δικαστήριον εἰσέλθωμεν, ἄνδρες δικασταί, εἰ μὴ πρὸς ὑμᾶς, οὗπερ τὸ συμβόλαιον ἐποιησάμεθα; δεινὸν γὰρ ἂν εἴη, εἰ μὲν ἕνεκα τοῦ πλοῦ τοῦ Ἀθήναζε ἠδικούμην, εἶναι μοι παρ' ὑμῖν τὸ δίκαιον λαβεῖν παρὰ Φορμίωνος, ἐπειδὴ δὲ τὸ συμβόλαιον ἐν τῷ ὑμετέρῳ ἐμπορίῳ γέγονεν, μὴ φάσκειν παρ' ὑμῖν τούτους ὑφέξειν τὴν δίκην. 44 Καὶ ὅτε μὲν Θεοδότῳ τὴν δίαιταν ἐπετρέψαμεν, ὡμολόγησαν εἶναι καθ' αὑτῶν ἐμοὶ τὴν δίκην εἰσαγώγιμον· νυνὶ δὲ τοὐναντίον λέγουσιν ὧν πρότερον αὐτοὶ συγκεχωρήκασιν, ὡς δέον παρὰ μὲν τῷ Θεοδότῳ τῷ ἰσοτελεῖ ὑποσχεῖν αὐτοὺς δίκην ἄνευ παραγραφῆς, ἐπειδὴ δὲ εἰς τὸ Ἀθηναίων δικαστήριον εἰσερχόμεθα, μηκέτ' εἰσαγώγιμον τὴν δίκην εἶναι.
45 Ἐνθυμοῦμαι δ' ἔγωγε τί ἄν ποτε εἰς τὴν παραγραφὴν ἔγραψεν, εἰ ὁ Θεόδοτος ἀπέγνω τῆς δίκης, ὅπου νῦν γνόντος τοῦ Θεοδότου ἀπιέναι ἡμᾶς εἰς τὸ δικαστήριον οὔ φησι τὴν δίκην εἶναι εἰσαγώγιμον παρ' ὑμῖν, πρὸς οὓς ἐκεῖνος ἔγνω ἀπιέναι. Πάθοιμι μένταν δεινότατα εἰ οἱ μὲν νόμοι τῶν Ἀθήνησι συμβολαίων κελεύουσι τὰς δίκας εἶναι πρὸς τοὺς θεσμοθέτας, ὑμεῖς δὲ ἀπογνοίητε τῆς δίκης ὀμωμοκότες κατὰ τοὺς νόμους ψηφιεῖσθαι.

46 Τοῦ μὲν οὖν δανεῖσαι ἡμᾶς τὰ χρήματα αἵ τε συνθῆκαι καὶ αὐτὸς οὗτός ἐστι μάρτυς· τοῦ δ' ἀποδεδωκέναι οὐδείς ἐστι μάρτυς ἔξω τοῦ Λάμπιδος τοῦ συναδικοῦντος.

43 ὡς οὐκ εἰσαγώγιμον τὴν δίκην οὖσαν S : ὡς οὐκ εἰσ. οὖσαν τὴν δίκην A τὴν δίκην οὐκ εἰσαγ. οὖσαν F Q D ‖ ἄνδρες A S D : ὦ ἄ. F Q ‖ post ἠδικούμην habent τι A D ‖ post δὲ excidisse καὶ coniecerim ‖ ὑμετέρῳ v. : ἡμετ. S D ‖ παρ' ὑμῖν τούτους A S : τούτ. παρ' ὑμ. F Q D ‖ 44 τοὐναντίον v. : τἀναντία A ‖ prius τῷ om. A ‖ τὴν δίκην εἶναι S : εἶναι τ. δ. ‖ 45 ὁ om. A ‖ ἀπιέναι codd. : ἐφεῖναι coniecerim ‖ δεινότατα v. : τὰ δειν. S.

tandis que Phormion n'en appelle pour le payement qu'à ce seul témoignage, je puis en appeler, moi, au témoignage de Lampis lui-même et de ceux qui lui ont entendu dire qu'il n'avait pas reçu la somme. Seulement, Phormion peut attaquer mes témoins, s'il prétend que leur déposition est mensongère ; mais moi, que puis-je faire contre ses témoins, qui prétendent savoir que Lampis a déclaré avoir reçu le payement ? Si le témoignage de Lampis était produit ici, mes adversaires diraient sans doute que je suis obligé de l'attaquer[1] ; mais ce témoignage, je ne l'ai pas, et Phormion prétend se tirer d'affaire sans laisser un gage qui réponde de la vérité de ses arguments ! **47** Eh quoi ? Voilà Phormion qui reconnaît lui-même avoir emprunté, mais qui soutient avoir payé : son propre aveu, vous le tiendriez pour nul et non avenu ; et ses dénégations, vous les déclareriez bien fondées[2] ! Et alors que Lampis, sur le témoignage duquel il s'appuie, témoigne qu'il a commencé par nier le payement, vous prononceriez que le payement a eu lieu, bien qu'aucun témoin n'y ait assisté ! **48** Ce qu'il a dit de conforme à la vérité ne serait pas une présomption à vos yeux, mais ce qu'il a dit de mensonger après coup et quand il eut été suborné vous paraîtrait plus digne de foi ? Et pourtant, Athéniens, il serait bien plus juste de s'en rapporter à ce qu'il a dit d'abord qu'à ce qu'il a forgé ensuite : la première fois, il parlait sans artifice et n'obéissait qu'à la vérité ; la seconde, son intérêt lui dictait ses mensonges. **49** Rappelez-vous, Athéniens, que Lampis lui-même

En général, c'était l'office des σύμβολα ou συμβολαί (traités dits improprement commerciaux) de régler la compétence dans le cas où les litiges intéressaient plusieurs places à la fois ou des sujets de nationalités différentes.

1. Cf. *Contre Aphobos* III 41.

2. On trouve de temps en temps chez les logographes ce genre d'argumentation, à savoir qu'on n'a pas le droit de détacher arbitrairement d'un témoignage ou d'un aveu la partie qui favorise un plaideur. Il n'implique pas, on le voit assez, le principe de l' « indivisibilité » du témoignage, et aussi bien on reconnaît dans ce type de développement la liberté qui préside à l'appréciation des preuves dans la conception du jugement — au IVe siècle, en tout cas.

Καὶ οὗτος μὲν εἰς ἐκεῖνον μόνον ἀναφέρει τὴν ἀπόδοσιν, ἐγὼ δ' εἴς τε τὸν Λάμπιν αὐτὸν καὶ τοὺς ἀκούσαντας αὐτοῦ ὅτε οὐκ ἔφη ἀπειληφέναι τὸ χρυσίον. Τούτῳ μὲν οὖν τοὺς ἐμοὺς μάρτυρας ἔξεστι κρίνειν, εἰ μή φησι τἀληθῆ μαρτυρεῖν αὐτούς· ἐγὼ δ' οὐκ ἔχω τί χρήσωμαι τοῖς τούτου μάρτυσιν, οἵ φασιν εἰδέναι τὸν Λάμπιν μαρτυροῦντα ἀπειληφέναι τὸ χρυσίον. Εἰ μὲν γὰρ ἡ μαρτυρία ἡ τοῦ Λάμπιδος κατεβάλλετο ἐνταῦθα, ἴσως ἂν ἔφασαν οὗτοι δίκαιον εἶναι ἐπισκήπτεσθαί μ' ἐκείνῳ· νῦν δ' οὔτε τὴν μαρτυρίαν ταύτην ἔχω, οὑτοσί τε οἴεται δεῖν ἀθῷος εἶναι οὐδὲν [βέβαιον] ἐνέχυρον καταλιπὼν ὧν πείθει ὑμᾶς ψηφίζεσθαι. **47** Πῶς δ' οὐκ ἂν εἴη ἄτοπον, εἰ αὐτοῦ Φορμίωνος ὁμολογοῦντος δανείσασθαι, φάσκοντος δὲ ἀποδεδωκέναι, τὸ μὲν ὁμολογούμενον ὑπ' αὐτοῦ τούτου ἄκυρον ποιήσαιτε, τὸ δὲ ἀμφισβητούμενον κύριον ψηφίσαισθε; καὶ ὁ μὲν Λάμπις, ᾧ οὗτος σκήπτεται μάρτυρι, μαρτυρεῖ ἔξαρνος γενόμενος τὸ ἐξ ἀρχῆς ὡς οὐκ ἀπείληφεν τὸ χρυσίον, ὑμεῖς δὲ γνοίητε ὡς ἀπείληφεν ἐκεῖνος, ᾧ οὐκ εἰσὶ μάρτυρες τοῦ πράγματος; **48** καὶ ὅσα μὲν εἶπε μετὰ τῆς ἀληθείας μὴ χρήσαισθε τεκμηρίῳ, ἃ δ' ἐψεύσατο τὸ ὕστερον, ἐπειδὴ διεφθάρη, πιστότερα ταῦθ' ὑπολάβοιτε εἶναι; καὶ μήν, ὦ ἄνδρες Ἀθηναῖοι, πολὺ δικαιότερόν ἐστιν τοῖς ἐξ ἀρχῆς ῥηθεῖσι τεκμαίρεσθαι μᾶλλον ἢ τοῖς ὕστερον τεκταινομένοις. Τὰ μὲν γὰρ οὐκ ἐκ παρασκευῆς, ἀλλ' ἐκ τῆς ἀληθείας ἔλεγεν, τὰ δ' ὕστερον ψευδόμενος καὶ πρὸς

46 ὅτε Schaefer : ὅτι codd. || φησι τἀληθῆ A S : φησιν ἀληθῆ F Q || χρήσωμαι S : — σομαι A F Q || οὗτοι A S : αὐτοὶ F Q || ἐνέχυρον Blass : ἐχυρὸν A βέβαιον ἐνέχυρον cett. || ψηφίζεσθαι S : — σασθαι v. || **47** ποιήσαιτε A S pr. : — σετε cett. || ψηφίσαισθε A : — ίσησθε Q — ίσεσθε D — ιεῖσθε S F || μάρτυρι, μαρτυρεῖ Blass : μάρτυρι A pr. S μαρτυρεῖ A corr. F Q D || post χρυσίον habet νῦν τὰ ἐναντία μαρτυρεῖ A || γνοίητε Reiske : γνόντες codd. || ἀπείληφεν F Q : οὐκ ἀπείλ. cett. || εἰσὶ edd. : εισιτε S ἐστὲ v. || **48** χρήσαισθε Blass : χρῆσθε codd. (χρῆσθαι S pr.) || τὸ om. S || ὑπολάβοιτε S pr. F Q : ὑπολαμβάνοιτε A S corr. a manu rec. || τεκταινομένοις v. : μετακινουμένοις A || παρασκευῆς A S D γρ. : παιδεύσεως F Q D.

n'a pu contester qu'il eût d'abord nié avoir reçu la somme : il l'a reconnu, au contraire ; seulement, il prétend qu'il ne savait alors ce qu'il disait. Quelle bizarrerie, si des deux parties de son témoignage, vous alliez croire celle qui favorise le mauvais payeur et écarter celle qui profite à sa victime ! **50** Non, juges, c'est impossible. Car cet accusé qui avait fait des emprunts si considérables sur des marchandises déjà affectées et qui n'avait pas présenté son gage à ses créanciers, c'est bien vous qui l'avez condamné à mort à la suite d'une dénonciation extraordinaire devant le peuple[1] ; et pourtant, c'était votre concitoyen, et son père avait été stratège. **51** C'est qu'à vos yeux, de pareils hommes ne lèsent pas seulement leurs victimes de rencontre : c'est à votre place tout entière qu'ils font du tort. Et vous avez bien raison ; car la bonne marche des affaires n'est pas due aux emprunteurs, mais aux prêteurs : pas un navire, pas un patron, pas un passager qui puisse prendre la mer si on refuse leur dû aux prêteurs. **52** Certes, les lois contiennent beaucoup de belles dispositions en leur faveur ; mais il faut que vous aidiez les lois en redressant les torts et que vous n'ayez pas de complaisance pour la fraude. C'est ainsi que la plus grande prospérité sera assurée à votre place : oui, elle le sera, si vous protégez ceux qui font l'avance de leur argent et si vous ne les livrez pas à de pareilles gens comme une proie.

J'ai dit tout ce que je pouvais dire. Je vais encore appeler un autre de mes amis, si vous le désirez.

1. L'allusion est très elliptique. A ce moment-là, l'εἰσαγγελία — la procédure en question — est expressément prévue pour la trahison ou les délits assimilés : quelque abus qu'on en fît, il devait y avoir, dans le cas du condamné, autre chose que ce que dit l'auteur.

τὸ συμφέρον αὐτῷ. 49 Ἀναμνήσθητε δέ, ὦ ἄνδρες Ἀθηναῖοι, ὅτι οὐδ' αὐτὸς ὁ Λάμπις ἔξαρνος ἐγένετο ὡς οὐκ εἴη εἰρηκὼς ὅτι οὐκ ἀπείληφεν τὸ χρυσίον, ἀλλ' εἰπεῖν μὲν ὡμολόγει, οὐ μέντοι γε ἐντὸς ὢν αὑτοῦ εἰπεῖν. Οὔκουν ἄτοπον, εἰ τῆς ἐκείνου μαρτυρίας τὸ μὲν πρὸς τοῦ ἀποστεροῦντος πιστῶς ἀκούσεσθε, τὸ δ' ὑπὲρ τῶν ἀποστερουμένων ἄπιστον ἔσται παρ' ὑμῖν; 50 μηδαμῶς, ὦ ἄνδρες δικασταί. Ὑμεῖς γάρ ἐστε [οἱ αὐτοὶ] οἱ τὸν ἐπιδανεισάμενον ἐκ τοῦ ἐμπορίου πολλὰ χρήματα καὶ τοῖς δανεισταῖς οὐ παρασχόντα τὰς ὑποθήκας θανάτῳ ζημιώσαντες εἰσαγγελθέντα ἐν τῷ δήμῳ, καὶ ταῦτα πολίτην ὑμέτερον ὄντα καὶ πατρὸς ἐστρατηγηκότος. 51 Ἡγεῖσθε γὰρ τοὺς τοιούτους οὐ μόνον τοὺς ἐντυγχάνοντας ἀδικεῖν, ἀλλὰ καὶ κοινῇ βλάπτειν τὸ ἐμπόριον ὑμῶν, εἰκότως. Αἱ γὰρ εὐπορίαι τοῖς ἐργαζομένοις οὐκ ἀπὸ τῶν δανειζομένων, ἀλλ' ἀπὸ τῶν δανειζόντων εἰσίν, καὶ οὔτε ναῦν οὔτε ναύκληρον οὔτ' ἐπιβάτην ἔστ' ἀναχθῆναι, τὸ τῶν δανειζόντων μέρος ἂν ἀφαιρεθῇ. 52 Ἐν μὲν οὖν τοῖς νόμοις πολλαὶ καὶ καλαὶ βοήθειαί εἰσιν αὐτοῖς· ὑμᾶς δὲ δεῖ συνεπανορθοῦντας φαίνεσθαι καὶ μὴ συγχωροῦντας τοῖς πονηροῖς, ἵν' ὑμῖν ὡς πλείστη ὠφέλεια παρὰ τὸ ἐμπόριον ᾖ. Ἔσται δέ, ἐὰν διαφυλάττητε τοὺς τὰ ἑαυτῶν προϊεμένους, καὶ μὴ ἐπιτρέπητε ἀδικεῖσθαι ὑπὸ τῶν τοιούτων θηρίων.

Ἐγὼ μὲν οὖν ὅσαπερ οἷός τ' ἦν εἴρηκα· καλῶ δὲ καὶ ἄλλον τινὰ τῶν φίλων, ἐὰν κελεύητε.

49 οὔκουν Rennie : οὐκ οὖν codd. || ἔσται v. : εἶναι S || 50 οἱ αὐτοὶ om. A, secl. Blass || ἐπιδανεισάμενον A : ἐπιδεδανεισμένον cett. || 51 ὑμῶν v. : ἡμῶν A || εὐπορίαι A : ἐμπορίαι F Q ἐμπορειαι S || ἀφαιρεθῇ v. : ἀφαιρῆτε S || 52 συγχωροῦντας τοῖς πονηροῖς : τ. πον. συγχ. A || παρὰ F : περὶ A S Q D || διαφυλ. A S : φυλάττητε F Q || τῶν om. A.

XXXV

CONTRE LACRITOS

NOTICE

Le procès est encore une δίκη ἐμπορική ; il concerne encore un prêt maritime dont le plaideur poursuit le recouvrement ; l'adversaire a opposé l'exception, que le présent discours a pour objet de faire écarter. L'affaire est donc du même type que dans le *Contre Phormion*.

Le prêt a été consenti par un Athénien, Androclès, et un étranger, Nicostratos, d'Eubée. Il l'a été à deux commerçants phasélites, Artémon et Apollodore. Comme nous l'avons noté à propos du *Contre Phormion* et comme on le reverra à propos du *Contre Dionysodoros*, le droit commercial admet, sans même que le lien de société soit exprès entre les créanciers ou entre les débiteurs, que chacun de ceux-là peut poursuivre et chacun de ceux-ci être poursuivi pour le tout, sur le fondement d'une συγγραφή [1]. Androclès poursuit seul. Il apparaît qu'Artémon étant décédé, il a d'abord intenté son action contre Apollodore [2]. Soit qu'Apollodore ne fût plus à Athènes, soit pour une autre raison, l'action est finalement dirigée contre Lacritos, frère d'Artémon, comme ayant succédé aux obligations de celui-ci [3].

1. La solidarité active stipulée ici par le contrat est autre chose : elle est prévue pour l'application de la clause exécutoire.

2. Apollodore est expressément qualifié de défendeur au présent procès dans un témoignage (§ 34, cf. 20, 23). Cela ne veut pas dire qu'il y ait eu, précisément, deux actions successives, Lacritos ayant pu être substitué à Apollodore dans la demande. Cf. Blass, *Att. Bereds.*, III, I², p. 563 ; Thalheim, *Der Proz. des Androkleides gegen Lakritos u. seine Urkunden*, in *Hermes*, XXIII (1888), p. 336 sq. ; Drerup, *Ueber die bei den att. Rednern eingel. Urkunden*, in *Neue Jahrb. f. class. Phil.*, 24ter Supplementb., 1898, p. 315.

3. On admet généralement, et il est assez vraisemblable en effet,

Nous connaissons déjà le genre d'opération commerciale qui était au point de départ de l'affaire — un contrat de prêt maritime conclu sous la forme d'une συγγραφή : nous pouvons mieux l'étudier ici, parce que le texte même de la συγγραφή est cité tout au long. Il est vrai qu'il a été fortement suspecté. Sur les raisons générales qui tendraient à faire condamner tous documents figurant dans les procès civils, nous nous sommes expliqué dans la *Notice générale*[1]. De raisons spéciales, il n'y en a guère et on est réduit à admettre que la συγγραφή en question, loin d'être un document tout imaginaire, aurait été fabriqué à l'aide de documents hellénistiques[2]. L'intérêt de ce petit problème de philologie, c'est précisément que, si l'authenticité est reconnue, on doit en conclure que les dits formulaires remontent en fait à l'époque classique[3]. Or, si l'authenticité n'est pas suffisamment garantie par plusieurs citations d'Harpocration, elle l'est assez par les précisions que contient notre texte et qu'un grammairien n'eût pas inventées, par le fait que la plus grande partie de son contenu ne pouvait être empruntée au discours lui-même, par l'inconsistance des arguments opposés[4], enfin par la parfaite correction, linguistique[5] et juridique, du document. On

qu'Apollodore, lui aussi, est frère d'Artémon (d'après §§ 8, 15, 42) : si cela n'est pas dit plus clairement, c'est que le plaideur avait intérêt à ne pas trop le marquer. Il n'y a d'ailleurs pas de difficulté, quoi qu'on en ait dit, à admettre du même coup que Lacritos n'était pas *le seul* héritier d'Artémon : juridiquement, il représente un débiteur qui pouvait être poursuivi pour le tout.

1. On ne peut pas attaquer de biais l'authenticité de la συγγραφή en étendant sur elle le soupçon que pourraient provoquer les témoignages cités dans le *Contre Lacritos* : ces témoignages ont particulièrement bien résisté à la critique.

2. Szanto, *Ausg. Abhandl.*, p. 16.

3. *Rev. des Ét. gr.*, 1938, p. 33.

4. Szanto tirait argument de ce que la formule finale, déclarant que rien ne doit prévaloir sur le contrat, aurait dû être plus explicite : la preuve, dit-il, c'est que, dans le plaidoyer même (§ 39), on trouve l'expression complète (οὔτε νόμον οὔτε ψήφισμα...) qui nous est connue par ailleurs. A quoi on répond justement qu'un faussaire n'eût pas manqué d'utiliser la formule que lui fournissait le discours.

5. On a noté comme « poétique » (Schucht, *De documentis oratoribus insertis*, p. 55) la syntaxe de ἐπ 'οἴνου κεραμίοις Μενδαίοις, dont on retrouve l'équivalent dans un témoignage, § 34. C'est peu. Cette

peut considérer aujourd'hui la question comme tranchée[1].

Si l'on procède à l'analyse juridique, le premier élément à retenir est, naturellement, la forme d'acte écrit. L'acte écrit est le mode de preuve par excellence dans les procès commerciaux[2]. Nous avons déjà reconnu, à propos des δικαὶ ἐμπορικαί, l'importance de la συγγραφή dans le commerce. Rappelons ici que, dans un de ses emplois les plus fréquents, le terme s'applique au contrat de prêt maritime et qu'inversement il est une désignation normale de ce contrat : il n'y a d'ailleurs pas d'exemple, dans nos textes, que celui-ci soit passé sans écriture. Entre les deux notions, il y a une association étroite : dès cette époque, il existe un type de συγγραφή maritime comportant des clauses coutumières[3] et à propos duquel se dessine déjà l'idée d'une obligation fondée sur l'écrit. A vrai dire, nous ne trouvons pas ici, et nous ne trouvons pas non plus dans d'autres textes avant l'époque hellénistique, la clause qui attribue le droit d'agir ou d'exécuter à tout porteur de l'acte. En revanche, notre document présente deux articles qui paraissent avoir été réguliers, sinon constants, dans la pratique postérieure de la συγγραφή : l'article en vertu duquel la συγγραφή entraîne exécution par voie parée, c'est-à-dire sans recourir au jugement — « clause exécutoire » formulée dans les termes techniques dont nous avons l'équivalent ailleurs, καθάπερ δίκην ὠφληκότων καὶ ὑπερημέρων ὄντων (« comme s'il y avait eu condamnation en justice et terme

tournure prétendue poétique pouvait bien appartenir à la langue du commerce.

1. Kirchner, *De litis instrumentis quae exstant in Dem. quae fertur in Lacritum*, 1883 ; Thalheim, *art. cité* ; Drerup, *o. l.*, p. 318 sq. ; cf. Lipsius, *Att. R.*, p. 685, n. 32.

2. Conformément à un usage coutumier, l'original est déposé chez un tiers (§ 14) qui, ailleurs, paraît avoir été souvent un banquier. Ce qui est produit en justice, c'est probablement une copie réputée conforme (Drerup, *l. l.*). — Le contrat est scellé par les contractants et peut-être (cf. § 15) par les témoins eux-mêmes qui figurent à l'acte comme témoins instrumentaires.

3. Cf. *C. Zénoth.*, 5. — De là, sans doute, dans notre document, une formule abrégée comme celle de la fin, des références implicites aux usages de la navigation, un sous-entendu comme celui de la libération par la fortune de mer.

échu »)[1] ; et l'article final qui stipule que rien ne pourra prévaloir contre l'écrit, c'est-à-dire aucune règle contraire, législative ou autre[2].

L'argent, 3.000 drachmes, est prêté sur hypothèque maritime — ici des marchandises — pour un voyage d'Athènes au Pont et retour (ἀμφοτερόπλους[3]) ; la valeur du gage doit être double du montant de la dette, stipulation conforme à l'usage[4]. Il est entendu, et ceci est de l'essence même du prêt à la grosse, que le débiteur est libéré si le navire ou les marchandises n'arrivent pas à bon port : cependant, cet effet libératoire n'est pas directement formulé ici ; ce qui est formulé, c'est l'obligation de rembourser si la condition du retour à Athènes se réalise (σωθέντων δὲ τῶν χρημάτων Ἀθήναζε) : par là se confirme l'exactitude littérale des citations de συγγραφαί que nous trouvons ailleurs, sous des formes comme σωθείσης τῆς νεὼς[5]. Le taux d'intérêt est normal, plutôt modéré : 22 1/2 ou 30 %, selon que les emprunteurs reprendront la route d'Athènes avant ou après le lever d'Arcture (vers le 20 septembre), c'est-à-dire avant ou après l'époque où la navigation redevient dangereuse. Ceci permet de comprendre la nature exacte des intérêts dans ce genre d'opérations : les intérêts sont calculés non pas, précisément, d'après la durée, mais d'après le risque, ce qui est en accord avec l'espèce de commandite que constitue le prêt à la grosse. La société entre le prêteur et l'emprunteur se manifeste aussi bien dans les articles qui limitent étroitement la

1. Même formule dans les contrats d'Amorgos, *I. G.*, XII, 7, n° 67, l. 47 sq. ; n° 69, l. 15, 40 sq. ; cf. Mitteis, *Reichsr. u. Volksr.*, p. 401 sq. — Dans l'espèce, la clause de voie parée n'a pas dispensé de plaider ; encore faut-il, en effet, que le créancier ait à saisir : ici, il n'avait probablement rien ou à peu près. En gagnant son procès, il obtiendrait le moyen plus efficace de la contrainte par corps. Cf. p. 175.

2. Cf. p. 184, n. 3.

3. Comme dans l'affaire du *Contre Phormion*. Il est plus souvent question dans nos textes de prêts de ce genre que de prêts pour un voyage simple.

4. Cf. *C. Phorm.*, *Notice*, p. 148.

5. *C. Zénoth.* 5 ; *C. Phorm.* 33 ; cf. *C. Polyclès* 17. On observe ici que ce sont les marchandises affectées au prêt qui sont désignées (cf. p. 186, n. 1) ; ailleurs, c'est le navire.

liberté d'action de ce dernier, en précisant sur quel navire le voyage s'effectuera, à quelles conditions et dans quelles limites l'itinéraire pourra être modifié, etc.

C'est au sujet de la nature et des modalités de l'hypothèque dans le prêt maritime que la συγγραφή du *Contre Lacritos* est particulièrement instructive, en ce qu'elle permet de reconnaître comment le droit du nantissement s'est développé dans et par le commerce. La chose hypothéquée n'est pas encore en possession des emprunteurs : elle consiste en un chargement de vin (d'une valeur double de la dette : § 18) qui sera pris à Mendè ou à Skionè, en Chalcidique. Aussi bien le droit des prêteurs n'aura pas à s'exercer sur cette cargaison [1] : il s'exercera sur les marchandises qui auront été achetées dans le Pont avec le produit de la vente du vin — du blé, apparemment, bien que la chose ne soit pas spécifiée — et une fois que ces marchandises seront débarquées à Athènes. On voit s'appliquer là le principe, mis en vigueur par le droit commercial, que le prêteur acquiert un droit réel sur la chose achetée avec ses deniers [2] ; principe que suppose le fonctionnement de l'hypothèque, laquelle porte d'abord théoriquement sur des biens à venir et porte finalement sur d'autres biens substitués à ceux-là sans qu'il soit besoin d'exprimer cette « subrogation ». Le droit de gage conserve encore, pour une part, son caractère traditionnel [3], qui est essentiellement d'être un droit de saisie à fin de contrainte [4]. Il est stipulé que les marchandises hypothéquées seront tenues à la disposition des créanciers dès l'arrivée au port de retour [5], « jusqu'à ce que les débiteurs soient

1. Cf. *C. Phorm.*, *Notice*, p. 148.

2. Cf. F. Pringsheim, *Der Kauf mit fremdem Geld ; Stud. üb. die Bedeut. der Preiszahl. f. den Eingentumserwerb nach griech. u. röm. Recht*, 1916.

3. Au cas où le navire périrait, mais où une partie des marchandises serait sauvée (cf. Beauchet, IV, p. 303), cette partie de la chose hypothéquée devient la propriété commune des créanciers sans qu'il y ait lieu à règlement avec leur débiteur.

4. Cf. U. E. Paoli, *Studi di diritto attico*, p. 85, 145 sq.

5. § 11 : παρέξουσι... κρατεῖν. Il ne faut pas trop presser ce mot κρατεῖν et lui faire signifier une prise de possession : l'usage du mot par ailleurs, et justement en matière d'hypothèque (*C. Timothée*

libérés ». L'échéance a lieu vingt jours plus tard : faute de payement à cette date, il sera procédé à l'exécution. Mais l'exécution se produit suivant des règles qui sont propres au commerce. Le droit de vente, qui n'est pas de l'essence du droit hypothécaire hellénique, est stipulé ici [1] au profit des créanciers qui, en aliénant ou en hypothéquant le gage, pourront rentrer dans leur créance. Une autre particularité du contrat semble correspondre également à une innovation du droit commercial : il y a lieu de penser, en effet, que, normalement, la saisie épuise le droit du créancier hypothécaire, c'est-à-dire que celui-ci ne peut réclamer la « différence » si la valeur de la chose hypothéquée est inférieure au montant de la dette ; or, nous avons ici, en sens contraire, une stipulation expresse [2] où la « différence » est désignée par le terme qui, dans les textes postérieurs, est le terme technique (ἐάν τι ἐλλείπῃ), mais qui, au IVe siècle, n'est pas attesté ailleurs dans cet emploi [3] : c'est justement dans le cas d'insuffisance du gage que doit jouer la clause de voie parée. On remarquera, en revanche, que cet article n'a pas de contrepartie : il n'est pas dit que, le cas échéant, l' « excédent » de la valeur du gage sur le montant de la dette sera reversé aux débiteurs [4]. Notre συγγραφή ne comporte d'ailleurs

11), n'exclut pas du tout que les débiteurs continuent à posséder ; aussi bien il ne saurait être question de les empêcher de se libérer par la vente, qui est justement l'opération prévue dans l'hypothèque du droit commercial. Il faut entendre que la vente sera suivie par les créanciers (cf. *C. Phorm.* 8 ; *C. Timothée* 35).

1. C'est que l'opération essentielle est ici la réalisation du gage, et il faut qu'elle puisse se faire sans opposition. L'hypothèque du droit civil tient plutôt du pacte commissoire. Cf. Hitzig, *Griech. Pfandr.*, p. 86 sq.

2. On admet, précisément, qu'elle a besoin de l'être : cf. Lipsius, p. 702.

3. A l'exception du *Contre Apatourios* 10, où cet emploi technique est moins marqué.

4. Sur la question de cet « excédent » dans le droit hypothécaire, cf. *Contre Onétor*, II, 6. On n'osera pas affirmer que le droit à l'ὑπεροχή est dénié au débiteur dans le présent cas, puisque l'opération tend toute à un règlement monétaire que doit faciliter la vente ou l'engagement des marchandises par le créancier (sur l'expression obscure τῆς ὑπαρχούσης τιμῆς, voir la note au § 12) : la question reste en suspens.

pas la clause pénale qui est mentionnée dans le *Contre Phormion* et le *Contre Dionysodoros* et qui paraît avoir été fréquente dans ce genre de contrats. Elle ne formule pas non plus, ou du moins elle ne formule pas expressément, une solidarité passive entre les débiteurs comme celle du *Contre Dionysodoros*, mais une solidarité active entre les créanciers, quant à l'exécution sans jugement.

Un autre intérêt du document est qu'il fait allusion à des principes de droit maritime qui ont été retenus par la loi de Rhodes et par la jurisprudence romaine, et qu'un usage international avait déjà fait prévaloir à cette époque : il s'agit des règles sur le jet et la contribution qui pourraient être imposés aux débiteurs au cours de la traversée et qui auraient pour effet de réduire la créance d'autant [1].

L'état de cause est assez complexe. Des fraudes auraient été commises par les emprunteurs dès le début : ils n'ont pas chargé des marchandises en quantité suffisante et ils se sont rendus coupables de stellionat en contractant un nouveau prêt sur le gage qu'ils ont déclaré franc et quitte. Mais, bien que le plaideur s'étende complaisamment là-dessus, ce n'est pas là-dessus que porte le débat. Le prêt n'a pas été remboursé à l'échéance ; le gage n'a pas été produit à l'arrivée : Androclès réclame en justice le capital et les intérêts [2]. La παραγραφή opposée

1. Comme la συγγραφή se réfère à un *usage*, elle peut être ici elliptique : ce qui n'est pas dit expressément (cf. Paoli, *o. l.*, p. 82), c'est que le « jet » pourra avoir porté sur d'autres marchandises que celles des débiteurs, mais que ceux-ci auront été tenus à indemniser les propriétaires des dites marchandises en raison de la solidarité qui lie les passagers. — La convention ne prévoit pas formellement le cas de piraterie : il est compris dans l'hypothèse de rançons payées, proportionnellement, sans doute, aux « ennemis ».

2. On peut se demander, dans ces conditions, quelle était la portée de la clause exécutoire (cf. § 27 ; sur la question en général, cf. Paoli, *o. l.*, p. 127 sq.). Mais il y a lieu d'observer que cette clause est stipulée ici pour le cas d'insuffisance du gage ; que, malgré les propos du plaideur sur les biens d'Artémon à Athènes, il n'avait peut-être rien à saisir ; qu'au surplus, en eût-il eu les moyens, il ne se souciait peut-être pas de procéder de la sorte, c'est-à-dire, pratiquement, par la voie de la δίκη ἐξούλης.

par Lacritos est pour partie une défense au fond comme dans le cas du *Contre Phormion*, pour partie une fin de non-recevoir.

Celle-ci se fonde sur ce que Lacritos, poursuivi en tant qu'héritier de son frère, n'aurait pas la qualité d'héritier : il prétend avoir renoncé à la succession (§ 4 : οὐκ ἔστι κληρονόμος, αλλ' ἀφίσταται). Ici se pose une question assez délicate[1] : y a-t-il en droit grec, et spécialement en droit athénien[2], une véritable succession aux dettes? L'argumentation de Lacritos aussi bien que celle d'Androclès font présumer que l'héritier est tenu personnellement, même quand il est, comme dans le cas présent, un collatéral : en l'espèce, le fait de renoncer à la succession, de la part de Lacritos, implique que, s'il ne renonçait pas, il serait responsable non seulement sur les biens du défunt, mais *ultra vires successionis*. Il n'est pas sûr que cette renonciation ait besoin d'être expresse[3] ; en tout cas, pour qu'elle soit valable, il faut que l'héritage n'ait pas été appréhendé : or, suivant le plaideur, Lacritos possède (ἔχειν) l'héritage, et il a fait des actes d'administration (διῳκηκέναι) ; suivant le plaideur, il est donc forclos (cf. § 4 : νῦν λέγειν...). Toute la question, évidemment, est là : tout l'effort du demandeur devrait tendre à établir que son adversaire s'est immiscé dans la succession. Il l'affirme, mais ses affirmations ne sont appuyées d'aucun témoignage (cf. § 44). La position juridique de Lacritos est donc assez forte.

Outre cette exception dirimante, Lacritos soulevait-il le déclinatoire d'incompétence? On l'a cru d'après certaine argumentation du plaideur (§§ 47-49) qui demande auprès

1. Elle est l'objet du travail de Demisch, *Die Schuldenerbfolge im att. Recht.*, 1910, dont nous adoptons, sur ce point, les conclusions : le cas du *Contre Lacritos* y est traité p. 17 sq. — La thèse contraire est représentée surtout par Partsch, *Gr. Bürgsch.*, p. 228 sq.

2. On admet qu'il règle ici le cas ; en lui-même, le cas est, comme nous dirions, de droit international.

3. Les mots λέγειν νῦν ὅτι, au § 4, ne l'impliquent pas : le plaideur se prévaudrait autrement de l'absence de déclaration en temps voulu. A Athènes, aussi bien pour les métèques que pour les citoyens, la renonciation résulterait de ce qu'il n'y a pas eu de demande d'attribution judiciaire.

de quels tribunaux il aurait pu citer son adversaire, sinon auprès de ceux qui jugent les causes commerciales ; il souligne, à ce propos, que les deux parties sont commerçantes : on en conclut que Lacritos aurait excipé du fait qu'il n'était pas ἔμπορος. La chose est douteuse ; il est possible qu'il y ait ici un lieu commun[1], et l'argument aurait été de nulle valeur, puisque Lacritos est actionné en tant que représentant un négociant, et puisque aussi bien la compétence des tribunaux commerciaux est déterminée par la nature de l'affaire et non par la qualité des parties[2].

Quant au fond, Lacritos prétendait que les débiteurs étaient libérés par la fortune de mer. Son argumentation est difficile à suivre à travers les réfutations confuses du plaideur. Le bâtiment qui transportait les marchandises achetées au Pont aurait fait naufrage entre Panticapée et Theudosie, dans les parages du Bosphore cimmérien. On n'aurait sauvé que cent statères de Cyzique : cela faisait tout de même environ 2.800 drachmes attiques[3], lesquelles auraient été prêtées à un capitaine phasélite qui devait ramener les emprunteurs sur un nouveau navire. Il semble qu'il faut entendre que le capitaine, obligé de contracter ce prêt pour pouvoir prendre la mer, a donné en nantissement son propre navire ou des marchandises qu'il avait embarquées : gage sur lequel Androclès aurait indirectement des droits ; mais un second emprunt s'est trouvé nécessaire, et le nouveau prêteur a exigé que les précédents créanciers lui cèdent leur rang d'hypothèque. Finalement, le navire est rentré à Athènes, ou du moins dans une rade voisine du Pirée, mais le plaideur n'avait plus rien à réclamer. — Il n'est guère possible de juger, je ne dis pas de l'exactitude des faits allégués par Lacritos, mais de la valeur juridique des arguments qu'il en tirait : sur le dernier point seulement, il est permis d'admettre

1. La discussion est, d'ailleurs, sophistique : si une affaire de prêt ne rentrait pas dans la catégorie des δικαί ἐμπορικαί, elle devait aller en pareil cas devant le polémarque, qui est mentionné ici pour de tout autres procès, et, de là, devant les Quarante et les arbitres.

2. Cf. Beauchet, IV, p. 95.

3. Cf. *Contre Phormion*, 23.

que, d'après l'usage du commerce, Artémon et Apollodore avaient la qualité de mandataires et, par suite, un droit de cession opposable à leur créancier[1].

De toute façon, la cause n'était pas bonne. Elle n'est pas améliorée, il s'en faut, par un argument que le plaideur voudrait suggérer, mais qu'il n'ose pas produire en forme, et pour cause : Lacritos aurait une raison spéciale d'être tenu, c'est qu'il a fourni sa garantie, ce que confirmerait le rôle qu'il a joué dans la confection de l'acte. En fait, Androclès ne saurait le poursuivre comme caution : il se sert (§§ 7, 8, 15) d'un terme équivoque, ἀναδέχεσθαι, qui, hors d'Athènes, mais non pas à Athènes précisément, indique le cautionnement au sens juridique[2].

Le discours est faible, mal composé, peu convaincant. L'orateur a voulu suppléer à une argumentation qui se dérobait, soit par des attaques contre certaines catégories de plaideurs, soit par des développements qui n'ont pas de rapport avec la question. Il essaye d'exploiter, ou de créer, un sentiment de suspicion à l'égard d'étrangers, les commerçants de Phasélis. Les sophistes aussi — entendons les professeurs d'éloquence et leurs élèves — sont désignés à l'hostilité du tribunal. Pour finir, ou presque, le plaideur ne trouve rien de mieux — αὔξησις gratuite — que d'accuser ses adversaires d'avoir voulu le faire tomber sous le coup des lois qui protégeaient le ravitaillement d'Athènes en blé. A ce propos (§ 51), il nous donne le texte d'une de ces lois : celle qui interdisait aux Athéniens et aux métèques de prêter à la grosse sur un navire ou une cargaison qui n'auraient pas Athènes pour port de retour. Ce texte n'indique que des sanctions pécuniaires, d'ailleurs rigoureuses ; il apparaît que la contravention pourrait entraîner aussi des peines afflictives auxquelles il est également fait allusion dans le *Contre Dionysodoros*[3]. Du reste, la citation ne porte que sur un des articles d'une

1. En ce sens, Dareste, *Plaid. Civ.*, I, p. 315 et 335.

2. Cf. Partsch, *Griech. Bürgschaftsr.*, p. 101 sq. — Pas davantage l'emploi du mot κελεύω (§ 15) ne saurait justifier une action du genre de l'action du mandat.

3. Cf., pour un cas différent, *Contre Phormion* 50.

loi qui, par ailleurs, interdisait aux négociants eux-mêmes, à ceux du moins sur qui on avait prise, de transporter du blé ailleurs qu'à Athènes. L'effet combiné de ces deux articles était d'assurer l'approvisionnement de la cité et de favoriser l'activité de la place[1]. On reviendra, à propos du *Contre Théocrinès*, sur les formes de poursuite prévues.

Dans l'antiquité déjà, Libanius nous l'apprend, l'authenticité du discours avait été mise en doute. La question ne se pose pas pour nous : il est certain que ce plaidoyer n'est pas de Démosthène ; ce n'est pas seulement sa faiblesse qui le condamne, mais certaines particularités d'expression comme la formule de serment μὰ τὸν Δία τὸν ἄνακτα (§ 40), qui est isolée, ou l'emploi du mot τοκεῖς au lieu de γονεῖς (§ 48), un ἅπαξ dans le corpus démosthénique. Il est peut-être assez vain de savoir si, comme on l'a soutenu, le *Contre Lacritos* est du même auteur que le *Contre Macartatos* et le *Contre Olympiodoros* : en tout cas, les arguments invoqués dans ce sens[2] ne forcent pas la conviction[3].

La question de la date est plus intéressante. Isocrate, qui est donné comme le maître de Lacritos, est encore en vie (§ 41). Le discours est donc antérieur à 338. D'autre part, nous savons qu'il n'y avait pas encore de δίκαι ἐμποριxαί en 355. Peut-on réduire cet intervalle? On a fait valoir que Skioné et Mendé, villes de Chalcidique qui sont ici en relations commerciales avec Athènes, n'avaient guère pu l'être après la ruine d'Olynthe (349) où il est possible qu'elles aient été enveloppées : le discours pourrait être de 351, la Chalcidique ayant justement conclu la paix avec Athènes à ce moment-là et n'étant pas encore engagée dans la guerre contre Philippe. Il serait tentant de chercher ici un nouveau *terminus* pour la création des « actions commerciales ». Mais tout cela est incertain[4].

1. Cf. *Contre Dionysodoros* 48.
2. Blass, p. 565.
3. La thèse semble démentie par certains critères linguistiques, notamment l'emploi des particules de liaison.
4. Lenk, in Pauly-Wissowa, XV, 779. — Observons, du reste, qu'en

En tout cas, on ne peut guère descendre plus bas que 340, date où commence la dernière guerre d'Athènes avec Philippe.

351 les actions commerciales auraient été quelque chose de tout nouveau : on s'étonnerait que le plaideur n'eût pas fait allusion à cette nouveauté dans le développement des §§ 47 sq.

XXXV

CONTRE LACRITOS

RÉPLIQUE A UNE EXCEPTION

Sujet du discours

1 Androclès avait prêté de l'argent à Artémon de Phasélis, négociant maritime. Celui-ci mourut avant de s'être acquitté ; le créancier poursuit son frère, Lacritos le sophiste, en invoquant deux raisons : l'une, c'est que l'argent a été prêté à Artémon en présence et avec la garantie de Lacritos ; l'autre, c'est que Lacritos est l'héritier d'Artémon. L'adversaire prétend qu'il a renoncé à l'héritage, et il oppose une exception, en se fondant sur ce qu'il n'y a eu, entre Androclès et lui, ni obligation contractée, ni acte écrit. En outre, il nie absolument avoir été garant : ne reconnaissant pas non plus cet engagement, il ne peut être un débiteur récalcitrant.

2 C'est à tort que plusieurs critiques, égarés par de vagues présomptions, n'ont pas admis l'authenticité de ce discours[1]. Que le style y soit un peu abandonné, c'est un caractère qui ne messied pas à des plaidoyers privés. Quant à l'invocation à « Zeus souverain », il s'agit, évidemment, d'une expression habituelle au personnage. Enfin, si la réplique à l'exception est faible, c'est que la cause est mauvaise.

1 Les Phasélites[2], juges, n'en sont pas à leur premier coup. De leur part, c'est une habitude : ils sont très forts pour se faire prêter de l'argent sur votre place ; mais, une fois qu'ils l'ont en main et qu'ils ont passé un contrat maritime, ils oublient instantanément les contrats, les lois et l'obligation de rembourser. **2** Rembourser, cela leur fait le même effet que s'ils perdaient quelque chose qui

1. Nous trouvons ici l'écho d'une critique qui doit remonter à la fin de l'époque alexandrine. La réponse de Libanios est faible.

2. Ils étaient depuis longtemps en relations commerciales avec Athènes (cf. Michel, *Recueil*, n° 6).

XXXV

ΠΡΟΣ ΤΗΝ ΛΑΚΡΙΤΟΥ ΠΑΡΑΓΡΑΦΗΝ

ΥΠΟΘΕΣΙΣ

1 Ἀνδροκλῆς δανείσας χρήματα Ἀρτέμωνι Φασηλίτῃ τὸ γένος, ἐμπόρῳ, τελευτήσαντος ἐκείνου πρὶν ἀποδοῦναι τὸ ἀργύριον, εἰσπράττει τὸν ἀδελφὸν αὐτοῦ Λάκριτον τὸν σοφιστήν, δύο προβαλλόμενος δίκαια, ὅτι τε παρόντος Λακρίτου καὶ ἀναδεξαμένου τὸ ἀργύριον ἐδάνεισε τῷ Ἀρτέμωνι, καὶ ὅτι κληρονόμος ἐστὶ τῶν Ἀρτέμωνος Λάκριτος. Ὁ δὲ τῆς μὲν κληρονομίας ἀφίστασθαί φησι, παραγράφεται δὲ τὴν δίκην, λέγων μηδὲν ἑαυτῷ πρὸς Ἀνδροκλέα συμβόλαιον εἶναι μηδὲ συγγραφὴν μηδεμίαν. Πάντως δὲ καὶ τὸ ἀναδεδέχθαι ἔξαρνος γίνεται· οὐδὲ γὰρ ἂν τοῦθ' ὁμολογῶν ἠγνωμόνει πρὸς τὴν ἔκτεισιν.

2 Οὐκ ὀρθῶς δέ τινες ἐνόμισαν τὸν λόγον μὴ γνήσιον εἶναι, ἀμυδροῖς ἀπατηθέντες τεκμηρίοις. Τὸ μὲν γὰρ τῆς φράσεως ἀνειμένον οὐκ ἀπρεπὲς ἰδιωτικοῖς ἀγῶσι, τὸν δὲ Δία τὸν ἄνακτα κατὰ τὴν τοῦ προσώπου ⟨τοῦ⟩ ὑποκειμένου συνήθειαν δῆλός ἐστιν ὠνομακώς, πρὸς δὲ τὴν παραγραφὴν ἀσθενέστερον ἀπήντηκε διὰ τοῦ πράγματος τὸ πονηρόν.

1 Οὐδὲν καινὸν διαπράττονται οἱ Φασηλῖται, ὦ ἄνδρες δικασταί, ἀλλ' ἅπερ εἰώθασιν. Οὗτοι γὰρ δεινότατοι μέν εἰσιν δανείσασθαι χρήματα ἐν τῷ ἐμπορίῳ, ἐπειδὰν δὲ λάβωσιν καὶ συγγραφὴν συγγράψωνται ναυτικήν, εὐθὺς ἐπελάθοντο καὶ τῶν συγγραφῶν καὶ τῶν νόμων καὶ ὅτι δεῖ ἀποδοῦναι αὐτοὺς ἃ ἔλαβον, 2 καὶ οἴονται, ἐὰν ἀποδῶσιν, ὥσπερ τῶν ἰδίων τι τῶν ἑαυτῶν ἀπολωλεκέναι, ἀλλ' ἀντὶ

Ὑπόθεσις 1 ἔκτεισιν Blass : ἔκτισιν codd. ‖ 2 τοῦ add. Wolf ‖ τοῦ πράγματος Rennie : τὸ πρᾶγμα codd. (maluerim τὸ τοῦ πράγματος πονηρόν).

1 ἐμπορίῳ : — είῳ S (sic alibi) ‖ 2 ἀπολωλεκέναι A : ἀποδεδωκέναι S F Q.

leur appartient ; plutôt que de le faire, ils inventent des sophismes, des exceptions, des prétextes : pas d'hommes qui soient de plus mauvaise foi et plus malhonnêtes. La preuve, c'est que, dans la foule des Grecs et des Barbares qui fréquentent votre place, les Phasélites ont toujours, à eux seuls, plus de procès que tous les autres. **3** Voilà comme ils sont. Quant à moi, juges, j'ai prêté de l'argent à Artémon, frère de Lacritos, conformément aux lois commerciales, pour un voyage au Pont avec retour à Athènes. Artémon étant mort avant de s'être acquitté, j'ai intenté à Lacritos la présente action, conformément aux mêmes lois qui avaient présidé à la convention. **4** Lacritos est frère d'Artémon, il est détenteur de tous ses biens — tous ceux que le défunt a laissés à Athènes et tous ceux qu'il possédait à Phasélis — comme héritier unique[1] : alors qu'il possède les biens de son frère et qu'il a fait des actes de gestion à son gré, il ne saurait invoquer de loi[2] qui l'autorise à ne pas acquitter les dettes, mais à prétendre maintenant qu'il n'est pas héritier et qu'il renonce à la succession. **5** Telle est la mauvaise foi de Lacritos ; quant à moi, juges, je vous prie d'écouter avec bienveillance l'exposé que je vous ferai de l'affaire ; et si je réussis à démontrer que nous, les créanciers, et vous tout aussi bien, nous sommes victimes de sa malhonnêteté, assistez-nous comme le veut la justice.

6 Personnellement, juges, je ne connaissais pas du tout ces gens-là. Mais j'ai pour ami Thrasymédès, fils de Diophantos — celui du dème de Sphettos — et son frère Mélanôpos ; nous sommes même tout à fait intimes. Ils vinrent me trouver avec Lacritos — d'où le connaissaient-

1. Voilà, indiqué dans la πρόθεσις, le motif essentiel de l'action, qui sera, d'ailleurs, fort mal appuyé. La formule implique que faire des actes d'administration, en pareil cas, équivaut à accepter la succession et ses charges.

2. Quelle loi? Celle d'Athènes ou la loi personnelle du défendeur? On concevrait qu'une question de droit international pût être posée ici : elle ne l'est pas — et en général le problème des conflits de lois n'est pas un problème de droit hellénique — soit qu'on puisse parler, en matière familiale notamment, d'un droit commun des cités grecques, soit qu'en matière commerciale les tribunaux aient égard à un usage international et non pas aux législations particulières.

τοῦ ἀποδοῦναι σοφίσματα εὑρίσκουσιν καὶ παραγραφὰς καὶ προφάσεις, καὶ εἰσὶν πονηρότατοι ἀνθρώπων καὶ ἀδικώτατοι. Τεκμήριον δὲ τούτου· πολλῶν γὰρ ἀφικνουμένων εἰς τὸ ὑμέτερον ἐμπόριον καὶ Ἑλλήνων καὶ βαρβάρων, πλείους δίκαι εἰσὶν ἑκάστοτε αὐτῶν τῶν Φασηλιτῶν ἢ τῶν ἄλλων ἁπάντων. **3** Οὗτοι μὲν οὖν τοιοῦτοί εἰσιν· ἐγὼ δέ, ὦ ἄνδρες δικασταί, χρήματα δανείσας Ἀρτέμωνι τῷ τούτου ἀδελφῷ κατὰ τοὺς ἐμπορικοὺς νόμους, εἰς τὸν Πόντον καὶ πάλιν Ἀθήναζε, τελευτήσαντος ἐκείνου πρὶν ἢ ἀποδοῦναί μοι τὰ χρήματα, Λακρίτῳ τουτῳὶ εἴληχα τὴν δίκην ταύτην κατὰ τοὺς αὐτοὺς νόμους τούτους καθ' οὕσπερ τὸ συμβόλαιον ἐποιησάμην, **4** ἀδελφῷ ὄντι τούτῳ ἐκείνου καὶ ἔχοντι ἅπαντα τὰ Ἀρτέμωνος, καὶ ὅσα ἐνθάδε κατέλιπεν καὶ ὅσα ἦν αὐτῷ ἐν τῇ Φασήλιδι, καὶ κληρονόμῳ ὄντι τῶν ἐκείνου ἁπάντων, καὶ οὐκ ἂν ἔχοντος τούτου δεῖξαι νόμον ὅστις αὐτῷ δίδωσιν ἐξουσίαν ἔχειν μὲν τὰ τοῦ ἀδελφοῦ καὶ διῳκηκέναι ὅπως ἐδόκει αὐτῷ, μὴ ἀποδιδόναι δὲ τὰ ἀλλότρια χρήματα, ἀλλὰ λέγειν νῦν ὅτι οὐκ ἔστιν κληρονόμος, ἀλλ' ἀφίσταται τῶν ἐκείνου. **5** Ἡ μὲν τουτουὶ Λακρίτου πονηρία τοιαύτη ἐστίν· ἐγὼ δ' ὑμῶν δέομαι, ὦ ἄνδρες δικασταί, εὐνοϊκῶς ἀκοῦσαί μου περὶ τοῦ πράγματος τουτουί· κἂν ἐξελέγξω αὐτὸν ἀδικοῦντα ἡμᾶς τε τοὺς δανείσαντας καὶ ὑμᾶς οὐδὲν ἧττον, βοηθεῖτε ἡμῖν τὰ δίκαια.

6 Ἐγὼ γάρ, ὦ ἄνδρες δικασταί, αὐτὸς μὲν οὐδ' ὁπωστιοῦν ἐγνώριζον τοὺς ἀνθρώπους τούτους· Θρασυμήδης δ' ὁ Διοφάντου υἱός, ἐκείνου τοῦ Σφηττίου, καὶ Μελάνωπος ὁ ἀδελφὸς αὐτοῦ ἐπιτήδειοί μοί εἰσιν, καὶ χρώμεθα ἀλλήλοις ὡς οἷόν τε μάλιστα. Οὗτοι προσῆλθόν μοι μετὰ Λακρίτου τουτουί, ὁπόθεν δήποτε ἐγνωρισμένοι τούτῳ (οὐ

3 ἐκείνου A S : δ' ἐκείνου F Q D ‖ πρὶν ἢ codd. : ἢ deleuit Dindorf ‖ τουτωὶ Blass : τούτῳ (-ω S) codd. ‖ **4** κατέλιπεν v. : κατέλειπεν S ‖ ἀποδιδόναι A : ἀποδοῦναι cett. ‖ **5** τουτουὶ v. : τούτου καὶ S ‖ ἐξελέγξω v. : ἐλέγξω A ‖ τε om. A ‖ **6** αὐτὸς μὲν om. F Q D ‖ χρώμεθ' v. : ἐχρώμεθ' A ‖ ἐγνωρισμένοι v. : ἐγνωσμένοι A.

ils, je ne sais pas — **7** et ils me prièrent de prêter de l'argent à Artémon, frère de Lacritos, et à Apollodore, en vue d'un voyage au Pont, où ils devaient faire des affaires : j'ignorais, juges, et Thrasymédès également, la mauvaise foi de ces hommes ; j'imaginais que c'étaient d'honnêtes gens, comme ils affectaient de l'être et comme ils le prétendaient : j'étais persuadé qu'ils tiendraient tous leurs engagements, comme Lacritos s'en portait garant[1]. **8** Ah ! Thrasymédès s'était lourdement trompé : il ne se doutait pas à quels oiseaux de proie il avait affaire. Et moi, sur les instances de Thrasymédès et de son frère, voyant Lacritos se porter garant pour ses frères de l'exécution intégrale du contrat, j'avançai, de concert avec un homme de Carystos qui est notre hôte, 30 mines d'argent. **9** Je veux d'abord vous donner lecture, juges, du contrat de prêt et des témoignages de ceux qui étaient présents. Ensuite, nous vous apprendrons la suite, c'est-à-dire les actes de bandits auxquels ils se sont livrés à l'occasion de cet emprunt. Lis-moi le contrat, puis les témoignages.

Acte du contrat

10 Androclès du dème de Sphettos et Nausicratès de Carystos ont prêté à Artémon et à Apollodore, de Phasélis, 3.000 drachmes d'argent pour un voyage d'Athènes à Mendè ou Skionè[2], et de là au Bosphore, puis, s'il leur plaît, jusqu'au Borysthène[3] en longeant la côte à gauche, avec retour à Athènes. L'intérêt est de 225 pour 1.000 et, s'ils ne reprennent la mer qu'après le lever d'Arcture pour aller du Pont à Hiéron[4], 300 pour 1.000. Le prêt est garanti par 3.000 amphores de vin de Mendè[5], à charger à Mendè ou Skionè, sur le navire à

1. Sur cette expression (ἀνεδέχετο), ici et aux §§ 8 et 15, cf. *Notice*, p. 178.
2. En Chalcidique de Thrace.
3. Jusqu'à l'embouchure du Dniepr.
4. Au débouché du Bosphore sur la mer Noire.
5. Ici encore, un faussaire n'eût pas manqué de fournir la précision qu'indique, sur la valeur du gage, le § 18. — Quant aux modalités spéciales de l' « hypothèque » en pareil cas, voir *Notice*, p. 172.

γὰρ οἶδα), 7 καὶ ἐδέοντό μου δανεῖσαι χρήματα εἰς τὸν Πόντον Ἀρτέμωνι τῷ τούτου ἀδελφῷ καὶ Ἀπολλοδώρῳ, ὅπως ἂν ἐνεργοὶ ὦσιν, οὐδὲν εἰδώς, ὦ ἄνδρες δικασταί, οὐδ' ὁ Θρασυμήδης τὴν τούτων πονηρίαν, ἀλλ' οἰόμενος εἶναι ἐπιεικεῖς ἀνθρώπους καὶ οἷοίπερ προσεποιοῦντο καὶ ἔφασαν εἶναι, καὶ ἡγούμενος ποιήσειν αὐτοὺς πάντα ὅσαπερ ὑπισχνοῦντο καὶ ἀνεδέχετο Λάκριτος ουτοσί. 8 Πλεῖστον δ' ἄρα ἦν ἐψευσμένος, καὶ οὐδὲν ᾔδει οἵοις θηρίοις ἐπλησίαζε τοῖς ἀνθρώποις τούτοις. Κἀγὼ πεισθεὶς ὑπὸ τοῦ Θρασυμήδους καὶ τοῦ ἀδελφοῦ αὐτοῦ, καὶ Λακρίτου τουτουὶ ἀναδεχομένου μοι πάντ' ἔσεσθαι τὰ δίκαια παρὰ τῶν ἀδελφῶν τῶν αὑτοῦ, ἐδάνεισα μετὰ ξένου τινὸς ἡμετέρου Καρυστίου τριάκοντα μνᾶς ἀργυρίου. 9 Βούλομαι οὖν, ὦ ἄνδρες δικασταί, τῆς συγγραφῆς ἀκοῦσαι ὑμᾶς πρῶτον, καθ' ἣν ἐδανείσαμεν τὰ χρήματα, καὶ τῶν μαρτύρων τῶν παραγενομένων τῷ δανείσματι· ἔπειτα περὶ τῶν ἄλλων ἐπιδείξομεν, οἷα ἐτοιχωρύχησαν οὗτοι περὶ τὸ δάνειον. Λέγε τὴν συγγραφήν, εἶτα τὰς μαρτυρίας.

ΣΥΓΓΡΑΦΗ

10 Ἐδάνεισαν Ἀνδροκλῆς Σφήττιος καὶ Ναυσικράτης Καρύστιος Ἀρτέμωνι καὶ Ἀπολλοδώρῳ Φασηλίταις ἀργυρίου δραχμὰς τρισχιλίας Ἀθήνηθεν εἰς Μένδην ἢ Σκιώνην, καὶ ἐντεῦθεν εἰς Βόσπορον, ἐὰν δὲ βούλωνται, τῆς ἐπ' ἀριστερὰ μέχρι Βορυσθένους, καὶ πάλιν Ἀθήναζε, ἐπὶ διακοσίαις εἴκοσι πέντε τὰς χιλίας, ἐὰν δὲ μετ' Ἀρκτοῦρον ἐκπλεύσωσιν ἐκ τοῦ Πόντου ἐφ' Ἱερόν, ἐπὶ τριακοσίαις τὰς χιλίας, ἐπὶ οἴνου κεραμίοις Μενδαίοις τρισχιλίοις, ὃς πλεύσεται ἐκ Μένδης ἢ Σκιώνης ἐν τῇ εἰκοσόρῳ ἣν Ὑβλή-

7 ἂν om. F Q ‖ οὐδ' v. : οὔτε S ‖ ὅσαπερ v. : ὅσα A ‖ ὑπισχνοῦντο A D : — εῖτο S F Q ‖ 8 ἄρα ἦν A S : ἦν ἄρα F Q D ‖ ἡμετέρου om. A ‖ 9 οὖν v. : δὲ A ‖ ἔπειτα A S : ἔπ. καὶ F Q D ‖ εἶτα S : ἔπειτα v. ‖ 10 Syngrapha et testimonia desunt in S qui habet lemma Συγγραφή Μάρτυρες. Syngrapham habent iterum post § 37 F Q D ‖ ἐδάνεισαν A : — εν F Q D ‖ Ναυσικράτης A : Ναυκράτης F Q D (sic alibi) ‖ ἐπὶ διακοσίαις A S : ἐπὶ τόκῳ διακ. F_2 Q_2 D_2 ‖ πλεύσεται A : — εῖται F Q.

vingt rames commandé par Hyblésios, **11** ladite hypothèque franche et quitte de toute dette présente ou à venir. Les marchandises achetées au Pont avec le produit de la vente seront ramenées à Athènes sur le même navire. Si elles arrivent à bon port à Athènes, les emprunteurs payeront aux prêteurs le capital et les intérêts dans le délai de vingt jours après leur arrivée, sans autre déduction que celle du jet[1] qui aura eu lieu d'un commun accord entre les passagers et celle de rançon payée à l'ennemi, toute autre perte étant à leur charge. Le gage sera tenu à la disposition des créanciers franc de tout autre droit de saisie, jusqu'à ce que le capital et les intérêts aient été acquittés conformément au contrat. **12** Si le payement n'est pas fait en temps convenu, les créanciers auront le droit d'hypothéquer le gage et de le vendre au cours[2]. Si le prix est insuffisant pour remplir les créanciers de la somme qu'ils doivent recevoir aux termes du contrat, leur droit de saisie s'étendra à tous autres biens d'Artémon et d'Apollodore, terrestres et maritimes, en quelque lieu qu'ils se trouvent, comme s'il y avait eu condamnation en justice et terme échu, le dit droit appartenant solidairement aux créanciers*. **13** Que s'ils ne vont pas jusqu'au bout de leur voyage, ils feront relâche dix jours dans l'Hellespont au moment de la canicule et débarqueront les marchandises en lieu où il n'y ait pas de représailles à exercer pour les Athéniens*; ils retourneront de là à Athènes et acquitteront les intérêts inscrits au contrat l'année précédente. En cas de naufrage du navire sur lequel la cargaison sera transportée, si on réussit à sauver des marchandises qui sont affectées au prêt, la partie sauve appartiendra aux créanciers par indivis. A l'égard de tous ces points, la présente convention déroge à toute règle contraire.

Témoins : Phormion, du dème du Pirée, Képhisodotos de Béotie, Héliodoros, du dème de Pithos.

14 Lis maintenant les témoignages.

1. L'expression est assez elliptique, comme il convient à un document où on se réfère à des usages du commerce : si l'état de la mer l'exige, le patron ou la collectivité du navire peut imposer à un ou plusieurs passagers l'obligation de jeter leurs marchandises à l'eau ; mais, en récompense, les autres passagers sont tenus d'indemniser ces passagers proportionnellement. C'est encore la règle de la loi de Rhodes.

2. Nous entendons l'expression de ὑπάρχουσα τιμή comme celles de καθεστηκυῖα τιμή (XXXIV, 39 ; LVIII, 8, 10), καθισταμένη τιμή (ici même, § 18). Cf. G. M. Calhoun, *Risk in Sea Loans in ancient Athens*, p. 571.

σιος ναυκληρεῖ. **11** Ὑποτιθέασι δὲ ταῦτα, οὐκ ὀφείλοντες ἐπὶ τούτοις ἄλλῳ οὐδενὶ οὐδὲν ἀργύριον, οὐδ' ἐπιδανείσονται. Καὶ ἀπάξουσι τὰ χρήματα τὰ ἐκ τοῦ Πόντου ἀντιφορτισθέντα Ἀθήναζε πάλιν ἐν τῷ αὐτῷ πλοίῳ ἅπαντα. Σωθέντων δὲ τῶν χρημάτων Ἀθήναζε, ἀποδώσουσιν οἱ δανεισάμενοι τοῖς δανείσασι τὸ γιγνόμενον ἀργύριον κατὰ τὴν συγγραφὴν ἡμερῶν εἴκοσιν, ἀφ' ἧς ἂν ἔλθωσιν Ἀθήναζε, ἐντελὲς πλὴν ἐκβολῆς ἧς ἂν οἱ σύμπλοι ψηφισάμενοι κοινῇ ἐκβάλωνται, καὶ ἄν τι πολεμίοις ἀποτείσωσιν· τῶν δ' ἄλλων ἁπάντων ἐντελές. Καὶ παρέξουσι τοῖς δανείσασι τὴν ὑποθήκην ἀνέπαφον κρατεῖν, ἕως ἂν ἀποδῶσι τὸ γιγνόμενον ἀργύριον κατὰ τὴν συγγραφήν. **12** Ἐὰν δὲ μὴ ἀποδῶσιν ἐν τῷ συγκειμένῳ χρόνῳ, τὰ ὑποκείμενα τοῖς δανείσασιν ἐξέστω ὑποθεῖναι καὶ ἀποδόσθαι τῆς ὑπαρχούσης τιμῆς· καὶ ἐάν τι ἐλλείπῃ τοῦ ἀργυρίου, οὗ δεῖ γενέσθαι τοῖς δανείσασι κατὰ τὴν συγγραφήν, παρὰ Ἀρτέμωνος καὶ Ἀπολλοδώρου ἔστω ἡ πρᾶξις τοῖς δανείσασι καὶ ἐκ τῶν τούτων ἁπάντων, καὶ ἐγγείων καὶ ναυτικῶν, πανταχοῦ ὅπου ἂν ὦσι, καθάπερ δίκην ὠφληκότων καὶ ὑπερημέρων ὄντων, καὶ ἑνὶ ἑκατέρῳ τῶν δανεισάντων καὶ ἀμφοτέροις. **13** Ἐὰν δὲ μὴ εἰσβάλωσι, μείναντες ἐπὶ κυνὶ ἡμέρας δέκα ἐν Ἑλλησπόντῳ, ἐξελόμενοι ὅπου ἂν μὴ σῦλαι ὦσιν Ἀθηναίοις, καὶ ἐντεῦθεν καταπλεύσαντες Ἀθήναζε τοὺς τόκους ἀποδόντων τοὺς πέρυσι γραφέντας εἰς τὴν συγγραφήν. Ἐὰν δέ τι ἡ ναῦς πάθῃ ἀνήκεστον ἐν ᾗ ἂν πλέῃ τὰ χρήματα, σωτηρία δ' ἔσται τῶν ὑποκειμένων, τὰ περιγενόμενα κοινὰ ἔστω τοῖς δανείσασιν. Κυριώτερον δὲ περὶ τούτων ἄλλο μηδὲν εἶναι τῆς συγγραφῆς.

Μάρτυρες Φορμίων Πειραιεύς, Κηφισόδοτος Βοιώτιος, Ἡλιόδωρος Πιθεύς.

14 Λέγε δὴ καὶ τὰς μαρτυρίας.

11 alterum τὰ om. A F_2 Q_2 D_2 || ἧς A : ἣν v. || ἐκβάλωνται v. : βάλωνται A || ἀποτ(ε)ίσωσιν A F_1 Q_1 D_1 ἐκτίσωσι F_2 Q_2 D_2 || κρατεῖν om. F_1 Q_1 D_1 || **12** ἐν om. A || οὗ A : ὃ v. || παρὰ A F_2 pr. Q_2 D_2 κατὰ F_1 Q_1 D_1 F_2 corr. || ἡ om. A || **13** σῦλαι v. : σύλα A || σωτηρία δ' ἔσται A : σωτηρία ἔστω F Q D || Κηφισόδοτος v. : Κηφισόδωρος F_2 Q_2 D_2 || Πιθεύς Blass : Πιτθεύς codd. (sic **14**).

Témoignage

Archénomidès, fils d'Archédamas, du dème d'Anagyrous, témoigne qu'un contrat a été déposé chez lui par Androclès, du dème de Sphettos, Nausicratès de Carystos, Artémon et Apollodore de Phasélis, et qu'il est encore dépositaire de cet acte[1].

Lis aussi le témoignage des assistants.

Témoignage

Théodotos, isotèle, Charinos, fils d'Épicharès, du dème de Leuconoè, Phormion, fils de Ctésiphon, du dème du Pirée, Képhisodotos Béotien, Héliodoros, du dème de Pithos, témoignent qu'ils étaient présents lorsqu'Androclès a prêté à Apollodore et à Artémon 3.000 drachmes d'argent, et qu'à leur connaissance l'acte a été déposé chez Archénomidès, du dème d'Anagyrous.

15 Aux termes de cet acte, juges, j'ai prêté l'argent à Artémon, frère de Lacritos, sur la recommandation de celui-ci et sur la garantie qu'il m'a donnée que toutes les obligations contractées envers moi seraient exécutées conformément au contrat ; ce contrat, aux termes duquel je prêtais l'argent, c'est lui-même qui l'a rédigé et qui, ensuite, l'a scellé avec moi. Ses frères n'étaient pas d'âge, c'étaient de tout jeunes gens ; mais lui, c'était Lacritos de Phasélis, un personnage, un élève d'Isocrate[2].
16 C'est lui qui régla tout ; c'est à lui, disait-il, que je devais m'en rapporter ; il se chargeait de m'assurer mon dû intégralement ; d'ailleurs, il resterait à Athènes, pendant que son frère Artémon voyagerait avec les fonds. Oh, à ce moment-là, juges, alors qu'il voulait obtenir notre argent, il se donnait pour le frère et l'associé d'Artémon ; et il fallait voir comme son langage était convaincant.

1. On a signalé, à propos du *Contre Apatourios* et du *Contre Phormion*, que c'était une pratique usuelle de déposer l'original de l'acte chez un tiers.

2. Cette allusion fait penser que, longtemps après avoir renoncé

ΜΑΡΤΥΡΙΑ

Ἀρχενομίδης Ἀρχεδάμαντος Ἀναγυράσιος μαρτυρεῖ συνθήκας παρ' ἑαυτῷ καταθέσθαι Ἀνδροκλέα Σφήττιον, Ναυσικράτην Καρύστιον, Ἀρτέμωνα, Ἀπολλόδωρον Φασηλίτας, καὶ εἶναι παρ' ἑαυτῷ ἔτι κειμένην τὴν συγγραφήν.

Λέγε δὴ καὶ τὴν τῶν παραγενομένων μαρτυρίαν.

ΜΑΡΤΥΡΙΑ

Θεόδοτος ἰσοτελής, Χαρῖνος Ἐπιχάρους Λευκονοεύς, Φορμίων Κτησιφῶντος Πειραιεύς, Κηφισόδοτος Βοιώτιος, Ἡλιόδωρος Πιθεὺς μαρτυροῦσι παρεῖναι ὅτ' ἐδάνεισεν Ἀνδροκλῆς Ἀπολλοδώρῳ καὶ Ἀρτέμωνι ἀργυρίου τρισχιλίας δραχμάς, καὶ εἰδέναι τὴν συγγραφὴν καταθεμένους παρὰ Ἀρχενομίδῃ Ἀναγυρασίῳ.

15 Κατὰ τὴν συγγραφὴν ταύτην, ὦ ἄνδρες δικασταί, ἐδάνεισα τὰ χρήματα Ἀρτέμωνι τῷ τούτου ἀδελφῷ, κελεύοντος τούτου καὶ ἀναδεχομένου ἅπαντα ἔσεσθαί μοι τὰ δίκαια κατὰ τὴν συγγραφήν, καθ' ἣν ἐδάνεισα τούτου αὐτοῦ γράφοντος καὶ συσσημηναμένου, ἐπειδὴ ἐγράφη. Οἱ μὲν γὰρ ἀδελφοὶ οἱ τούτου [ἔτι] νεώτεροι ἦσαν, μειράκια κομιδῇ, οὑτοσὶ δὲ Λάκριτος Φασηλίτης, μέγα πρᾶγμα, Ἰσοκράτους μαθητής· 16 οὗτος ἦν ὁ πάντα διοικῶν, καὶ ἑαυτῷ με τὸν νοῦν προσέχειν ἐκέλευεν· αὐτὸς γὰρ ἔφη ποιήσειν μοι τὰ δίκαια ἅπαντα καὶ ἐπιδημήσειν Ἀθήνησιν, τὸν δὲ ἀδελφὸν τὸν αὑτοῦ Ἀρτέμωνα πλεύσεσθαι ἐπὶ τοῖς χρήμασιν. Καὶ τότε μέν, ὦ ἄνδρες δικασταί, ὅτ' ἐβούλετο τὰ χρήματα λαβεῖν παρ' ἡμῶν, καὶ ἀδελφὸς ἔφη εἶναι καὶ κοινωνὸς τοῦ Ἀρτέμωνος, καὶ λόγους θαυμασίως ὡς

14 μαρτυρία in lemm. Reiske : — ίαι codd. || ἑαυτῷ A : ἑαυτὸν F Q D || Κτησιφῶντος Kirchner coll. *I. G.* II 804 b 2 : Κηφισοφῶντος codd. || Κηφισόδοτος Blass : Κηφισόδωρος codd. || **15** ἔτι seclusi : om. A || μειράκια κομιδῇ F Q : καὶ μειρ. παντάπασιν A S || **16** τὸν νοῦν προσέχειν codd. : προσ. τ. νοῦν. A.

17 Mais, dès qu'il eurent l'argent en main, ils se le partagèrent et l'employèrent à leur fantaisie ; quant au contrat maritime, d'après lequel ils avaient reçu les fonds, ils ne l'exécutèrent ni peu ni prou : les faits sont là qui en témoignent ; et tout cela se fit sur les instructions de Lacritos. En reprenant un à un les articles du contrat, je vais montrer que ces gens-là n'ont pas rempli une seule de leurs obligations.

18 D'abord, le contrat porte que le prêt de 30 mines qu'ils ont obtenu de nous était garanti par 3.000 amphores de vin, étant admis que l'hypothèque avait une valeur double[1] : la dépense ressortissait ainsi à un talent au prix courant du vin, y compris les frais nécessaires pour la conservation de la marchandise[2]. Et ces 3.000 amphores devaient être transportées dans le Pont sur le navire à vingt rames que commandait Hyblésios. **19** Voilà ce qui est écrit, juges, dans le contrat qui vous a été lu. Or, au lieu de 3.000 amphores, ils n'en chargèrent même pas 500 ; au lieu d'acheter autant de vin qu'ils y étaient obligés, ils employèrent les fonds à leur fantaisie ; les 3.000 amphores, il n'en a même pas été question, ils n'ont pas eu seulement la pensée de les embarquer, comme l'ordonnait le contrat. Pour preuve de ce que je vous dis, prends le témoignage de ceux qui étaient avec eux sur le même navire.

Témoignage

20 Érasiclès témoigne qu'il gouvernait le navire commandé par Hyblésios et qu'à sa connaissance, Apollodore transportait sur le navire 450 amphores de vin de Mendè, pas davantage ; aucune autre marchandise n'a été transportée sur le navire par Apollodore à destination du Pont.

pour son compte à l'éloquence judiciaire et en dépit du mépris qu'il affecte pour elle, Isocrate ne dédaignait pas de l'enseigner à bon prix. Cf. §§ 40, 42.

1. Le contrat ne le dit pas expressément (il précise seulement quelles marchandises, et en quelle quantité, sont affectées en garantie). Au reste, le principe indiqué ici paraît bien être de droit commun en matière de prêts maritimes (cf. *C. Phorm.* 6 sq.).

2. Si l'amphore est égale à un demi-métrète, cela met le vin à un peu moins de 4 drachmes le métrète (38 l. 8) : ce n'est pas un prix

πιθανοὺς ἔλεγεν· 17 ἐπειδὴ δὲ τάχιστα ἐγκρατεῖς ἐγένοντο τοῦ ἀργυρίου, τοῦτο μὲν διενείμαντο καὶ ἐχρῶντο ὅ τι ἐδόκει τούτοις, κατὰ δὲ τὴν συγγραφὴν τὴν ναυτικήν, καθ' ἣν ἔλαβον τὰ χρήματα, οὔτε μέγα οὔτε μικρὸν ἔπραττον, ὡς αὐτὸ τὸ ἔργον ἐδήλωσεν. Οὑτοσὶ δὲ Λάκριτος ἁπάντων ἦν τούτων ὁ ἐξηγητής. Καθ' ἕκαστον δὲ τῶν γεγραμμένων ἐν τῇ συγγραφῇ ἐπιδείξω τούτους οὐδ' ὁτιοῦν πεποιηκότας ὑγιές.

18 Πρῶτον μὲν γὰρ γέγραπται ὅτι ἐπ' οἴνου κεραμίοις τρισχιλίοις ἐδανείσαντο παρ' ἡμῶν τὰς τριάκοντα μνᾶς, ὡς ὑπαρχούσης αὐτοῖς ὑποθήκης ἑτέρων τριάκοντα μνῶν, ὥστε εἰς τάλαντον ἀργυρίου τὴν τιμὴν εἶναι τοῦ οἴνου καθισταμένην, σὺν τοῖς ἀναλώμασιν οἷς ἔδει ἀναλίσκεσθαι εἰς τὴν κατασκευὴν τὴν περὶ τὸν οἶνον· τὰ δὲ τρισχίλια κεράμια ἄγεσθαι ταῦτα εἰς τὸν Πόντον ἐν τῇ εἰκοσόρῳ ἣν Ὑβλήσιος ἐναυκλήρει. 19 Γέγραπται μὲν ταῦτα ἐν τῇ συγγραφῇ, ὦ ἄνδρες δικασταί, ἧς ὑμεῖς ἀκηκόατε· οὗτοι δὲ ἀντὶ τῶν τρισχιλίων κεραμίων οὐδὲ πεντακόσια κεράμια εἰς τὸ πλοῖον ἐνέθεντο, ἀλλ' ἀντὶ τοῦ ἠγοράσθαι αὐτοῖς τὸν οἶνον ὅσον προσῆκεν, τοῖς χρήμασιν ἐχρῶντο ὅ τι ἐδόκει τούτοις, τὰ δὲ κεράμια τὰ τρισχίλια οὐδ' ἐμέλλησαν οὐδὲ διενοήθησαν ἐνθέσθαι εἰς τὸ πλοῖον κατὰ τὴν συγγραφήν. Ὅτι δ' ἀληθῆ ταῦτα λέγω, λαβὲ τὴν μαρτυρίαν τῶν συμπλεόντων ἐν τῷ αὐτῷ πλοίῳ τούτοις.

ΜΑΡΤΥΡΙΑ

20 Ἐρασικλῆς μαρτυρεῖ κυβερνᾶν τὴν ναῦν ἣν Ὑβλήσιος ἐναυκλήρει, καὶ εἰδέναι Ἀπολλόδωρον ἀγόμενον ἐν τῷ πλοίῳ οἴνου Μενδαίου κεράμια τετρακόσια πεντήκοντα, καὶ οὐ πλείω· ἄλλο δὲ μηδὲν ἀγώγιμον ἄγεσθαι ἐν τῷ πλοίῳ Ἀπολλόδωρον εἰς τὸν Πόντον.

18 ἐδανείσαντο A : ἐδανείζοντο S ἐδανείζετο F Q D ‖ οἷς A : ὅσα cett. ‖ ἄγεσθαι ταῦτα A S : ταῦτα ἄγεσθαι F Q ‖ 19 ταῦτα λέγω S : λέγω ταῦτα v. ‖ 20 testimonia desunt in S.

Hippias, fils d'Athénippos, d'Halicarnasse, témoigne qu'il naviguait sur le navire d'Hyblésios comme contremaître et qu'à sa connaissance, Apollodore de Phasélis transportait sur le navire 450 amphores de vin de Mendè et aucune autre marchandise.

Ont reçu les témoignages par commission rogatoire[1] : Archiadès, fils de Mnésonidès, du dème d'Acharnes ; Sostratos, fils de Philippe, du dème d'Histiée ; Eumarichos, fils d'Eubios, du dème d'Histiée ; Philtadès, fils de Ctésias, du dème de Xypétè ; Denys, fils de Démocratidès, du dème de Cholleidai.

21 Voilà comment ils ont observé leurs obligations, pour ce qui est de la quantité de vin qu'ils devaient embarquer : dès le premier article du contrat, ils ont commencé à contrevenir à leurs engagements écrits. En second lieu, le contrat porte que l'hypothèque est garantie franche de toute dette, et qu'ils n'emprunteront à personne d'autre sur le même gage[2]. **22** Tels sont les termes exprès, juges. Or, qu'ont-ils fait? Sans tenir aucun compte de ce texte, ils empruntent à un petit jeune homme, à qui ils font croire faussement qu'ils ne doivent rien à personne. Ainsi, du même coup, ils ont commis un abus de confiance à notre égard, en empruntant à notre insu sur le gage qui nous appartenait, et ils ont usé de dol envers le jeune homme en empruntant sur des marchandises qu'ils déclaraient franches d'hypothèque. Telles sont leurs fraudes. Et tout cela, ce sont les tours du sophiste Lacritos. Pour preuve qu'ils ont emprunté en seconde hypo-

élevé (cf. XLII 20, où il est question, mais d'ailleurs dans un moment de crise, du prix de 12 drachmes).

1. La loi interdit le témoignage par ouï-dire : si les déclarations sur lesquelles on veut s'appuyer émanent d'un individu qui est absent ou malade, on ne peut en faire état que si on les a recueillies par le moyen de témoins instrumentaires ; on dit alors de cet individu qu'il a « déposé auprès » de ceux-ci (ἐκμαρτυρεῖν πρός τινα, expression que nous trouvons également chez Eschine, II, 19). Cf. *Contre Stéphanos* II 7, 8.

2. On peut observer que l'interdiction d'une seconde hypothèque repose ici sur la convention. Du reste, il apparaît dans la suite du discours qu'elle pouvait être levée en cas de force majeure.

Ἱππίας Ἀθηνίππου Ἁλικαρνασσεὺς μαρτυρεῖ συμπλεῖν ἐν τῇ Ὑβλησίου νηὶ διοπεύων τὴν ναῦν, καὶ εἰδέναι Ἀπολλόδωρον τὸν Φασηλίτην ἀγόμενον ἐν τῷ πλοίῳ ἐκ Μένδης εἰς τὸν Πόντον οἴνου Μενδαίου κεράμια τετρακόσια πεντήκοντα, ἄλλο δὲ μηδὲν φορτίον.

Πρὸς τούσδ' ἐξεμαρτύρησεν· Ἀρχιάδης Μνησωνίδου Ἀχαρνεύς, Σώστρατος Φιλίππου Ἑστιαιόθεν, Εὐμάριχος Εὐβοίου Ἑστιαιόθεν, Φιλτάδης Κτησίου Ξυπεταιών, Διονύσιος Δημοκρατίδου Χολλῄδης.

21 Περὶ μὲν οὖν τοῦ πλήθους τοῦ οἴνου, ὅσον ἔδει αὐτοὺς ἐνθέσθαι εἰς τὸ πλοῖον, ταῦτα διεπράξαντο, καὶ ἤρξαντο εὐθὺς ἐντεῦθεν ἀπὸ τοῦ πρώτου γεγραμμένου παραβαίνειν καὶ μὴ ποιεῖν τὰ γεγραμμένα. Μετὰ δὲ ταῦτ' ἔστιν ἐν τῇ συγγραφῇ ὅτι ὑποτιθέασιν ταῦτα ἐλεύθερα καὶ οὐδενὶ οὐδὲν ὀφείλοντες, καὶ ὅτι οὐδ' ἐπιδανείσονται ἐπὶ τούτοις παρ' οὐδενός. Ταῦτα διαρρήδην γέγραπται, ὦ ἄνδρες δικασταί. **22** Οὗτοι δὲ τί ἐποίησαν; ἀμελήσαντες τῶν γεγραμμένων ἐν τῇ συγγραφῇ δανείζονται παρά τινος νεανίσκου, ἐξαπατήσαντες ὡς οὐδενὶ οὐδὲν ὀφείλοντες· καὶ ἡμᾶς τε παρεκρούσαντο καὶ ἔλαθον δανεισάμενοι ἐπὶ τοῖς ἡμετέροις, ἐκεῖνόν τε τὸν νεανίσκον τὸν δανείσαντα ἐξηπάτησαν ὡς ἐπ' ἐλευθέροις τοῖς χρήμασιν δανειζόμενοι· τοιαῦτα τούτων ἐστὶν τὰ κακουργήματα. Ταῦτα δὲ πάντ' ἐστὶν τὰ σοφίσματα Λακρίτου τουτουί. Ὅτι δὲ ἀληθῆ λέγω καὶ ἐπεδανείσαντο χρήματα παρὰ τὴν συγγραφήν,

20 διοπεύων Meursius : διοπτεύων codd. || τούσδ' Blass : τοῖσδ' codd. || post ἐξεμαρτύρησεν restituit Drerup punctum qui uulgo post Ἀχαρνεύς positus erat (sic **34**) || Ἀρχιάδης Reiske (cf. XLIV 2 sq.) : Ἀχράδης F Q Ἀχράνδης A || Ἑστιαιόθεν edd. ex inscr. usu : Ἱστιαιόθεν codd. (sic **34**) || Εὐμάριχος Dindorf : Εὐμάχιρος A Εὔραχος r om. F Q cum altero Ἱστιαιόθεν || Φιλτάδης Kirchner coll. *I. G.* II 812 : Φιλτιάδης F Q Φιατάδης A (sic **34**) || Ξυπεταιών edd. : ἐξυπετάιων F Q ξυμπετεών A || Χολλῄδης Rennie ex inscr. usu : Χολλίδης codd. || **21** οὖν S : δὴ v. || ἔδει αὐτούς v. : αὐτούς ἔδει A || καὶ ἤρξαντο ... παραβαίνειν A S : ... παραβαίνειν ἀρξάμενοι F Q || ὀφείλοντες codd. : ἐνοφείλοντες coni. Rennie, quod probabile est || ὅτι om. F Q || οὐδ' v. : οὐκ A || **22** τε om. A || ὡς A S : οὐκ F Q || post δανειζόμενοι add. τοῖς ἡμετέροις A || χρήματα : τὰ χρήμ. S.

thèque contrairement au contrat, on va vous lire le témoignage du second créancier lui-même. **23** Lis le témoignage.

TÉMOIGNAGE

Aratos d'Halicarnasse témoigne avoir prêté à Apollodore 11 mines d'argent sur le chargement que ledit transportait au Pont sur le navire d'Hyblésios, ainsi que sur les marchandises à acheter avec le produit de la vente[1] ; il ignorait qu'Apollodore eût déjà emprunté à Androclès ; autrement, il n'eût pas consenti le prêt.

24 Voilà les fourberies de ces gens-là. Le contrat disposait ensuite, juges, qu'une fois leur cargaison vendue dans le Pont, ils devraient acheter d'autres marchandises qu'ils chargeraient à la place et qu'ils ramèneraient à Athènes ; et là, ils devraient nous payer en bon argent[2], dans le délai de vingt jours ; en attendant le payement, les marchandises devaient être tenues par eux à notre disposition, franches de tout droit de saisie, jusqu'à ce que nous fussions remboursés. **25** Tels sont les termes exprès du contrat. Et c'est ici, juges, que nos adversaires ont montré de la façon la plus éclatante leur mépris du droit et leur impudence : ce qui était écrit dans le contrat n'a compté pour rien à leurs yeux, ils n'y ont vu que bavardage et lettre morte. Ils n'ont rien acheté au Pont en contre-partie, ils n'ont pas chargé de nouvelles marchandises à destination d'Athènes ; et quand ils sont revenus du Pont, nous les créanciers, nous n'avons rien eu à saisir et sur quoi exercer nos droits en attendant d'être payés, puisqu'ils n'avaient amené aucune marchandise dans votre port. **26** Nous avons été traités, juges, de

1. Il s'agit donc d'un contrat de prêt maritime, du même type que celui qui donne lieu à la présente affaire et à celles qu'on trouve dans d'autres discours démosthéniques. Le principe est indiqué expressément de la substitution du gage au cours des opérations commerciales.

2. Probablement en monnaie athénienne, et non pas en monnaie étrangère, qui eût perdu au change.

μαρτυρίαν ἀναγνώσεται ὑμῖν αὐτοῦ τοῦ ἐπιδανείσαντος.
23 Λέγε τὴν μαρτυρίαν.

ΜΑΡΤΥΡΙΑ

Ἄρατος Ἁλικαρνασσεὺς μαρτυρεῖ δανεῖσαι Ἀπολλοδώρῳ ἕνδεκα μνᾶς ἀργυρίου ἐπὶ τῇ ἐμπορίᾳ ἣν ἦγεν ἐν τῇ Ὑβλησίου νηὶ εἰς τὸν Πόντον καὶ τοῖς ἐκεῖθεν ἀνταγορασθεῖσι, καὶ μὴ εἰδέναι αὐτὸν δεδανεισμένον παρὰ Ἀνδροκλέους ἀργύριον· οὐ γὰρ ἂν δανεῖσαι αὐτὸς Ἀπολλοδώρῳ τὸ ἀργύριον.

24 Αἱ μὲν πανουργίαι τοιαῦται τῶν ἀνθρώπων τούτων εἰσίν. Γέγραπται δὲ μετὰ ταῦτα ἐν τῇ συγγραφῇ, ὦ ἄνδρες δικασταί, ἐπειδὰν ἀποδῶνται ἐν τῷ Πόντῳ ἃ ἦγον, πάλιν ἀνταγοράζειν χρήματα καὶ ἀντιφορτίζεσθαι καὶ ἀπάγειν Ἀθήναζε τὰ ἀντιφορτισθέντα, καὶ ἐπειδὰν ἀφίκωνται Ἀθήναζε, ἀποδοῦναι εἴκοσιν ἡμερῶν τὸ ἀργύριον ἡμῖν δόκιμον· ἕως δ' ἂν ἀποδῶσιν, κρατεῖν τῶν χρημάτων ἡμᾶς, καὶ ἀνέπαφα ταῦτα παρέχειν τούτους, ἕως ἂν ἀπολάβωμεν.
25 Γέγραπται μὲν ταῦτα οὑτωσὶ ἀκριβῶς ἐν τῇ συγγραφῇ· οὗτοι δέ, ὦ ἄνδρες δικασταί, ἐνταῦθα καὶ ἐπεδείξαντο μάλιστα τὴν ὕβριν καὶ τὴν ἀναίδειαν τὴν ἑαυτῶν, καὶ ὅτι οὐδὲ μικρὸν προσεῖχον τοῖς γράμμασι τοῖς γεγραμμένοις ἐν τῇ συγγραφῇ, ἀλλ' ἡγοῦντο εἶναι τὴν συγγραφὴν ἄλλως ὕθλον καὶ φλυαρίαν. Οὔτε γὰρ ἀντηγόρασαν οὐδὲν ἐν τῷ Πόντῳ οὔτε ἀντεφορτίσαντο ὥστε ἄγειν Ἀθήναζε· ἡμεῖς τε οἱ δανείσαντες τὰ χρήματα ἡκόντων αὐτῶν τούτων ἐκ τοῦ Πόντου οὐκ εἴχομεν ὅτου ἐπιλαβοίμεθα οὐδ' ὅτου κρατοῖμεν, ἕως κομισαίμεθα τὰ ἡμέτερ' αὐτῶν· οὐδ' ὁτιοῦν γὰρ εἰσήγαγον εἰς τὸν λιμένα τὸν ὑμέτερον οὗτοι. 26 Ἀλλὰ

23 ἕνδεκα μνᾶς ἀργυρίου S F Q : ἀργύριον ἕνδ. μν. A D ‖ τὸ om. F Q ‖ 24 ἦγον v. : ἤγαγον A ‖ ἀντιφορτίζεσθαι A F : — ίζειν S ‖ χρημάτων S : χρημ. ἁπάντων v. ‖ ταῦτα S : πάντα F Q om. A ‖ 25 μὲν A F Q (cf. 19, 22) : μὲν γὰρ S ‖ ἀντηγόρασαν A S : ἠγόρασαν F Q D ‖ τε v. : δὲ A ‖ ἕως A : ἕως ὅτου cett. ‖ ὑμέτερον v. : ἡμετ. A.

la façon la plus inouïe : dans notre propre ville, sans que nous leur ayons fait aucun tort, sans qu'ils eussent aucun jugement contre nous, ils ont exercé sur nos biens un droit de prise, eux, des Phasélites, comme si un droit de prise avait été accordé à des Phasélites contre les Athéniens[1]. Refuser de rendre ce qu'on a reçu, comment qualifier cela ? N'est-ce pas enlever de force le bien d'autrui[2] ? A ma connaissance, il n'y eut jamais pire scélératesse que celle dont nous avons été victimes de leur part ; et cela, quand ils reconnaissent avoir reçu l'argent de nous. **27** En effet, c'est lorsque les engagements donnent lieu à contestation qu'un jugement est nécessaire ; mais, quand ils sont également reconnus des deux parties, et de surcroît lorsqu'il y a un contrat maritime en dépôt, il n'y a qu'une voix là-dessus : l'affaire est toute tranchée, il n'y a qu'à s'en rapporter au texte[3]. Or, qu'ils n'aient observé aucun article du contrat, qu'ils aient dès la première heure usé de dol et contrevenu systématiquement à leurs obligations, c'est ce qui est établi d'une manière irréfutable, et par les témoignages et par leur propre aveu.

28 Mais il faut que vous connaissiez la manœuvre la plus scandaleuse de Lacritos : car c'est lui qui menait le jeu. A leur voyage de retour, ils n'allèrent pas débarquer dans votre port : ils jetèrent l'ancre à la rade des voleurs[4], hors des limites de votre port. A la rade des voleurs, autant dire : à Égine ou à Mégare ; car on peut sortir de là pour aller où on veut et quand il plaît. **29** Leur bâtiment mouilla à cet endroit durant plus de vingt-cinq jours.

1. Cf. § 13, n. *.

2. Il est naturel qu'un avocat recoure à des analogies plus ou moins sophistiques ; mais, en l'espèce, le raisonnement est bien faible : l'orateur indique, ou suggère, une assimilation entre le cas de ses adversaires et le délit de « soustraction par violence » qui donne lieu à une action spéciale βιαίων. Il n'y a évidemment aucun rapport. Mais il faut bien dire que ce genre de sophisme, pour grossier qu'il soit, n'en est pas moins pratiqué par les orateurs : Démosthène lui-même ne s'en fait pas faute.

3. Il y a ici l'idée implicite que la συγγραφὴ ναυτική constitue par elle-même un titre exécutoire. Aussi bien comporte-t-elle en l'espèce la clause de voie parée ; voir *Notice*, p. 171, 175.

4. Cette dénomination indique un rendez-vous, non pas de fraudeurs, mais de détrousseurs (φῶρες).

πεπόνθαμεν καινότατον, ὦ ἄνδρες δικασταί· ἐν γὰρ τῇ πόλει τῇ ἡμετέρᾳ αὐτῶν, οὐδὲν ἀδικοῦντες οὐδὲ δίκην οὐδεμίαν ὠφληκότες τούτοις, σεσυλήμεθα τὰ ἡμέτερ' αὐτῶν ὑπὸ τούτων Φασηλιτῶν ὄντων, ὥσπερ δεδομένων συλῶν Φασηλίταις κατ' Ἀθηναίων. Ἐπειδὰν γὰρ μὴ θέλωσιν ἀποδοῦναι ἃ ἔλαβον, τί ἄν τις ἄλλο ὄνομα ἔχοι θέσθαι τῷ τοιούτῳ ἢ ὅτι ἀφαιροῦνται βίᾳ τὰ ἀλλότρια; ἐγὼ μὲν οὐδὲ ἀκήκοα πώποτε πρᾶγμα μιαρώτερον ἢ ὃ οὗτοι διαπεπραγμένοι εἰσὶ περὶ ἡμᾶς, καὶ ταῦτα ὁμολογοῦντες λαβεῖν παρ' ἡμῶν τὰ χρήματα. **27** Ὅσα μὲν γὰρ ἀμφισβητήσιμά ἐστι τῶν συμβολαίων, κρίσεως δεῖται, ὦ ἄνδρες δικασταί· τὰ δὲ παρ' ἀμφοτέρων ὁμολογηθέντα τῶν συντιθεμένων, καὶ περὶ ὧν συγγραφαὶ κεῖνται ναυτικαί, τέλος ἔχειν ἅπαντες νομίζουσιν, καὶ χρῆσθαι προσήκει τοῖς γεγραμμένοις. Ὅτι δὲ κατὰ τὴν συγγραφὴν οὐδ' ὁτιοῦν πεποιήκασιν, ἀλλ' εὐθὺς ἀπ' ἀρχῆς ἀρξάμενοι ἐκακοτέχνουν καὶ ἐπεβούλευον μηδὲν ὑγιὲς ποιεῖν, ὑπό τε τῶν μαρτύρων καὶ αὐτοὶ ὑφ' ἑαυτῶν ἐλέγχονται οὑτωσὶ καταφανῶς.

28 Ὃ δὲ πάντων δεινότατον διεπράξατο Λάκριτος οὑτοσί, δεῖ ὑμᾶς ἀκοῦσαι· οὗτος γὰρ ἦν ὁ πάντα ταῦτα διοικῶν. Ἐπειδὴ γὰρ ἀφίκοντο δεῦρο, εἰς μὲν τὸ ὑμέτερον ἐμπόριον οὐ καταπλέουσιν, εἰς φωρῶν δὲ λιμένα ὁρμίζονται, ὅς ἐστιν ἔξω τῶν σημείων τοῦ ὑμετέρου ἐμπορίου, καὶ ἔστιν ὅμοιον εἰς φωρῶν λιμένα ὁρμίσασθαι, ὥσπερ ἂν εἴ τις εἰς Αἴγιναν ἢ εἰς Μέγαρα ὁρμίσαιτο· ἔξεστι γὰρ ἀποπλεῖν ἐκ τοῦ λιμένος τούτου ὅποι ἄν τις βούληται καὶ ὁπηνίκ' ἂν δοκῇ αὐτῷ. **29** Καὶ τὸ μὲν πλοῖον ὥρμει

26 ὠφληκότες οὐδεμίαν A S : οὐδ. ὠφλ. F Q D ‖ τούτων et ὄντων desunt in Harpocratione s. v. σύλας (del. Blass) ‖ συλῶν Harpocratio : σύλων codd. ‖ θέλωσιν Harpocratio : ἐθέλωσιν codd. ‖ τῷ τοιούτῳ Harpocratio : τοῖς τοιούτοις codd. ‖ ἀφαιροῦνται βίᾳ codd. : ἀναιροῦνται Harpocratio ‖ μὲν S : μὲν γὰρ v. ‖ 27 μαρτύρων v. : μαρτυριῶν S ‖ 28 πάντων v. : πάντων τούτων S ‖ ὑμέτερον v. : ἡμέτερον A ‖ ὑμετέρου A F : ἡμετέρου S Q.

Eux, pendant ce temps, se promenaient dans notre halle[1]; nous allions les trouver et, dans nos entretiens, nous les priions de pourvoir à ce que nous fussions payés le plus tôt possible. Ils reconnaissaient leurs engagements et nous assuraient qu'ils faisaient justement diligence pour cela. Durant ces démarches, nous les surveillions pour savoir s'ils débarquaient quelque marchandise ou faisaient une déclaration aux receveurs du cinquantième[2]. **30** Il y avait déjà bien des jours qu'ils étaient rentrés, et nous ne voyions rien venir : pas le moindre débarquement, pas de déclaration en douane à leur nom. Alors, nos réclamations se firent plus pressantes. Et, comme nous les mettions au pied du mur, Lacritos, frère d'Artémon, nous répondit qu'ils ne pouvaient payer, que toutes les marchandises avaient péri. Il ajoutait qu'il avait un bon moyen de défense. **31** Là-dessus, juges, nous protestâmes ; mais les protestations ne nous avançaient à rien, elles leur étaient bien indifférentes. Tout de même, nous voulions savoir comment les marchandises avaient péri : Lacritos nous déclara que le navire avait fait naufrage dans la traversée de Panticapée à Théodosie[3] et que ses frères avaient alors perdu les marchandises qui se trouvaient sur le bâtiment : c'étaient des salaisons, du vin de Cos et autres denrées ; tout cela, d'après lui, était le fret de retour qui devait être ramené à Athènes s'il n'avait pas péri par naufrage. **32** Voilà ce qu'il prétendait ; et il vaut la peine que vous connaissiez l'impudence de ces gens-là et leur hâblerie. Le navire qui fit naufrage était hors de cause ; c'est un autre créancier qui avait prêté sur le fret à faire[4] dans le voyage d'Athènes au Pont

1. La δεῖγμα n'est pas un marché, mais une halle pour la vente sur échantillon ; il y en avait une au Pirée, comme dans les autres places de commerce en général ; cf. P. Huvelin, art. *Mercatura* dans le *Dict. des Ant.*, III, p. 1758 ; art. *Negociator*, *Ibid.*, IV, p. 44.

2. Cf. *Contre Phormion* 7.

3. Dans la Crimée actuelle.

4. On discute sur l'interprétation du mot ναῦλον, qui peut signifier aussi bien le chargement lui-même (*C. Zénoth.* 2) que le prix du louage du navire (*C. Timothée* 26) : le contexte indique plutôt le second sens. Cf. Pappulias, Ἡ ἐμπράγμ. ἀσφάλ., p. 77.

ἐνταῦθα πλείους ἢ πέντε καὶ εἴκοσιν ἡμέρας, οὗτοι δὲ περιεπάτουν ἐν τῷ δείγματι τῷ ἡμετέρῳ, καὶ ἡμεῖς προσιόντες διελεγόμεθα, καὶ ἐκελεύομεν τούτους ἐπιμελεῖσθαι ὅπως ἂν ὡς τάχιστα ἀπολάβωμεν τὰ χρήματα. Οὗτοι δὲ ὡμολόγουν τε καὶ ἔλεγον ὅτι αὐτὰ ταῦτα περαίνοιεν. Καὶ ἡμεῖς τούτοις ⟨τε⟩ προσῆμεν καὶ ἅμα ἐπεσκοποῦμεν εἴ τι ἐξαιροῦνταί ποθεν ἐκ πλοίου ἢ πεντηκοστεύονται. **30** Ἐπειδὴ δὲ ἡμέραι τε ἦσαν συχναὶ ἐπιδημοῦσι τούτοις, ἡμεῖς τε οὐδ' ὁτιοῦν εὑρίσκομεν οὔτ' ἐξῃρημένον οὔτε πεπεντηκοστευμένον ἐπὶ τῷ ὀνόματι τῷ τούτων, ἐνταῦθα ἤδη μᾶλλον προσεκείμεθα ἀπαιτοῦντες. Καὶ ἐπειδὴ ἠνωχλοῦμεν αὐτοῖς, ἀποκρίνεται Λάκριτος ουτοσί, ἁδελφὸς ὁ Ἀρτέμωνος, ὅτι οὐκ ἂν οἷοί τ' εἴησαν ἀποδοῦναι, ἀλλ' ἀπόλωλεν ἅπαντα τὰ χρήματα· καὶ ἔφη Λάκριτος δίκαιόν τι ἔχειν λέγειν περὶ τούτων. **31** Καὶ ἡμεῖς, ὦ ἄνδρες δικασταί, ἠγανακτοῦμεν ἐπὶ τοῖς λεγομένοις, πλέον δὲ οὐδὲν ἦν ἀγανακτοῦσιν ἡμῖν· τούτοις γὰρ οὐδ' ὁτιοῦν ἔμελεν. Οὐδὲν δ' ἧττον ἠρωτῶμεν αὐτούς, ὅντινα τρόπον ἀπολωλότα εἴη τὰ χρήματα. Λάκριτος δὲ οὑτοσὶ ναυαγῆσαι ἔφη τὸ πλοῖον παραπλέον ἐκ Παντικαπαίου εἰς Θεοδοσίαν, ναυαγήσαντος δὲ τοῦ πλοίου ἀπολωλέναι τὰ χρήματα τοῖς ἀδελφοῖς τοῖς ἑαυτοῦ, ἃ ἔτυχεν ἐν τῷ πλοίῳ ἐνόντα· ἐνεῖναι δὲ τάριχός τε καὶ οἶνον Κῷον καὶ ἄλλ' ἄττα, καὶ ταῦτα ἔφασαν πάντα ἀντιφορτισθέντα μέλλειν ἀπάγειν Ἀθήναζε, εἰ μὴ ἀπώλετο ἐν τῷ πλοίῳ. **32** Καὶ ἃ μὲν ἔλεγεν, ταῦτ' ἦν· ἄξιον δὲ ἀκοῦσαι τὴν βδελυρίαν τῶν ἀνθρώπων τούτων καὶ τὴν ψευδολογίαν. Πρός τε γὰρ τὸ πλοῖον τὸ ναυαγῆσαν οὐδὲν ἦν αὐτοῖς συμβόλαιον, ἀλλ' ἦν ἕτερος ὁ δεδανεικὼς

29 ἀπολάβωμεν A : — οιμεν cett. ‖ τε add. Blass ‖ ἐπεσκοποῦμεν v. : ἐσκόπουμεν A ‖ **30** τῷ τούτων A : τούτων v. ‖ ἠνωχλοῦμεν F corr. : ἐνωχλοῦμεν S F pr. Q ἐνοχλοῦμεν A ‖ ἁδελφὸς Dindorf : αδελφος S ἀδελφὸς A ὁ ἀδ. cett. ‖ ὁ om. F Q D ‖ τούτων v. : τούτου A ‖ **31** Θεοδοσίαν S D quod reposuit Blass hic et alibi : Θευδοσίαν cett. ‖ τῷ om. F Q D ‖ ἀπάγειν Schaefer coll. **11, 37** : αὐτὰ ἄγειν codd. ‖ **32** τούτων S : τουτωνὶ v.

et sur le navire lui-même (il s'appelait Antipatros, de Citium). Quant au vin de Cos — 80 amphores de vin passé — et aux salaisons, ils naviguaient de Panticapée à Théodosie pour le compte d'un cultivateur qui les destinait à la nourriture des ouvriers agricoles. Pourquoi donc tous ces prétextes? Ils ne riment à rien. **33** Prends-moi d'abord le témoignage d'Apollonidès, qui prouve que c'est Antipatros qui avait prêté sur le navire, et que le naufrage n'intéresse nullement mes adversaires ; ensuite, celui d'Érasiclès et d'Hippias, qui attestent que le navire transportait seulement 80 amphores.

Témoignages[1]

Apollonidès d'Halicarnasse témoigne qu'à sa connaissance, Antipatros de Citium avait prêté de l'argent à Hyblésios, pour un voyage au Pont, sur le navire commandé par Hyblésios et sur le fret à faire jusqu'au Pont ; qu'il était copropriétaire du navire avec Hyblésios ; que des esclaves à lui y naviguaient[2] ; qu'ils étaient présents lors du naufrage dont ils lui portèrent la nouvelle, en ajoutant que le navire était vide quand il périt dans la traversée de Panticapée à Théodosie.

34 Érasiclès témoigne qu'il a navigué sur le navire d'Hyblésios comme pilote dans le voyage du Pont ; qu'à sa connaissance le navire était vide au moment de la traversée de Panticapée à Théodosie et ne transportait pas de vin appartenant à Apollodore, défendeur au présent procès[3], mais environ 80 amphores de vin de Cos appartenant à une personne de Théodosie.

Hippias, fils d'Athénippos, d'Halicarnasse, témoigne qu'il a navigué sur le navire d'Hyblésios comme contremaître et que, lors de la traversée de Panticapée à Théodosie, Apollodore avait chargé sur le navire un ou deux ballots de laine, onze

1. Exactement, il s'agit encore d'ἐκμαρτυρίαι, c'est-à-dire de témoignages recueillis à l'étranger ; cf. § 20, et p. 187, n. 1.

2. Sur la condition ordinaire des gens d'équipage, cf. *C. Apat.* 8, 10 ; *C. Phorm.* 10.

3. Il n'y a pas là un motif de suspicion contre l'authenticité du document — tout au contraire, puisqu'un faussaire n'aurait pu commettre une telle bévue : il apparaît que le témoignage a été rédigé à un moment où l'action était intentée, en effet, contre Apollodore ; cf. *Notice*, p. 169.

Ἀθήνηθεν ἐπὶ τῷ ναύλῳ τῷ εἰς τὸν Πόντον καὶ ἐπ' αὐτῷ τῷ πλοίῳ (Ἀντίπατρος ὄνομα ἦν τῷ δεδανεικότι, Κιτιεὺς τὸ γένος)· τό τε οἰνάριον τὸ Κῷον ὀγδοήκοντα στάμνοι ἐξεστηκότος οἴνου, καὶ τὸ τάριχος ἀνθρώπῳ τινὶ γεωργῷ παρεκομίζετο ἐν τῷ πλοίῳ ἐκ Παντικαπαίου εἰς Θεοδοσίαν τοῖς ἐργάταις τοῖς περὶ τὴν γεωργίαν χρῆσθαι. Τί οὖν ταύτας τὰς προφάσεις λέγουσιν; οὐδὲν γὰρ προσήκει.
33 Καί μοι λαβὲ τὴν μαρτυρίαν, πρῶτον μὲν τὴν Ἀπολλωνίδου, ὅτι Ἀντίπατρος ἦν ὁ δανείσας ἐπὶ τῷ πλοίῳ, τούτοις δ' οὐδ' ὁτιοῦν προσήκει τῆς ναυαγίας, ἔπειτα τὴν Ἐρασικλέους καὶ τὴν Ἱππίου, ὅτι ὀγδοήκοντα μόνον κεράμια παρήγετο ἐν τῷ πλοίῳ.

ΜΑΡΤΥΡΙΑΙ

Ἀπολλωνίδης Ἁλικαρνασσεὺς μαρτυρεῖ εἰδέναι δανείσαντα Ἀντίπατρον, Κιτιέα τὸ γένος, χρήματα Ὑβλησίῳ εἰς τὸν Πόντον ἐπὶ τῇ νηὶ ἣν Ὑβλήσιος ἐναυκλήρει, καὶ τῷ ναύλῳ τῷ εἰς τὸν Πόντον· κοινωνεῖν δὲ καὶ αὑτὸν τῆς νεὼς Ὑβλησίῳ, καὶ συμπλεῖν ἑαυτοῦ οἰκέτας ἐν τῇ νηί, καὶ ὅτε διεφθάρη ἡ ναῦς, παρεῖναι τοὺς οἰκέτας τοὺς ἑαυτοῦ καὶ ἀπαγγέλλειν ἑαυτῷ, καὶ ὅτι ἡ ναῦς κενὴ διεφθάρη παραπλέουσα εἰς Θεοδοσίαν ἐκ Παντικαπαίου.
34 Ἐρασικλῆς μαρτυρεῖ συμπλεῖν Ὑβλησίῳ κυβερνῶν τὴν ναῦν ⟨τὴν⟩ εἰς Πόντον, καὶ ὅτε παρέπλει ἡ ναῦς εἰς Θεοδοσίαν ἐκ Παντικαπαίου, εἰδέναι κενὴν τὴν ναῦν παραπλέουσαν, καὶ Ἀπολλοδώρου αὐτοῦ τοῦ φεύγοντος νυνὶ τὴν δίκην μὴ εἶναι οἶνον ἐν τῷ πλοίῳ, ἀλλὰ παράγεσθαι τῶν ἐκ Θεοδοσίας τινὶ οἴνου Κῷα κεράμια περὶ ὀγδοήκοντα.
Ἱππίας Ἀθηνίππου Ἁλικαρνασσεὺς μαρτυρεῖ συμπλεῖν Ὑβλησίῳ διοπεύων τὴν ναῦν, καὶ ὅτε παρέπλει ἡ ναῦς εἰς Θεοδοσίαν ἐκ Παντικαπαίου, ἐνθέσθαι Ἀπολλόδωρον εἰς τὴν ναῦν ἐρίων ἀγγεῖον ἓν ἢ δύο καὶ ταρίχους κεράμια

32 αὐτῷ om. F Q D || τ' v. : δὲ A || 33 ἐπὶ τῷ πλοίῳ om. F D habet in γρ. Q || μόνον S : μόνα v. || testimonia desunt in S || αὑτὸν Rennie : αὐτὸν codd. αὐτὸς Blass || κενὴ v. : ἐκείνη A || 34 τὴν add. Blass || ἐκ v. : ἐκ τῆς A || οἴνου Reiske : οἰκούντων codd. || διοπεύων Meursius : διοπτεύων codd.

ou douze amphores de salaisons, deux ou trois paquets de peaux de chèvres, et rien de plus.

Ont reçu les témoignages par commission rogatoire : Euphilétos, fils de Dèmotimos, du dème d'Aphidna ; Hippias, fils de Timoxénos, du dème de Thymètadai ; Sostratos, fils de Philippe, du dème d'Histiée ; Archénomidès, fils de Straton, du dème de Thria ; Philtadès, fils de Ctésiclès, du dème de Xypétè.

35 Vous voyez l'impudence de ces gens. Quant à vous, juges, demandez-vous s'il est jamais venu à votre connaissance ou à vos oreilles qu'on ait transporté du vin, du Pont à Athènes, pour en faire le commerce — surtout du vin de Cos. Tout au contraire, on transporte dans le Pont du vin de nos parages, de Péparèthe, de Cos, de Thasos, de Mendè et de bien d'autres villes : du Pont, c'est de tout autres objets qu'on importe[1]. **36** Quand nous les avons pressés de questions pour savoir si quelque marchandise avait été sauvée dans le Pont, Lacritos nous répondit qu'on avait sauvé cent statères de Cyzique, que son frère avait prêté cette somme dans le Pont à un capitaine phasélite, son compatriote et ami, qu'il ne pouvait en obtenir le remboursement, et qu'en définitive cet argent aussi était perdu[2]. Voilà quel était le langage de Lacritos. **37** Mais ce n'est pas celui du contrat, juges ; aux termes du contrat, ils doivent charger des marchandises au Pont pour le retour à Athènes ; ils ne doivent pas, sans notre assentiment, prêter dans le Pont à qui ils veulent ce qui nous appartient, mais transporter à Athènes un gage qu'ils nous remettront franc d'hypothèque, jusqu'à remboursement de nos avances. Lis-moi encore le contrat.

1. A savoir du blé, des salaisons, des peaux — sans parler des esclaves. Au sujet du commerce du vin, l'indication qui précède a son intérêt.

2. L'histoire est assez obscure. On ne peut pas croire que la thèse de Lacritos, c'était tout uniment qu'ayant prêté à un tiers l'argent qu'il devait au plaideur et ne pouvant rentrer dans sa propre créance, le débiteur se considérait comme libéré ; dans quelles conditions cet argent avait-il été prêté, tout est là : on entrevoit que, dans un cas de force majeure, un privilège avait été reconnu sur le gage à un nouveau créancier. Cf. § 52 et *Notice*, p. 177 sq.

ἕνδεκα ἢ δώδεκα καὶ δέρματ' αἴγεια, δύο δέσμας ἢ τρεῖς, ἄλλο δ' οὐδέν.

Πρὸς τούσδ' ἐξεμαρτύρησεν· Εὐφίλητος Δημοτίμου Ἀφιδναῖος, Ἱππίας Τιμοξένου Θυμαιτάδης, Σώστρατος Φιλίππου Ἑστιαιόθεν, Ἀρχενομίδης Στράτωνος Θριάσιος, Φιλτάδης Κτησικλέους Ξυπεταιών.

35 Ἡ μὲν ἀναίδεια τοιαύτη τῶν ἀνθρώπων τούτων ἐστίν. Ὑμεῖς δέ, ὦ ἄνδρες δικασταί, ἐνθυμεῖσθε πρὸς ὑμᾶς αὐτούς, εἴ τινας πώποτ' ἴστε ἢ ἠκούσατε οἶνον Ἀθήναζε ἐκ τοῦ Πόντου κατ' ἐμπορίαν εἰσαγαγόντας, ἄλλως τε καὶ Κῷον. Πᾶν γὰρ δήπου τοὐναντίον εἰς τὸν Πόντον οἶνος εἰσάγεται ἐκ τῶν τόπων τῶν περὶ ἡμᾶς, ἐκ Πεπαρήθου καὶ Κῶ καὶ Θάσιος καὶ Μενδαῖος καὶ ἐξ ἄλλων [τινῶν] πόλεων παντοδαπός· ἐκ δὲ τοῦ Πόντου ἕτερά ἐστιν ἃ εἰσάγεται δεῦρο. 36 Κατεχόμενοι δὲ ὑφ' ἡμῶν καὶ ἐλεγχόμενοι εἴ τι περιγένοιτο τῶν χρημάτων ἐν τῷ Πόντῳ, ἀπεκρίνατο Λάκριτος οὑτοσὶ ὅτι ἑκατὸν στατῆρες Κυζικηνοὶ περιγένοιντο, καὶ τοῦτο τὸ χρυσίον δεδανεικὼς εἴη ἁδελφὸς αὑτοῦ ἐν τῷ Πόντῳ ναυκλήρῳ τινὶ Φασηλίτῃ, πολίτῃ καὶ ἐπιτηδείῳ ἑαυτοῦ, καὶ οὐ δύναιτο κομίσασθαι, ἀλλὰ σχεδόν τι ἀπολωλὸς εἴη καὶ τοῦτο. Ταῦτ' ἐστὶν ἃ ἔλεγεν Λάκριτος οὑτοσί. 37 Ἡ δὲ συγγραφὴ οὐ ταῦτα λέγει, ὦ ἄνδρες δικασταί, ἀλλ' ἀντιφορτισαμένους ἀπάγειν κελεύει Ἀθήναζε, οὐ δανείζειν τούτους ὅτῳ ἂν βούλωνται ἐν τῷ Πόντῳ τὰ ἡμέτερα ἄνευ ἡμῶν, ἀλλ' Ἀθήναζε παρέχειν ἀνέπαφα ἡμῖν, ἕως ἂν ἡμεῖς ἀπολάβωμεν τὰ χρήματα ὅσα ἐδανείσαμεν. Καί μοι ἀναγίγνωσκε τὴν συγγραφὴν πάλιν.

34 τούσδ' F Q : τοῖσδ' A ‖ Δημοτίμου scripsi : Δαμοτ. codd. ‖ **35** τούτων S : τουτωνὶ A τούτων γ' cett. ‖ ἠκούσατε v. : ἀκηκόατε A ‖ κατ' A S : εἰς F Q ‖ εἰσαγαγόντας Blass : εἰσάγοντας S F Q εἰσάγοντα (et τινα supra uersum) A ‖ οἶνος v. : ὁ οἶνος S ‖ τινῶν om. A del. Blass ‖ **36** ἁδελφὸς Dindorf : αδελφος S ἀδελφὸς F Q ὁ ἀδ. A ‖ αὑτοῦ Baiter-Sauppe : αὐτοῦ v. ‖ Φασηλίτῃ, πολίτῃ om. S ‖ ταῦτ' v. : τοιαῦτα S corr.

ACTE DU CONTRAT

38 Que leur prescrit le contrat, juges? De prêter ce qui nous appartient — et de le prêter à un homme que nous ne connaissons pas, que nous n'avons jamais vu — ou de charger au Pont des marchandises pour les ramener à Athènes et de nous produire un gage franc et net? **39** En fait, le contrat déclare que rien ne peut prévaloir contre ces dispositions, qu'on ne peut invoquer à leur encontre ni loi, ni décret, ni quoi que ce soit[1]. Dès le début, ils n'en ont tenu aucun compte, ils ont employé nos fonds comme s'ils étaient à eux. Quels malfaisants sophistes, quels êtres malhonnêtes ! **40** Oh, j'en atteste Zeus souverain[2] et tous les Dieux, jamais je n'ai vu de mauvais œil ni trouvé blâmable qu'on veuille être sophiste et qu'on se paye les leçons d'Isocrate : je serais fou de me préoccuper de ces choses-là. Mais, par Zeus, je n'admets pas que des gens qui méprisent les autres et se croient des hommes supérieurs convoitent le bien d'autrui et cherchent à s'en emparer, forts de leur talent oratoire. Le sophiste qui agit ainsi est un fripon qui mérite d'être châtié. **41** Lacritos, juges, ne comptait pas sur son bon droit en affrontant ce procès ; mais, connaissant très bien les manœuvres auxquelles ils se sont livrés à l'occasion de ce prêt, il pense qu'un habile homme comme lui n'aura pas de peine à fournir des raisons pour justifier ses malhonnêtetés et il s'imagine qu'il vous mènera où il lui plaît. Aussi bien, c'est là une habileté dont il fait profession : moyennant salaire, il se fait fort de l'enseigner, et il tient justement école pour cela. **42** C'est à ses propres frères qu'il a

1. Formule de la clause exécutoire dans les actes de l'époque hellénistique (voir *Notice*, p. 171). Il y a intérêt à constater que les formulaires en matière de commerce maritime remontent à l'époque attique : c'est même probablement sur la place d'Athènes qu'ils se sont constitués (cf. *Rev. des Ét. gr.*, 1938, p. 33).

2. Le titre d'ἄναξ est souvent donné en poésie à différentes divinités, à Zeus particulièrement — ce qui suppose, à date ancienne, un usage consacré. A l'époque classique, il n'apparaît pas comme une désignation rituelle : l'invocation qu'on trouve ici est assez isolée pour avoir pu être considérée chez les critiques de l'antiquité (voir l'Argument de Libanios) comme une singularité du plaideur ou du logographe.

ΣΥΓΓΡΑΦΗ

38 Πότερον, ὦ ἄνδρες δικασταί, δανείζειν κελεύει τούτους ἡ συγγραφὴ τὰ ἡμέτερα, καὶ ταῦτα ἀνθρώπῳ ὃν ἡμεῖς οὔτε γιγνώσκομεν οὔθ' ἑοράκαμεν πώποτε, ἢ ἀντιφορτισαμένους κομίσαι Ἀθήναζε καὶ φανερὰ ποιῆσαι ἡμῖν καὶ ἀνέπαφα παρέχειν; **39** ἡ μὲν γὰρ συγγραφὴ οὐδὲν κυριώτερον ἐᾷ εἶναι τῶν ἐγγεγραμμένων, οὐδὲ προσφέρειν οὔτε νόμον οὔτε ψήφισμα οὔτ' ἄλλ' οὐδ' ὁτιοῦν πρὸς τὴν συγγραφήν· τούτοις δ' εὐθὺς ἐξ ἀρχῆς οὐδὲν ἐμέλησε τῆς συγγραφῆς ταύτης, ἀλλὰ τοῖς χρήμασιν ἐχρῶντο τοῖς ἡμετέροις ὥσπερ ἰδίοις οὖσιν αὑτῶν· οὕτως εἰσὶν οὗτοι κακοῦργοι σοφισταὶ καὶ ἄδικοι ἄνθρωποι. **40** Ἐγὼ δέ, μὰ τὸν Δία τὸν ἄνακτα καὶ τοὺς θεοὺς ἅπαντας, οὐδενὶ πώποτε ἐφθόνησα οὐδ' ἐπετίμησα, ὦ ἄνδρες δικασταί, εἴ τις βούλεται σοφιστὴς εἶναι καὶ Ἰσοκράτει ἀργύριον ἀναλίσκειν· μαινοίμην γὰρ ἄν, εἴ τί μοι τούτων ἐπιμελὲς εἴη. Οὐ μέντοι μὰ Δία οἶμαί γε δεῖν ἀνθρώπους καταφρονοῦντας καὶ οἰομένους δεινοὺς εἶναι ἐφίεσθαι τῶν ἀλλοτρίων, οὐδὲ ἀφαιρεῖσθαι, τῷ λόγῳ πιστεύοντας· πονηροῦ γὰρ ταῦτά γ' ἐστὶν σοφιστοῦ καὶ οἰμωξομένου· **41** Λάκριτος δ' ουτοσί, ὦ ἄνδρες δικασταί, οὐ τῷ δικαίῳ πιστεύων εἰσελήλυθε ταύτην τὴν δίκην, ἀλλ' ἀκριβῶς εἰδὼς τὰ πεπραγμέν' αὐτοῖς περὶ τὸ δάνεισμα τοῦτο, καὶ ἡγούμενος δεινὸς εἶναι καὶ ῥᾳδίως λόγους πoριεῖσθαι περὶ ἀδίκων πραγμάτων, οἴεται παράξειν ὑμᾶς ὅποι ἂν βούληται. Ταῦτα γὰρ ἐπαγγέλλεται δεινὸς εἶναι, καὶ ἀργύριον αἰτεῖ καὶ μαθητὰς συλλέγει περὶ αὐτῶν τούτων ἐπαγγελλόμενος παιδεύειν. **42** Καὶ πρῶτον μὲν τοὺς

37 post lemma repetunt syngrapham F Q D ‖ **38** τούτους v. : τούτοις S ‖ ἑοράκαμεν F pr. : ἑωράκ. cett. ‖ παρέχειν v. : παρέξειν S ‖ **39** γὰρ om. F Q D ‖ προσφέρειν v. : προφέρειν A ‖ πρὸς v. : τὸ πρὸς S ‖ ἐμέλησε codd. : ἔμελε A ‖ **40** οὐδενὶ v. : οὐδὲν S ‖ μέντοι v. : μέντοι γε A : μέντοι cett. ‖ **41** ἡγούμενος A S : οἰόμενος vulg. ‖ ὑμᾶς v. : ἡμᾶς S ‖ ὅποι Reiske : ὅπου codd. ‖ καὶ om. A S del. Rennie.

d'abord donné cet enseignement de dol et de fraude, et vous en voyez les effets : il leur a appris à contracter sur la place des emprunts maritimes pour frustrer ensuite les créanciers. Où trouver plus d'immoralité que chez le maître qui donne de pareilles leçons ou chez les élèves qui les reçoivent ? Mais, puisqu'il est si habile, puisqu'il se targue de son talent et des mille drachmes qu'il a payées à son professeur[1], **43** demandez-lui donc de prouver : ou que nos adversaires n'ont pas reçu l'argent de nous, ou que, l'ayant reçu, ils l'ont restitué, ou que les contrats maritimes ne doivent pas être exécutés, ou que l'argent reçu doit être employé à d'autres usages qu'il n'a été stipulé. Qu'il vous démontre un de ces points, à son choix ; et je serai le premier à confesser qu'il est un maître s'il réussit à vous persuader, vous qui jugez les causes maritimes[2]. Mais il ne saurait, j'en suis sûr, ni vous enseigner ni vous persuader rien de tout cela.

44 Et puis voyons, juges, par tous les Dieux : supposons que nous soyons dans une situation inverse, que son frère défunt ne soit pas mon débiteur, mais que ce soit moi qui doive à l'un d'eux dans les soixante à quatre-vingts mines : vous figurez-vous, juges, que Lacritos tiendrait le même langage qu'à présent, qu'il nierait sa qualité d'héritier, qu'il déclarerait renoncer à la succession et qu'il ne me poursuivrait pas avec la dernière âpreté, comme il a poursuivi les débiteurs du défunt, à Phasélis ou ailleurs ? **45** Et si l'un de nous s'avisait de répliquer à sa demande en justice par une fin de non-recevoir, j'entends d'ici ses protestations indignées devant votre tribunal : « Déni de

1. Précision intéressante (la même dans [Plut.], *X Orat.*, *Isocr.* 12). Il semble qu'il s'agit ici d'un prix forfaitaire, comme celui qu'on payait aux sophistes : entre l'apprentissage des roueries judiciaires et l'éducation oratoire, la différence (cf. §§ 39, 40) ne devait pas être très marquée aux yeux du public du IVe siècle, pas plus qu'à ceux des spectateurs des *Nuées*. Lacritos est qualifié plusieurs fois de « sophiste »: cela dit tout. Quant à Isocrate lui-même, cf. § 15.

2. Ce texte et le texte parallèle du § 46 ont fait penser que les tribunaux chargés des causes commerciales étaient formés de juges spéciaux ; mais rien n'indique, par ailleurs, que le principe de l'organisation judiciaire ait été modifié pour cette catégorie de causes : ce sont les jurys de droit commun qui doivent fonctionner ici. Cf. Lipsius, *Att. Recht*, p. 143, n. 31.

ἀδελφοὺς τοὺς αὑτοῦ ἐπαίδευσεν τὴν παιδείαν ταύτην, ἣν ὑμεῖς αἰσθάνεσθε πονηρὰν καὶ ἄδικον, ὦ ἄνδρες δικασταί, δανείζεσθαι ἐν τῷ ἐμπορίῳ ναυτικὰ χρήματα καὶ ταῦτ' ἀποστερεῖν καὶ μὴ ἀποδιδόναι. Πῶς ἂν γένοιντο πονηρότεροι ἄνθρωποι ἢ τοῦ παιδεύοντος τὰ τοιαῦτα ἢ αὐτῶν τῶν παιδευομένων; ἐπεὶ δ' οὖν δεινός ἐστιν καὶ πιστεύει τῷ λέγειν καὶ ταῖς χιλίαις δραχμαῖς αἷς δέδωκεν τῷ διδασκάλῳ, 43 κελεύσατε αὐτὸν διδάξαι ὑμᾶς, ἢ ὡς τὰ χρήματα οὐκ ἔλαβον παρ' ἡμῶν, ἢ ὡς λαβόντες ἀποδεδώκασιν, ἢ ὅτι τὰς ναυτικὰς συγγραφὰς οὐ δεῖ κυρίας εἶναι, ἢ ὡς δεῖ ἄλλο τι χρήσασθαι τοῖς χρήμασιν ἢ ἐφ' οἷς ἔλαβον κατὰ τὴν συγγραφήν. Τούτων ὅ τι βούλεται πεισάτω ὑμᾶς. Καὶ ἔγωγε καὶ αὐτὸς συγχωρῶ σοφώτατον εἶναι τοῦτον, ἐὰν ὑμᾶς πείσῃ τοὺς περὶ τῶν συμβολαίων τῶν ἐμπορικῶν δικάζοντας. Ἀλλ' εὖ οἶδ' ὅτι οὐδὲν ἂν τούτων οἷός τ' εἴη οὗτος οὔτε διδάξαι οὔτε πεῖσαι.

44 Χωρὶς δὲ τούτων, φέρε πρὸς τῶν θεῶν, ὦ ἄνδρες δικασταί, εἰ τοὐναντίον συνεβεβήκει, μὴ ὁ τούτου ἀδελφὸς ὁ τετελευτηκὼς ἐμοὶ ὤφειλε χρήματα, ἀλλ' ἐγώ τῳ τούτων, τάλαντον ἢ ὀγδοήκοντα μνᾶς ἢ πλέον ἢ ἔλαττον, ἆρ' ἂν οἴεσθε Λάκριτον τουτονί, ὦ ἄνδρες δικασταί, τοὺς αὐτοὺς λόγους λέγειν οἷσπερ νυνὶ καταχρῆται, ἢ φάσκειν αὐτὸν οὐκ εἶναι κληρονόμον ἢ ἀφίστασθαι τῶν τοῦ ἀδελφοῦ, καὶ οὐκ ἂν πάνυ πικρῶς εἰσπράττειν με, ὥσπερ καὶ παρὰ τῶν ἄλλων εἰσπέπρακται, εἴ τίς τι ἐκείνῳ τῷ τετελευτηκότι ὤφειλεν ἢ ἐν Φασήλιδι ἢ ἄλλοθί που; 45 καὶ εἴ γέ τις ἡμῶν φεύγων δίκην ὑπὸ τούτου παραγραφὴν ἐτόλμησε παραγράφεσθαι μὴ εἰσαγώγιμον εἶναι τὴν δίκην, εὖ οἶδ'

42 τῶν A S : τούτων τῶν F Q ‖ ἐπεὶ δ' Bekker : ἐπεὶ S ἐπειδὴ cett. ‖ αἷς A : ἃς cett. ‖ 43 ἄλλο τι om. S ‖ 44 συνεβεβήκει edd. : συμβεβ. codd. ‖ μὴ A S : καὶ μὴ F Q ‖ χρήματα A : τὰ χρήμ. ‖ τῳ τούτων Blass : τῷ τούτου v. τούτῳ A ‖ πλέον A : πλεῖον v. ‖ ἂν om. F Q D ‖ οἷσπερ A S : οἷς F Q D ‖ καταχρῆται A : κατακέχρηται cett. ‖ ἂν om. A S ‖ ἢ A S D : καὶ F Q ‖ 45 εἴ γέ A F Q D : εἰ S.

justice, dirait-il, violation de la loi, si le tribunal ne déclare pas recevable une action qui est bel et bien commerciale. » Eh mais, Lacritos, ce qui est juste à tes yeux quand c'est toi l'intéressé, pourquoi, quand c'est moi, ne le serait-ce pas? Les lois ne sont-elles pas les mêmes pour nous tous, le droit n'est-il pas le même en matière d'actions commerciales? **46** Tel est le sans-gêne de ce maître fripon qu'il prétend vous faire déclarer non recevable cette action qui est une action commerciale, quand vous siégez précisément pour les actions commerciales. Mais que demandes-tu, Lacritos? Ce n'est pas assez que nous perdions ce que nous vous avons prêté : il faudra que, débiteurs de l'amende[1], nous soyons conduits par vous en prison si nous ne pouvons nous acquitter! **47** Mais ce serait une indignité, juges, une chose lamentable et honteuse! Ceux qui ont été dépouillés de l'argent qu'ils avaient prêté sur votre place pour des affaires maritimes seraient traînés en prison par les emprunteurs qui les ont dépouillés! Voilà ce que tu veux, Lacritos, persuader au tribunal. Mais où donc, juges, obtiendra-t-on justice en matière d'obligations commerciales? Auprès de quels magistrats et à quel moment? Auprès des Onze? Mais ils connaissent de l'effraction, du vol et des autres méfaits qui sont punis de mort. **48** Auprès de l'archonte? Il est chargé de la protection des épiclères[2], des orphelins et des parents. Alors, par Zeus, auprès du Roi? Mais nous ne sommes pas gymnasiarques[3]; nous n'intentons pas non plus une accusation d'impiété. Est-ce le polémarque qui introduira l'action? Oui, s'il s'agit d'affranchis accusés d'ingratitude ou de métèques poursuivis pour n'avoir pas de patron[4].

1. Allusion à l'*épobélie*, amende du sixième (cf. *Contre Aphobos* I, 67 sq.), que les demandeurs déboutés pouvaient avoir à payer dans un certain nombre de procès, et notamment dans les procès commerciaux (cf. LVI, 14). L'épobélie profitait à la partie adverse; mais celle-ci n'en disposait pas moins de la contrainte par corps, qui est une des particularités des actions commerciales (cf. XXXIII, 1).

2. Cf. *C. Pantén.* 46.

3. La gymnasiarchie — organisation des courses aux flambeaux — est une liturgie : elle a rapport aux fêtes religieuses, et les procès auxquels elle donne lieu vont par suite, dans bien des cas, devant le roi (cf. Arist., *Const. d'Ath.*, 57, 1).

4. La première de ces actions (ἀποστασίου) est une action privée, l'autre (ἀπροστασίου) une action publique; cf. Arist., *Ib.*, 58, 3.

ὅτι ἠγανάκτει ἂν οὗτος καὶ ἐσχετλίαζε πρὸς ὑμᾶς, δεινὰ φάσκων πάσχειν καὶ παρανομεῖσθαι, εἰ μή τις αὐτῷ τὴν δίκην ψηφιεῖται εἰσαγώγιμον εἶναι, ἐμπορικὴν οὖσαν. Ἔπειτα, ὦ Λάκριτε, σοὶ μὲν τοῦτο δίκαιον δοκεῖ εἶναι, ἐμοὶ δὲ διὰ τί οὐκ ἔσται; οὐχ ἅπασιν ἡμῖν οἱ αὐτοὶ νόμοι γεγραμμένοι εἰσὶν καὶ τὸ αὐτὸ δίκαιον περὶ τῶν ἐμπορικῶν δικῶν;
46 ἀλλ' οὕτω βδελυρός τίς ἐστι καὶ ὑπερβάλλων ἅπαντας ἀνθρώπους τῷ πονηρὸς εἶναι, ὥστ' ἐπιχειρεῖ πείθειν ὑμᾶς ψηφίσασθαι μὴ εἰσαγώγιμον εἶναι τὴν ἐμπορικὴν δίκην ταύτην, δικαζόντων ὑμῶν νυνὶ τὰς ἐμπορικὰς δίκας. Ἀλλὰ τί κελεύεις, ὦ Λάκριτε; μὴ ἱκανὸν εἶναι ἡμᾶς ἀποστερεῖσθαι ἃ ἐδανείσαμεν χρήματα ὑμῖν, ἀλλὰ καὶ εἰς τὸ δεσμωτήριον παραδοθῆναι ὑφ' ὑμῶν προσοφλόντας τὰ ἐπιτίμια, ἐὰν μὴ ἐκτίνωμεν. 47 Καὶ πῶς οὐκ ἂν δεινὸν εἴη καὶ σχέτλιον καὶ αἰσχρὸν ὑμῖν, ὦ ἄνδρες δικασταί, εἰ οἱ δανείσαντες ἐν τῷ ἐμπορίῳ τῷ ὑμετέρῳ χρήματα ναυτικὰ καὶ ἀποστερούμενοι ὑπὸ τῶν δανεισαμένων καὶ ἀποστερούντων ἀπάγοιντο εἰς τὸ δεσμωτήριον; ταῦτ' ἐστίν, ὦ Λάκριτε, ἃ τουτουσὶ πείθεις. Ἀλλὰ ποῦ χρὴ λαβεῖν δίκην, ὦ ἄνδρες δικασταί, περὶ τῶν ἐμπορικῶν συμβολαίων; παρὰ ποίᾳ ἀρχῇ ἢ ἐν τίνι χρόνῳ; παρὰ τοῖς ἕνδεκα; ἀλλὰ τοιχωρύχους καὶ κλέπτας καὶ τοὺς ἄλλους κακούργους τοὺς ἐπὶ θανάτῳ οὗτοι εἰσάγουσιν. 48 Ἀλλὰ παρὰ τῷ ἄρχοντι; οὐκοῦν ἐπικλήρων καὶ ὀρφανῶν καὶ τῶν τοκέων τῷ ἄρχοντι προστέτακται ἐπιμελεῖσθαι. Ἀλλὰ νὴ Δία παρὰ τῷ βασιλεῖ. Ἀλλ' οὐκ ἐσμὲν γυμνασίαρχοι, οὐδὲ ἀσεβείας οὐδένα γραφόμεθα. Ἀλλ' ὁ πολέμαρχος εἰσάξει. Ἀποστασίου γε καὶ ἀπροστασίου. Οὐκοῦν ὑπόλοιπόν ἐστιν οἱ στρατηγοί. Ἀλλὰ τοὺς τριηράρχους καθιστᾶσιν,

45 οὗτος A : αὐτὸς cett. || τί codd. : σὲ coni. Gebauer || 46 οὕτω v. : οὗτος A || τίς om. F Q D || ταύτην S : ταυτηνὶ F Q om. A || προσοφλόντας F Q προσοφείλοντας S — οὖντας A || 48 γραφόμεθα v. : παραγραφ. S || post καθιστᾶσιν habent οὗτοι εἰσαγαγόντες εἰς τὸ δικαστήριον A S et in γρ. F Q del. Dindorf.

Restent les stratèges. Mais ils désignent les triérarques, ils ne connaissent d'aucune action commerciale. **49** Or je suis, moi, commerçant ; et toi, tu es le frère et l'héritier d'un commerçant qui avait contracté auprès de nous une dette commerciale. Auprès de qui faut-il donc introduire cette action? Apprends-le moi, Lacritos, pourvu que ta réponse soit conforme au droit et aux lois ; mais toute l'habileté du monde, dans un cas pareil, n'y réussirait pas.

50 Ce ne sont pas là mes seuls griefs, juges, contre Lacritos : non seulement il m'a dépouillé de mon argent ; mais j'aurais couru par son fait les pires dangers, si le contrat que j'ai passé avec mes adversaires ne répondait pas pour moi et ne témoignait que j'ai prêté mes fonds pour un voyage au Pont avec retour à Athènes. Car vous connaissez, juges, la rigueur de la loi : si un Athénien transporte du blé ailleurs qu'à Athènes, ou s'il prête de l'argent pour une entreprise à destination d'une autre place, vous savez à quelles peines terribles il s'expose. **51** Lis plutôt la loi elle-même au tribunal, pour qu'il en connaisse les termes précis.

Loi

Il est interdit à tout Athénien, à tout métèque résidant à Athènes et à toute personne soumise à leur tutelle de prêter de l'argent sur un navire qui ne transporterait pas à Athènes du blé ou, en général, les marchandises désignées par le contrat[1]. En cas de contravention, la dénonciation sera produite et la confiscation de l'argent poursuivie[2] devant les commissaires du port, dans les mêmes formes qui sont prescrites pour le navire et pour le blé*. Le créancier n'aura pas d'action à raison du prêt qu'il a consenti pour une autre destination que celle d'Athènes, et aucun magistrat ne pourra en introduire une.

1. Interprétation conjecturale d'un texte peu clair. Il est possible qu'étant donné le mode de citation des lois dans nos plaidoyers, nous n'ayons qu'un extrait du texte législatif et que ce membre de phrase équivaille à *et cetera* — à moins que, d'une façon elliptique et peut-être lacunaire, τὰ γεγραμμένα fasse référence non à la lettre de la loi (à Athènes, on dirait plutôt τὰ εἰρημένα), mais aux dispositions de la συγγραφή, considérée implicitement comme l'instrument normal du commerce maritime.

2. Nous retrouverons à propos du *Contre Dionysodoros* les procé-

ἐμπορικὴν δὲ δίκην οὐδεμίαν εἰσάγουσιν. 49 Ἐγὼ δ' εἰμὶ ἔμπορος, καὶ σὺ ἀδελφὸς καὶ κληρονόμος ἑνὸς τῶν ἐμπόρων, τοῦ λαβόντος παρ' ἡμῶν [τὰ] ἐμπορικὰ χρήματα. Ποῖ οὖν δεῖ ταύτην εἰσελθεῖν τὴν δίκην; δίδαξον, ὦ Λάκριτε, μόνον δίκαιόν τι λέγων καὶ κατὰ τοὺς νόμους. Ἀλλ' οὐκ ἔστιν οὕτω δεινὸς ἄνθρωπος οὐδεὶς ὅστις ἂν περὶ τοιούτων πραγμάτων ἔχοι τι δίκαιον εἰπεῖν.

50 Οὐ τοίνυν ταῦτα μόνον, ὦ ἄνδρες δικασταί, δεινὰ ἐγὼ πάσχω ὑπὸ Λακρίτου τουτουί, ἀλλὰ καὶ χωρὶς τοῦ ἀποστερεῖσθαι τὰ χρήματα εἰς τοὺς ἐσχάτους ἂν κινδύνους ἀφικόμην τὸ τούτου μέρος, εἰ μή μοι ἡ συγγραφὴ ἐβοήθει ἡ πρὸς τούτους, καὶ ἐμαρτύρει ὅτι εἰς τὸν Πόντον ἔδωκα τὰ χρήματα καὶ πάλιν Ἀθήναζε. Ἴστε γάρ, ὦ ἄνδρες δικασταί, τὸν νόμον ὡς χαλεπός ἐστιν, ἐάν τις Ἀθηναίων ἄλλοσέ ποι σιτηγήσῃ ἢ Ἀθήναζε, ἢ χρήματα δανείσῃ εἰς ἄλλο τι ἐμπόριον ἢ τὸ Ἀθηναίων, οἷαι ζημίαι περὶ τούτων εἰσίν, ὡς μεγάλαι καὶ δειναί. 51 Μᾶλλον δὲ αὐτὸν ἀνάγνωθι αὐτοῖς τὸν νόμον, ἵν' ἀκριβέστερον μάθωσιν.

ΝΟΜΟΣ

Ἀργύριον δὲ μὴ ἐξεῖναι ἐκδοῦναι Ἀθηναίων καὶ τῶν μετοίκων τῶν Ἀθήνησι μετοικούντων μηδενί, μηδὲ ὧν οὗτοι κύριοί εἰσιν, εἰς ναῦν ἥτις ἂν μὴ μέλλῃ ἄξειν σῖτον Ἀθήναζε, καὶ τἆλλα τὰ γεγραμμένα περὶ ἑκάστου αὐτῶν. Ἐὰν δέ τις ἐκδῷ παρὰ ταῦτα, εἶναι τὴν φάσιν καὶ τὴν ἀπογραφὴν τοῦ ἀργυρίου πρὸς τοὺς ἐπιμελητάς, καθάπερ τῆς νεὼς καὶ τοῦ σίτου εἴρηται, κατὰ ταὐτά. Καὶ δίκη αὐτῷ μὴ ἔστω περὶ τοῦ ἀργυρίου οὗ ἂν ἐκδῷ ἄλλοσέ ποι ἢ Ἀθήναζε, μηδὲ ἀρχὴ εἰσαγέτω περὶ τούτου μηδεμία.

48 post εἰσάγουσιν habet εἰς τὸ δικαστήριον S || **49** ἑνὸς τῶν ἐμπόρων v. : τοῦ ἐμπόρου A || τοῦ A S : καὶ τοῦ v. || τὰ seclusi || τοιούτων : τούτων τῶν A || **50** εἰς A : καὶ εἰς S F Q || alterum ἡ om. A || γὰρ S D : γὰρ δήπου v. || εἰς ἄλλο τι v. : ἢ εἰς ἄλλο S || **51** αὐτὸν om. A || uerba legis om. S || καθάπερ F Q D : καθὰ περὶ A || ταὐτά Reiske : ταῦτα codd. || οὗ A : ὃ v.

52 Vous voyez, juges, les sévérités de la loi. Eh bien, ces hommes d'une infamie sans pareille, alors que le contrat stipulait expressément le retour des marchandises à Athènes, ont permis à un tiers de transporter à Chios le chargement sur lequel ils nous avaient emprunté à Athènes. Le patron phasélite voulait, en effet, contracter un second emprunt auprès d'un citoyen de Chios ; mais celui-ci y mettait comme condition que toute la cargaison serait affectée à sa créance et que les créanciers antérieurs lui feraient cession ; et ils lui ont transféré une hypothèque sur ce qui nous appartenait, ils lui ont accordé un privilège sur toutes les marchandises[1]. **53** C'est ainsi qu'ils sont revenus du Pont avec le patron phasélite et le prêteur de Chios, et qu'ils ont abordé à la rade des voleurs, se gardant bien de le faire dans votre port. Et maintenant, juges, les fonds[2] qui avaient été prêtés à Athènes pour un voyage au Pont avec retour à Athènes ont été transportés par eux à Chios. **54** Ainsi, comme je l'affirmais au début, ils ne vous ont pas fait moins de tort qu'à nous, qui leur avons avancé de l'argent. Oui, je vous le demande, juges, n'est-ce pas la vérité? S'élever au-dessus de vos lois, annuler et rompre les contrats maritimes, détourner sur Chios les fonds qui nous ont été empruntés, n'est-ce pas vous faire tort à vous-mêmes?

55 Ainsi, juges, j'ai bien le droit de m'en prendre à eux, puisque c'est à eux que j'ai remis les fonds. Qu'ils s'arrangent de leur côté avec le patron phasélite, leur compatriote, à qui ils prétendent avoir prêté les fonds, sans notre assentiment et au mépris du contrat : nous n'avons même pas à connaître ce qui s'est passé entre eux, c'est leur

dures (φάσις et ἀπογραφή) qui sont indiquées ici et qui relèvent des ἐπιμεληταί τοῦ ἐμπορίου — désignation abrégée dans le texte (ou qui doit y être complétée) : le collège en question n'a été créé que dans la seconde moitié du ɪᴠᵉ siècle (cf. Lipsius, p. 98, n. 117), ce qui permet de dater la présente loi.

1. Cf. *Notice*, p. 177 sq., et note au § 36.

2. On a déjà vu que le mot χρήματα, dans l'usage commercial, désigne tour à tour l'argent engagé dans une entreprise et les marchandises qui en sont la contre-partie.

52 Ὁ μὲν νόμος, ὦ ἄνδρες δικασταί, οὕτω χαλεπός ἐστιν· οὗτοι δὲ οἱ μιαρώτατοι ἀνθρώπων ἁπάντων, γεγραμμένον διαρρήδην ἐν τῇ συγγραφῇ Ἀθήναζε πάλιν ἥκειν τὰ χρήματα, εἰς Χίον ἐπέτρεψαν καταχθῆναι ἃ ἐδανείσαντο Ἀθήνηθεν παρ' ἡμῶν. Δανειζομένου γὰρ ἐν τῷ Πόντῳ τοῦ ναυκλήρου τοῦ Φασηλίτου ἕτερα χρήματα παρά τινος Χίου ἀνθρώπου, οὐ φάσκοντος δὲ τοῦ Χίου δανείσειν ἐὰν μὴ ὑποθήκην λάβῃ ἅπαντα ὅσα ἦν περὶ τὸν ναύκληρον, καὶ ἐπιτρέπωσι ταῦτα οἱ πρότερον δεδανεικότες, ἐπέτρεψαν ταῦτα ὑποθήκην γενέσθαι τῷ Χίῳ τὰ ἡμέτερα καὶ κύριον ἐκεῖνον γενέσθαι ἁπάντων, **53** καὶ οὕτως ἀπέπλεον ἐκ τοῦ Πόντου μετὰ τοῦ Φασηλίτου ναυκλήρου καὶ μετὰ τοῦ Χίου τοῦ δεδανεικότος, καὶ ὁρμίζονται ἐν φωρῶν λιμένι, εἰς δὲ τὸ ὑμέτερον ἐμπόριον οὐχ ὡρμίσαντο. Καὶ νυνί, ὦ ἄνδρες δικασταί, τὰ Ἀθήνηθεν δανεισθέντα χρήματα εἰς τὸν Πόντον καὶ πάλιν ἐκ τοῦ Πόντου Ἀθήναζε εἰς Χίον κατηγμένα ἐστὶν ὑπὸ τούτων. **54** Ὅπερ οὖν ἐν ἀρχῇ ὑπεθέμην τοῦ λόγου, ὅτι καὶ ὑμεῖς ἀδικεῖσθε οὐδὲν ἧττον τῶν δόντων ἡμῶν τὰ χρήματα. Σκοπεῖτε δέ, ὦ ἄνδρες δικασταί, πῶς οὐκ ἀδικεῖσθε, ἐπειδάν τις τῶν νόμων τῶν ὑμετέρων κρείττων ἐγχειρῇ εἶναι, καὶ τὰς συγγραφὰς τὰς ναυτικὰς ἀκύρους ποιῇ καὶ καταλύῃ, καὶ τὰ χρήματα τὰ παρ' ἡμῶν εἰς Χίον ᾖ ἀπεσταλκώς, πῶς οὐκ ἀδικεῖ ὁ τοιοῦτος ἄνθρωπος καὶ ὑμᾶς;

55 Ἐμοὶ μὲν οὖν ἐστιν, ὦ ἄνδρες δικασταί, πρὸς τούτους ὁ λόγος (τούτοις γὰρ ἔδωκα τὰ χρήματα)· τούτοις δ' ἔσται πρὸς τὸν ναύκληρον ἐκεῖνον τὸν Φασηλίτην, τὸν πολίτην τὸν αὐτῶν, ᾧ φασὶν δανεῖσαι τὰ χρήματα ἄνευ ἡμῶν παρὰ τὴν συγγραφήν· οὐδὲ γὰρ ἡμεῖς ἴσμεν τίνα

52 γεγραμμένον A : — μένου v. ‖ γενέσθαι v. : γίνεσθαι S ‖ **53** ὑμέτερον A : ἡμέτ. cett. ‖ τούτων v. τούτου A ‖ **54** οὐκ ἀδικεῖσθε S pr. v. : συναδικεῖσθε S corr. Q in γρ. ‖ ἀπεσταλκώς A : διαπεσταλκώς ‖ **55** γὰρ om. A ‖ ἔσται S : ἔστω v. ‖ τὸν πολίτην om. S ‖ οὐδὲ S : οὐδὲν v.

affaire. **56** Voilà ce que nous estimons juste ; c'est pourquoi nous vous demandons votre aide : faites-nous justice, punissez le dol et la fraude chez les sophistes de cette espèce. Ainsi vous servirez vos propres intérêts par votre sentence, et, en même temps, vous couperez court à toutes les manœuvres malhonnêtes dont les contrats maritimes sont l'occasion pour certaines gens.

ἐστὶν τὰ πεπραγμένα τούτοις πρὸς τὸν ἑαυτῶν πολίτην, ἀλλ' αὐτοὶ οὗτοι ἴσασιν. **56** Ταῦτα ἡγούμεθα δίκαια εἶναι, καὶ ὑμῶν δεόμεθα, ὦ ἄνδρες δικασταί, βοηθεῖν ἡμῖν τοῖς ἀδικουμένοις, καὶ κολάζειν τοὺς κακοτεχνοῦντας καὶ σοφιζομένους, ὥσπερ οὗτοι σοφίζονται. Καὶ ἐὰν ταῦτα ποιῆτε, ὑμῖν τε αὐτοῖς τὰ συμφέροντα ἔσεσθε ἐψηφισμένοι, καὶ περιαιρήσεσθε τῶν πονηρῶν ἀνθρώπων τὰς πανουργίας ἁπάσας ἃς ἔνιοι πανουργοῦσι περὶ τὰ συμβόλαια τὰ ναυτικά.

56 ἡμῖν om. F Q D || τούς A S : τούς τε v. || ἅς A Q : αἷς S F D.

XXXVI

POUR PHORMION

NOTICE

Ce discours est une *synégorie.* Le défendeur aura dit seulement quelques mots : son temps de parole est utilisé par un de ses amis [1], qui vient l'appuyer devant les juges.

Il s'agit d'une affaire « Apollodore contre Phormion ». Ni l'un ni l'autre ne sont des inconnus ; et nous les retrouverons, notamment, dans les discours XLV et XLVI *Contre Stéphanos*, à propos d'un procès qui se rattache étroitement à celui-ci. Phormion est un affranchi, banquier de son état. Exemplaire d'une espèce qui paraît avoir été assez répandue : des esclaves employés dans une banque s'y distinguaient par leur travail et leur sens des affaires ; leur maître les affranchissait, en faisait leur successeur, et parfois même leur donnait leur propre femme en mariage par testament [2]. L'ancien maître de Phormion était Pasion. Sa banque fut l'une des plus célèbres au IVe siècle [3]. D'abord esclave lui aussi, il avait succédé à ses anciens maîtres. Il avait réussi mieux que

1. Pas entièrement, d'ailleurs (voir la fin) : étant donnée l'importance de l'affaire, le plaidoyer eût pu être plus long. — Le défenseur paraît appartenir au même milieu que Phormion (cf. § 57), à voir la façon dont il s'adresse aux juges (§ 30) et la connaissance qu'il témoigne du monde bancaire. Mais il avait une meilleure langue que Phormion, incapable de parler devant un public athénien (cf. *C. Stéph.* I 30).

2. De cet acte juridique, nous avons déjà vu un autre exemple dans le cas du père de Démosthène (*C. Aph.* I, *Notice*) ; cf. *C. Stéph.* II, *Notice*.

3. Elle était déjà en pleine activité à l'époque du *Trapézitique* d'Isocrate, vers 392 (cf. *Isocr.*, Coll. des Univ. de Fr., I, p. 67 sq.). Le père de Démosthène y avait un dépôt (*C. Aph.* I, 11) vers 380. Et, dans les autres plaidoyers démosthéniques, il est plusieurs fois parlé, nous le verrons, de l'activité bancaire de Pasion.

personne. Il avait rendu des services à l'État et, en retour, avait reçu le droit de cité. Quand il mourut, en 370 (XLVI, 13), il laissait une veuve, Archippè, et deux fils : Apollodore, âgé de vingt-quatre ans, et Pasiclès, âgé de dix ans. Il paraît qu'il n'avait pas grande confiance dans les talents financiers de son aîné, et il voulut qu'après lui la banque fût administrée par son fidèle employé, ainsi qu'une fabrique de boucliers qu'il possédait également. Dès 371[1], il avait passé bail de ces deux biens à Phormion, déjà affranchi. D'autre part, aux termes de son testament, Phormion devenait le mari d'Archippè et le tuteur de Pasiclès.

Apollodore était d'un tout autre modèle que son père. Il avait plus de goût et plus d'aptitude pour dépenser l'argent que pour le gagner. Il aimait les plaisirs et faisait le grand seigneur. Il voulait jouer un rôle politique. Il y avait un peu, chez lui, de l'inconscience du parvenu qui se prend pour un noble de vieille roche. Il trouva très mauvais que sa mère épousât l'affranchi de son père : nous savons par lui-même (XLV, 4) qu'il poursuivit Phormion en justice pour cet « outrage ». Par ses dilapidations, il obligea bientôt le conseil de famille à faire entre lui et son frère mineur le partage des biens qui n'étaient pas compris dans le bail de Phormion. Quant à ceux-ci, il faut croire que la gestion du fermier était inattaquable. Apollodore, malgré toutes les difficultés qu'il soulevait, le reconnut par deux fois : au moment de la majorité de son frère, où le bail prenait fin et où les deux fils de Pasion donnèrent quittance à Phormion ; un peu plus tard, lors du règlement de la succession maternelle, qui fut l'objet d'un arbitrage de parents et qui se conclut par une nouvelle décharge. Il s'était bien passé ensuite une dizaine d'années[2] quand Apollodore, toujours besogneux, toujours aigri contre Phormion, lui intenta le procès actuel. Dans l'acte de location de la banque, μίσθωσις (partielle-

1. En 372, il n'avait pas encore pris sa retraite (d'après XLIX, 29, 59 ; cf. Sandys, *Demosth. sel. priv. orat.*, I^4, p. XXI).

2. L'orateur ne le dit pas nettement : il parle, de préférence, du long temps écoulé depuis la mort de Pasion ou depuis le partage de la succession. Mais l'accord dont il s'agit est un peu postérieur à la mort d'Archippè, qui eut lieu en 360 d'après L 60.

ment cité XLV, 31), il était question de 11 talents dont Pasion se reconnaissait débiteur. Il est intéressant de voir, à ce propos, comment la banque fonctionnait. Les 11 talents provenaient de dépôts, et Pasion, comme un banquier moderne, faisait fructifier cet argent : il le plaçait sur hypothèques. L'effet de la location aurait pu être de faire passer sur la tête de Phormion, pour le compte de Pasion ou des enfants de Pasion, d'une part ces dettes, d'autre part ces créances. Il parut préférable de les laisser à Pasion lui-même et, dans cette μίσθωσις qui est un acte du type de la συγγραφή, un acte « dispositif[1] », ces deux postes de l'actif et du passif se trouvèrent représentés par une reconnaissance de dette « à la banque », de la part de Pasion. Si on avait procédé ainsi, c'est que Phormion n'était pas encore citoyen athénien : il n'avait donc pas le droit de propriété foncière, ni, par suite, le droit de saisir des débiteurs hypothécaires. C'était assez simple à comprendre. Mais, dans cet article d'un bail qui remontait à plus de vingt ans, Apollodore avait trouvé un prétexte. Il faisait le raisonnement suivant : une banque ne peut pas marcher sans un fonds de roulement (ἀφορμή) ; ce capital, ce sont justement les 11 talents (XLV, 29, 30) au sujet desquels on a maquillé l'acte de location ; Phormion ne les a pas rendus ; il les doit. Et comme, entre temps, ils devaient avoir fructifié, c'est une somme de 20 talents qu'Apollodore réclamait à son adversaire[2].

Par quelle action? Libanius parle d'une δίκη ἀφορμῆς, action en restitution de capital. Mais il est le seul à nous en parler, et son témoignage n'est pas de ceux qui s'imposent[3]. Il est vrai qu'on invoque le passage d'Aristote[4] où sont énumérées les δίκαι ἔμμηνοι, actions à juger dans le délai d'un mois et relevant des « introducteurs » (εἰσαγωγεῖς) : l'une de ces actions est donnée contre celui qui

1. Cf. E. Rabel, in *Zeitschr. d. Sav.-Stift.*, *R. A.*, XXVIII, p. 335 sq.

2. Sandys (*o. l.*, p. xxiv) explique bien le chiffre de 20 talents d'après le capital de 11 talents, augmenté de l'intérêt assez normal de 10 % pendant les huit années qu'avait duré le bail.

3. Lipsius, p. 725 sq., l'admet pourtant.

4. *Const. d'Ath.*, 52, 2. — Harpocration, s. v. ἀφορμή, ne nous apprend rien : du reste, par la correspondance qu'il offre avec Libanius, il permet de présumer une source commune.

a emprunté un capital pour faire du commerce sur l'agora ; et le capital s'appelle alors ἀφορμή. Mais le cas de Phormion est différent : il relèverait plutôt des δίκαι τραπεζιτικαί, actions pour les affaires de banque, qui font partie de la même série. Aussi bien, cette organisation des δίκαι ἔμμηνοι est-elle probablement postérieure[1] ; il est du moins assuré que le procès de Phormion y est étranger, car il est venu d'abord devant l'arbitre public — procédure que ne peut comporter une δίκη ἔμμηνος. Il est très douteux qu'une action spécifique ait été prévue à cette époque pour un cas semblable. On pensera plutôt que l'action de dommage (δίκη βλάβης), mentionnée ailleurs pour le recouvrement d'une créance[2], mentionnée justement ici à propos des créances de la banque recouvrées par Apollodore luimême (§ 20), est tout simplement celle qu'il a utilisée dans cette affaire.

La défense parle la première, parce qu'elle a opposé l'exception. Elle parle sur le fond, bien entendu, mais elle en parle relativement peu. En partie peut-être parce que le jugement ne doit porter que sur l'exception elle-même et que, dans l'hypothèse la plus défavorable, Apollodore aurait dû plaider ensuite dans une εὐθυδικία, une action directe (cf. § 2) ; et aussi parce que la cause de Phormion était très bonne : le défenseur pouvait s'appuyer sur des pièces dont il indique d'un mot qu'elles sont des preuves suffisantes (aussi bien, Apollodore n'avait-il pas déféré à la sommation de les faire contrôler). Il est même assez curieux qu'au sujet du bail de la banque, l'accusation de faux ne soit point retenue : l'argumentation d'Apollodore impliquait pourtant, au premier chef, que cet acte avait été forgé ; Apollodore le dit dans le *Contre Stéphanos ;* rien là-dessus dans le *Pour Phormion*. Deux autres assertions de l'adversaire, qui ne sont pas aussi pertinentes, sont discutées quelque peu : l'une, que le testament serait aussi un faux (§ 33) ; l'autre, que les livres de la banque auraient été soustraits (§§ 18 sq.).

Restent, au point de vue juridique, les motifs de l'exception. Il y en a deux : le premier, qui est le plus impor-

1. Cf. *Rev. des Ét. gr.*, 1938, p. 2 sq.
2. Cf. Beauchet, IV, p. 393 sq. ; Lipsius, p. 657 sq.

tant, c'est qu'il y a eu quittance et décharge donnée par Apollodore à Phormion, à deux moments — la seconde fois en vertu d'un accommodement ménagé par les arbitres, mais le motif est toujours le même. Ce qui est décisif aux yeux du législateur, c'est la volonté, exprimée par la partie dans un acte (transaction ou compromis), de régler un différend par le moyen d'une paix privée — donc hors du plan de la justice d'État[1]. La vertu de cette procédure et l'excellence de ce motif sont l'objet d'un développement (§ 25) qui se retrouve dans le *Contre Panténétos* (§ 19) : le plaideur se réfère à la loi sur les cas d'exception péremptoire, et il en profite pour comparer celui-ci avec d'autres.

Le second motif est tiré de la prescription (προθεσμία) qu'on a déjà vu invoquée dans le *Contre Apatourios*. Cette fois, il s'agit de la prescription de droit commun, qui est de cinq ans (§§ 26 sq.). La loi est encore l'objet d'éloge, thème que les orateurs affectionnent. Mais ce n'est pas la même loi que dans le cas précédent : celle-ci remonterait à Solon. Quoi qu'il en soit, on peut constater que la prescription avait été réglée séparément pour différentes espèces, et par des lois particulières[2] ; mais elle n'avait pas été retenue, comme fondant une exception au sens technique, par la loi générale περὶ ὧν μὴ εἶναι δίκας. Cette dernière est du IVe siècle ; celle qui est invoquée par Phormion est, de toute façon, plus ancienne : elle ne prévoyait pas la procédure, relativement récente, de la παραγραφή ; et il en est de même pour d'autres cas. C'est

1. C'est là le principe qui fonde l'unité de cette exception : que l'ἄφεσις καὶ ἀπαλλαγή ait été réalisée par les parties toutes seules, ou qu'elle soit confirmée par une sentence d'arbitre, ou qu'elle soit le résultat d'un arrangement où les arbitres ont fait accepter (πείθειν, cf. § 15) des concessions à l'une des parties ou aux deux, tout cela est compris dans le même article de la loi. Ce qui y est compris aussi — sans être l'objet d'une mention expresse dans la παραγραφή — c'est le jugement arbitral proprement dit, la sentence prononcée souverainement par les arbitres sous la garantie de leur serment et en vertu des pouvoirs qu'ils tiennent du compromis.

2. La « loi de Solon » que nous avons ici et qui concerne les obligations contractuelles en général (τοὺς συμβάλλοντας) ; la loi sur le cautionnement qu'on a vue dans le *Contre Apatourios* 27 ; la loi sur l'action de tutelle (*C. Naus. et Xénop.* 17) ; la loi sur les revendications successorales (*C. Macart.* 16 ; cf. Isée, III, 58).

peut-être pour cela que les plaideurs, quand ils font valoir la prescription, la font valoir subsidiairement.

Il n'y a pas seulement du droit dans le *Pour Phormion*. L'auteur y avait ses aises[1] : le plaidoyer vaut surtout par la psychologie des personnages, l'ardeur d'une indignation généreuse et une *vis oratoria* qui est assez particulière. Que cet auteur soit Démosthène, nous le savons par le témoignage des contemporains même[2] : on peut retrouver ici toute sa vigueur, son mode de composition et jusqu'à ses façons de parler ; mais ce qui est la marque du discours, c'est cette modération souveraine qui interdit les éclats de voix et qui donne toute leur force de conviction aux arguments et aux sentiments. L'orateur est très dur pour Apollodore : on ne peut pas dire qu'il soit violent. Et dans la défense de l'ancien esclave, il y a une émotion persuasive, mais il y a aussi le ton, qui est parfait de dignité et de justesse.

Nous savons par Apollodore (LV 6) que le résultat fut accablant pour lui : les juges ne le laissèrent pas placer un mot ; et il fut condamné à l'épobélie, c'est-à-dire au sixième du montant de la demande (soit 3 talents et 20 mines).

La date du discours se détermine sans difficulté. On l'a parfois placée un peu trop haut, interprétant mal certaines indications chronologiques (§§ 19 et 37) ; en fait, c'est une vingtaine d'années après la mort de Pasion qu'indiquent plusieurs passages : on doit donc être en 350/349[3].

1. Il est visible, d'après les mots de la fin, que le défenseur n'utilise pas tout son temps de parole.

2. Eschine, II, 165 ; Dinarque, I, 111 (ce dernier texte, toutefois, suspecté).

3. Plus de vingt ans (§ 26) se sont écoulés depuis la location de la banque à Phormion, c'est-à-dire depuis 371, dix-huit ans (§ 19) depuis le partage provisoire, qui peut bien en effet (cf. § 8) avoir eu lieu environ deux ans après la mort de Pasion (au § 38, l'expression « d'une vingtaine d'années » pour le même laps de temps est plus inexacte). — Il est vrai que Callippos, dont il est question au § 53 comme étant encore en Sicile, a quitté la Sicile au plus tard en 350/349, année où il fut tué (Diod., XVI, 45, 9). Mais les nouvelles n'arrivaient pas vite. Au surplus, l'indication empêche de descendre plus bas que cette année-là.

XXXVI

POUR PHORMION

EXCEPTION

Sujet du discours

1 Le banquier Pasion, à sa mort, laissait deux fils qu'il avait eus d'Archippé, Apollodore et Pasiclès. Il désigna Phormion, qui avait été son esclave, mais qui avait obtenu la liberté antérieurement, comme tuteur de Pasiclès, le plus jeune des fils. Pasion lui donna comme femme, avec une dot, la mère de ces enfants qui avait été sa concubine. Là-dessus, Apollodore partage avec son frère la succession paternelle, à l'exception de la banque et de la fabrique de boucliers que Pasion avait louées à Phormion pour un temps indéterminé. Chacun des fils recevait la moitié du loyer, jusqu'au jour où on partagea aussi cette partie de la succession : Apollodore eut dans son lot la fabrique, Pasiclès la banque. **2** Ensuite, après la mort de leur mère, Apollodore, qui avait obtenu également sa part dans la succession de celle-ci, adressa des réclamations à Phormion, sous prétexte qu'il détenait une partie considérable de son bien. D'après Phormion, des parents d'Apollodore, Nicias, Dinias, Lysinos et Androménès, s'instituèrent arbitres et décidèrent Apollodore à se désister de ses réclamations moyennant 5.000 drachmes. Apollodore revint à la charge et intenta une action contre Phormion en restitution de capital (les Attiques nomment capital ce que nous appelons mise de fonds)[1]. **3** Phormion oppose une exception : il se prévaut de la loi suivant laquelle l'action n'est plus recevable quand il y a eu quittance et décharge. Aussi bien l'orateur plaide-t-il aussi sur le fond : il montre que Pasion n'avait pas de capitaux personnels dans la banque. Il en use ainsi pour renforcer l'exception, en prouvant que la cause d'Apollodore est mauvaise en elle-même.

1. Les deux mots grecs sont ἀφορμή et ἐνθήκη : le second, en effet, est étranger à l'usage attique.

XXXVI

ΠΑΡΑΓΡΑΦΗ ΥΠΕΡ ΦΟΡΜΙΩΝΟΣ

ΥΠΟΘΕΣΙΣ

1 Πασίων ὁ τραπεζίτης τελευτῶν ἐπὶ δύο παισὶν ἐξ Ἀρχίππης, Ἀπολλοδώρῳ καὶ Πασικλεῖ, Φορμίων' οἰκέτην ἑαυτοῦ γενόμενον, τετυχηκότα δ' ἔτι πρότερον ἐλευθερίας, ἐπίτροπον τοῦ νεωτέρου τῶν παίδων Πασικλέους κατέλιπε, καὶ τὴν μητέρ' αὐτῶν, παλλακὴν ἑαυτοῦ γενομένην, ἔδωκεν ἐπὶ προικὶ γυναῖκα. Ἀπολλόδωρος οὖν νέμεται πρὸς τὸν ἀδελφὸν τὴν πατρῴαν οὐσίαν πλὴν τῆς τραπέζης καὶ τοῦ ἀσπιδοπηγείου· ταῦτα γὰρ Φορμίων ἐμεμίσθωτο παρὰ Πασίωνος εἰς ὡρισμένον χρόνον τινά. Καὶ τέως μὲν ἐλάμβανε τὸ ἥμισυ τῆς μισθώσεως ἑκάτερος, ὕστερον δὲ καὶ αὐτὰ νέμονται, καὶ γίνεται τὸ μὲν ἀσπιδοπηγεῖον Ἀπολλοδώρου, Πασικλέους δ' ἡ τράπεζα. 2 Ἀποθανούσης δὲ καὶ τῆς μητρὸς ὕστερον, νειμάμενος καὶ τὴν ἐκείνης οὐσίαν ἐνεκάλει τῷ Φορμίωνι ὡς πόλλ' ἔχοντι ἑαυτοῦ χρήματα. Καθίσαντες οὖν αὐτοὺς διαιτητάς, ὥς φησι Φορμίων, Ἀπολλοδώρῳ προσήκοντες, Νικίας καὶ Δεινίας ⟨καὶ Λυσῖνος⟩ καὶ Ἀνδρομένης, ἔπεισαν Ἀπολλόδωρον διαλύσασθαι πρὸς Φορμίωνα τὰ ἐγκλήματα λαβόντα πεντακισχιλίας. Ὁ μὲν οὖν Ἀπολλόδωρος μετὰ ταῦτα πάλιν εἴληχε δίκην Φορμίωνι, ἀφορμῆς (ἀφορμὴν δ' οἱ Ἀττικοὶ καλοῦσιν ὅπερ ἡμεῖς ἐνθήκην). 3 Ὁ δὲ Φορμίων παραγράφεται, νόμον παρεχόμενος τὸν κελεύοντα περὶ ὧν ἂν ἅπαξ ἀφῇ τις καὶ διαλύσηται μηκέτ' ἐξεῖναι δικάζεσθαι. Ἅπτεται μέντοι καὶ τῆς εὐθείας ὁ ῥήτωρ, δεικνὺς ὡς οὐκ εἶχεν ἡ τράπεζα χρήματ' ἴδια τοῦ Πασίωνος. Τοῦτο δὲ πεποίηκεν ἵν' ἡ παραγραφὴ μᾶλλον ἰσχύῃ, τῆς εὐθείας δεικνυμένης τῷ Ἀπολλοδώρῳ σαθρᾶς.

Ὑπόθεσις 2 δὲ Wolf : γὰρ codd. || καὶ Λυσῖνος add. Voemel ex 15.

1 Vous voyez tous par vous-mêmes, Athéniens, que Phormion n'a pas l'habitude de la parole et qu'il est incapable de se défendre : c'est un devoir pour nous, ses amis, qui sommes au courant de ses affaires pour les lui avoir entendu exposer maintes fois, de vous en instruire : ainsi, exactement renseignés par nous, vous pourrez voter conformément à la justice et à votre serment. **2** Nous avons opposé l'exception, non pas pour nous livrer à des manœuvres dilatoires[1], mais pour obtenir de vous une décharge définitive s'il établit qu'il n'a absolument aucun tort. Toutes les sûretés, toutes les garanties qu'on peut fournir dans les relations sociales sans recourir à un débat devant votre tribunal, Phormion les a fournies. **3** Il a rendu de nombreux services à Apollodore, son adversaire. Pour tous les biens de celui-ci dont il était administrateur testamentaire, il est en règle, il les a fidèlement rendus. Il a reçu décharge de toutes les réclamations qu'il y a eu ensuite. Et néanmoins, vous le voyez, maintenant que sa patience est à bout[2], Apollodore lui intente calomnieusement un procès en payement de 20 talents[3]. Je vais essayer de vous exposer le plus brièvement possible toutes les affaires que Phormion a eues depuis le début avec Pasion et Apollodore : par là, j'en suis sûr, la mauvaise foi de son adversaire vous sera évidente, et vous reconnaîtrez du même coup que l'action n'est pas recevable.

4 On va d'abord vous lire le contrat aux termes duquel Pasion a loué à Phormion la banque et la fabrique de boucliers. Prends-moi le contrat, la sommation et les témoignages que voici.

1. Cela suppose que, dans cette catégorie de procès du moins, le jugement portait seulement sur le bien-fondé de l'exception et que, celle-ci ayant été rejetée, il y avait encore lieu de plaider sur le fond. Dans d'autres espèces, la règle n'était peut-être pas la même : on a vu la question à propos du *Contre Zénothémis* (p. 118, n. 1), et suivant quelle distinction elle pourrait être résolue — entre actions de droit commercial, d'une part, actions de « droit civil », de l'autre. Il est vrai que, dans la présente affaire, Apollodore a dû acquitter l'épobélie ; mais l'épobélie est justement de droit dans les cas où il y a παραγραφή (cf. Isocr. XVIII 2, 11).

2. Ou : « incapable (lui, Apollodore) de supporter Phormion ». Le texte est ambigu.

3. Pour l'explication de ce chiffre, voir *Notice*, p. 201.

1 Τὴν μὲν ἀπειρίαν τοῦ λέγειν, καὶ ὡς ἀδυνάτως ἔχει Φορμίων, αὐτοὶ πάντες ὁρᾶτ', ὦ ἄνδρες Ἀθηναῖοι· ἀνάγκη δ' ἐστὶν τοῖς ἐπιτηδείοις ἡμῖν, ἃ σύνισμεν πολλάκις τούτου διεξιόντος ἀκηκοότες, λέγειν καὶ διδάσκειν ὑμᾶς, ἵν' εἰδότες καὶ μεμαθηκότες ὀρθῶς [τὰ δίκαια] παρ' ἡμῶν, ἂν ᾖ δίκαια καὶ εὔορκα, ταῦτα ψηφίσησθε. **2** Τὴν μὲν οὖν παραγραφὴν ἐποιησάμεθα [τῆς δίκης], οὐχ ἵν' ἐκκρούοντες χρόνους ἐμποιῶμεν, ἀλλ' ἵνα τῶν πραγμάτων, ἐὰν ἐπιδείξῃ μηδ' ὁτιοῦν ἀδικοῦνθ' ἑαυτὸν οὑτοσί, ἀπαλλαγή τις αὐτῷ γένηται παρ' ὑμῖν κυρία. Ὅσα γὰρ παρὰ τοῖς ἄλλοις ἐστὶν ἀνθρώποις ἰσχυρὰ καὶ βέβαια ἄνευ τοῦ παρ' ὑμῖν ἀγωνίσασθαι, ταῦτα πάντα πεποιηκὼς Φορμίων οὑτοσί, **3** καὶ πολλὰ μὲν εὖ πεποιηκὼς Ἀπολλόδωρον τουτονί, πάντα δ' ὅσων κύριος τῶν τούτου κατελείφθη, διαλύσας καὶ παραδοὺς δικαίως, καὶ πάντων ἀφεθεὶς μετὰ ταῦτα τῶν ἐγκλημάτων, ὅμως, ὡς ὁρᾶτε, ἐπειδὴ φέρειν τοῦτον οὐχ οἷός τ' ἐστίν, δίκην ταλάντων εἴκοσι λαχὼν αὐτῷ ταύτην συκοφαντεῖ. Ἐξ ἀρχῆς οὖν ἅπαντα τὰ πραχθέντα τούτῳ πρὸς Πασίωνα καὶ Ἀπολλόδωρον ὡς ἂν δύνωμαι διὰ βραχυτάτων εἰπεῖν πειράσομαι, ἐξ ὧν εὖ οἶδ' ὅτι ἥ τε τούτου συκοφαντία φανερὰ γενήσεται, καὶ ὡς οὐκ εἰσαγώγιμος ἡ δίκη γνώσεσθ' ἅμα ταῦτ' ἀκούσαντες.

4 Πρῶτον μὲν οὖν ὑμῖν ἀναγνώσεται τὰς συνθήκας, καθ' ἃς ἐμίσθωσε Πασίων τὴν τράπεζαν τουτῳὶ καὶ τὸ ἀσπιδοπηγεῖον. Καί μοι λαβὲ τὰς συνθήκας καὶ τὴν πρόκλησιν καὶ τὰς μαρτυρίας ταυτασί.

1 αὐτοὶ om. Rufus (Walz III 450) || ἄνδρες Ἀθηναῖοι codd. : δικασταί Rufus || τὰ δίκαια secl. Herwerden cf. XLIV 60 || **2** τῆς δίκης seclusi auctore Blass cf. XXXIV 17 || τῶν v. : ἐκ τῶν A || οὑτοσὶ om. F Q D || ὑμῖν v. : ὑμῶν D Harpocratio s. v. ἀφεὶς καὶ ἀπαλλάξας cf. XXXIV 40 || **3** πεποιηκὼς codd. : πεποίηκε A || τοῦτον οὐχ S : οὐκέτι τοῦτον v. (τοῦτο οὐχ coniecerim) || ταλάντων εἴκοσιν v. : εἴκ. ταλ. A || ὡς om. A, qui post ἅμα habet δ' || ἀκούσαντες S : ἀκούοντες v. || **4** τουτῳὶ Blass ratione habita eius uerbi in hac oratione : τούτῳ codd. || ἀσπιδοπηγεῖον B in marg. : — πηγίον cett., quod et alibi hab. constanter codd. || ταυτασὶ v. : ταυτὰς A.

CONTRAT[1]. SOMMATION[2]. TÉMOIGNAGES

Telles sont donc, Athéniens, les clauses de la location consentie à Phormion alors qu'il était déjà libre. Il faut maintenant que vous sachiez comment Pasion se trouvait débiteur de 11 talents envers la banque. **5** Ce n'était pas manque de capitaux, mais parce qu'il aimait à les faire travailler. Il possédait en biens-fonds[3] à peu près 20 talents ; il avait des créances pour plus de 50 talents, dont 11 qui provenaient de dépôts faits à la banque et qu'il faisait fructifier. **6** Or, Phormion, en prenant à ferme l'exploitation de la banque et des dépôts, se rendit compte que, n'ayant pas encore le droit de cité, il ne pourrait faire rentrer l'argent que Pasion avait prêté sur des terres ou des maisons : il aima mieux avoir Pasion pour débiteur de ces sommes, au lieu des autres débiteurs à qui Pasion les avait avancées. C'est ainsi que, dans l'acte de location, Pasion fut débité des 11 talents, comme les témoignages le montrent.

7 Comment la location eut lieu, vous le savez par le témoignage du préposé lui-même. Après cela, Pasion tomba malade, et vous allez voir quel fut son testament. Prends-moi la copie du testament[4], la sommation et les témoignages de ceux qui sont dépositaires du testament.

1. Il est appelé dans le *Contre Stéphanos* d'un terme plus technique, μίσθωσις, « bail ».

2. Sans doute afin de recourir à l'original si la fidélité de la copie produite était mise en doute : il en a été ainsi pour le testament, comme on le sait.

3. Il n'avait pu les acquérir que depuis sa naturalisation. Or, cette fortune foncière est très élevée : elle faisait de Pasion un des plus grands propriétaires de l'Attique. Il est curieux de voir ce nouveau bourgeois d'Athènes, aussitôt promu, manifester son intérêt pour la forme traditionnelle de la richesse.

4. C'est surtout dans les plaidoyers *contre Stéphanos* qu'il sera question de ce testament : il y est cité en partie XLV 28. Il est d'un type connu par plusieurs exemplaires du IVe siècle (dont le testament du père de Démosthène, huit ans plus tôt) ; c'est-à-dire que, ne comportant pas, par hypothèse, d'institution d'héritier par voie d'adoption, il a pour objet des legs — outre la dation en mariage de la veuve, comme dans le cas de Démosthène le père. Cf. E. F. Bruck, *Die Schenk. auf den Todesfall*, p. 101. — L'importance de l'écrit est spé-

ΣΥΝΘΗΚΑΙ. ΠΡΟΚΛΗΣΙΣ. ΜΑΡΤΥΡΙΑΙ

Αἱ μὲν οὖν συνθῆκαι καθ' ἃς ἐμίσθωσεν ὁ Πασίων τουτῳὶ τὴν τράπεζαν καὶ τὸ ἀσπιδοπηγεῖον ἤδη καθ' ἑαυτὸν ὄντι, αὗταί εἰσιν, ὦ ἄνδρες Ἀθηναῖοι· δεῖ δ' ὑμᾶς ἀκοῦσαι καὶ μαθεῖν ἐκ τίνος τρόπου προσώφειλεν τὰ ἕνδεκα τάλανθ' ὁ Πασίων ἐπὶ τὴν τράπεζαν. 5 Οὐ γὰρ δι' ἀπορίαν ταῦτ' ὤφειλεν, ἀλλὰ διὰ φιλεργίαν. Ἡ μὲν γὰρ ἔγγειος ἦν οὐσία Πασίωνι μάλιστα ταλάντων εἴκοσιν, ἀργύριον δὲ πρὸς ταύτῃ δεδανεισμένον [ἴδιον] πλέον ἢ πεντήκοντα τάλαντα. Ἐν οὖν τοῖς πεντήκοντα ταλάντοις τούτοις ἀπὸ τῶν παρακαταθηκῶν τῶν τῆς τραπέζης ἕνδεκα τάλαντ' ἐνεργὰ ἦν. 6 Μισθούμενος οὖν ὅδε τὴν ἐργασίαν αὐτὴν τὴν τῆς τραπέζης καὶ τὰς παρακαταθήκας [λαμβάνων], ὁρῶν ὅτι, μήπω τῆς πολιτείας αὐτῷ παρ' ὑμῖν οὔσης, οὐχ οἷός τ' ἔσοιτ' εἰσπράττειν ὅσα Πασίων ἐπὶ γῇ καὶ συνοικίαις δεδανεικὼς ἦν, εἵλετο μᾶλλον αὐτὸν τὸν Πασίωνα χρήστην ἔχειν τούτων τῶν χρημάτων ἢ τοὺς ἄλλους χρήστας, οἷς προειμένος ἦν. Καὶ οὕτω διὰ ταῦτ' ἐγράφη εἰς τὴν μίσθωσιν προσοφείλων ὁ Πασίων τὰ ἕνδεκα τάλαντα, ὥσπερ καὶ μεμαρτύρηται ὑμῖν.

7 Ὃν μὲν τοίνυν τρόπον ἡ μίσθωσις ἐγένετο, μεμαρτύρηται ὑμῖν ὑπ' αὐτοῦ τοῦ ἐπικαθημένου· ἐπιγενομένης δ' ἀρρωστίας τῷ Πασίωνι μετὰ ταῦτα, σκέψασθ' ἃ διέθετο. Λαβὲ τῆς διαθήκης τὸ ἀντίγραφον καὶ τὴν πρόκλησιν ταυτηνὶ καὶ τὰς μαρτυρίας ταυτασί, παρ' οἷς αἱ διαθῆκαι κεῖνται.

4 τούτῳ transpos. post τράπεζαν F Q D || 5 ταύτῃ v. : ταύτην A || ἴδιον del. Sandys || οὖν τοῖς πεντήκοντα ταλάντοις om. A, del. Blass || 6 αὐτὴν τὴν A : αὐτὴν S ταύτην τὴν F Q || λαμβάνων secl. Blass || προειμένος Wolf : προειεμενος S προιέμενος v. || τὰ A : om. cett. || 7 ἐπικαθημένου A S : ἐπικ. ἐπὶ τῇ τραπέζῃ F Q || ταυτηνὶ v. : ταύτην A S || ταυτασί vulg. : ταύτας A || post διαθήκη in lemm. hab. ἀντίγραφον A S.

Testament. Sommation[1]. Témoignages

8 Pasion mort, Phormion devint, conformément au testament, le mari de la veuve et le tuteur de l'enfant. Mais devant les dilapidations d'Apollodore qui s'imaginait que, pour ses dépenses, il n'avait qu'à puiser dans le fonds commun, les tuteurs [2] tinrent conseil ; aux termes du testament, tout ce qu'il aurait prélevé sur la succession indivise devait être décompté : son frère recevrait l'équivalent et le partage se ferait sur le reste ; mais, voyant que la succession allait être réduite à rien, ils décidèrent, dans l'intérêt du mineur, un partage immédiat **9** qui porta sur toute la succession, sauf sur les biens que Phormion avait reçus en location et dont le revenu fut attribué, pour moitié, à Apollodore. Pour ce qui est de la période antérieure du bail, comment peut-il réclamer? Ce n'est pas maintenant, c'est tout de suite qu'il aurait dû exprimer des plaintes. Bien plus, même pour les loyers échus depuis, il ne peut prétendre qu'il ne les a pas touchés. **10** Car, au moment de la majorité de Pasiclès, qui mit fin au bail, jamais, toi et ton frère, vous n'auriez donné à Phormion pleine et entière décharge : vous auriez réclamé votre dû immédiatement. Comme preuve qu'il a fait un partage avec son frère encore mineur et que tous deux ont donné quittance à Phormion du loyer et de toutes autres réclamations, prends-moi ce témoignage.

Témoignage

11 Dès qu'ils eurent donné quittance à Phormion, Athéniens, ils partagent la banque et la fabrique de boucliers ; Apollodore avait le choix : il choisit la fabrique, de

cialement marquée ici ; sur la pratique du dépôt de l'acte chez une ou plusieurs personnes de confiance, cf. Beauchet, III, p. 662 sq.

1. Il s'agit toujours de la même, celle qui est prétendue fausse dans l'affaire du *Contre Stéphanos*. Cf. § 4.

2. Ces ἐπίτροποι associés à Pasion font fonction d'exécuteurs testamentaires ; cf. E. F. Bruck, *o. l.*, p. 147.

ΔΙΑΘΗΚΗ. ΠΡΟΚΛΗΣΙΣ. ΜΑΡΤΥΡΙΑΙ

8 Ἐπειδὴ τοίνυν ὁ Πασίων ἐτετελευτήκει ταῦτα διαθέμενος, Φορμίων οὑτοσὶ τὴν μὲν γυναῖκα λαμβάνει κατὰ τὴν διαθήκην, τὸν δὲ παῖδ' ἐπετρόπευεν. Ἁρπάζοντος δὲ τούτου καὶ πόλλ' ἀπὸ κοινῶν [ὄντων] τῶν χρημάτων ἀναλίσκειν οἰομένου δεῖν, λογιζόμενοι πρὸς ἑαυτοὺς οἱ ἐπίτροποι ὅτι, εἰ δεήσει κατὰ τὰς διαθήκας, ὅσ' ἂν οὗτος ἐκ κοινῶν τῶν χρημάτων ἀναλώσῃ, τούτοις ἐξελόντας ἀντιμοιρεὶ τὰ λοιπὰ νέμειν, οὐδ' ὁτιοῦν ἔσται περιόν, νείμασθαι τὰ ὄνθ' ὑπὲρ τοῦ παιδὸς ἔγνωσαν. 9 Καὶ νέμονται τὴν ἄλλην οὐσίαν πλὴν ὧν ἐμεμίσθωθ' οὑτοσί· τούτων δὲ τῆς προσόδου τὴν ἡμίσειαν τούτῳ ἀπεδίδοσαν. Ἄχρι μὲν οὖν τούτου τοῦ χρόνου πῶς ἔνεστ' ἐγκαλεῖν αὐτῷ μισθώσεως; οὐ γὰρ νῦν, ἀλλὰ τότ' εὐθὺς ἔδει χαλεπαίνοντα φαίνεσθαι. Καὶ μὴν οὐδὲ τὰς ἐπιγιγνομένας μισθώσεις ὡς οὐκ ἀπείληφεν ἔστ' εἰπεῖν αὐτῷ. 10 Οὐ γὰρ ἄν ποτ', ἐπειδὴ δοκιμασθέντος Πασικλέους ἀπηλλάττετο τῆς μισθώσεως ὅδε, ἀφῆκατ' ἂν αὐτὸν ἁπάντων τῶν ἐγκλημάτων, ἀλλὰ τότ' ἂν παραχρῆμ' ἀπῃτεῖτ', εἴ τι προσώφειλεν ὑμῖν. Ὡς τοίνυν ταῦτ' ἀληθῆ λέγω, καὶ ἐνείμαθ' οὗτος πρὸς τὸν ἀδελφὸν παῖδ' ὄντα, καὶ ἀφῆκαν τῆς μισθώσεως καὶ τῶν ἄλλων ἁπάντων ἐγκλημάτων, λαβὲ ταυτηνὶ τὴν μαρτυρίαν.

ΜΑΡΤΥΡΙΑ

11 Εὐθὺς τοίνυν, ὦ ἄνδρες Ἀθηναῖοι, ὡς ἀφεῖσαν τουτονὶ τῆς μισθώσεως, νέμονται τὴν τράπεζαν καὶ τὸ ἀσπιδοπηγεῖον, καὶ λαβὼν αἵρεσιν Ἀπολλόδωρος αἱρεῖται τὸ

8 τὴν om. F Q D ‖ ὄντων om. F Q, del. Blass ‖ τούτοις v. : τούτους S ‖ ἀντιμοιρεὶ edd. : αντιμοιρει S ἀντιμοιρεῖ F Q τὰς ἀντιμοιρίας A ‖ **9** ἐμεμίσθωτο A S : ἐμισθώσατο F Q D ‖ ἐπιγιγνομένας v. : ἐπιγενομένας A ‖ **10** ἁπάντων om. A ‖ ταυτηνὶ S : ταύτην cett.

préférence à la banque. Pourtant, si la banque avait comporté un capital qui lui appartînt, pourquoi préférer la fabrique ? Le revenu n'en était pas supérieur — au contraire (la fabrique rapportait 1 talent et la banque 100 mines) ; l'exploitation n'en était pas plus commode, si la banque comportait un capital. La vérité, c'est qu'elle n'en comportait pas ; et voilà pourquoi il choisit, en connaissance de cause, la fabrique : cette propriété-là est sans risques, tandis que les revenus d'une banque qui travaille avec l'argent des déposants sont aléatoires.

12 La liste serait longue de tous les indices qui montrent sa mauvaise foi dans cette demande en restitution. Mais la meilleure preuve, il me semble, que Phormion n'avait reçu aucun fonds de roulement, c'est cet article du contrat de location où Pasion est débité envers la banque, loin d'avoir fourni un capital à Phormion[1]. C'est ensuite qu'Apollodore, manifestement, n'a élevé aucune réclamation lors du partage. En troisième lieu, c'est que, dans le bail qu'il a passé ensuite, pour le même bien, avec d'autres fermiers, on verra qu'il n'a pas compris de capital qui fût propre à la banque ; **13** or, si son père en avait fourni un dont Phormion le frustrerait, il aurait dû en fournir un, lui aussi, en se le procurant ailleurs. Prends-moi le témoignage qui prouve qu'il a loué ensuite à Xénon, Euphraios, Euphron, Callistratos[2], et qu'il ne leur a transmis aucun capital à lui, mais que le bail avait seulement pour objet les dépôts et le droit de les faire fructifier[; et, en outre, qu'il a choisi la fabrique][3].

1. Le plaideur tient pour acquise l'authenticité de l'acte. Phormion devait se sentir sur un terrain solide : la question n'est même pas discutée. Elle l'est, en revanche, brièvement du reste, pour le testament (§ 33 sq.).

2. Ce sont des esclaves apparemment, puisqu'ils n'ont été affranchis que dans la suite (§ 14) : ce qui ne les a pas empêchés de figurer à un contrat. Cf. *Arch. d'hist. du dr. or.*, V, p. 175, sur la portée de ce texte au sujet de la capacité de l'esclave.

3. Adjonction douteuse : il n'est pas probable que cette déclaration fût contenue dans le même témoignage que la précédente ; et elle n'a que faire ici.

ἀσπιδοπηγεῖον ἀντὶ τῆς τραπέζης. Καίτοι εἰ ἦν ἰδία τις ἀφορμὴ τούτῳ πρὸς τῇ τραπέζῃ, τί δή ποτ' ἂν εἵλετο τοῦτο μᾶλλον ἢ 'κείνην; οὔτε γὰρ ἡ πρόσοδος ἦν πλείων, ἀλλ' ἐλάττων (τὸ μὲν γὰρ τάλαντον, ἡ δ' ἑκατὸν μνᾶς ἔφερεν), οὔτε τὸ κτῆμ' ἥδιον, εἰ προσῆν χρήματα τῇ τραπέζῃ [ἴδια]· ἀλλ' οὐ προσῆν. Διόπερ σωφρονῶν εἵλετο τὸ ἀσπιδοπηγεῖον [οὗτος]· τὸ μὲν γὰρ κτῆμ' ἀκίνδυνόν ἐστιν, ἡ δ' ἐργασία προσόδους ἔχουσ' ἐπικινδύνους ἀπὸ χρημάτων ἀλλοτρίων.

12 Πολλὰ δ' ἄν τις ἔχοι λέγειν καὶ ἐπιδεικνύναι σημεῖα τοῦ τοῦτον συκοφαντεῖν ἐγκαλοῦντ' ἀφορμήν. 'Αλλ' οἶμαι μέγιστον μέν ἐστιν ἁπάντων τεκμήριον τοῦ μηδεμίαν λαβεῖν ἀφορμὴν εἰς ταῦτα τουτονὶ τὸ ἐν τῇ μισθώσει γεγράφθαι προσοφείλοντα τὸν Πασίων' ἐπὶ τὴν τράπεζαν, οὐ δεδωκότ' ἀφορμὴν τούτῳ, δεύτερον δὲ τὸ τοῦτον ἐν τῇ νομῇ μηδὲν ἐγκαλοῦντα φαίνεσθαι, τρίτον δ', ὅτι μισθῶν ἑτέροις ὕστερον ταὐτὰ ταῦτα τοῦ ἴσου ἀργυρίου οὐ φανήσεται προσμεμισθωκὼς ἰδίαν ἀφορμήν. 13 Καίτοι εἰ, ἣν ὁ πατὴρ παρέσχεν, ὑπὸ τοῦδ' ἀπεστερεῖτο, αὐτὸν νῦν προσῆκεν ἐκείνοις ἄλλοθεν πορίσαντα δεδωκέναι. 'Ως τοίνυν ταῦτ' ἀληθῆ λέγω, καὶ ἐμίσθωσεν ὕστερον Ξένωνι καὶ Εὐφραίῳ καὶ Εὔφρονι καὶ Καλλιστράτῳ, καὶ οὐδὲ τούτοις παρέδωκεν ἰδίαν ἀφορμήν, ἀλλὰ τὰς παρακαταθήκας καὶ τὴν ἀπὸ τούτων ἐργασίαν αὐτὴν ἐμισθώσαντο, λαβέ μοι τὴν τούτων μαρτυρίαν[, καὶ ὡς τὸ ἀσπιδοπηγεῖον εἵλετο].

11 ἰδία v. : καὶ S || ἥδιον Wolf : ἡδεῖον A ἴδιον cett. || ἴδια secl. Blass || σωφρονῶν A S : σωφρόνως F Q || οὗτος S οὑτοσὶ F Q om. A, del. Blass || **12** ἀφορμήν S : Φορμίωνι v. || τουτονὶ A S : τοῦτον F Q || μηδὲν v. : μηδὲ S || ὕστερον om. F Q || ταὐτὰ om. A || τοῦ ἴσου ἀργυρίου secl. Blass coll. § **37** || **13** ἀπεστερεῖτο A S : ἀποστεροῖτο F Q ἀπεστέρητο D || ἐκείνοις om. F Q D || ἀπὸ om. A || ἐμισθώσαντο S A pr. : — ατο v. || καὶ... εἵλετο del. Schaefer.

Témoignage

14 Ainsi, Athéniens, il vous est attesté que les deux frères ont loué à ces quatre fermiers, qu'ils ne leur ont remis aucun capital, qu'ils les ont affranchis en récompense de leurs services, et qu'ils n'ont eu alors de contestation ni avec eux ni avec Phormion. Aussi longtemps que vécut sa mère, qui était au courant de tout, Apollodore ne présenta aucune réclamation à Phormion. Mais, quand elle fut morte, il exigea 3.000 drachmes, outre les 2.000 qu'elle avait laissées aux enfants de Phormion*, plus un vêtement de dessous et une esclave ; et il engagea là-dessus un méchant procès. **15** Or, à ce moment non plus, vous verrez qu'il n'a soufflé mot de sa plainte actuelle. Il s'en remit à l'arbitrage du père de sa femme, de son beau-frère, de Lysinos et d'Androménès : ceux-ci persuadèrent [1] Phormion de lui abandonner bénévolement les 3.000 drachmes et le reste, et de s'en faire un ami plutôt que de se l'aliéner pour pareille chose : Apollodore reçut donc en tout 5.000 drachmes et, dans le sanctuaire d'Athéna [2], donna pour la seconde fois à Phormion pleine et entière décharge. **16** Malgré cela, comme vous voyez, il intente un nouveau procès, en forgeant toutes sortes de griefs qui remontent à tout le temps antérieur — ce qui est bien le plus fort — et qu'il n'avait jamais produits. Comme preuve de ce que j'avance, prends-moi la sentence arbitrale qui a été rendue à l'Acropole et le témoignage de ceux qui étaient présents lorsque Apollodore donna décharge définitive en recevant cet argent.

Sentence. Témoignage

17 Vous venez d'entendre, juges, la sentence rendue

1. Il s'agit d'une variété de compromis, où il n'y a pas lieu à jugement arbitral, mais où un accord à l'amiable est réalisé sur la proposition des arbitres. Cf. Steinwenter, *Die Streitbeendig.*, p. 130.

2. Sur l'Acropole (cf. § 16 ; pour des situations analogues, Antiphon VI 39 ; Andoc. I 42). On prête serment dans les sanctuaires : c'est aussi dans les sanctuaires qu'ont lieu les arbitrages privés et les accords qui se concluent par des serments : on en a vu un exemple dans le *Contre Apatourios* 18.

ΜΑΡΤΥΡΙΑ

14 Μεμαρτύρηται μὲν τοίνυν ὑμῖν, ὦ ἄνδρες Ἀθηναῖοι, ὅτι καὶ τούτοις ἐμίσθωσαν καὶ οὐ παρέδωκαν ἰδίαν ἀφορμὴν οὐδεμίαν, καὶ ἐλευθέρους ἀφεῖσαν ὡς μεγάλ' εὖ πεπονθότες, καὶ οὐκ ἐδικάζοντ' οὔτ' ἐκείνοις τότ' οὔτε τούτῳ. Ὃν μὲν τοίνυν χρόνον ἡ μήτηρ ἔζη, ἡ πάντ' ἀκριβῶς [ταῦτ'] εἰδυῖα, οὐδὲν ἔγκλημα πώποτ' ἐποιήσατο πρὸς τουτονὶ Φορμίων' Ἀπολλόδωρος· ὡς δ' ἐτελεύτησεν ἐκείνη, τρισχιλίας ἐγκαλέσας ἀργυρίου δραχμὰς πρὸς αἷς ἔδωκεν ἐκείνη δισχιλίαις τοῖς τούτου παιδίοις, καὶ χιτωνίσκον τινὰ καὶ θεράπαιναν, ἐσυκοφάντει. 15 Καὶ οὐδ' ἐνταῦθα τούτων οὐδὲν ὧν νῦν ἐγκαλεῖ λέγων φανήσεται. Ἐπιτρέψας δὲ τῷ τε τῆς ἑαυτοῦ γυναικὸς πατρὶ καὶ τῷ συγκηδεστῇ τῷ αὐτοῦ καὶ Λυσίνῳ καὶ Ἀνδρομένει, πεισάντων τούτων Φορμίωνα τουτονὶ δοῦναι δωρεὰν τὰς τρισχιλίας καὶ τὸ προσόν, καὶ φίλον μᾶλλον ἔχειν τοῦτον ἢ διὰ ταῦτ' ἐχθρὸν αὐτὸν εἶναι, λαβὼν τὸ σύμπαν πεντακισχιλίας, καὶ πάντων ἀφεὶς τῶν ἐγκλημάτων τὸ δεύτερον εἰς τὸ ἱερὸν τῆς Ἀθηνᾶς ἐλθών, 16 πάλιν, ὡς ὁρᾶτε, δικάζεται, πάσας αἰτίας συμπλάσας καὶ ἐγκλήματ' ἐκ παντὸς τοῦ χρόνου τοῦ πρὸ τούτου (τοῦτο γάρ ἐστιν μέγιστον ἁπάντων), ἃ οὐδεπώποτ' ᾐτιάσατο. Ὡς τοίνυν ταῦτ' ἀληθῆ λέγω, λαβέ μοι τὴν γνῶσιν τὴν γενομένην ἐν ἀκροπόλει, καὶ τὴν μαρτυρίαν τῶν παραγενομένων ὅτ' ἀφίει τῶν ἐγκλημάτων ἁπάντων Ἀπολλόδωρος, λαμβάνων τοῦτο τὸ ἀργύριον.

ΓΝΩΣΙΣ. ΜΑΡΤΥΡΙΑ

17 Ἀκούετε τῆς γνώσεως, ἄνδρες δικασταί, ἣν ἔγνω

14 μὲν τοίνυν v. : μέντοι A ‖ post ἐλευθ. add. τ' F Q D ‖ post πάντα habet ταῦτα A post ἀκριβῶς S post εἰδυῖα F Q D, del. Blass ‖ Ἀπολλόδωρος habet in γρ. F Q ‖ 15 post τρισχιλίας add. δραχμὰς A ‖ αὐτὸν εἶναι A S : om. cett. ‖ 16 ἀφίει v. : ἠφίει F corr. ‖ 17 ἄνδρες S : ὦ ἄ. v.

par Dinias, le beau-père d'Apollodore, et par Nicias, qui a épousé la sœur de sa femme. Eh bien, après avoir reçu cet argent, après avoir donné quittance intégrale, comme si tous ces témoins étaient morts ou que la vérité ne dût pas se faire jour, il a intenté une action pour une somme aussi considérable et il a l'impudence de plaider.

18 Vous savez maintenant, depuis le début et en détail, comment s'est comporté Phormion à l'égard d'Apollodore et quelles relations il y a eu entre eux. Mais sans doute, Apollodore ne pouvant rien justifier de sa demande, répétera ce qu'il a osé dire devant l'arbitre[1] : que sa mère, à l'instigation de Phormion, a fait disparaître les pièces et que, par suite, il n'a aucun moyen authentique de prouver son droit. **19** Là-dessus, et contre cette allégation, voyez quelles fortes présomptions peuvent révéler sa mauvaise foi. D'abord, Athéniens, comment partager une succession sans posséder des pièces qui renseignent sur le montant de cette succession? C'est impossible. Or, le partage a eu lieu il y a dix-huit ans, et tu ne saurais établir que tu aies jamais réclamé au sujet de ces documents. **20** Ensuite, lorsque Pasiclès, devenu majeur, reçut son compte de tutelle, en admettant qu'Apollodore eût hésité à accuser personnellement sa mère d'avoir fait disparaître les pièces, comment n'eût-il pas fait constater la chose à son frère pour que la preuve fût faite par celui-ci? En troisième lieu, sur quelles pièces se fondait-il pour intenter ses actions? Il faut vous dire qu'il en a intenté contre de nombreux citoyens, et qu'il a obtenu le remboursement de sommes considérables à la suite de demandes ainsi libellées : « Un tel m'a porté préjudice en ne s'acquittant pas de telle dette qui figure dans les livres laissés par mon père. » **21** Encore une fois, si les livres avaient disparu, sur quelles pièces t'appuyais-tu en justice? La preuve de ce que j'avance, c'est d'abord le partage auquel

1. Entendons : l'arbitre public. La mention qui est faite d'une procédure incompatible avec celle des δίκαι ἔμμηνοι peut toujours être utilisée comme un indice négatif quant à la nature de l'action. — On a vu dans l'affaire de la tutelle de Démosthène que cette phase du procès permettait aux parties d'être informées sur les positions de l'adversaire avant d'aborder le tribunal.

Δεινίας, οὗ τὴν θυγατέρ' οὗτος ἔχει, καὶ Νικίας ὁ τὴν ἀδελφὴν τῆς τούτου γυναικὸς ἔχων. Ταῦτα τοίνυν λαβὼν καὶ ἀφεὶς ἁπάντων τῶν ἐγκλημάτων, ὥσπερ ἢ πάντων τεθνεώτων τούτων ἢ τῆς ἀληθείας οὐ γενησομένης φανερᾶς, δίκην τοσούτων ταλάντων λαχὼν τολμᾷ δικάζεσθαι.

18 Τὰ μὲν οὖν πεπραγμένα καὶ γεγενημένα Φορμίωνι πρὸς Ἀπολλόδωρον ἐξ ἀρχῆς ἅπαντ' ἀκηκόατ', ὦ ἄνδρες Ἀθηναῖοι. Οἶμαι δ' Ἀπολλόδωρον τουτονί, οὐδὲν ἔχοντα δίκαιον εἰπεῖν περὶ ὧν ἐγκαλεῖ, ἅπερ παρὰ τῷ διαιτητῇ λέγειν ἐτόλμα, ταῦτ' ἐρεῖν, ὡς τὰ γράμμαθ' ἡ μήτηρ ἠφάνικε πεισθεῖσ' ὑπὸ τούτου, καὶ τούτων ἀπολωλότων οὐκ ἔχει τίνα χρὴ τρόπον ταῦτ' ἐξελέγχειν ἀκριβῶς. 19 Περὶ δὴ τούτων καὶ ταύτης τῆς αἰτίας σκέψασθ' ἡλίκ' ἄν τις ἔχοι τεκμήρι' εἰπεῖν ὅτι ψεύδεται. Πρῶτον μὲν γάρ, ὦ ἄνδρες Ἀθηναῖοι, τίς ἂν ἐνείματο τὰ πατρῷα μὴ λαβὼν γράμματα, ἐξ ὧν ἤμελλεν εἴσεσθαι τὴν καταλειφθεῖσαν οὐσίαν; οὐδὲ εἷς δήπου. Καίτοι δυοῖν δέοντ' εἴκοσιν ἔτη ἐστὶν ἐξ ὅτου ἐνείμω, καὶ οὐκ ἂν ἔχοις ἐπιδεῖξαι ὡς ἐνεκάλεσας πώποθ' ὑπὲρ τῶν γραμμάτων. 20 Δεύτερον δέ, τίς οὐκ ἄν, ἡνίχ' ὁ Πασικλῆς ἀνὴρ γεγονὼς ἐκομίζετο τὸν λόγον τῆς ἐπιτροπῆς, εἰ δι' αὐτοῦ τὰ γράμματ' ὤκνει τὴν μητέρ' αἰτιᾶσθαι διεφθαρκέναι, τούτῳ ταῦτ' ἐδήλωσεν, ὅπως διὰ τούτου ταῦτ' ἠλέγχθη; τρίτον δ', ἐκ ποίων γραμμάτων τὰς δίκας ἐλάγχανες; οὗτος γὰρ πολλοῖς τῶν πολιτῶν δίκας λαγχάνων πολλὰ χρήματ' εἰσπέπρακται, γράφων εἰς τὰ ἐγκλήματα 'ἔβλαψέ με ὁ δεῖνα οὐκ ἀποδιδοὺς ἐμοὶ τὸ ἀργύριον, ὃ κατέλιπεν ὁ πατὴρ ὀφείλοντα αὐτὸν ἐν τοῖς γράμμασιν'. 21 Καίτοι εἰ ἠφάνιστο τὰ γράμματα, ἐκ ποίων γραμμάτων τὰς δίκας ἐλάγχανεν; ἀλλὰ μὴν ὅτι ταῦτ' ἀληθῆ λέγω, τὴν μὲν νομὴν ἀκηκόαθ'

18 ἐτόλμα v. : ἐτόλμησε A ‖ ἠφάνικε v. : ταῦτ' ἠφ. S ‖ 19 οὐδὲ εἷς v. : οὐδεὶς A ‖ 20 ὁ om. F Q D ‖ κατέλιπεν v. : — έλειπεν S ‖ 21 τὰ γράμματα v. : τὸ γράμμα S ‖ ἐλάγχανεν A S D : — ες F Q.

il a procédé et qui vous a été attesté ; ce sont ensuite les formules des actions qu'il a intentées, et au sujet desquelles on va vous lire les témoignages. Prends-moi ces témoignages.

TÉMOIGNAGES

Ces formules[1] contiennent l'aveu que les livres de son père lui ont été remis[2]. Car il ne saurait dire, apparemment, qu'il était de mauvaise foi et qu'il plaidait pour des dettes inexistantes.

22 Du reste, Athéniens, parmi toutes les preuves décisives qui montrent que Phormion n'a pas fait tort à Apollodore, la plus décisive, à mon avis, c'est que Pasiclès, le propre frère d'Apollodore, n'a intenté aucune action, ne présente même aucune réclamation semblable. Pourtant, cet enfant dont le père avait confié la tutelle à Phormion, dont Phormion administrait les biens, tu ne peux pas dire qu'il ne lui aurait fait aucun tort tandis qu'il t'en aurait fait à toi qui étais majeur, qui avais vingt-quatre ans à la mort de ton père et qui n'aurais pas eu de mal à te faire rendre justice sur-le-champ, s'il y avait eu lieu. Non, ce n'est pas possible. Comme preuve du fait que Pasiclès ne réclame rien, prends-moi son témoignage.

TÉMOIGNAGE

23 Voilà donc les motifs de l'exception, tels qu'ils s'imposent maintenant à votre examen. Récapitulons. Considérant, Athéniens, qu'il y a eu règlement de compte et décharge relativement à la location de la banque et de la fabrique de boucliers ; qu'il y a eu arbitrage et, derechef, pleine et entière décharge ; que les lois refusent toute action dès lors qu'il y a eu décharge ; **24** que le demandeur a intenté une action calomnieuse et illégale : nous avons opposé l'exception conformément aux lois pour faire déclarer l'action non recevable. Et, pour que

1. Celles d'une action qui doit être l'action de dommage (δίκη βλάβης : cf. § 20) et dont l'emploi est à remarquer.

2. Cf. § 20. Pour la valeur probatoire des livres des banquiers, voir

ἣν ἐνείματο, καὶ μεμαρτύρηται ὑμῖν· τῶν δὲ λήξεων τούτων ἀναγνώσεται ὑμῖν τὰς μαρτυρίας. Λαβὲ τὰς μαρτυρίας μοι.

ΜΑΡΤΥΡΙΑΙ

Οὐκοῦν ἐν ταύταις ταῖς λήξεσιν ὡμολόγηκεν ἀπειληφέναι τὰ τοῦ πατρὸς γράμματα· οὐ γὰρ δὴ συκοφαντεῖν γε, οὐδ' ὧν οὐκ ὤφειλον οὗτοι δικάζεσθαι φήσειεν ἄν.

22 Νομίζω τοίνυν, ὦ ἄνδρες Ἀθηναῖοι, μεγάλων καὶ πολλῶν ὄντων ἐξ ὧν ἔστιν ἰδεῖν οὐκ ἀδικοῦντα Φορμίωνα τουτονί, μέγιστον ἁπάντων εἶναι ὅτι Πασικλῆς, ἀδελφὸς ὢν Ἀπολλοδώρου τουτουί, οὔτε δίκην εἴληχεν οὔτ' ἄλλ' οὐδὲν ὧν οὗτος ἐγκαλεῖ. Καίτοι οὐ δήπου τὸν μὲν παῖδ' ὑπὸ τοῦ πατρὸς καταλειφθέντα, καὶ οὗ τῶν ὄντων κύριος ἦν, ἐπίτροπος καταλελειμμένος, οὐκ ἂν ἠδίκει, σὲ δέ, ὃς ἀνὴρ κατελείφθης τέτταρα καὶ εἴκοσιν ἔτη γεγονώς, καὶ ὑπὲρ σαυτοῦ ῥᾳδίως ἂν τὰ δίκαι' ἐλάμβανες εὐθύς, εἴ τι ἠδικοῦ. Οὐκ ἔστι ταῦτα. Ὡς τοίνυν ταῦτ' ἀληθῆ λέγω καὶ ὁ Πασικλῆς οὐδὲν ἐγκαλεῖ, λαβέ μοι τὴν τούτου μαρτυρίαν.

ΜΑΡΤΥΡΙΑ

23 Ἃ τοίνυν ἤδη περὶ αὐτοῦ τοῦ μὴ εἰσαγώγιμον εἶναι τὴν δίκην δεῖ σκοπεῖν ὑμᾶς, ταῦτ' ἀναμνήσθητ' ἐκ τῶν εἰρημένων. Ἡμεῖς γάρ, ὦ ἄνδρες Ἀθηναῖοι, γεγενημένου μὲν διαλογισμοῦ καὶ ἀφέσεως τῆς τραπέζης καὶ τοῦ ἀσπιδοπηγείου τῆς μισθώσεως, γεγενημένης δὲ διαίτης καὶ πάλιν πάντων ἀφέσεως, οὐκ ἐώντων τῶν νόμων δίκας ὧν ἂν ἀφῇ τις ἅπαξ λαγχάνειν, 24 συκοφαντοῦντος τούτου καὶ παρὰ τοὺς νόμους δικαζομένου παρεγραψάμεθ' ἐκ τῶν νόμων μὴ εἶναι τὴν δίκην εἰσαγώγιμον. Ἵν' οὖν

21 lemm. μαρτυρίαι : — ία S ‖ 23 ἤδη S : ἤδη καὶ A om. F Q ‖ μὲν om. F Q D ‖ πάλιν πάντων ἀφέσεως S : πάλιν ἀφ. πάντων A παντ. πάλ. ἀφ. F Q ‖ 24 εἶναι τὴν δίκην εἰσαγώγιμον S : εἶναι εἰσ. τ. δ. A εἰσ. εἶναι τ. δ. F Q D.

vous votiez en connaissance de cause, on va vous lire la loi en question[1] et, l'un après l'autre, les témoignages de ceux qui étaient présents lorsque Apollodore a donné quittance du loyer et de toutes autres réclamations. Prends-moi ces témoignages et la loi.

TÉMOIGNAGE. LOI

25 Vous avez entendu la loi, Athéniens[2] : parmi les cas où l'action n'est pas recevable figurent tous ceux où il y a eu quittance ou décharge. Disposition équitable : car, s'il est juste de refuser toute action dans les matières où il y a eu chose jugée, il l'est bien plus encore dans celles où il y a eu décharge. Celui qui succombe à votre tribunal pourrait arguer que votre jugement a été surpris ; mais celui qui, prononçant publiquement sur son propre compte, a donné quittance et décharge, quel motif pourrait-il faire valoir pour plaider à nouveau sur la même question ? Aucun, certainement. Voilà pourquoi le législateur a fait figurer en première ligne, parmi les cas d'exception, celui « où il y a eu quittance ou décharge[3] » : et Phormion peut exciper de l'une et de l'autre ; car Apollodore les lui a données toutes deux, comme les témoignages, Athéniens, vous l'ont prouvé.

Prends-moi encore la loi sur la prescription.

LOI

26 Tel est donc le délai que fixe la loi en termes exprès ; mais Apollodore, après plus de vingt ans écoulés, prétend que vous mettiez un mauvais plaideur comme lui au-dessus des lois que vous avez juré d'appliquer. Et pourtant, si une loi mérite votre respect, Athéniens,

le *Contre Timothée*, qui se rapporte précisément à une de ces affaires d'Apollodore.

1. Voir la *Notice*, p. 203.

2. Même développement dans le *C. Pantén.* 19. Pour les cas d'exception dont il est parlé, cf. XX 147, XXIV 54.

3. Une distinction est affirmée ici, comme dans les passages parallèles du *C. Pantén.* 1 et 19, entre les deux termes employés par la

εἰδῆθ' ὑπὲρ οὗ τὴν ψῆφον οἴσετε, τόν τε νόμον ὑμῖν τοῦτον ἀναγνώσεται καὶ τὰς μαρτυρίας ἐφεξῆς τῶν παρόντων, ὅτ' ἀφίει τῆς μισθώσεως καὶ τῶν ἄλλων ἁπάντων ἐγκλημάτων Ἀπολλόδωρος [Φορμίωνα]. Λαβέ μοι τὰς μαρτυρίας ταυτασὶ καὶ τὸν νόμον.

ΜΑΡΤΥΡΙΑ. ΝΟΜΟΣ

25 Ἀκούετε τοῦ νόμου λέγοντος, ὦ ἄνδρες Ἀθηναῖοι, τά τ' ἄλλ' ὧν μὴ εἶναι δίκας, καὶ ὅσα τις ἀφῆκεν ἢ ἀπήλλαξεν. Εἰκότως· εἰ γάρ ἐστι δίκαιον, ὧν ἂν ἅπαξ γένηται δίκη, μηκέτ' ἐξεῖναι δικάζεσθαι, πολὺ τῶν ἀφεθέντων δικαιότερον μὴ εἶναι δίκας. Ὁ μὲν γὰρ ἐν ὑμῖν ἡττηθεὶς τάχ' ἂν εἴποι τοῦθ' ὡς ἐξηπατήθηθ' ὑμεῖς· ὁ δ' αὐτοῦ φανερῶς καταγνοὺς καὶ ἀφεὶς καὶ ἀπαλλάξας, τίν' ἂν ἑαυτὸν αἰτίαν αἰτιασάμενος τῶν αὐτῶν πάλιν εἰκότως δικάζοιτο; οὐδεμίαν δήπου. Διόπερ τοῦτο πρῶτον ἔγραψεν ὁ τὸν νόμον θεὶς ὧν μὴ εἶναι δίκας, ὅσα τις ἀφῆκεν ἢ ἀπήλλαξεν. Ἃ τῷδε γέγονεν ἀμφότερα· καὶ γὰρ ἀφῆκεν καὶ ἀπήλλαξεν. Ὡς δ' ἀληθῆ λέγω, μεμαρτύρηται ὑμῖν, ὦ ἄνδρες Ἀθηναῖοι.

Λαβὲ δή μοι καὶ τὸν τῆς προθεσμίας νόμον.

ΝΟΜΟΣ

26 Ὁ μὲν τοίνυν νόμος, ὦ ἄνδρες Ἀθηναῖοι, σαφῶς οὑτωσὶ τὸν χρόνον ὥρισεν· Ἀπολλόδωρος δ' οὑτοσὶ παρεληλυθότων ἐτῶν πλέον ἢ εἴκοσιν τὴν ἑαυτοῦ συκοφαντίαν ἀξιοῖ περὶ πλείονος ὑμᾶς ποιήσασθαι τῶν νόμων, καθ' οὓς ὀμωμοκότες δικάζετε. Καίτοι πᾶσι μὲν τοῖς νόμοις προσέχειν εἰκός ἐσθ' ὑμᾶς, οὐχ ἥκιστα δὲ τούτῳ, ὦ ἄνδρες

24 εἰδῆθ' v. : ἴδητε S corr. ηδητε S pr. || Φορμίωνα om. A S, del. Blass || 25 τοῦτο A S : om. cett. || θεὶς ὧν v. : θήσων S D || τῳδὶ Blass coll. 53 : τῷδε codd. || 26 εἰκός ἐσθ' ὑμᾶς v. : ἔσθ' ὑμᾶς εἰκὸς A.

c'est bien celle-là. **27** Car Solon, en la portant, n'a pas eu d'autre but, à mon sens, que de vous délivrer des plaideurs de mauvaise foi ; pour ceux qui avaient subi un tort, il a estimé que le délai de cinq ans était suffisant pour obtenir leur dû ; contre les calomniateurs, il a pensé que le temps écoulé serait la meilleure preuve de leur mensonge. Considérant, d'autre part, que les contractants et les témoins ne seraient pas toujours en vie, il a mis la loi à leur place, pour que son témoignage, à défaut d'autre, fût au service du droit.

28 Pour moi, juges, je suis curieux de savoir quels arguments Apollodore pourra bien opposer aux nôtres. Il ne s'imagine tout de même pas que, tout en constatant qu'il n'a subi aucun dommage pécuniaire, vous en voudrez à Phormion, vous aussi, d'avoir épousé la mère d'Apollodore. Il n'ignore pas, il ne peut pas ignorer, pas plus que beaucoup d'entre vous, que Socrate, le fameux banquier, qui avait été affranchi par ses maîtres comme le père d'Apollodore, donna sa propre femme en mariage à Satyros, son ancien esclave. **29** Un autre banquier, Soclès, en usa de même avec Timodèmos, qui est encore en vie et qui avait été également son esclave. Et ce n'est pas seulement à Athènes que pareille chose se pratique dans le monde de la banque : à Égine, Strymodoros a donné sa femme en mariage à son esclave, Hermaios ; et, après la mort de celle-ci, il lui donna encore sa fille. On pourrait citer bien des cas semblables. **30** Et cela se comprend : pour vous, Athéniens, qui êtes citoyens de naissance, il serait contraire à l'honneur de préférer une fortune, quelle qu'elle fût, à cette noblesse[1] ; mais ceux qui ont été gratifiés, par vous ou par d'autres, du droit de cité, et qui, par la grâce du sort, ont été élevés à cette dignité pour avoir été heureux en affaires [et être devenus plus riches

loi, ἀφιέναι et ἀπαλλάττειν. Harpocration, s. v. ἄφεσις, essaie de la justifier, mais de façon peu satisfaisante : à l'époque classique du moins, la synonymie est avérée (cf. Steinwenter, *Die Streitbeendig.*, p. 129, n. 1).

1. C'est le fait de léguer sa femme à un non-citoyen qui serait à réprouver (pour un citoyen) : il n'apparaît pas que la cession de la femme, en elle-même, soit considérée comme immorale.

Ἀθηναῖοι. **27** Δοκεῖ γάρ μοι καὶ ὁ Σόλων οὐδενὸς ἄλλου ἕνεκα θεῖναι αὐτὸν ἢ τοῦ μὴ συκοφαντεῖσθαι ὑμᾶς. Τοῖς μὲν γὰρ ἀδικουμένοις τὰ πέντ' ἔτη ἱκανὸν ἡγήσατ' εἶναι εἰσπράξασθαι· κατὰ δὲ τῶν ψευδομένων τὸν χρόνον ἐνόμισεν σαφέστατον ἔλεγχον ἔσεσθαι. Καὶ ἅμ' ἐπειδὴ ἀδύνατον ἔγνω ὂν τούς τε συμβάλλοντας καὶ τοὺς μάρτυρας ἀεὶ ζῆν, τὸν νόμον ἀντὶ τούτων ἔθηκεν, ὅπως μάρτυς εἴη τοῦ δικαίου τοῖς ἐρήμοις.

28 Θαυμάζω τοίνυν ἔγωγ', ὦ ἄνδρες δικασταί, τί ποτ' ἐστὶν ἃ πρὸς ταῦτ' ἐπιχειρήσει λέγειν Ἀπολλόδωρος οὑτοσί. Οὐ γὰρ ἐκεῖνό γ' ὑπείληφεν, ὡς ὑμεῖς, μηδὲν ὁρῶντες εἰς χρήματα τοῦτον ἠδικημένον, ὀργιεῖσθ' ὅτι τὴν μητέρ' ἔγημεν αὐτοῦ Φορμίων. Οὐ γὰρ ἀγνοεῖ τοῦτο, οὐδ' αὐτὸν λέληθεν, οὐδ' ὑμῶν πολλούς, ὅτι Σωκράτης ὁ τραπεζίτης ἐκεῖνος, παρὰ τῶν κυρίων ἀπαλλαγεὶς ὥσπερ ὁ τούτου πατήρ, ἔδωκε Σατύρῳ τὴν ἑαυτοῦ γυναῖκα, ἑαυτοῦ ποτὲ γενομένῳ. **29** Ἕτερος Σωκλῆς τραπεζιτεύσας ἔδωκε τὴν ἑαυτοῦ γυναῖκα Τιμοδήμῳ τῷ νῦν ἔτ' ὄντι καὶ ζῶντι, γενομένῳ ποθ' αὐτοῦ. Καὶ οὐ μόνον ἐνθάδε ταῦτα ποιοῦσιν οἱ περὶ τὰς ἐργασίας ὄντες ταύτας, ὦ ἄνδρες Ἀθηναῖοι, ἀλλ' ἐν Αἰγίνῃ ἔδωκεν Στρυμόδωρος Ἑρμαίῳ τῷ ἑαυτοῦ οἰκέτῃ τὴν γυναῖκα, καὶ τελευτησάσης ἐκείνης ἔδωκε πάλιν τὴν θυγατέρα τὴν ἑαυτοῦ. Καὶ πολλοὺς ἂν ἔχοι τις εἰπεῖν τοιούτους. **30** Εἰκότως· ὑμῖν μὲν γάρ, ὦ ἄνδρες Ἀθηναῖοι, τοῖς γένει πολίταις, οὐδὲ ἓν πλῆθος χρημάτων ἀντὶ τοῦ γένους καλόν ἐστιν ἑλέσθαι· τοῖς δὲ τοῦτο μὲν δωρεὰν ἢ παρ' ὑμῶν ἢ παρ' ἄλλων τινῶν λαβοῦσιν, τῇ τύχῃ δ' ἐξ ἀρχῆς ἀπὸ τοῦ χρηματίσασθαι [καὶ ἑτέρων πλείω κτήσασθαι] καὶ αὐτῶν τούτων ἀξιωθεῖσιν, ταῦτ' ἐστὶν φυ-

27 ἐνόμισεν v. : — ζε A ‖ ἅμα v. : ἅμα καὶ S ‖ συμβάλλοντας S D : — βαλόντας v. ‖ μάρτυς εἴη : μαρτυρησει η S ‖ **28** ποτ' ἐστὶν ἃ om. A ‖ ἃ v. : ὃ S ‖ μηδὲν A S : οὐδὲν v. ‖ οὐδ' v. : οὔθ' S ‖ **29** τραπεζιτεύσας v. : ὁ τραπεζ. A ‖ ταῦτα A S : τοῦτο F Q ‖ ὄντες ταύτας S : ταύτας ὄντες v. ‖ **30** καὶ… κτήσασθαι om. A, del. Huettner.

que leurs pareils], ceux-là songent forcément à la conservation de leurs biens. Ton père, Pasion, n'a pas été le premier ni le seul à agir ainsi ; il ne faisait injure ni à lui-même, ni à vous ses fils ; mais il ne voyait pas d'autre moyen, pour assurer sa fortune, que de vous unir Phormion par un lien de parenté : il lui a donc donné en mariage sa femme, votre mère. **31** Au point de vue de l'intérêt, tu trouveras donc qu'il a bien fait ; quant à la noblesse de naissance, si tu renies Phormion pour beau-père, prends garde que cette attitude ne prête à rire : car, si l'on te demandait ce qu'était ton père d'après toi, tu répondrais, je n'en doute pas : « un parfait honnête homme. » Eh bien, qui donc, d'après toi, rappelle le plus Pasion par son caractère et par toute sa vie, Phormion ou toi ? Je pense, moi, que c'est Phormion. Et alors, celui qui ressemble plus que toi à ton père, tu ne veux pas admettre qu'il ait pu épouser ta mère ? **32** Mais voyons : c'est ton père qui la lui a donnée en mariage, par acte de dernière volonté ; et cela, ce n'est pas seulement le testament qui en fait foi : tu en as toi-même témoigné. Quand tu as exigé le partage égal de la succession de ta mère, en concours avec les enfants que Phormion avait eus d'elle, tu as reconnu qu'ayant été donnée par ton père de plein droit, elle était légitimement mariée. Car, si Phormion l'avait prise irrégulièrement sans l'avoir reçue de personne, les enfants n'étaient pas héritiers[1] et, dès lors, ne pouvaient être admis au partage. En fait, ce qui témoigne bien de ce que je dis, c'est qu'il a touché un quart de la succession et qu'il a renoncé à toutes réclamations.

33 Il n'a donc aucun argument de droit à faire valoir ; mais il a osé produire devant l'arbitre les allégations les plus impudentes. Il vaut mieux que je vous les rapporte avant lui. D'abord, il n'y aurait pas eu de testament du

1. Peut-être est-ce là un argument sophistique : il s'agit de la succession de la mère, et c'est par rapport au père que la question de la légitimité se pose normalement. Nous ne savons pas si le cas était réglé par la loi.

λακτέα. Διόπερ Πασίων ὁ πατὴρ ὁ σὸς οὐ πρῶτος οὐδὲ μόνος, οὐδ' αὑτὸν ὑβρίζων οὐδ' ὑμᾶς τοὺς υἱεῖς, ἀλλὰ μόνην ὁρῶν σωτηρίαν τοῖς ἑαυτοῦ πράγμασιν εἰ τοῦτον ἀνάγκῃ ποιήσειεν οἰκεῖον ὑμῖν, ἔδωκε τὴν ἑαυτοῦ γυναῖκα, μητέρα δ' ὑμετέραν τούτῳ. 31 Πρὸς μὲν οὖν τὰ συμφέροντ' ἐὰν ἐξετάζῃς, καλῶς βεβουλευμένον αὐτὸν εὑρήσεις· εἰ δὲ πρὸς γένους δόξαν ἀναίνει Φορμίωνα κηδεστήν, ὅρα μὴ γελοῖον ᾖ σὲ ταῦτα λέγειν. Εἰ γάρ τις ἔροιτό σε, ποῖόν τιν' ἡγεῖ τὸν πατέρα τὸν σεαυτοῦ εἶναι, χρηστὸν εὖ οἶδ' ὅτι φήσειας ἄν. Πότερον οὖν οἴει μᾶλλον ἐοικέναι τὸν τρόπον καὶ πάντα τὸν βίον Πασίωνι σαυτὸν ἢ τουτονί; ἐγὼ μὲν εὖ οἶδ' ὅτι τοῦτον. Εἶθ' ὅς ἐστιν ὁμοιότερος σοῦ τῷ σῷ πατρί, τοῦτον, εἰ τὴν μητέρα τὴν σὴν ἔγημεν, ἀναίνει; 32 ἀλλὰ μὴν ὅτι γε δόντος καὶ ἐπισκήψαντος τοῦ σοῦ πατρὸς ταῦτ' ἐπράχθη, οὐ μόνον ἐκ τῆς διαθήκης ἔστιν ἰδεῖν, ὦ ἄνδρες Ἀθηναῖοι, ἀλλὰ καὶ σὺ μάρτυς αὐτὸς γέγονας. Ὅτε γὰρ τὰ μητρῷα πρὸς μέρος [αὐτὸς] ἠξίους νέμεσθαι, ὄντων παίδων ἐκ τῆς γυναικὸς Φορμίωνι τουτῳί, τόθ' ὡμολόγεις κυρίως δόντος τοῦ πατρὸς τοῦ σοῦ κατὰ τοὺς νόμους αὐτὴν γεγαμῆσθαι. Εἰ γὰρ αὐτὴν εἶχε λαβὼν ἀδίκως ὅδε μηδενὸς δόντος, οὐκ ἦσαν οἱ παῖδες κληρονόμοι, τοῖς δὲ μὴ κληρονόμοις οὐκ ἦν μετουσία τῶν ὄντων. Ἀλλὰ μὴν ὅτι ταῦτ' ἀληθῆ λέγω, μεμαρτύρηται ⟨τῷ⟩ τὸ τέταρτον μέρος λαβεῖν καὶ ἀφεῖναι τῶν ἐγκλημάτων ἁπάντων.

33 Κατ' οὐδὲν τοίνυν, ὦ ἄνδρες Ἀθηναῖοι, δίκαιον οὐδὲν ἔχων εἰπεῖν, ἀναιδεστάτους λόγους ἐτόλμα λέγειν πρὸς τῷ διαιτητῇ, περὶ ὧν προακηκοέναι βέλτιόν ἐσθ' ὑμᾶς, ἕνα μὲν τὸ παράπαν μὴ γενέσθαι διαθήκην, ἀλλ' εἶναι τοῦτο πλάσμα

31 βεβουλευμένον αὐτὸν A S : αὐτὸν βεβουλ. F Q ‖ τουτονὶ S D : τοῦτον cett. ‖ μὲν A S : μὲν γὰρ v. ‖ εὖ οἶδ' ὅτι om. A, del. Blass ‖ τοῦτον A S : τουτονὶ F Q D ‖ εἰ transpos. ante ἔγημεν F Q D, quod nescio an retinendum sit ‖ 32 αὐτὸς om. A S ‖ τουτῳὶ Blass : τούτῳ codd. ‖ γεγαμῆσθαι v. : γεγενῆσθαι A ‖ τῷ add. Reiske.

tout, il n'y aurait là qu'invention et imposture. Ensuite, s'il a fait toutes ces concessions jusqu'ici et n'a pas voulu plaider, c'est que Phormion se déclarait prêt à lui payer un loyer considérable et qu'il avait promis de le faire : « Maintenant qu'il ne s'exécute pas, dit-il, maintenant seulement, j'intente une action. » **34** Eh bien, s'il dit cela, il dira deux mensonges ; et sa propre conduite est en contradiction avec ses paroles, comme vous allez le voir. Quand il niera l'existence du testament, demandez-lui de quel droit il possède la maison qu'il a reçue comme préciput [1] en vertu de ce testament. Il ne va tout de même pas soutenir que, dans cet acte rédigé par son père, les dispositions qui l'avantagent sont valables, et les autres nulles. **35** Quand il vous dira que Phormion l'a abusé par de belles promesses, rappelez-vous que nous avons produit des témoins qui, pendant longtemps, après que Phormion avait reçu décharge, ont été les fermiers des deux frères pour la banque et la fabrique : c'est bien au moment où cette location eut lieu, et immédiatement, qu'il aurait dû réclamer s'il était fondé aujourd'hui à intenter une action après avoir donné alors une décharge. Pour prouver qu'il a reçu la maison comme préciput en vertu du testament et que, loin de se croire en droit de réclamer, il a approuvé la gestion, prends-moi ce témoignage.

TÉMOIGNAGE

36 Je veux que vous sachiez, Athéniens, tout l'argent qu'il a recueilli de ses loyers et de ses créances, lui qui se prétend réduit à la misère et qui va gémir d'avoir tout perdu ; je vous l'apprendrai brièvement. Les créances qu'il a fait rentrer d'après les livres laissés par son père représentent en tout 20 talents : là-dessus, il a touché plus de la moitié, car, sur plus d'une créance, il s'est ap-

1. Nous n'avons pas d'autre exemple de préciput (πρεσβεῖα : d'après l'étymologie, privilège d'aîné) en droit athénien. Il ne pouvait y en avoir un que d'après le testament : cf. Beauchet, III, p. 453 sq. — Du mot lui-même, on a voulu tirer une induction sur le passé du droit successoral : W. Kamps, in *Arch. d'hist. du dr. or.*, III, p. 272.

καὶ σκευώρημ' ὅλον, ἕτερον δ' ἕνεκα τούτου πάντα ταῦτα συγχωρεῖν τὸν πρὸ τοῦ χρόνον καὶ οὐχὶ δικάζεσθαι, ὅτι μίσθωσιν ἤθελεν αὐτῷ φέρειν Φορμίων πολλὴν καὶ ὑπισχνεῖτ' οἴσειν· ἐπειδὴ δ' οὐ ποιεῖ ταῦτα, τηνικαῦτα, φησίν, δικάζομαι. **34** Ὅτι δὴ ταῦτ' ἀμφότερ', ἐὰν λέγῃ, ψεύσεται καὶ τοῖς ὑφ' ἑαυτοῦ πεπραγμένοις ἐναντί' ἐρεῖ, σκοπεῖτ' ἐκ τωνδί. Ὅταν μὲν τοίνυν τὴν διαθήκην ἀρνῆται, ἐκ τίνος τρόπου πρεσβεῖα λαβὼν τὴν συνοικίαν κατὰ τὴν διαθήκην ἔχει, τοῦτ' ἐρωτᾶτ' αὐτόν. Οὐ γὰρ ἐκεῖνό γ' ἐρεῖ, ὡς ἃ μὲν πλεονεκτεῖν τόνδ' ἔγραψεν ὁ πατήρ, κύρι' ἐστὶν τῆς διαθήκης, τὰ δ' ἄλλ' ἄκυρα. **35** Ὅταν δ' ὑπὸ τῶν τοῦδ' ὑποσχέσεων ὑπάγεσθαι φῇ, μέμνησθ' ὅτι μάρτυρας ὑμῖν παρεσχήμεθα οἳ χρόνον πολὺν τοῦδ' ἀπηλλαγμένου μισθωταὶ τούτοις ἐγίγνοντο τῆς τραπέζης καὶ τοῦ ἀσπιδοπηγείου. Καίτοι τόθ' ὁπηνίκ' ἐμίσθωσεν ἐκείνοις, τῷδ' ἐγκαλεῖν παραχρῆμ' ἐχρῆν, εἴπερ ἀληθῆ ἦν ὑπὲρ ὧν τότ' ἀφεὶς νῦν [τούτῳ] δικάζεται. Ὡς τοίνυν ἀληθῆ λέγω, καὶ πρεσβεῖά τε τὴν συνοικίαν ἔλαβεν κατὰ τὴν διαθήκην, καὶ τῷδ' οὐχ ὅπως ἐγκαλεῖν ᾤετο δεῖν, ἀλλ' ἐπῄνει, λαβὲ τὴν μαρτυρίαν.

ΜΑΡΤΥΡΙΑ

36 Ἵνα τοίνυν εἰδῆτ', ὦ ἄνδρες Ἀθηναῖοι, ὅσα χρήματ' ἔχων ἐκ τῶν μισθώσεων καὶ ἐκ τῶν χρεῶν ὡς ἀπορῶν καὶ πάντ' ἀπολωλεκὼς ὀδυρεῖται, βραχέ' ἡμῶν ἀκούσατε. Οὗτος γὰρ ἐκ μὲν τῶν χρεῶν ὁμοῦ τάλαντ' εἴκοσιν εἰσπέπρακται ἐκ τῶν γραμμάτων ὧν ὁ πατὴρ κατέλιπεν, καὶ τούτων ἔχει πλέον ἢ τὰ ἡμίσεα (πολλῶν γὰρ τὰ μέρη τὸν

33 ἐπειδὴ F Q : ἐπεὶ A S ‖ **34** δὴ Blass : δὲ codd. ‖ τωνδὶ S corr., v. : τῶνδε A τῶνδει S pr. ‖ μὲν A S : om. cett. ‖ ὡς ἃ μὲν Rennie : ωσαμὲν S pr. ὅσα μὲν S corr. ὡς ὅσα μὲν v. ‖ **35** τοῦδ' A S : τούτου F Q D ‖ εἴπερ A S : εἰ F Q D ‖ ἀληθῆ S : ταῦτ' ἀληθῆ v. ‖ τούτῳ secl. Blass ‖ **36** ὀδυρεῖται A : ὀδύρεται S F Q ‖ κατέλιπεν v. : — έλειπεν S ‖ πλέον Bekker : πλεῖον S πλείω F Q ‖ ἡμίσεα v. : ἡμίση S.

proprié la part de son frère. **37** En fait de loyers, durant les huit ans que Phormion a été fermier de la banque, il a touché annuellement 80 mines, la moitié du total : soit 10 talents et 40 mines ; pour les dix années suivantes, où les deux frères eurent pour fermiers Xénon, Euphraios, Euphron et Callistratos[1], un talent par an[2]. **38** Il faut ajouter, pour une vingtaine d'années, les revenus des biens qui lui sont échus dans le premier partage et qu'il a administrés lui-même, soit plus de 30 mines. Faites le total : part d'héritage, créances recouvrées, loyers perçus, vous verrez qu'il a touché plus de 40 talents ; et je ne compte pas les libéralités que Phormion lui a faites, ni la succession de sa mère, ni les sommes qu'il s'est fait verser par la banque et qu'il ne restitue pas — elles s'élèvent à 5 demi-talents et 600 drachmes. **39** Diras-tu que c'est la cité qui a profité de tout cela et que tu as été accablé par de nombreuses liturgies[3]? Mais, pour celles que tu as acquittées sur les fonds communs de la succession, ton frère en a eu la charge avec toi. Quant à celles qui sont postérieures, elles représentent le revenu, je ne dis pas de 2 talents, mais de 20 mines à peine. Cesse donc de t'en prendre à la cité et, ce que tu as gaspillé en dépenses honteuses, ne dis pas que c'est elle qui en a profité[4]. **40** Pour que vous sachiez, Athéniens, le montant des sommes qu'il a reçues et des liturgies dont il s'est acquitté, on va vous en lire le détail. Prends-moi ce mémoire, cette sommation[5] et ces témoignages.

Mémoire. Sommation. Témoignages

41 Voilà donc le montant des sommes qu'il a reçues, des créances de plusieurs talents qu'il a recouvrées soit à l'amiable, soit par voie judiciaire — créances indépendantes de la location de la banque et du reste de la suc-

1. Cf. § 13.
2. Le produit de la banque avait donc baissé.
3. Cf. § 41.
4. Développement analogue dans le *Contre Nausimachos et Xénopeithès*, 25 sq.
5. Peut-être sommation de faire la preuve du contraire?

ἀδελφὸν ἀποστερεῖ)· 37 ἐκ δὲ τῶν μισθώσεων, ὀκτὼ μὲν ἐτῶν ἃ Φορμίων εἶχε τὴν τράπεζαν, ὀγδοήκοντα μνᾶς τοῦ ἐνιαυτοῦ ἑκάστου, τὸ ἥμισυ τῆς ὅλης μισθώσεως· καὶ ταῦτ' ἐστὶ δέκα τάλαντα καὶ τετταράκοντα μναῖ· δέκα δὲ τῶν μετὰ ταῦτα, ὧν ἐμίσθωσαν [ὕστερον] Ξένωνι καὶ Εὐφραίῳ καὶ Εὔφρονι καὶ Καλλιστράτῳ, τάλαντον τοῦ ἐνιαυτοῦ ἑκάστου. 38 Χωρὶς δὲ τούτων, ἐτῶν ἴσως εἴκοσι τῆς ἐξ ἀρχῆς νεμηθείσης οὐσίας, ἧς αὐτὸς ἐπεμελεῖτο, τὰς προσόδους, πλέον ἢ μνᾶς τριάκοντα. Ἐὰν δ' ἅπαντα συνθῆτε, ὅσ' ἐνείματο, ὅσ' εἰσεπράξατο, ὅσ' εἴληφε μίσθωσιν, πλέον ἢ τετταράκοντα τάλαντ' εἰληφὼς φανήσεται, χωρὶς ὧν οὗτος εὖ πεποίηκεν, καὶ τῶν μητρῴων, καὶ ὧν ἀπὸ τῆς τραπέζης ἔχων οὐκ ἀποδίδωσι πένθ' ἡμιταλάντων καὶ ἑξακοσίων δραχμῶν. 39 Ἀλλὰ νὴ Δία ταῦθ' ἡ πόλις εἴληφεν, καὶ δεινὰ πέπονθας πολλὰ καταλελητουργηκώς. Ἀλλ' ἃ μὲν ἐκ κοινῶν ἐλῃτούργεις τῶν χρημάτων, σὺ καὶ ἁδελφὸς ἀνηλώσατε· ἃ δ' ὕστερον, οὐκ ἔστιν ἄξια μὴ ὅτι δυοῖν ταλάντοιν προσόδου, ἀλλ' οὐδ' εἴκοσι μνῶν. Μηδὲν οὖν τὴν πόλιν αἰτιῶ, μηδ' ἃ σὺ τῶν ὄντων αἰσχρῶς καὶ κακῶς ἀνήλωκας, ὡς ἡ πόλις εἴληφεν, λέγε. 40 Ἵνα δ' εἰδῆτ', ὦ ἄνδρες Ἀθηναῖοι, τό τε πλῆθος τῶν χρημάτων ὧν εἴληφε, καὶ τὰς λῃτουργίας ἃς λελῃτούργηκεν, ἀναγνώσεται ὑμῖν καθ' ἓν ἕκαστον. Λαβέ μοι τὸ βιβλίον τουτὶ καὶ τὴν πρόκλησιν ταυτηνὶ καὶ τὰς μαρτυρίας ταυτασί.

⟨ΒΙΒΛΙΟΝ.⟩ ΠΡΟΚΛΗΣΙΣ. ΜΑΡΤΥΡΙΑΙ

41 Τοσαῦτα μὲν τοίνυν χρήματ' εἰληφὼς καὶ χρέα πολλῶν ταλάντων ἔχων, ὧν τὰ μὲν παρ' ἑκόντων, τὰ δ' ἐκ τῶν δικῶν εἰσπράττει, ἃ τῆς μισθώσεως ἔξω τῆς τραπέζης

36 ἀποστερεῖ v. : ἀπεστερει S ἀποστερῶν A omisso γὰρ post πολλῶν ‖ 37 δὲ τῶν Blass : δ' ἐτῶν codd. ‖ ἐμίσθωσαν A S : ἐμισθώσατο F Q D ‖ ὕστερον om. F Q D, del. Blass ‖ 40 μοι om. S λαβέ μοι om. F Q D ‖ ταυτηνὶ v. : ταύτην A S ‖ in lemm. βίβλιον add. Reiske ‖ μαρτυρίαι Auger : — ια codd. ‖ 41 ἔχων A S : ἔτ' ἔχων F Q D.

cession, créances de Pasion que ses fils ont recueillies. En regard, voilà, comme vous l'avez entendu, le montant de ses dépenses pour les liturgies : portion insignifiante, je ne dis pas du capital, mais des revenus. Ce qui ne l'empêchera pas de parader en énumérant ses triérarchies et ses chorégies[1]. **42** Mensonges, je vous l'ai prouvé. Mais je vais plus loin : quand même il ne dirait là que la vérité, il est plus convenable et plus juste, à mon sens, de le laisser contribuer aux liturgies de la cité sur son propre bien que de lui attribuer celui de son adversaire en ne profitant vous-même du total que pour une part infime, et de voir Phormion réduit à la misère, tandis qu'il se livrerait insolemment à ses prodigalités habituelles. **43** Quant à la fortune de Phormion, tu prétends qu'il l'a faite aux dépens de celle de ton père, et tu as manifesté l'intention de lui en demander la provenance? Tu es bien le dernier à qui il soit permis de tenir ce langage. Ton père, Pasion, ne devait pas non plus sa fortune à une bonne aubaine, ni à l'héritage de son père : seulement il avait donné à ses maîtres, les banquiers Antisthène et Archestratos, des preuves de sa droiture et de son honnêteté, il avait inspiré confiance. **44** Or, dans le monde du commerce et de la banque, la réputation d'homme laborieux jointe à celle d'honnête homme est d'une valeur incomparable. Ce ne sont pas ses maîtres qui lui avaient donné ces qualités — la probité était innée chez lui — ce n'est pas lui qui les a données à Phormion : car c'est plutôt de toi qu'il aurait fait un honnête homme s'il avait dépendu de lui. Et si tu ne sais pas qu'en affaires le crédit[2] est le meilleur des capitaux, tu ne sais rien. Ce n'est pas tout : combien de services Phormion n'a-t-il pas rendus à ton père, à toi-même, en toute occasion! Mais, avec une nature insatiable comme la tienne, en fera-t-on jamais assez? **45** Et puis, une chose dont je m'étonne que tu ne t'avises pas : il y a ici un fils d'Archestratos, l'ancien

1. C'est un lieu commun chez les plaideurs. Une des triérarchies d'Apollodore est bien connue ; c'est celle qui a été l'occasion du *Contre Polyclès*. Cf. aussi *C. Stéph.* I 3.

2. On relèvera cet emploi du mot πίστις (cf. § 57) ; pour un emploi plus large, mais du même ordre, de πιστός, cf. Isocr. *Trapéz.* 2.

καὶ τῆς ἄλλης οὐσίας ἣν κατέλιπεν Πασίων, ὠφείλετ' ἐκείνῳ καὶ νῦν παρειλήφασιν οὗτοι, καὶ τοσαῦτ' ἀνηλωκὼς ὅσ' ὑμεῖς ἠκούσατε, οὐδὲ πολλοστὸν μέρος τῶν προσόδων, μὴ ὅτι τῶν ἀρχαίων, εἰς τὰς λῃτουργίας, ὅμως ἀλαζονεύσεται καὶ τριηραρχίας ἐρεῖ καὶ χορηγίας. **42** Ἐγὼ δ', ὡς μὲν οὐκ ἀληθῆ ταῦτ' ἐρεῖ, ἐπέδειξα, οἶμαι μέντοι, κἂν εἰ ταῦτα πάντ' ἀληθῆ λέγοι, κάλλιον εἶναι καὶ δικαιότερον τόνδ' ἀπὸ τῶν αὑτοῦ λῃτουργεῖν ὑμῖν ἢ τούτῳ δόντας τὰ τοῦδε, μικρὰ τῶν πάντων αὐτοὺς μετασχόντας, τόνδε μὲν ἐν ταῖς ἐσχάταις ἐνδείαις ὁρᾶν, τοῦτον δ' ὑβρίζοντα καὶ εἰς ἅπερ εἴωθεν ἀναλίσκοντα. **43** Ἀλλὰ μὴν περί γε τῆς εὐπορίας, ὡς ἐκ τῶν τοῦ πατρὸς τοῦ σοῦ κέκτηται, καὶ ὧν ἐρωτήσειν ἔφησθα, πόθεν τὰ ὄντα κέκτηται Φορμίων, μόνῳ τῶν ὄντων ἀνθρώπων σοὶ τοῦτον οὐκ ἔνεστ' εἰπεῖν τὸν λόγον. Οὐδὲ γὰρ Πασίων ὁ σὸς πατὴρ ἐκτήσαθ' εὑρὼν οὐδὲ τοῦ πατρὸς αὐτῷ παραδόντος, ἀλλ' ἢ παρὰ τοῖς αὑτοῦ κυρίοις Ἀντισθένει καὶ Ἀρχεστράτῳ τραπεζιτεύουσι πεῖραν δοὺς ὅτι χρηστός ἐστι καὶ δίκαιος, ἐπιστεύθη. **44** Ἔστι δ' ἐν ἐμπορίῳ καὶ χρήμασιν ἐργαζομένοις ἀνθρώποις φιλεργὸν δόξαι καὶ χρηστὸν εἶναι τὸν αὐτὸν θαυμαστὸν ἡλίκον. Οὔτ' οὖν ἐκείνῳ τοῦθ' οἱ κύριοι παρέδωκαν, ἀλλ' αὐτὸς ἔφυ χρηστός, οὔτε τῷδ' ὁ σὸς πατήρ· σὲ γὰρ ἂν πρότερον τοῦδε χρηστὸν ἐποίησεν, εἰ ἦν ἐπ' ἐκείνῳ. Εἰ δὲ τοῦτ' ἀγνοεῖς, ὅτι πίστις ἀφορμὴ τῶν πασῶν ἐστι μεγίστη πρὸς χρηματισμόν, πᾶν ἂν ἀγνοήσειας. Χωρὶς δὲ τούτων πολλὰ καὶ τῷ σῷ πατρὶ καὶ σοὶ καὶ ὅλως τοῖς ὑμετέροις πράγμασι Φορμίων γέγονε χρήσιμος. Ἀλλ' οἶμαι τῆς σῆς ἀπληστίας καὶ τοῦ σοῦ τρόπου τίς ἂν δύναιτ' ἐφικέσθαι; **45** καὶ δῆτα θαυμάζω πῶς οὐ

42 ἐπέδειξα v. : ἀπεδ. A ‖ μέντοι A : μὲν τοίνυν S F Q ‖ ταῦτα πάντ' S : πάντα ταῦτα v. ‖ τοῦδε Reiske : τούτου codd. ‖ αὐτοὺς μετασχόντας A S : μετ. αὐτ. v. ‖ **43** σοὶ om. F Q D ‖ ἔνεστ' S : ἔστιν A ἔνεστιν v. ‖ ἀλλ' ἢ Reiske : αλλη A ἀλλὰ cett. ‖ **44** τοῦθ' S : ταῦθ' cett. ‖ τῶν A : om. cett. ‖ **45** δῆτα om. F Q D.

maître de ton père, Antimachos, qui n'a pas réussi comme il le méritait ; il ne t'intente pas de procès, il ne va pas dire que tu lui fais injure parce que tu portes un manteau de fine étoffe, parce que tu affranchis ou dotes des courtisanes[1] tout en ayant une femme légitime, parce que tu as trois esclaves pour te suivre dans tes promenades, parce que tu mènes un train à scandaliser jusqu'aux passants[2], alors que lui est dans une gêne extrême ; **46** et il voit bien aussi Phormion. Pourtant, si tu prétends avoir un droit sur la fortune de Phormion[3] sous prétexte qu'il a appartenu à ton père, à plus forte raison Antimachos : car ton père a également appartenu aux siens, en sorte que, d'après ton raisonnement, vous lui appartenez tous les deux, toi et Phormion. Quelle inconscience que la tienne ! Il y a des choses dont on ne peut parler sans que tu doives te tenir pour offensé, et c'est toi qui obliges à en parler ! **47** Tu fais injure à toi-même et à tes parents morts, tu insultes la cité. Le bienfait que ton père, puis Phormion ont obtenu de la générosité des Athéniens, tu devrais l'entourer d'un soin jaloux dans un haut souci de l'honneur, aussi bien pour ceux qui l'ont accordé que pour vous qui l'avez reçu : et tu le traînes en public, tu le montres du doigt, tu le dénonces ; tu fais presque honte à Athènes d'avoir fait un citoyen d'un homme comme toi. **48** Quelle n'est pas ta démence — car il n'y a pas d'autre mot ! Tu ne vois pas qu'en demandant pour Phormion, désormais affranchi, qu'on ne tienne pas compte de ce que, jadis, il a appartenu à ton père, c'est ta cause que nous défendons, et qu'en ne voulant jamais l'admettre pour un égal, c'est contre toi que tu plaides. Car les droits que tu t'attribues sur lui, les anciens maîtres

1. Cf. *C. Neaira* 32. Il y a ici un certain ton de respectabilité bourgeoise : il est dans l'*éthos* du discours.

2. Accusations relevées avec amertume dans le *Contre Stéphanos* I 76, où il est fait allusion aussi à un autre passage du présent discours, §§ 36 sq.

3. Prétention sans fondement dans l'espèce ; mais l'expression n'est pas sans contenu juridique, puisque l'ancien maître hérite de son affranchi mort sans postérité (cf. Isée IV 9).

λογίζει πρὸς σεαυτόν, ὅτι ἔστιν Ἀρχεστράτῳ τῷ ποτὲ τὸν σὸν πατέρα κτησαμένῳ υἱὸς ἐνθάδε, Ἀντίμαχος, πράττων οὐ κατ' ἀξίαν, ὃς οὐ δικάζεταί σοι, οὐδὲ δεινά φησι πάσχειν, εἰ σὺ μὲν χλανίδα φορεῖς, καὶ τὴν μὲν λέλυσαι, τὴν δ' ἐκδέδωκας ἑταίραν, καὶ ταῦτα γυναῖκ' ἔχων ποιεῖς, καὶ τρεῖς παῖδας ἀκολούθους περιάγει, καὶ ζῇς ἀσελγῶς ὥστε καὶ τοὺς ἀπαντῶντας αἰσθάνεσθαι, αὐτὸς δ' ἐκεῖνος πολλῶν ἐνδεής ἐστιν. **46** Οὐδὲ τὸν Φορμίων' ἐκεῖνος οὐχ ὁρᾷ. Καίτοι εἰ κατὰ τοῦτ' οἴει σοι προσήκειν τῶν τούτου, ὅτι τοῦ πατρός ποτ' ἐγένετο τοῦ σοῦ, ἐκείνῳ προσήκει μᾶλλον ἢ σοί· ὁ γὰρ αὖ σὸς πατὴρ ἐκείνων ἐγένετο, ὥστε καὶ σὺ καὶ οὗτος ἐκείνου γίγνεσθ' ἐκ τούτου τοῦ λόγου. Σὺ δ' εἰς τοῦθ' ἥκεις ἀγνωμοσύνης ὥσθ' ἃ προσῆκέ σοι τοὺς λέγοντας ἐχθροὺς νομίζειν, ταῦτ' αὐτὸς ποιεῖς ἀνάγκην εἶναι λέγειν, **47** καὶ ὑβρίζεις μὲν σαυτὸν καὶ τοὺς γονέας τεθνεῶτας, προπηλακίζεις δὲ τὴν πόλιν, καὶ ἃ τῆς τουτωνὶ φιλανθρωπίας ἀπολαύσας ηὕρεθ' ὁ σὸς πατὴρ καὶ μετὰ ταῦτα Φορμίων οὑτοσί, ταῦτ' ἀντὶ τοῦ κοσμεῖν καὶ περιστέλλειν, ἵνα καὶ τοῖς δοῦσιν ὡς εὐσχημονέστατ' ἐφαίνετο καὶ τοῖς λαβοῦσιν ὑμῖν, ἄγεις εἰς μέσον, δεικνύεις, ἐλέγχεις, μόνον οὐκ ὀνειδίζεις οἷον ὄντα σ' ἐποιήσαντ' Ἀθηναῖοι. **48** Εἶτ' εἰς τοῦθ' ἥκεις μανίας (τί γὰρ ἄλλο τις εἴπῃ;) ὥστ' οὐκ αἰσθάνει ὅτι καὶ νῦν ἡμεῖς μὲν ἀξιοῦντες, ἐπειδήπερ ἀπηλλάγη Φορμίων, μηδέν' ὑπόλογον εἶναι εἴ ποτε τοῦ σοῦ πατρὸς ἐγένετο, ὑπὲρ σοῦ λέγομεν, σὺ δὲ μηδέποτ' ἐξ ἴσου σοι γενέσθαι τοῦτον ἀξιῶν κατὰ σαυτοῦ λέγεις· ἃ γὰρ ἂν σὺ δίκαια σαυτῷ κατὰ τούτου

45 πρὸς σεαυτὸν v. : προσεαυτον S || περιάγει Cobet : περιάγεις codd. || ὥστε S : οὕτως ὥστε v. || **46** οὐχ om. F Q D || ἐκείνων S F Q : ἐκείνου A || τούτου A S : τοῦδε v. || προσῆκε Blass : προσήκειν A προσήκει cett. || **47** τῆς codd. : διὰ τῆς S || τουτωνὶ S : τούτων v. || ταῦτ' v. : τοῦτ' A || δεικνύεις ἐλέγχεις A S : ἔλ. δεικν. F Q D || Ἀθηναῖοι A : Ἀθηναῖον cett. An Ἀθηναῖον Ἀθηναῖοι ? || **48** τί γὰρ... εἴπῃ Blass coll. VIII 44, XIX 88 : τί γὰρ... εἴποι A τί γὰρ ἂν... εἴποι cett. || καὶ S : om. cett. || μηδέν' Dobrée : μηδὲν codd. || μηδέποτ' F Q : μήποτ' A S.

de ton père les auront également sur toi : Pasion aussi a appartenu à d'autres, et il a été affranchi de la même manière que Phormion l'a été par vous ; prends-moi les témoignages qui prouvent que Pasion a appartenu à Archestratos.

TÉMOIGNAGES

49 Ainsi, voilà un homme qui a conservé, depuis le début, la fortune de la famille, qui a rendu tant de services au père d'Apollodore, à qui Apollodore est redevable de tous les bienfaits que vous savez : et, d'après Apollodore, il faudrait, par une condamnation aussi énorme, le ruiner injustement ! Ce serait, en effet, le seul résultat : fais l'inventaire de la fortune de Phormion, tu verras à qui elle revient, si les juges, ce qu'aux dieux ne plaise, se laissent égarer[1]. **50** Tu connais Aristolochos, fils de Charidèmos ; il possédait un domaine, qui est passé aujourd'hui en de nombreuses mains : c'est qu'il avait de nombreux créanciers quand il en fit l'acquisition. Et Sosinomos, et Timodèmos, et tous les autres banquiers qui, ne pouvant satisfaire autrement leurs créanciers, ont dû faire tous abandon de leurs biens*.

Tu n'admets pas non plus qu'il faut tenir compte des dispositions que ton père, meilleur et plus sensé que toi, a prises pour l'administration de sa fortune : **51** vois combien il avait plus confiance en Phormion qu'en toi, par Zeus et par tous les Dieux, pour gérer vos affaires dans votre intérêt et dans le sien même : tu étais majeur, et pourtant ce n'est pas toi, c'est lui qu'il a commis à administrer la moitié de la succession ; et il lui a donné sa femme en mariage. De son vivant, il lui témoignait une estime bien justifiée, Athéniens : car les autres banquiers, qui pourtant n'avaient pas de loyer à payer, mais travaillaient à leur compte, ont tous fait de mauvaises affaires ; lui, qui a payé en loyers 2 talents et 40 mines, a sauvé la

1. La prospérité de Phormion repose sur le crédit (cf. § 57) : la liquidation de la banque ne ferait que satisfaire les créanciers. Cette valeur essentiellement « dynamique » de l'entreprise, il est assez frappant d'en trouver la notion aussi nette dans l'Athènes du IVe siècle.

τάξῃς, ταὐτὰ ταῦθ' ἥξει κατὰ σοῦ παρὰ τῶν τὸν σὸν πατέρ' ἐξ ἀρχῆς κτησαμένων. Ἀλλὰ μὴν ὅτι κἀκεῖνος ἦν τινῶν, εἶτ' ἀπηλλάγη τὸν αὐτὸν τρόπον ὅνπερ οὗτος ἀφ' ὑμῶν, λαβέ μοι ταυτασὶ τὰς μαρτυρίας, ὡς ἐγένετο Πασίων Ἀρχεστράτου.

ΜΑΡΤΥΡΙΑΙ

49 Εἶτα τὸν σώσαντα μὲν ἐξ ἀρχῆς τὰ πράγματα καὶ πολλὰ χρήσιμον αὐτὸν παρασχόντα τῷ πατρὶ τῷ τούτου, τοσαῦτα δ' αὐτὸν τοῦτον ἀγάθ' εἰργασμένον, ὅσ' ὑμεῖς ἀκηκόατε, τοῦτον οἴεται δεῖν ἑλὼν τηλικαύτην δίκην ἀδίκως ἐκβαλεῖν. Οὐ γὰρ ἄλλο γ' ἔχοις οὐδὲν ἂν ποιῆσαι. Εἰς μὲν γὰρ τὰ ὄντ' εἰ βλέπεις ἀκριβῶς, ταῦθ' εὑρήσεις ὧν ἔστιν, ἐάν, ὃ μὴ γένοιτο, ἐξαπατηθῶσιν οὗτοι. 50 Ὁρᾷς τὸν Ἀριστόλοχον τὸν Χαριδήμου· ποτ' εἶχεν ἀγρόν, εἶτά γε νῦν πολλοί· πολλοῖς γὰρ ἐκεῖνος ὀφείλων αὐτὸν ἐκτήσατο. Καὶ τὸν Σωσίνομον καὶ τὸν Τιμόδημον καὶ τοὺς ἄλλους τραπεζίτας, οἵ, ἐπειδὴ διαλύειν ἐδέησεν οἷς ὤφειλον, ἐξέστησαν ἅπαντες τῶν ὄντων.

Σὺ δ' οὐδὲν οἴει δεῖν σκοπεῖν οὐδ' ὧν ὁ πατὴρ σοῦ πολλῷ βελτίων ὢν καὶ ἄμεινόν [σου] φρονῶν πρὸς ἅπαντ' ἐβουλεύσατο· 51 ὅς, ὦ Ζεῦ καὶ θεοί, τοσούτῳ τοῦτον ἡγεῖτο σοῦ πλείονος ἄξιον εἶναι καὶ σοὶ καὶ ἑαυτῷ καὶ τοῖς ὑμετέροις πράγμασιν ὥστ' ἀνδρὸς ὄντος σοῦ τοῦτον, οὐ σὲ τῶν ἡμίσεων κατέλιπεν ἐπίτροπον καὶ τὴν γυναῖκ' ἔδωκεν καὶ ζῶν αὐτὸν ἐτίμα, δικαίως, ὦ ἄνδρες Ἀθηναῖοι· οἱ μὲν γὰρ ἄλλοι τραπεζῖται μίσθωσιν οὐ φέροντες, ἀλλ' αὐτοὶ ἑαυτοῖς ἐργαζόμενοι, πάντες ἀπώλοντο, οὗτος δὲ μίσθωσιν φέρων δύο τάλαντα καὶ τετταράκοντα μνᾶς ὑμῖν ἔσωσε

48 ταὐτὰ om. A ‖ 49 σώσαντα scripsi (sic alibi) : σῴσ. codd. ‖ χρήσιμον αὐτὸν παρασχόντα A S : παρασχ. χρησ. αὐτ. F Q D ‖ ἐκβαλεῖν A S : ἐκβάλλειν v. ‖ ἔχοις v. : ἔχοι S ‖ ταῦθ' A : αὐτὰ S F Q ‖ 50 Ἀριστόλοχον A S (cf. XLV 64) : Ἀρχίλοχον v. ‖ καὶ τὸν Τιμόδημον om. S ‖ ἅπαντες Rennie coll. § 51 et XLV 64 : ἁπάντων codd. ‖ σου add. A S ‖ 51 ἡμίσεων A (et in γρ. F Q) : μισθώσεων S F Q.

banque pour votre profit. **52** Voilà de quoi Pasion lui était reconnaissant ; à tes yeux, cela ne compte pas : au mépris du testament et des imprécations qu'il contient, écrites de la main de ton père[1], tu le persécutes, tu le poursuis, tu lui fais un méchant procès. Très honorable Apollodore, s'il est permis de t'appeler ainsi, tu ne t'arrêteras donc pas? Tu ne voudras pas comprendre que l'honnêteté sert plus que la richesse? Ton cas le montre bien, si tu dis vrai : tu as eu en main des sommes considérables, et, à ce que tu prétends, il n'en reste rien ; si tu avais été un homme comme il faut, tu ne les aurais pas gaspillées.

53 En fin de compte, j'ai beau chercher, par Zeus et tous les Dieux, je ne vois pas par quel argument tu pourrais persuader les juges de condamner Phormion. Car enfin, diras-tu que les torts dont tu te plains sont récents? Ils remontent à je ne sais combien d'années. Serait-ce que, pendant tout ce temps, tu es resté à l'écart des tribunaux? Mais chacun sait combien d'affaires tu as soulevées devant eux ; et je ne parle pas seulement de procès privés qui n'avaient pas moins d'importance que celui-ci, mais d'actions publiques que tu as intentées en sycophante. N'as-tu pas accusé Nicomachos? et Callippos, actuellement en Sicile? et Ménon, et Autoclès, et Timothée, et tant d'autres[2]? **54** Or est-il vraisemblable que toi, un Apollodore, tu poursuives la réparation de torts publics, qui ne te touchent que pour une part, avant celle des torts privés dont tu te plains aujourd'hui, surtout s'ils sont aussi considérables que tu le prétends? Pourquoi accuser les autres, quand tu laissais quitte Phormion? Non, tu n'as pas subi de torts, et tu ne peux être ici que de mauvaise foi. Aussi, Athéniens, je ne vois rien de plus décisif, pour le fond de l'affaire, que de vous fournir des témoignages là-dessus : car, de la part d'un éternel sycophante, à quoi faut-il s'attendre présentement? **55** Ajoutez, par Zeus, tout ce qui peut vous faire présumer du caractère de Phormion, de sa droiture et de sa générosité : ce sont des argu-

1. Témoignage isolé d'une pratique qui n'en est pas moins intéressante pour certaine notion primitive du testament.

2. A l'occasion d'opérations navales qui sont en rapport avec la

τὴν τράπεζαν. 52 Ὧν ἐκεῖνος μὲν χάριν εἶχεν, σὺ δ' οὐδένα ποιεῖ λόγον, ἀλλ' ἐναντία τῇ διαθήκῃ καὶ ταῖς ἀπ' ἐκείνης ἀραῖς, γραφείσαις ὑπὸ τοῦ σοῦ πατρός, ἐλαύνεις διώκεις συκοφαντεῖς. Ὦ βέλτιστ', εἰ οἷόν τε σὲ τοῦτ' εἰπεῖν, οὐ παύσει, καὶ γνώσει τοῦθ', ὅτι πολλῶν χρημάτων τὸ χρηστὸν εἶναι λυσιτελέστερόν ἐστιν; σοὶ γοῦν, εἴπερ ἀληθῆ λέγεις, χρήματα μὲν τοσαῦτ' εἰληφότι πάντ' ἀπόλωλεν, ὡς φής· εἰ δ' ἦσθ' ἐπιεικής, οὐκ ἄν ποτ' αὔτ' ἀνήλωσας.

53 Ἀλλ' ἔγωγε μὰ τὸν Δία καὶ θεοὺς πανταχῇ σκοπῶν οὐδὲν ὁρῶ δι' ὅ τι ἂν σοὶ πεισθέντες τουδὶ καταψηφίσαιντο. Τί γάρ; ὅτι πλησίον ὄντων τῶν ἀδικημάτων ἐγκαλεῖς; ἀλλ' ἔτεσι καὶ χρόνοις ὕστερον αἰτιᾷ. Ἀλλ' ὅτι τοῦτον ἀπράγμων ἦσθα τὸν χρόνον; καὶ τίς οὐκ οἶδεν ὅσα πράγματα πράττων οὐ πέπαυσαι, οὐ μόνον δίκας ἰδίας διώκων οὐκ ἐλάττους ταυτησί, ἀλλὰ καὶ δημοσίᾳ συκοφαντῶν καὶ κρίνων τίνας οὔ; οὐχὶ Τιμομάχου κατηγόρεις; οὐχὶ Καλλίππου τοῦ νῦν ὄντος ἐν Σικελίᾳ; οὐ πάλιν Μένωνος; οὐκ Αὐτοκλέους; οὐ Τιμοθέου; οὐκ ἄλλων πολλῶν; 54 καίτοι πῶς ἔχει λόγον σέ, Ἀπολλόδωρον ὄντα, πρότερον τῶν κοινῶν, ὧν μέρος ἠδικοῦ, δίκην ἀξιοῦν λαμβάνειν, ἢ τῶν ἰδίων ὧν νῦν ἐγκαλεῖς, ἄλλως τε καὶ τηλικούτων ὄντων, ὡς σὺ φής; τί ποτ' οὖν ἐκείνων κατηγορῶν τόνδ' εἴας; οὐκ ἠδικοῦ, ἀλλ' οἶμαι συκοφαντεῖς νῦν. Ἡγοῦμαι τοίνυν, ὦ ἄνδρες Ἀθηναῖοι, πάντων μάλιστ' εἰς τὸ πρᾶγμ' εἶναι τούτων μάρτυρας παρασχέσθαι· τὸν γὰρ συκοφαντοῦντ' ἀεὶ τί χρὴ νομίζειν νῦν ποιεῖν; 55 καὶ νὴ Δί' ἔγωγ', ὦ ἄνδρες Ἀθηναῖοι, νομίζω πάνθ' ὅσα τοῦ τρόπου τοῦ Φορμίωνός ἐστι σημεῖα καὶ τῆς τούτου δικαιοσύνης καὶ φιλανθρωπίας, καὶ ταῦτ'

52 διώκεις συκοφαντεῖς F Q : συκ. διωκ. A S ‖ ἐστὶν om. F Q D (hab. Stobaeus Flor. 37, 22) ‖ **53** δι' ὅ τι F Q : διατί A S ‖ ἐγκαλεῖς v. : ἐνεκαλεῖς A S addito οὐ post ὅτι ‖ *καὶ* v. : om. A S ‖ τίνας οὔ Dobrée : τινάς codd. ‖ alter. οὐχὶ A S : οὐ F Q D ‖ **54** τὸ om. S. εἰς τὸ om. A.

ments, je pense, qui ne concernent pas moins le fond de l'affaire. Un homme capable de faire tort à autrui en toute rencontre pourrait bien aussi, à l'occasion, avoir fait tort à Apollodore ; mais celui qui n'en a jamais fait à personne, qui a rendu spontanément service à tant de gens, quelle vraisemblance y a-t-il à ce que le seul Apollodore ait à s'en plaindre? Écoutez ces témoignages, et vous connaîtrez le caractère de l'un et de l'autre.

56 Tiens, prends-moi ceux-ci, qui prouvent la méchanceté d'Apollodore.

Témoignages

Phormion lui ressemble-t-il? Jugez-en. Lis.

Témoignages

Lis aussi tous les services qu'il a rendus à la cité.

Témoignages

57 Vous voyez, Athéniens, tout ce que Phormion a fait pour la cité et pour beaucoup d'entre vous; personne n'a rien à lui reprocher, ni dans le public, ni dans le privé; et lui, qui n'a fait aucun tort non plus à Apollodore, il vous prie et vous supplie de lui accorder son salut; et nous, ses amis, nous joignons nos prières aux siennes. Il faut vous dire encore une chose. D'après les chiffres qu'on vous a lus, il aurait une fortune comme ni lui ni personne n'en possède. Mais, en fait, le crédit de Phormion auprès de ceux qui le connaissent vaut bien cela, il vaut même beaucoup plus : c'est ce crédit qui lui permet de servir vos intérêts comme les siens. **58** Ne sacrifiez pas cette fortune-là, ne laissez pas ce misérable la ruiner, ne donnez pas un triste exemple qui ferait croire que les biens des gens labo-

triérarchie d'Apollodore en 362/361 (cf. *C. Polyclés* 12-14-15 ; *C. Aristocr.* 104 sq. ; schol. d'Eschine I 56). Pour Timothée, il est possible qu'il y ait confusion avec l'action privée qui a été l'occasion du discours XLIX. Pour Callippos, cf. *Notice*, p. 204, n. 3.

εἰς τὸ πρᾶγμ' εἶναι πρὸς ὑμᾶς εἰπεῖν. Ὁ μὲν γὰρ περὶ πάντ' ἄδικος τάχ' ἄν, εἰ τύχοι, καὶ τοῦτον ἠδίκει· ὁ δὲ μηδένα μηδὲν ἠδικηκώς, πολλοὺς δ' εὖ πεποιηκὼς ἑκών, ἐκ τίνος εἰκότως ἂν τρόπου τοῦτον μόνον ἠδίκει τῶν πάντων; τούτων τοίνυν τῶν μαρτυριῶν ἀκούσαντες γνώσεσθε τὸν ἑκατέρου τρόπον.

56 Ἴθι δὴ λαβὲ τὰς κατ' Ἀπολλοδώρου τῆς πονηρίας.

ΜΑΡΤΥΡΙΑΙ

Ἆρ' οὖν ὅμοιος οὑτοσί; σκοπεῖτε. Λέγε.

ΜΑΡΤΥΡΙΑΙ

Ἀνάγνωθι δὴ καὶ ὅσα δημοσίᾳ χρήσιμος τῇ πόλει γέγονεν οὑτοσί.

ΜΑΡΤΥΡΙΑΙ

57 Τοσαῦτα τοίνυν, ὦ ἄνδρες Ἀθηναῖοι, Φορμίων χρήσιμος γεγονὼς καὶ τῇ πόλει καὶ πολλοῖς ὑμῶν, καὶ οὐδέν' οὔτ' ἰδίᾳ οὔτε δημοσίᾳ κακὸν οὐδὲν εἰργασμένος, οὐδ' ἀδικῶν Ἀπολλόδωρον τουτονί, δεῖται καὶ ἱκετεύει καὶ ἀξιοῖ σωθῆναι, καὶ ἡμεῖς συνδεόμεθ' οἱ ἐπιτήδειοι ταῦθ' ὑμῶν. Ἐκεῖνο δ' ὑμᾶς ἀκοῦσαι δεῖ. Τοσαῦτα γάρ, ὦ ἄνδρες Ἀθηναῖοι, χρήμαθ' ὑμῖν ἀνεγνώσθη προσηυπορηκὼς ὅσ' οὔθ' οὗτος οὔτ' ἄλλος οὐδεὶς κέκτηται. Πίστις μέντοι Φορμίωνι παρὰ τοῖς εἰδόσι καὶ τοσούτων καὶ πολλῷ πλειόνων χρημάτων ἐστίν, δι' ἧς καὶ αὐτὸς αὑτῷ καὶ ὑμῖν χρήσιμός ἐστιν. 58 Ἃ μὴ προῆσθε, μηδ' ἐπιτρέψητ' ἀνατρέψαι τῷ μιαρῷ τούτῳ ἀνθρώπῳ,

55 εἰκότως ἂν A S : ἂν εἰκ. F Q || post τρόπον habent codd. lemma μαρτυρίαι quod del. Reiske || 56 λαβὲ Blass : καὶ codd. || κατ' Ἀπολλοδώρου τῆς πονηρίας Rennie : πρὸς Ἀπολλόδωρον τῆς πον. codd. An potius κατὰ τῆς Ἀ. πον. ? Malim τῆς πονηρίας delere || 57 γεγονὼς καὶ τῇ πόλει S : γεγ. τῇ πολ. A τῇ πολ. γεγ. F Q D || ἐστί om. F Q, del. Blass Rennie || 58 προῆσθε A D : προεισθε S pr. πρόησθε S corr. F Q.

rieux et rangés sont à la discrétion des viveurs et des sycophantes qui peuvent se les faire adjuger par vous. Ces biens, entre les mains de Phormion, vous profitent beaucoup plus[1] : vous savez par vous-mêmes, et vous avez entendu dire aux témoins, combien il est serviable pour ceux qui recourent à lui. **59** Et, en cela, ce n'est point l'intérêt de sa fortune qui le fait agir, mais sa générosité et sa bonté naturelles. Ne sacrifiez donc pas un tel homme, Athéniens, à son adversaire ; n'attendez pas, pour le plaindre, qu'il n'ait plus rien à y gagner : soyez pitoyables, alors que son salut est entre vos mains ; il me semble que c'est le moment ou jamais de l'assister. **60** Quant aux raisons qu'invoquera Apollodore, dites-vous que, pour l'essentiel, ce ne sont que racontars et calomnies ; ordonnez-lui d'établir ou que son père n'a pas testé comme je l'ai dit ; ou qu'il y a un autre contrat de location que celui que j'ai produit ; ou qu'il n'a pas donné décharge entière à Phormion après règlement de comptes et suivant la sentence de son beau-père acceptée par lui ; ou que les lois accordent une action et autorisent la preuve dans un cas semblable. **61** Et si, en désespoir de cause, il se répand en accusations diffamatoires, n'ayez nul égard à ses injures, ne vous laissez pas imposer par ses éclats de voix et son effronterie ; soyez en garde, et retenez bien ce que vous avez appris de nous. En agissant ainsi, vous respecterez votre serment et la justice, et vous sauverez Phormion : il le mérite, j'en atteste Zeus et tous les dieux.

62 Prends-moi la loi et ces témoignages, et fais-en lecture.

LOI. TÉMOIGNAGES

Je ne vois rien de plus à dire : il n'y a aucune de mes raisons, j'imagine, qui ne soit claire pour vous. Laisse couler l'eau[2].

1. Pour l'argument, cf. *C. Naus. et Xénop.* 28. C'est un lieu commun (Lys. XVIII 20 ; XIX 61 ; XXI 12 sq.).

2. Cf. *Notice*, p. 204.

μηδὲ ποιήσητ' αἰσχρὸν παράδειγμα, ὡς τὰ τῶν ἐργαζομένων καὶ μετρίως ἐθελόντων ζῆν τοῖς βδελυροῖς καὶ συκοφάνταις ὑπάρχει παρ' ὑμῶν λαβεῖν· πολὺ γὰρ χρησιμώτερ' ὑμῖν παρὰ τῷδ' ὄνθ' ὑπάρχει. Ὁρᾶτε γὰρ αὐτοὶ καὶ ἀκούετε τῶν μαρτύρων, οἷον ἑαυτὸν τοῖς δεηθεῖσι παρέχει. 59 Καὶ τούτων οὐδὲν εἵνεκα τοῦ λυσιτελοῦντος εἰς χρήματα πεποίηκεν, ἀλλὰ φιλανθρωπίᾳ καὶ τρόπου ἐπιεικείᾳ. Οὔκουν ἄξιον, ὦ ἄνδρες Ἀθηναῖοι, τὸν τοιοῦτον ἄνδρα προέσθαι τουτῳί, οὐδὲ τηνικαῦτ' ἐλεεῖν ὅτ' οὐδὲν ἔσται τούτῳ πλέον, ἀλλὰ νῦν ὅτε κύριοι καθέστατε σῶσαι· οὐ γὰρ ἔγωγ' ὁρῶ καιρὸν ἐν τίνι ἂν μᾶλλον βοηθήσειέ τις αὐτῷ. 60 Τὰ μὲν οὖν πόλλ' ὧν Ἀπολλόδωρος ἐρεῖ, νομίζετ' εἶναι λόγον καὶ συκοφαντίας, κελεύετε δ' αὐτὸν ὑμῖν ἐπιδεῖξαι, ἢ ὡς οὐ διέθετο ταῦθ' ὁ πατήρ, ἢ ὡς ἔστιν τις ἄλλη μίσθωσις πλὴν ἧς ἡμεῖς δείκνυμεν, ἢ ὡς οὐκ ἀφῆκεν αὐτὸν διαλογισάμενος τῶν ἐγκλημάτων ἁπάντων, ἃ ἔγνω ⟨θ'⟩ ὁ κηδεστὴς ὁ τούτου καὶ οὗτος αὐτὸς συνεχώρησεν, ἢ ὡς διδόασιν οἱ νόμοι δικάζεσθαι τῶν οὕτω πραχθέντων, ἢ τῶν τοιούτων τι δεικνύναι. 61 Ἐὰν δ' ἀπορῶν αἰτίας καὶ βλασφημίας λέγῃ καὶ κακολογῇ, μὴ προσέχετε τὸν νοῦν, μηδ' ὑμᾶς ἡ τούτου κραυγὴ καὶ ἀναίδει' ἐξαπατήσῃ, ἀλλὰ φυλάττετε καὶ μέμνησθ' ὅσ' ἡμῶν ἀκηκόατε. Κἂν ταῦτα ποιῆτε, αὐτοί τ' εὐορκήσετε καὶ τουτονὶ δικαίως σώσετε, ἄξιον ὄντα νὴ τὸν Δία καὶ θεοὺς ἅπαντας.

62 Ἀνάγνωθι λαβὼν αὐτοῖς τὸν νόμον καὶ τὰς μαρτυρίας τασδί.

ΝΟΜΟΣ. ΜΑΡΤΥΡΙΑΙ

Οὐκ οἶδ' ὅ τι δεῖ πλείω λέγειν. Οἶμαι γὰρ ὑμᾶς οὐδὲν ἀγνοεῖν τῶν εἰρημένων. Ἐξέρα τὸ ὕδωρ.

59 εἵνεκα A S : ἕνεκα v. ‖ τουτῳί Blass : τούτῳ codd. ‖ **60** ὑμῖν om. S ‖ ἧς A S : ἣν F Q D ‖ αὐτὸν v. : αὐτὸς A S ‖ θ' add. Blass ‖ **61** τουτονὶ A : τοῦτον v. ‖ θεοὺς v. : τοὺς θεοὺς A.

XXXVII

CONTRE PANTÉNÈTOS

NOTICE

Le *Contre Panténètos* est encore le plaidoyer d'un défendeur qui a opposé l'exception. L'affaire appartient à la catégorie des actions minières (δίκαι μεταλλικαί). Les actions minières étaient du ressort des thesmothètes et, comme les actions commerciales, elles devaient être jugées dans le délai d'un mois (Aristote, *Const. d'Ath.*, 59, 5). Nous voyons qu'elles existaient vers le milieu du IVe siècle, nous ne savons pas quand elles furent créées. Elles s'appliquaient à des objets multiples qui étaient spécifiés dans la loi sur les mines (νόμος μεταλλικός, § 35) et dont l'orateur nous indique quelques-uns. Il est possible que le terme de δίκαι doive s'entendre au sens large, et il serait naturel que les actions publiques relatives aux mines[1] eussent aussi l'avantage d'une procédure rapide[2]. Ici, en tout cas, il s'agit des litiges privés que les concessionnaires, en tant que tels, pouvaient avoir à faire trancher, et notamment des troubles de possession dont ils pouvaient être victimes. On sait que les mines étaient affermées par l'État aux particuliers (ces concessions temporaires sont qualifiées « ventes » dans la langue du droit public : Arist., *Ibid.*, 52, 1)[3]. Il apparaît que les ateliers où le minerai

1. Dont la φάσις (dénonciation) pour atteinte aux droits de l'État, qui, comme les autres φάσεις, relevait également des thesmothètes.

2. Un des articles cités par le plaideur (§ 36) concerne peut-être un délit public : il s'agit du fait de pousser les galeries ἐντὸς τῶν μέτρων. Cette expression, assez obscure, se retrouve à propos d'un délit poursuivi par voie de φάσις (Hypér., *P. Euxén.* 35) ; Lipsius l'interprète (*Att. Recht*, p. 311, n. 8) « à l'intérieur de la partie dont l'État est propriétaire », par opposition à une mine qui serait propriété privée : explication assez douteuse.

3. Cf. sans doute ici § 22.

était traité donnaient lieu, en cas de litige, aux mêmes procédures que les exploitations « du fond ».

Pour les questions de droit qui se posent ici, nous suivons l'historique de l'affaire. Le plaideur Nicoboulos et un certain Évergos ont prêté[1] à Panténètos une somme de 10.500 drachmes sur l'atelier dépendant de la mine dont il était concessionnaire et exploitant à Maronée, dans le Laurion[2]. Panténètos était débiteur de la même somme envers des créanciers qui ont été ainsi désintéressés. Il y a lieu de penser que ces créanciers, ou plutôt l'un d'eux, s'était fait consentir une vente à réméré, car c'est lui qui se porte « vendeur » auprès de Nicoboulos et d'Évergos. En tout cas, c'est cette opération juridique qui a été employée pour garantir la nouvelle créance. Un délai de rachat est stipulé ; mais le débiteur reste en possession : la vente se complète par un contrat pignoratif, c'est-à-dire que Panténètos, devenu locataire des acheteurs, continue à exploiter en versant, à titre de « loyer », les intérêts de sa dette. — En l'absence de Nicoboulos[3], Évergos argue d'une rupture du contrat de la part de son débiteur pour saisir le fonds. Mais, Nicoboulos rentré, d'autres créanciers se présentent et, finalement, l'atelier leur est cédé moyennant le versement des 10.500 drachmes : ces nouveaux acheteurs exigent et obtiennent que Nicoboulos et Évergos se portent vendeurs à leur tour.

Voilà pour la partie la plus ancienne de l'affaire. Elle offre matière à des observations importantes. La garantie a lieu par le moyen d'une vente à réméré (πρᾶσις ἐπὶ λύσει), comme dans le *Contre Apatourios*[4]. Mais, plus encore que dans le *Contre Apatourios*, la vente apparaît ici comme

1. Ils ont prêté ensemble, mais ils ne sont pas précisément associés (cf., inversement, § 10) ; cette remarque n'est pas inutile pour comprendre la suite de l'affaire.

2. Sur l'exploitation et le régime des mines de plomb argentifère du Laurion, nous renvoyons une fois pour toutes à Ardaillon, *Les mines du Laurion dans l'antiquité*, 1897.

3. Ce citoyen d'Athènes est un homme d'affaires ; non content de gagner de l'argent dans les mines et de pratiquer des prêts par ailleurs, il fait pour son compte le commerce maritime.

4. Ces deux cas fournissent les seuls témoignages explicites que nous ayons sur l'institution dans l'Athènes de l'époque classique.

une *forme* : ce qui est essentiel, c'est la sûreté qui, dans le droit commercial, n'exclut pas et même suppose un règlement final ; en fait, bien que la vente à réméré, d'après son nom et sans doute dans la pratique ancienne, implique le transfert de la propriété, nous voyons que Nicoboulos et Évergos, devenus théoriquement propriétaires de l'atelier, sont obligés de subir le concours d'autres créanciers (que, paraît-il, ils ne connaissaient même pas) et qu'ils ont alors le choix ou de recevoir leur dû en abandonnant la possession, ou de conserver le gage en désintéressant leurs concurrents. Ceux-ci font valoir expressément (§ 12) que la valeur du fonds est supérieure à la créance des « acheteurs », ce qui sous-entend qu'un créancier hypothécaire, fût-il acheteur à réméré, a pour droit essentiel d'être payé sur l'hypothèque. Ce payement se fait, dans le cas présent, par le jeu des ventes et reventes — car il y avait d'autres créanciers auxquels Nicoboulos et Évergos ont succédé, il y en a eu d'autres après eux ; et, alors que Panténètos est censé avoir perdu ses droits sur la chose hypothéquée, il lui suffit chaque fois de trouver de nouveaux prêteurs qui désintéressent les anciens pour rester en cause à travers toutes les mutations : car ce sont les successifs acheteurs à réméré qui « vendent » à de nouveaux, mais « pour le compte » du propriétaire primitif. Si bien que celui-ci, même après la saisie à laquelle a procédé Évergos[1], reste en possession de l'atelier qu'il finit par revendre[2].

Maintenant, pourquoi ces « vendeurs » qui agissent pardessus la tête de Panténètos? La forme adoptée rend compte de leur désignation et de leur rôle : ceux qui ont « acheté » vendent à leur tour : théoriquement, on ne connaît qu'eux. Il n'y a donc pas lieu de retenir l'interprétation qu'on a donnée parfois de plusieurs passages de

1. C'est, à vrai dire, une saisie avant l'échéance, mais justifiée par la rupture du contrat : et on ne voit pas qu'une saisie à l'échéance doive produire d'autres effets, tant que le débiteur trouve du crédit. Sur le fonctionnement de la sûreté réelle dans le cas de Panténètos, cf. Pappulias, Ἡ ἐμπράγματος ἀσφάλεια, p. 37 ; M. I. Finley, *Studies in Land and Credit in anc. Athens*, p. 32 sq., 227 sq.

2. Il le revendra plus de 3 talents (§§ 31, 50) : les affaires minières étaient bonnes à ce moment-là.

notre plaidoyer et d'après laquelle le droit attique connaîtrait l'institution — en usage dans d'autres cités — de garants de la vente, différents du vendeur réel, mais qualifiés parfois, entre autres désignations, de *vendeurs*[1]. Toutefois, si ce n'est pas cette institution, relativement archaïque, que nous trouvons ici, il convient d'observer, d'après notre cas, que l'usage commercial a utilisé à des fins particulières la notion de « vente ». A la rigueur, les nouveaux créanciers pouvaient traiter avec Panténètos ; mais, visiblement, ils tiennent à avoir pour « vendeur » celui qui a acquis lui-même dans les conditions où ils vont acquérir : ce sont des responsabilités successives, et au besoin récurrentes, qui sont ainsi créées — un peu, dirions-nous par une comparaison lointaine, comme dans le système de la lettre de change.

La suite de l'affaire est plus simple. A la faveur du règlement dont nous avons parlé, Nicoboulos s'est fait donner par Panténètos quittance et décharge. Mais Évergos, lors de la saisie qu'il avait pratiquée, s'était livré, paraît-il, à des violences contre son débiteur ; celui-ci se plaignait, en outre, de dommages pécuniaires qu'il aurait subis à ce moment. Il intente une action et obtient gain de cause. Enhardi par ce succès, il se tourne contre Nicoboulos, à qui il reproche de s'être immiscé indûment dans son exploitation et de lui avoir causé des pertes d'argent : c'est la présente action, qui est très probablement, comme dans le cas analogue du *Contre Apatourios* 13, une action de *dommage* (§ 22 : ἔβλαψέ με Νικόβουλος...). Le texte de la demande nous est donné en partie : le soupçon dont ce document a parfois été l'objet est sans raison d'être[2]. Le pro-

1. Sur cette interprétation et la critique qu'on en peut faire, Beauchet, IV, p. 142 sq. ; Lipsius, p. 747 sq. Elle a pu être suggérée par l'Ὑπόθεσις, où Libanios emploie l'expression πρατῆρες καὶ βεβαιωταί (§§ 2, 4) : le second terme, et le premier à l'occasion, désignent hors d'Athènes les garants de la vente ; l'expression complète se retrouve même, textuellement, dans le registre des ventes de Ténos (*Inscr. Jur. Gr.*, n° VII, l. 108).

2. Pour d'autres textes de demandes (ἐγκλήματα, ἀντιγραφαί) fournis par les orateurs, voir Dém., *C. Stéph.* I 46 ; Dinarque, ap. Den. Hal., *Sur Din.* 3 ; cf. Dém., *C. Aph.* III 31 ; *P. Phorm.* 20.

cès est sensiblement postérieur aux faits, et il a encore été retardé par un incident : au moment où il allait être jugé une première fois, Panténètos a adressé à son adversaire une sommation (πρόκλησις) à fin de faire administrer la question à un esclave. Cet acte équivaut à une proposition de règlement extra-judiciaire qui peut être faite, comme une proposition d'arbitrage[1], « à toute hauteur du procès », c'est-à-dire jusqu'au moment où les jurés vont siéger — ce qui est le cas ici — voire même jusqu'au moment où le vote va avoir lieu : il est admis, dans cette affaire comme dans d'autres, que le litige serait tranché par le résultat de la torture[2]. Nicoboulos a accepté ; mais l'épreuve n'a pas eu lieu, parce que Panténètos aurait prétendu y procéder lui-même et non pas, conformément à l'usage, par le ministère d'un tiers (βασανιστής). Le procès vient donc maintenant.

Il se présente sous une forme particulière. Ce n'est pas le fait de Nicoboulos en personne qui a provoqué l'action en justice, c'est le fait de son esclave. Dans un pareil cas, le maître est toujours responsable, en droit grec comme en droit romain. Mais, à Athènes, la procédure est différente suivant les espèces : lorsque l'esclave a agi sur l'ordre du maître, c'est le maître qui est actionné ; lorsqu'il a agi de son chef, c'est lui-même — la condamnation étant, d'ailleurs, prononcée contre le maître[3]. Nicoboulos en prend texte pour ergoter un peu (§ 51).

Bien que le plaideur ait recouru à l'exception, il se défend au fond : il est d'ailleurs possible que, dans ce genre de procès comme dans les δίκαι ἐμπορικαί, également ἔμμηνοι, le jugement ait porté à la fois sur le litige lui-même et sur le moyen de défense. L'exception est fondée essentiellement sur le même motif que dans le *Pour Phormion*, à savoir sur le fait qu'il y a eu quittance et décharge — motif qui donne lieu à une péroraison pathétique. Le

1. L'accord auquel il donne lieu comporte, lui aussi (cf. *C. Apat.* 14 sq.), la rédaction d'un écrit qui est scellé et l'emploi de cautions.

2. Cf. Isocr., *Trapéz.*, 15 ; [Dém.] LIX 124. On peut obtenir le même résultat par le serment.

3. Cf. Lipsius, p. 796. On verra cette question de droit également soulevée dans le *Contre Calliclès*.

plaideur fait allusion à la loi dont nous avons parlé à propos du *Pour Phormion* et qui définissait les cas d'exception péremptoire : il en cite plusieurs articles (§§ 19 sq.). Subsidiairement, il essaie de soulever le déclinatoire d'incompétence, se fondant à la fois sur la multiplicité des griefs qui figurent dans la demande et qui requerraient des actions distinctes, et sur le fait que ces actions ne sont pas du ressort des thesmothètes en tant qu' « introducteurs » des actions minières. Simple appoint, sur lequel il n'y a pas lieu d'insister : les magistrats eux-mêmes paraissent avoir rayé de la demande ces considérants (§ 34), ce qui est, d'ailleurs, un témoignage intéressant sur le rôle effectif qu'ils pouvaient avoir dans la procédure *in jure*. De fait, aucune des deux raisons (plus ou moins confondues) ne vaut : il est normal que plusieurs griefs relatifs à la même affaire soient groupés dans une même δίκη ; et les actions minières, comme les actions commerciales, peuvent être en elles-mêmes des actions spécifiques qui, en droit commun, viendraient devant des magistrats différents, mais qui ont été rangées dans la même catégorie en raison de leur objet.

On ne conteste pas l'attribution de ce discours à Démosthène. La composition en est à la fois souple et ferme ; dans la psychologie et dans le pathétique, on reconnaîtra une adresse heureuse. Le *Contre Panténètos* est d'ailleurs d'une époque où Démosthène pouvait avoir quelque loisir et peut-être des besoins d'argent. La date du procès est, en effet, 346 ou 345 : c'est au printemps de 347, sous l'archontat de Théophilos (§ 6), que Nicoboulos s'est absenté d'Athènes ; et, d'après les événements rapportés, il paraît bien qu'il s'est écoulé plus d'un an depuis son retour.

XXXVII

CONTRE PANTÉNÈTOS

EXCEPTION

Sujet du discours

1 Panténètos a acheté à un certain Télémaque un atelier minier sis à Maronée, localité de l'Attique, et trente esclaves attachés à cette exploitation : pour ce, il a emprunté un talent à Mnésiclès et 4.500 drachmes[1] à Philéas et Pleistor. Mnésiclès figurait dans l'acte comme acheteur, et c'est un contrat de vente qu'il a passé en son nom. Dans la suite, l'argent est réclamé à Panténètos ; il recourt alors à deux nouveaux prêteurs : Nicoboulos, celui qui oppose ici une exception, et un certain Évergos ; il constitue en hypothèque l'exploitation et les esclaves, **2** l'acte étant passé, non pas sous forme d'hypothèque, mais sous forme de vente. Le premier créancier, Mnésiclès, qui était censé avoir acheté, se porte vendeur et garant[2] auprès des seconds créanciers. Les esclaves et l'exploitation sont loués à Panténètos par Évergos et Nicoboulos, agissant comme propriétaires ; le loyer est égal à l'intérêt de l'argent prêté qui, en effet, s'élevait à 10.500 drachmes, comportant un intérêt d'une drachme pour 10, d'où le chiffre convenu de 500 drachmes ; et, bien que ce fût, en réalité, un intérêt, il était dénommé loyer. **3** Les affaires réglées, Nicoboulos part à l'étranger. En son absence, voici ce qui se passe à Athènes. Évergos, son associé, sous prétexte que Panténètos se refuse à exécuter aucune des clauses du contrat, se rend sur les lieux de l'exploitation et fait une saisie. Bien plus, s'avisant qu'on emportait de l'argent de la mine pour le compte de Panténètos — il s'agissait de la redevance à payer au Trésor — il l'enlève par violence à l'esclave qui était muni des fonds. C'est pourquoi Panténètos, à ce qu'il prétend, a dû payer une redevance double, car, par la

1. A l'exemple de Dareste, et pour éviter une amphibologie, nous avons compté en drachmes ce qui est compté en mines dans le texte.

2. Même association des deux termes πρατήρ et βεβαιωτής dans

XXXVII

ΠΑΡΑΓΡΑΦΗ ΠΡΟΣ ΠΑΝΤΑΙΝΕΤΟΝ

ΥΠΟΘΕΣΙΣ

1 Πανταίνετος παρὰ Τηλεμάχου τινὸς ἐργαστήριον μεταλλικὸν ἐν Μαρωνείᾳ (τόπος δ' οὗτος τῆς 'Αττικῆς) καὶ μετὰ τοῦ ἐργαστηρίου τριάκοντα τὸν ἀριθμὸν οἰκέτας ὠνούμενος, δανείζεται παρὰ μὲν Μνησικλέους τάλαντον, παρὰ δὲ Φιλέου καὶ Πλείστορος πέντε καὶ τετταράκοντα μνᾶς. Καὶ ἦν ὠνητὴς ἐγγεγραμμένος ὁ Μνησικλῆς, καὶ τὰς ὠνὰς εἶχεν αὐτός. Ὕστερον δ' ἀπαιτούμενος τὸ ἀργύριον ὁ Πανταίνετος δευτέρους λαμβάνει δανειστὰς τόν τε παραγραφόμενον νῦν Νικόβουλον καὶ Εὔεργόν τινα, καὶ τούτοις ὑποθήκην δίδωσι τὸ ἐργαστήριον καὶ τὰ ἀνδράποδα. 2 Γραμματεῖον δ' οὐχ ὑποθήκης, ἀλλὰ πράσεως γράφεται. Καὶ γίνεται πρατὴρ καὶ βεβαιωτὴς τοῖς δευτέροις δανεισταῖς ὁ πρότερος δεδανεικὼς ὁ Μνησικλῆς, ὁ τὰς ὠνὰς ἔχων. Καὶ μισθοῦσι τῷ Πανταινέτῳ τά τ' ἀνδράποδα καὶ τὸ ἐργαστήριον Εὔεργος καὶ ὁ Νικόβουλος, ὡς δεσπόται δῆθεν γεγονότες αὐτοῦ. Τοσούτου δὲ μισθοῦσιν ὅσον τὸ δάνειον τόκον ἐποίει. 'Εδεδανείκεσαν μὲν γὰρ ἑκατὸν πέντε μνᾶς, ἔδει δὲ κατὰ μνᾶν τόκον εἶναι δραχμήν. Ἑκατὸν οὖν καὶ πέντε δραχμὰς λαμβάνειν συνέθεντο· καὶ ἦν τοῦτο τῷ μὲν ἔργῳ τόκος, τῷ δ' ὀνόματι μίσθωσις. 3 Τούτων πραχθέντων ὁ μὲν Νικόβουλος ἀπεδήμησε, παρὰ δὲ τὴν ἀπουσίαν τὴν ἐκείνου 'Αθήνησι τάδε γίγνεται. Ὁ Εὔεργος ὁ κοινωνὸς τοῦ δανείσματος, αἰτιώμενος τὸν Πανταίνετον ὡς οὐδὲν τῶν συγκειμένων ἐθέλοντα ποιεῖν, ἐλθὼν ἐπὶ τὸ ἐργαστήριον κατεῖχεν αὐτοῦ, καὶ δὴ ⟨καὶ⟩ ἀργύριον φυλάξας ἐκ τῶν μετάλλων Πανταινέτῳ κομιζόμενον, ὅπερ ἔμελλεν εἰς τὸ δημόσιον καταβάλλειν, ἀφείλετο τὸν κομίζοντ' οἰκέτην βίᾳ· παρὸ καὶ διπλῆν εἰς τὸ δημόσιον κατέβαλεν, ὡς ἔφη, τὴν καταβολὴν ὁ Πανταίνετος, τῆς προσηκούσης

Ὑπόθεσις (a manu saec. XIV in S) **1** Φιλέου D (cf. **4**) : Φιλέτου v. ‖ **2** οὖν Ald. : om. F D S ‖ **3** *καὶ* add. Blass.

faute d'Évergos, il n'a pu s'acquitter dans le délai normal. Ensuite de quoi il intente à Évergos l'action de dommage et le fait condamner. **4** Sur ces entrefaites, Nicoboulos revient de l'étranger et une foule de créanciers de Panténètos, jusque-là inconnus, se présentent. Après bien des pourparlers, on convient d'un arrangement : Nicoboulos et Évergos recevront les 10.500 drachmes qui leur sont dues et, en retour, ils abandonneront l'exploitation et les esclaves que les autres créanciers acquerront comme acheteurs. Là-dessus, refus des dits créanciers de se porter acheteurs si Nicoboulos et Évergos ne figurent pas comme vendeurs et garants. Nicoboulos y consent sur les instances de Panténètos lui-même, à ce qu'il dit ; seulement, il subordonne sa garantie à une décharge totale que lui donnera Panténètos. **5** Celui-ci accepte, et le fonds est vendu. Néanmoins, Panténètos intente à Nicoboulos la même action qu'à Évergos au titre d'action « minière », excipant de sa qualité d'exploitant et du fait qu'il aurait été lésé dans son exploitation. Ses griefs contre Nicoboulos portent sur l'enlèvement des fonds transportés par l'esclave, sur la vente de l'exploitation et des esclaves, qui aurait eu lieu en violation du contrat, et sur quelques autres points. **6** Nicoboulos oppose l'exception en se fondant : 1° sur la loi qui refuse toute action dans le cas où il y a eu quittance et décharge ; 2° sur la loi qui définit en termes exprès et non équivoques les cas où il y a lieu aux actions minières : Panténètos, dit-il, ne se trouvant dans aucun de ces cas, n'est point fondé à intenter une action de ce genre ; 3° sur une autre loi qui détermine, suivant l'espèce des demandes, quels tribunaux sont compétents pour juger et quels magistrats pour introduire les actions : il prétend que Panténètos contrevient à cette loi en mêlant dans une seule demande des griefs d'espèces différentes [1] et en produisant ses réclamations en bloc devant le tribunal chargé des affaires de mines. **7** La loi sur les cas de décharge est utilisée au début, les deux autres à la fin : ainsi, l'orateur commence et finit par l'exception. Dans l'intervalle, il plaide au fond : sur quoi son

une situation analogue et dans une phase postérieure, § 4. L'analyse juridique de Libanius est très correcte ; cf. M. I. Finley, *Studies in Land and Credit in anc. Ath.*, p. 228.

1. Cf. *Notice*, p. 229.

προθεσμίας δι' Εὔεργον ἐκπεσών. Ἐπὶ τούτοις καὶ δίκην ἔλαχε τῷ Εὐέργῳ βλάβης, καὶ εἷλεν αὐτόν. 4 Ὡς δ' ἐπανῆκε καὶ ὁ Νικόβουλος ἐκ τῆς ἀποδημίας καὶ δανεισταὶ πολλοί τινες ἀνεφαίνοντο τοῦ Πανταινέτου πρότερον ἀγνοούμενοι, λόγων πολλῶν λεγομένων πέρας συνέβησαν ὥστε Νικόβουλον μὲν καὶ Εὔεργον ἀπολαμβάνοντας ἑκατὸν καὶ πέντε μνᾶς ἀποστῆναι τοῦ ἐργαστηρίου καὶ τῶν ἀνδραπόδων, ταῦτα δὲ τοὺς ἑτέρους δανείσαντας ὠνεῖσθαι. Πάλιν δ' οὐκ ἐθελόντων τῶν δανειστῶν ὠνεῖσθαι τὰ κτήματα, εἰ μὴ πρατῆρες αὐτοὶ καὶ βεβαιωταὶ γίγνοιντο Νικόβουλος καὶ Εὔεργος, πείθεται οὖν ὁ Νικόβουλος καὶ ὑπ' αὐτοῦ Πανταινέτου, καθά φησιν, ἀξιούμενος, οὐ πρότερον δ' ἀνεδέξατο, πρὶν τὸν Πανταίνετον ἄφεσιν αὐτῷ παντὸς ἐγκλήματος δοῦναι. 5 Ὁ δὲ Πανταίνετος ἔδωκε μὲν τὴν ἄφεσιν καὶ ἐπράθη τὰ κτήματα, οὐδὲν δ' ἧττον καὶ τούτῳ τὴν αὐτὴν ἥνπερ Εὐέργῳ δίκην εἴληχε, μεταλλικὴν ἐπιγραφόμενος τὴν δίκην, ὡς δὴ τῶν τε τὰ μέταλλ' ἐργαζομένων εἷς ὢν καὶ περὶ μέταλλον ἠδικημένος. Ἐγκαλεῖ δὲ τῷ Νικοβούλῳ καὶ περὶ τῆς τῶν χρημάτων ἀφαιρέσεως τῶν ὑπὸ τοῦ οἰκέτου κομιζομένων, καὶ περὶ τῆς τοῦ ἐργαστηρίου καὶ τῶν ἀνδραπόδων πράσεως ⟨ὡς⟩ παρὰ τὰς συνθήκας γεγενημένης, καὶ μέντοι καὶ περὶ ἑτέρων τινῶν. 6 Ὁ δὲ Νικόβουλος παραγράφεται τὸν ἀγῶνα καθ' ἕνα μὲν ἐκεῖνον νόμον τὸν κελεύοντα, περὶ ὧν ἂν ἄφεσις καὶ ἀπαλλαγὴ γένηται, περὶ τούτων μηκέτ' ἐξεῖναι δικάζεσθαι, καθ' ἕτερον δ' ἐκεῖνον, ὃς διαρρήδην καὶ σαφῶς ὁρίζει περὶ τίνων δεῖ τὰς μεταλλικὰς δίκας εἰσάγειν, ὧν οὐδὲν πεπονθότα Πανταίνετον ἀτόπως φησὶ μεταλλικὴν δικάζεσθαι δίκην. Καὶ μὴν καὶ τρίτον παρέχεται νόμον, ὃς διαιρεῖ περὶ ποίων ἐγκλημάτων ποῖα χρὴ κρίνειν δικαστήρια καὶ ποίας ἀρχὰς εἰσάγειν τὰς δίκας· Πανταίνετον δέ φησι παρὰ τοῦτον ποιεῖν τὸν νόμον, ποικίλ' ἐγκλήματ' εἰς ταὐτὸν μίξαντα καὶ περὶ πάντων ⟨ἐν⟩ τῷ μεταλλικῷ δικαστηρίῳ τὴν κατηγορίαν ποιούμενον. 7 Τῷ μὲν οὖν περὶ τῆς ἀφέσεως νόμῳ κατ' ἀρχὰς κέχρηται, τοῖς δὲ δύο τοῖς ἑτέροις ἐπὶ τοῦ τέλους, καὶ ἀρχόμενος ἀπὸ τῆς παραγραφῆς καὶ λήγων εἰς ταύτην. Ἐν δὲ μέσῳ τὴν

5 ἐπιγραφόμενος Reiske : ἐπιγράφοντες codd. ‖ ὡς add. Blass ‖ **6** ἐν add. Wolf.

argument le plus important et le plus solide, c'est qu'il n'était même pas à Athènes quand Panténètos a été victime des dommages pour lesquels il a intenté une action, d'abord à Evergos et, présentement, à Nicoboulos.

1 Les lois, juges, accordent une exception contre quiconque intente une action après avoir donné quittance et décharge : comme je puis exciper de l'une et de l'autre[1] vis-à-vis de mon adversaire Panténètos, j'ai opposé l'exception qu'on vient de vous lire, à fin de faire déclarer l'action non recevable. Je n'ai pas cru devoir renoncer à ce moyen de droit[2] : il ne faut pas qu'après avoir été convaincu, entre autres choses, de m'avoir donné quittance, il puisse encore me taxer de mensonge en faisant valoir que, s'il en était ainsi, j'aurais recouru à l'exception ; j'ai voulu couper court à ce prétexte et démontrer tout ensemble que je ne lui ai fait tort en quoi que ce soit et que sa demande est contraire à la loi. **2** Aussi bien, si Panténètos avait subi, peu ou prou, ces préjudices dont il se plaint aujourd'hui, on l'aurait vu intenter son action à l'époque même où le contrat fut passé entre nous ; car ce genre de procès se juge dans le mois ; nous étions tous deux alors à Athènes, et, en général, on fait valoir ses griefs sur-le-champ, on n'attend pas que le temps ait passé sur eux. En fait, il n'a subi aucun préjudice : c'est ce que vous direz, j'en suis sûr, quand vous aurez entendu le récit des faits ; seulement le succès de son action contre Évergos l'a enhardi, et il m'intente un méchant procès : il ne me reste donc, juges, qu'à me disculper auprès de vous et à essayer de gagner ma cause en produisant des témoignages à ma décharge. **3** Je vous adresserai simplement une prière à tous ; elle est aussi juste que modeste : c'est d'écouter avec bienveillance les motifs de l'exception et de prêter votre attention à toute l'affaire ;

1. Cf. § 19 et *Pour Phormion*, 25. On a vu que la distinction, affirmée ici encore entre les deux termes, nous échappe.

2. Nous savons qu'il est très employé, en effet ; du reste, si l'affaire doit être jugée au fond (cf. p. 118, n. 1), la seule différence, pratiquement, c'est que le défendeur a la parole le premier.

εὐθυδικίαν πεποίηκεν, ἧς μέγιστον καὶ ἰσχυρότατόν ἐστιν ὅτι μηδ' ἐπιδημῶν ἐτύγχανε τότε Νικόβουλος ὅτ' ⟨ἔπασχεν⟩ Πανταίνετος ἐκεῖνα ἐφ' οἷς τότ' Εὐέργῳ καὶ νῦν Νικοβούλῳ τὴν δίκην εἴληχεν.

1 Δεδωκότων, ὦ ἄνδρες δικασταί, τῶν νόμων παραγράψασθαι περὶ ὧν ἄν τις ἀφεὶς καὶ ἀπαλλάξας δικάζηται, γεγενημένων ἀμφοτέρων μοι τούτων πρὸς Πανταίνετον τουτονί, παρεγραψάμην, ὡς ἠκούσατ' ἀρτίως, μὴ εἰσαγώγιμον εἶναι τὴν δίκην, οὐκ οἰόμενος δεῖν ἀφεῖσθαι τοῦ δικαίου τούτου, οὐδ', ἐπειδὰν ἐξελέγξω πρὸς ἅπασι τοῖς ἄλλοις καὶ ἀφεικότα τοῦτον ἐμαυτὸν [καὶ ἀπηλλαγμένον], ἐγγενέσθαι τούτῳ μὴ φάσκειν ἀληθῆ με λέγειν, καὶ ποιεῖσθαι τεκμήριον ὡς, εἴπερ ἐπράχθη τι τοιοῦτον, παρεγραψάμην ἂν αὐτόν, ἀλλ' ἐπὶ ταύτης τῆς σκήψεως εἰσελθὼν ἀμφότερ' ὑμῖν ἐπιδεῖξαι, καὶ ὡς οὐδὲν ἠδίκηκα τοῦτον καὶ ὡς παρὰ τὸν νόμον μοι δικάζεται. 2 Εἰ μὲν οὖν ἐπεπόνθει τι τούτων Πανταίνετος ὧν νῦν ἐγκαλεῖ, κατ' ἐκείνους ἂν τοὺς χρόνους εὐθὺς ἐφαίνετό μοι δικαζόμενος ἐν οἷς τὸ συμβόλαιον ἡμῖν πρὸς ἀλλήλους ἐγένετο, οὐσῶν μὲν ἐμμήνων τούτων τῶν δικῶν, ἐπιδημούντων δ' ἡμῶν ἀμφοτέρων, ἁπάντων δ' ἀνθρώπων εἰωθότων παρ' αὐτὰ τἀδικήματα μᾶλλον ἢ χρόνων ἐγγεγενημένων ἀγανακτεῖν. Ἐπειδὴ δ' οὐδὲν ἠδικημένος, ὡς καὶ ὑμεῖς οἶδ' ὅτι φήσετε ἐπειδὰν τὰ πεπραγμέν' ἀκούσητε, τῷ κατορθῶσαι τὴν πρὸς Εὔεργον δίκην ἐπηρμένος συκοφαντεῖ, ὑπόλοιπόν ἐστι παρ' ὑμῖν, ὦ ἄνδρες δικασταί, ἐπιδείξανθ' ὡς οὐδ' ὁτιοῦν ἀδικῶ, καὶ μάρτυρας ὧν ἂν λέγω παρασχόμενον, πειράσασθαι σῴζειν ἐμαυτόν. 3 Δεήσομαι δὲ καὶ μέτρια καὶ δίκαι' ὑμῶν ἁπάντων, ἀκοῦσαί τέ μου περὶ ὧν παρεγραψάμην εὐνοϊκῶς, καὶ προσέχειν ὅλῳ τῷ πράγματι τὸν νοῦν· πολλῶν γὰρ

7 ἔπασχεν add. Wolf ‖ τότ' edd. : τῷ τε codd.

1 τούτων om. S ‖ καὶ ἀπηλλαγμένον secl. Paley. An legendum καὶ ἐμαυτὸν ἀπηλλ. ? ‖ ἐπιδεῖξαι v. : ἐπιδείξω S Et. M. 717, 11 Phot. s. v. σκῆψις ‖ 2 ἐγένετο A S : ἐγίγνετο F Q ‖ οἶδ' A S : εὖ οἶδ' F Q.

car, dans une cité où les procès ne manquent pas, il n'y en a pas un, j'imagine, qui apparaîtra plus éhonté ni plus calomnieux que celui que mon adversaire a eu l'audace de porter devant vous. Je vais vous exposer toute l'affaire depuis le début, aussi brièvement que je le pourrai.

4 Évergos et moi, juges, nous avons prêté 10.500 drachmes à Panténètos sur un atelier[1] garni de trente esclaves, sis aux mines de Maronée. Je participais au prêt pour 4.500 drachmes, Évergos pour un talent. Or, Panténètos se trouvait devoir un talent à Mnésiclès, du dème de Collytos, et 4.500 drachmes à Philéas d'Éleusis et à Pléistor. **5** Mnésiclès se porte vendeur, auprès de nous, de l'atelier et des esclaves : il les avait achetés à Télémaque, le précédent propriétaire, pour le compte de Panténètos. Nous les louons alors à celui-ci pour une somme égale à l'intérêt de l'argent, soit 105 drachmes par mois ; et nous passons un acte de location, avec faculté de rachat pour Panténètos dans un délai déterminé. **6** L'affaire réglée — c'était au mois Élaphébolion de l'archontat de Théophilos[2] — je pris tout de suite la mer pour un voyage au Pont ; Panténètos et Évergos restaient à Athènes. Que se passa-t-il entre eux pendant mon absence? Je serais bien en peine de vous le dire. Ils ne s'accordent pas entre eux, et Panténètos ne s'accorde pas avec lui-même : tantôt, Évergos l'aurait fait déguerpir par violence et contrairement au contrat ; tantôt, c'est par la faute d'Évergos qu'il aurait été inscrit sur la liste des débiteurs publics ; tantôt... ce qui lui passe par la tête. **7** La thèse d'Évergos est simple ; ne touchant pas les intérêts et voyant Panténètos n'observer aucune des clauses du contrat, il serait allé le trouver et, d'un commun accord, aurait repris ce qui était son bien ; sur quoi, l'autre serait parti, puis serait revenu accompagné de pré-

1. C'est cet atelier métallurgique qui a été hypothéqué par Panténètos, lequel possède aussi une concession minière ; sur celle-ci il n'a que les droits d'un fermier ; de l'autre, il est propriétaire. Pour la distinction, de fait et de droit, entre l'ἐργαστήριον et le μέταλλον, cf. Ardaillon, *o. l.*, p. 59 sq., 172.

2. En 347. Élaphébolion correspond à peu près à mars.

δικῶν ἐν τῇ πόλει γεγενημένων, οὐδένα πω δίκην οὔτ' ἀναιδεστέραν οὔτε συκοφαντικωτέραν οἴομαι φανήσεσθαι δεδικασμένον ἧς νῦν οὑτοσὶ λαχὼν εἰσελθεῖν τετόλμηκεν. Ἐξ ἀρχῆς δ', ὡς ἂν οἷός τ' ὦ διὰ βραχυτάτων, ἅπαντα τὰ πραχθέντα διηγήσομαι πρὸς ὑμᾶς.

4 Ἐδανείσαμεν πέντε καὶ ἑκατὸν μνᾶς ἐγὼ καὶ Εὔεργος, ὦ ἄνδρες δικασταί, Πανταινέτῳ τουτῳὶ ἐπ' ἐργαστηρίῳ τ' ἐν τοῖς ἔργοις ἐν Μαρωνείᾳ καὶ τριάκοντ' ἀνδραπόδοις. Ἦν δὲ τοῦ δανείσματος τετταράκοντα μὲν καὶ πέντε μναῖ ἐμαί, τάλαντον δ' Εὐέργου. Συνέβαινε δὲ τοῦτον ὀφείλειν Μνησικλεῖ μὲν Κολλυτεῖ τάλαντον, Φιλέᾳ δ' Ἐλευσινίῳ καὶ Πλείστορι πέντε καὶ τετταράκοντα μνᾶς. 5 Πρατὴρ μὲν δὴ τοῦ ἐργαστηρίου καὶ τῶν ἀνδραπόδων ὁ Μνησικλῆς ἡμῖν γίγνεται (καὶ γὰρ ἐώνητ' ἐκεῖνος αὐτὰ τούτῳ παρὰ Τηλεμάχου τοῦ πρότερον κεκτημένου)· μισθοῦται δ' οὗτος παρ' ἡμῶν τοῦ γιγνομένου τόκου τῷ ἀργυρίῳ, πέντε καὶ ἑκατὸν δραχμῶν τοῦ μηνὸς ἑκάστου. Καὶ τιθέμεθα συνθήκας, ἐν αἷς ἥ τε μίσθωσις ἦν γεγραμμένη καὶ λύσις τούτῳ παρ' ἡμῶν ἔν τινι ῥητῷ χρόνῳ. 6 Πραχθέντων δὲ τούτων ἐλαφηβολιῶνος μηνὸς ἐπὶ Θεοφίλου ἄρχοντος, ἐγὼ μὲν ἐκπλέων εἰς τὸν Πόντον εὐθὺς ᾠχόμην, οὗτος δ' ἐνθάδ' ἦν καὶ Εὔεργος. Τὰ μὲν δὴ πραχθέντα τούτοις πρὸς αὑτούς, ἕως ἀπεδήμουν ἐγώ, οὐκ ἂν ἔχοιμ' εἰπεῖν. Οὔτε γὰρ ταὐτὰ λέγουσιν οὔτ' ἀεὶ ταὔθ' οὗτός γε, ἀλλὰ τοτὲ μὲν ἐκπεσεῖν ὑπ' ἐκείνου βίᾳ παρὰ τὰς συνθήκας ἐκ τῆς μισθώσεως, τοτὲ δ' αὐτὸν αἴτιον αὑτῷ πρὸς τὸ δημόσιον γενέσθαι τῆς ἐγγραφῆς, τοτὲ δ' ἄλλ' ὅ τι ἂν βούληται. 7 Ἐκεῖνος δ' ἁπλῶς οὔτε τοὺς τόκους ἀπολαμβάνων οὔτε τῶν ἄλλων τῶν ἐν ταῖς συνθήκαις ποιοῦντος οὐδὲν τούτου, ἐλθὼν παρ' ἑκόντος τούτου λαβὼν ἔχειν τὰ ἑαυτοῦ· μετὰ δὲ ταῦτ' ἀπελθόντα τοῦτον ἥκειν τοὺς ἀμφισβητήσοντας ἄγοντα,

4 τουτῳὶ Blass : τουτωι S τούτῳ cett. ‖ Κολλυτεῖ S : Κολυττεῖ v. ‖ Ἐλευσινίῳ v. : — είῳ S ‖ 5 δὴ om. F Q ‖ οὗτος S F Q D : οὑτοσὶ A ‖ 6 μὲν S : μέν φησιν v. ‖ 7 τῶν om. S ‖ ἔχειν A F Q : εἶχεν S.

tendus créanciers ; lui, sans céder à leurs réclamations, aurait consenti à ce que Panténètos restât en possession pourvu qu'il respectât le contrat. Voilà ce que je leur entends dire. **8** En tout cas, je sais bien une chose : en admettant que Panténètos dise vrai et qu'il ait été aussi maltraité par Évergos, il a obtenu l'indemnité qu'il avait fixée lui-même[1] ; car il l'a fait condamner à votre tribunal. Il n'a tout de même pas le droit d'obtenir deux fois réparation pour le même fait, de l'auteur du dommage d'abord, et puis de moi, qui n'étais même pas à Athènes. Si, d'autre part, c'est Évergos qui a raison, s'il est victime, comme il y a apparence, d'une calomnie, dans ce cas-là non plus je ne puis être poursuivi à raison des mêmes faits. Que je dise vrai sur ce premier point, je vais vous le prouver par des témoignages.

Témoignages

9 Ainsi, le vendeur du fonds a été celui qui l'avait acheté au début. Panténètos, aux termes de son contrat, a pris à bail l'atelier et les esclaves, qui étaient devenus notre propriété ; je n'assistais pas aux démêlés qu'il a eus ensuite avec Évergos, je n'étais même pas à Athènes à ce moment-là ; c'est à Évergos qu'il a intenté son procès, et jamais alors il n'a élevé le moindre grief contre moi : sur tout cela, juges, vous entendez les témoignages. **10** Là-dessus, je revins, ayant perdu à peu près tout ce que j'avais avec moi quand j'étais parti. J'appris ce qui s'était passé, je trouvai Panténètos expulsé de son bien et Évergos maître et possesseur[2] de ce que nous avions acheté. J'étais on ne peut plus ennuyé, et je me voyais dans une situation bien embarrassante : il me fallait ou bien m'associer avec Évergos pour l'exploitation et tous ses tracas, ou bien l'accepter comme débiteur aux lieu et place de Panténètos, rédiger un nouveau bail, passer un nouvel acte avec lui. Aucun de ces deux partis ne

1. C'est-à-dire celle à laquelle il avait évalué le dommage (ἐτιμήσατο) dans la formule de la demande (ἔγκλημα) et qui avait été confirmée, après la condamnation, par l'appréciation (τίμησις) des juges.
2. Ces deux mots (ἔχοντα καὶ κρατοῦντα) n'indiquent pas le droit

αὐτὸς δ' οὐχ ὑπεξελθεῖν ἐκείνοις, τοῦτον δ' οὐχὶ κωλύειν ἔχειν ὅσα ἐμισθώσατο, εἰ ποιοίη τὰ συγκείμενα. Τούτων μὲν δὴ τοιούτους ἀκούω λόγους. 8 Ἐκεῖνο δ' οἶδ' ὅτι, εἰ μὲν οὗτος ἀληθῆ λέγει καὶ δεινὰ πέπονθεν, ὥσπερ φησίν, ὑπὸ τοῦ Εὐέργου, ἔχει δίκην ἧς ἐτιμήσατ' αὐτός· εἷλεν γὰρ εἰσελθὼν αὐτὸν ὡς ὑμᾶς, καὶ οὐ δήπου τῶν αὐτῶν παρὰ τοῦ τε πεποιηκότος δίκαιός ἐστιν δίκην λαβεῖν καὶ παρ' ἐμοῦ τοῦ μηδ' ἐπιδημοῦντος· εἰ δ' ὁ Εὔεργος ἀληθῆ λέγει, σεσυκοφάντηται μὲν ὡς ἔοικεν ἐκεῖνος, ἐγὼ δ' οὐδ' οὕτως τῶν αὐτῶν φεύγοιμ' ἂν δίκην εἰκότως. Ὡς οὖν ταῦτα πρῶτον ἀληθῆ λέγω, τούτων τοὺς μάρτυρας ὑμῖν παρέξομαι.

ΜΑΡΤΥΡΙΑΙ

9 Ὅτι μὲν τοίνυν καὶ πρατὴρ ἦν ἡμῖν τῶν κτημάτων ὅσπερ ἐξ ἀρχῆς αὐτὸς ἐώνητο, καὶ κατὰ τὰς συνθήκας οὗτος ἐμισθώσαθ' ἡμέτερον ὂν τὸ ἐργαστήριον καὶ τἀνδράποδα, καὶ οὔτε παρῆν ἐγὼ τοῖς μετὰ ταῦτα πρὸς Εὔεργον τούτῳ πραχθεῖσιν οὔτ' ἐπεδήμουν ὅλως, ἔλαχέν τε τὴν δίκην ἐκείνῳ καὶ οὐδὲν πώποθ' ἡμῖν ἐνεκάλει, ἀκούετε τῶν μαρτύρων, ὦ ἄνδρες δικασταί. 10 Ἐπειδὴ τοίνυν ἀφικόμην σχεδόν τι πάντ' ἀπολωλεκὼς ὅσ' ἔχων ἐξέπλευσα, ἀκούσας καὶ καταλαβὼν τοῦτον μὲν ἀφεστηκότα, τὸν δ' Εὔεργον ἔχοντα καὶ κρατοῦνθ' ὧν ἐωνήμεθα, θαυμαστῶς ὡς ἐλυπήθην, ὁρῶν τὸ πρᾶγμά μοι περιεστηκὸς εἰς ἄτοπον· ἢ γὰρ κοινωνεῖν ἔδει τῆς ἐργασίας καὶ τῶν ἐπιμελειῶν τῷ Εὐέργῳ, ἢ χρήστην ἀντὶ τούτου τὸν Εὔεργον ἔχειν, καὶ πρὸς ἐκεῖνον πάλιν μίσθωσιν γράφειν καὶ συμβόλαιον ποιεῖσθαι· τούτων δ' οὐδέτερον προῃρούμην. 11 Ἀηδῶς δ' ἔχων οἷς λέγω τούτοις, ἰδὼν τὸν Μνησικλέα τὸν πρατῆρα

7 ὅσα ἐμισθώσατο A : ὅσαπερ ἐμισθ. S corr. v. ὅσα παρεμισθ. S pr. ‖ 8 ὡς v. : εἰς A ‖ τοῦ τε Blass : τε τοῦ codd. ‖ δ' v. : δὲ καὶ A ‖ 9 ὅσπερ A corr. v. : ὥσπερ S A pr. ‖ post ἐώνητο hab. ὁ Μνησικλῆς A ‖ τὴν A : om. cett.

m'agréait. **11** J'étais excédé de tout cela, quand je rencontrai Mnésiclès, celui qui s'était porté vendeur du fonds auprès de nous ; je l'abordai et ne lui cachai pas mon mécontentement : « Avec quel homme m'avait-il donc mis en rapport? Et ces créanciers opposants? Qu'est-ce que cela signifiait? » A ce mot d'opposants, il se mit à rire et me dit qu'il allait nous les présenter ; il provoquerait une entrevue où il engagerait Panténètos à satisfaire à ses obligations envers moi : il pensait bien le persuader. **12** La réunion eut lieu. Inutile d'en parler longuement : on vit arriver ces gens qui prétendaient avoir prêté à Panténètos sur l'atelier et les esclaves que nous avions achetés, nous, à Mnésiclès. Dans tout cela, rien de franc ni d'honnête : sur tous les points, nous pûmes les convaincre de mensonge ; et, comme Mnésiclès prenait notre fait et cause[1], ils nous adressent une sommation à laquelle ils comptaient bien ne pas nous voir déférer : c'était ou de déguerpir en recevant d'eux notre dû, ou de leur payer ce qu'ils réclamaient ; ils prétendaient que la valeur du fonds saisi était très supérieure à notre créance*. **13** A ces mots, tout de suite et sans délibérer, j'accepte de recevoir mon dû et je décide Évergos à en faire autant. Mais, au moment où nous allions être payés et où l'affaire allait se conclure, ceux-là mêmes qui l'avaient engagée refusent de s'exécuter, à moins que nous ne nous portions vendeurs du fonds. En quoi, Athéniens, ils savaient bien ce qu'ils faisaient : ils voyaient quelles chicanes nous suscitait Panténètos. Comme preuve, prends-moi encore ces témoignages.

Témoignages

14 Voilà donc où en était l'affaire : ces gens que Panténètos avait mis en avant ne voulaient pas lâcher le bien ; et quant à nous il était évident que nous étions dans notre droit en retenant ce que nous avions acheté. Là-dessus, prières et supplications de Panténètos

de propriété qu'on y a vu parfois. Aussi bien, un règlement est nécessaire avec le plaideur.

1. Le verbe grec est βεβαιοῦν : il indique le fait d'assumer, au be-

τούτων ἡμῖν γεγενημένον, προσελθὼν ἐμεμφόμην αὐτῷ, λέγων οἷον ἄνθρωπον προὐξένησέ μοι, καὶ τοὺς ἀμφισβητοῦντας καὶ τί ταῦτ' ἐστὶν ἠρώτων. Ἀκούσας δ' ἐκεῖνος τῶν μὲν ἀμφισβητούντων κατεγέλα, συνελθεῖν δ' ἔφη τούτους βούλεσθαι πρὸς ἡμᾶς, καὶ συνάξειν αὐτὸς ἡμᾶς, καὶ παραινέσειν τούτῳ πάντα ποιεῖν τὰ δίκαι' ἐμοί, καὶ οἴεσθαι πείσειν. **12** Ὡς δὲ συνήλθομεν, τὰ μὲν πολλὰ τί δεῖ λέγειν; ἧκον δ' οἱ δεδανεικέναι φάσκοντες τούτῳ ἐπὶ τῷ ἐργαστηρίῳ καὶ τοῖς ἀνδραπόδοις ἃ ἡμεῖς ἐπριάμεθα παρὰ Μνησικλέους, καὶ οὐδὲν ἦν ἁπλοῦν οὐδ' ὑγιὲς τούτων. Πάντα δ' ἐξελεγχόμενοι ψευδῆ λέγοντες, καὶ τοῦ Μνησικλέους βεβαιοῦντος ἡμῖν, προκαλοῦνται πρόκλησιν ἡμᾶς ὡς οὐ δεξομένους, ἢ κομίσασθαι πάντα τὰ χρήματα παρ' αὐτῶν καὶ ἀπελθεῖν, ἢ διαλῦσαι σφᾶς ὑπὲρ ὧν ἐνεκάλουν, αἰτιώμενοι πολλῷ πλείονος ἄξι' ἔχειν ὧν ἐδεδώκεμεν χρημάτων. **13** Ἀκούσας δ' ἐγώ, παραχρῆμα, οὐδὲ βουλευσάμενος, κομίσασθαι συνεχώρησα, καὶ τὸν Εὔεργον ἔπεισα. Ἐπειδὴ δ' ἔδει τὰ χρήμαθ' ἡμᾶς ἀπολαμβάνειν καὶ τὸ πρᾶγμ' εἰς τοῦτο προῆκτο, οὐκ ἔφασαν μετὰ ταῦτα δώσειν οἱ τότ' ἐκεῖν' ἐπαγγειλάμενοι, εἰ μὴ πρατῆρες γιγνοίμεθ' ἡμεῖς τῶν κτημάτων αὐτοῖς, νοῦν ἔχοντες, ὦ ἄνδρες Ἀθηναῖοι, κατ' αὐτό γε τοῦτο· ἑώρων γὰρ ἡμᾶς οἷ' ἐσυκοφαντούμεθ' ὑπὸ τούτου. Ὡς οὖν καὶ ταῦτ' ἀληθῆ λέγω, λαβέ μοι καὶ ταύτας τὰς μαρτυρίας.

ΜΑΡΤΥΡΙΑΙ

14 Ἐπειδὴ τοίνυν τὸ πρᾶγμ' ἐνταῦθ' εἱστήκει, καὶ τὰ μὲν χρήματ' οὐ προΐενθ' οὓς ἐπήγαγεν οὗτος, ἡμεῖς δ' εἰκότως ἐφαινόμεθ' ὧν ἐωνήμεθα κρατεῖν, ἱκέτευεν, ἐδεῖτο, ἠντεβόλει πρατῆρας ἡμᾶς γενέσθαι. Ἀξιοῦντος δὲ τούτου

11 αὐτὸς om. F Q ‖ 13 καὶ... ἔπεισα om. A ‖ ἐπειδὴ v. : ἐπεὶ S ‖ ἐπαγγειλάμενοι S : ἐπαγγελλόμενοι v. ‖ γιγνοίμεθ' v. : γενοίμεθ' A ‖ ὑπὸ τούτου secl. Blass (ὑπὸ τούτων habent S Q D) ‖ 14 γενέσθαι v. : γίγνεσθαι Q D.

pour que nous nous portions vendeurs. Devant ses instances réitérées — car il n'épargna rien pour me convaincre — je cédai, là encore. **15** Mais je connaissais, Athéniens, son mauvais caractère : au début, il nous avait dit du mal de Mnésiclès ; puis il s'était brouillé avec Évergos, son meilleur ami ; moi-même, au lendemain de mon retour, il se disait bien content de me revoir, mais, quand il avait dû remplir ses obligations, son humeur avait changé du tout au tout à mon égard : bref, ami de tout le monde tant qu'il veut obtenir des avances et parvenir à ses fins ; après, adversaire et ennemi. **16** Aussi, en me portant vendeur, pour m'en débarrasser, j'entendais mettre une condition à ce règlement : c'est qu'il me donnât quittance et décharge de toute réclamation. L'accord eut lieu en ce sens : lui me donna une décharge générale ; moi, je me portai vendeur du fonds selon sa demande, et comme Mnésiclès l'avait fait envers moi. Je rentrai dans mon argent sans lui faire le moindre tort, j'en atteste les Dieux ! Et je n'aurais jamais imaginé, quoi qu'il pût arriver, qu'il intentât un jour une action contre moi.

17 Tels sont les faits, juges, sur lesquels vous êtes appelés à vous prononcer ; tels sont les motifs qui m'ont fait opposer à une demande de mauvaise foi une fin de non-recevoir. Après avoir produit le témoignage de ceux qui étaient présents lorsque Panténètos me donna quittance et décharge, j'établirai que l'action n'est pas recevable, aux termes de la loi. Lis-moi ce témoignage.

Témoignage

Lis aussi le témoignage de ceux qui ont acheté l'exploitation : vous saurez ainsi que c'est sur la demande de Panténètos que j'ai vendu aux personnes qu'il m'a désignées.

soin devant les juges, l'obligation de la garantie vis-à-vis d'un ayant cause qui a un droit de recours contre son auteur en cas d'éviction (ἀνάγειν : cf. XLV, 81). C'est cette garantie du vendeur qui justifie la forme de la vente dans toute la série des transactions qui concernent l'atelier de Panténètos. — Sur la βεβαίωσις en général, voir maintenant F. Pringsheim, *The Greek law of sale*, p. 429 sq.

καὶ πολλὰ δεηθέντος ἐμοῦ καὶ τί οὐ ποιήσαντος; καὶ τοῦθ' ὑπέμεινα. 15 Ὁρῶν δ' αὐτόν, ὦ ἄνδρες Ἀθηναῖοι, κακοήθη, καὶ τὸ μὲν ἐξ ἀρχῆς τοῦ Μνησικλέους κατηγοροῦντα πρὸς ἡμᾶς, πάλιν δ' ᾧ φίλος ἦν τὰ μάλιστα, τῷ Εὐέργῳ, τούτῳ προσκεκρουκότα, καὶ τὸ μὲν πρῶτον ὡς ἐγὼ κατέπλευσα, ἄσμενον φάσκονθ' ἑορακέναι με, ἐπειδὴ δ' ἔδει τὰ δίκαια ποιεῖν, ἐμοὶ πάλιν δυσκολαίνοντα, καὶ ἅπασι μέχρι τοῦ προλαβεῖν καὶ τυχεῖν ὧν ἂν δέηται φίλον ὄντα, μετὰ ταῦτα δ' ἐχθρὸν καὶ διάφορον γιγνόμενον, 16 ἠξίουν ἀπαλλαττόμενος καὶ πρατὴρ ὑπὲρ τούτου γιγνόμενος, πάντων ἀφεθεὶς τῶν ἐγκλημάτων καὶ ἀπαλλαγείς, οὕτω διαλύεσθαι. Τούτων δὲ συγχωρηθέντων οὗτος μὲν ἀφῆκεν ἁπάντων ἐμέ, ἐγὼ δὲ πρατήρ, ὥσπερ ἐδεῖθ' οὗτος, τῶν κτημάτων ἐγιγνόμην, καθάπερ αὐτὸς ἐπριάμην παρὰ Μνησικλέους. Κομισάμενος δὲ τἀμαυτοῦ καὶ τοῦτον οὐδ' ὁτιοῦν ἀδικῶν, μὰ τοὺς θεούς, οὐδ' ἂν εἴ τι γένοιτο, ᾠήθην ἂν δίκην μοι λαχεῖν ποτε τουτονί.

17 Τὰ μὲν δὴ γεγενημένα, καὶ περὶ ὧν οἴσετε τὴν ψῆφον, καὶ δι' ἃ τὴν δίκην συκοφαντούμενος παρεγραψάμην μὴ εἰσαγώγιμον εἶναι, ταῦτ' ἐστιν, ὦ ἄνδρες δικασταί. Παρασχόμενος δὲ [τοὺς] μάρτυρας οἳ παρῆσαν ἡνίκ' ἀφιέμην ὑπὸ τούτου καὶ ἀπηλλαττόμην, ὡς οὐκ εἰσαγώγιμος ἐκ τῶν νόμων ἐστὶν ἡ δίκη, μετὰ ταῦτ' ἐπιδείξω. Καί μοι λέγε ταύτην τὴν μαρτυρίαν.

ΜΑΡΤΥΡΙΑ

Λέγε δή μοι καὶ τὴν τῶν ἑωνημένων μαρτυρίαν, ἵν' εἰδῆθ' ὅτι τούτου κελεύοντος αὔτ' ἀπεδόμην οἷς οὗτος ἐκέλευσεν.

15 κακοήθη v. : καὶ κακ. S || ἐπειδὴ δ' F Q : ἐπεὶ S pr. ἐπεὶ δ' A S corr. || προλαβεῖν v. : προσλαβεῖν S || ἂν δέηται Blass : δεῖται A δέοιτο cett. || 16 τούτου Q : τῶν τούτου S F τούτου τινῶν A || πάντων v. : καὶ πάντων S || δὲ A S : δὴ v. || γένοιτο v. : γίγνοιτο S || ἂν A S : om. F Q || τουτονί v. : τοῦτον A || 17 τούς A S, del. edd. || οὐκ S : οὐδ' v.

Témoignage

18 Ce ne sont pas seulement ceux-là qui attestent que j'ai reçu décharge et qu'on me fait un méchant procès ; c'est Panténètos lui-même. En me laissant hors de cause lorsqu'il intenta son action contre Évergos, il a témoigné qu'il n'avait plus aucun grief contre moi. Car supposons qu'il ait eu à se plaindre de nous deux, à raison des mêmes faits : puisque nous étions présents tous les deux, il n'aurait pas laissé l'un et poursuivi l'autre.

Maintenant, que les lois ne permettent pas, après un arrangement comme le nôtre, d'intenter une action, vous le savez sans doute, sans que j'aie à vous l'apprendre. Lis pourtant cette loi aux juges[1].

Loi

19 Vous avez entendu la loi, juges : elle est formelle ; elle refuse toute action dans les cas où il y a eu quittance et décharge. Or, il y a eu l'une et l'autre de la part de Panténètos : vous le savez par les témoignages. Et, si l'on doit observer la loi quand elle refuse une action, c'est bien le cas ou jamais. Car, lorsqu'il y a eu vente par l'État, on pourrait dire que la vente est irrégulière ou que l'État n'était pas propriétaire ; **20** lorsqu'il y a chose jugée, que la bonne foi du tribunal a été surprise ; et pour toutes les autres exceptions légales, il y aurait quelque objection plausible. Mais, lorsque l'intéressé a consenti, lorsqu'il a donné décharge, il n'a plus rien à dire ; il ne saurait s'accuser lui-même d'avoir agi sans droit. Ainsi, en engageant un procès dans les autres cas d'exception, on viole une règle imposée par autrui ; mais, en revenant sur une décharge qu'on a consentie, on viole la règle qu'on s'était soi-même imposée : il n'y a rien qui soit plus révoltant.

1. Sur cette loi et pour le passage qui suit, cf. *P. Phorm.* 25. En fait, il s'agit d'un article de la loi qui détermine les cas où l'action n'est pas recevable, et qui ne doit pas être de beaucoup antérieure au milieu du IVe siècle (cf. *Rev. de Philol.*, 1931, p. 316).

ΜΑΡΤΥΡΙΑ

18 Οὐ τοίνυν μόνον ἡμῖν εἰσιν οὗτοι μάρτυρες ὡς ἀφείμεθα καὶ νῦν συκοφαντούμεθα, ἀλλὰ καὶ Πανταίνετος αὐτός. Ὅτε γὰρ λαγχάνων Εὐέργῳ τὴν δίκην εἴασεν ἐμέ, τότ' ἐμαρτύρει [οὗτος] πρὸς ἔμ' αὐτῷ μηδὲν ἔγκλημ' ὑπόλοιπον εἶναι· οὐ γὰρ ἂν δήπου τῶν αὐτῶν ἀδικημάτων, παρόντοιν ἀμφοῖν ὁμοίως ἐγκαλῶν, τὸν μὲν εἴασεν, τῷ δ' ἐδικάζετο. Ἀλλὰ μὴν ὅτι γ' οὐκ ἐῶσιν οἱ νόμοι περὶ τῶν οὕτω πραχθέντων πάλιν λαγχάνειν, οἶμαι μὲν ὑμᾶς καὶ μηδὲν εἰπόντος ἐμοῦ γιγνώσκειν· ὅμως δὲ λέγ' αὐτοῖς καὶ τὸν νόμον τουτονί.

ΝΟΜΟΣ

19 Ἀκούετ', ὦ ἄνδρες δικασταί, τοῦ νόμου λέγοντος ἄντικρυς, ὧν ἂν ἀφῇ καὶ ἀπαλλάξῃ τις, μηκέτι τὰς δίκας εἶναι. Καὶ μὴν ὅτι γ' ἀμφότερ' ἐστὶ πεπραγμένα [ταῦτα] τούτῳ πρὸς ἡμᾶς, ἠκούσατε τῶν μαρτύρων. Ἁπάντων μὲν τοίνυν τῶν ἐν τοῖς νόμοις ἀπειρημένων οὐ προσήκει δικάζεσθαι, ἥκιστα δὲ τούτων. Ἃ μὲν γὰρ τὸ δημόσιον πέπρακεν, ἔχοι τις ἂν εἰπεῖν ὡς ἀδίκως ἢ οὐ προσήκοντα πέπρακεν· 20 καὶ περὶ ὧν ἔγνω τὸ δικαστήριον, ἔστιν εἰπεῖν ὡς ἐξαπατηθὲν τοῦτ' ἐποίησεν, καὶ περὶ τῶν ἄλλων τῶν ἐν τῷ νόμῳ καθ' ἑκάστου γένοιτ' ἄν τις εἰκότως λόγος. Ἃ δ' αὐτὸς ἐπείσθη καὶ ἀφῆκεν, οὐκ ἔνι δήπουθεν εἰπεῖν οὐδ' αὐτὸν αἰτιάσασθαι ὡς οὐ δικαίως ταῦτ' ἐποίησεν. Οἱ μὲν οὖν παρά τι τῶν ἄλλων τούτων δικαζόμενοι τοῖς ὑφ' ἑτέρων δικαίοις ὡρισμένοις οὐκ ἐμμένουσιν, ὁ δ' ὧν ἂν ἀφῇ πάλιν λαγχάνων τοῖς ὑφ' ἑαυτοῦ. Διὸ πάντων μάλιστ' ἄξιον τούτοις χαλεπαίνειν.

18 οὗτος secl. Blass || παρόντοιν Blass : παρόντων codd. || post ἀμφοῖν habet δ' S || **19** δικασταί A S D : Ἀθηναῖοι v. || τοῦ v. : καὶ τοῦ A || ταῦτα om. A || μαρτύρων v. : — ιῶν S || ἢ v. : om. A S || **20** post νόμῳ add. κειμένων A.

21 J'ai donc reçu quittance générale en me portant vendeur des esclaves : je l'ai établi. D'autre part, les lois refusent l'action en pareil cas : vous venez d'entendre le texte. Mais je ne veux pas qu'on pense, Athéniens, que, si je recours à ce moyen, c'est faute de pouvoir me défendre au fond. J'entends montrer, point par point, que ses griefs sont mensongers : **22** Lis le texte de la demande qu'il a formulée contre moi.

Demande

Nicoboulos m'a fait subir intentionnellement un dommage, à moi et à mes biens, en ordonnant à Antigénès son esclave d'enlever à mon esclave l'argent qu'il portait au Trésor comme redevance de la mine que j'ai achetée pour 9.000 drachmes ; et il est cause que j'ai été inscrit comme débiteur du double envers le Trésor[1].

23 Arrête. Ces griefs qu'il articule aujourd'hui contre moi, ce sont ceux qu'il avait déjà fait valoir contre Évergos quand il l'a fait condamner. Or, j'ai établi au début par des témoignages que j'étais absent lors des démêlés qu'ils ont eus ensemble. Et, aussi bien, c'est ce qui ressort du texte de sa demande : nulle part il n'y est dit que j'aie commis ces actes moi-même ; mais, sous la rubrique « dommage intentionnel à ma personne et à mes biens », il est question d'un ordre que j'aurais donné à mon esclave d'accomplir ces actes. Pur mensonge : comment aurais-je donné cet ordre, moi qui, au moment où je pris la mer, ne pouvais rien savoir de ce qui se passerait ici? **24** Et puis, quelle absurdité ! Pour établir que j'ai voulu lui faire infliger l'atimie et le ruiner, il écrit que j'ai fait faire par un esclave ce qu'un citoyen ne pourrait même pas faire à un citoyen. Qu'est-ce à dire? Apparemment, il ne pouvait rien m'imputer en raison de mon absence ; mais, comme il voulait me faire un méchant procès, il a

1. Les 9.000 drachmes sont le prix de « vente » (c'est-à-dire de la concession pour trois ou dix ans) de la mine. La redevance (καταβολή) doit en être la part annuelle : si elle n'est pas acquittée à l'échéance (probablement à la neuvième prytanie), le débiteur est inscrit pour le double et tombe sous le coup de l'atimie (cf. § 24).

21 Οὐκοῦν ὡς μὲν ἀφῆκέ με πάντων, ὅτ' ἐγιγνόμην τῶν ἀνδραπόδων πρατήρ, ἐπέδειξα· ὅτι δ' οὐκ ἐῶσιν οἱ νόμοι τούτων εἶναι δίκας, ἀκηκόατ' ἀρτίως ἀναγιγνωσκομένου τοῦ νόμου. Ἵνα δ', ὦ ἄνδρες Ἀθηναῖοι, μή τις οἴηται τοῖς περὶ τῶν πραγμάτων αὐτῶν δικαίοις ἁλισκόμενόν μ' ἐπὶ τοῦτ' ἀποχωρεῖν, καὶ καθ' ἕκαστον ὧν ἐγκαλεῖ βούλομαι δεῖξαι αὐτὸν ψευδόμενον. 22 Λέγε δ' αὐτὸ τὸ ἔγκλημα ὅ μοι δικάζεται.

ΕΓΚΛΗΜΑ

Ἔβλαψέ με Νικόβουλος ἐπιβουλεύσας ἐμοὶ καὶ τῇ οὐσίᾳ τῇ ἐμῇ, ἀφελέσθαι κελεύσας Ἀντιγένην τὸν ἑαυτοῦ οἰκέτην τὸ ἀργύριον τοῦ ἐμοῦ οἰκέτου, ὃ ἔφερεν καταβολὴν τῇ πόλει τοῦ μετάλλου, ὃ ἐγὼ ἐπριάμην ἐνενήκοντα μνῶν, καὶ αἴτιος ἐμοὶ γενόμενος ἐγγραφῆναι τὸ διπλοῦν τῷ δημοσίῳ.

23 Ἐπίσχες. Ταυτὶ πάντα, ἃ νῦν ἐγκέκληκεν ἐμοί, πρότερον τὸν Εὔεργον αἰτιασάμενος τὴν δίκην εἷλε. Μεμαρτύρηται μὲν δὴ καὶ ἐν ἀρχῇ μοι τοῦ λόγου πρὸς ὑμᾶς ὡς ἀπεδήμουν ὅτε τούτοις αἱ πρὸς ἀλλήλους ἐγίγνοντο διαφοραί· οὐ μὴν ἀλλὰ καὶ ἐκ τοῦ ἐγκλήματος τούτου δῆλόν ἐστιν. Οὐδαμοῦ γὰρ ὡς ἐγώ τι πεποίηκα τούτων ἔγραψεν, ἀλλ' ὑπογράψας ἐπιβουλεῦσαί με αὐτῷ καὶ τῇ οὐσίᾳ, προστάξαι με φησὶ τῷ παιδὶ ταῦτα ποιεῖν, ψευδόμενος· πῶς γὰρ ἐγὼ προσέταξα, ὃς ὅτ' ἐξέπλεον τῶν γενησομένων ἐνταῦθ' οὐδ' ὁτιοῦν δήπουθεν ᾔδειν; 24 εἶτα καὶ πόση μωρία, λέγονθ' ὡς ἐπεβούλευον ἀτιμῶσαι καὶ τὰ ἔσχατα πρᾶξαι, οἰκέτῃ με ταῦτα προστάξαι γεγραφέναι ἃ οὐδὲ πολίτης πολίτην δύναιτ' ἂν ποιῆσαι; τί οὖν ἐστι τοῦτο; οὐκ ἔχων οἶμαι κατ' οὐδὲν διὰ τὴν ἀποδημίαν εἰς ἐμὲ τούτων ἀνενεγκεῖν τι, συκοφαντεῖν δὲ βουλόμενος, ὡς

21 τοῦτ' A S : τούτου F Q τοῦτον D ‖ 22 Ἀντιγένην v. : — ένη S (sic 25) ‖ ἐνενήκοντα A S D : ἐννεν. F Q ‖ 23 με A : om. cett. ‖ 24 με A : μετὰ S F Q.

écrit que « j'avais donné l'ordre » ! Il le fallait bien, autrement il n'avait rien à dire. **25** Lis la suite.

DEMANDE.

Quand je fus constitué débiteur envers le Trésor, il a mis Antigénès son esclave sur mon atelier du lieu dit de Thrasyllos, avec pleins pouvoirs sur ce qui m'appartenait, et cela malgré mon opposition.

Arrête. Dans tout cela encore, pas un mot de vrai : les faits eux-mêmes vont le prouver. Il écrit que j'ai mis Antigénès sur le fond et qu'il a fait, lui, opposition. Comment est-ce possible, puisque je n'étais pas sur les lieux? Ni je n'ai mis là mon esclave, moi qui étais dans le Pont, ni il n'a pu faire opposition auprès d'un absent : c'est évident. **26** Comment donc a-t-il pu être amené à écrire pareille chose? Probablement, Évergos, qui commettait alors ces abus pour lesquels il a été condamné, et avec qui j'étais en relations familières, aura installé là un esclave qu'il avait pris chez moi pour le garder avec lui. Or, si Panténètos avait mentionné le fait tel quel, il aurait prêté à rire. Comment ! Évergos aurait installé l'esclave, et c'est moi qui serais coupable ! Il fallait éviter cela ; il s'est donc rabattu sur cette formule, pour que sa demande pût porter contre moi. Lis la suite.

DEMANDE

Il a persuadé mes esclaves d'aller s'établir à l'atelier de broyage[1] pour me faire tort.

27 Pour le coup, voilà qui est d'une impudence achevée. Et le mensonge est prouvé, non pas seulement par la sommation que je lui avais adressée de livrer ces esclaves à la question et par son refus, mais par tout le reste. Dans quelle intention aurais-je persuadé ces esclaves? Serait-ce, par Zeus ! pour me les approprier? Mais, quand j'ai eu le

1. C'est le sens étymologique de κεγχρεών (le minerai était réduit à la grosseur d'un grain de millet, κέγχρος). Le mot a aussi une application générale ; il peut désigner la laverie où le minerai subit son

προσέταξα ἐνέγραψεν· οὐδὲ γὰρ λόγος ἦν, εἰ μὴ τοῦτ' ἐποίησε. 25 Λέγε τἀκόλουθον.

ΕΓΚΛΗΜΑ

Καὶ ἐπειδὴ ὦφλον ἐγὼ τῷ δημοσίῳ, παραστήσας Ἀντιγένην τὸν ἑαυτοῦ οἰκέτην εἰς τὸ ἐργαστήριον τὸ ἐμὸν τὸ ἐπὶ Θρασύλλῳ κύριον τῶν ἐμῶν, ἀπαγορεύοντος ἐμοῦ.

Ἐπίσχες. Πάλιν ταυτὶ πάνθ' ὑπ' αὐτοῦ τοῦ πράγματος ἐξελεγχθήσεται ψευδόμενος. Γέγραφεν γὰρ καταστῆσαι μὲν ἐμέ, ἀπαγορεύειν δ' αὑτόν. Ταῦτα δ' οὐχ οἷόν τε τὸν μὴ παρόντα. Οὔτε γὰρ καθίστην ἐγώ, ὅ γ' ὢν ἐν τῷ Πόντῳ, οὔτ' ἀπηγόρευεν οὗτος τῷ μὴ παρόντι· πῶς γάρ; 26 πῶς οὖν εἰς ἀνάγκην ἦλθεν ταῦθ' οὕτω γράψαι; ὁ Εὔεργος τότ' οἶμαι πλημμελῶν ὧν δέδωκε δίκην, συνήθως ἔχων ἐμοὶ καὶ γνώριμος ὢν κατέστησέ τιν' οἰκέτην οἴκοθεν λαβὼν παρ' ἐμοῦ φυλάττειν ὡς αὑτόν. Εἰ μὲν οὖν ἔγραψε τἀληθές, γέλως ἂν ἦν· τί γάρ, εἰ κατέστησεν Εὔεργος, ἐγώ σ' ἀδικῶ; φεύγων δὲ τοῦτο τοιαῦτ' ἠνάγκασται γράφειν, ἵν' ᾖ πρὸς ἔμ' αὐτῷ τὸ ἔγκληπα. Λέγε τὰ ἐφεξῆς.

ΕΓΚΛΗΜΑ

... πείσας τοὺς οἰκέτας τοὺς ἐμοὺς καθέζεσθαι εἰς τὸν κεγχρεῶνα ἐπὶ βλάβῃ τῇ ἐμῇ.

27 Τουτὶ παντελῶς ἤδη καὶ ἀναιδές ἐστιν· οὐ γὰρ μόνον ἐκ τοῦ προκαλεῖσθαι τούτους παραδοῦναι, τοῦτον δὲ μὴ 'θέλειν, ἀλλὰ καὶ ἐκ πάντων δῆλόν ἐστιν ψεῦδος ὄν. Τίνος γὰρ εἵνεκ' ἔπειθον; ἵνα νὴ Δί' αὐτοὺς κτήσωμαι. Ἀλλ' αἱρέσεώς μοι δοθείσης ἢ ἔχειν ἢ κομίσασθαι τὰ ἐμαυτοῦ,

25 Θρασύλλῳ Harpocr. s. u. ἐπὶ Θρασ. (cf. *I. G.* II 780 Æschinem I 101) : Θρασύλλου codd. ‖ αὐτόν S : αὑτόν v. ‖ **26** τότ' v. : ταῦτ' A ‖ δέδωκε v. : ἔδωκες S ‖ τιν' A : τὸν cett. ‖ πείσας codd. : ἔπειτ' ἔπεισε Harpocr. s. v. κεγχρεών Phot. 152, 1 ‖ καθέζεσθαι v. Harpocr. Phot. : καθίζ. A S ‖ **27** εἵνεκ' S : ἕνεκ' v. ‖ ἔχειν A S : κτήσασθαι F Q D.

choix de rester en possession ou de recouvrer mon argent, j'ai choisi le second parti : cela aussi est attesté. — Au fait, lis tout de même la sommation.

SOMMATION

28 Or, lui qui s'est bien gardé de déférer à cette sommation, voyez dans quels termes il continue sa demande. Lis la suite.

DEMANDE

Il a traité le minerai d'argent que mes esclaves avaient extrait et il détient l'argent qu'il en a tiré.

Je le demande encore : peut-on m'imputer ces actes, puisque je n'étais pas présent et qu'aussi bien tu as fait condamner Évergos là-dessus? **29** Lis la suite.

DEMANDE

Il a vendu l'atelier et les esclaves qui m'appartenaient, contrairement au contrat qu'il avait passé avec moi.

Arrête. Ceci passe tout le reste. D'abord, cette expression : « contrairement au contrat qu'il avait passé avec moi ». Quel contrat? Nous lui avions affermé pour un loyer égal à l'intérêt de l'argent prêté ce qui était notre bien : un point, c'est tout. Le vendeur à qui nous eûmes affaire, ce fut Mnésiclès, en présence et à la demande de Panténètos. **30** De la même manière, c'est nous qui avons vendu dans la suite à des tiers — je ne dis plus à sa demande, mais devant ses prières instantes : car personne ne voulait l'accepter comme vendeur. Que vient faire ici le contrat de location? Qu'es-tu allé écrire là, comme un malhonnête homme que tu es? Sans aller plus loin, voici qui prouve que nous avons vendu à ta demande, et aux

second traitement : Harpocr., *s. u.*; cf. Ardaillon, *o. l.*, p. 62 sq. Il faut sans doute entendre ici que les ouvriers du fond auraient été détournés pour le travail de l'atelier, qui pouvait leur agréer davantage.

εἱλόμην κομίσασθαι, καὶ ταῦτα μεμαρτύρηται. Λέγε δὴ τὴν πρόκλησιν ὅμως.

ΠΡΟΚΛΗΣΙΣ

28 Ταύτην τοίνυν οὐχὶ δεξάμενος τὴν πρόκλησιν, ἀλλὰ φυγών, σκέψασθ' οἷον εὐθέως μετὰ ταῦτ' ἐγκαλεῖ. Λέγε τοὐχόμενον.

ΕΓΚΛΗΜΑ

καὶ κατεργασάμενος τὴν ἀργυρῖτιν, ἣν οἱ ἐμοὶ οἰκέται ἠργάσαντο, καὶ ἔχων τὸ ἀργύριον τὸ ἐκ ταύτης τῆς ἀργυρίτιδος.

Πάλιν ταῦτα πῶς ἔνεστ' ἐμοὶ πεπρᾶχθαι τῷ μὴ παρόντι, καὶ περὶ ὧν Εὐέργου κατεδικάσω; 29 λέγε δ' αὐτοῖς τὸ ἐφεξῆς.

ΕΓΚΛΗΜΑ

καὶ ἀποδόμενος τὸ ἐργαστήριον τὸ ἐμὸν καὶ τοὺς οἰκέτας παρὰ τὰς συνθήκας ἃς ἔθετο πρός με.

Ἐπίσχες. Τουτὶ πολὺ πάνθ' ὑπερβέβληκεν τἄλλα. Πρῶτον μὲν γὰρ παρὰ τὰς συνθήκας φησὶν ἃς ἔθετο πρός με. Αὗται δ' εἰσὶ τίνες; ἐμισθώσαμεν τῶν τόκων τῶν γιγνομένων τούτῳ τὰ ἡμέτερ' ἡμεῖς, καὶ ἄλλ' οὐδέν· πρατὴρ μὲν γὰρ ὁ Μνησικλῆς ἡμῖν ἐγεγόνει τούτου παρόντος καὶ κελεύοντος. 30 Μετὰ ταῦτα [δὲ] τὸν αὐτὸν τρόπον ἡμεῖς ἑτέροις ἀπεδόμεθα, ἐφ' οἷσπερ αὐτοὶ ἐπριάμεθα, οὐ μόνον κελεύοντος ἔτι τούτου, ἀλλὰ καὶ ἱκετεύοντος· οὐδεὶς γὰρ ἤθελεν δέχεσθαι τοῦτον πρατῆρα. Τί οὖν αἱ τῆς μισθώσεως ἐνταῦθα συνθῆκαι; τί τοῦτ', ὦ φαυλότατ' ἀνθρώπων, ἐνέγραψας;

27 δὴ v. : δὲ A ‖ 28 ἠργάσαντο S pr. : εἰργ. cett. ‖ τὸ A : om. cett. ‖ 29 αὐτοῖς A : αὐτὸ v. ‖ τὸ ἐφεξῆς Blass : τὸ ἔγκλημα S τὸ ἔγκλημα ἐφεξῆς A τὸ ἔγκλ. ἑξῆς v. ‖ με S : ἐμὲ v. ‖ με r : ἐμὲ v. ‖ 30 δὲ om. F Q, del. Blass ‖ ἐφ' οἷσπερ αὐτοὶ ἐπριάμεθα in γρ. hab. F Q.

mêmes conditions que celles où nous avions acheté ; lis ce témoignage.

TÉMOIGNAGE

31 Aussi bien, tu en témoignes toi-même : car ce que nous avons vendu, nous, 10.500 drachmes, tu l'as revendu dans la suite 3 talents, 2.600 drachmes. Et qui donc, si tu t'étais porté vendeur sans autre garantie, t'aurait seulement donné une drachme? Comme preuve de ce que je dis, appelle-moi les témoins.

TÉMOINS

32 Eh bien, lui qui a reçu le prix qu'il avait accepté pour son fonds, lui qui m'avait alors sollicité de me porter vendeur pour le montant de mes avances, voici qu'il me réclame 2 talents. Le reste de sa demande est encore plus fort. Lis-moi la fin.

DEMANDE

33 Ici se mêlent une foule de griefs qui sont d'importance : coups, outrages, violences, mauvais traitements à l'égard d'épiclères. Mais il y a des actions distinctes pour chacun de ces délits : ce ne sont pas les mêmes magistrats qui sont compétents, ni les mêmes pénalités qui sont encourues. L'action de coups et celle de violences sont portées devant les Quarante[1] ; celle d'outrages, devant les thesmothètes ; ce qui concerne les épiclères est du ressort de l'archonte. Et les lois permettent d'opposer l'exception quand ce ne sont pas les magistrats compétents qui sont saisis[2]. Lis cette loi aux juges.

1. A cette date, par conséquent, la δίκη αἰκείας n'était pas encore une action ἔμμηνος comme elle l'est dans le régime décrit par Aristote, *Const. d'Ath.*, 52, 2. Elle relève encore des Quarante comme le plus grand nombre des actions privées et, à ce titre, est renvoyée d'abord par eux aux arbitres publics. Pour cette organisation procédurale, cf. *Rev. des Ét. gr.*, 1939, p. 392 sq.

2. Proprement : pour les actions où ils ne sont pas « introducteurs » qualifiés. Ce terme, qui désigne ici l'office judiciaire des magistrats en général, n'aurait pu être employé sans équivoque une dizaine d'années

ἀλλὰ μὴν ὅτι σοῦ κελεύοντος καὶ ἐφ' οἷσπερ ἐωνήμεθ' αὐτοὶ πάλιν ἀπεδόμεθα, λέγε τὴν μαρτυρίαν.

ΜΑΡΤΥΡΙΑ

31 Μαρτυρεῖς τοίνυν καὶ σύ· ἃ γὰρ ἡμεῖς πέντε καὶ ἑκατὸν μνῶν ἀπεδόμεθα, ταῦθ' ὕστερον τριῶν ταλάντων καὶ δισχιλίων καὶ ἑξακοσίων ἀπέδου σύ· καίτοι τίς ἂν καθάπαξ πρατῆρά σ' ἔχων σοὶ δραχμὴν ἔδωκε μίαν; ἀλλὰ μὴν ὅτι ταῦτ' ἀληθῆ λέγω, κάλει μοι τούτων τοὺς μάρτυρας.

ΜΑΡΤΥΡΕΣ

32 Ἔχων μὲν τοίνυν ἣν ἐπείσθη τῶν αὑτοῦ τιμήν, δεηθεὶς δ' ἐμοῦ τότε γενέσθαι πρατῆρα καθ' ὃ συνέβαλον ἀργύριον, αὐτὸς δυοῖν ταλάντοιν προσδικάζεται. Καὶ τὰ λοιπὰ τῶν ἐγκλημάτων ἔτ' ἐστὶ δεινότερα. Λέγε δή μοι τὸ λοιπὸν τοῦ ἐγκλήματος.

ΕΓΚΛΗΜΑ

33 Ἐνταυθὶ πόλλ' ἄττα καὶ δεινά μοι ἅμ' ἐγκαλεῖ· καὶ γὰρ αἴκειαν καὶ ὕβριν καὶ βιαίων καὶ πρὸς ἐπικλήρους ἀδικήματα. Τούτων δ' εἰσὶν ἑκάστου χωρὶς αἱ δίκαι καὶ οὔτε πρὸς ἀρχὴν τὴν αὐτὴν οὔθ' ὑπὲρ τιμημάτων τῶν αὐτῶν, ἀλλ' ἡ μὲν αἴκεια καὶ τὰ τῶν βιαίων πρὸς τοὺς τετταράκοντα, αἱ δὲ τῆς ὕβρεως πρὸς τοὺς θεσμοθέτας, ὅσα δ' εἰς ἐπικλήρους πρὸς τὸν ἄρχοντα. Οἱ δὲ νόμοι καὶ τούτων διδόασι τὰς παραγραφὰς ἀντιλαγχάνειν περὶ ὧν οὐκ εἰσὶν εἰσαγωγεῖς. Λέγ' αὐτοῖς τουτονὶ τὸν νόμον.

31 ἀπεδόμεθα A S : ἐωνήμεθα v. || τούτων S Q D : καὶ τούτων A || **32** δ' ἐμοῦ S : δέ μου v. || τότε v. : το S || αὐτὸς Blass : αὑτὸς codd. (αυτος S) || **33** μοι deleuerim || ἅμα v. : αλλα S || αἴκειαν S : αἰκίαν cett. || αἴκεια S : αἰκία cett. || τῶν v. : περὶ τῶν A || λέγ' A Q : λέγε δ' cett. || τουτονὶ S : τοῦτον v.

Loi

34 J'ai donc ajouté ce motif d'exception dans mon texte : « les thesmothètes n'étant pas compétents pour les griefs invoqués par Panténètos ». Cet article a été effacé et ne figure pas dans la formule de l'exception. Comment cela ? C'est à vous de le rechercher. Moi, cela m'est égal, du moment que je puis produire le texte de la loi. Car ce que mon adversaire ne pourra pas effacer en vous, c'est la notion et l'intelligence du droit. **35** Prends maintenant la loi sur les mines. Elle me servira à montrer, je l'espère, que l'action n'est pas recevable et que je méritais plutôt la reconnaissance que la calomnie. Lis.

Loi

Cette loi définit avec précision les cas où il y a lieu aux actions minières. Ainsi, elle accorde une action à celui qui a été expulsé par un tiers de son exploitation. Or, il s'en faut que je l'aie expulsé, moi : je l'ai remis en possession de la chose dont il allait être dépouillé par un tiers, je la lui ai remise, et je me suis porté vendeur sur sa demande. **36** Oui, dit-il ; mais il y a d'autres dommages en matière de mines, et là aussi il y a lieu à action judiciaire. Très bien, Panténètos ; mais quels sont ces dommages ? Enfumer la mine d'autrui, y pénétrer à main armée, prolonger des galeries à l'intérieur de la partie réservée[1]. Voilà ces autres dommages : il n'y en a aucun que j'aie commis envers vous, à moins que ce ne soit s'introduire à main armée que de rentrer en possession de ce qu'on t'avait prêté. Si tu le prends ainsi, tu peux intenter des actions minières contre tous ceux qui t'ont fait une avance sur leurs propres biens. Quelle justice à cela ? **37** Voyons :

plus tard, quand fut créé un collège spécial d'εἰσαγωγεῖς pour toute la série d'actions énumérée par Aristote, *l. l.*

1. L'expression ἐντὸς μέτρων est obscure. On voudrait corriger en ἐκτός (« en dehors des limites de la concession ») ; mais ἐντός se retrouve dans un même contexte, chez Hypéride (*Notice*, p. 224, n. 2). Il est vrai qu'ἐντός ou ἐκτός, c'est une question de point de vue : l'un peut revenir à l'autre ; il s'agirait du délit d'usurpation (cf. Ardaillon, *o. l.*, p. 172 sq., 204 sq.) sur une concession voisine ; cf. § 38.

ΝΟΜΟΣ

34 Τοῦτο τοίνυν ἐμοῦ παραγεγραμμένου πρὸς τῇ ἄλλῃ παραγραφῇ, 'καὶ οὐκ ὄντων εἰσαγωγέων τῶν θεσμοθετῶν ὑπὲρ ὧν λαγχάνει Πανταίνετος', ἐξαλήλιπται καὶ οὐ πρόσεστι τῇ παραγραφῇ. Τὸ δ' ὅπως, ὑμεῖς σκοπεῖτε· ἐμοὶ μὲν γάρ, ἕως ἂν ἔχω τὸν νόμον αὐτὸν δεικνύναι, οὐδ' ὁτιοῦν διαφέρει· οὐ γὰρ τὸ γιγνώσκειν καὶ συνιέναι τὰ δίκαι' ὑμῶν ἐξαλεῖψαι δυνήσεται.

35 Λαβὲ δὴ καὶ τὸν μεταλλικὸν νόμον· καὶ γὰρ ἐκ τούτου δείξειν οἴομαι, οὔτ' οὖσαν εἰσαγώγιμον τὴν δίκην, χάριτός τ' ὧν μᾶλλον ἄξιος ἢ τοῦ συκοφαντεῖσθαι. Λέγε.

ΝΟΜΟΣ

Οὗτος σαφῶς ὁ νόμος διείρηκεν ὧν εἶναι δίκας προσήκει μεταλλικάς. Οὐκοῦν ὁ μὲν νόμος, ἐάν τις ἐξείλλῃ τινὰ τῆς ἐργασίας, ὑπόδικον ποιεῖ· ἐγὼ δ' οὐχ ὅπως αὐτὸς ἐξείλλω, ἀλλ' ὧν τοῦτον ἄλλος ἀπεστέρει, τούτων ἐγκρατῆ κατέστησα καὶ παρέδωκα, καὶ πρατὴρ τούτου δεηθέντος ἐγενόμην. 36 Ναί, φησίν· ἀλλὰ κἂν ἄλλο τι ἀδικῇ τις περὶ τὰ μέταλλα, καὶ τούτων εἰσὶν δίκαι. Ὀρθῶς γ', ὦ Πανταίνετε· ἀλλὰ ταῦτα τί ἐστιν; ἂν τύφῃ τις, ἂν ὅπλ' ἐπιφέρῃ, ἂν ἐπικατατέμνῃ τῶν μέτρων ἐντός. Ταῦτ' ἐστὶν τἄλλα, ὧν οὐδὲν δήπου πέπρακται πρὸς ὑμᾶς ἐμοί, πλὴν εἰ τοὺς κομιζομένους ἃ προεῖντό σοι, μεθ' ὅπλων ἥκειν νομίζεις. Εἰ δὲ ταῦθ' ἡγεῖ, πρὸς ἅπαντας τοὺς προϊεμένους τὰ ἑαυτῶν εἰσί σοι δίκαι μεταλλικαί. Ἀλλ' οὐ δίκαιον.

34 τὸν νόμον αὐτὸν S : τὸν νόμον τοῦτον A τοῦτον τὸν νόμον F Q (an αὐτὸν τὸν νόμον legendum?) ‖ **35** δὴ v. : δή μοι A ‖ οὔτ' Fuhr : οὐκ codd. ‖ διείρηκεν v. : διήρηκεν B in marg. ‖ ἐξείλλῃ... ἐξείλλω v. : ἐξίλλῃ... ἐξίλλω S corr. (cf. Lipsius *Att. R.*, 666) ‖ τῆς v. : ἐκ τῆς A ‖ ἀλλ' ὧν τοῦτον S (τούτων S pr.) : τοῦτον, ἀλλ' ὧν v. ‖ **36** ἄλλο τι A : ἄλλος τι F ἄλλος τις S Q ‖ τύφῃ Bekker : τυφῇ A ὑφῆι S ὑφάψῃ v. ‖ εἰ v. : εἰ μὴ F Q ‖ post προϊεμένους add. σοι A.

pour avoir acheté une concession minière à l'État, va-t-on faire fi du droit commun qui règle la procédure à l'égard de tous demandeurs et de tous défendeurs, et va-t-on plaider au titre des actions minières quand on a emprunté, quand on a été injurié, quand on a reçu des coups, quand on est victime d'un vol, quand on n'obtient pas le recouvrement d'une avance en matière d'impôt[1] — bref, dans tous les cas possibles? **38** Je ne le crois pas : j'imagine que les actions minières sont faites pour des concessionnaires associés, pour ceux dont les galeries empiètent sur le lot voisin et, en général, pour les exploitants dans les cas prévus par la loi. Mais celui qui a prêté à Panténètos, et qui a eu bien du mal à obtenir son payement, ne doit pas être poursuivi par surcroît au titre des actions minières, mille fois non.

39 Ainsi, non seulement je ne lui ai fait aucun tort, mais son action n'est pas recevable aux termes des lois : c'est ce qu'on peut voir à un simple examen. Il ne pouvait donc justifier aucune de ses réclamations : le texte de sa demande n'était que mensonges et il plaidait contrairement à la décharge qu'il m'avait donnée. Alors, le mois dernier, Athéniens, au moment où j'allais comparaître et où les tribunaux étaient déjà constitués par le sort, il vint me trouver, m'entoura de ses gens — une bande de complices — et voyez cette manœuvre inouie : **40** il me lit une sommation qui n'en finissait plus, où il exigeait qu'on mît à la question un esclave qu'il prétendait au courant des faits ; si ses allégations étaient prouvées, je devais lui payer la réparation qu'il fixait ; sinon, Mnésiclès, qui administrerait la question, aurait à arbitrer la valeur de l'esclave[2]. Je lui fournis des cautions en garantie de cet accord, et j'apposai mon sceau sur la sommation. **41** Non que la chose me parût juste : car quelle justice à cela? Selon la force physique et morale d'un esclave, ou bien je serais condamné à payer 2 talents, ou bien mon calomniateur s'en tirerait pour rien* ! Mais, comme

1. Voir *C. Phén.*, *Notice*.

2. Le personnage du βασανιστής (questionnaire) est connu par ailleurs (Isocr., *Trapéz.*, 15 ; cf. Ant., I, 10). Pour l'évaluation du dommage subi par l'esclave, cf. *C. Néèra* 124 ; Aristoph., *Gren.*, 624.

37 Φέρε γάρ, ὅστις ἂν μέταλλον παρὰ τῆς πόλεως πρίηται, τοὺς κοινοὺς παρελθὼν νόμους, καθ' οὓς καὶ διδόναι καὶ λαμβάνειν πᾶσι προσήκει δίκας, ἐν ταῖς μεταλλικαῖς δικάσεται, ἂν δανείσηται παρά του; τί δ', ἂν κακῶς ἀκούσῃ; ἂν πληγὰς λάβῃ; ἂν κλοπὴν ἐγκαλῇ; ἂν προεισφορὰν μὴ κομίσηται; **38** ἂν ὅλως ἄλλο τι; ἐγὼ μὲν οὐκ οἴομαι, ἀλλὰ τὰς μεταλλικὰς εἶναι δίκας τοῖς κοινωνοῦσι μετάλλου καὶ τοῖς [ἕτερον] συντρήσασιν εἰς τὰ τῶν πλησίον καὶ ὅλως τοῖς ἐργαζομένοις τὰ μέταλλα καὶ τῶν ἐν τῷ νόμῳ τι ποιοῦσιν, τῷ δὲ δανείσαντι Πανταινέτῳ, καὶ ταῦτ' ἀπειληφότι γλίσχρως καὶ μόλις παρὰ τούτου, οὐκ εἶναι δίκην μεταλλικὴν πρὸς φευκτέον, οὐδ' ἐγγύς.

39 Ὡς μὲν οὖν οὔτ' ἠδίκηκα τοῦτον οὐδὲν οὔτ' εἰσαγώγιμος ἐκ τῶν νόμων ἐστὶν ἡ δίκη, ταῦτ' ἄν τις σκοπῶν ῥᾳδίως γνοίη. Οὐδὲν τοίνυν δίκαιον ἔχων οὐδὲ καθ' ἓν λέγειν ὑπὲρ ὧν ἐγκαλεῖ, ἀλλὰ καὶ ψευδῆ γεγραφὼς εἰς τὸ ἔγκλημα καὶ περὶ ὧν ἀφῆκε δικαζόμενος, τοῦ ἐξελθόντος, ὦ ἄνδρες Ἀθηναῖοι, μηνός, ἐπειδὴ ἔμελλον εἰσιέναι τὴν δίκην, ἤδη τῶν δικαστηρίων ἐπικεκληρωμένων, προσελθὼν καὶ περιστήσας τοὺς μεθ' ἑαυτοῦ, τὸ ἐργαστήριον τῶν συνεστώτων, πρᾶγμα ποιεῖ πάνδεινον· **40** ἀναγιγνώσκει μοι πρόκλησιν μακράν, ἀξιῶν, ὅν φησιν οἰκέτην ταῦτα συνειδέναι, βασανίζεσθαι, κἂν μὲν ᾖ ταῦτ' ἀληθῆ, τὴν δίκην ἀτίμητον ὀφλεῖν αὐτῷ, ἐὰν δὲ ψευδῆ, τὸν βασανιστὴν Μνησικλέα ἐπιγνώμον' εἶναι τῆς τιμῆς τῆς τοῦ παιδός. Λαβὼν δ' ἐγγυητὰς τούτων παρ' ἐμοῦ, καὶ σημηναμένου τὴν πρόκλησιν ἐμοῦ, οὐχ ὡς δίκαιον ὄν **41** (ποῦ γάρ ἐστι δίκαιον, ἐν οἰκέτου σώματι καὶ ψυχῇ ἢ δύ' ὠφληκέναι τάλαντα, ἢ μηδὲν τὸν συκοφαντοῦντα ζημιοῦσθαι;) ἀλλ' ἐγὼ πολλῷ τῷ δικαίῳ περιεῖναι βουλόμενος συνεχώρουν.

37 μεταλλικαῖς v. : μετ. δίκαις A || ἂν Baiter-Sauppe : ἐὰν S τί δὲ, ἂν v. || δ' om. S || κομίσηται A : κομίζηται v. || **38** ὅλως v. : ἄλλως S om. A || οἴομαι S : οἶμαι v. || ἕτερον del. Wolf || τὰ v. : τὸ A || **39** μηνὸς habet post ἐξελθόντος S || **40** alterum τῆς S : om. cett. || **41** τὸν A : om. S F Q.

je voulais avoir la supériorité du droit, je consentis. Et voyez la suite : il n'eut pas plus tôt retiré sa consignation qu'il me cite à nouveau en justice ; il n'attendit pas davantage pour témoigner lui-même qu'il ne respectait pas ses propres conditions. **42** Quand nous fûmes en présence du questionnaire, croyez-vous qu'il ouvrit la sommation pour en faire reconnaître le texte et se conformer à ce qui était convenu ? (Car, dans l'agitation des salles, et comme notre cause allait être appelée, voici comment l'arrangement avait eu lieu : « Je te fais sommation. — J'accepte. — Ton anneau[1] ? — Voilà. — Qui est ta caution ? — Un tel. » Pas de copie de l'acte, ni rien de semblable.) Donc, au lieu de procéder comme je disais, il arrive avec une autre sommation ; il prétend appliquer lui-même la question à l'esclave, se saisit de lui et le traîne : bref, le dernier des goujats. **43** Et moi, je me disais, juges : quelle supériorité que de savoir se composer un personnage ! Car je voyais bien que, si j'étais ainsi persécuté, c'est parce que j'étais méprisé pour mon caractère simple et bonhomme, et que je payais la lourde peine de ma patience. Je fus donc forcé de faire une contre-sommation, contrairement à ce que j'estimais juste, et j'offris mon esclave pour la question. Comme preuve, lis ma sommation.

Sommation

44 Il s'est dérobé à ma sommation, il s'est dérobé à celle qu'il m'avait lui-même adressée d'abord : après cela, je suis curieux de savoir ce qu'il pourra vous dire. Mais, si vous voulez connaître l'homme dont il se prétend la victime, regardez-le[2] : le voilà, celui qui a expulsé Panténètos, celui qui est plus fort que les amis de Panténètos, plus fort que les lois. Car moi, je n'étais pas à Athènes, et Panténètos lui-même ne m'incrimine pas personnellement.

45 Je veux maintenant vous dire par quels moyens il a abusé le précédent tribunal pour faire condamner Évergos. Vous verrez ainsi que, cette fois encore, il ne reculera devant aucune impudence ni aucun mensonge. En outre,

1. Pour sceller l'acte du compromis (cf. § 40).
2. Le plaideur montre l'esclave incriminé.

Καὶ μετὰ ταῦτα προσκαλεῖται μέν με τὴν δίκην πάλιν, ἐπειδὴ θᾶττον ἀνείλετο τὰς παρακαταβολάς (οὕτως εὐθὺς ἦν δῆλος οὐδ' οἷς αὐτὸς ὡρίσατ' ἐμμένων δικαίοις)· 42 ἐπειδὴ δ' ἥκομεν πρὸς τὸν βασανιστήν, ἀντὶ τοῦ τὴν πρόκλησιν ἀνοίξας δεῖξαι τὰ γεγραμμένα καὶ κατὰ ταῦτα πράττειν ὅ τι δόξαι (διὰ γὰρ τὸν θόρυβον τὸν τότε καὶ τὸ μέλλειν καλεῖσθαι τὴν δίκην τοιοῦτον ἦν· προκαλοῦμαί σε ταυτί· δέχομαι· φέρε τὸν δακτύλιον· λαβέ· τίς δ' ἐγγυητής; οὑτοσί· οὐδὲν οὔτ' ἀντίγραφον οὔτ' ἄλλ' οὐδὲν ἐποιησάμην τοιοῦτον), ἀντὶ δὴ τοῦ ταῦθ' οὕτως ὥσπερ λέγω πράττειν ἑτέραν ἧκεν ἔχων πρόκλησιν, ἀξιῶν αὐτὸς βασανίζειν τὸν ἄνθρωπον, καὶ ἐπιλαβόμενος εἷλκεν, καὶ ἐνέλειπεν οὐδὲν ἀσελγείας. 43 Καὶ ἔγωγ' ἐνεθυμήθην, ὦ ἄνδρες δικασταί, ἡλίκον ἐστὶ πλεονέκτημα τὸ καταπεπλάσθαι τὸν βίον. Ἐγὼ γὰρ ἐμαυτῷ ταῦτα πάσχειν ἐδόκουν καταφρονούμενος τῷ ἁπλῶς καὶ ὡς πέφυκα ζῆν, καὶ δίκην διδόναι παμμεγέθη ταῦτ' ἀνεχόμενος. Ὅτι δ' οὖν ἠναγκαζόμην, παρ' ἃ ἡγούμην δίκαι' εἶναι, ἀντιπροκαλεῖσθαι, καὶ τὸν οἰκέτην παρεδίδουν· καὶ ὅτι ταῦτ' ἀληθῆ λέγω, λέγε τὴν πρόκλησιν.

ΠΡΟΚΛΗΣΙΣ

44 Φυγὼν μὲν τοίνυν ταῦτα, φυγὼν δ' ἃ τὸ πρῶτον αὐτὸς προὐκαλέσατο, ἔγωγ', ὅ τί ποτ' ἐρεῖ πρὸς ὑμᾶς, θαυμάζω. Ἵνα δ' εἰδῆθ' ὑφ' οὗ φησι καὶ τὰ δεινὰ πεπονθέναι, θεάσασθε. Οὗτός ἐστιν ὁ Πανταίνετον ἐκβαλών, οὗτός ἐσθ' ὁ κρείττων τῶν φίλων τῶν Πανταινέτου καὶ τῶν νόμων. Οὐ γὰρ ἔγωγ' ἐπεδήμουν, οὐδ' αὐτὸς ἐγκαλεῖ.

45 Βούλομαι δ' ὑμῖν καὶ δι' ὧν τοὺς πρότερον δικαστὰς ἐξαπατήσας εἷλε τὸν Εὔεργον εἰπεῖν, ἵν' εἰδῆθ' ὅτι καὶ νῦν οὐδὲν οὔτ' ἀναιδείας οὔτε τοῦ ψεύδεσθαι παραλείψει. Πρὸς

42 φέρε v. : φέρε δὴ S ‖ δὴ v. : δὲ S ‖ ἐνέλειπεν A S : ἐνέλιπεν v. ‖ 43 τὸ om. F Q D ‖ καταπεπλάσθαι Emperius : — πεπλῆχθαι codd. ‖ ἐμαυτῷ A : ἐμαυτὸν v. ‖ ἀντιπροκαλεῖσθαι v. : — καλέσασθαι A ‖ 44 φυγὼν bis v. (cf. XXIX 22, 27, etc.) : φεύγων A.

vous constaterez que, dans le procès qu'il me fait ici, ce sont les mêmes moyens de défense qui sont recevables : preuve manifeste qu'Évergos a été victime d'un sycophante. Panténètos l'a accusé entre autres choses d'être venu chez lui, à la campagne, d'avoir pénétré dans l'appartement de filles épiclères et de sa mère, et il s'est présenté devant le tribunal en produisant la loi sur les filles épiclères. **46** C'est l'archonte qui est légalement compétent en pareil cas ; c'est à son tribunal que le délinquant encourt une pénalité, dans sa personne ou dans ses biens, alors que l'accusateur qui a pris la défense des victimes n'est passible de rien. Eh bien, Panténètos en est encore à faire instruire l'affaire ; il n'a porté de dénonciation officielle[1] ni contre Évergos ni contre moi : c'est devant le tribunal qu'il a produit cette imputation, et il a obtenu une condamnation de 2 talents. **47** Si Évergos avait connu à l'avance, comme le veut la loi, le chef d'accusation sur lequel il a été jugé, il lui aurait été facile, j'imagine, en faisant valoir la vérité et la justice, d'obtenir son acquittement ; mais, dans une action minière, sur une accusation qu'il ne pouvait même pas prévoir, il lui était difficile, à l'improviste, de réfuter la calomnie : l'indignation suscitée chez les juges que Panténètos avait abusés emporta la condamnation dans l'affaire dont ils étaient saisis. **48** Or, celui qui a trompé les précédents juges, pensez-vous qu'il hésitera à vous tromper? Croyez-vous qu'il se fie à la justice de sa cause en comparaissant devant vous? Non, mais à ses racontars, aux témoins qui sont ses complices — Proclès, ce grand que vous voyez, un misérable et un maudit, Stratoclès, le plus insinuant et le plus fourbe des hommes — et il recourra sans retenue et sans pudeur aux larmes et aux gémissements. **49** Pourtant, il s'en faut que tu mérites la moindre pitié : tu devrais être l'homme le plus haï, pour les manœuvres auxquelles tu t'es livré. Comment ! Tu devais 10.500 drachmes, que tu étais hors

1. Les mauvais traitements (κάκωσις) à l'égard des filles héritières et des orphelins étaient poursuivis par voie de dénonciation (εἰσαγγελία) : l'accusateur, par exception, n'encourait aucune pénalité en cas d'échec (cf. Isée, III, 47).

δὲ τούτοις καὶ περὶ ὧν ἐμοὶ δικάζεται νυνί, τὰς αὐτὰς οὔσας ἀπολογίας εὑρήσετε· ὅσπερ ἔλεγχος ἀκριβέστατός ἐστιν ὑπὲρ τοῦ τότ' ἐκεῖνον σεσυκοφαντῆσθαι. Οὗτος γὰρ ᾐτιάσατ' ἐκεῖνον πρὸς ἅπασι τοῖς ἄλλοις ἐλθόντ' εἰς ἀγρὸν ὡς αὐτὸν ἐπὶ τὰς ἐπικλήρους εἰσελθεῖν καὶ τὴν μητέρα τὴν αὐτοῦ, καὶ τοὺς νόμους ἧκεν ἔχων τοὺς τῶν ἐπικλήρων πρὸς τὸ δικαστήριον. 46 Καὶ πρὸς μὲν τὸν ἄρχοντα, ὃν τῶν τοιούτων οἱ νόμοι κελεύουσιν ἐπιμελεῖσθαι, καὶ παρ' ᾧ τῷ μὲν ἠδικηκότι κίνδυνος περὶ τοῦ τί χρὴ παθεῖν ἢ ἀποτεῖσαι, τῷ δ' ἐπεξιόντι μετ' οὐδεμιᾶς ζημίας ἡ βοήθεια, οὐδέπω καὶ τήμερον ἐξήτασται, οὐδ' εἰσήγγειλεν οὔτ' ἔμ' οὔτε τὸν Εὔεργον ὡς ἀδικοῦντας, ἐν δὲ τῷ δικαστηρίῳ ταῦτα κατηγόρει καὶ δυοῖν ταλάντοιν εἷλε δίκην. 47 Ἦν γὰρ οἶμαι κατὰ μὲν τοὺς νόμους προειδότα τὴν αἰτίαν ἐφ' ᾗ κρίνεται ῥᾴδιον τἀληθῆ καὶ τὰ δίκαι' ἐπιδείξαντ' ἀποφεύγειν, ἐν δὲ μεταλλικῇ δίκῃ, περὶ ὧν οὐδ' ἂν ἤλπισεν αὐτοῦ κατηγορηθήσεσθαι, χαλεπὸν παραχρῆμ' ἔχειν ἀπολύσασθαι τὴν διαβολήν· ἡ δ' ὀργὴ ⟨ἡ⟩ παρὰ τῶν ἐξηπατημένων ὑπὸ τούτου δικαστῶν, ἐφ' ᾧ τὴν ψῆφον εἶχον πράγματι, τοῦτο κατεψηφίσατο. 48 Καίτοι τὸν ἐκείνους ἐξηπατηκότα τοὺς δικαστάς, ἆρ' ὀκνήσειν ὑμᾶς ἐξαπατᾶν οἴεσθε; ἢ πεπιστευκότ' εἰσιέναι τοῖς πράγμασιν, ἀλλ' οὐ τοῖς λόγοις καὶ τοῖς συνεστῶσιν μεθ' αὑτοῦ μάρτυσιν, τῷ τ' ἀκαθάρτῳ καὶ μιαρῷ Προκλεῖ, τῷ μεγάλῳ τούτῳ, καὶ Στρατοκλεῖ τῷ πιθανωτάτῳ πάντων ἀνθρώπων καὶ πονηροτάτῳ, καὶ τῷ μηδὲν ὑποστελλόμενον μηδ' αἰσχυνόμενον κλαήσειν καὶ ὀδυρεῖσθαι; 49 καίτοι τοσούτου δεῖς ἐλέου τινὸς ἄξιος εἶναι ὥστε μισηθείης ἂν δικαιότατ' ἀνθρώπων ἐξ ὧν πεπραγμάτευσαι· ὅς γ' ὀφείλων μνᾶς ἑκατὸν καὶ πέντε

45 νυνὶ S : νῦν v. ‖ ὅσπερ A S pr. : ὅπερ v. ‖ **46** τήμερον A S : νῦν F Q ‖ **47** προειδότα v. : προιδόντα S ‖ ἀποφεύγειν A S : — φυγεῖν F Q ‖ ἤλπισεν v. : ἤλπιζεν A ‖ ἡ add. Schaefer ‖ τοῦτο Blass : τούτου codd. ‖ **48** τῷ τ' A S : *καὶ τῷ γ'* F Q ‖ *μηδ' αἰσχυνόμενον* hab. in γρ. F Q ‖ ὀδυρεῖσθαι v. : ὀδύρεσθαι A S ‖ **49** γ' Ald. : γὰρ codd.

d'état de payer ; et ceux qui t'ont fourni les fonds, ceux qui t'ont permis de t'acquitter envers tes premiers créanciers, non content d'avoir manqué à tes engagements envers eux, tu voudrais encore les faire frapper d'atimie[1] ! Ce sont les emprunteurs, en général, qu'on voit saisir ; avec toi, c'est le créancier qui a subi pareil sort ; lui, qui t'avait prêté un talent, il a été condamné à t'en payer deux, grâce à tes calomnies. **50** Et moi, qui t'avais avancé 4.000 drachmes, me voilà poursuivi en payement de deux talents. Un fonds sur lequel tu n'avais jamais réussi à emprunter plus de 10.000 drachmes, et que tu as pu vendre 3 talents et 2.000 drachmes au total : c'est pour ce fonds que tu prétends avoir été lésé de quatre talents ! Et par qui ? Par mon esclave ! Mais quel est le citoyen qui se laisserait expulser par un esclave ? Et qui pourrait soutenir que des faits pour lesquels il a fait condamner Évergos sont également imputables à mon esclave ? **51** Aussi bien, Panténètos lui-même l'a mis complètement hors de cause : car ce n'est pas maintenant qu'il devait l'accuser, ni dans l'acte où il le réclamait pour la question ; il aurait dû lui intenter l'action et, ensuite seulement, s'en prendre à moi, le maître. Au lieu de cela, c'est à moi qu'il a intenté l'action, et c'est mon esclave qu'il incrimine. Les lois ne permettent pas cette procédure : a-t-on jamais vu, dans une action intentée au maître, alléguer le fait de l'esclave comme si c'était celui du maître ?

52 Après cela, si on lui demande : « Quel argument as-tu donc à produire contre Nicoboulos ? — On n'aime pas les prêteurs à Athènes, dit-il ; Nicoboulos est vu de mauvais œil, il marche vite, est criard, il porte un bâton ; tout cela sert ma cause. » Il ne rougit pas de tenir ce langage ; il ne s'avise pas qu'on se dira, en l'entendant : pareil calcul est d'un sycophante, et non d'une victime. **53** Pour moi, je pense que, si les prêteurs sont toujours dans leur droit, il y en a qui méritent l'exécration publique : ce sont ceux qui font métier de la chose,

1. Pas très clair. L'atimie pourrait être la punition d'une κάκωσις ἐπικλήρων (l'action était estimable : XLIII 75). Ce qui suit s'explique mieux : c'est une allusion à la saisie qui peut être pratiquée sur le dé-

καὶ οὐχ οἷός τ' ὢν διαλῦσαι, τοὺς ταῦτα συνευπορήσαντας καὶ γενομένους αἰτίους σοι τοῦ τὰ δίκαια ποιῆσαι τοῖς συμβαλοῦσιν ἐξ ἀρχῆς, χωρὶς ὧν περὶ αὐτὰ τὰ συμβόλαι' ἠδίκεις, καὶ πρὸς ἀτιμῶσαι ζητεῖς. Καὶ τοὺς μὲν ἄλλους τοὺς δανειζομένους ἴδοι τις ἂν ἐξισταμένους τῶν ὄντων· σοὶ δ' ὁ συμβεβληκὼς τοῦτο πέπονθεν, καὶ δανείσας τάλαντον δύ' ὤφληκεν συκοφαντηθείς. **50** Ἐγὼ δὲ τετταράκοντα μνᾶς δανείσας δυοῖν ταλάντοιν ταυτηνὶ φεύγω δίκην. Καὶ ἐφ' οἷς δανείσασθαι μὲν οὐδεπώποτ' ἐδυνήθης ἑκατὸν μνῶν πλέον, πέπρακας δὲ καθάπαξ τριῶν ταλάντων καὶ δισχιλίων, εἰς ταῦτα τέτταρ' ὡς ἔοικεν ἠδίκησαι τάλαντα. Ὑπὸ τοῦ ταῦτα; ὑπὸ τοῦ οἰκέτου νὴ Δία τοῦ ἐμοῦ. Τίς δ' ἂν οἰκέτῃ παραχωρήσειε πολίτης τῶν αὑτοῦ; ἢ τίς ἂν φήσειεν, ὧν δίκην λαχὼν ᾕρηκεν οὗτος Εὔεργον, τούτων καὶ τὸν ἐμὸν παῖδ' ὑπεύθυνον εἶναι προσήκειν; **51** χωρὶς δὲ τούτων αὐτὸς αὑτὸν οὗτος ἀφῆκε τῶν τοιούτων αἰτιῶν ἁπασῶν. Οὐ γὰρ νῦν ἔδει λέγειν, οὐδ' εἰς τὴν πρόκλησιν γράφειν ἐν ᾗ βασανίζειν ἐξῄτει, ἀλλὰ λαχόντ' ἐκείνῳ τὴν δίκην τὸν κύριον διώκειν ἐμέ. Νῦν δ' εἴληχεν μὲν ἐμοί, κατηγορεῖ δ' ἐκείνου. Ταῦτα δ' οὐκ ἐῶσιν οἱ νόμοι· τίς γὰρ πώποτε τῷ δεσπότῃ λαχών, τοῦ δούλου τὰ πράγματα, ὥσπερ κυρίου, κατηγόρησεν;

52 Ἐπειδὰν τοίνυν τις αὐτὸν ἔρηται 'καὶ τί δίκαιον ἕξεις λέγειν πρὸς Νικόβουλον;' μισοῦσι, φησίν, Ἀθηναῖοι τοὺς δανείζοντας· Νικόβουλος δ' ἐπίφθονός ἐστι, καὶ ταχέως βαδίζει, καὶ μέγα φθέγγεται, καὶ βακτηρίαν φορεῖ· ταῦτα δ' ἐστὶν ἅπαντα, φησίν, πρὸς ἐμοῦ. Καὶ ταῦτ' οὐκ αἰσχύνεται λέγων, οὐδὲ τοὺς ἀκούοντας οἴεται μανθάνειν ὅτι συκοφαντοῦντός ἐστι λογισμὸς οὗτος, οὐκ ἀδικουμένου. **53** Ἐγὼ δ' ἀδικεῖν μὲν οὐδένα τῶν δανειζόντων οἴομαι, μισεῖσθαι μέντοι τινὰς ἂν εἰκότως ὑφ' ὑμῶν, οἳ τέχνην τὸ πρᾶγμα

49 ἠδίκεις A : ἠδικήκεις v. ‖ **51** λαχόντ' A : λαχόντας cett. ‖ **52** ἐστι A : ἐστιν ὁ cett.

qui ignorent tout esprit d'humanité et toute autre considération que celle du gain. Si j'ai prêté à Panténètos, j'ai été aussi emprunteur, plus d'une fois ; moi aussi, je connais ces gens-là : je ne les aime pas ; mais, par Zeus, je n'irai pas les dépouiller, ni les calomnier en justice. **54** Quand on a travaillé comme moi, en naviguant et en risquant sa vie, et qu'après avoir gagné un peu de bien, on le prête à autrui, à la fois pour obliger et pour ne pas voir l'argent fondre insensiblement, peut-on être mis au rang de ces mauvais prêteurs ? A moins que, d'après toi, il suffise d'être ton créancier pour encourir la haine de la cité. Lis donc les témoignages : on verra comment je me comporte avec ceux qui font des affaires avec moi et avec ceux qui me sollicitent.

Témoignage

55 Voilà ce que je suis, Panténètos, moi l'homme qui marche à grands pas — et voilà ce que tu es, toi l'homme à la démarche posée. D'ailleurs, à propos de ma façon de marcher et de parler, je vais vous dire avec franchise, juges, ce qui en est. Je ne me fais pas illusion ; je sais bien qu'en cela je ne suis pas favorisé de la nature, je ne suis pas de ceux qui se font avantage. Déplaire par ses allures sans y rien gagner, n'est-ce pas une disgrâce de la fortune[1] ? **56** Mais quoi ? Sera-ce une raison pour être condamné par-dessus le marché, quand j'aurai prêté à tel ou tel ? Pas du tout. Car il n'y a pas de méchanceté et de malhonnêteté dans mon cas : lui-même ne saurait le soutenir, et, parmi vous tous, pas un n'en peut témoigner. Pour le reste, chacun de nous est ce qu'il est, n'est-ce pas ? Lutter contre un défaut de la nature quand on en est affligé, ce n'est pas commode : autrement, nous nous ressemblerions tous ; il est plus facile de le voir chez autrui et de le critiquer. **57** Mais qu'est-ce que cela peut te faire, Panténètos ? Tu as subi beaucoup de torts ? Eh bien,

fendeur condamné s'il ne s'acquitte pas en temps voulu (s'il est ὑπερήμερος).

1. Le *Contre Stéphanos* I 77 offre un passage concordant, dont on rapprochera aussi quelques traits du § 52.

πεποιημένοι μήτε συγγνώμης μήτ' ἄλλου μηδενός εἰσιν ἀλλ' ἢ τοῦ πλείονος. Διὰ γὰρ τὸ καὶ δεδανεῖσθαι πολλάκις, μὴ μόνον αὐτὸς τούτῳ δανεῖσαι, οὐδ' ἐγὼ τούτους ἀγνοῶ, οὐδὲ φιλῶ, οὐ μέντοι γ' ἀποστερῶ μὰ Δία, οὐδὲ συκοφαντῶ. **54** Ὅστις δ' εἴργασται μὲν ὥσπερ ἐγὼ πλέων καὶ κινδυνεύων, εὐπορήσας δὲ μικρῶν ἐδάνεισεν ταῦτα, καὶ χαρίσασθαι βουλόμενος καὶ μὴ λαθεῖν διαρρυὲν αὐτὸν τἀργύριον, τί τις ἂν τοῦτον εἰς ἐκείνους τιθείη; εἰ μὴ τοῦτο λέγεις ὡς ὃς ἂν σοὶ δανείσῃ, τοῦτον δημοσίᾳ μισεῖσθαι προσήκει. Λέγε δή μοι τὰς μαρτυρίας, τίς ἐγὼ πρὸς τοὺς συμβάλλοντας [ἀνθρώπους] καὶ πρὸς τοὺς δεομένους εἰμί.

ΜΑΡΤΥΡΙΑ

55 Τοιοῦτος, ὦ Πανταίνετε, ἐγώ, ὁ ταχὺ βαδίζων, καὶ τοιοῦτος σύ, ὁ ἀτρέμας. Ἀλλὰ μὴν περὶ τοῦ ἐμοῦ γε βαδίσματος ἢ τῆς διαλέκτου, τἀληθῆ πάντ' ἐρῶ πρὸς ὑμᾶς, ὦ ἄνδρες δικασταί, μετὰ παρρησίας. Ἐγὼ γὰρ οὐχὶ λέληθ' ἐμαυτόν, οὐδ' ἀγνοῶ, οὐ τῶν εὖ πεφυκότων κατὰ ταῦτ' ὢν ἀνθρώπων, οὐδὲ τῶν λυσιτελούντων ἑαυτοῖς. Εἰ γὰρ ἐν οἷς μηδὲν ὠφελοῦμαι ποιῶν, λυπῶ τινάς, πῶς οὐκ ἀτυχῶ κατὰ τοῦτο [τὸ μέρος]; **56** ἀλλὰ τί χρὴ παθεῖν; ἂν τῷ δεῖνι δανείσω, διὰ ταῦτα δίκην προσοφλεῖν; μηδαμῶς. Κακίαν γὰρ ἐμοὶ καὶ πονηρίαν οὔθ' οὗτος προσοῦσαν οὐδεμίαν δείξει, οὔθ' ὑμῶν τοσούτων ὄντων οὐδὲ εἷς σύνοιδεν. Τἆλλα δὲ ταῦθ' ἕκαστος ἡμῶν, ὅπως ἔτυχεν, πέφυκεν οἶμαι. Καὶ φύσει μάχεσθαι μὲν ἔχοντ' οὐκ εὔπορόν ἐστιν (οὐ γὰρ ἂν ἀλλήλων διεφέρομεν οὐδέν), γνῶναι δ' ἰδόνθ' ἕτερον καὶ ἐπιπλῆξαι ῥᾴδιον. **57** Ἀλλὰ τί τούτων ἐμοὶ πρὸς σέ,

53 τὸ καὶ S : καὶ τὸ A τὸ F Q ‖ τούτῳ secluserim ‖ ἐγὼ v. : ἐγὼ αὐτὸς A ‖ **54** ἀνθρώπους secl. Blass (ἄνθρωπος coni. Reiske) ‖ **55** ἀνθρώπων fortasse delendum (Blass contulit XLV 77) ‖ ἑαυτοῖς Reiske : ἐμαυτῷ codd. ‖ μηδὲν v. : οὐδὲν A ‖ τὸ μέρος secl. Blass ‖ **56** τῷ δεῖνι v. : τω τι A ‖ προσοφλεῖν v. : προσοφείλειν A S ‖ οὐδὲ εἷς S D : οὐδεὶς v. ‖ ἡμῶν v. : ὑμῶν S.

tu as reçu réparation. — Pas de moi? Mais c'est que je ne t'avais rien fait : autrement, tu ne m'aurais jamais donné quittance; tu ne m'aurais pas laissé hors de cause quand tu as décidé de poursuivre Évergos; tu n'aurais pas demandé à celui qui t'avait causé tant de préjudice de se porter vendeur. Et puis, comment aurais-je pu te faire tort, moi qui n'étais même pas à Athènes? **58** Mieux que cela[1] : admettons qu'il ait été lésé autant qu'il est possible, que tout ce qu'il vous dira là-dessus soit vrai; il y a du moins une chose que vous serez unanimes, je pense, à reconnaître : c'est qu'il est arrivé à bien des gens de subir des torts autrement graves que des dommages pécuniaires : homicides involontaires, outrages punis par la loi, et bien d'autres délits de ce genre. Et pourtant, dans tous ces cas, il y a une limite et une fin à la vengeance, c'est le pardon auquel on a consenti. **59** Il y a là une règle universelle : aurait-on obtenu condamnation pour homicide involontaire et établi sans conteste que l'adversaire est en état d'impureté, dès lors qu'on lui a accordé le pardon et qu'on le tient quitte, on n'a plus le droit de le faire bannir. De même, si c'est la victime d'un meurtre qui pardonne à son meurtrier avant de mourir, aucun des parents ne peut le poursuivre; les lois le condamnent à l'exil, au bannissement, à la mort même : du moment qu'il est pardonné, cette parole suffit à le libérer de toutes peines. **60** Eh quoi! lorsqu'il s'agit de la vie et des biens les plus précieux, le pardon a cet effet définitif, et il n'aura aucune vertu en matière d'argent et pour de moindres griefs? Non, assurément. Car, que je n'obtienne pas justice à votre tribunal, ce n'est pas cela qui serait le plus grave : ce serait qu'une règle établie de toute antiquité fût abrogée aujourd'hui par vous dans notre cas.

1. Ici commence un développement qui se retrouve presque entièrement dans le *Contre Nausimachos et Xénopeithès*, 21-22. — Pour l'effet du pardon en matière de meurtre involontaire, il est défini par la loi de Dracon; quan t au meurtre intentionnel, cf. Plat., *Lois*, IX, 869 D. E.

Πανταίνετε; πολλὰ καὶ δεινὰ πέπονθας; οὐκοῦν εἴληφας δίκην. Οὐ παρ' ἐμοῦ γε; οὐδὲ γὰρ ἠδικήθης οὐδὲν ὑπ' ἐμοῦ. Οὐ γὰρ ἄν ποτ' ἀφῆκας, οὐδ', ὅτ' Εὐέργῳ προῃροῦ λαγχάνειν, εἴασας ἐμέ, οὐδὲ πρατῆρ' ἠξίωσας ὑποστῆναι τόν γε δεινά σε καὶ πόλλ' εἰργασμένον. Εἶτα καὶ πῶς ἂν ὁ μὴ παρὼν μηδ' ἐπιδημῶν ἐγώ τί σ' ἠδίκησα; **58** εἰ τοίνυν ὡς οἷόν τε μέγιστ' ἠδικῆσθαι δοίη τις αὐτῷ καὶ ἐρεῖν ἅπαντ' ἀληθῆ περὶ τούτων νυνί, ἐκεῖνό γ' οἶμαι πάντας ἂν ὑμᾶς ὁμολογῆσαι ὅτι πολλὰ συμβέβηκεν ἠδικῆσθαί τισιν ἤδη μείζω τῶν εἰς χρήματα γιγνομένων ἀδικημάτων· καὶ γὰρ ἀκούσιοι φόνοι καὶ ὕβρεις εἰς ἃ μὴ δεῖ καὶ πολλὰ [ἄλλα] τοιαῦτα γίγνεται. Ἀλλ' ὅμως ἁπάντων τούτων ὅρος καὶ λύσις τοῖς παθοῦσι τέτακται τὸ πεισθέντας ἀφεῖναι. **59** Καὶ τοῦθ' οὕτω τὸ δίκαιον ἐν πᾶσιν ἰσχύει, ὥστ' ἐὰν ἑλών τις ἀκουσίου φόνου καὶ σαφῶς ἐπιδείξας μὴ καθαρόν, μετὰ ταῦτ' αἰδέσηται καὶ ἀφῇ, οὐκέτ' ἐκβαλεῖν κύριος τὸν αὐτόν ἐστιν. Οὐδέ γ', ἂν ὁ παθὼν αὐτὸς ἀφῇ τοῦ φόνου, πρὶν τελευτῆσαι, τὸν δράσαντα, οὐδενὶ τῶν λοιπῶν συγγενῶν ἔξεστ' ἐπεξιέναι, ἀλλ' οὓς ἐκπίπτειν καὶ φεύγειν, ἂν ἁλίσκωνται, καὶ τεθνάναι τάττουσιν οἱ νόμοι, τούτους, ἐὰν ἀφεθῶσιν ἅπαξ, ἁπάντων ἐκλύει τῶν δεινῶν τοῦτο τὸ ῥῆμα. **60** Εἶθ' ὑπὲρ μὲν ψυχῆς καὶ τῶν μεγίστων οὕτως ἰσχύει καὶ μένει τὸ ἀφεῖναι, ὑπὲρ δὲ χρημάτων καὶ ἐλαττόνων ἐγκλημάτων ἄκυρον ἔσται; μηδαμῶς. Οὐ γὰρ εἰ μὴ τῶν δικαίων ἐγὼ παρ' ὑμῖν τεύξομαι, τοῦτ' ἔστι δεινότατον, ἀλλ' εἰ πρᾶγμα δίκαιον ὡρισμένον ἐκ παντὸς τοῦ χρόνου νυνὶ καταλύσετ' ἐφ' ἡμῶν.

57 πολλὰ A S : μεγάλα v. || §§ **58-60** eumdem praebent locum communem atque XXXVIII 21-22 || **58** ἀληθῆ A Q D : τἀληθῆ S F || ἄλλα (hic A S, post τοιαῦτα v.) del. Blass coll. XXXVIII 21 || **59** ἀφῇ v. : ἀφιηι S || τάττουσιν A : προστάττουσιν v. || post ἅπαξ, non ante, interpunxit S || **60** ψυχῆς A : τῆς ψ. v. τῆς del. Blass (cf. XXXVIII 22) || νυνὶ v. : νῦν S Q || καταλύσετε S F Q D : — λυθήσεται A.

XXXVIII

CONTRE NAUSIMACHOS ET XÉNOPÉITHÈS

NOTICE

Nous avons ici la suite d'une action de tutelle. L'exception est opposée par le plaideur qui invoque deux motifs : 1° le fait qu'il y a eu quittance et décharge ; 2° la prescription extinctive, spécialement formulée par la loi pour les affaires de tutelle (§ 17), et qui est la prescription ordinaire de cinq ans. Par rapport aux précédents plaidoyers, tout cela n'a rien de nouveau au point de vue du droit. L'état de cause ne présente que peu de particularités.

Nausimachos et Xénopéithès sont majeurs depuis vingt-deux ans. Ils avaient eu plusieurs tuteurs dont ils avaient incriminé la gestion. D'abord, par une δίκη ἐπιτροπῆς où la demande, paraît-il, s'élevait au chiffre énorme de 80 talents : il est certain, en tout cas, que le patrimoine était considérable ; et il est intéressant de noter, pour l'histoire économique, qu'à la mort du père il se composait surtout de créances — d'où la possibilité de fraudes et, à tout le moins, de contestations. Le procès a traîné ; huit ans après la fin de la tutelle, il y a eu une transaction, celle qui est invoquée ici[1]. Mais, depuis, Nau-

1. Le procès de tutelle a dû être engagé deux ans après que les pupilles avaient atteint leur majorité : par là peut s'expliquer le chiffre de vingt ans, qui est indiqué au § 18 dans un contexte un peu confus et, d'ailleurs, sophistique ; le cas serait le même que celui de Démosthène, la même règle s'y appliquant : on ne peut engager une action de tutelle dans les deux années qui suivent l'inscription au dème (l'explication est donnée et le rapprochement est fait par G. Kleindienst, *De causa orationis in Nausim. et Xenop. demosthen.*, 1913, p. 25). La transaction est intervenue huit ans après la fin de la tutelle (§ 6), donc six ans après que l'action a été inscrite. A la différence d'autres actes de ce

simachos et Xénopéithès ont fait valoir des demandes nouvelles, que la transaction n'aurait pas éteintes ; en particulier, ils prétendent qu'une créance de leur père au Bosphore a été recouvrée sans qu'ils en aient rien touché. Ils ont donc engagé de nouveaux procès. Mais l'un de leurs tuteurs, Aristaichmos, est décédé : ils ont maintenant pour adversaires ses quatre fils. Du fait que les fils sont actionnés comme successeurs, l'action n'est plus celle de tutelle, bien que l'objet en soit le même ; c'est celle de dommage (βλάβης). D'autre part, elle se divise de plein droit, activement entre les deux demandeurs, passivement entre les quatre défendeurs. C'est notre texte (§ 2) qui formule le plus nettement cette règle de la procédure civile [1]. Le total de la demande s'élève à 4 talents : le plaideur est ici poursuivi pour le huitième, soit 30 mines [2].

Le plaidoyer est habile. La question essentielle n'est pas esquivée, elle est même discutée avec beaucoup de nerf, mais non sans réticences : c'est celle de savoir s'il y a eu des créances recouvrées postérieurement à la décharge, voire assez récemment pour que l'action des demandeurs ne soit pas éteinte par la prescription. Au surplus, le plaidoyer ne parle que d'une seule : il pouvait y en avoir d'autres (cf. § 9), puisque celle-là n'est que de 28 mines [3] ; encore l'argumentation n'est-elle que négative : il est suggéré, mais non pas soutenu, que les adversaires ont recouvré la créance eux-mêmes. Dans l'ensemble, l'accent est mis sur la transaction et son effet extinctif [4] : le procédé est inquiétant.

genre que nous avons vus, il ne semble pas qu'elle ait eu lieu par écrit (§ 3 ; cf. Kleindienst, *o. l.*, p. 31).

1. Cf. E. Szanto, *Ausgew. Abhandl.*, p. 17 sq.

2. Ce chiffre étant inférieur à 5.000 drachmes, les plaideurs n'ont droit qu'à un temps de parole réduit. Le discours n'est d'ailleurs pas aussi long qu'il aurait pu l'être : il se termine par la même formule que le *Pour Phormion ;* c'est un peu la même impression que l'orateur a voulu donner.

3. Exactement 100 statères ; nous avons vu, dans le *Contre Phormion*, 23, que le stratère (de Cyzique) équivalait, à un certain moment et sur une certaine place, à 28 drachmes. Quelles que fussent les variations du change, on ne voit pas comment une créance de 100 statères, même avec les intérêts, pourrait entraîner une demande de 4 talents (Kleindienst, *o. l.*, p. 36 sq., s'évertue vainement à ce calcul).

4. Cet effet extinctif, l'orateur essaie de le renforcer en le justifiant

Ce discours se rapproche plusieurs fois de deux autres où l'état de cause est analogue : le *Pour Phormion* et le *Contre Panténètos*. Avec ce dernier, il a en commun, nous l'avons vu, tout un développement sur la vertu du « pardon » et de la décharge librement accordée (§§ 21-22). Ce thème oratoire a pu être exploité souvent ; mais une concordance aussi prolongée et aussi littérale fait présumer un même auteur [1] : comme on admet que le *Contre Panténètos* est de Démosthène, il y aurait lieu d'admettre que le *Contre Nausimachos* l'est aussi. Ni l'ordonnance ni le style ne sont pour infirmer cette conclusion.

Sur la date, nous ne savons absolument rien : de la ressemblance avec le *Contre Panténètos*, il est arbitraire d'induire, comme l'ont fait A. Schäfer et Blass, que les deux discours sont du même temps.

par un autre article de la loi sur la παραγραφή, celui qui interdit de remettre en question la chose jugée (§ 16). Il n'y a là qu'un sophisme : le cas ne relève pas de cet article.

1. Autre rapprochement, quasi textuel, mais moins probant, entre *C. Pant.* 18 et *C. Naus.* 4.

XXXVIII

CONTRE NAUSIMACHOS ET XÉNOPÉITHÈS

EXCEPTION

Sujet du discours

Nausimachos et Xénopéithès ont eu pour tuteur Aristaichmos. Devenus majeurs, ils ont intenté à celui-ci l'action de tutelle, puis ils ont transigé : ils ont donné décharge contre la somme de 3 talents. Aristaichmos est mort, laissant quatre enfants. Longtemps après, Nausimachos et Xénopéithès leur réclament par l'action de dommage des sommes dues à raison de la tutelle. Les défendeurs opposent l'exception, invoquant la loi qui ne permet pas une nouvelle action quand on a donné quittance et décharge.

1 Les lois, juges, accordent une exception contre qui intente une action nouvelle pour tout litige où il a donné quittance et décharge. Notre père a obtenu l'une et l'autre [1] de Nausimachos et de Xénopéithès, nos adversaires : nous avons donc opposé l'exception, comme vous venez de l'entendre, sur ce que l'action n'est pas recevable. **2** Je vous ferai à tous, juges, une prière équitable et modeste : c'est d'abord de m'écouter avec bienveillance ; ensuite, si vous trouvez qu'on me fait tort et que la réclamation de mes adversaires n'est pas fondée, de m'assister selon la justice. Dans le procès actuel, la demande, vous l'avez entendu, est de 30 mines ; mais la somme totale pour laquelle nous sommes actionnés est de 4 talents. En effet, ils sont deux demandeurs et ils ont intenté quatre actions de dommage [2],

1. Cf. *P. Phorm.* 25 ; *C. Pant.* I 19.
2. Autrement dit : l'action « de tutelle », en se transmettant passivement aux fils du tuteur, devient action « de dommage ». Sans qu'on puisse parler d'une distinction entre « actions pénales » et « actions réipersécutoires », peut-être pourrait-on dire que la responsabilité du tuteur a un caractère plutôt personnel, tandis que la nature pure-

XXXVIII

ΠΑΡΑΓΡΑΦΗ ΠΡΟΣ ΝΑΥΣΙΜΑΧΟΝ ΚΑΙ ΞΕΝΟΠΕΙΘΗΝ

ΥΠΟΘΕΣΙΣ

Ναυσίμαχος καὶ Ξενοπείθης ἐπετροπεύθησαν ὑπ' Ἀρισταίχμου, ἐγγραφέντες δ' εἰς ἄνδρας ἔλαχον δίκην ἐπιτροπῆς αὐτῷ, εἶτα διελύσαντο λαβόντες τρία τάλαντα, καὶ ἀφῆκαν αὐτὸν τῶν ἐγκλημάτων. Καὶ ὁ μὲν τετελεύτηκε καταλιπὼν παῖδας τέτταρας, τούτοις δὲ μετὰ χρόνον συχνὸν ὁ Ναυσίμαχος καὶ Ξενοπείθης δικάζονται βλάβης, χρήματ' ἀπαιτοῦντες ἐκ τῆς ἐπιτροπῆς. Οἱ δὲ παραγράφονται, παρατιθέμενοι τὸν νόμον τὸν οὐκ ἐῶντα, περὶ ὧν ἄν τις ἄφεσιν δῷ καὶ ἀπαλλαγήν, πάλιν δικάζεσθαι.

1 Δεδωκότων, ὦ ἄνδρες δικασταί, τῶν νόμων παραγράψασθαι περὶ ὧν ἄν τις ἀφεὶς καὶ ἀπαλλάξας πάλιν δικάζηται, γεγενημένων ἀμφοτέρων [τούτων] τῷ πατρὶ πρὸς Ναυσίμαχον καὶ Ξενοπείθην τοὺς εἰληχότας ἡμῖν, παρεγραψάμεθα, ὥσπερ ἠκούσατ' ἀρτίως, μὴ εἰσαγώγιμον εἶναι τὴν δίκην. 2 Δεήσομαι δὲ καὶ δίκαια καὶ μέτρι' ὑμῶν ἁπάντων, πρῶτον μὲν εὐνοϊκῶς ἀκοῦσαί μου λέγοντος, εἶτ', ἐὰν ἀδικεῖσθαι δοκῶ καὶ μὴ προσήκοντος ἐγκλήματος φεύγειν δίκην, βοηθῆσαί μοι τὰ δίκαια. Ὃ μὲν γὰρ ὑμεῖς ἐπὶ τῇ δίκῃ τίμημ' ἀκηκόατε, τριάκοντα μναῖ εἰσιν, ὧν δὲ φεύγομεν χρημάτων, τέτταρα τάλαντα. Ὄντες γὰρ

In titulo Ξενοπείθην Harpocratio s. u. αἰδέσασθαι : Ξενοπείθη codd.

Ὑπόθεσις (a manu rec. S) αὐτὸν Wolf : αὐτῷ codd. || παραγράφονται Wolf : γράφονται codd.

1 τούτων (post ἀμφοτέρων A S, ante ἀμφ. F Q) del. Blass || 2 καὶ v. : ἢ καὶ S || μοι om. S.

toutes pour le même montant, chacune pour 3.000 drachmes. Si donc la demande inscrite[1] est présentement de 3 mines, c'est bien pour la somme que j'ai dite que nous plaidons. **3** Sur la mauvaise foi de nos adversaires, sur toute la machination de ce procès, les faits eux-mêmes vous instruiront. On va d'abord vous lire les témoignages qui établissent qu'ils avaient donné décharge à mon père de ce qu'ils réclamaient au titre de la tutelle ; car c'est là-dessus que nous fondons notre exception à fin de non-recevoir. Lis-moi ces témoignages.

Témoignages

4 Ainsi, juges, après avoir intenté des actions de tutelle, ils se sont désistés et ils ont reçu la somme pour laquelle ils avaient transigé : vous venez d'entendre les témoignages à ce sujet. Que, d'autre part, les lois ne permettent pas une nouvelle action en pareil cas, je pense que vous le savez tous sans que j'aie besoin d'en parler : je veux néanmoins vous faire lire la loi. Lis la loi.

Loi

5 Vous venez d'entendre, juges, la loi qui énonce expressément les cas où il n'y a pas d'action[2]. Il y a un article qui a autant d'autorité que les autres : « Dans tous les cas où il a été donné quittance et décharge, il n'y a pas d'action. » Et alors qu'il y a eu précisément décharge, et en présence de nombreux témoins, alors que la loi nous met manifestement hors de cause, voici jusqu'où ils poussent l'impudence et l'audace. **6** Il y a quatorze ans qu'ils ont donné quittance à notre père ; il y a vingt-deux ans qu'ils

ment « patrimoniale » de l'obligation transmise commande de recourir à cette espèce d'action abstraite qu'est la δίκη βλάβης. Mais on ne voit pas que le contenu de la demande en soit modifié pour autant (cf. § 8). — On trouvera un cas analogue, mais différent, dans le *Contre Callippos* (LII).

1. Le nom (rare) ἐπίγραμμα correspond au verbe ἐπιγράφεσθαι qui concerne la dernière partie de la demande — celle où le demandeur fixe le montant de la condamnation, τίμημα (cf. *C. Aph.* III 8).

2. C'est la loi qui est citée et commentée dans le *Pour Phormion* 25 et le *Contre Panténètos* 19.

δύο τέτταρας εἰλήχασι δίκας ἡμῖν, τῶν αὐτῶν χρημάτων πάσας, τρισχιλίων ἑκάστην, βλάβης· καὶ νυνὶ πρὸς τριάκοντα μνῶν ἐπίγραμμα, ὑπὲρ τοσούτων χρημάτων εἰς ἀγῶνα καθέσταμεν. 3 Τὴν μὲν οὖν συκοφαντίαν τὴν τούτων, καὶ μεθ' ὅσης ἐπιβουλῆς ἐληλύθασιν ἐφ' ἡμᾶς, ἐξ αὐτῶν τῶν πεπραγμένων εἴσεσθε. Ἀναγνώσεται δὲ πρῶτον [μὲν] ὑμῖν τὰς μαρτυρίας, ὡς ἀφεῖσαν τὸν πατέρ' ἡμῶν ὧν ἐνεκάλεσαν εἰς τὴν ἐπιτροπήν· κατὰ γὰρ τοῦτο καὶ παρεγραψάμεθα μὴ εἰσαγώγιμον εἶναι τὴν δίκην. Καί μοι λέγε ταυτασὶ τὰς μαρτυρίας.

ΜΑΡΤΥΡΙΑΙ

4 Ὅτι μὲν τοίνυν, ὦ ἄνδρες δικασταί, καὶ δίκας ἔλαχον τῆς ἐπιτροπῆς καὶ ἀφεῖσαν ταύτας καὶ τὰ συγχωρηθέντα χρήματ' ἔχουσιν, ἀκούετε τῶν μαρτυριῶν. Ὅτι δ' οὐκ ἐῶσιν οἱ νόμοι περὶ τῶν οὕτω πραχθέντων αὖθις δικάζεσθαι, νομίζω μὲν ἅπαντας ὑμᾶς εἰδέναι, κἂν μηδὲν εἴπω περὶ αὐτῶν ἐγώ, βούλομαι δ' ὅμως καὶ τὸν νόμον ὑμῖν αὐτὸν ἀναγνῶναι. Λέγε τὸν νόμον.

ΝΟΜΟΣ

5 Ἀκούετ', ὦ ἄνδρες δικασταί, τοῦ νόμου σαφῶς λέγοντος ἕκαστα, ὧν μὴ εἶναι δίκας· ὧν ἕν ἐστιν, ὁμοίως τοῖς ἄλλοις κύριον, περὶ ὧν ἄν τις ἀφῇ καὶ ἀπαλλάξῃ, μὴ δικάζεσθαι. Οὕτω τοίνυν καὶ μετὰ πολλῶν μαρτύρων τῆς ἀφέσεως γεγονυίας, καὶ φανερῶς ἀπολύοντος ἡμᾶς τοῦ νόμου, εἰς τοῦτ' ἐληλύθασιν ἀναισχυντίας οὗτοι καὶ τόλμης 6 ὥστε τεττάρων μὲν καὶ δέκ' ἐτῶν γεγενημένων ἀφ' οὗ τὸν πατέρ' ἡμῶν ἀφεῖσαν, εἴκοσι δὲ καὶ δυοῖν ἀφ' οὗ τυγχάνουσιν ἐγγεγραμμένοι, τετελευτηκότος

2 ἑκάστην A : ἑκάστης cett. ‖ 3 μὲν om. A S. del. Rennie ‖ 4 καὶ om. F Q ‖ μαρτυριῶν A S : μαρτύρων F Q ‖ 5 ἓν om. A ‖ κύριον v. : κυρίοις S ‖ 6 ἐγγεγραμμένοι A : γεγραμμένοι cett.

ont été inscrits sur les registres civiques ; notre père, avec qui la transaction avait eu lieu, est décédé ; de même les tuteurs qui, après sa mort, ont eu la gestion de notre fortune ; de même leur mère qui était au courant de tout ; de même les arbitres, les témoins — tout le monde, si l'on peut dire ; et, profitant comme d'une bonne fortune de notre inexpérience, de notre ignorance inévitable, ils nous ont intenté ces actions, et ils ont le front de soutenir une cause qui est également contraire à la justice et à l'équité.
7 Nous n'avons pas vendu notre patrimoine, disent-ils, pour la somme que nous avons touchée, nous n'avons pas renoncé à notre bien[1] ; toutes les créances, tous les meubles, toutes les valeurs en général qui nous ont été laissées, tout cela nous revient. Pour ma part, je sais pour l'avoir entendu dire que la succession de Xénopéithès et Nausicratès ne comportait guère que des créances, et très peu de biens apparents ; les tuteurs, ayant recouvré les créances et vendu quelques meubles et quelques esclaves, achetèrent les terres et les maisons de rapport que nos adversaires ont recueillies. **8** S'il n'y avait pas déjà eu des contestations à ce sujet, si la gestion des tuteurs n'avait pas été attaquée en justice, la question serait différente ; mais c'est la tutelle dans son ensemble qu'ils ont incriminée, pour laquelle ils ont intenté des actions et touché une somme : tout a donc été liquidé à ce moment-là. Car ce n'est pas pour le mot, j'imagine, qu'ils ont plaidé dans l'action de tutelle, c'est pour l'argent ; et ce n'est pas pour un mot que les tuteurs ont payé, c'est pour acheter leur décharge.

9 Ainsi, pour toutes les créances que mon père a fait rentrer avant l'arrangement, et en général pour toutes les valeurs qu'il a recueillies au titre de tuteur, ils n'ont pas d'action contre nous, puisqu'il y a eu quittance : je pense que vous êtes tous suffisamment instruits là-dessus par les lois mêmes et par la décharge. Que, d'autre part, aucune rentrée d'argent n'ait été possible depuis (car voilà l'invention par laquelle ils veulent vous égarer), c'est ce

1. On a beaucoup discuté sur la portée de ce passage. On a souvent traduit les mots φασὶ... οὐδ' ἀποστῆναι τῶν ὄντων : « ils prétendent...

δὲ καὶ τοῦ πατρὸς τοῦ ἡμετέρου, πρὸς ὃν αὐτοῖς ἐγένονθ' αἱ διαλλαγαί, καὶ τῶν ἐπιτρόπων, οἳ μετὰ τὸν ἐκείνου θάνατον τῶν ἡμετέρων ἐγένοντο κύριοι, καὶ τῆς ἑαυτῶν μητρός, ἥτις ἅπαντα ταῦτ' ᾔδει, καὶ διαιτητῶν καὶ μαρτύρων καὶ πάντων [τῶν πλείστων] ὡς εἰπεῖν, τὴν ἡμετέραν ἀπειρίαν καὶ τὴν ἐξ ἀνάγκης ἄγνοιαν τῶν πεπραγμένων ἕρμαιον νομίσαντες ἑαυτῶν, τὰς δίκας ἡμῖν ἔλαχον ταυτασί, καὶ λόγον οὔτε δίκαιον οὔτ' ἐπιεικῆ τολμῶσι λέγειν. 7 Φασὶ γὰρ οὐκ ἀποδόσθαι τὰ πατρῷ' ὧν ἐκομίζοντο χρημάτων, οὐδ' ἀποστῆναι τῶν ὄντων, ἀλλ' ὅσ' αὐτοῖς κατελείφθη χρέα καὶ σκεύη καὶ ὅλως χρήματα, ταῦθ' ἑαυτῶν γίγνεσθαι. Ἐγὼ δ' οἶδ' ἀκούων ὅτι τὴν οὐσίαν Ξενοπείθης καὶ Ναυσικράτης ἅπασαν χρέα κατέλιπον, καὶ φανερὰν ἐκέκτηντο μικράν τινα· εἰσπραχθέντων δὲ τῶν χρεῶν καί τινων σκευῶν πραθέντων, ἔτι δ' ἀνδραπόδων, καὶ τὰ χωρία καὶ τὰς συνοικίας ἐπρίανθ' οἱ ἐπίτροποι, ἃ παρέλαβον οὗτοι. 8 Εἰ μὲν οὖν μηδὲν ἠμφεσβητήθη περὶ τούτων πρότερον, μηδ' ὡς οὐ καλῶς διῳκημένων εἰς δίκην ἦλθεν, ἄλλος ἂν ἦν λόγος· ἐπειδὴ δ' ὅλην τὴν ἐπιτροπὴν ἐγκαλέσαντες οὗτοι καὶ δίκας λαχόντες χρήματ' ἐπράξαντο, πάντα [ταῦτ'] ἀφεῖται τότε. Οὔτε γὰρ οὗτοι τοὐνόματος δήπου τοῦ τῆς ἐπιτροπῆς τὰς δίκας ἐδίωκον, ἀλλὰ τῶν χρημάτων, οὔτ' ἐκεῖνοι τοὔνομα τοῦτ' ἐωνοῦνθ' ὧν ἀπέτεισαν χρημάτων, ἀλλὰ τὰ ἐγκλήματα.

9 Ὅτι μὲν οὖν ὧν πρὸ τῶν ἀπαλλαγῶν εἰσέπραξεν χρεῶν ὁ πατὴρ ἢ ὅλως ἔλαβεν χρημάτων ἐκ τῆς ἐπιτροπῆς, οὐδενός εἰσιν δίκαι τούτοις καθ' ἡμῶν ἀπηλλαγμένοις, ἐξ αὐτῶν τῶν νόμων καὶ τῆς ἀφέσεως ἱκανῶς πάντας ἡγοῦμαι ὑμᾶς μεμαθηκέναι. Ὅτι δ' ὕστερον οὐκ ἔνι τὴν κομιδὴν γεγενῆσθαι τούτων τῶν χρημάτων (τοῦτο γὰρ πλάττουσιν

6 διαλλαγαί S : ἀπαλλαγαί cett. || τῶν πλείστων del. Dobrée || ταυτασὶ S : ταύτας A F Q || οὔτε δίκαιον οὔτε A S : οὐκ F Q D || 7 ἀποδόσθαι v. : ἀποδίδοσθαι S || κατέλιπον v. : κατέλειπον S || 8 ταῦτα (quod est ante πάντα in A) secl. Blass || 9 χρημάτων secl. Blass.

que je vais établir. **10** Pour ce qui est de mon père, ils ne sauraient l'accuser d'avoir rien touché, car il est mort trois ou quatre mois après l'arrangement. Pour Démarètos, le tuteur que notre père nous a laissé et qu'ils mettent en cause dans la formule de leur demande, je vais montrer que la chose est également impossible. **11** Ce sont nos adversaires qui sont ici nos meilleurs témoins : tant que Démarètos a vécu, il est avéré qu'ils n'ont intenté aucune action contre lui. Allons plus loin : si l'on examine l'affaire au fond, on verra non seulement qu'il n'a reçu aucune somme, mais qu'il ne pouvait pas en recevoir. La créance en question était au Bosphore ; jamais Démarètos n'est allé dans ce pays : comment l'aurait-il recouvrée ? — Eh, par Zeus, dira-t-on, il a envoyé un mandataire. **12** Mais considérez ceci : Hermonax devait à nos adversaires 100 statères qu'il avait reçus de Nausicratès ; Aristaichmos a été leur tuteur et a géré leur bien pendant seize ans ; or, ce qu'Hermonax leur a payé en personne après leur majorité, il ne l'avait pas payé lorsqu'ils étaient mineurs : il n'aurait pas versé deux fois. Eh bien, y a-t-il un homme assez absurde pour payer spontanément, sur une simple lettre, à celui qui n'est pas son créancier une dette dont il a frustré si longtemps ceux qui l'étaient ? Je ne crois pas. **13** Pour prouver que je dis vrai, que mon père est mort au lendemain de l'arrangement, que mes adversaires n'ont jamais intenté d'action à Démarètos au sujet de cet argent, que Démarètos n'a jamais pris la mer pour aller au Bosphore, prends-moi les témoignages.

Témoignages

14 Ainsi, mon père n'a pu faire recouvrer la créance après l'arrangement, personne n'aurait payé volontaire-

n'avoir pas renoncé à la succession », et on s'est appuyé là-dessus pour soutenir qu'en droit athénien la succession pouvait être répudiée même par les descendants, qui sont des héritiers à saisine (théorie exposée par Beauchet, III, p. 587 sq. ; cf. Partsch, *Gr. Bürgschaftsr.*, p. 238, 243). Mais on peut observer que, de toute façon, le concept juridique de renonciation n'a rien à faire ici ; et l'expression ἀποστῆναι (malgré XXXV, 4, 44) τῶν ὄντων ne s'y rapporte pas nécessairement (sur sa valeur générale, cf. Poll., VIII, 145). Le texte ne concerne pas,

οὗτοι καὶ παράγουσιν), τοῦτο βούλομαι δεῖξαι. 10 Τὸν μὲν γὰρ πατέρ' οὐδ' ἂν αἰτιάσαιντο λαβεῖν (τέτταρσι γὰρ ἢ τρισὶ μησὶν ὕστερον ἢ διελύσατο πρὸς τούτους ἐτελεύτησεν). Ὡς δ' οὐδὲ Δημάρετον τὸν καταλειφθένθ' ἡμῶν ἐπίτροπον λαβεῖν οἷόν τε (καὶ γὰρ τοῦτον ἔγραψαν εἰς τὸ ἔγκλημα), καὶ τοῦτ' ἐπιδείξω. 11 Μέγιστοι μὲν οὖν εἰσιν αὐτοὶ ἡμῖν οὗτοι μάρτυρες (οὐδαμοῦ γὰρ φανήσονται δίκην εἰληχότες ζῶντι τῷ Δημαρέτῳ)· οὐ μὴν ἀλλὰ καὶ τὸ πρᾶγμ' ἄν τις αὐτὸ σκοπῶν καὶ θεωρῶν ἴδοι οὐ μόνον οὐχὶ λαβόντα, ἀλλ' οὐδ' ἐνὸν αὐτῷ λαβεῖν. Ἦν μὲν γὰρ τὸ χρέως ἐν Βοσπόρῳ, ἀφίκετο δ' οὐδεπώποτ' εἰς τὸν τόπον τοῦτον ὁ Δημάρετος· πῶς οὖν εἰσέπραξεν; ἔπεμψεν νὴ Δί', εἴποι τις ἄν, τὸν κομιούμενον. 12 Σκοπεῖτε δὴ τοῦθ' οὑτωσί. Ὤφειλεν Ἑρμῶναξ στατῆρας ἑκατὸν παρὰ Ναυσικράτους λαβὼν τούτοις. Τούτων Ἀρίσταιχμος ἐπίτροπος ἦν καὶ κηδεμὼν [ἐγένεθ'] ἑκκαίδεκ' ἔτη. Οὐκοῦν ἅ γε τούτων ἀνδρῶν γεγονότων δι' ἑαυτοῦ διέλυσε χρήμαθ' ὁ Ἑρμῶναξ, οὐκ ἀπέδωκεν ὅτ' ἦσαν παῖδες· οὐ γὰρ δίς γε ταὐτὰ κατετίθει. Ἔστιν οὖν οὕτω τις ἀνθρώπων ἄτοπος, ὥσθ' ἃ τοὺς κυρίους διεκρούσατο μὴ καταθεῖναι τοσοῦτον χρόνον, ταῦτα τῷ μὴ κυρίῳ πέμψαντι γράμμαθ' ἑκὼν ἀποδοῦναι; ἐγὼ μὲν οὐκ οἶμαι. 13 Ἀλλὰ μὴν ὡς ἀληθῆ λέγω, καὶ ὁ μὲν πατὴρ ἐτελεύτησεν εὐθέως μετὰ τὰς διαλύσεις, τῷ Δημαρέτῳ δ' οὐδεπώποθ' οὗτοι τούτων τῶν χρημάτων δίκην ἔλαχον, οὐδ' ὅλως ἐξέπλευσεν ἐκεῖνος οὐδ' ἀπεδήμησεν ἐκεῖσε, λαβὲ τὰς μαρτυρίας.

ΜΑΡΤΥΡΙΑΙ

14 Ὅτι μὲν τοίνυν οὔθ' ὁ πατὴρ μετὰ τὴν ἄφεσιν τὰ χρήματ' εἰσέπραξεν, οὔτ' ἂν ἔδωκεν ἑκὼν οὐδείς, εἴ τιν'

11 εἰσιν αὐτοὶ ἡμῖν A : ἡμῖν εἰσιν cett. ‖ ἐν A S Q : ἐν τῷ F corr. D εἰς τὸν F pr. ‖ **12** δὴ v. : δὲ A ‖ ἦν om. A ‖ ἐγένεθ' seclusi (alii del. ἦν) ‖ διέλυσε A : διέλυε cett. ‖ πέμψαντι A S : γράψαντι F Q.

ment à un envoyé de Démarètos, Démarètos lui-même n'a pas pris la mer et ne s'est pas rendu dans ce pays[1] : dates et témoignages font foi. Je vais prouver maintenant qu'ils mentent sur toute l'affaire d'un bout à l'autre. La formule de leur demande dans le présent procès porte que la somme leur est due comme ayant été touchée par notre père et comme figurant au crédit dans le compte de tutelle qu'il leur a remis. Lis-moi la demande elle-même.

DEMANDE

15 Vous entendez les termes de la demande : « ladite créance figurant dans le compte de tutelle que nous a remis Aristaichmos ». Or, au moment où ils intentaient l'action de tutelle contre notre père, ils ont écrit tout le contraire : on va voir, en effet, qu'ils lui faisaient grief, à ce moment, de n'avoir pas remis de compte[2]. Lis-moi la demande qu'ils ont formulée contre notre père.

DEMANDE

16 Quel est donc ce compte, Xénopéithès et Nausimachos, qui d'après votre demande d'aujourd'hui vous aurait été remis, puisqu'à ce moment vous actionniez mon père comme n'en ayant pas fourni? S'il vous est permis de soutenir le pour et le contre avec mauvaise foi et si, après avoir obtenu de l'argent pour n'avoir pas reçu de compte, vous intentez une action d'après celui que vous avez reçu, rien ne vous empêche de chercher une troisième action à intenter. Mais ce n'est pas ce que disent les lois : elles disent que, pour le même objet et contre la même partie, on ne peut plaider qu'une fois.

17 Pour que vous sachiez maintenant, juges, que non

en fin de compte, la question pour laquelle on l'a invoqué. Voir la discussion de Demisch, *Die Schuldenerbf. im att. R.*, p. 4 sq.

1. Cf. § 11, où l'expression paraît indiquer le Bosphore cimmérien (comme dans l'affaire du *Contre Phormion*). Cf. aussi Lys. XXXII 6, 15, où il s'agit de rente constituée.

2. Ce qui paraît donc suffire à légitimer une δίκη ἐπιτροπῆς (cf. Beauchet, II, p. 303). — Il est d'ailleurs difficile de savoir ce que

ἔπεμψεν ὁ Δημάρετος, οὔτ' ἀνέπλευσεν αὐτὸς οὐδ' ἀφίκετ' ἐκεῖσε, δῆλον ἐκ τῶν χρόνων καὶ τῶν μαρτυριῶν ὑμῖν γέγονεν. Βούλομαι τοίνυν καὶ ὅλως ψευδομένους αὐτοὺς ὅλον τὸ πρᾶγμ' ἐπιδεῖξαι. Οὗτοι γὰρ γεγράφασιν εἰς ὃ νῦν ἔγκλημα διώκουσιν, ὀφείλειν ἡμᾶς τὸ ἀργύριον κομισαμένου τοῦ πατρὸς καὶ παραδόντος αὐτοῖς τοῦτο τὸ χρέως ἐν τῷ λόγῳ τῆς ἐπιτροπῆς ὀφειλόμενον. Καί μοι λέγ' αὐτὸ τὸ ἔγκλημα λαβών.

ΕΓΚΛΗΜΑ

15 Ἀκούετε γεγραμμένον ἐν τῷ ἐγκλήματι 'παραδόντος ἐμοὶ τοῦ Ἀρισταίχμου τὸ χρέως ἐν τῷ λόγῳ τῆς ἐπιτροπῆς'. Ὅτε τοίνυν ἐλάγχανον τῷ πατρὶ τῆς ἐπιτροπῆς, τἀναντί' ἐγράψαντο τούτων· ὡς γὰρ οὐκ ἀποδόντι λόγον τότ' ἐγκαλοῦντες φαίνονται. Λέγ' αὐτὸ τὸ ἔγκλημα ὃ τότ' ἔλαχον τῷ πατρί.

ΕΓΚΛΗΜΑ

16 Ἐν ποίῳ δὴ λόγῳ νῦν ἐγκαλεῖθ' ὡς παρέδωκεν, ὦ Ξενοπείθη καὶ Ναυσίμαχε; τότε μὲν γὰρ ὡς οὐκ ἀποδόντι δίκας ἐλαγχάνετε [καὶ χρήματ' ἐπράττεσθε]. Εἰ δ' ἐπ' ἀμφότερ' ἔσται συκοφαντεῖν ὑμῖν, καὶ τοτὲ μὲν τοῦ μὴ παραδοῦναι χρήματ' ἐπράξασθε, τοτὲ δ' ὡς παραδόντος διώκετε, οὐδὲν κωλύει καὶ τρίτον τι σκοπεῖν μετὰ ταῦτα, ὅτου πάλιν δικάσεσθε. Οἱ νόμοι δ' οὐ ταῦτα λέγουσιν, ἀλλ' ἅπαξ περὶ τῶν αὐτῶν πρὸς τὸν αὐτὸν εἶναι τὰς δίκας.

17 Ἵνα τοίνυν εἰδῆτ', ὦ ἄνδρες δικασταί, ὅτι οὐ μόνον

14 ἔπεμψεν v. : ἔπεμπεν S || ἀνέπλευσεν Schaefer : ἂν ἔπλευσεν codd. || **15** τούτων v. : τούτῳ S || τότ' Baiter-Sauppe : καὶ τότ' S καὶ τοῦτο F Q καὶ τοῦτό γε A || τότ' S D om. A habent in γρ. F Q || **16** νῦν om. A || καὶ χρήματ' ἐπράττεσθε secl. Blass || post ἐπράττεσθε habent τότε δ' ὡς παραδόντος διώκετε codd. praeter A S, quae uerba patet inserta esse e sequenti sententia || ἐπράξασθε S : πράξεσθε cett. || διώκετε Schaefer : διώξετε codd. || κωλύει S : κωλύσει cett. || ταῦτα v. : τοῦτο D.

seulement ils ne souffrent aujourd'hui d'aucun tort, mais que leur action est contraire à toutes les lois, je vais encore vous citer celle qui dit en termes exprès que, s'ils ont laissé passer cinq ans sans agir, les orphelins ne peuvent plus réclamer en justice au sujet de leur tutelle [1]. On va vous lire la loi.

Loi

18 Vous entendez, juges ; la loi dit nettement : « si l'on n'a pas agi dans les cinq ans, l'action n'est plus possible ». — Mais, peuvent-ils dire, nous avons intenté l'action. — Oui, mais vous avez transigé, vous ne pouvez donc plus plaider. Autrement, quelle absurdité ! Pour les torts subis dès le début, passé le délai de cinq ans la loi ne donne plus d'action aux orphelins contre les tuteurs qui n'ont pas reçu décharge : et contre nous, héritiers des tuteurs, alors que vous avez donné décharge à ceux-ci, vous pourriez obtenir gain de cause vingt ans après !

19 J'entends dire que, sur les faits eux-mêmes et sur le droit, ils éluderont la discussion ; l'argument qu'ils tiennent en réserve, c'est qu'ils avaient hérité d'une grande fortune dont ils ont été dépouillés : preuve en est, diront-ils, le chiffre des demandes qu'ils ont produites dès le début ; et ils gémiront sur leur condition d'orphelins, et ils reprendront en détail le compte de tutelle. Voilà le genre d'arguments auquel ils se fient et par quoi ils espèrent vous tromper. **20** Mais, à mon sens, si leurs demandes de jadis ont été si élevées, cela prouve plutôt leur mauvaise foi à l'égard de mon père que les énormes détournements dont ils auraient été victimes : lorsqu'on peut établir que 80 talents vous sont dus, on n'ira jamais transiger pour 3. En revanche, il n'y a personne qui, poursuivi comme tuteur pour une si grosse somme, n'eût donné 3 talents pour acheter sa sécurité et enlever aux

vaut ici le reproche de contradiction : en fait, le compte a été fourni (cf. § 19), et depuis longtemps.

1. Il faut entendre que le délai court à partir de la majorité du pupille (cf. J. F. Charles, *Statutes of limitation at Athens*, 1938, p. 8 sq.). Bien que ce délai soit le même qu'en droit commun (*P. Phorm.* 26), il semble qu'il y ait eu une loi spéciale.

οὐκ ἀδικοῦνται νῦν, ἀλλὰ καὶ παρὰ πάντας ἡμῖν δικάζονται τοὺς νόμους, βούλομαι καὶ τοῦτον ὑμῖν τὸν νόμον εἰπεῖν, ὃς διαρρήδην λέγει, ἐὰν πέντ' ἔτη παρέλθῃ καὶ μὴ δικάσωνται, μηκέτ' εἶναι τοῖς ὀρφανοῖς δίκην περὶ τῶν ἐκ τῆς ἐπιτροπῆς ἐγκλημάτων. Καὶ ὑμῖν ἀναγνώσεται τὸν νόμον.

ΝΟΜΟΣ

18 'Ακούετ', ὦ ἄνδρες δικασταί, τοῦ νόμου λέγοντος ἄντικρυς, ἐὰν μὴ πέντ' ἐτῶν δικάσωνται, μηκέτ' εἶναι δίκην. Οὐκοῦν ἐλάχομεν, φαῖεν ἄν. Καὶ διελύσασθέ γε, ὥστ' οὐκ εἰσὶν αὖθις ὑμῖν δίκαι. Ἦ δεινόν γ' ἂν εἴη, εἰ τῶν μὲν ἐξ ἀρχῆς ἀδικημάτων οὐ δίδωσιν ἔξω πέντ' ἐτῶν τὰς δίκας τοῖς ὀρφανοῖς ὁ νόμος κατὰ τῶν οὐκ ἀφειμένων ἐπιτρόπων, πρὸς δὲ τοὺς ἐξ ἐκείνων ἡμᾶς, περὶ ὧν αὐτοὺς ἀφήκατε, εἰκοστῷ νῦν ἔτει δίκην τελέσαισθ' ὑμεῖς.

19 'Ακούω τοίνυν αὐτοὺς τὰ μὲν περὶ τῶν πραγμάτων αὐτῶν καὶ τῶν νόμων δίκαια φεύξεσθαι, παρεσκευάσθαι δὲ λέγειν ὡς πολλὰ χρήματ' αὐτοῖς κατελείφθη καὶ ταῦτ' ἀπεστερήθησαν, καὶ τεκμηρίῳ χρήσεσθαι τούτου τῷ μεγέθει τῶν δικῶν ἃς ἐξ ἀρχῆς ἔλαχον, καὶ τὴν ὀρφανίαν ὀδυρεῖσθαι, καὶ τὸν τῆς ἐπιτροπῆς λόγον διεξιέναι· καὶ ταῦτ' εἶναι καὶ τοιαῦθ' οἷς πεπιστεύκασι καὶ δι' ὧν ὑμᾶς ἐξαπατήσειν οἴονται. 20 'Εγὼ δὲ τὸ μὲν τῶν δικῶν μέγεθος τῶν τότε ληχθεισῶν μεῖζον ἡγοῦμαι τεκμήριον ἡμῖν [εἶναι] ὡς ἐσυκοφαντεῖθ' ὁ πατήρ, ἢ τούτοις ὡς πόλλ' ἀπεστεροῦντο. 'Ογδοήκοντα μὲν γὰρ τάλαντ' ἔχων ἐξελέγχειν, οὐδὲ εἷς ἂν τρία λαβὼν ἀπηλλάγη· τοσούτων δὲ χρημάτων ἐπιτροπῆς φεύγων οὐδεὶς ἔστιν ὅστις οὐκ ἂν ἔδωκεν τρία τάλαντα, τὸν κίνδυνον ὠνούμενος καὶ τὰ φύσει

17 ὃς Blass : ὅστις codd. || 18 κατὰ v. : οὐδὲ κατὰ A || 19 χρήσεσθαι Wolf : χρήσασθαι S F Q χρῆσθαι A || τούτου A : τούτῳ S F Q || ταῦτ' εἶναι καὶ τοιαῦτ' S : τοιαῦτ' εἶναι v. || 20 τότε A : om. S F Q || ληχθεισῶν Wolf : λεχθεισῶν codd. || εἶναι post ἡμῖν S : post πατήρ A F Q secl. Blass || ἐξελέγχειν S : ἐλέγχειν A F Q || οὐδὲ εἷς S : οὐδεὶς v.

adversaires les avantages naturels qu'ils possédaient alors ; ils étaient orphelins, ils étaient jeunes, on ne les connaissait pas pour ce qu'ils sont : tout le monde dit que ces raisons-là sont plus fortes devant vous que les droits les mieux fondés.

21 Aussi bien seraient-ils mal venus à critiquer la gestion de leur tutelle ; et je crois pouvoir le montrer. Admettons qu'ils aient subi plus de torts que personne, que tout ce qu'ils diront là-dessus soit vrai ; il y a du moins une chose que vous serez unanimes, je pense, à reconnaître[1] : c'est qu'il est arrivé à bien des gens de subir des torts autrement graves que des dommages pécuniaires — homicides involontaires, outrages punis par la loi, et bien d'autres délits de ce genre. Et pourtant, dans tous ces cas, il y a une limite et une fin à la vengeance, c'est le pardon auquel on a consenti. **22** Il y a là une règle universelle : aurait-on obtenu condamnation pour homicide involontaire et établi sans conteste que l'adversaire est en état d'impureté, dès lors qu'on lui a accordé le pardon et qu'on le tient quitte, on n'a plus le droit de le faire bannir. Eh quoi ! lorsqu'il s'agit de la vie et des biens les plus précieux, le pardon a cet effet définitif, et il n'aura aucune vertu en matière d'argent et pour de moindres griefs ? Non, assurément. Car, que je n'obtienne pas justice à votre tribunal, ce n'est pas cela qui serait le plus grave ; ce serait qu'une règle établie de toute antiquité fût aujourd'hui abrogée.

23 Nos tuteurs, diront-ils peut-être, n'ont pas affermé notre patrimoine[2]. — C'est que votre oncle Xénopéithès s'y était opposé : lorsqu'eut lieu la dénonciation[3] de Nikidas, il persuada les juges de le laisser administrer lui-même ; tout le monde sait cela. — Ils nous ont dépouillés. — Soit, mais vous avez reçu d'eux la réparation que vous avez acceptée : il n'y a pas de raison pour que vous en receviez une autre de moi. **24** Mais vous ne devez pas

1. Pour tout ce passage, cf. *C. Pant.* 58-60.

2. Nous savons que c'est un des reproches qu'on fait valoir contre des tuteurs, bien que les tuteurs ne soient pas toujours obligés d'employer ce procédé : en l'espèce, il avait perdu de sa raison d'être, puisque le patrimoine avait été rendu immobilier (§ 7).

3. Il s'agit d'une action spéciale (φάσις), ouverte à chacun et qui

τότε τούτοις πλεονεκτήμαθ' ὑπάρχοντα. Καὶ γὰρ ὀρφανοὶ καὶ νέοι καὶ ὁποῖοί τινές εἰσιν ἀγνῶτες ἦσαν· ταῦτα δὲ πάντες φασὶν μεγάλων δικαίων ἰσχύειν πλέον παρ' ὑμῖν.

21 Ὅτι τοίνυν οὐδ' ἀνάσχοισθ' ἂν αὐτῶν εἰκότως οὐδὲν περὶ τῆς ἐπιτροπῆς, καὶ τοῦτ' οἴομαι δείξειν. Εἰ γὰρ ὡς οἷόν τε μέγιστ' ἠδικῆσθαι δοίη τις αὐτοῖς καὶ ἐρεῖν ἅπαντ' ἀληθῆ περὶ τούτων νυνί, ἐκεῖνό γ' οἶμαι πάντας ἂν ὑμᾶς ὁμολογῆσαι ὅτι πολλὰ συμβέβηκεν ἠδικῆσθαί τισιν ἤδη μείζω τῶν εἰς χρήματα γιγνομένων ἀδικημάτων· καὶ γὰρ ἀκούσιοι φόνοι καὶ ὕβρεις εἰς ἃ μὴ δεῖ καὶ [ἄλλα] πολλὰ τοιαῦτα [ἀδικήματα] γίγνεται. Ἀλλ' ὅμως τούτων ἁπάντων ὅρος καὶ λύσις τοῖς παθοῦσιν τέτακται τὸ πεισθέντας ἀφεῖναι. 22 Καὶ τοῦθ' οὕτω τὸ δίκαιον ἐν πᾶσιν ἰσχύει ὥστ' ἐὰν ἑλών τις ἀκουσίου φόνου καὶ σαφῶς ἐπιδείξας μὴ καθαρόν μετὰ ταῦτ' αἰδέσηται καὶ ἀφῇ, οὐκέτ' ἐκβαλεῖν κύριος τὸν αὐτόν ἐστιν. Εἶθ' ὑπὲρ μὲν ψυχῆς καὶ τῶν μεγίστων οὕτως ἰσχύει καὶ μένει τὸ ἀφεῖναι, ὑπὲρ δὲ χρημάτων καὶ ἐλαττόνων ἐγκλημάτων ἄκυρον ἔσται; μηδαμῶς. Οὐ γὰρ εἰ μὴ τῶν δικαίων ἐγὼ παρ' ὑμῖν τεύξομαι, τοῦτ' ἔστι δεινότατον, ἀλλ' εἰ πρᾶγμα δίκαιον ὡρισμένον ἐκ παντὸς τοῦ χρόνου νυνὶ καταλυθήσεται.

23 Οὐκ ἐμίσθωσαν ἡμῶν τὸν οἶκον, ἴσως ἐροῦσιν. Οὐ γὰρ ἐβούλεθ' ὁ θεῖος ὑμῶν Ξενοπείθης, ἀλλὰ φήναντος Νικίδου τοὺς δικαστὰς ἔπεισεν ἐᾶσαι αὐτὸν διοικεῖν· καὶ ταῦτ' ἴσασιν πάντες. Πολλὰ διήρπασαν ἡμῶν ἐκεῖνοι. Οὐκοῦν ἣν ἐπείσθητέ γε τούτων δίκην παρ' αὐτῶν ἔχετε καὶ οὐ δήπουθεν πάλιν δεῖ λαβεῖν ὑμᾶς παρ' ἐμοῦ. 24 Ἵνα

20 πλέον v. : πλεῖον S ‖ 21-22 habent eumdem locum communem ac XXXVII, 58-60, paulo breuiorem ‖ 21 οἷόν τε S pr. F Q : οἴονται S corr. A ‖ ἅπαντα S : πάντα cett. ‖ ἀληθῆ Blass : τἀληθῆ codd. ‖ πάντας ἂν ὑμᾶς ὁμολογῆσαι A S : δείξειν F Q ex anteced. sententia ‖ ἄλλα om. A S, del. Blass (cf. XXXVII, 58) ‖ ἀδικήματα deest in XXXVII, 58 ‖ 22 ἀκουσίου A S : ἑκουσίου F Q ‖ σαφῶς A : φανερῶς cett. (cf. XXXVII, 59) ‖ ἐκβαλεῖν v. : ἐκβάλλειν A ‖ ὑμῖν codd. : ὑμῶν Bekker Anecd. 144, 14 ‖ δεινότατον A S : δεινὸν F Q ‖ νυνὶ v. : νῦν A S ‖ 23 αὑτὸν S : αὐτὸν (ante διοικεῖν) F Q αυτον A ‖ γε S : om. cett.

croire, juges, que ce grief soit sérieux : bien qu'il ne soit certes pas équitable, quand on a transigé avec ses adversaires, de s'en prendre à ceux qui ne sont pas au courant, si ces droits que vous vous attribuez, Nausimachos et Xénopéithès, sont si bien fondés et si éclatants, poursuivez l'affaire jusqu'au bout, mais rendez d'abord les trois talents. Autrement, n'ayant touché cette somme qu'à la condition de ne pas poursuivre, tant que vous ne l'aurez pas rendue vous êtes obligés de vous taire ; vous n'avez pas le droit de poursuivre en gardant l'argent : ce serait bien le comble.

25 Peut-être parleront-ils de leurs triérarchies et diront-ils qu'ils ont dépensé leur bien à votre service [1]. Ce sera là un mensonge : après avoir gaspillé le plus clair de leur fortune en dépenses personnelles sans grand profit pour la cité, ils vont exiger de vous une reconnaissance qui ne leur est pas due et qui n'a pas de raison d'être. Mais laissons cela. Je suis le premier à reconnaître que tous ceux qui s'acquittent des liturgies ont droit à votre reconnaissance. Mais lesquels surtout ? Ceux qui font bénéficier la cité de leur service sans provoquer le scandale et une réprobation unanime. **26** Quant à ceux qui dilapident leur propre bien en même temps qu'ils s'acquittent de leur charge, ils ne rapportent rien à la cité, que des propos malveillants. Car personne ne s'en prend jamais à soi-même : c'est l'État qui nous a ruinés. En revanche, ceux qui restent dignes et conservent leur fortune tout en accomplissant leur charge avec zèle méritent la préférence non seulement pour les services qu'ils vous ont rendus et continueront à vous rendre, mais parce que ces services, on ne vous les reproche pas. Voilà quels citoyens vous pouvez voir en nous tous ; quant à mes adversaires, je n'en dirai rien : je ne veux pas qu'ils crient à la diffamation.

27 Je ne serais pas étonné s'ils allaient verser des larmes et essayer de provoquer la pitié. Mais, je vous en

est prévue pour le cas de κάκωσις οἴκου ὀρφανικοῦ, c'est-à-dire pour le cas où le patrimoine n'a pas été affermé ou l'a été à un chiffre trop bas (Harpocr., *s. v.* φάσις ; cf. Arist., *Const. d'Ath.*, 56, 6).

1. Pour la façon dont cet argument est discuté, cf. *P. Phorm.* 41 sq.

δὲ μηδ' οἴησθ' εἶναί τι ταῦτα, ἔστι μὲν οὐκ ἴσον (πῶς γάρ;) πρὸς τοὺς πράξαντας διαλυσαμένους τῶν οὐκ εἰδότων κατηγορεῖν, ὅμως μέντοι, ὦ Ξενοπείθη καὶ Ναυσίμαχε, εἰ μεγάλ' ὑμῖν καὶ θαυμάστ' εἶναι τὰ δίκαια ταῦθ' ὑπολαμβάνετε, ἀποδόντες τὰ τρία τάλαντα περαίνετε. Ὧν δὲ τοῦ μὴ κατηγορῆσαι τοσαῦτα χρήματ' ἐπράξασθε, πρὶν ἂν ταῦτ' ἀποδῶτε, σιωπᾶν ἐστὲ δίκαιοι, καὶ μὴ κατηγορεῖν καὶ ἔχειν· ἔσχατον γὰρ δὴ πραγμάτων τοῦτό γε.

25 Τάχα τοίνυν [ἴσως] καὶ τριηραρχίας ἐροῦσι, καὶ τὰ ὄνθ' ὡς ἀνηλώκασιν εἰς ὑμᾶς. Ἐγὼ δ' ὅτι μὲν ψεύσονται, καὶ τὰ πόλλ' ἀπολωλεκότες τῶν ὄντων αὐτοῖς, μικρὰ τῆς πόλεως μετειληφυίας, οὐ δικαίαν οὐδὲ γιγνομένην χάριν ἀξιώσουσι κομίζεσθαι παρ' ὑμῶν, ἐάσω. Ἀξιῶ δὲ καὶ αὐτός, ὦ ἄνδρες δικασταί, εἶναι τοῖς λῃτουργοῦσιν ὑμῖν ἅπασιν χάριν τιν' ὑπάρχουσαν παρ' ὑμῶν. Τίσιν δὲ μεγίστην; τοῖς ὃ μὲν χρήσιμον τῇ πόλει τοῦ πράγματός ἐστι ποιοῦσιν, ὃ δ' αἰσχρὸν ἅπαντες ἂν εἶναι φήσαιεν καὶ ὄνειδος μὴ κατασκευάζουσιν. **26** Οἱ μὲν τοίνυν μετὰ τοῦ λῃτουργεῖν τὰ σφέτερ' αὐτῶν διεφθαρκότες τὴν βλασφημίαν ἀντὶ τῆς χρείας τῇ πόλει καταλείπουσιν (οὐδεὶς γὰρ αὐτὸς αὑτοῦ κατηγόρησεν πώποτε, ἀλλ' ὡς ἡ πόλις τὰ ὄντ' ἀφῄρηται λέγει)· οἱ δ' ὅσα μὲν προστάττεθ' ὑμεῖς ποιοῦντες προθύμως, τῇ περὶ τἄλλα δὲ σωφροσύνῃ τὰ ὄντα σῴζοντες οὐ μόνον κατὰ τοῦτ' ἐκείνων πλεονεκτοῖεν ἂν εἰκότως ὅτι καὶ γεγόνασιν χρήσιμοι καὶ ἔσονται, ἀλλ' ὅτι καὶ χωρὶς ὀνείδους ταῦτα παρ' αὐτῶν ὑμῖν γίγνεται. Ἡμεῖς μὲν τοίνυν τοιοῦτοι εἰς ὑμᾶς ἅπαντες φανούμεθ' ὄντες· τούτους δ' ἐάσω, μή με φῶσιν κακῶς αὐτοὺς λέγειν.

27 Οὐ τοίνυν θαυμάσαιμ' ἂν εἰ καὶ δακρύειν καὶ ἐλεινοὺς ἑαυτοὺς πειρῷντο ποιεῖν. Ἐγὼ δ' ἀξιῶ πρὸς ταῦθ' ὑπολαμ-

24 μέντοι A S F : δέ Q D B ‖ δὴ v. : ἤδη S ‖ 25 ἴσως om. F Q, del. Blass ‖ τὰ πολλὰ v. : πολλὰ S ‖ 26 ἀφῄρηται A S : ἀφαιρεῖται F Q ‖ τοιοῦτοι v. : τοιοῦτοι ἅπαντες S ‖ 27 πειρῷντο A S πειρῶνται F Q πειρῴτο Bekker Anecd. 144, 18.

prie, dites-vous bien tous que c'est une chose avilissante, ou plutôt qui n'est pas permise, quand on a honteusement et vilainement dissipé sa fortune en ripailles et beuveries avec Aristocrate, Diognétos et leurs pareils, d'aller maintenant pleurer et gémir pour obtenir le bien d'autrui. C'est sur votre conduite d'alors que vous auriez dû gémir ; les pleurs ne sont plus en situation. Prouvez[1] que vous n'avez pas donné décharge, ou qu'après l'avoir donnée vous pouvez plaider à nouveau, ou que vous avez le droit d'intenter l'action après vingt années quand la loi accorde la prescription après cinq : voilà les points sur lesquels les juges ont à prononcer. **28** Si nos adversaires ne peuvent fournir ces preuves — et ils ne le pourront pas — nous vous prions tous de ne pas nous sacrifier à eux, de ne pas leur livrer une quatrième fortune après les trois qu'ils ont si mal administrées : celle que leurs tuteurs leur ont remise d'eux-mêmes, celle qu'ils ont obtenue pour se désister de leurs actions, celle qu'ils ont enlevée récemment à Aisios après l'avoir fait condamner. Laissez-nous nos biens, selon la justice : ils vous seront plus utiles dans nos mains que dans les leurs, et apparemment nous avons plus de droit qu'eux de posséder ce qui est à nous.

Je ne vois pas ce que j'aurais à ajouter : je pense que vous êtes instruits sur tous les points. Vide la clepsydre.

1. Même procédé de *récapitulation*, et à la même place, dans le *Pour Phormion* 60.

βάνειν ἅπαντας ὑμᾶς, ὅτι τῶν αἰσχρῶν ἐστι, μᾶλλον δ' οὐδὲ δικαίων, τὰ μὲν ὄντα κατεσθίοντας καὶ παροινοῦντας μετ' Ἀριστοκράτους καὶ Διογνήτου καὶ τοιούτων ἑτέρων αἰσχρῶς καὶ κακῶς ἀνηλωκέναι, τὰ δ' ἀλλότρι' ὥστε λαβεῖν, δακρύειν νυνὶ καὶ κλάειν. Ἐπ' ἐκείνοις ἐκλάετ' ἄν, οἷς ἐποιεῖτε, δικαίως. Νῦν δ' οὐ δεῖ δακρύειν, ἀλλ' ὡς οὐκ ἀφήκατε δεικνύναι, ἢ ὡς εἰσὶν ὧν ἀφήκατ' αὖθις ὑμῖν δίκαι, ἢ ὡς εἰκοστῷ λαγχάνειν ἔτει δίκαιόν ἐστι, τοῦ νόμου πέντ' ἔτη τὴν προθεσμίαν δεδωκότος· ταῦτα γάρ ἐστιν ὑπὲρ ὧν οὗτοι δικάζουσιν. 28 Ἐὰν δὲ μὴ δύνωνται ταῦτα δεικνύναι ὡς οὐ δυνήσονται, ἡμεῖς ὑμῶν ἁπάντων, ὦ ἄνδρες δικασταί, δεόμεθα μὴ ἡμᾶς προέσθαι τούτοις, μηδὲ τετάρτην οὐσίαν ἔτι δοῦναι τρεῖς ἑτέρας κακῶς διῳκηκόσιν, ἣν παρ' ἑκόντων ἔλαβον τῶν ἐπιτρόπων, ἣν ὑπὲρ τῶν δικῶν εἰσεπράξαντο, ἣν πρῴην ἀφείλοντ' Αἰσίου δίκην ἑλόντες, ἀλλ' ἡμᾶς τὰ ἡμέτερα, ὥσπερ ἐστὶν δίκαιον, ἐᾶν ἔχειν· ἃ καὶ ὑμῖν ἐστιν ἐπ' ὠφελείᾳ μείζονι παρ' ἡμῖν ὄντ' ἢ παρὰ τούτοις, καὶ δικαιότερον δήπου τὰ ἡμέτερα ἡμᾶς ἐστιν ἔχειν ἢ τούτους.

Οὐκ οἶδ' ὅ τι δεῖ πλείω λέγειν· οἶμαι γὰρ ὑμᾶς οὐδὲν ἀγνοεῖν τῶν εἰρημένων. Ἐξέρα τὸ ὕδωρ.

27 οὐδὲ v. : οὐ A suo iure fort. || ἑτέρων A S : ἀνθρώπων F Q || αἰσχρῶς om. F Q || δίκαι, ἢ ὡς εἰκόστῳ... ἔτει Reiske : δίκαι ἢ ὡς εἰκὸς τὸ... ἔτ' εἰ A δίκαι ἢ ὡς τὸ... ἔτι S δικαίως τὸ... ἔτι S || 28 δεικνύναι om. A (del. Blass) || ἐπ' A : ἐν cett.

NOTES COMPLÉMENTAIRES

Page 35, *ligne* 19 : La présence de cet article (cf. *Notice*, p. 30) dans l'analyse du « capital actif » peut s'expliquer par une particularité du droit de la vente (cf. Pringsheim, *The Greek law of sale*, p. 245 sq.) ; il n'y a pas de vente à crédit, à proprement parler : pour qu'une obligation soit créée à la charge de l'acheteur, il faut qu'elle le soit par une opération indépendante, qui est qualifiée de *prêt* (à intérêts). Le produit du capital comporte ici quelque chose comme un sur-revenu qui est du même ordre que le revenu de l'industrie.

P. 47, *l.* 27 : La question se pose parce que les προκλήσεις sont versées au dossier, au terme de la procédure d'arbitrage, pour être produites avec les autres « preuves » devant le tribunal (Arist., *Const. d'Ath.*, 53, 2).

P. 48, *l.* 40 : Les termes de « fortune visible » et « non visible » sont fréquemment employés chez les orateurs ; ils ont une signification assez variable : ils ne correspondent pas à des notions proprement juridiques, ils signalent les genres de biens qu'on peut dissimuler ou non suivant les circonstances. Cf. Beauchet, III, p. 13 sq. ; E. Weiss, *Gr. Privatr.*, p. 173, 464.

P. 74, *l.* 7 : Dans une action « estimable » comme celle de tutelle (cf. *C. Aph.* I 67), le verdict de condamnation (ici κατέγνωσαν) est suivi d'un débat sur la fixation de l'indemnité ou de la peine : les juges ont à l' « estimer » (τιμᾶν, cf. Dém. XXI 102, 151, 182) d'après les « estimations » des deux parties entre lesquelles ils prononcent. L' « estimation » du demandeur figure dans la formule de la demande : le verbe ἐπιγράφειν ou ἐπιγράφεσθαι est employé à ce propos (cf. Aristoph., *Plut.* 480 ; Isocr. XVI 47 ; XVIII 33 ; [Dém.] LVIII 43 ; Plat., *Lois* XII 954 B).

P. 74, *l.* 21 : Le mot διώκειν a une valeur précise : après avoir attaqué, on poursuit (voir note précédente). Il peut y avoir, en revanche, des prises à partie qui ne sont pas suivies d'une action judiciaire.

P. 74, *l.* 28 : On a eu l'occasion (*Notice*, p. 67) de rappeler la règle, qui est une règle législative, encore assez récente à l'époque, d'après laquelle les témoignages doivent être consignés par écrit : ils sont lus devant le tribunal en présence du témoin lui-même (cf. §§ 16, 18). Dans l'affaire *Contre Stéphanos*, il sera souvent parlé de cette pièce écrite (γραμματεῖον) espèce de procès-verbal.

P. 95, *l.* 18 : Un tiers est également délégué comme débiteur de

la dot par le constituant dans le *C. Spoud.* 5 ; mais la situation est assez différente : ici, on ne comprend pas bien pourquoi Timocratès ne s'est pas acquitté envers Onètor.

P. 124, *l.* 15 : L'allusion ne doit pas être au présent procès (cf., ici, οὔπω et, plus loin, § 22, οὐδὲ τοῦτο), mais au procès que Zénothémis a gagné contre Protos et dont le jugement impliquait, au bénéfice du premier, un droit de propriété sur la cargaison.

P. 126, *l.* 29 : Il est possible (cf. Pringsheim, *Der Kauf mit fremden Geld*, p. 12) que le terme ἔκδεια se rapporte, suivant un usage technique, à la différence de valeur entre le gage et la dette, différence dont le débiteur hypothécaire serait redevable en droit commercial : on retrouvera cette notion, explicite, dans le contrat du *Contre Lacritos*.

P. 126, *l.* 30 : Moyen de contrainte par voix de héraut et après autorisation du tribunal, vis-à-vis d'un témoin qui, pour défaut constaté, est condamné à une amende de 1.000 drachmes envers le Trésor : cf. Dém. LIX 28 ; Esch. I 46 ; II 68 ; Lyc. *C. Léocr.* 20 — tous exemples de date assez basse. Voir Leisi, *Der Zeuge im att. R.*, p. 54 sq.

P. 137, *l.* 24 : C'est-à-dire l'équipage du navire (cf. § 8). Le « gage » transmis à la banque consiste dans le navire lui-même ; le plaideur a complété la saisie en la faisant porter sur les esclaves (pour l'emploi particulier de κατεγγυᾶν, Partsch, *o. l.*, p. 113 sq.) — ceci afin de s'assurer un payement intégral (sur le mot ἔκδεια, cf. *C. Zén.*, 30) : il est d'ailleurs visible que, dans cette zone du droit, les exécutions ont lieu à fin de règlement monétaire (cf. § 12 et *supra*, § 6).

P. 144, *l.* 37 : L' « illégalité » réside : 1° en ce que l'arbitre a passé outre à la défense (ἀπειπεῖν, διαμαρτύρεσθαι, §§ 19, 20 et ici ; de même, *Contre Callippos*, 30) de rendre sa sentence dans des conditions irrégulières ; 2° en ce qu'il a jugé par défaut, malgré la présentation d'une *excuse* légale — ce qui, normalement, ouvre la voie d'un appel (μὴ οὖσαν ἀντιλαχεῖν) ; sur l'inaction de Parménon, cf. § 22.

P. 162, *l.* 34 : Témoignage intéressant sur la pratique de la συγγραφή. Il doit s'agir de deux exemplaires également scellés. Naturellement, on pouvait prendre des copies. L'un des deux devait être entre les mains de Lampis, l'autre étant déposé chez le banquier Kittos.

P. 166, *l.* 23 : La contradiction aurait consisté en ce que, dans cette hypothèse, Phormion reconnaissait la validité d'un jugement rendu à Athènes — plus exactement d'un arbitrage, ce qui diminue beaucoup la portée de l'argument.

P. 184, *l.* 20 : Sur la solidarité active, dont nous avons ici un exemple d'ailleurs isolé, au moins pour l'époque classique, cf. Beauchet, III, p. 295 ; IV, p. 487 sq.

P. 184, *l.* 24 : Les σῦλαι sont les saisies exercées par l'individu qui n'a pu obtenir justice d'un étranger sur les compatriotes de cet étranger (cf. Dareste, *Le droit de représailles*, dans *Nouvelles études d'histoire du droit*, p. 38 sqq.). C'était une institution réglementée, comportant

publicité et autorisation officielle (ici même, § 26 ; cf. Lysias XXX 22 ; Dém. LI 13). Au reste, l'expression n'est pas très claire : plutôt que Ἀθηναίοις, on attendrait παρ' ou κατ' Ἀθηναίων. Nous avons traduit littéralement.

P. 196, *l.* 29 : Une loi, d'ancienne date certainement, interdisait de *transporter* du blé ailleurs qu'à Athènes : il apparaît (cf. *Rev. des Ét. gr.*, 1938, p. 17) que la procédure qui en assurait la sanction a été accommodée à un nouvel état législatif ; autrement dit, que les dispositions en ont été coordonnées avec celles de la loi récente (voir note préc.) qui interdisait de *prêter* pour des expéditions illicites.

P. 210, *l.* 10 : L'expression est un peu obscure. Il est dit au § 32 qu'Apollodore a exigé le partage égal de la succession maternelle : de fait, les 5.000 drachmes qu'il a touchées ne sont pas loin du quart des 22.000 (cf. XLV 28) qui constituaient la dot, c'est-à-dire la fortune personnelle, d'Archippè (à quoi s'ajoutaient les meubles). On entrevoit qu'Archippè avait voulu avantager par testament les enfants du second lit : Apollodore aura fait réduire la part de ses demi-frères. Ce qui peut faire difficulté, c'est le πρὸς αἷς ἔδωκεν (littéralement « en plus des 2.000 drachmes » qu'elle avait léguées aux enfants de Phormion — apparemment à chacun d'eux). Nous comprendrions qu'Apollodore a exigé la même somme pour les enfants du premier lit (et, naturellement, part égale sur le reste de la succession). Une revendication somme toute plausible d'Apollodore est présentée par l'avocat comme la prétention de s'attribuer plus que sa part.

P. 220, *l.* 21 : La cession de biens, désignée par l'expression technique ἐκστῆναι τῶν ὄντων, est une pratique certainement bien connue à Athènes (cf. *C. Apat.* 25 ; *C. Pantén.* 49 ; *C. Stéph.* I 64 ; Aristoph., *Ach.*, 615 et schol. ; Pollux, VIII, 145) ; mais nous ignorons quelles en étaient les conditions et la procédure.

P. 235, *l.* 21 : Ceci implique qu'en pareil cas, le créancier pourvu d'une hypothèque, même sous forme de « vente », n'a droit qu'au remboursement de sa créance.

P. 243, *l.* 36 : En général, on vante l'excellence de la torture comme mode de preuve : c'est un lieu commun. La plus nette profession de scepticisme que nous ayons est ici ; il y en a d'autres moins accusées (Ant. V 32 ; Lys. VII 35). Sur le thème, cf. Arist., *Rhét.* I, 1376 b sq.

TABLE DES MATIÈRES

Ce volume,
de la Collection des Universités de France,
publié aux Éditions Les Belles Lettres,
a été achevé d'imprimer
en novembre 2002
sur presse rotative numérique
de Jouve
11, bd de Sébastopol, 75001 Paris

N° d'édition : 4487
Dépôt légal : novembre 2002

Imprimé en France